丛书编写委员会

主　　任　张金清

编　　委（按姓名笔画排序）

李心丹　杨　青　杨玉成

周光友　刘红忠　束金龙

沈红波　刘莉亚　陈学彬

张宗新

金融专业学位研究生
核心课程系列教材

复旦大学研究生系列教材

上海市金融专业学位研究生教育指导委员会推荐教材

国家社会科学基金重大项目
"依托中非命运共同体建设推动数字人民币国际化研究"（21&ZD117）

数字金融

Digital
Finance

周光友 编著

复旦大学 出版社

内容提要

在数字经济快速发展的背景下，互联网、大数据、云计算、区块链和人工智能等技术深刻改变了金融的运行逻辑与服务模式，推动金融业加快数字化转型，催生出数字金融这一新兴形态。本书立足数字技术与金融深度融合的时代背景，全面系统地梳理数字金融的基本概念、技术基础、发展路径、风险治理与行业应用，旨在帮助学生全面理解数字金融体系，提升专业素养与实践能力。

全书共分五篇十三章，内容涵盖数字金融概论、核心技术及应用、数字货币发展及影响、金融业数字化转型实践，以及数字金融风险与监管机制。本书阐明数字金融的内涵、发展历程及其与数字经济、传统金融的关系，深入讲解大数据、云计算、人工智能、区块链等关键技术在金融场景中的具体运用，并以数字货币为切入点，分析其对货币政策、金融稳定和跨境支付的深远影响。在金融行业应用方面，聚焦银行、证券、保险等领域的数字化转型，探讨其驱动因素、路径与挑战；同时，系统识别数据隐私、技术安全、法律合规等多维风险，介绍国内外监管框架与沙盒机制等创新治理手段。

全书结构合理，理论与实践并重，融入大量案例与思考题，兼具系统性、前沿性与应用性，适合经济管理类相关专业高年级本科生与研究生使用，也可为金融从业者与研究人员提供参考，是一本面向未来的新兴、前沿教材。

总　序

强大的金融人才队伍,是金融强国必须具备的五大关键核心金融要素之一,也是实现2023年10月中央金融工作会议首次提出的"金融强国"建设目标的基础性保证,更是中国高校必须承担和完成的历史使命。自2010年教育部批准设立金融专业硕士学位(以下简称"金融专硕")以来,全国金融专业学位研究生教育指导委员会、上海市金融专业学位研究生教育指导委员会以及各高校金融专硕教学团队一直积极探索金融专硕教学与人才培养模式,将扎根本土金融、强调案例教学作为金融专硕人才培养的目标与教学导向,取得了许多重要进展。但是,近年来在金融专硕的教学实践和人才培养过程中,在教材体系建设、教学内容设计、教学方法选用、学位论文审核等一些关键环节,仍存在着偏重学术、理论与实务关系难以把握、实务与实践不足等诸多问题,从而导致金融专硕人才培养的实际效果与"金专四技能"目标(即具备卓越金融实践问题解决能力、金融案例分析能力、金融交易策略构建能力、金融创新产品方案设计能力)存在着相当的差距。尤其是近年来,在大数据技术、人工智能与数字技术全面赋能金融业的新形势下,如何立足于本土现实去构建中国金融自主知识体系,培养符合时代需要、引领思想潮流的金融高素质人才是当前金融专硕教学面临的严峻挑战。

复旦大学经济学院的金融专业教学团队一直注重金融专硕人才教学改革与创新实践、金融专硕案例教学和案例型教材建设。自2017年开始,复旦大学金融专硕教学团队陆续出版了12本核心教材和4本案例集,对金融专硕案例型教学进行了积极的创新和改革,围绕教材、教学内容、教学方法和学位论文四个维度逐步形成了较为成熟的金融专硕"四维"培养模式,并取得了一些重要的教改成果:张金清教授主持的教改项目"基于案例型教材的金融专硕'四维'培养模式的创新与探索"获得上海市优秀教学成果一等奖(2022),教改项目"案例型金融专硕教材的创新与探索"获得复旦大学研究生教学成果特等奖(2021)。

在金融强国建设的新时代目标下,为了持续培养兼具国际视野、专业基础和实务应对能力的金融人才,复旦大学经济学院在"经管类专业学位研究生核心课程系列教材"(2016—2019)建设的基础上,针对金融科技、量化投资、大数据金融、绿色金融等领域的新进展、新形态和新趋势,计划在2024—2026年推出"金融专业学位研究生核心课程系列教材",包括:《金融风险管理实务》《投资学》《金融理论与政策》《公司金融》《财务报表分析与估值》《金融科技》《数字金融》《量化投资》《金融衍生工具》《碳金融理论与实务》《固定收益证券的技术分析》《金融市场与机构》《证券投资分析》等。张金清教授担任本系列教材编委会主任,负责教材的总体筹划、设计与组织出版工作。

本系列教材得以顺利出版,要感谢复旦大学陈学彬教授、南京大学李心丹教授、上海市学位办原主任束金龙教授、上海财经大学刘莉亚教授、复旦大学出版社徐惠平副总编辑对本系列教材提出的宝贵意见和建议。2024年4月,由上海市金融专业学位研究生教育指导委员会、复旦大学经济学院、复旦大学出版社联合举办"金融教材建设与金融强国"专题研讨会,以上海市金融专业学位研究生教育指导委员会委员为主形成的专家组,强调了金融强国背景下金融专硕案例教材建设的必要性,特别对本系列教材建设进行了高度评价,并提供了建设性指导意见。上海市学位办、复旦大学研究生院、复旦大学经济学院、复旦大学出版社等部门都对此套教材的出版给予了大力支持和帮助。此外,本系列教材还获得了2022年度复旦大学研究生院研究生教材专项资助支持,以及2023年度上海市研究生教育改革项目"'三位一体'金融专硕人才培养模式探索与创新实践"的项目支持。在此,教材编委会向上述专家和单位,以及其他关心、支持、帮助本系列教材出版的老师和单位表示最衷心的感谢!

最后,敬请读者和同人不吝指正,共同推进金融专硕案例型教材的建设和金融专硕人才的培养!

金融专业学位研究生核心课程系列教材编委会

2024 年 7 月

前　言

当今时代，互联网、大数据、云计算、区块链以及人工智能等数字技术日新月异、蓬勃发展，正迅速渗透经济社会的各个层面，推动着商业模式转型、生产流程重塑、市场结构变革，激发新消费需求，加速数字经济的发展。数字化、智能化、智慧型成为未来经济发展的重要趋势，数字技术与传统金融的深度融合产生数字金融（digital finance）。数字金融运用互联网、大数据、云计算、区块链、人工智能等数字技术不断改善金融产品、服务、流程与模式，积极创新金融业务与领域，推动金融业向数字化转型发展。数字金融是未来金融创新和发展的方向，在快速发展的数字经济条件下，已成为数字经济的重要组成部分，是现代金融的核心内容，在经济社会中的作用和地位日益重要。我国数字金融萌芽较早，可追溯到20世纪70年代末，金融机构采用信息化手段实现金融业务自动化，其间经历了金融信息化、互联网金融、金融科技与数字金融等不同发展阶段。数字金融从无到有，不断向高级阶段演进，数字金融作为传统金融体系利用数字技术开展的继承性创新，与传统金融部门有着密不可分的联系，又存在显著区别：在基本构成要素、核心功能等方面与传统金融保持一致，但在技术基础、形式、业态、模式、特征等方面已显著有别于传统金融。

《数字金融》教材的编写能够为全面、深入理解数字金融提供支撑，为学生掌握数字金融的概念、内涵、演进、特征、业务、类型、应用、科技创新、发展领域、数字化转型、国际化发展以及风险及其监管等相关知识提供素材，为培养具有数字金融理念、掌握数字金融科技与知识的数字金融专业型、创新型人才提供保障，对于提升学生数字金融素养、提高学生数字金融创新与实践能力具有重要的价值。

教材共包含五篇十三章内容。第一篇数字金融概论包含两章内容，第一章是数字金融概述,第二章是数字经济与数字金融;第二篇数字金融技术及应用包含四章内容,第三章是大数据技术及应用,第四章是云计算技术及应用,第五章是人工智能技术及应用,第六章是区块链技术及应用;第三篇数字货币与影响包含两章内容,第七章是数字货币,第八章是数字货币的影响;第四篇金融业数字化转型包含三章内容,第九章是商业银行数字化转型,第十章是证券业数字化转型,第十一章是保险业数字化转型;第五篇数字金融的风险与监管包含两章内容,第十二章是数字金融的风险,第十三章是数字金融的监管。

第一篇数字金融概论主要介绍数字金融的定义、内涵、基本要素、发展背景和发展历程,比较分析了数字金融与传统金融的区别与联系,并探究了全球数字金融的发展趋势和中国数字金融的发展路径。在数字经济与数字金融方面,探究了数字经济与数字金融的关系:数字经济为数字金融发展提供了广阔的发展空间与创新环境,数字金融对数字经济产生积极作用,推动经济发展,促进产业升级,优化资源配置,提升社会福利,二者相互促进、协同发展。本篇从总体上为理解和认识数字金融提供概览。

第二篇至第五篇分别从数字金融科技、数字货币、金融业数字化转型、数字金融的风险与监管角度具体探究了数字金融四个主要方面的内容,涵盖数字金融科技及其运用、数字金融主要领域、数字金融展业模式以及数字金融的风险及其应对。第二篇主要探究大数据、云计算、人工智能、区块链等主要数字金融科技的概念、特征、关键技术等基础知识及其在各金融领域的应用和案例分析;第三篇主要探究数字货币的基本概念、分类、特性、发展历程、应用场景等基础知识,并分析数字货币对货币政策、金融稳定性、货币需求与供给等方面的影响,以及法定数字货币的跨境使用与数字人民币国际化的机制和实施策略等方面;第四篇主要探究商业银行、证券业、保险业等主要金融行业领域数字化转型的现实背景、驱动因素、基本特征、实现路径、难点与挑战及其应对策略;第五篇主要探究数字金融的技术风险、数据隐私与信息安全风险、市场与系统性风险、操作与法律风险等的概念、内涵和主要特征,并探讨了数字金融的全球监管框架、合规要求与法律规范、金融科技监管沙盒的应用等监管措施与策略。

《数字金融》教材由点到面,点面结合,突出了数字金融的关键要点,又全面阐述了数字金融的主要方面和领域。教材坚持理论与实践相结合的原则,在系统阐述相关理论知识的同时,附有大量专栏与案例分析,能够在帮助学生掌握数字金融相关理论知识的同时,提高学生分析与解决问题的实践与应用能力。本教材尤为突出金融业数字化转型以及数字金融的国际化发展,具有鲜明的特色。同时,各章都包含相应的开放式思考题与练习以及参考文献,为学生复习巩固数字金融相关知识以及进一步学习和研究提供便利。

　　本教材的编写依据学科专业以及课程教学标准,服务高等教育教学改革和人才培养,教材知识体系体现科学性、前沿性,可供广大读者学习、借鉴、参考,尤其适合金融学、投资学、金融工程等专业的学生学习、研读。本教材属于复旦大学金融专业学位研究生核心课程系列教材,适合作为各类高等院校金融学相关专业高年级本科生或研究生的教材或教学参考书,也可供具有一定经济学、金融学基础的相关专业人员和研究人员阅读和参考。

目　录

第三篇　数字货币与影响

第四篇　金融业数字化转型

第五篇　数字金融的风险与监管

· 第一篇 ·

数字金融概论

作为开篇章节，本篇力求让读者有效地了解中国数字金融和数字经济的轮廓。本篇共分为两章。第一章介绍中国数字金融发展的逻辑。该章首先介绍数字金融的定义、内涵和基本要素，并在此基础上梳理数字金融的发展背景和发展历程。此外，进一步论述数字金融与传统金融的异同，并总结数字金融的发展趋势和发展路径。第二章介绍数字金融和数字经济的关系。该章首先介绍数字金融的定义及其范畴，并在此基础上总结数字金融和数字经济的相互关系：一方面，数字金融不仅是数字经济的一部分，更是其核心驱动力之一；另一方面，数字经济为数字金融提供发展空间，二者相互促进、协同发展。此外，概述了数字金融和数字经济的相互影响，数字金融对数字经济的影响主要体现在推动经济发展、促进产业升级、优化资源配置和提升社会福利等方面，数字金融对数字经济的影响主要体现在优化资源配置、提升金融包容性、创新商业模式以及推动技术进步等方面。

第一章

数字金融概述

学习要求

1. 掌握数字金融的定义、内涵和基本要素。
2. 了解数字金融的发展背景和发展历程。
3. 了解互联网金融、金融科技与数字金融间的区别和联系。
4. 了解数字金融与传统金融之间的关系。
5. 了解数字金融新业态和发展趋势。

本章导读

　　2021年10月，习近平主持中共中央政治局第三十四次集体学习，强调了互联网、大数据、云计算、人工智能、区块链等技术的快速发展。这些技术正迅速渗透经济社会的各个层面，在推动数字经济的快速增长、扩大影响范围和深化影响程度等方面的作用是空前的。它们正在成为全球资源重新配置、经济结构重塑和竞争格局变化的关键驱动力。在这一背景下，数字金融作为数字经济的关键组成部分，受到了金融界、监管机构和科技界的高度重视。本章分为四节。第一节主要介绍数字金融的定义、内涵和基本要素。数字金融是以数据为关键要素、以数字技术融合应用为动力的金融形态，是数字经济时代下数字技术在金融领域的映射。尽管目前各界对数字金融没有统一的界定，但掌握其核心要素是我们把握数字金融的内涵及理解其如何助推高质量发展的重要抓手。第二节主要介绍数字金融的发展背景和发展历程。该节分析了数字金融在我国快速发展的市场需求、制度和技术背景，并从历史的视角出发分析了数字金融发展的开端和历程，帮助读者对中国数字金融有更深入的了解。第三节主要介绍数字金融与传统金融的比较。该节介绍了数字金融与传统金融的相同和不同之处，并阐释了数字金融与传统金融密不可分的关系：数字金融脱胎于传统金融部门，又反作用于传统金融部门。第四节简要介绍了全球数字金融的发展趋势和中国数字金融的发展路径。数字金融在中国甚至全球范围内的发展大势对于促进经济发展、加强国际合作、推动技术创新、保护消费者权益以及维护社会稳定等方面都具有深远的影响。

第一节　数字金融的界定与特点

一、数字金融概念的源起及演变

近年来,以互联技术、大数据、云计算、区块链和人工智能为代表的数字技术日益融入现代社会发展各领域、全过程(见图1.1),数字金融成为金融界热议的话题。实际上,金融与科技的融合发展由来已久。在实践层面,金融业在某种意义上就是一个特殊的信息处理行业,因而与信息技术具有天然的高融合性。可以说,金融的发展史本身就是一部技术的创新史,每一次技术的革新都有力地推动了金融服务领域的拓展和维度的提升。在科技和金融的互动发展历程中,我国先后孕育了电子金融(E-finance)、互联网金融(internet finance,ITFIN)和金融科技(FinTech)等概念,并最终发展为"数字金融"(digital finance)。数字金融范畴最广、内涵最丰富,是金融与科技深度融合后的革命性成果。

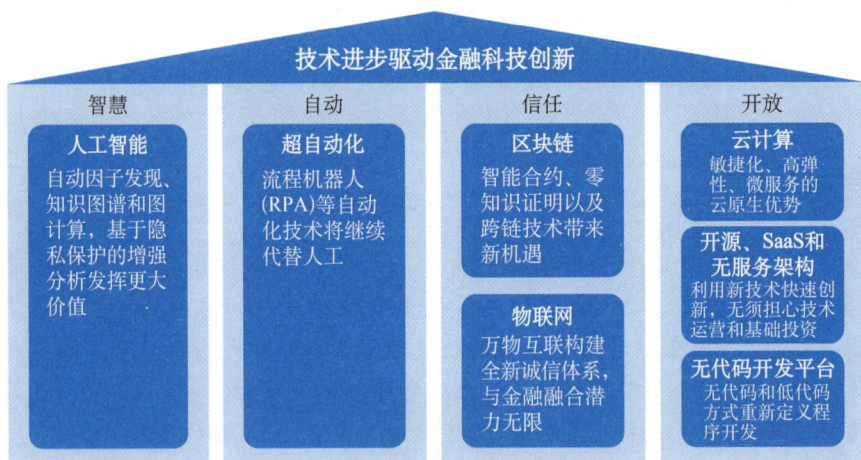

图1.1　技术进步驱动金融科技创新

资料来源:麦肯锡中国. Fintech 2030:全球金融科技生态扫描[R]. 2021.

我国数字金融萌芽得较早,可追溯到20世纪70年代末,那是金融机构采用信息化手段实现金融业务自动化时期,但数字金融的正式概念却在近几年才被提出。2012年,阿里巴巴和腾讯等互联网平台公司进入金融领域,以支付宝、微信支付等第三方支付为代表的新金融形态引发金融业革命性变革。2014年,《政府工作报告》第一次提出"互联网金融",标志着这一概念正式得到官方的认可。次年,中国人民银行等十部委发布的《关于促进互联网金融健康发展的指导意见》①正式给出界定:"互联网金融是传统金融机构与互联网企业利用互联网技术和信息通信技术实现资金融通、支付、投资和信息中介服务的新型金融业务模式。"与此形成鲜明对照的是,国际上对互联网与金融业务的结合有多种提

---

① 中国人民银行,工业和信息化部,公安部,等. 关于促进互联网金融健康发展的指导意见[EB/OL]. (2015-07-18)[2025-03-21]. https://www.gov.cn/zhengce/2015-07/18/content_2899360.htm.

法,但没有"互联网金融"的说法。"互联网金融"是一个非常具有中国特色的概念。同时,部分学者对"互联网金融"作为一个独立概念的必要性提出了质疑。殷剑峰指出互联网金融仍属于电子金融范畴,其本质无非是利用互联网来提供金融服务,"互联网金融"概念被热炒的背后是一些互联网企业希冀进入金融行业的强烈诉求①。刘芬华等学者指出互联网金融虽具有创新金融特征,但其本质是传统金融在互联网时代的一种变体,仍会因监管缺位和商业伦理缺失而诱发泡沫与风险,需要纳入金融监管框架以规范发展②。随着《关于促进互联网金融健康发展的指导意见》的发布,许多互联网金融监管的真空得到填补,严格监管成为该行业的主基调。国内学术界和监管层关于互联网金融的讨论热情也逐渐褪去。

尽管互联网金融不再是金融研究焦点,但科技与金融融合发展进程并未终结。恰恰相反,随着大数据、云计算、人工智能、物联网和区块链等技术的逐步成熟,科技对金融体系的冲击越来越大。金融领域开启了一个以新一代信息技术为主要驱动力的金融科技时代。2019 年,中国人民银行发布了《金融科技(FinTech)发展规划(2019—2021 年)》③。该规划对"金融科技"给出定义,即金融科技是技术驱动的金融创新,旨在运用现代科技成果改造或创新金融产品、经营模式、业务流程等,推动金融发展提质增效。从内涵来看,互联网金融与金融科技都强调技术革新对金融的赋能作用,但互联网金融更多地被理解为互联网公司从事金融业务,而金融科技则更突出技术特性,即以科技驱动金融创新,使金融服务在数字技术的驱动下发生实质性变化。

在全球数字科技探索热潮之下,新一轮科技革命和产业变革蓬勃兴起。在这一进程中,生产要素、生产力和生产关系被赋予新的内涵和关系,推动经济形态的根本转变,形成了继农业经济、工业经济之后更高级的数字经济形态④。十八大以来,党和政府高度重视发展数字经济,将其视为推进现代化建设的强大动力。在此背景下,金融作为经济的血脉,加快拥抱数字化变革浪潮成为不可逆转的趋势。前所未有的新的金融业态使政府和学者意识到,不管是互联网金融还是金融科技都不足以概括金融数字化的发展现实,"数字金融"应运而生。总体而言,自"数字金融"概念被提出以来,其演进主要经历了三个阶段。

第一个阶段,提出"数字金融"概念。早期数字金融泛指传统金融机构和互联网公司通过数字技术完成融资、支付、投资和其他新型金融业务模式⑤。2019 年 10 月,习近平就区块链技术发展现状和趋势进行分析,中共中央政治局就区块链技术发展现状和趋势进行第十八次集体学习。习近平主持学习时指出,区块链技术应用已延伸到数字金融、物联

①　殷剑峰."互联网金融"的神话与现实[N].上海证券报,2014-04-22.
②　刘芬华,吴非,李华民.互联网金融:创新金融特征、泡沫风险衍生与规制逻辑[J].经济学家,2016(6):35-42.
③　中国人民银行.关于发布金融行业标准做好互联网金融云平台规范管理的通知[EB/OL].(2019-09-06)[2025-03-21].http://www.pbc.gov.cn/zhengwugongkai/4081330/4406346/4693549/4085169/2019090617242730910.pdf.
④　根据《二十国集团数字经济发展与合作倡议》,数字经济是指以使用数字化的知识和信息作为关键生产要素、以现代信息网络作为重要载体、以信息通信技术的有效使用作为效率提升和经济结构优化的重要推动力的一系列经济活动。
⑤　黄益平,黄卓.中国的数字金融发展:现在与未来[J].经济学(季刊),2018(4):1489-1502.

网、智能制造、供应链管理、数字资产交易等多个领域①。这是中央高层第一次使用"数字金融"概念。这个阶段对数字金融的认识仍停留在金融数字化，其与金融科技是同义语。

第二阶段，把数字金融纳入数字经济范畴，将数字金融视为与数字经济适配的金融新模式。2022年1月，原中国银保监会办公厅发布的《关于银行业保险业数字化转型的指导意见》②提出"构建适应现代经济发展的数字金融新格局，不断提高金融服务实体经济的能力和水平"，并要"积极发展产业数字金融"。此前，数字金融主要面向消费端客户，向其提供线上化、场景化的移动支付、个人信贷、理财等金融服务。随着产业互联网发展，企业端数据被采集起来，从而将实体经济引入数字金融生态，产业数字金融应运而生，开辟了新的市场。与此同时，国务院印发的《"十四五"数字经济发展规划》③将金融部分的重点放在了"全面深化重点产业数字化转型"，同时要求"规范数字金融有序创新，严防衍生业务风险"，明确把数字金融看作一种金融业务形态，并以加强监管为主导方向。可以说，数字金融是数字经济时代下的金融形态。

第三阶段，数字金融上升为国家战略，成为金融"五篇大文章"之一。2023年，中央金融工作会议召开，提出要"做好科技金融、绿色金融、普惠金融、养老金融、数字金融五篇大文章"。数字金融作为金融"五篇大文章"之一，既是压轴之作，又是基石，贯穿前四篇"大文章"。中国人民银行表示，未来要发挥数据要素和数字技术双轮驱动作用，加强数字技术在科技金融、普惠金融、绿色金融、养老金融的赋能运用，完善数字金融治理体系，助力金融强国建设和巩固拓展数字经济优势。"五篇大文章"是探索中国特色金融发展路径、实现金融强国目标的具体战略，建设数字金融强国则是建设金融强国的重要组成部分。

二、数字金融的定义与内涵

（一）数字金融的定义

由于"数字金融"概念出现较晚且发展较快，目前国内外各界对其定义尚未统一（见表1.1）。2020年，世界银行发布了《数字金融服务报告》④，其定义是："数字金融是指由金融科技赋能，能够通过规模经济效应降低成本，提高交易速度、安全性与透明度，并允许提供更具针对性、用以服务贫困群体的金融服务。"2021年，中央财经大学中国互联网经济研究院及社会科学文献出版社共同发布《数字金融蓝皮书：中国数字金融创新发展报告（2021）》，将数字金融定义为"持牌金融机构运用数字技术，通过数据协作和融合打造智慧金融生态系统，精准地为客户提供个性化、定制化和智能化的金融服务"。⑤ 该书2023版

---

① 中共中央党史和文献研究院. 习近平关于网络强国论述摘编[M]. 北京：中央文献出版社，2021：142.
② 中国银保监会办公厅. 关于银行业保险业数字化转型的指导意见[EB/OL]. （2022-01-10）[2025-03-26]. https://www.gov.cn/zhengce/zhengceku/2022-01/27/content_5670680.htm.
③ 国务院. "十四五"数字经济发展规划[EB/OL]. （2022-01-12）[2025-03-26]. http://www.gov.cn/content/2022-01/12/content_5667817.htm.
④ 世界银行. 数字金融服务报告[R/OL]. （2020-04）[2025-03-26]. https://thedocs.worldbank.org/en/doc/305a39cbb6f35567db78bda6709c5cd8-0430012025/original/World-Bank-DFS-Whitepaper-DigitalFinancialServices.pdf.
⑤ 中央财经大学中国互联网经济研究院. 数字金融蓝皮书：中国数字金融创新发展报告[M]. 北京：社会科学文献出版社，2021.

在定义中增加了"与数字经济相匹配的金融形态"的措辞。2024 年,在中国金融四十人研究院的课题报告《如何建设数字金融强国》[①]中,将数字金融定义为"运用互联网、大数据、云计算、人工智能等数字技术改善金融产品、流程和模式的创新金融业务"。综上所述,数字金融是与数字经济相匹配的、与科技结合更紧密的金融发展高级阶段。相比之下,互联网金融侧重互联网公司从事的金融业务,如阿里巴巴旗下蚂蚁金服、京东旗下京东金融等;金融科技更突出工具性和技术性,如大数据、云计算、人工智能和区块链等前沿技术在传统金融业务中的应用;数字金融的概念则涵盖范围更广泛,更中性,且更强调数据作用。

表 1.1 关于数字金融概念的部分讨论

时间	机构或学者	数字金融相关界定
2018 年	黄益平、黄卓	《中国的数字金融发展:现在与未来》:数字金融泛指传统金融机构和互联网公司通过数字技术完成融资、支付、投资和其他新型金融业务模式
2020 年	世界银行	《数字金融服务报告》:数字金融是传统金融部门和金融科技企业利用互联网技术、数字技术提供新型金融服务的业务模式
2021 年	中央财经大学中国互联网经济研究院和社会科学文献出版社	《数字金融蓝皮书:中国数字金融创新发展报告(2021)》:持牌金融机构运用数字技术,通过数据协作和融合打造智慧金融生态系统,精准地为客户提供个性化、定制化和智能化的金融服务。在 2023 版定义中增加了"与数字经济相匹配的金融形态"的措辞
2024 年	中国金融四十人研究院	《如何建设数字金融强国》:数字金融是指运用互联网、大数据、云计算、人工智能等数字技术改善金融产品、流程和模式的创新金融业务

(二)数字金融的内涵与核心要素

尽管目前针对数字金融的定义尚未统一,但对其内涵理解基本一致。我们可以从资源运用、技术运用和展业模式三个维度厘清数字金融的内涵,为把握概念提供借鉴:一是在资源运用层面,强调对数据要素价值的重点开发;二是在技术运用层面,涵盖金融体系对金融科技的深度应用;三是在展业模式层面,包括数字化金融业务模式和渠道的全面创新。这三个层面层层递进:数据资源是数字金融的基础,金融科技运用是数字金融能够实现的重要支撑,而金融业务模式的创新则是数字金融呈现在居民和企业等各类主体面前的最终表现。

1. 数据要素的开发与运用

数据是数字经济时代的重要生产要素,更是数字金融的基石,是金融机构数字化转型与金融科技发展的基础。数据要素投入生产的途径包括三次价值释放过程:一是数据支撑业务贯通,主要指企业、政府通过业务系统的数字化实现数据对业务运转与贯通的支持;二是数据推动数智决策,主要指通过数据的加工与分析实现生产、经营、服务等环节智能化;三是数据流通对外赋能,主要是指通过数据流通实现数据在更多场景下的汇聚融合。当前,数据要素的前两次价值释放在金融领域已较为成熟。金融机构的数字化转型

---

① 中国金融四十人论坛. 如何建设数字金融强国[R/OL]. (2024-01-12)[2025-03-26]. https://www.cf40.org.cn/article/1/5675.

已基本实现了数据支撑业务贯通，也引入社保、公积金、税收等数据用于获客、营销、授信与风控。未来，金融机构或更需要关注数据流通的赋能，即数据价值的第三次释放。然而，从金融机构对外进行数据输出来看，由于金融数据安全等级较高，向外流通存在挑战。《中华人民共和国个人信息保护法》中将金融账户信息归为敏感个人信息，只有在具有特定的目的和充分的必要性并采取严格保护措施的情形下，个人信息处理者方可在取得个人的单独同意的情况下处理个人信息。

对于金融行业来说，在数据要素市场加速建设、公共数据应用不断推进的背景下，应重点加快更多外部数据的引入。当前，全国各地纷纷加快数据要素市场的建设，国家机构改革的过程中也已建立国家数据局，数据交易的机会不断增多，主要体现在两个方面。一方面，数据交易规模逐渐扩大。据不完全信息统计，截至2024年3月底，全国共有数据交易所49家，涉及全国25个省、自治区、直辖市。另一方面，公共数据授权运营试点逐渐增多。据不完全统计，2024年，全国至少39地公开发布公共数据授权运营专属政策文件，其中包括江苏、贵州、湖北、山东等7个省级文件，广州、肇庆、盐城、南京、沈阳、肇庆、惠州、呼和浩特等24个地市级文件，以及等深圳福田区、光明区，丽水云和县、缙云县、江山市等8个区县级文件。各地显著加快公共数据的运用赋能步伐。与此同时，开放与运用的公共数据类型更加丰富，除传统的社保、医疗、公积金等数据类型外，多个公共数据管理办法拟开展探索运用文旅、交通、教育、地理信息等多维度的数据。

2. 金融科技的广泛和深入运用

金融科技作为技术驱动的金融创新，是深化金融供给侧结构性改革、增强金融高质量服务经济能力的重要引擎。应当说明的是：一方面，依托经济社会的数字化转型，数字经济的发展才能使金融科技有发展的沃土；另一方面，更广泛和深度的金融科技应用也能提升金融服务的便捷度和覆盖面，从而推动经济社会更快地数字化转型发展。因此，金融机构对金融科技的充分运用与数字经济的发展起到了相辅相成、互相促进的效果。

从当前的趋势来看，未来金融科技的深度应用或将集中在三个方面。

一是隐私计算的大规模应用。凡是在多方参与的数据共享和计算中保障数据安全的手段均可被视为隐私计算范围。目前的隐私计算至少包含三种核心技术，即多方安全计算、联邦学习与可信执行环境。各项技术在发展过程中不断交叉融合，共同形成隐私计算生态。目前，囿于多方参与的隐私计算在成本付出、收益分配与数据安全等方面仍存待解难题，隐私计算的实施仅零散落地。

二是生成式人工智能大模型在金融行业正式落地。生成式人工智能是指基于算法、模型、规则生成文本、图片、声音、视频、代码等内容的技术。生成式人工智能热潮起于2022年末由美国人工智能企业Open AI推出一种自然语言处理（natural language processing，NLP）工具ChatGPT。金融业拥有海量数据，是非常适合生成式人工智能大模型的应用领域。2023年以来，已有多家国内银行探索生成式人工智能在银行中的应用，但仍处于雏形阶段。

三是数字员工的批量部署。数字员工的本质是基于流程自动化的软件服务，可以从事批量、重复的工作，典型场景为客服。在2023年的外滩大会银行业数字化论坛上，国际数据公司(International Data Corporation，IDC)中国副总裁兼首席分析师武连峰发布了《银行数字科技五大趋势》①。该报告预测，到2025年，超过80%的银行都将部署数字员工，承担90%的客服和理财咨询服务。值得注意的是，生成式人工智能的出现将赋予数字员工更大的想象空间，其或将不局限于流程自动化的服务，数字员工将具有更强的创造性，可以在资料搜索、代码编写和财务分析等领域提高企业生产力。

3. 数字化业务模式的全面创新

2016—2025年，数字金融商业模式在技术的推动下不断创新。这一趋势已深入金融行业的多个子领域。数字技术有效地促进了银行、证券、保险等传统金融机构的数字化转型，并在创新和优化金融服务方面取得了显著成效(见表1.2)。一方面，金融机构业务线上化是数字化转型的表征。伴随着数字经济时代的到来、企业数字化转型的不断深入以及居民生活的线上化程度不断加深，相关主体通过线上渠道获得金融服务的需求也不断增加，金融机构业务线上化是大势所趋。在这十年间，我国金融机构通过科技赋能数字化转型，不断降低金融服务成本、扩大金融服务覆盖面、深化金融服务渗透率，提升自身的运营效率和服务能力，有效落实了金融服务实体经济的国家重大战略。另一方面，金融机构经营智能化是数字化转型的内在。金融机构对外的业务线上化需要内在经营智能化的支撑。一是产品的数字化。为了应对愈发频繁的线上业务需求，如中小企业的线上融资、零售客户的在线信用贷款审批等业务，银行需要提高内部流程的效率，这需要从数据到流程，再到产品层面的数字化作为支撑。二是决策的智能化。金融机构突破传统的决策模式，依托于大数据与模型进行智能决策。以银行业为例，未来商业银行在衡量客户的资信水平和还款能力时，可以减少对抵质押品的依赖，转而通过各类替代数据(alternative data)及数字化的模型来更准确地判断客户的资信水平。

表1.2 数字金融在传统金融中的应用

应用领域	数字化转型举措	数字金融应用方向	相关案例
银行业	制定数字化战略，成立金融科技子公司，拓展生活消费、智慧政务和智慧医疗等业务	移动支付、数字银行、科技信贷和金融科技资产负债表融资等	中国工商银行："融安e防""工小智" 招商银行："数智零售" 中国建设银行："建行生活" 中国邮政储蓄银行："极速贷""阳光e抵贷"
证券业	加强信息技术治理，提升市场监督、基础设施、市场服务和运营等维度的能力	自动/智能投顾和智能运维等服务	深交所智能监管系统、上交所新债券交易系统、极致交易平台(中泰证券)、中国结算基金E账户APP、领航智能全面合规管理平台(平安证券)
保险业	推动运营效能、提升理赔服务效率，改善客户体验	数字保险、互联网保险	蚂蚁保"安心赔"、网络安全保险(众安保险)

除了传统金融机构的数字化转型，数字金融也包括新兴金融科技公司的创新服务。

---

① 新华网.外滩大会发布银行数字化5大趋势:随身银行、AI风控、数字员工、边缘物联与云原生[EB/OL].(2023-09-08)[2025-03-26]. https://www.xinhuanet.com/tech/20230908/1825b1c660304c2ba06982a3d3fe9421/c.html.

将数字技术工具应用于不同金融领域，便催生了"大数据金融""区块链金融""智能金融"等概念（见图1.2）。大数据挖掘和分析技术的不断发展使海量非结构化金融数据的有效利用成为可能，通过对金融数据的多维实时分析和挖掘，可以为互联网金融机构提供客户的全方位信息，包括客户的消费习惯、资产负债、流动性状态、信用变化等，为其准确预测客户行为奠定数据基础。私人数字货币是一种基于区块链技术与数字加密算法的虚拟货币，可能改变货币的流通和使用方式，对经济产生深远影响；基于区块链的供应链金融既能够使供应链上下游相关企业都得到合作企业的交易数据，发现合作伙伴的资金流和信息流，又能保证企业信息档案具有完整性和传递性，使这些交易信息得到安全保证，避免企业数据泄露。智能金融即人工智能与金融的全面结合，利用大数据和算法全方位赋能金融机构，提高服务效率，拓展金融服务广度与深度，推动全社会获得平等、高效、专业的金融服务，实现金融服务智能化、个性化、定制化，主要应用包括智能获客、身份识别、大数据风控、智能投顾、智能客服等。

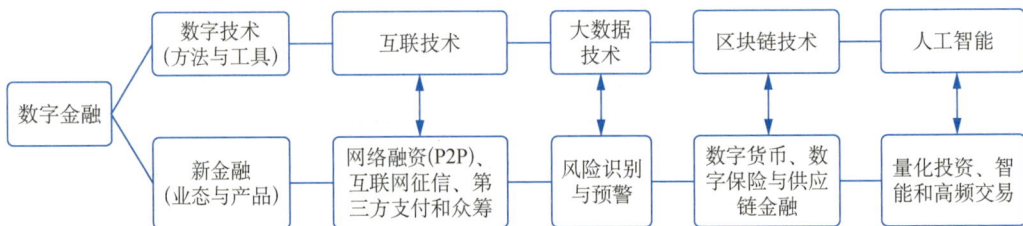

图1.2　数字金融概念梳理图

三、数字金融的特点

区块链、大数据和人工智能等前沿技术打开了通往新金融世界的大门，让人们得以窥见数字金融的无限可能。然而，技术的突破只是起点，通过科学的顶层设计将可能转化为现实，才是决定数字金融走向的关键。数字金融的发展紧紧围绕其六大核心特点展开，这些特点既是技术赋能的体现，也是顶层设计的重点方向①。

（一）可信

信任是经济活动的必要条件，是金融体系得以运转的基础。随着数字经济加速融入经济社会的各个领域，传统的基于人际互动和制度约束的信任机制已经难以适应数字世界的运行逻辑。可信金融已然成为数字金融升级的关键方向。

可信金融体系的构建涉及多个关键要素，涵盖可信的（大）数据、模型算法、业务流程、管理体系、定价机制、交易规则、风险对冲、风控政策和监管框架等。其中，可信（大）数据与可信模型算法是整个体系的支柱，可信的业务流程、管理体系、定价机制等其他要素均在此基础之上延伸而来。可信（大）数据是可信数字金融的基石。在构建可信（大）数据方面，区块链技术展现出独特优势：其分布式节点网络架构彻底改变了传统中心化模式下必须依赖第三方机构的信任机制，实现了数据全生命周期的去中心化管理，包括存储、验证、

---

① 丁晓蔚.数字金融时代的金融情报学：学科状况、学科内涵和研究方向[J].情报学报，2021，40（11）：1176-1194.

传输及应用等关键环节。此外,区块链技术还具备诸多特性,强化了这一优势,如智能合约能够实现条款的自动化执行,共识机制确保上链信息的一致性、可追溯性和不可篡改性,全网验证保障数据的真实性和完整性。这些特性共同构建起节点间的信任网络。可信的模型算法则是可信数字金融的重要支撑。在数字生态中,数据是基础,模型算法则是将数据转化为价值的关键工具。无论是市场预测、信用评估,还是投资决策,模型算法的科学性与准确性直接决定着分析结果的可靠性。只有模型算法本身具备高可信度,其输出结果才具备决策参考价值。当前主流的可信模型算法包括可解释模型、稳定及鲁棒模型、因果推理模型、稳定学习模型等。

综上所述,基于可信大数据和可信模型算法的数字金融基础设施,将人类的信任全部或部分转化为算法或机器的信任,为数字金融的未来发展开辟出一条全新的道路。

(二) 安全

金融安全是国家安全的重要组成部分,防范化解金融风险,特别是系统性金融风险,是金融工作的根本任务。当前,我国金融风险总体可控,但潜在的风险隐患依然存在,监管部门在防控金融风险方面面临艰巨的挑战。

数字金融凭借其技术特性,为金融安全提供了创新性保障路径。一方面,基于可信(大)数据和可信模型算法的数字金融体系能够实现对金融资产的穿透式监管,打通微观审慎与宏观审慎监管间的壁垒,构建多层次的风险联防联控机制。数字金融体系还能打破数据孤岛和信息孤岛,获取完备的风险大数据,实现精准的风险分析与实时的风险管理,显著提升对"黑天鹅"和"灰犀牛"等极端风险事件的预警与处置能力。另一方面,金融科技与监管科技协同演进,催生出以沙盒测试和以链治链为代表的新型监管机制。新监管模型允许创新性金融应用在一个风险可控的良性环境中得到测试和孵化。这样既可保护金融创新不被阻遏,又可有效防范潜在的风险突发及扩散,实现创新发展与风险防控的动态平衡。

需要关注的是,区块链技术在消解传统信用风险和操作风险的同时,也带来了风险形态的转化,使技术风险逐渐成为风险管理的关键领域。具体而言,区块链信息系统在设计上存在区别于传统信息系统的特有风险隐患:大多数区块链所使用的加密算法依赖软随机数和伪随机数;智能合约刚刚起步,可能存在代码漏洞和安全事故等。因此,数字金融的纵深发展对金融信息系统的安全防护提出了更高要求。

(三) 隐私保护

传统金融体系中,金融机构对客户数据形成事实上的垄断支配,客户对自身信息的处理缺乏话语权,甚至基本的知情权都难以保障。在这种信息不对称下,作为信息优势方的金融机构极有可能因利益驱动而逾矩。更值得警惕的是,由于各金融机构间的隐私保护措施和防范黑客攻击的能力存在显著差异,客户的隐私数据面临较高的外泄风险。

数字金融革命性地重构了数据权属关系。借助区块链这一数字时代的信任机器,用户能真正享有自身信息的控制权和支配权。区块链技术通过构建完整的数据管理闭环(包括数据的鉴权确权、存证流转、定价交易、追踪溯源和收益分配等环节),赋予用户充分的数据自主权,使用户能自主决定是否共享隐私信息以及共享的范围和程度,确保自身隐私信息不被他人非法侵占、利用或公开。更进一步,数字金融开创了隐私保护与数据价值释放并重的新范式。在安全多方计算、可信硬件和可信执行环境、联邦学习、同态加密、零知识证明、差分隐私和区块链等数据保护技术的综合加持下,数字金融可以实现"数据可用不可见"和"数据不动模型动"的数据治理模式。这种创新模式在有效保证个人数据安全的同时,又能使用户充分享受大型互联网平台带来的便利。更重要的是,这种创新模式为企业、机构和政府提供了完善的数据协作方案:优化配置数据的所有权、使用权和监管权,实现数据的互联互通;支持联合统计、联合查询、联合分析、联合建模、联合预测和联合决策,真正唤醒沉睡的数据,激发数据驱动的创新浪潮。

数字金融致力于在隐私保护的前提下提供完善的数据共享与协作、更高效的大数据应用以及更精准的人工智能服务,使大数据这一全新的生产要素真正以合法合规的方式被激活,成为推动经济高质量发展的强大新动能。

(四) 社会责任

数字经济时代,金融创新不能仅停留在"法无禁止即可为"的被动状态,应积极践行"金融向善、科技向善"的发展理念。作为传统金融的转型升级方向,数字金融必须秉持人文关怀,充分彰显金融机构的社会责任意识,致力于服务实体经济发展与推动共同富裕目标。

作为国家金融基础设施,数字人民币的实践充分体现数字金融以人为本和金融普惠的发展初心,是金融与信息系统联合设计、创新与优化的典范。首先,数字人民币通过账户松耦合设计,使没有传统银行账户的民众也能便捷地使用数字人民币钱包,有效提升金融服务的覆盖率。其次,央行与运营机构联合对数字人民币 APP 进行无障碍设计,优化屏幕阅读器、语音助手等功能,提升 APP 可访问性和交互体验,保障了特殊群体的使用权益。央行还推出数字人民币可视卡等硬件产品,以缓解老年人在数字时代面临的数字鸿沟困境。最后,数字人民币的可编程属性使其能够加载具备条件支付、担保支付等复杂功能的智能合约,为"三农"和"支微支小"等普惠金融和绿色金融赋能。再以环境、社会和公司治理(environment,social,and governance,ESG)应用为例,在利用区块链技术解决数据缺失、数据孤岛和信息孤岛、数据交易流转等问题的基础上,数字金融能为 ESG 建立统一的评估体系和准则、高效的评估方法和模型,为企业提供客观量化的决策依据,使企业决策从单一的经济效益导向转向经济效益与社会效益并重。这套 ESG 量化评估体系还具备良好的延展性,不仅可被广泛应用于微观的企业(项目),还可延伸至中观的地区和行业,乃至国家层面的宏观调控。

实际上,富有温度与情怀的金融活动理应成为世界各国在金融领域的共同追求。由于社会制度的差异,西方国家未就上述命题进行制度安排。中国特色的数字金融发展道路通过前瞻性的制度设计和技术创新,将人文关怀融入金融血脉,为全球金融治理贡献中国智慧和中国方案。

(五) 智慧

当前金融人工智能应用(如智能营销、智能客服、智能投融、产品创新以及智能风控等)仍处于初级智能化阶段,远未达到智慧化的程度。此外,以往的金融人工智能发展也未将可信、安全、隐私保护和社会责任作为发展的先决条件,因而是不完善、片面的人工智能。这种过度追求效率而忽视伦理约束的发展路径亟待转变。未来,数字金融的智能化升级必须满足上述四个基础性约束条件,分别对应着人工智能发展的四个前沿方向:可信的人工智能、安全的人工智能、隐私保护的人工智能和有社会责任的人工智能。只有四个维度协同发展，才能真正实现机器智能与人类智慧的深度融合。

在技术层面，这一转型将推动人工智能研究范式的根本变革。以隐私保护的人工智能为例，当前基于机器学习的金融人工智能对数据的渴求是无止境的，总是希望获取尽可能多的数据来训练模型和算法，以实现更优的预测效果、更高的回报率、更小的风险和更低的成本。部分金融APP甚至不惜违法收集用户的通话记录、通讯录好友等隐私信息。这种为了追求模型精度而无节制地索取用户隐私数据的发展模式不仅违背商业伦理、突破法律底线，更因日益严格的监管约束而难以为继。随着社会各界对数据安全的重视程度不断提高，隐私保护法律法规将不断完善。一旦隐私数据被强制移除，高度依赖这些数据的人工智能模型算法可能会失效，即使重新训练也难以恢复到原有水平。未来，金融领域的人工智能发展将遵循隐私保护原则下的分布式人工智能和机器学习计算范式，在应用同态加密、差分隐私、安全多方计算等隐私技术的前提下，研发和部署横向联邦学习、纵向联邦学习、联邦迁移学习等，以应对不同业务场景的需求。

未来的新型人工智能范式不仅符合监管要求，而且能实现隐私保护与模型效能的动态平衡，为金融人工智能的可持续发展开辟新路径。

（六）高效

高效的金融是指具有高效能、高精准性、高实时性的金融。当前传统金融体系在效能表现方面面临诸多瓶颈，处理流程冗长、服务响应迟滞、中介环节过多和中介成本高企等问题尤为突出。特别是在跨境支付领域，一笔跨境汇款的平均成本高达汇款金额的6.3%，通常需要3～5个工作日才能完成，且存在访问受限、信息不透明等痛点。这种低效的根源在于中心化架构的固有缺陷——多级中介的参与不仅延长了交易链条，更导致数据孤岛和重复验证等问题。

高效的数字金融应在满足可信、安全、隐私保护、社会责任和智慧的基础上，对金融和信息系统进行全面优化。针对跨境支付领域存在的问题，基于区块链的数字货币因允许用户直接在链上进行支付和结算而被认为有潜力改变全球支付格局。需要明确的是，虽然理论上区块链可带来近乎实时的对账、清算和结算，实现交易即结算的功能，但当前主流的公链系统面临"不可能三角"约束：比特币（Bitcoin）7 TPS（transactions per minute，每秒交易量）、以太坊（Ethereum）15～20 TPS的吞吐量难以满足跨境支付场景下的高频和高并发支付需求。业界正尝试使用分片（sharding）、改进共识算法、有向无环图（directed acyclic graph，DAG）结构、链下计算（off-chain computing）或侧链等技术来提升区块链系统的性能和可扩展性。

2012年推出的跨境支付结算平台兼货币兑换网络瑞波（Ripple）宣称能实现"安全、即时、几乎免费和任何规模的全球金融交易"。其技术突破体现在三个维度：首先，瑞波账本（XRP Ledger）采用拜占庭共识算法，消除挖矿能耗，构建环保型结算网络；其次，与依赖闪电网络等第二层方案的比特币和以太坊不同，瑞波账本支持原生支付通道，使交易速度能够达到甚至超过维萨（Visa）等传统中心化支付系统（通常交易时间为4～5秒）；最后，系统原生代币瑞波币（XRP）作为桥梁货币大幅降低汇兑成本（每笔交易费用仅为0.000 01瑞波币，约不到一美分）。这些创新证明，当技术架构突破传统范式时，金融效率可获得质的飞跃。

第二节 数字金融的发展历程

一、数字金融的发展背景

2016年以来,我国在移动支付、网络贷款、数字保险等若干数字金融细分领域实现了高速成长,占据全球领先地位。以西方成熟经济体为参照系,中国的金融体系无疑是"落后"的,中国的科技创新能力整体上也落后于发达经济体。但中国却孕育了世界领先水平的数字金融,构成中国数字金融发展悖论,形成一个富有中国特色的重要经济现象。

2020年,国际清算银行发布研究报告《对金融科技的政策响应:一个跨国概览》①,提出了一个综合性的"金融科技树"概念(见图1.3),为我们分析中国数字金融的高速发展提供了有益的框架。所谓"金融科技树",即把金融科技发展比作一株大树的成长:公共政策和制度框架是树根,对金融科技发展有着基础性作用;核心技术是树干,决定着金融科技发展的高度和潜力;具体的市场供需与交易行为是树梢及附着其上的枝叶,代表着一个经济体金融科技产业的总体规模和繁荣程度。总体而言,中国数字金融的竞争优势主要

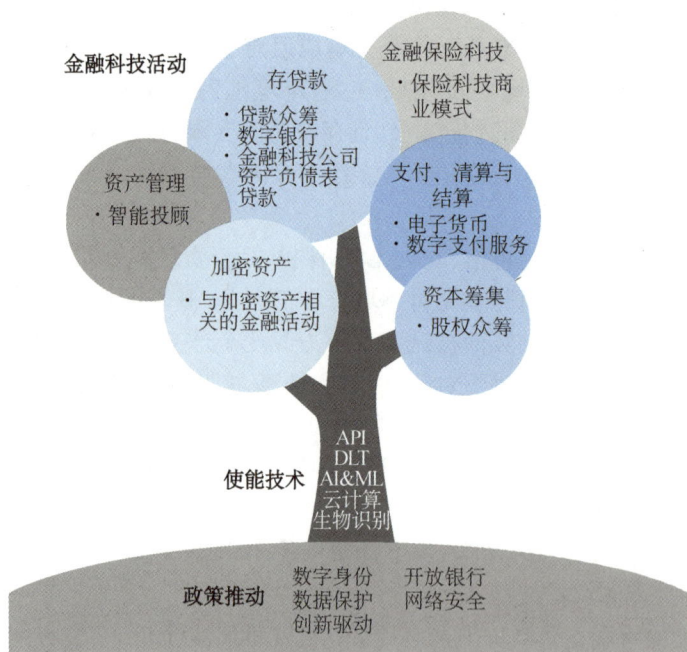

图1.3 "金融科技树"

资料来源:国际清算银行金融稳定研究所.对金融科技的政策响应:一个跨国概览[R/OL].(2020-01)[2025-03-26].https://www.bis.org/fsi/publ/insights23.pdf.

---

① 国际清算银行金融稳定研究所.对金融科技的政策响应:一个跨国概览[R/OL].(2020-01)[2025-03-26].https://www.bis.org/fsi/publ/insights23.pdf.

体现在树梢层面,即数字技术驱动的供给能力提升与庞大的市场需求相结合产生的海量市场交易活动。在树干层面,中国的底层核心技术研发能力尚存在明显短板。此外,在树根层面的制度结构上,我国仍需要朝着更具韧性的方向持续深化改革,用改革红利催生发展新动能。

参考该框架,并综合前沿文献的新观点,本文将从金融服务、技术创新和监管制度三个视角来分析我国数字金融飞速发展背后的原因。

(一)数字金融服务需求巨大

一般认为,中国的数字金融发展模式是需求拉动型模式,巨大的市场需求为数字金融的高速成长创造了广阔空间,是中国的"金融科技树"枝繁叶茂的首要原因。进一步地,巨大的市场需求来源于两方面的因素。一方面,中国长期拥有全球最大的人口规模。伴随着改革开放以来中国经济的快速发展,居民收入水平持续增长。庞大的人口规模与快速增长的居民收入叠加,形成了超大规模的国内市场。另一方面,传统金融部门的服务供给不充分,为数字金融发展提供了广阔市场空间。金融机构行为市场化程度不高等问题使得金融服务供给不平衡、不充分,无法有效满足实体经济和人民群众的需求。

在巨大的金融服务市场需求未能得到充分满足的情况下,中国的金融服务消费者对新型金融服务模式的接受程度远高于发达经济体,这一现象反映了传统金融模式的不足和新型金融服务的巨大潜力。发达经济体的第三方支付等数字金融业态早期发展迟缓,也与其传统金融服务供给较为充分有很大的关系。安永发布的《2019 年全球金融科技采纳率指数》[①]报告显示:中国消费者的金融科技采纳率为 87%,远高于全球平均水平 64%;中国中小企业金融科技采纳率为 61%,位居全球首位。根据埃弗雷特·罗杰斯(Everett Rogers)的创新扩散理论,创新的属性和用户对它的认知决定了创新被采用的速度。无疑,中国消费者对新兴服务业态的包容和开放有利于数字金融市场规模的拓展,为新一代数字技术在金融服务领域的大规模应用提供了巨大的市场机会,从根本上推动了金融科技企业的快速成长。在这 背景下,区块链、大数据和人工智能等新兴数字技术被广泛应用于数字金融创新活动,为市场提供更高效、更具普惠性的金融服务,从而有效满足了市场需求。在满足消费者需求的过程中,技术的应用推动着金融服务的触角不断延伸,业务不断下沉,市场规模不断扩展。这是中国的数字金融发展模式被称为需求拉动型模式的原因所在。

(二)技术进步推动数字金融供给侧创新

在数字技术领域,中国还缺少从 0 到 1 的重大原始创新,关键核心技术的原创和研发能力距离美国等发达经济体还有明显差距。中国的成功之处在于,紧密围绕市场需求,有效激发企业家精神,利用数字技术开展从 1 到 N 的流程创新。

从理论来说,数字技术的迅猛发展为数字金融的创新奠定了坚实的技术基础。凭借数字技术与互联网平台经济特性在信息搜集、传输、存储、利用等方面的显著优势,企业家

---

① 安永. 2019 年全球金融科技采纳率指数[R/OL]. (2019-07-24)[2025-03-26]. https://www.ey.com/content/dam/ey-unified-site/ey-com/zh-cn/insights/banking-capital-markets/documents/ey-global-fintech-adoption-index.pdf.

得以推动各类机构(从初期的金融科技企业到后期的传统金融机构)迅速采用新技术进行流程创新。这一趋势使得数字金融在经济系统中的应用逐渐成为一种重要的经济现象。其本质是金融企业家利用新兴的数字技术进入金融市场,实现新的资源组合和流程优化,进而获取利润的过程。

众多实证研究进一步证实了企业家在推动数字金融发展和金融体系重构中的关键作用。例如,有研究表明,金融企业家通过扩展新兴市场和开发新用户群体,为金融科技公司创造了增长机遇[①]。他们善于利用市场趋势和政策变化,调整业务策略以满足不同地区的需求,并在全球范围内推广金融科技产品和服务。这种策略使金融科技公司能够在国际市场上迅速扩张,形成强大的市场竞争力。与此同时,有研究认为,金融企业家通过敏锐识别市场需求和技术潜力,开发出了具有颠覆性的金融科技解决方案,如区块链技术和人工智能算法。这些创新技术不仅改变了传统金融产品和服务的运作方式,也大大提升了金融产品的个性化程度和服务效率。金融企业家通过创建新的商业模式和服务,推动了金融行业的整体创新和发展。有学者进一步指出,金融企业家通过引入新的技术和业务模式,打破了传统金融行业的固有模式,促使行业竞争格局发生了深刻变化[②]。他们的创新不仅带来了新型金融产品和服务,还促使传统金融机构进行数字化转型,以应对新兴金融科技企业带来的竞争压力。这种转型不仅提升了传统金融机构的运营效率,也推动了整个金融行业的现代化进程。一些学者从反面同样论证了这一观点,针对日本的案例研究发现,人口老龄化和以大型企业为主的经济结构导致日本社会缺乏足够的企业家精神,这直接限制了日本金融科技的发展[③]。这种缺乏企业家精神的现象表明,金融科技的发展不仅依赖技术的进步,也高度依赖具有创新精神的企业家。

2016年以来,分布于各类金融机构和科技企业的各类企业家通过不断将大数据、人工智能、互联技术、分布式技术及安全技术等前沿科技应用于金融领域,构建了一个涵盖政务、医疗、交通、旅游等多方面的移动金融服务生态系统。中国的数字金融服务业态逐步形成了包括移动支付、信用、理财、消费金融、互联网保险等在内的多样化金融服务体系。市场需求的强力拉动与供给侧的流程创新、场景创新相结合,形成了全新的产业生态,构筑起中国数字金融的重要竞争优势。这些金融服务业态的核心在于以人力资本投资为主,注重利用新一代信息技术对金融服务流程进行创新。这些创新不需要依赖重大技术变革,研发周期较短,极大地促进了中国数字金融的快速发展,实现了"弯道超车"。这种发展模式不仅满足了中国实体经济和人民群众的多层次金融服务需求,也为全球金融科技的发展提供了一个独特的范例。

综上所述,数字技术的进步和企业家的创新精神是从供给侧推动数字金融发展的两大核心驱动力。通过灵活运用新技术和创新的商业模式,金融企业家得以推动金融体系的转型和重构。中国在这方面的成功经验进一步表明,在快速发展的数字时代,成功实施金融创新的关键在于新技术、人力资本和应用场景的有效结合。

---

① PHILIPPON T. The FinTech opportunity[J]. NBER Working Paper,2016,No. 22476.

② GOMBER P,KOCH J A,SIERING M. Digital finance and FinTech:Current research and future research directions[J]. Journal of Business Economics,2017,87(5):537-580.

③ KAJI S,NAKATSUMA T,FUKUHARA M. The economics of Fintech[M]. Singapore:Springer,2021.

（三）包容性监管助力数字金融高速发展

在具有强监管属性的金融领域,市场拓展和资源投入能否共促创新实现规模化扩张,很大程度上取决于监管的包容度。对于数字金融这样的新生事物,监管者需要一个逐步深化认识的过程,在其能够对数字金融创新特性及后果有较为准确的把握之前,很难出台较为周密的规则,也很难将规则落实到具体的监督执行中。特别是监管机构在制定政策时必须平衡促进发展和控制风险之间的矛盾,加上金融监管的发展通常滞后于金融创新的步伐,这使得中国的金融监管政策在数字金融发展的早期阶段展现出了一种相对包容的特征。

这种包容性还与中国独特的经济竞争环境有关。中国各地经济发展呈现出一种"GDP 锦标赛"的竞争态势,各省区市通过不同的政策和手段追求经济增长最大化。在这一背景下,金融监管部门也形成了类似的"监管锦标赛",不同部门或地方政府为吸引金融机构和资本资源,往往采用以邻为壑的优惠政策和相对宽松的监管措施。通过放宽对特定金融创新的监管力度,这些地方政府和监管机构希望能够在金融市场中占据有利地位,从而推动本地区的经济增长。

基于数字金融在推动经济增长和提高金融普惠性方面的重要贡献,监管当局一度采取了差异化的监管策略。具体而言,传统金融机构继续受到严格的监管约束,以确保其稳定性和安全性,而新兴的数字金融领域则有相对宽松的监管环境。这种差异化的监管模式不仅反映了监管者对金融创新的鼓励,也体现了他们对新兴金融形式潜在风险的审慎态度。有研究揭示了这一现象的内在逻辑[1]:尽管金融科技企业难以获得传统金融机构的牌照,但在不需要牌照的领域,它们展现出了更强的竞争力。这种竞争力的背后是较少的监管约束,这为金融科技企业在市场中迅速崛起提供了契机。有学者进一步指出,中国的数字金融起初以互联网金融的形式出现,并在短时间内迅速发展[2]。这种快速的发展给中国的金融监管机构带来了巨大的挑战。面对互联网金融这一金融创新形式,通常保守的中国金融监管机构在初期采取了相对宽松的态度,他们选择了一种"观望"的策略,鼓励这种创新,同时避免过早实施过于严厉的监管措施。有学者观察到,对某些新型借贷形式(如众筹)的宽松监管进一步促进了金融创新的发展[3]。这种宽松的监管环境不仅允许新金融形式的出现,还推动金融包容性的提升,为那些传统金融体系难以覆盖的人群提供了新的金融服务渠道。此外,金融科技企业展现出的强大竞争力也对传统金融机构产生持久影响。为了应对来自金融科技的竞争压力,传统银行等金融机构不得不加速拥抱数字技术,在现有的监管框架内,通过降低金融服务成本、提高服务效率等手段,提升其市场竞争力。这一趋势表明,数字金融的兴起不仅在促进金融市场的创新和发展方面起到了积极作用,也推动了传统金融体系的改革和转型。

---

[1] STULZ R. FinTech, BigTech, and the future of banks[J]. Journal of Applied Corporate Finance, 2022, 34(1): 106-117.

[2] XU D, JOHN T C, REN Y. Wait-and-see or whack-a-mole: What is the best way to regulate Fintech in China? [J]. Asian Journal of Law and Society, 2023, 10(3): 433-462.

[3] CHORZEMPA M. The cashless revolution: China's reinvention of money and the end of America's domination of finance and technology[M]. New York: Public Affairs, 2022.

综上所述,中国的金融监管在面对数字金融创新时展现出了一种相对包容且灵活的态度。在"监管锦标赛"的竞争环境下,各地政府和监管机构通过差异化的政策手段推动金融市场的发展,同时在鼓励创新和防范风险之间寻求平衡。这种策略助推了数字金融的快速成长。

二、数字金融的演进历程

数字金融是我国数字经济发展中最为活跃的领域之一,也是产业数字化的代表性行业之一。在其发展过程中,金融信息化、互联网金融、金融科技、数字金融等概念在不同场合出现,也代表着数字金融发展所经历的不同阶段。

(一)金融信息化时代:传统金融电子化(20世纪70年代至2012年)

金融信息化是将现代信息技术融入金融业的重要进程,其基础是国家信息基础设施,包括信息网络、计算机技术、信息资源及人力资源等要素。通过统一技术标准,金融信息化实现了数据、语音、图像和视频的高效传输,构建了以计算机为核心的智能金融信息系统。中国金融信息化始于20世纪70年代,比发达国家起步晚,但发展迅速。经过20余年的努力,中国建立了较为成熟的金融信息体系,完成了从无到有、从有到精的跨越。这一进程是以金融机构和监管机构为核心,各金融机构在中国人民银行、中国证监会等监管机构的领导下,根据自身情况制定信息化发展战略。中国金融信息化的发展可分为五个阶段。

1. 起步阶段(20世纪70年代)

以20世纪70年代,中国银行引入第一套理光-8型(RICOH-8)主机系统为标志,中国金融信息化正式起步。在该阶段,核心目标是利用计算机技术取代人工操作,主要采用脱机批处理的方式进行业务处理。借助计算机效率高、准确性强的优势,银行实现了部分业务的自动化处理,如对公业务、储蓄业务和联行对账等业务。

2. 推广应用阶段(20世纪80年代)

20世纪80年代,我国各大银行开始在大中城市推广柜面业务处理系统,建立同城银行间的联网系统,实现同城银行间的活期储蓄通存通兑。计算机技术开始被广泛应用于银行门市业务、资金清算、信贷管理等领域。值得一提的是,中国银行在1985年加入了环球银行金融电信协会(Society for Worldwide Interbank Financial Telecommunications,SWIFT),标志着中国银行业网络信息系统与国际接轨。

3. 完善提高阶段(20世纪90年代)

20世纪90年代,各大银行升级信息系统,扩大业务处理范围以提升业务处理能力。1991年4月,中国人民银行卫星通信系统正式上线,运行其上的全国电子联行系统标志着我国银行信息系统进入全面网络化阶段。在此基础上,部分城市建立了自动化同城票据交换系统,有效解决了长期存在的资金清算效率低下、可靠性差等问题,实现异地资金清算高质高速完成。与此同时,其他各大行逐步加入SWIFT系统,显著提升了自身国际结算能力。除了传统金融业务外,各行在信息技术支持下推出了可以随时随地提供服务的新型自助银行,形成了全方位、全开放、多层次且与国际接轨的新型金融服务体系。此外,在中国人民银行卫星通信系统上还应用了全国证券报价交易系统,推动全国形成统一、公平、合理的证券交易市场,揭开计算机在金融领域的应用新篇章。

4. 传统金融行业互联网化阶段(20世纪90年代末到2005年)

1993年,电子商务的诞生推动了商务活动的电子化。传统金融机构为适应这一新兴商务模式,开始转变经营观念、支付方式和运营模式,陆续推出网上转账、网上证券开户等互联网金融业务。在信息技术快速发展叠加中国加入世界贸易组织(World Trade Organization,WTO)的背景下,中国金融企业开始利用信息技术加强客户管理、产品创新和内部信息化建设,以求在不断变革的金融市场中保持竞争优势。金融信息化的意义并不局限于金融行业本身,它也是社会信息化的重要组成部分。在电子商务时代新形势下,金融企业要将其支付系统与企业网络、政府网络以及消费者网络对接。信息技术已渗透到金融领域的方方面面,其应用水平、网络化程度成为衡量"新世界、新金融、新银行"的一个重要标准。然而此阶段,中国并未真正形成互联网金融形态,传统金融机构仅是简单地将金融业务搬到互联网上。

5. 第三方支付蓬勃发展阶段(2005—2012年)

2005—2012年是我国金融信息化向互联网金融转型的关键时期。金融与互联网的融合开始从技术层面深入到业务领域。第三方支付、点对点(P2P)网贷等互联网金融业务相继出现。第三方支付平台作为信用中介,解决了电子商务中货款支付不同步的信用问题,并迅速发展。随着移动通信的普及,其应用范围逐步拓展至生活服务领域。

(二) 互联网金融时代:互联网＋金融兴起(2013—2016年)

1995年,美国安全第一网络银行(Security First Network Bank,SFNB)的成立标志着互联网金融的诞生。在中国,2013年被视为我国互联网金融的元年,"余额宝"的推出象征着中国互联网金融进入高速发展阶段。互联网金融的发展历程可划分为两个阶段。

1. 互联网实质性金融业务发展阶段(2013—2015年)

从2013年起,互联网科技公司和传统金融机构均借助数字技术开展金融创新,"余额宝"的成功不仅令传统金融行业受到冲击,也推动了金融创新的加速。在此后的一段时间,第三方支付逐渐成熟,P2P网贷迅猛发展,众筹平台兴起,互联网保险和互联网银行获批运营,同时券商和基金公司也纷纷利用互联网拓展业务。网络金融超市和金融搜索平台开始出现,为用户提供整合式金融服务。2015年,中国十大部委联合发布《关于促进互联网金融健康发展的指导意见》[①],正式将互联网金融作为一种全新的金融商业模式。

2. 互联网规范性金融业务完善阶段(2016年)

伴随互联网金融领域监管政策与行业自律规范在2016年密集发布,中国互联网金融行业正式迈入规范化发展阶段。2016年9月9日,中国互联网金融协会与17家会员单位签署《中国互联网金融协会互联网金融服务平台信用信息共享合作协议》,并上线"互联网金融行业信用信息共享平台"[②]。信用信息共享平台的建立是协会履行监管职能的新尝试,旨在构建行业诚信体系,推动网络金融标准化发展。该平台的主要作用包括:一是结合行业信用信息系统促进互联网金融行业信用体系的发展,进一步与全国金融信息数据

---

① 中国人民银行,工业和信息化部,公安部,等. 关于促进互联网金融健康发展的指导意见[EB/OL]. (2015-07-18)[2025-03-21]. https://www.gov.cn/zhengce/2015/07/18/content_2899360.htm.

② 中国新闻网. 中国互联网金融协会互联网金融服务平台信用信息共享合作协议签署[EB/OL]. (2016-09-09)[2025-03-26]. https://www.chinanews.com.cn/fortune/2016/09-09/7999513.shtml.

库及其他行业信用数据库结合,为社会信用体系奠定坚实基础;二是完善互联网金融风险管理制度,打破信息壁垒,整合信用信息,提升行业风险管理能力;三是推动行业自律体系的完善,促使成员机构遵守法律法规,保护用户隐私,提升信息管理水平。

以网络借贷为例,2016年8月17日发布《网络借贷信息中介机构业务活动管理暂行办法》①,2016年10月13日印发《P2P网络借贷风险专项整治工作实施方案》②。随着专项整治工作稳步推进,网络借贷风险整体呈下降态势,风险案件高发频发的势头得到初步遏制。在行业自律方面,根据相关指导意见和管理办法,中国互联网金融协会筹备建立网络借贷专业委员会。该协会于10月28日发布《互联网金融信息披露个体网络借贷》标准(T/NIFA1—2016)和配套自律制度《中国互联网金融协会信息披露自律管理规范》③,其中定义并规范了96项披露指标,包括65项强制性披露指标和31项鼓励性披露指标。通过披露从业机构信息、资金存管、借款用途、合同条款等,实现机构透明化、资金流转透明化和业务风险透明化。

(三) 金融科技:金融和科技强强联合(2017—2019年)

在这一时期,互联网和移动互联网技术逐渐转变为基础的技术架构,而不再是推动金融创新发展的主要驱动力。为了进一步提升服务能力和效率,2017年后,中国金融业借助大数据、云计算、人工智能等前沿技术,在理财、支付、融资、平台建设等多个领域广泛应用金融科技。该阶段金融科技的发展特征主要表现为传统金融机构与互联网科技公司共同成为发展的核心力量。

对于金融科技在这一阶段快速发展的原因,主要有两种代表性观点。一方面,有研究对64个国家金融科技发展的经济和技术因素进行比较分析后发现,金融科技初创企业涌现的主要原因包括:一是最新技术的可获取性、资本市场的充分发展和移动电话订阅量的增加;二是金融体系的逐步健全;三是劳动力供给和政府政策的影响④。另一方面,有些学者则认为,金融科技快速发展的动因包括:一是金融危机后监管合规成本的上升;二是现有金融体系的局限性;三是政府对科技发展和创新的支持;四是人口结构和金融消费行为的变化⑤。四个因素共同推动金融科技涌现和发展。

(四) 数字金融时代:智慧金融生态系统(2020年至今)

数字技术与金融行业的融合不断深化,基于智能化与生态化的数字金融成为金融科技的未来发展方向。2019年10月,习近平在中共中央政治局第十八次集体学习中首次明确提出"数字金融"概念。同时,在金融严监管和互联网平台去金融化的背景下,以P2P为代表的互联网金融逐步被整顿治理,金融创新回归服务实体经济的本源,开启了数字金

---

① 中国银行业监督管理委员会,工业和信息化部,公安部,等.网络借贷信息中介机构业务活动管理暂行办法[EB/OL].(2016-08-17)[2025-03-26].https://www.gov.cn/zhengce/2016-08/17/content_5722713.htm.
② 中国银行业监督管理委员会,工业和信息化部,公安部,等.P2P网络借贷风险专项整治工作实施方案[EB/OL].(2016-10-13)[2025-03-26].https://www.gov.cn/xinwen/2016/10/13/content_5118615.htm.
③ 中国互联网金融协会.中国互联网金融协会正式发布互联网金融信息披露标准和配套自律制度[EB/OL].(2016-10-28)[2025-03-26].https://www.nifa.org.cn/nifa/2955675/2955761/2961137/index.html.
④ HADDAD C, HORNUF L. The emergence of the global Fintech market: Economic and technological determinants[J]. Small Business Economics, 2019, 53(1): 81-105.
⑤ 王静.全球金融科技发展动因及监管科技发展趋势[J].证券市场导报,2018(2):10-16.

融的全新发展之路。

第一,数字金融监管开启法治化、规范化与智能化进程。随着金融数字化转型的加速,金融监管局进一步强化顶层设计,完善覆盖全面风险的监管框架,并优化相关法律法规与标准规范体系。通过数字技术提升监管穿透力,持续推进监管沙盒试点,推动数字金融迈向合规、稳健、有序且富有创新的发展新阶段。

第二,大型金融科技企业拥抱监管并稳步推进上市。当前,监管的重点聚焦于反垄断、防止资本无序扩张以及反对滥用市场支配地位。金融科技头部平台可能面临审查甚至拆分,非金融企业投资形成的金融控股公司将依法纳入统一监管。金融服务将全面实行持牌经营,消费信贷业务的高杠杆模式难以为继,联合贷款的放贷能力也将受限。尽管监管趋严,但符合条件的金融科技企业对上市仍表现出高度的积极性,细分领域的龙头企业有望成功完成首次公开募股(initial public offering, IPO),并在上市后获得更多发展机遇。

第三,服务实体经济的商业模式被重塑。在"双循环"发展格局下,数字金融创新将从消费金融向产业金融拓展,小微金融、供应链金融和"三农"金融等领域将成为创新的核心领域。蚂蚁集团、百度和京东等旗下网络小贷公司可能需要大幅增加注册资本,大部分网络小贷公司可能面临转型、转让、引入战略股东甚至退出市场。同时,异地网络贷款将受到严格规范,联合贷款模式将被重塑。服务实体经济将成为网络小额贷款发展的关键方向。消费金融在政策支持下将注重可持续发展能力,盘活信贷存量,扩充融资渠道,拓展业务范围。

第四,数字技术加速金融数字化转型。数字金融是技术驱动的金融创新,而区块链、5G、大数据、人工智能等底层技术的相互融合能加速金融科技深化发展。在金融服务领域,非接触式的在线化、数字化和智能化服务正在成为主流。金融科技将支持金融机构积极探索线上预约与线下服务的无缝对接模式,推动更多金融决策借助人工智能技术实现自动化处理。这一趋势不仅将加速更多传统业务场景和金融机构的数字化转型,还将进一步扩大金融科技服务商的市场空间。然而,这一趋势也对传统金融监管提出了新的挑战,即积极探索应对金融科技风险的有效路径。例如,基于区块链技术的"自金融"模式要求监管机构依据客户的数字身份划定数字司法辖区,并以智能合约为重点,实施去中心化的金融业务监管。

第五,数据合规性驱动数字金融创新。为了给金融科技和数字金融的规范健康发展提供坚实的法律保障,政府陆续出台《中华人民共和国个人信息保护法》[①]、《中华人民共和国数据安全法》[②]和《个人金融信息保护技术规范》[③]。未来将有更多符合资质的个人征信机构依法获得经营牌照。这些持牌机构将通过规范化的信息采集和使用机制,有效保障个人信息安全,进而推动个人征信市场的健康发展。随着《中国人民银行金融消费者权

---

① 全国人民代表大会常务委员会. 中华人民共和国个人信息保护法[EB/OL]. (2021-08-20)[2025-03-27]. https://www.gov.cn/xinwen/2021-08/20/content_5632486.htm.

② 全国人民代表大会常务委员会. 中华人民共和国数据安全法[EB/OL]. (2021-06-10)[2025-03-27]. https://www.gov.cn/xinwen/2021-06/11/content_5616919.htm.

③ 中国人民银行. 个人金融信息保护技术规范[EB/OL]. (2020-02-13)[2025-03-27]. https://cfstc.pbc.gov.cn/bzgk/detail/?id=0&bzId=1856.

益保护实施办法》①的实施,金融机构内部控制机制进一步完善,承担消费者信息安全管理的主体责任。央行将对侵害消费者金融信息安全的行为"零容忍"。政府数据开放共享的深入推进和国家数据统一开放平台的建成,将为金融领域带来数据开放红利。

第六,数字人民币试点工作继续扩大。数字人民币的二元架构体系有助于央行实现穿透式监管和加强宏观经济调控,打通零售端(C 端)、企业端(B 端)和政府端(G 端)的应用场景。数字人民币研发工作受到国家高度重视,2020 年 11 月 1 日,习近平在《求是》杂志发表文章,强调要积极参与数字货币国际规则制定。"十四五"规划也提出稳妥推进数字货币研发。未来,数字人民币试点城市和应用场景将逐步扩大,跨境支付场景有望实现突破。

综上所述,运用数字技术和金融数据推动金融业数字化转型成为数字金融时代的主旋律。从金融信息化到互联网金融,再到金融科技和数字金融,概念演变背后的逻辑可从以下四个方面理解:一是价值回归,金融应以服务实体经济为出发点和落脚点;二是技术驱动,随着 5G 时代的到来,物联网、虚拟现实和增强现实等技术将加速发展和应用;三是风险防控,防范系统性金融风险始终是金融工作的核心任务;四是监管趋严,2016 年 4 月启动的互联网金融风险专项整治以及 2020 年 11 月开启的金融科技强监管推动了行业规范发展。

第三节　数字金融与传统金融的比较

数字金融作为传统金融体系利用数字技术所开展的继承性创新,与传统金融部门有着密不可分的联系,又存在显著区别。

一、传统金融与数字金融的异同

(一) 传统金融与数字金融的相同之处

第一,金融的基本构成要素保持一致。金融体系的构建基于信用、货币流通和金融中介等基本要素,这些要素构成了金融活动的基础。随着市场经济的发展,金融体系从最初的信用活动扩展到包括银行、证券、外汇和衍生品等多个领域。数字金融的兴起并没有改变这些核心要素,而是通过提高金融活动的效率和改变其运作方式,对这些要素进行现代化的重塑。数字金融通过引入先进的技术手段,如区块链、大数据分析等,提高金融交易的透明度和效率,但并未改变金融体系的基本构成,而是在原有基础上进行创新和优化。

第二,金融的核心功能保持一致。金融交易的本质在于实现不同时间点上金融资源和信用的价值交换,它在经济体系中扮演着至关重要的角色。金融的核心功能包括资源配置、宏观经济调控以及提升经济效率。自金融活动诞生以来,无论传统金融还是数字金融,都始终围绕这三个核心功能展开。数字金融通过数字化手段,如移动支付、在线银行

---

① 中国人民银行. 中国人民银行金融消费者权益保护实施办法[EB/OL]. (2020-07-20)[2025-03-27]. https://www. gov. cn/gongbao/content/2020/content_5567753. htm.

服务等,使得金融服务更加便捷和普及,但这些服务仍然围绕着金融的核心功能展开,即通过有效的资源配置和风险管理,促进经济的稳定增长。

第三,市场化发展趋势保持不变。市场化发展是成熟金融市场不可或缺的要素,因为市场参与者追求利润的本性使得市场化力量能够自然地发挥筛选和淘汰的作用,从而加强金融体系和金融基础设施的合理性。无论数字金融还是传统金融,目标都是增强金融体系的市场化水平,提高其完善度,以促进资源的有效分配和经济的健康发展。市场化不仅促进金融产品和服务的创新,还提高金融市场的效率和透明度。数字金融通过技术手段,如算法交易、自动化投资顾问等,进一步推动市场化进程,使得金融市场开放和竞争程度更高,从而提高整个金融体系的效率和活力。尽管数字金融带来了新的机遇和挑战,但其市场化的发展趋势与传统金融是一致的,都是为了实现更高效、更公平的资源配置。

(二) 传统金融与数字金融的不同之处

第一,技术基础不同。传统金融孕育于蒸汽时代和电气时代,运用电力等技术驱动金融行业的发展。电气和通信的发明和使用使得金融行业进入发展的快车道。但是在这时代背景下,金融受制于时间和空间,从而制约金融全球化的进一步发展。相比而言,数字金融孕育于传统金融之中,脱胎于信息时代的背景。数字金融大量应用大数据、云计算、人工智能、区块链等新兴技术,重塑传统金融信息收集、风险定价、金融中介、资源分配等过程。

第二,金融参与者不同。在传统金融中,金融领域投融资行为的参与者以商业银行为主,商业银行在投融资过程中扮演着必不可少的金融中介的角色。在数字金融时代背景下,金融脱媒的趋势越来越显著。资金的供需双方可以借助各种新型金融工具直接实现资金的流动,例如,P2P金融工具的出现使资金供需双方越过商业银行等金融中介实现资金的流动。此外,一个显著的不同在于,在数字金融的发展中,大量数字技术企业深入参与数字金融业务运营,成为数字金融服务的重要提供商和新兴的金融机构,而非仅仅提供技术支持。

第三,金融工具不同。传统金融主要使用信息技术(Information Technology, IT)的软硬件实现金融业务和过程的电子化,其利用的金融工具主要包括交易系统、信贷系统和清算系统等。数字金融则主要使用大数据、云计算、区块链、人工智能等新技术,并将这些技术创新性地应用于投融资业务、保险、支付、清算等方面,形成全新的服务模式和产品。这种金融工具的革新不仅改变了行业的技术架构,还大幅降低了市场准入门槛,使得部分非金融企业能够绕过传统金融机构的监管壁垒,迅速渗透金融领域并争夺市场份额。

第四,金融模式不同。传统金融的金融模式主要有两种,分别是以银行为主的间接模式和以资本市场为主的直接模式。在一定程度上,传统金融运行模式都需要"金融中介"介入资金配置过程,从而实现资金从供给方流向需求方,实现资金的合理配置;数字金融在传统金融的两种模式基础上又开辟了第三种金融模式。此种金融模式利用互联网点对点的信息技术优势,将市场上存量的资金供需双方自行直接匹配,再通过第三方支付的方式完成资金转移和合理配置的过程。传统的金融部门可能仅在数字金融模式过程中发挥结算和清算功能。

二、传统金融与数字金融的关系

数字金融是传统金融体系在数字经济时代衍生出的金融新业态。目前,关于数字金融与传统金融的关系在学术界尚未有定论,下面尝试对相关研究进行梳理。

(一)传统金融是数字金融的基础和依托

现有研究认为传统金融供给是数字金融发展的重要基础,可以为金融创新提供四个方面的支持。

第一,资金支持。对于初创数字金融或金融科技企业而言,虽然传统金融机构和资本市场较少直接地为其提供融资支持,但一个发达的传统金融市场能够营造良好的融资环境,提供风险投资、私募股权以及加速器和孵化器等多样化融资渠道①。

第二,金融知识支持。数字金融作为一种以数字技术为依托的新型金融供给形式,既需要具备信息、技术、管理经验等方面知识的人才支持,也对消费者提出了一定的金融知识和数字技术使用的门槛要求②。在传统金融供给充分的地方,通常金融发展程度较高,金融从业人员知识水平和消费者对金融产品理解和使用也更加充分,可以为数字金融提供发展所需的智力支持。

第三,基础设施支持。普惠性是数字金融的重要特征,而数字普惠金融可从覆盖广度、使用深度和数字化程度三个维度加以细分③。这三大细分领域的发展则需要依托传统金融供给。对于数字金融覆盖广度而言,其需要依托银行账户实现,一个账户绑定的银行卡数量越多,数字金融能覆盖的用户就越多;对于数字金融使用深度而言,用户需要基于在银行开立的个人账户,才能通过数字金融平台开展信贷、理财等业务;对于数字化程度而言,用户获得更加便利的数字金融服务需要依托传统金融提供的金融基础设施才能实现。

第四,协同效应。从市场供需角度看,融资方持续且旺盛的融资需求会呈现双重效应:它不仅是传统金融供给扩张的直接推力,更驱动着融资方主动拥抱数字金融等新兴渠道,为数字金融创造广阔的发展空间。这两种金融业态在市场需求的拉动下形成共振,共同构建多层次的金融供给体系。

(二)数字金融对传统金融的可能影响

数字金融凭借数字技术的技术-经济特征和内生创新属性会反作用于传统金融部门。已有一些研究对数字金融与传统金融部门的关系进行了探讨但尚未达成一致,目前主要存在补缺论、互补论和替代论三种观点。

1. 补缺论

如前文所述,在发展中国家广泛存在的金融抑制和金融摩擦是中国数字金融得以快速发展的重要推动力。正规金融部门的供给不足导致金融资源在不同主体、行业、地区间

---

① HADDAD C, HORNUF L. The emergence of the global Fintech market: Economic and technological determinants[J]. Small Business Economics, 2019, 53(1): 81-105.

② 郭峰,王瑶佩.传统金融基础、知识门槛与数字金融下乡[J].财经研究,2020(1):19-33.

③ 郭峰,王靖一,王芳,等.测度中国数字普惠金融发展:指数编制与空间特征[J].经济学(季刊),2020(4):1401-1418.

的配置失衡以及信贷价格扭曲,特别是民营企业、中小微企业、中低收入群体难以从正规金融部门获得充足的资金支持,面临较强的融资约束。相比之下,数字金融的普惠性能够覆盖过去被排斥在传统金融之外的群体,因而在传统金融供给不足、金融排斥较强的地区,数字金融更有可能快速发展[①]。补缺论认为,数字金融的发展可以弥补传统金融的不足,触达传统金融服务不到的群体[②]。粟芳和方蕾的研究[③]表明:在交通比较发达的地区,农户可以寻求传统金融服务;在交通不发达的农村地区,农户寻求传统金融服务的难度更高,从而会转向互联网金融。如果补缺论成立,那么数字金融对传统金融具有"雪中送炭"的作用。

2. 互补论

互补论认为数字金融通过数字技术和数据逻辑创新金融供给模式和资源配置机制,能够有效弥补传统金融供给不足并矫正传统金融错配失衡,显著降低市场信息不对称并有效缓解企业融资约束,提高金融服务的质量与效率[④]。但数字金融无法摆脱传统金融的积淀而独自生存[⑤],只可能对传统金融"锦上添花"。姚耀军和施丹燕的研究表明数字金融表现出对传统金融的路径依赖[⑥]。以农村普惠金融为例,数字金融与农村普惠金融的发展密不可分:前者为后者提供核心驱动力,而后者正是前者在早期阶段最重要的应用领域。刘西川等发现在农户信贷市场上正规和非正规金融部门间存在明显的互补关系[⑦]。粟芳和方蕾发现数字普惠金融在金融发展程度较高的东部地区发展得更好[⑧]。郭峰和王佩瑶对农村数字普惠金融的实证分析发现,农户使用传统金融机构的线下金融服务频率越高,越倾向于使用数字金融[⑨]。此外,郭峰等的研究也为该观点提供了基于区域层面的实证证据[⑩]。互补论是目前最受支持的观点[⑪]。

从风险管理的视角分析,用户在选择金融服务时会对比传统金融和数字金融的优劣。尽管数字金融利用互联网和大数据等技术提升了服务效率,但也引发用户对其可能因为监管不足和技术缺陷而面临数据安全问题的担忧。相较而言,传统金融得益于成熟的监

---

①　黄益平,黄卓. 中国的数字金融发展:现在与未来[J]. 经济学(季刊),2018(4):1489-1502.

②　王国刚,张扬. 互联网金融之辨析[J]. 财贸经济,2015(1):5-16.

③　粟芳,方蕾. 中国农村金融排斥的区域差异:供给不足还是需求不足?——银行、保险和互联网金融的比较分析[J]. 管理世界,2016(9):70-83.

④　唐松,伍旭川,祝佳. 数字金融与企业技术创新——结构特征、机制识别与金融监管下的效应差异[J]. 管理世界,2020(5):52-66;江红莉,蒋鹏程. 数字金融能提升企业全要素生产率吗?——来自中国上市公司的经验证据[J]. 上海财经大学学报,2021,23(3):3-18.

⑤　郑联盛. 中国互联网金融:模式、影响、本质与风险[J]. 国际经济评论,2014(5):103-118.

⑥　姚耀军,施丹燕. 互联网金融区域差异化发展的逻辑与检验——路径依赖与政府干预视角[J]. 金融研究,2017(5):127-142.

⑦　刘西川,杨奇明,陈立辉. 农户信贷市场的正规部门与非正规部门:替代还是互补?[J]. 经济研究,2014(11):145-158,188.

⑧　粟芳,方蕾. "有为政府"与农村普惠金融发展——基于上海财经大学2015"千村调查"[J]. 财经研究,2016b(12):72-83.

⑨　郭峰,王瑶佩. 传统金融基础、知识门槛与数字金融下乡[J]. 财经研究,2020(1):19-33.

⑩　郭峰,孔涛,王靖一. 互联网金融空间集聚效应分析:来自互联网金融发展指数的证据[J]. 国际金融研究,2017(8):75-85.

⑪　刘澜飚,沈鑫,郭步超. 互联网金融发展及其对传统金融模式的影响探讨[J]. 经济学动态,2013(8):73-83.

管框架和行业规范,能够更好地保障客户的权益。因此,一些注重隐私保护和风险规避的用户可能更倾向于选择传统金融服务方式,而数字金融的新颖性和便捷性对年轻群体更具吸引力。这意味着,基于不同的风险偏好,用户群体会做出不同的选择,两者在市场中相互补充、共同发展。

3. 替代论

替代论认为数字金融可以降低交易成本和信息不对称程度,从而打破金融约束的边界,无限趋近于一般均衡中无金融市场的稳态。因此,作为一种能够优化人们消费的新兴投融资模式,数字金融将取代传统金融市场①。但汪炜和郑扬扬认为,数字技术的改进和金融产业的革命有着本质区别,替代论人为地排除了传统金融部门数字化、追求内生进步的可能②。由于替代论的观点较为激进且缺少学术支撑,其合理性与可信性一直备受质疑。

综上所述,当前数字金融模式与传统金融关系的讨论主要集中于数字金融究竟是"雪中送炭"还是"锦上添花"。

第四节　数字金融的发展趋势

一、全球数字金融发展特征

目前,全球数字金融发展呈现全球化、创新驱动、普惠金融以及技术合规和风险管理四大特征。

（一）全球化

金融全球化是指金融市场、金融机构和金融资本在世界范围内的联系日益加深的过程。它是随着经济全球化的发展而发展的,涉及资本跨境流动、金融机构跨国发展、国际金融规则制定等。数字金融可能重塑全球金融体系,改变传统金融机构的角色和功能,推动金融创新和务实合作。随着互联网的普及和通信技术的进步,金融服务的边界逐渐消失,金融市场的国际化程度不断提高。数字金融促进了全球金融市场的互联互通,使得跨境支付、国际投资和贸易等活动更加便捷和高效。同时,数字金融也对全球金融监管形成挑战,需要国际合作和协调来应对跨境金融风险和安全问题。这些现实的需要和挑战都对数字金融全球化发展提出了新的要求。

（二）创新驱动

在数字化浪潮的推动下,金融创新主要体现为技术革新。以数字技术为基础的金融创新正持续推出创新的产品和服务,不断引领金融业务和模式的变革。例如,利用区块链技术开发的数字货币改变了传统货币的形态,且在降低交易成本、重塑信任体系和全球货币体系方面发挥着重要作用。人工智能和大数据分析等技术的应用增强了金融机构基于数据的风险管理和客户服务能力。再如,智能投研、智能营销、智能理财是近年来金融创新领域中人工智能应用的三个主要方向,每个方向均体现了数字技术与金融创新

---

① 谢平,邹传伟. 互联网金融模式研究[J]. 金融研究,2012(12):11-22;谢平,邹传伟,刘海二. 互联网金融的基础理论[J]. 金融研究,2015(8):1-12.
② 汪炜,郑扬扬. 互联网金融发展的经济学理论基础[J]. 经济问题探索,2015(6):170-176.

的融合。从智能投研方向来看,智能投研应用人工智能技术(如自然语言处理和深度学习),高效挖掘海量市场数据以辅助风险资产定价和市场趋势预测,显著提高投资精度并降低成本与风险。从智能营销方向来看,智能营销通过机器学习和知识图谱等技术深入分析数据,创建精准用户画像,优化金融产品与服务的匹配度,提升客户体验和转化率。从智能理财方向来看,智能理财通过结合自然语言处理、计算机视觉和联邦学习等技术,加上深度学习和神经网络,优化资产管理并提供针对客户需求的定制化理财建议,从而实现风险资产定价的优化、个性化理财方案的制定,以及投后风险管理和资产调整的智能化。技术驱动的数字金融不仅会改变金融行业的竞争格局,也将对其他行业产生深远影响。

(三) 普惠金融

普惠金融亦被称为包容性金融,力求满足社会各群体的金融需求,为用户提供低成本的融资服务,关注小额、分散的金融服务需求。传统金融服务因其物理网络点的地理限制而存在明确的服务边界,通常倾向于服务能够为其带来高额利润的主要客户群体,这一现象可以通过"二八原则"描述,即80%的利润往往来自20%的用户。数字金融通过互联网和移动技术的应用,突破了这些地理和社会限制,使金融服务能够触达更广泛的人群,包括那些曾经被传统金融服务忽略的偏远地区和较低收入群体。一方面,金融服务借助移动支付和电子银行等数字工具,得以扩展到城乡各地。无论城市居民还是农村居民都能享受到便捷的金融服务,这不仅提高了金融服务的可达性,还促进了金融交易的普及,加强了金融包容性。另一方面,数字普惠金融服务的快速发展为小微企业和个体经营者的特定产品提供更多元化的融资渠道,增强对企业的信贷支持。在宏观层面,数字金融通过提升市场化水平和加强监管,进一步促进了企业融资环境的改善,对小规模企业及处于成长期和成熟期的民营企业尤其如此。在微观层面,数字金融通过促进金融机构对企业生产经营情况的了解帮助企业更容易地获得融资,同时降低获取资金的成本。

(四) 技术合规和风险管理

金融系统的稳健对于经济发展、社会稳定以及市场的顺畅运作至关重要,而金融机构之间存在较为复杂的借贷关系,极易造成风险蔓延传播甚至可能导致金融危机乃至影响政治稳定。因此,金融合规与有效的风险防控机制是金融行业的重要基础,也是各国金融监管当局的重要目标。传统金融部门内的合规管理框架已基本完善,而伴随着新技术的到来,数字金融面临着诸多传统金融没有遇到的风险。一方面,面对金融机构的某些敏感信息,新技术的应用可能会造成技术不稳定、隐私泄露、数据投毒等问题;另一方面,当前金融科技伦理管理组织架构与制度规范尚未完全建立,技术滥用和误用的风险仍有缺口且各类风险之间还存在着交叉和叠加效应,进一步放大了风险的潜在危害性。具体而言,数字金融风险包括网络安全风险、数据隐私风险、模型偏见风险、资产合规风险等。目前,金融机构已普遍将数字化转型风险纳入风险管理体系,做好数字金融领域分级、分类标准,完善全生命周期安全管控与合规管理,建立面向新技术应用的风险评估和试错容错等机制,以防范技术风险向金融领域蔓延。

二、中国数字金融发展路径

（一）加强数字金融相关基础设施建设

数字金融基础设施是承载金融业务稳健运行的重要基石，是关乎金融安全、金融创新、金融活力的关键设施和战略资源。首先，加快基于新一代移动通信、智能科技等演化形成的新型技术基础设施建设，包括建设金融数据中心、算力中心、数字身份认证系统等，注重自主创新和安全可控，为金融数字化发展提供可靠基础支撑。根据《第 54 次中国互联网络发展状况统计报告》[①]，截至 2024 年 6 月，我国网络支付用户规模达 9.69 亿人，较 2023 年 12 月增长 1 498 万人，占网民整体的 88.1%（见图 1.4）。同时，政策支持和资金投入持续在农村地区加码。中国陆续出台《数字乡村发展行动计划（2022—2025 年）》[②]、《"十四五"推进农业农村现代化规划》[③]和《中国人民银行关于做好 2022 年金融支持全面推进乡村振兴重点工作的意见》[④]等系列政策，旨在加强农村地区的数字基础设施建设。其次，加快基于科技金融而规划建设或升级改造的数字金融融合基础设施建设，包括建设国家现代化支付清算系统、中央银行法定数字货币、供应链金融信息服务平台、经营主体征信基础设施等，着力构建多层次、广覆盖的数字金融融合基础设施体系，满足通用性公共服务和差异化个性服务需求。最后，加快基于科学研究、技术开发、标准制定的数字金融创新基础设施建设，设立有关数字金融研究中心，推动数字金融、科技金融的创新研发。

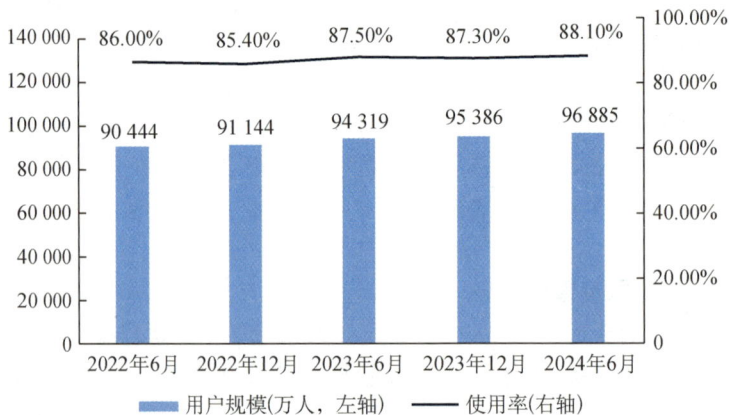

图 1.4 2022 年 6 月—2024 年 6 月网络支付用户规模及使用率

资料来源：中国互联网络信息中心. 第 54 次中国互联网络发展状况统计报告［R/OL］.（2024-08-29）［2025-03-26］. https://www3. cnnic. cn/NMediaFile/2024/0911/MAIN1726017626560DHICKVFSM6. pdf.

---

① 中国互联网络信息中心. 第 54 次中国互联网络发展状况统计报告［R/OL］.（2024-08-29）［2025-03-26］. https://www3. cnnic. cn/NMediaFile/2024/0911/MAIN1726017626560DHICKVFSM6. pdf
② 中央网络安全和信息化委员会办公室，农业农村部，国家发展和改革委员会，等. 数字乡村发展行动计划（2022—2025 年）［EB/OL］.（2022-01-25）［2025-03-27］. https://www. cac. gov. cn/2022-01/25/c_1644713315749608. htm.
③ 国务院. "十四五"推进农业农村现代化规划［EB/OL］.（2022-02-11）［2025-03-27］. https://www. gov. cn/zhengce/content/2022-02/11/content_5673082. htm.
④ 中国人民银行. 关于做好 2022 年金融支持全面推进乡村振兴重点工作的意见［EB/OL］.（2022-03-30）［2025-03-27］. http://www. pbc. gov. cn/zhengwugongkai/4081330/4406346/4693549/4519986/index. html.

(二)促进数字金融与实体经济深度融合

数字金融应服务于实体经济的发展,回归金融服务实体经济本源。依托数字金融打造特色化、个性化金融产品,吸引长尾端客户,激发市场内需活力;通过金融科技的创新和应用,提高实体经济的效率和竞争力;整合各类普惠性金融服务资源,构建面向中小微企业的数字化平台,引导金融资源与社会资本、社会需求有效对接,提升金融资源使用效率。注重提升数字金融资源配置精准度,尽量避免出现大企业"授信过度"和中小微企业"授信不足"的情况。据原中国银监会统计,2023年银行业金融机构小微贷款余额达70.9万亿元,同比增长18.8%。同时,应鼓励金融机构加强与科技企业合作,推动数字金融在制造业、农业等实体经济领域的应用。积极推动数字金融适老化工作,创新针对老年人等群体的数字金融服务模式,打造适老、易用的移动金融产品,提升农村地区数字金融服务水平。

(三)加强数字技术和数据要素的创新应用

数字技术和数据要素是金融业数字化转型的重要支撑,也是数字金融的重要组成部分。一方面,聚焦数字技术的应用。重视生成式人工智能在金融领域的落地,从通用能力、安全合规、业务需求等维度加强金融行业大模型能力体系建设,激活金融业海量数据资源的价值,推动生成式人工智能大模型在金融合规监管、服务提升、产品创新等方面发挥作用。同时要注重隐私计算的应用场景设计与相关平台建设,推动数据在多主体之间共享与交换时"可用不可见",确保数据安全。不断完善数字人民币智能合约等技术路线,有效解决预付式资金的安全问题。另一方面,注重数据价值的释放。加快推动公共数据资源开放和利用,引导经营主体愿意将数据作为产品投入市场。建立健全数据资源资产化、数据资产资本化的制度机制,推动数据从可计量资源向货币性资产、可增值金融资产的转化,进一步放大数据资源的规模和价值。

(四)加强数字金融风险管理和国际合作

金融安全是经济繁荣与社会稳定的重要支柱,加强和完善包括数字金融在内的金融监管规则是筑牢金融安全防线的必经之路。一方面,数字技术具有快速传播、路径隐蔽等特点,风险防范难度更大,因此,更要加强风险管理体系建设,提高数字金融的安全性和可信度。积极利用技术手段加大对数字金融市场的监测力度,提高监管的穿透力和持续性,以技术手段提升监管效能,提升风险预警、监测和化解能力。完善有关征信机构信用评级、信息公开等制度机制,确保金融市场健康有序运转。加强对数字金融的宣传教育,增强利益攸关方风险意识和应对能力,增强自我保护意识,避免因个人数据泄露而造成不必要损失。另一方面,数字金融的便捷性使得全球范围内的资金交易变得更便利,中国也需要积极参与国际数字金融标准的制定和国际金融科技的合作。比如,优先做好区域性数字金融制度和规则对接,积极推动金砖国家等区域性金融交易系统和数据交易规则的互联互通,构建区域内数字金融技术标准体系,鼓励域内金融机构向符合标准的企业提供贷款,引导和扶持相关产业发展。积极参与金融数据安全流动规则的制定,在保证数据隐私安全基础上促进数据治理。

本 章 小 结

　　本章主要介绍了数字金融的定义和内涵、发展背景和历程、与传统金融的比较以及未来发展趋势。数字金融的界定与特点部分介绍了数字金融的演变、战略地位及内涵。数字金融的发展历程部分详细给出数字金融在我国的发展背景和发展历史。数字金融与传统金融的比较部分分析了两者的异同和密不可分的关系。数字金融的发展趋势部分提炼了数字金融在全球范围内发展趋势的特征,并讨论了未来我国数字金融进一步发展的路径。

基 本 概 念

互联网金融　金融科技　数字技术　信息化与数字化　数字金融

思 考 与 练 习

1. 数字金融有过哪几个历史形态和发展阶段?
2. 可以从哪三个维度理解数字金融的内涵?
3. 数字金融在中国发展的历史背景是什么?
4. 传统金融与数字金融有哪些相同和不同之处?
5. 传统金融与数字金融可能的关系有哪些?
6. 全球数字金融发展趋势有哪些特征?
7. 中国数字金融的发展路径如何?

参 考 文 献

1. 董晓红,董自光.数字金融学[M].北京:中国商务出版社,2023.
2. 董昀,何浩钦.中国的数字金融发展:理论机制、现实背景与政策建议[J].东方论坛-青岛大学学报(社会科学版),2024(5):59-68.
3. 王喆,陈胤默,张明.传统金融供给与数字金融发展:补充还是替代?——基于地区制度差异视角[J].经济管理,2021,43(5):5-23.

第二章

数字经济与数字金融

学习要求

1. 掌握数字经济的定义并了解数字经济的范畴。
2. 分析数字经济的核心特征。
3. 理解数字金融的定义。
4. 探讨数字金融与数字经济的互动关系并识别数字金融与数字经济的协同发展。
5. 明晰数字金融在数字经济中的作用。
6. 理解数字金融对数字经济的影响。

本章导读

在当今快速变化的经济环境中,数字金融和数字经济正深刻地改变着传统行业的运作方式和商业模式。数字经济是基于数字技术的经济活动,包括互联网、人工智能、大数据、云计算等众多领域,而数字金融则是利用这些数字技术改造和创新金融产品和服务的实践或领域。数字金融不仅仅是一个实用工具,它已经成为推动经济增长、优化资源配置和促进社会发展的关键力量。

本章将深入探讨数字金融与数字经济的紧密联系,帮助学生认清二者如何相辅相成、互相促进。首先,本章从数字经济的定义及其范畴入手,理解什么是数字经济以及它包含的多种形式。例如,电子商务的崛起使得传统零售模式发生剧变,数字支付的普遍采用让交易变得更加便捷、高效。同时,本章还关注区块链技术、物联网等新兴技术在数字经济中扮演的角色。其次,本章将重点讨论数字金融与数字经济的关系。一方面,数字金融不仅是数字经济的一部分,更是其核心驱动力之一;另一方面,数字经济为数字金融提供发展空间。二者相互促进、协同发展。此外,在探讨数字金融在数字经济中的作用时,本章将重点分析数字金融作为基础设施的地位,即数字金融如何为数字经济提供必要的金融支持。数字金融的快速发展使得企业和个人能够通过创新的金融工具实现灵活的资金管理。无论是通过在线支付、移动借贷,还是通过智能投顾进行投资,数字金融都在为经济的创新与转型铺平道路。再次,本章还将深入研究数字金融对数字经济的影响。我们将探讨数字金融在推动经济发展、促进产业升级、优化资源配置和提升社会福利等方面的积极作用,同时也会讨论其可能带来的挑战。最后,本章将从优化资源配置、提升金融包容性、创新商业模式以及推动技术进步等视角,分析数字金融对数字经济影响。本章分为四节,第一节为数字经济的定义与范畴,第二节为数字金融与数字经济的关系,第三节为数字金融在数字经济中的作用,第四节为数字金融对数字经济的影响。

第一节 数字经济的定义与范畴

一、数字经济的定义

(一)基本概念

数字经济作为一种新型的经济形态,是指以数字化知识和信息为关键生产要素,以现代信息网络为重要活动空间,通过有效利用信息通信技术来提升经济效率和经济结构的经济活动。它不仅包括互联网和信息技术产业本身,还涵盖通过这些技术对传统产业的改造和升级。在数字经济中,数据成为新的生产要素,与传统的生产要素如土地、劳动、资本等并列,甚至在某些领域发挥着更为关键的作用。

(二)起源与发展

数字经济的起源可以追溯到 20 世纪 90 年代互联网技术的普及和应用。随着计算机、智能手机等终端设备的广泛使用,以及云计算、大数据、人工智能等技术的飞速发展,数字经济在全球范围内迅速崛起,从最初的电子商务、在线支付,到现在的共享经济、平台经济,数字经济已经渗透到社会的各个层面,成为推动经济增长的重要力量。特别是移动互联网的普及,使得数字经济的活动更加便捷和高效,进一步推动了数字经济的发展。

(三)全球及国内现状

当前,全球数字经济正处于快速发展阶段。根据 2024 年国际数据公司的报告,全球数字经济的规模已经超过了 30 万亿美元,占全球 GDP 的比重逐年上升。中国政府高度重视数字经济发展,将其纳入国家战略层面进行规划和部署。根据《中国数字经济发展研究报告(2024 年)》,党的十八大以来,我国数字经济进入加速发展周期,规模由 2012 年的 11.2 万亿元增长至 2023 年的 53.9 万亿元,成为推动国内经济增长的重要引擎。同时,中国在数字经济的一些领域如电子商务、移动支付等方面已经走在了世界前列。

二、数字经济的主要范畴

(一)数字化商业模式

数字化商业模式是数字经济的核心组成部分之一。它指的是企业利用数字技术创新其商业模式,提高运营效率和市场竞争力。例如,电商平台通过大数据分析精准推送广告,实现个性化营销;在线教育平台利用人工智能(artificial intelligence,AI)技术提供智能化的教学辅导服务。这些数字化商业模式不仅改变了传统的商业运作方式,还为企业带来了更多的商业机会和价值创造。此外,数字化商业模式还促进了消费者与生产者之间的直接互动,降低了交易成本,提高了市场效率。

(二) 智能化生产流程

智能化生产流程是数字经济在制造业领域的重要应用。它通过引入物联网、机器人自动化、人工智能等先进技术,实现生产过程的自动化、智能化和柔性化。例如,智能工厂可以通过实时监控生产线上的设备运行状态,自动调整生产参数,提高生产效率和产品质量。同时,智能化生产流程还可以实现定制化生产,满足消费者日益多样化的需求。这不仅提高了生产效率,还降低了生产成本,增强企业的市场竞争力。

(三) 网络化市场结构

网络化市场结构是数字经济的重要特征之一。它指的是通过互联网将生产者、消费者和服务提供商连接在一起,形成一个全新的市场生态系统。在这个生态系统中,信息流通更加高效,交易成本大大降低,市场竞争也更加激烈。例如,社交媒体平台通过用户生成内容(user generated content,UGC)吸引大量用户,形成庞大的社交网络;共享经济平台则通过整合闲置资源,实现资源的优化配置。这种网络化市场结构不仅提高了市场效率,还促进了创新和创业活动的开展。

第二节　数字金融与数字经济的关系

[专栏 2-1]
数字经济的
未来趋势

一、数字金融是数字经济的核心驱动力

数字金融在数字经济中扮演着核心驱动力的角色。它不仅为数字经济的各个领域提供必要的金融服务,还通过技术创新和模式创新推动整个数字经济的快速发展。

(一) 数字金融为数字经济运行提供了基础支撑

在探讨数字金融与数字经济的关系时,我们首先需要认识到数字金融作为基础设施的重要性。正如道路、桥梁和电网是国家经济发展的物质基础一样,数字金融构成数字经济的"神经网络",支撑着信息的流动、资金的交换和价值的传递。

数字金融在数字经济中具有基础设施的重要作用,它提供一系列基本的金融服务,如支付、结算、融资等,这些服务是数字经济运行的基础。以移动支付为例,支付宝和微信支付在中国已经成为人们日常生活中不可或缺的支付工具,极大地推动了电子商务的发展。数字金融最直观的影响体现在支付领域。传统的支付方式受限于物理空间和时间,而数字支付打破了这些限制,使得即时、跨境的交易成为可能。从在线银行转账到移动支付应用,再到加密货币交易,数字支付系统不仅提高交易效率,降低成本,还促进了全球贸易和投资的自由化。此外,数字金融通过互联网平台,将金融服务延伸至偏远地区和低收入群体,实现了金融服务的广泛覆盖。例如,移动支付在发展中国家的应用使得没有银行账户的人也能进行金融交易,享受信贷、保险等服务,从而促进当地经济的包容性增长。大数据技术的应用还使得金融机构能够基于海量数据进行信用评估和风险控制,这比传统方法更为精准高效。通过对消费者行为、交易记录等多维度数据的分析,金融机构能更好地识别潜在风险,提供个性化的金融产品和服务,同时也为小微企业和个人提供更多的融资机会。

（二）数字金融为数字经济发展提供创新驱动力

除了作为基础设施的支撑外，数字金融还是推动数字经济创新的重要力量。它不仅改变了金融服务的模式，还催生了一系列新兴业态和商业模式，加速了经济结构的转型升级。数字金融通过技术创新和模式创新推动了数字经济的快速发展。区块链、人工智能、大数据等技术的应用使得传统金融业务得到了重塑和优化。例如，智能投顾通过大数据分析和机器学习，为投资者提供个性化的投资建议。

此外，数字金融提供灵活多样的融资渠道，支持创新创业企业的成长，尤其是那些数字经济领域的初创公司。众筹平台、股权众筹等模式为创业者筹集资金开辟了新途径，加速科技成果向现实生产力的转化。同时，数字金融也促进了传统产业的数字化转型，如智能制造、电子商务等领域的发展，推动产业结构的优化升级。

数字金融还通过便捷的支付体验、个性化的消费信贷产品以及丰富的投资理财选择，极大地释放了消费者的购买力和投资热情。特别是在年轻一代中，数字金融服务已成为日常生活不可或缺的一部分，这种消费习惯的改变进一步拉动内需，为经济增长注入了新的动力。

综上所述，数字金融不仅是数字经济发展的基石，更是其持续创新的关键驱动力。它通过构建高效的金融基础设施、推动技术创新与应用、促进产业升级与结构调整以及激活市场消费潜力，全方位地推动数字经济的繁荣发展。未来，随着技术的不断进步和应用场景的拓展，数字金融将继续深化其在数字经济中的核心地位，引领经济向更加智能、高效、包容的方向迈进。

二、数字经济为数字金融提供发展空间

（一）数字经济的广阔市场

数字经济的快速发展，特别是互联网和移动互联网的普及，极大地拓宽了数字金融服务的市场空间。这一广阔的市场不仅体现在用户基数的爆炸性增长，还反映在多样化的需求和应用场景上。随着电子商务、共享经济、在线娱乐等数字经济领域的快速发展，对金融服务的需求也在不断增加。例如，共享经济平台需要便捷的支付和结算服务，以支持平台内的交易活动。但应当注意，大数据并非指大量数据简单无意义的堆积，数据量大并不意味着一定具有可观的利用价值。数据间是否具有结构性和关联性是"大数据"与"大规模数据"的重要区别。"大数据"与"大规模数据""海量数据"等类似概念的最大区别就在于，"大数据"这一概念中包含着对数据对象的处理行为。

随着智能手机和互联网的普及，全球网民数量急剧增加。根据国际电信联盟（International Telecommunication Union, ITU）的数据，截至 2023 年，全球互联网用户已超过 50 亿。这些用户中，许多都是数字金融服务的潜在客户。特别是在发展中国家，移动支付等数字金融服务迅速填补了传统金融服务的空白，使得大量之前无法获得金融服务的人群成为新的用户群体。

此外，数字经济的发展催生了多样化的金融需求。例如，电子商务的兴起带来线上支付和跨境支付的需求，共享经济的发展需要 P2P 借贷和众筹等新型金融服务，个人理财需求的增加则推动了智能投顾和在线财富管理服务的发展。这些多样化的需求为数字金融提供了广阔的发展空间。

（二）数字经济的创新环境

数字经济不仅为数字金融提供广阔的市场，还为其创造了一个充满创新活力的环境。这种环境促进了金融科技的发展，推动了金融服务模式的变革。在数字经济中，技术进步和模式创新不断涌现，为数字金融的发展提供了技术支持和市场需求。例如，大数据和人工智能技术的应用使得风险评估和信用评分更加精准，推动了数字金融产品的创新。

此外，数字经济的发展依赖信息技术的进步，而这些技术进步也为数字金融的创新提供了强大的动力。例如，区块链技术的应用使得去中心化金融（DeFi）成为可能，人工智能和大数据技术的应用则提升了风险管理和客户服务的水平。云计算和应用程序接口（application programming interface，API）开放银行的兴起使得金融机构能够更加灵活地提供服务，并与其他行业实现深度融合。

随着数字经济的发展，监管机构也逐渐意识到金融科技的重要性，并开始采用监管科技（RegTech）提升监管效率和效果。监管科技通过利用大数据、人工智能等技术手段，帮助金融机构更好地遵守法规要求，同时也为监管机构提供更加全面和实时的监管工具。这种创新的监管环境为数字金融的发展提供了更加稳定的政策支持。

数字经济的发展促进了金融科技生态系统的形成和完善。在这个生态系统中，不仅有传统的金融机构，还有大量的金融科技公司、初创企业、投资者和监管机构。各方共同合作，形成了一个良性循环的创新生态，为数字金融的发展提供了丰富的资源和支持。

三、数字金融与数字经济的协同发展

数字金融是金融与科技深度融合的产物，以数据为关键要素，通过数字技术推动金融业务模式创新，为数字经济提供精准、高效的金融服务。数字经济涵盖数字产业化和产业数字化，包括数字原生产业、数字贸易以及数字技术赋能实体经济等。二者协同发展，一方面数字金融为数字经济提供资金支持和资源配置优化，另一方面数字经济的发展为数字金融提供应用场景和数据资源。促进二者之间的协同发展需要从三个方面入手。

（一）加强数字基础设施建设

一方面，要加快 5G 网络建设与升级，扩大覆盖范围。具体而言，继续推进 5G 基站建设，特别是在农村、偏远地区以及重点行业（如工业互联网、车联网）的覆盖，确保 5G 网络的广泛可用性。另一方面，积极参与 6G 网络技术的研究和国际标准化工作，加大研发投入，争取在全球通信技术领域占据领先地位。此外，还需要扩大千兆光纤网络的用户接入规模，推动家庭和企业宽带升级，满足日益增长的高带宽需求。统筹规划互联网整体架构升级，构建网络交换中心，优化网络连接状态，提升网络的整体效率。加快传统网络设施的优化升级，提升网络的整体性能和可靠性。

（二）推动金融机构数字化转型

一方面，金融机构需要明确数字化转型的战略目标，根据机构的规模、业务特点和资源状况制定分阶段的数字化转型计划。初期可以聚焦核心业务的数字化改造，逐步扩展到全业务流程的优化和创新。另一方面，金融机构需要对传统的信息技术架构进行升级，引入云计算、大数据、人工智能等新技术，提升系统的性能和灵活性。例如，华夏银行构建了企业级数据服务平台,提升数据服务能力。对于一些数字化转型可能有困难的小银行,可以通过与金融科技公司合作,快速引入新技术和创新模式,提升数字化水平,进一步打造全渠道服务平台,提升客户互动质量。

（三）加强监管与政策支持

一方面,监管当局需要完善数字金融监管体系,推动监管流程数字化再造,加强智能监管工具的研发,提升风险监测和预警能力。另一方面,政府部门需要加强政策协同和信息共享,为数字金融与数字经济协同发展提供政策支持。

第三节　数字金融在数字经济中的作用

数字金融作为数字经济的重要组成部分,通过金融科技的创新应用,不仅深刻改变了传统金融行业的运作方式,还对整个经济体系的数字化转型和升级起到了关键的推动作用。本节将从基础设施作用、创新驱动作用、资源配置作用和普惠金融作用四个方面,详细探讨数字金融在数字经济中的作用。

一、基础设施作用

（一）数字金融的基础设施定义

数字金融的基础设施是指支撑数字金融活动运行的各类技术、平台和网络,包括数据中心、云计算、区块链、支付系统、信用体系等。这些基础设施为数字金融的各项业务提供了高效、安全、稳定的技术保障,是数字金融发展的基石。

（二）数字金融基础设施的关键要素

数字金融基础设施的关键要素包括数据中心、云计算、区块链技术、支付系统以及信用体系五个方面。数据中心是数字金融数据存储和处理的核心设施,通过高效的计算和存储能力支持金融业务的实时处理和数据分析。云计算通过云端资源池提供弹性计算和存储服务,帮助金融机构实现成本优化和业务扩展。区块链通过分布式账本和智能合约实现金融交易的去中心化和透明化,提升交易的安全性和效率。支付系统是数字金融的核心基础设施之一,包括移动支付、数字货币等新兴支付方式,显著提升了支付的便捷性和效率。信用体系通过大数据和人工智能技术构建用户信用评估模型,为金融业务提供风险控制和信用管理支持。

（三）数字金融基础设施作用

一方面,数字金融基础设施通过构建高效、便捷的支付系统,如移动支付、数字货币等,极大提高了支付结算的效率和安全性。这不仅降低了交易成本,还促进了数字经济中各类交易的快速完成,推动电子商务、共享经济等数字经济业态的蓬勃发展。数字化的金融网络使得资金的调配和流转速度显著加快。金融机构能够更快速地响应企业的融资需求,提高资金的使用效率,支持数字经济中创新型企业和中小企业的成长。另一方面,数字金融基础设施为金融机构提供更广阔的服务空间,使其能够开发出更多创新的金融产品和服务。例如,智能投顾、数字货币、区块链金融等创新应用不仅丰富了金融市场的供给，还为数字经济的发展提供多元化的金融支持。通过云计算、大数据等技术，金融机构能够以更低的成本进行金融创新，降低创新的风险和门槛。这能够提升金融创新的活跃度，推动金融服务模式的变革，更好地满足数字经济时代企业和个人的多样化金融需求。

二、创新驱动作用

（一）金融科技创新的定义与内涵

金融科技创新是指通过数字技术的创新应用优化和升级传统金融业务，从而提升金融服务的效率、安全性和普惠性。金融科技创新包括但不限于移动支付、智能投顾、区块链金融、人工智能风控等。

（二）金融科技创新的主要领域

金融科技正以前所未有的速度改变着全球金融行业的面貌。金融科技创新的主要领域包括支付创新、智能投顾、区块链金融、人工智能等方面。

金融科技在支付领域的创新主要体现在移动支付和智能卡功能的推广。支付宝和微信支付等平台通过人工智能技术提升了支付体验，用户可以轻松完成消费和转账。谷歌支付（Google Pay）等应用机器学习技术根据用户的消费习惯提供个性化支付建议。这些创新使得支付更加便捷、安全和智能。智能投顾利用人工智能和大数据技术为用户提供个性化的财富管理建议。与传统理财顾问相比，智能投顾打破时间和空间限制，提高了投资效益。例如，恒生电子推出的智能投研平台 WarrenQ-Chat[①] 通过对话指令提供金融行情、资讯和数据，确保信息可追溯。智能投顾的发展降低了投资门槛，提升了投资者满意度。区块链技术在金融领域的应用给监管、交易等方面带来革新。比特币和以太坊等数字货币的流行，以及区块链技术在资金管理、供应链金融、贸易融资、支付清算等细分领域的应用，推动了金融领域的技术创新。区块链的共识算法、智能合约等特征为金融行业提供了新的业务增长点和竞争优势。人工智能在金融科技领域的应用已经进入新的发展阶段。人工智能技术被用于智能投顾、智能风控与反欺诈、智能催收与语音机器人等多个领域。人工智能智能体（AI agent）被认为是未来的发展方向，能够给金融行业带来更多的创新和变革。例如，工商银行试点机器人流程智能体（robotic process automation，RPA）技术赋能智能营销，腾讯云推出金融智能营销平台，这些都是人工智能技术在金融领域的实际应用案例。

三、普惠金融作用

（一）普惠金融的基本定义与重要性

普惠金融是指为所有社会成员（包括低收入群体、中小企业以及农村地区等）提供可承受的金融服务和产品，以促进经济参与及社会发展的金融创新。普惠金融的意义在于通过数字金融手段降低金融服务的门槛和成本，让更多的人享受到金融服务，从而实现经济的包容性增长。

---

① WarrenQ-Chat 是丹渥智能基于人工智能技术，面向投研投资场景全新打造的数字化智能平台。

（二）数字金融在普惠金融中的关键作用

1. 降低金融服务成本

数字技术的应用有效降低了金融服务成本，使得金融服务能够覆盖更广泛的人群。例如，传统的银行服务往往需要较高的运营成本，而数字金融通过在线服务和移动应用，减少了这些成本，进而使得金融机构能够以更低的费用为用户提供服务。

2. 扩展服务覆盖面

数字金融通过移动网络和互联网，将金融服务扩展到偏远地区和小微企业。无论在城市的边缘地带，还是在乡村，用户只需要通过智能手机即可接入金融服务。例如，通过乡村金融服务平台，农民可以轻松申请贷款、进行交易和接收支付，打破了传统金融服务的地域限制。

3. 产品创新与适配

数字金融为低收入群体和小微企业设计了多种适合他们需求的金融产品，如小额贷款、微保险等。这些创新的产品具有灵活性和可达性，能够更好地满足用户的需求。例如，某移动金融平台专门推出了面向学生和农民的信用小额贷款，操作简便，放款速度快。

（三）数字金融对不同人群的普惠性案例

针对农村地区人群，数字支付和农村电商结合，通过移动支付手段促进农产品的销售，帮助农民拓宽收入来源，提高经济参与度。例如，某农村电商平台结合移动支付，解决了农业产品销售中的资金问题，促进了农民的收入增长。针对低收入阶层，许多金融科技公司推出微贷款和小额理财产品，使得低收入群体能够以最小的风险和最低的成本进行资金管理，从而提高他们的经济活动参与性。例如，某金融科技公司针对低收入用户群体推出了无抵押小额贷款，使得他们能在急需资金时快速获得支持。针对中小企业，数字金融为中小企业提供便捷的融资渠道，解决了借贷难的问题。从 P2P 借贷到众筹融资，中小企业能够通过这些新兴服务获取发展资金。例如，某 P2P 平台支持创业型中小企业融资，通过线上审核成功帮助数百家企业解决资金难题。

第四节　数字金融对数字经济的影响

数字金融作为推动数字经济发展的关键力量，对数字经济的影响是显著且多维的。本节主要基于优化资源配置、提升金融包容性、创新商业模式以及推动技术进步等视角，深入分析数字金融对数字经济的影响。

一、数字金融优化资源配置

（一）大数据和人工智能在数字金融中的应用

1. 风险评估与管理

在数据收集方面，金融机构借助大数据和物联网等先进技术，可通过多渠道获取多维度的数据，全方位掌握借款人的交易数据与互联网足迹，使得金融机构搜集"软信息"更为便捷，有助于金融机构准确掌握用户信息，精准描摹用户画像，降低信息不对称程度。在数据处理方面，基于大数据、区块链以及人工智能等底层技术，金融机构对于企业信息的甄别能力得到显著提升,在贷前能够通过人工智能等工具解决传统评级模型难以处理的非线性问题,提升对客户评级的准确度,在贷中能够对借款人的财务状况进行实时监控,对风险变化快速做出反应。

2. 需求预测与资金分配

大数据和人工智能在需求预测与资金分配方面发挥着越来越重要的作用。在需求预测方面,利用历史数据和机器学习算法,大数据和人工智能可以分析市场趋势和消费者行为,从而提供更准确的需求预测,这种预测可以帮助企业更好地规划库存和生产,降低产品过剩或短缺的风险。此外,大数据提供了实时的市场和消费者数据,人工智能可以实时分析这些数据,动态调整预测模型,以应对市场变化,降低企业面临的不确定性风险。通过预测不同产品或服务的需求,企业可以更有效地分配资源,如人力、物料和资金,以满足预期的需求,从而有利于识别和预测潜在的市场风险,降低损失。

在资金分配方面,人工智能可以建立资金预测模型,根据业务模式和资金特点引导资源优化配置,实现资金的动态管理和优化。此外,通过模式识别和大数据分析,能够增强金融机构对市场动态的洞察力,优化风险评估模型,提高资金分配和流动性管理的智能化水平。最后,人工智能模型可以预置多个维度的指标,从多角度、多口径进行全面资金管理分析,满足金融机构未来业务发展需求。

(二)数字金融对中小企业融资的支持

1. 提高融资效率和可得性

数字金融通过大数据分析和机器学习技术,使得金融机构能够更准确地评估中小企业的信用状况和融资需求。这种技术的应用降低了信息不对称,提高了融资效率,使得中小企业能够更容易获得资金支持。例如,一些互联网银行提供的"310"模式(三分钟线上申请贷款,一秒钟资金到账,零人工干预)极大地简化了贷款流程,提高了融资的可得性。

2. 降低融资成本

数字金融通过减少物理网点和降低人力成本,降低了金融机构的运营成本。这种成本的降低可以转化为更低的贷款利率,从而减轻中小企业的财务负担。同时,数字金融的自动化和智能化服务减少了人工干预,降低了错误率,减少了处理时间,进一步提升了融资效率。

3. 创新融资模式

数字金融的发展推动了融资模式的创新。例如,供应链金融通过整合产业链上下游的数据,为中小企业提供基于订单和应收账款的融资服务。这种模式不仅解决了中小企业缺乏抵押物的问题,还提高了资金的流转效率。

4. 提升风险管理能力

数字金融利用大数据和 AI 技术提高了金融机构的风险管理能力。通过实时监控和分析企业的经营数据,金融机构能够及时发现风险并采取措施,从而降低了贷款违约率,增强了对中小企业融资的信心。

(三)数字金融与创新创业

1. 缓解融资约束

数字金融通过拓宽融资渠道、完善信用评价体系、降低流动性偏好,有效缓解了创业企业的资金约束。特别是对于科技创新型企业和非国有企业,数字金融的发展对融资约束的缓解作用更为明显。这种融资的便利性使得创业者能够更容易地获得启动资金和运营资金,从而促进创业活动的发展。

2. 降低创业门槛和成本

数字金融使得金融服务更加普及和便捷,降低了创业的门槛和成本。通过手机和电脑,即使落后地区的创业者也能获得金融服务,这满足了低收入群体和中小微企业的需求。互联网作为信息传播的有效渠道,有助于缓解信息约束,帮助创业者挖掘和把握更多商机。

3. 提升地区创新水平

数字普惠金融不仅对传统金融产品与服务进行创新,而且通过降低交易、沟通等成本,提高生产性服务业集聚,促进城市创新创业。数字金融的发展孕育了分布式商业格局,有助于创新主体在网络中交流与合作,构筑协同创新机制。

二、数字金融提升金融包容性

(一) 移动支付与无现金社会

1. 改变支付习惯

移动支付的普及改变了居民的支付习惯。根据北京大学国家发展研究院的研究,移动支付金额已经超过了现金消费金额,人们出门只需要携带智能手机,不再需要现金或担心收到假钱。这种变化节约交易时间,降低交易成本,并促进了消费,同时也改变了支付市场的格局。

2. 促进创业和增加收入

移动支付的便利性为没有固定工作的家庭提供了创业机会。例如,农业生产家庭通过移动支付二维码完成交易,增加了个体经营活动。北大数字金融研究中心的研究表明,使用移动支付后,从事农业生产的家庭人均年收入增长,从事个体经营活动的概率提高。

3. 提升风险分担能力

移动支付的低成本实时转账功能促进了居民对社会关系网络的使用,提高了居民风险分担能力。数字金融发展较好的地区,居民人均消费增长率对人均收入增长率的依赖度和敏感性显著降低,显示数字金融提升了居民风险平滑的能力。

4. 推动全球支付体系变革

数字货币的兴起,尤其是央行数字货币(central bank digital currencies, CBDC)的发展,预示着从非主权数字货币向主权数字货币的演变。CBDC 能实现交易即清算功能,降低支付结算成本,提升支付系统效率,尤其适用于跨境支付。

5. 增强安全性和提高透明度

无现金社会通过数字跟踪和预防欺诈增强了交易的安全性。同时,数字支付的便捷性使得保存财务记录变得更容易,提高了透明度。

(二) 数字银行与普惠金融

首先,数字金融通过广泛应用前沿数字技术,有效突破了传统金融产品的空间界限和数量约束,提升了金融服务的效率和覆盖范围。数字银行能够提供 7×24 小时不间断服务,不受物理网点限制,使得金融服务更加便捷。此外,金融机构运用大数据技术对用户

"画像",提供个性化的金融服务,在提升融资效率的同时,将违约概率维持在较低水平。

其次,数字金融通过数字化技术替代部分线下网点,缩减了低密度偏远区域的网点数量与人力开支,降低了金融机构拓新、获客成本。数字金融突破网点布局的空间、地域限制,边际拓展成本极低,覆盖范围更大,能够为县级、村庄、社区等层面提供更高效、更便利的金融服务与产品。

最后,数字金融利用信息技术优势,打造更多元、更智慧、更精准的数字信贷产品,为实体经济"输血供氧"。数字金融技术赋能提高了供需匹配效率,更好地控制风险,解决了资金供需两端的信息不对称问题。数字化场景有利于金融服务与普惠群体深度结合,深挖其金融需求,成为银行机构新的增长点。数字化运营有利于提升普惠金融业务的活力和增速,推进银行各项经营流程自动化以及后台云化,提升普惠金融业务的整体效率。

三、数字金融创新商业模式

(一)数字金融的透明度与风险监控

数字金融通过提高透明度和加强风险监控,为金融系统的稳定性和安全性提供了支持。随着技术的不断进步和政策的不断完善,数字金融将在透明度提升和风险监控方面发挥更加关键的作用。

商业银行建立了基于多种金融科技的实时风控系统,利用大数据处理、机器学习等技术将金融交易事中风控由不可能变为可能,为网络融资业务提供风险识别、额度授信、违约预测等风控支持。此外,数字金融赋能商业银行建立稳健的业务审批流程,对新产品、新业务及新模式的合规性进行审查。评估范围应覆盖消费者保护、数据安全、合规销售、产品及服务定价、声誉风险、反洗钱及反恐怖融资等方面,进而深入分析数字化经营环境下客户群体的行为特征,加强与新产品、新业务、新模式相关的资金流动监测,有效识别流动性风险新特征。

(二)数字金融在商业银行风险管理中的应用

数字金融技术的快速发展对传统的风险管理模式提出了新的挑战。数字金融的应用可以提升商业银行的风险管理能力,为银行业的稳健发展提供重要支撑。数字金融在金融机构风险管理中的应用是多方面的,它通过技术创新和数据驱动的方法,提高风险管理的效率和准确性。在贷前调查阶段,能够强化借款人资信真实性核查,利用大数据建立客户身份认证模型、反欺诈模型、反洗钱模型、风险评价模型等。通过与供应链管理系统、企业资源计划(enterprise resource planning,ERP)系统、海关、税务查询系统的对接,及时获得借款人现金流、物流等信息,交叉验证借款人资信真实性。在贷中审查阶段,能够强化借款人资金需求合理性核查,借助大数据建立授信审批模型、风险定价模型,甄别企业集团复杂的关联关系,准确测算借款人用信需求,提供精准授信。在贷后检查阶段,能够强化贷款用途合规性核查,根据借款人最新交易信息、现金流信息、税务信息、报关信息等,建立风险预警模型、贷款清收模型,设置合理的预警指标和预警触发条件,识别可疑客户名单,实现在企业发生实质性风险之前捕捉预警信号。

金融科技是一把双刃剑,它可以使金融业务有效提速和扩容,但也显著增加了操作风险、信用风险和流动性风险,加大了风险控制的难度。通过在风控流程中应用大数据、人工智能等技术,可以有效增强风险控制的有效性、准确性、时效性和稳定性。

数字金融在商业银行风险管理领域已经取得了较大的进展。例如,工商银行积极推进大数据在信用风险防控中的作用,建立了全流程信用风险监控体系,实现对客户信用风险事件的精准、及时和高效识别。平安证券不断完善金融科技应用方法论,构建专业化、平台化的金融风控系统集群,实现实时业务全量监测,自动识别预判潜在风险。

(三) 数字金融对系统性风险的防范

数字金融的快速发展给金融机构带来了新的机遇,同时也带来了新的挑战,在系统性风险的防范方面尤其如此。数字金融风险叠加了数字风险与金融风险,涉及网络安全风险、数字技术应用风险、信息基础设施风险、数据风险等。为了防范化解金融风险,必须提高金融监管有效性,依法将所有金融活动纳入监管,全面强化机构监管、行为监管、功能监管、穿透式监管和持续监管。实现风险早发现、早识别、早预警、早暴露、早处置,牢牢守住不发生系统性风险的底线。这要求金融机构和监管部门利用大数据、人工智能等技术对海量数据进行实时监控和深度分析,以识别和预警潜在的系统性风险。

此外,数字金融的发展使得数据安全和隐私保护成为防范系统性风险的重要组成部分。金融机构需要严格遵守数据安全、隐私保护相关法律法规,完善数据安全管理机制,提升对数字渠道风险、智能算法风险、大数据风险等的感知和分析能力。数字金融涉及复杂的信息结构、相互关联的信息系统和海量的数据,大大增加了风险监测的难度。因此,必须强化系统性风险监测,建立健全数字金融风险监测与评估机制,实现风险的及时发现和处置。

四、数字金融推动技术进步

(一) 数字金融监管的数智化

数字金融监管正走向法治化、规范化和数智化。监管层构建更加强大的线上监管平台,政府稳步推动数据有序开放共享,防范"大而不能倒"的市场风险,更加重视金融消费者权益保护,不断完善以数据体系为重点的金融基础设施。这种监管的数智化为技术进步提供了政策支持和方向指引。在监管科技的应用方面,监管科技是金融科技的一个重要分支,它利用新技术优化监管流程和提高监管效率。通过大数据、人工智能、区块链等技术,监管机构能够实时监控市场动态,及时发现和预防系统性风险。在数据共享与隐私保护方面,数字金融的发展促进了数据共享,同时也带来了隐私保护上的挑战。金融机构需要在保护用户隐私的前提下实现数据的合规共享,这推动了多方安全计算、联邦学习等隐私保护技术的发展和应用。

(二) 区块链技术的深度融合

区块链技术在数字金融领域的应用逐渐深入,在相互保险、供应链金融、资产管理、跨境支付、银行征信等方面尤其如此。这一技术机制对金融领域重构信用体系起到重要作用,国家也给予高度重视,明确表示将区块链作为核心技术自主创新的突破口。在跨境支付与结算方面,区块链技术能够提高跨境支付的效率和安全性,降低交易成本,这对于推动全球贸易和投资流动具有重要意义。在供应链金融方面,区块链技术可以提高供应链的透明度和可追溯性,降低信息不对称和数据造假的风险,提高整体效率和信任度。

（三）技术创新和场景融合

数字金融服务实体经济的商业模式将重塑。数字技术加速传统金融机构数字化转型，数据合规使用将成为数字金融创新的重要驱动力。一方面，金融机构通过成立金融科技子公司或部门，明确数智化转型业务方向，推动个人金融服务、金融市场交易等领域的数字化转型。另一方面，金融机构将场景生态建设作为数字化转型战略的重点突破方向，通过 APP 等平台实现获客、活客、价值转化的目标。

（四）数字金融的人才培养和国际合作

数字金融的发展需要大量的技术人才和复合型人才。金融机构和政府部门都在积极培育和吸引相关领域的高层次人才，为技术进步提供人力资源支持。在人才培养方面，金融机构需要培养具备数字金融知识和技能的人才，以适应数字化转型的需求。这包括数据科学家、区块链开发者、人工智能专家等。在国际合作方面，数字金融的国际合作有助于引进国外的先进技术和管理经验，促进国内技术的进步和发展。通过国际合作，可以更好地理解和适应国际市场的需求，推动国内技术的创新和应用。

综上所述，数字金融通过监管的数智化、区块链技术的深度融合、技术创新和场景融合、人才培养和国际合作等多方面推动技术进步。随着数字金融的不断发展，其在推动技术进步方面的作用将更加明显。

本 章 小 结

本章主要介绍了数字经济的定义与范畴、数字金融与数字经济的关系、数字金融在数字经济中的作用以及数字金融对数字经济的影响。数字经济的定义与范畴部分介绍了什么是数字经济以及它包含的多种形式。数字金融与数字经济的关系部分主要从数字金融和数字经济协同发展的角度探讨了数字金融和数字经济的相互作用。数字金融在数字经济中的作用部分主要介绍了数字金融的基础设施、创新驱动、资源配置以及普惠金融作用。数字金融对数字经济的影响部分主要介绍了数字金融的优化资源配置、提升金融包容性、创新商业模式以及推动技术进步等影响。

基 本 概 念

数字金融 数字经济 大数据 区块链 人工智能

思考与练习

1. 数字经济具有哪些特点？
2. 数字经济包括哪些范畴？

3. 如何理解数字金融与数字经济的关系?

4. 数字金融在数字经济中发挥了怎样的作用?

5. 数字金融对数字经济产生了怎样的影响?

6. 数字经济未来有哪些发展趋势?

参 考 文 献

1. 陈春华,曹伟,曹雅楠,等.数字金融发展与企业"脱虚向实"[J].财经研究,2021,47(9):78-92.

2. 孔春华.数字金融助力数字经济高质量发展研究[J].产业创新研究,2024(13):113-115.

3. 黄益平,邱晗.大科技信贷:一个新的信用风险管理框架[J].管理世界,2021,37(2):12-21.

4. 金洪飞,李弘基,刘音露.金融科技、银行风险与市场挤出效应[J].财经研究,2020,46(5):52-65.

5. 李逸飞,李茂林,李静.银行金融科技、信贷配置与企业短债长用[J].中国工业经济,2022,415(10):137-154.

6. 梁琦,林爱杰.数字金融对小微企业融资约束与杠杆率的影响研究[J].中山大学学报(社会科学版),2022,60(6):191-202.

7. 谢绚丽,王诗卉.中国商业银行数字化转型:测度、进程及影响[J].经济学(季刊),2022,22(6):1937-1956.

8. 王孝松,杨航.中国数字金融发展的成效、问题与突破[J].金融市场研究,2024(11):58-69.

9. 战明华,汤颜菲,李帅.数字金融发展、渠道效应差异和货币政策传导效果[J].经济研究,2020,55(6):22-38.

10. 战明华,张成瑞,沈娟.互联网金融发展与货币政策的银行信贷渠道传导[J].经济研究,2018,53(4):63-76.

11. 张庆君,张港燕.银行金融科技运用会降低信贷顺周期性吗[J].金融经济学研究,2021,36(5):63-82.

12. 张海洋,胡英琦,陆利平,等.数字时代的银行业变迁——网点布局与行业结构[J].金融研究,2022,507(9):75-92.

13. 朱宝,翟世婷.中国数字金融高质量发展研究——基于结构不平衡性和空间溢出效应的视角[J].管理现代化,2024,44(5):68-78.

14. 朱波,曾丽丹.数字金融发展对区域新质生产力的影响及作用机制[J].财经科学,2024(8):16-31.

15. CAPPA F, ORIANI R, PERUFFO E, et al. Big data for creating and capturing value in the digitalized environment: Unpacking the effects of volume, variety, and veracity on firm performance[J]. Journal of Product Innovation Management, 2021, 38(1): 49-67.

16. CENNI S, STEFANO M, VALENTINA S, et al. Credit rationing and relationship lending: Does firm size matter? [J]. Journal of Banking & Finance, 2015, 53(4): 249-265.

17. FUSTER A, PLOSSER M, SCHNABL P, et al. The role of technology in mortgage lending[J]. Review of Financial Studies, 2019, 32(5): 1854-1899.

18. GAMBACORTA L, HUANG Y, LI Z. Data versus collateral[J]. Review of Finance, 2023, 27(2): 369-398.

19. GOLDSTEIN I, JIANG W, KAROLYI G A. To FinTech and beyond[J]. Review of Financial Studies, 2019, 32(5): 1647-1661.

· 第二篇 ·

数字金融技术及应用

本篇作为数字金融教材的第二部分,将系统性地介绍驱动数字金融发展的核心技术基础及其在金融领域的实践应用。在当前全球金融业态加速向数字化转型的时代背景下,大数据、云计算、人工智能、区块链等前沿技术已成为构建新型金融基础设施、创新金融产品与服务模式、提升金融风险管理能力的基石。首先,深入探讨大数据的概念、特征、来源、基本原理与关键技术,以及大数据在金融风险管理、客户行为分析、市场趋势预测等领域的应用,特别是对银行业、保险业、证券业等传统金融机构的赋能与改造,在绿色金融、普惠金融等新兴领域的驱动作用。接着,介绍云计算的基础知识、关键技术、服务模式及部署形态,阐述其在降低IT成本、提升运营效率、增强系统灵活性与可扩展性方面的技术优势,以及在金融机构数字化转型中的基础支撑作用。随后,聚焦人工智能,系统梳理其基本概念、发展沿革及核心技术分支(如机器学习、深度学习、自然语言处理等),以及在智能投顾、自动化交易、智能风控、反欺诈等金融核心业务场景中的广泛应用与实践案例。最后,探索区块链技术,阐述其定义、核心技术特征及基本架构和不同类型,深入分析其在支付清算、数字资产发行与管理、供应链金融等金融领域的应用探索与潜在影响。通过对上述四大核心技术原理及其在金融领域典型应用的系统性学习,本篇旨在帮助读者建立坚实的数字金融技术认知框架,深刻理解技术对金融体系的重塑作用,从而更好地应对数字时代金融行业的机遇与挑战。

第三章

大数据技术及应用

学习要求

1. 掌握大数据的定义、特点和发展历程。
2. 掌握数据采集导入和数据存储的各种方式与形态。
3. 掌握批处理和流处理的概念和框架。
4. 了解机器学习、数据仓库、SQL 查询、数据可视化等数据分析方式。
5. 了解大数据在金融领域的应用前沿。
6. 掌握分析大数据在企业层面应用的具体方法。

本章导读

在当今信息化快速发展的背景下，大数据已成为推动社会变革和技术进步的重要动力。本章将深入探讨大数据的概念、特征、来源及其在各金融领域的应用和案例分析。大数据的来源广泛，包括社交媒体、物联网设备、企业交易记录等，这些数据的收集和分析为决策提供了深刻依据，推动了商业、医疗、交通等领域的创新，但也伴随着数据隐私和安全问题，数据质量和治理挑战亦不容忽视。本章分为四节。第一节主要介绍大数据的定义、特点和发展历程。第二节主要介绍大数据技术，从数据采集导入、数据存储、数据处理、数据分析四个维度详解大数据的底层逻辑和基础技术特点，并从数据可视化和 Hadoop 生态圈视角出发分析大数据的结构特征和发展生态。第三节主要介绍大数据在金融领域的应用前沿，包括大数据在银行业中外部营销和内部管理方面的应用，在保险业中合同定价和核保核赔方面的应用，在证券业中对资产定价、财富管理和股市预测的驱动，以及在金融监管和风险管理领域的应用。第四节以绿色金融、普惠金融为例，对湖州市"绿信通""绿融通"、中国建设银行"惠省钱"以及摩根大通的数字化转型进行了案例分析。首先，该节介绍了绿色金融背景下湖州市"绿信通""绿融通"的建设现状、推行机制和未来发展方向，阐述了大数据对于绿色金融的驱动效能；其次，对中国建设银行"惠省钱"的基本运营架构和其他快捷支付业务进行介绍，并给出大数据驱动下快捷支付业务的发展策略；最后，具体分析了摩根大通利用大数据等金融科技完成数字化转型的战略、路径和具体成果。

第一节　大数据的基本原理

一、大数据的定义

大数据，这个随着信息量激增和网络技术进步而出现的新概念，已经引发了众多领域的新研究和统计方法的创新。

根据维克托·迈尔-舍恩伯格（Viktor Mayer-Schönberger）的观点，大数据指的是数量庞大的数据集，其体量之大通常超出人们在合理时间内完成收集、存储、管理和处理的能力。这些数据集不经过抽样，而是直接记录实际数据，包括大量的结构化数据和非结构化数据。因此，大数据的规模和复杂性远远超出传统软件工具在合理时间内处理的能力。

二、大数据的特点

大数据的定义多而杂，不同企业、行业等都从自身角度来定义大数据。虽然大数据的定义没有统一，但是国际数据公司（International Data Corporation，IDC）提出的大数据的四个特征被业界广泛接受，即数据量（volume）大、数据种类（variety）多、数据产生和处理速度（velocity）快以及数据价值（value）密度低，也称"4V"特征。

（一）数据量大

大数据的巨量特性主要表现在数据规模上，这些数据的潜在价值尚未确定，如X（原推特，Twitter）的数据流、网页及移动应用的点击流，以及设备传感器捕获的海量信息等。在当今数字化社会中，人们的日常活动（如微信、QQ通信、网络搜索与在线购物等）都在不断产生着海量数据。

大数据的计量单位也超越传统的GB或TB，进入PB（1 000 TB）、EB（100万TB）乃至ZB（10亿TB）级别，数据规模呈现指数级增长，正是这一庞大的规模构成了大数据的核心特征。

（二）多样化

大数据的多样化特性体现在数据类型的丰富性上，现有的数据可以分为结构化数据、半结构化数据和非结构化数据。结构化数据主要存储于长期主导IT应用的关系型数据库中；半结构化数据包括电子邮件、文本文件以及大量的网络新闻等，以内容为基础，构成了谷歌、百度等搜索引擎存在的基础；非结构化数据则随着社交网络、移动计算和传感器等新兴技术的普及不断涌现，广泛分布于社交媒体、物联网和电子商务等领域。

全球结构化和非结构化数据的年增长率分别为32%和63%，非结构化数据（如网络日志、音视频、图片和地理位置信息等）占数据总量的约80%，并持续增加。值得注意的是，驱动人类智能的大多是这些非结构化数据[1]。

---

[1]　国际数据公司（International Data Corporation，IDC）2012年数据。

（三）数据产生和处理速度快

大数据的高速特性指的是数据接收和处理的高速度，尤其在某些联网智能产品中，需要实现实时或近乎实时的运行，这非常依赖对实时数据的评估和操作。为满足这一需求，大数据必须具备高速处理能力。

根据美国互联网数据中心的数据，企业数据年增长率达 55％，互联网数据每年增长约 50％，每两年翻一番。国际商业机器公司（International Business Machines Corporation，IBM）的研究则指出，人类文明 90％ 的数据量是 2023 年以来生成的。因此，大量的数据积累要求更加快速的数据处理能力，而快速的数据处理已成为大数据与传统数据挖掘技术的根本区别。一些学者提出"一秒定律"，即数据的价值随着时间而快速递减——当前一秒有用的数据，可能在下一秒即失效。数据的价值不仅与规模有关，更取决于处理速度：数据处理越迅速及时，其效能和价值便越显著。

（四）数据价值密度低

大数据的核心不在于数据量的增长，而在于如何在信息爆炸时代中挖掘出数据的有效价值。数据的价值密度与其总量成反比，这种价值挖掘才是大数据研究的关键所在。虽然大数据的价值密度较低已成为显著特征，但对其进行深入研究和分析仍然意义深远，大数据的潜在价值依然不可估量。毕竟，数据的价值是驱动包括大数据技术在内的所有技术发展与创新的内在决定因素。

三、大数据技术的发展历程

大数据并不是近年来才出现的新兴概念，其发展历程可以追溯到 20 世纪。根据不同的阶段，大数据的发展历程可以分为四个时期。

（一）第一时期（1940—1970 年）：数据收集时期

这一时期的主要特点是数据的产生和收集，以及数据的存储和管理。这个时期数据的主要存储载体是磁带和磁盘。随着计算机技术的发展，数据的规模和类型也逐渐增加，出现了关系型数据库、层次型数据库、网络型数据库等不同的数据模型和系统。

（二）第二时期（1970—1990 年）：数据分析时期

这一时期的主要特点是数据的分析和挖掘。随着数据的增长和多样化，出现了数据仓库、数据挖掘、数据可视化等不同的数据分析方法和技术。20 世纪 80—90 年代，数据仓库的概念被引入，可支持历史数据的存储和分析；同时，联机分析技术亦得到发展，使得用户能够快速查询和分析数据。

（三）第三时期（1990—2010 年）：大数据时代的到来

这一时期的主要特点是数据的爆炸和挑战，以及大数据概念和技术的诞生。随着互联网、物联网、移动通信等技术的发展，数据的产生速度和规模远远超过了传统数据处理方法的能力。数据的特征变得越来越复杂和多样，因而 2001 年国际咨询公司高德纳（Gartner，又译顾能公司）首次提出了大数据的概念。

为了应对大数据的挑战，谷歌等公司在 21 世纪初先后开创了分布式处理框架和非关系型数据库等大数据技术的先河。分布式处理框架是大数据处理的核心技术，其工作原理是将大规模的数据分解为小规模的任务，再分配给多个节点并行执行，并将结果汇总返回。2006 年,分布式储存的开源框架 Apache Hadoop 的发布使得分布式存储和计算成为可能。最早的分布式处理框架是由谷歌提出的分布式计算编程模型 MapReduce,用于处理结构化和半结构化的数据。后来出现了更加灵活和高效的分布式处理框架,如开源分布式计算框架 Spark、Flink、Storm 等①,用于处理实时、流式、复杂的数据。

(四) 第四时期(2010 年至今):大数据的发展与智能时期

这一时期的主要特点是数据的智能化和创新,以及数据的价值和影响。随着人工智能、机器学习、深度学习等技术的发展和应用,数据不仅可以被存储和分析,还可以被理解和利用,从而产生新的知识、服务和商业模式。

这一时期的代表性技术和事件包括云计算和大数据的融合:云计算为大数据提供了弹性、可扩展、低成本的数据存储和计算服务,大数据为云计算提供了海量、多样、高速的数据资源和分析需求。两者相互促进,形成了云计算和大数据的融合平台,如亚马逊网络服务(Amazon Web Services)、微软云(Microsoft Azure)、谷歌云平台(Google Cloud Platform)等。

当前,全球已全面迈入大数据时代,数据正逐步成为一种与物质资产和人力资本同等重要的关键生产要素,成为信息社会中的重要财富。数据不仅代表着资源积累,更构成了驱动技术创新和社会发展的新动力,其相关技术的开发与应用在各领域为人类带来深远的福祉。

第二节　大数据技术

一、资源配置作用

(一) 资源配置的定义及数字金融的资源配置作用

资源配置是经济学中的一个重要概念,指在有限的资源条件下,通过市场机制或者计划机制合理安排和使用资源,实现资源的最优利用和配置。数字金融通过数据技术、人工智能、区块链等新兴技术,实现资源的优化配置和高效利用,提升经济运行的效率和效益。

在数字金融的推动下,资源配置的效率得到了显著提升。在资金流动性方面,数字金融通过在线平台和交易所提高了资金的流动性,使得投资者和融资者能够在更短的时间内匹配需求与供给。例如,数字货币的出现加速了资金的跨境流动,为国际贸易提供了更为灵活的资金解决方案。在信息透明度方面,数字金融的普及使得信息的分享和透明度提高,市场参与者能够更迅速地获取有关投资项目、融资条件及信用风险的信息。这种透明度降低了交易成本,提高了资源的配置效率。在专业化服务方面,数字金融引入了一系列智能化的金融产品和服务,如智能投顾、大数据风控等,这些产品通过科技手段分析用户需求,从而提供更精准的资源配置建议。同时,在互联网平台上,投资者可以选择多样

---

① Spark 是由加州大学伯克利分校 AMP 实验室(AMP Lab)团队于 2009 年创建的开源分布式计算框架。Flink 最初是由德国柏林工业大学的沃克尔·马克尔(Volker Markl)教授团队开发的开源分布式流处理框架,现已成为现代实时计算领域的核心基础设施。Storm 是开源的分布式实时计算系统,更适用于需要极低延迟且数据量适中的场景,而 Flink 在吞吐量和状态管理方面更具优势。

化的投资项目,而融资者也能更好地获取资金。

(二) 数字金融在资源配置中的核心技术

数字金融的资源配置功能依赖多种先进技术的支持。

在大数据分析方面,大数据技术能够对海量信息进行实时处理和分析,识别出潜在的投资机会和风险点。在金融服务中,通过对用户信贷历史、消费行为和其他相关数据的分析,金融机构能够进行精准的风险评估,从而决定资金融通的方式与额度。例如,基于用户消费数据的信用评分体系为借贷决策提供了重要依据,从而增强了信贷的精准度和效率。在区块链技术方面,区块链提供了一种去中心化、可追溯的交易方式,促进了资源的快速流转。同时,区块链的智能合约技术使得交易的各方能够在不需要中介的情况下自动执行合同条款,从而降低交易成本、减少时间延迟。例如,在企业的供应链金融中,通过区块链技术,企业间的信用信息可以透明共享,降低融资风险。在人工智能方面,通过机器学习和自然语言处理等技术,人工智能能够分析用户需求,提供定制化的金融产品。同时,人工智能还可以在信贷、投资等领域进行风险评估和管理。例如,在线贷款平台通过人工智能技术快速审核贷款申请,从而大大缩短了传统银行的申请流程。

(三) 数字金融在不同领域的资源配置案例

在企业融资领域,数字金融平台(如众筹和P2P借贷)为中小企业提供了更多的融资渠道。例如,平台可以汇聚小额投资,支持创业者和小微企业的融资需求,从而实现资源的有效配置。某众筹平台通过集结小额投资者资本,为地方创新创业提供资金支持,促进了当地经济发展。在个人投资领域,智能投顾服务通过算法模型,针对用户的风险偏好和投资目标,提供个性化的投资组合建议,从而提升个人资本的配置效率。例如,某智能投顾公司为用户提供资产配置建议,用户在短时间内能够找到适合自己的投资产品,提升了个人投资的成功率。在农村金融领域,数字金融为农村地区的农业生产提供了便利的资金支持,通过移动支付和农村电商平台,农民能够快速获取生产资料资金,提高生产效率。例如,某农村电商平台通过数字支付解决了农产品销售中的资金支付问题,帮助农民更快地实现收入转化。

二、数据的采集与导入

(一) 数据类型

数据可以分为结构化、半结构化和非结构化三种类型。结构化数据遵循固定的格式,存储在数据库里,它们以行和列的形式排列,每一列代表不同的字段,如客户详情或交易明细。这种数据的特点是高度一致性,易于使用结构化查询语言(structured query language,SQL)等工具进行查询和修改。

半结构化数据则稍微灵活一些,它们虽然有一定的结构,但不像结构化数据那样严格遵循预定义的格式。这类数据通常含有标记,这些标记分隔不同的语义元素,但不完全依赖这些标记来定义数据的结构。半结构化数据能够适应多种数据类型,包括文本、数字和日期,并且具有自描述的特性,使得数据能够灵活地应对变化。

非结构化数据则更为自由,它们没有固定的格式,包括各种格式的文档、图片、视频、音频等。这类数据难以用传统的数据库工具处理,因为它们缺乏统一的格式,使得索引和检索变得复杂。处理非结构化数据通常需要更高级的技术,如自然语言处理和机器学习,以提取有用信息。

此外,还有实时数据流,它们是连续生成和处理的数据,如传感器数据或用户交互数据。实时数据流要求快速处理,具有高度的实时性和动态性,通常涉及大量数据的吞吐。这种数据流在金融、社交网络、物联网等领域有着广泛的应用,被用于实时监控、高频交易、个性化推荐、智能控制等场景。

(二) 数据采集

1. 大数据时代数据采集和导入的要求

大数据时代,数据采集和导入是确保信息有效收集和存储的基础,这对于后续的数据分析和处理非常关键。大数据环境的特点在于其数据来源的多样性和数据类型的广泛性,这要求存储和分析系统能够精准地进行数据采集,处理庞大的数据量,并且对数据进行高效呈现和处理。同时,大数据系统强调高效性和可用性,这与传统的数据采集方式形成对比。此外,传统的数据处理模式以处理器为中心,在大数据环境下已经不再适用。大数据的处理需要转向以数据为中心的模式,减少数据在系统间移动带来的延迟和成本。

2. 大数据采集和导入技术

[专栏 3-1]
CAP 定理

在大数据领域,常用的数据采集工具包括日志服务器软件 Apache Flume、文件格式 Fluentd、开源数据收集引擎 Logstash、数据采集系统 Chukwa、数字内容平台 Scribd、斯普伦克日志分析软件 Splunk Forwarder 等。这些工具通常具备高可靠性、高性能和高扩展性,能够处理大规模数据流。例如,Apache Flume 是一个分布式的管道架构系统,通过来源(Source)、频道(Channel)和汇集(Sink)组件,实现数据源与目的地之间的数据路由和传输。Logstash 则提供数据的收集、清洗、变形和发送给索引器的功能。

数据导入技术关注如何将收集到的数据有效地传输和存储到大数据平台。ETL (extract,transform,load,即抽取、转换、加载)工具在这个过程中扮演着重要角色。Sqoop 是一个常用的 ETL 工具,它允许用户在 Hadoop 和关系数据库服务器之间传输数据,支持从关系数据库导入数据到 Hadoop 分布式文件系统(Hadoop distributed file system, HDFS),以及从 Hadoop 文件系统导出到关系数据库。流集 StreamSets 也是一个强大的 ETL 工具,它提供拖拽式的可视化界面,实现数据管道(pipelines)的设计和定时任务调度,支持多种数据源和目标源。

此外,在处理大规模数据导入导出时,采用性能优化工具如简易电子表格软件 EasyExcel 至关重要。此类工具支持对大量 Excel 文件进行高效读写操作,不仅显著降低了内存溢出的风险,还提升了数据处理速度。在实施数据采集和导入策略时,必须全面考量数据的规模、速度、多样性、准确性、自动化水平以及成本等多个维度。此外,保障数据的安全性和隐私权益也是不可忽视的一环。

三、数据存储

(一) 数据的三大存储形态

1. 块存储(block storage)

如果我们将数据类比为图书馆里的藏书,将数据存储类比为在数据图书馆中合理储放图书,那么块存储就像图书馆中的一排排传统书架,每个书架被分成许多小格子,每个格子可以独立借出。这些小格子就像硬盘上的扇区,它们可以被读取和写入数据。如果你需要存储一本大部头的书(大量数据),可以使用多个格子。块存储允许精确控制每个格子的内容,并且可以快速地在这些格子之间移动书籍(数据)。

2. 对象存储(object storage)

对象存储就像一个大型仓库,所有的书籍都被打包成箱子,每个箱子都有一个独特的标签(元数据)。在对象存储中,数据被封装在对象中,每个对象都包含数据本身和描述数据的标签。这种存储方式适合存储大量的箱子(数据),并且可以很容易地扩展仓库的大小。当你想要找到某个箱子时,只需要通过标签(元数据)来检索。

3. 文件存储(file storage)

文件存储就像一个文件柜,每个抽屉代表一个文件目录,里面可以放很多文件(数据)。文件存储以文件和文件夹的形式组织数据,就像计算机上的文件系统一样。这种方式适合用户熟悉的文件操作,如打开、编辑、删除文件。文件存储对于需要通过文件系统接口来访问数据的应用来说非常方便。

(二) 数据库(database)

数据库就像图书馆的电子目录系统,它不仅记录了每本书的标题、作者、国际标准书号(international standard book number, ISBN,数据的结构和内容),还记录了它们在书架上的具体位置(数据的存储位置)。数据库通过 SQL 或其他查询语言来帮助用户检索、更新和管理数据。

[专栏 3-2] HDFS

1. 关系型数据库

关系型数据库(relational database management system, RDBMS)是一种基于关系模型的数据库管理系统,它通过表格的形式组织数据,并使用结构化查询语言(SQL)进行数据的增删改查操作。关系型数据库的核心特点包括数据的结构化存储、数据完整性的维护、事务处理的支持以及数据安全性的保障。当前主流的关系型数据库有 Oracle、DB2、PostgreSQL、Microsoft SQL Server、Microsoft Access、MySQL、浪潮 K-DB 等。

关系型数据库的特点主要包括:①结构化存储。数据以表格的形式存储,每个表格由行(记录)和列(字段)组成,这种结构化的方式使得数据的组织和检索变得直观和高效。②数据完整性。通过约束条件(如主键、外键、唯一性约束、非空约束等),确保数据的有效性和一致性。③事务处理。支持事务(transaction),确保数据操作的原子性(atomicity)、一致性(consistency)、隔离性(isolation)和持久性(durability),即 ACID 原则。④数据安全性。提供用户权限管理、角色控制等机制,保障数据的安全性和隐私性。⑤可扩展性。水平和垂直扩展,可以通过增加更多的硬件资源(如中央处理器、内存)进行垂直扩展,也可以通过分布式架构实现水平扩展,并支持大规模数据。⑥数据共享。多用户访问,支持多个用户并发访问和操作数据,适合多用户环境的应用;数据一致性,通过事务管理和锁机制,确保在并发环境下数据的一致性和完整性。

2. 非关系型数据库

随着数据量越来越大,关系型数据库开始暴露出一些难以克服的缺点,以 NoSQL 为代表的非关系型数据库,因其高可扩展性、高并发性等优势而实现了快速发展,一时间市场上出现了大量的键值(key-value)存储系统、文档型数据库等 NoSQL 数据库产品。非关系型数据库本身具有天然的多样性,出现的时间较短,并且大部分都是开源的。非关系型数据库往往是针对某些特定应用需求出现的,其优势在于处理对应需求时的极高性能,而非支持更复杂的功能。

依据结构化方法以及应用场合的不同,我们将主要介绍四类数据库。

(1)键值存储。键值存储(key-value store),也称键值数据库或键值对数据库,是一种非关系型数据库,它使用键值对(key-value pairs)存储数据。在这种数据库中,每个数据项都由一个唯一的键(key)和一个值(value)组成。键是数据项的标识符,而值则是实际的数据。键值数据模型简单,读写速度快,易于扩展,适合高速读写、数据结构简单、不需要复杂查询的场景,如缓存系统、实时分析等。

(2)文档存储。文档导向数据库(document-oriented database),又称文档型数据库,是一种 NoSQL 数据库。它以文档(如 JSON、XML 或 BSON 格式)作为数据存储的基本单位,每个文档都包含一组键值对,其中键是字符串,值可以是字符串、数字、布尔值、数组、对象或这些类型的嵌套组合。文档数据库的特点是模式灵活,不需要预定义,可以存储结构不同的文档,这使得它们非常适合处理半结构化或非结构化数据。

(3)列族存储。列族存储(column family store)将数据存储在列族中,每个列族可以有不同的数据类型和存储方式。列族存储在 NoSQL 数据库和部分 NewSQL 数据库中非常常见。这种存储方式特别适合处理大规模的数据集,因为它优化了读取特定列的数据操作,这在处理大量数据时是非常有用的。

列族存储模型在需要处理大量数据和高并发读写操作的场景中非常有效。例如,Apache HBase 是一个基于列族存储的分布式数据库,它运行在 Hadoop 生态系统之上,能够处理 PB 级别的大数据。HBase 的数据模型包括行键(row key)、列族、列、时间戳和版本。它使用列族来组织数据,每个列族可以包含多个列,这些列共享相同的存储属性和访问模式。

(4)图数据库。图数据库是一种专门设计来存储和处理图形数据的数据库,它使用图形结构来表示数据,其中节点(顶点)表示实体,边表示实体之间的关系。图数据库特别适合处理复杂的关系查询,如社交网络分析、推荐系统、生物信息学、网络拓扑和其他需要探索实体间复杂关系的场景。

四、数据处理

(一)批处理

批处理(batch processing)是一种将一定量的数据集合在一起,形成一个数据批次,然后统一进行处理的方式。它适用于数据量大但实时性要求不高的场景,如日志分析、数据挖掘等。批处理的优势在于能够处理大量静态数据,且由于数据是批量处理的,所以可以利用多线程、分布式计算等技术提高处理效率。批处理的工具如 MapReduce 和 Apache Spark。

1. MapReduce

MapReduce 是一种分布式计算模型,最初由谷歌在 2004 年提出,用于处理和生成大规模数据集。它是一种编程模型，主要用于在集群上使用并行分布式算法处理和生成大数据集。MapReduce 的核心思想是将复杂的任务分解成许多简单的任务，并在分布式计算环境中使用并行方式完成这些任务，其运行方式如图 3.1 所示。

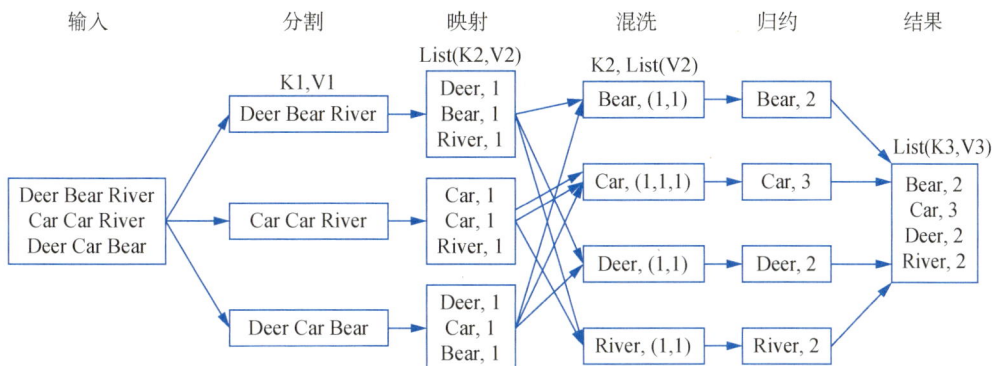

图 3.1　MapReduce 运行方式

MapReduce 模型主要由两个阶段组成：映射（Map）阶段和归约（Reduce）阶段。在 Map 阶段，输入数据被分解成一系列键值对，这些键值对随后被传递到 Reduce 阶段进行处理。Reduce 阶段则负责对 Map 阶段生成的中间结果进行汇总和计算，最终输出结果。这种"分而治之"的策略使得 MapReduce 能够高效地处理大规模数据集。

尽管 MapReduce 在大数据处理中非常有效，但它也有一些局限性，如实时处理能力有限，以及在处理小文件或小规模数据时可能不是最高效的选择。不过，MapReduce 的基础思想和设计原则仍然在各种现代框架和应用中得到体现，它的出现极大地推动了大数据生态系统的发展。

2. Apache Spark

Apache Spark 是一个开源的大数据处理和分析引擎，最初由加州大学伯克利分校的实验室 AMPLab 开发，并于 2010 年成为 Apache 软件基金会的顶级项目。Spark 是一种快速、通用且可扩展的计算框架，设计用于大规模分布式数据处理，支持批处理、实时流处理、机器学习、图计算等多种功能。

Spark 架构的关键部分主要包括四部分（见图 3.2）。

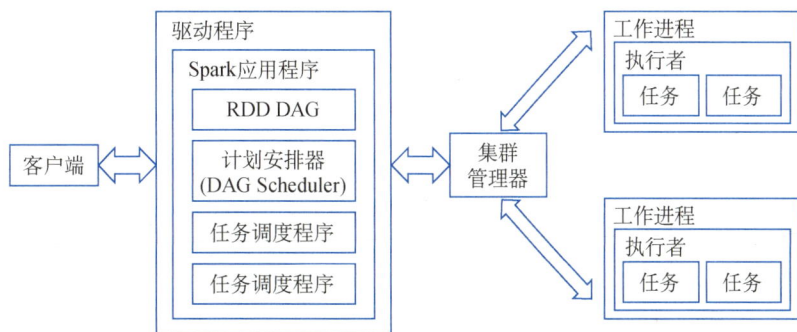

图 3.2　Spark 架构示意图

(1) 驱动程序(Driver)。Driver 是 Spark 应用程序的主节点,负责将用户代码转换为作业(job),调度任务执行,并与集群管理器协商。它还负责存储所有弹性分布式数据集(resilient distributed datasets,RDD)及其分区相关的元数据。Driver 运行应用程序的 main 函数,并创建斯帕克框架(SparkContext)进程,这是与集群管理器通信的接口。

(2) 执行器(Executor)。Executor 是负责实际执行任务的独立进程,不依赖任何其他组件。每个 Executor 运行在集群的一个节点上,负责执行任务并将数据存储在内存或磁盘上。Executor 下载任务的运行时依赖并准备好任务的执行环境。

(3) 集群管理器(ClusterManager)。ClusterManager 负责管理和监控集群资源。常见的集群管理器包括 YARN(Yet Another Resource Negotiator)、梅索斯(Mesos)调度器和 Spark 自带的独立集群管理器。在工作节点上,集群管理器为应用程序分配资源,被分配到资源的 Executor 将运行应用代码并执行多个具体任务。

(4) 工作节点(Worker Node)。Worker Node 是集群中执行计算任务的节点,每个应用都有独立的 Executor。这些节点负责控制计算节点,启动 Executor 或者 Driver。

Spark 的核心优势在于其基于内存的计算引擎,这使得它在处理大数据集时比传统的 Hadoop MapReduce 框架更快。Spark 提供了丰富的 API 和库,支持多种编程语言(如 Scala、Java、Python 和 R),使其能够灵活地完成各种数据处理任务。此外,Spark 还支持交互式查询和实时数据流处理,能够有效地进行复杂的数据分析和挖掘。由于其高性能和易用性,Spark 已经成为大数据处理领域的重要工具,并得到广泛的应用。

(二) 流处理

与批处理不同,流处理是一种实时的数据处理方式,它能够持续地接收和处理数据流中的事件或消息,并提供低延迟的分析和响应。流处理技术适用于处理无界数据集,即数据会不断产生并持续到达,如传感器数据、网络日志等。与批处理相比,流处理可以快速响应数据的变化,及时地进行数据处理和分析,适用于需要实时性的场景。

流处理系统通常涉及多个操作,如过滤、聚合、计数、分析、转换等。这些操作可以实时地对数据进行处理,从而实现低延迟的数据分析和决策支持。流处理框架如 Apache Flink、Spark Streaming 等。

流处理的一个重要特点是其对时间的处理。在流处理中,数据元素与给定时间域的戳相关联,常见的时间语义包括事件时间和处理时间。理想情况下,事件时间和处理时间应一致,但在实践中,由于生产者时钟不同步、通信延迟和处理延迟,这两种时间之间存在偏差。

流处理系统通常允许指定一种可靠性模式或处理语义,以保证整个系统处理数据的准确性。常见的流式语义包括 exactly-once(仅一次)和 at-least-once(至少一次),前者保证系统在发生故障时只处理一次数据,而后者则确保至少有一次处理。

该技术在许多领域都有应用,如信用卡交易监控、网站点击流分析、物联网设备数据处理等。通过实时分析大量数据,流处理能够帮助企业和组织更快做出决策,并提高运营效率。

五、数据分析

(一) 数据挖掘与机器学习

数据挖掘与机器学习是两个密切相关的技术领域。它们在大数据分析中扮演着重要角色,但各自也有其独特的定义和应用。

数据挖掘是从大量数据中发现隐藏的模式、规律和知识的过程。它涉及使用统计学、算法、数据库技术等方法来提取有用的信息。数据挖掘通常包括数据清理、数据变换、模式评估、知识表示等步骤。其应用广泛,涵盖商业、金融、医疗、科学研究等多个领域。

机器学习则是人工智能的一个分支,它使计算机能够通过学习数据中的模式和规律自主地进行预测和决策。机器学习的核心在于开发算法和统计模型,使计算机系统能够在没有明确指令的情况下执行任务。机器学习算法包括监督学习、无监督学习、半监督学习等,这些算法被广泛应用于数据挖掘,以提高数据处理的效率和准确性。

两者之间的关系可以这样理解:数据挖掘提供了从数据中提取知识的方法和流程,而机器学习则提供了实现这一目标的具体技术手段。在实际应用中,机器学习算法被广泛应用于数据挖掘过程,帮助从大量数据中提取有用的信息。例如,在大数据环境下,通过机器学习进行数据挖掘能够更好地进行数据分析,提升数据信息的价值。

(二) 数据仓库和分析引擎

数据仓库和分析引擎是大数据环境中两个重要的组成部分,它们在企业决策支持和数据分析中扮演着关键角色。

数据仓库(data warehouse,DW)是一个用于存储和管理企业数据的解决方案。它通过集成来自多个来源的数据,为企业提供一个分析性的数据环境,支持决策制定过程。数据仓库的主要功能包括数据的抽取、转换和加载(ETL),以及数据的存储和管理。数据仓库通常用于生成报告、回答查询,并支持以联机分析处理(online analytical processing,OLAP)系统为平台的多维数据分析。此外,数据仓库还可以被用于数据挖掘,发现隐藏的模式和关联。

分析引擎则是专门用于处理和分析数据的工具或平台。例如,Elasticsearch是一个强大的全文搜索和分析引擎,提供高效的数据存储和丰富的查询功能。它能够应对各种用例,支持高性能、实时的搜索和分析应用程序。另外,Greenplum这样的分布式大规模并行处理数据库也可以作为数据仓库的分析引擎,适合进行大数据的存储和计算。

在实际应用中,数据仓库和分析引擎常常结合使用。例如,谷歌的BigQuery是一个完全托管的大数据分析平台,它利用无服务器架构处理大规模的数据分析任务。这种结合不仅提高了数据处理的效率,还降低了企业的基础设施管理成本。

总之,数据仓库提供了集成化和历史化的数据存储环境,而分析引擎则提供了高效的数据处理和分析能力。两者共同为企业提供了强大的决策支持和商业智能能力。

六、数据可视化

数据可视化是一种将数据以图形、图像、动画等形式呈现的技术,旨在帮助人们更直观地理解和分析数据,从而支持更加精准和高效的决策(见图3.3)。数据可视化技术在大数据时代尤为重要,因为它能够将复杂的数据转化为易于理解的视觉元素,使用户能够快速把握数据的关键信息。

数据可视化工具种类繁多,适用于不同的需求和场景。例如,Excel、Tableau、Python、Power BI等工具被广泛应用于数据分析和报告制作。此外,还有一些在线工具如 Google Chart API 和 Flot,高级工具如 Processing,以及专业分析工具如 Weka 和 Gephi,适合不同层次的数据分析师使用。

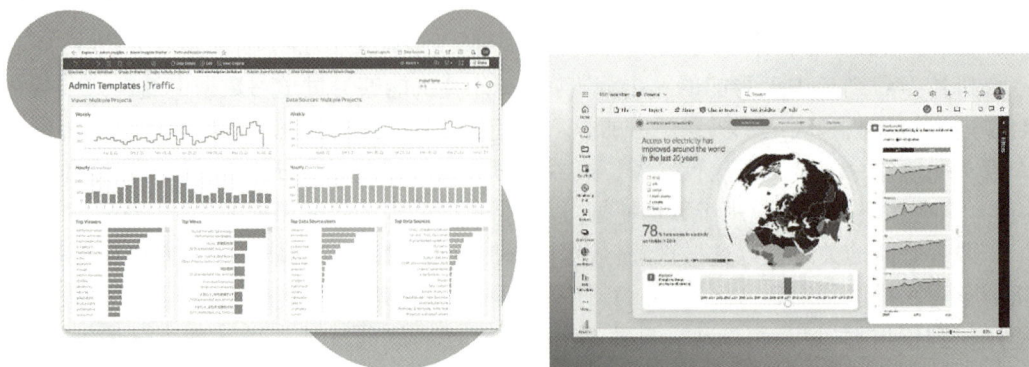

图 3.3 数据可视化呈现效果示意图

资料来源:Tableau(左),Power BI-Data Visualization｜Microsoft Power Platform(右)。

七、综合案例——Hadoop 生态圈

Hadoop 生态圈是指围绕 Hadoop 软件框架为核心而出现的越来越多的相关软件框架,这些软件框架和 Hadoop 框架一起构成了一个生机勃勃的 Hadoop 生态圈(见图 3.4)。Hadoop 生态圈是由一系列开源组件组成的,这些组件共同构建了一个大规模分布式计算和存储平台,旨在处理和分析海量数据。Hadoop 生态圈的核心组件包括 HDFS、MapReduce 和 YARN,它们分别负责数据存储、分布式计算和资源管理:①Hadoop 分布式文件系统(Hadoop Distributed File System,HDFS)是 Hadoop 生态圈的基础组件,用于存储大规模数据集。它通过将数据分割成块并分布存储在集群中的多个节点上,确保

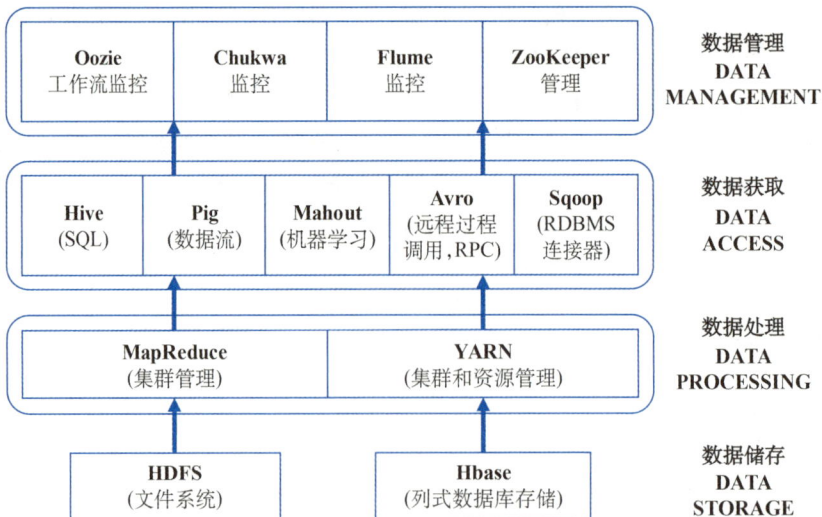

图 3.4 Hadoop 生态圈结构示意图

资料来源:Hadoop ecosystem[EB/OL].(2025-7-11)[2025-8-4]. https://www.geeksforgeeks.org/dbms/hadoop ecosystem/.

高容错性和高吞吐量。②MapReduce 是一种编程模型,用于处理和生成大数据集。它将计算任务分解为 Map 阶段和 Reduce 阶段,适用于离线批处理任务。③YARN 是一个资源管理和作业调度框架,用于管理和分配集群资源,支持多种计算框架,如 MapReduce、Spark 等。

此外,Hadoop 生态圈还包括许多其他重要的组件和工具,用于扩展其功能和提高效率:①HBase,一个分布式列式数据库,用于存储和查询大规模结构化数据;②Hive,一个数据仓库工具,提供 SQL 接口,用于查询和管理存储在 HDFS 中的数据;③Pig,一种高层次的数据流语言和并行计算执行框架,用于复杂的数据处理任务;④Spark,一个快速且通用的计算引擎,支持 ETL、机器学习、流处理、图计算等广泛应用;⑤ZooKeeper,一个高性能的分布式协调服务,用于管理分布式应用和服务;⑥Flume,一个高可用的日志收集框架,用于将海量日志数据并行导入 HDFS 或 Hive;⑦Sqoop,一个数据迁移工具,用于在 Hadoop 和关系数据库之间高效传输数据;⑧Ambari,一个基于万维网(World Wide Web)的工具,用于配置、管理和监控 Hadoop 集群。这些组件共同构成了一个强大的生态系统,能够满足从数据存储到复杂的数据分析和挖掘的各种大数据处理需求。

第三节 大数据在金融中的应用

一、大数据在银行业的应用

(一) 大数据时代银行的精准营销

按照单个客户个性化的营销方案和沟通服务体系,金融机构依照信息化技术手段可以建立起精确的营销方案以实现对个人客户的精准营销(precision marketing)。这种建立在精准定位基础之上的营销活动,包含对个体的关注和差异化的认同,可以最大限度地摊平企业的成本。精准营销对于每一位金融客户的兴趣、爱好、购买能力均可以做出预测和判断,根据综合化的评分向顾客推荐金融服务及产品,以保障推荐产品在其财力范围和兴趣半径之内。

在传统银行业中,认识产品、产生兴趣、付款购买是金融消费者在购买过程当中必然出现的三个环节。在认识产品的过程中,消费者会通过网络、私人渠道进行检索,对产品信息、类别进行了解以确定购买信息,通过由此产生的搜索数据便可以定位消费者的收入水平、兴趣和爱好。企业借助分布式存储和云计算深度挖掘这一系列关于该类消费者的信息,形成完整的客户关系管理(customer relationship management, CRM)系统,从而设计出各种系列的营销方案,推送给消费者,实现精准化营销。

(二) 大数据时代银行的精细化管理

大宗交易数据是传统银行最为重视的业务内容,受制于银行较弱的数据处理能力,体量庞大、细节更多的精细化交易数据无法得到有效处理。例如,传统银行经营模式之下,商业银行仅能记录每次的银行卡消费信息,却无法实现实时的消费信息反馈和归集整理;在存款、贷款风险管控过程中,银行也无法对于对小额贷款实施有效的风险管控。一般的商业银行在记录了客户消费和挑选产品的数据后,亦没有利用好这些并不是因为商业银行经营活动（风控、催收）而产生的数据。顾客的每笔投资和消费都被记录分析之后，运用数据挖掘技术将产生信息化决策，有助于提升用户体验，精细化管理水平将不断提高。

（三）大数据时代银行的低成本管理

传统银行业中的信息数据是手工化产生的，这种传统的手工信息处理方式效率低下、准确度低、成本高，容易产生错误。特别是在信贷活动过程当中，对于银行客户信息的错误记录将会给银行经营有效性造成损失。在商业银行的贷款业务当中，银行需要对客户的个人信息、财务状况和抵押品等内容进行尽职调查，信息获取的成本较高。但在大数据时代，商业银行对客户信息的采录过程完全自动，通过客户自填、自报收录客户的个人信息，更加精确地了解客户的实际情况，降低人工处理成本，提高办事效率。对于个体、小微层面的关注将有效解决长期以来困扰中国企业的"小微融资难"问题。

（四）大数据时代银行的集中化管理

商业银行的传统业务模式中，跨地区、跨国经营成本极高，商业银行不仅要承担开设实体机构的成本，还要承担与代理行之间产生的摩擦经营成本。在大数据技术的帮助之下，商业银行总部机构将可以更加便捷地获取更多有价值的信息，不再局限于当地的分支机构，可以跨越地域、时空限制。对各个条线的集约化管理使得银行总部的经营权更加集中，分支行的执行功能将被强化，银行管理职责、风控策略将被集中于总行层面，有助于进一步提高机构总体执行力，避免上传下达过程当中的摩擦成本。

二、大数据在保险行业的应用

（一）大数据时代保险险种创新和精细化定价

大数据在产品环节的应用主要包括险种创新和精细化定价。一是险种创新。保险公司通过利用大数据技术对风险进行精细化预测，从而开发出基于不同业务场景的创新型险种，实现产品的个性化定制与创新。大数据在产品设计环节的应用主要以互联网场景化保险为代表，主要包括航延险、酒店退订险、退货运费险、宠物责任险等。大数据技术在场景化保险产品的创新方面已经做出了一定成果，例如，阳光保险推出基于运动步数的健康险产品"悦动保"。二是精细化定价。保险公司通过利用大数据技术分析全量数据以实现更准确的产品定价。不同于传统定价和设计方法对抽样样本的数据分析，大数据技术的应用使产品开发人员实现了对全量数据样本的数据分析，根据更完整的数据表现进行更全面的风险评估，从而开发出更符合市场需要的保险产品和保险费率。例如，通过分析驾驶习惯、健康状况等因素，保险公司可以为不同的投保人提供不同的保费价格。这种个性化定价不仅提高了保险公司的市场竞争力，也满足了不同客户的需求。如泰康集团推出的团险大数据自动化报价，实现了"千企千价"。

（二）大数据时代的保险营销

大数据在营销环节的应用主要包括客户画像、多险种交叉销售、代理人营销赋能三个维度。一是利用大数据构建立体化客户画像。保险公司通过对客户的包括身份信息、生理自然信息、社会关系信息和特征偏好信息在内的海量行为数据进行大数据建模分析，区别客户的需求特征，对客户进行分群，进而设计差异化的保险产品与服务。二是利用大数据进行多险种交叉销售。多险种交叉销售能够很好地缓解险企与客户接触频次低的问题,有助于增强客户黏性。三是利用大数据实现代理人营销赋能,包括代理人团队管理和智能工具的营销辅助。代理人团队管理是指通过大数据技术获取代理人个人信息及销售数据等海量相关数据,对代理人进行有针对性的甄选、面试和培训,以提高代理人队伍留存率。智能营销辅助是指,保险公司通过为代理人提供基于大数据技术的手机 APP 等代理人销售工具,为代理人的营销行为进行赋能,提升代理人移动展业能力以及营销效率。

(三) 大数据时代的保险核保核赔

大数据在核保核赔环节的应用主要包括利用险企内外部数据信息建立风险预测模型、建立反欺诈数据库以及建立车后生态圈,我们接下来对这三方面的应用进行大致介绍。一是建立风险预测模型,结合保险公司内外部数据信息,对客户进行早期异常值检验,如在健康险领域利用大数据技术对医疗险数据平台中的海量医疗数据进行数据分析与挖掘以实现疾病预测。二是行业间合作建立反欺诈数据库,整合保险公司的各个部门、第三方平台、网络和通信运营商等平台并构建基于大数据的反欺诈网络。三是保险机构利用大数据技术与汽车修理行业合作构建车后生态圈,以获取每辆汽车的维修、保养情况数据,避免客户从保险中不当得利,防止保险欺诈。例如,平安的金融壹账通应用大数据技术推出车险理赔平台"智能闪赔",是包括 5 个物定损数据库、12 个人伤定损数据库以及黑名单数据库等在内的千万级车理赔标准数据与模型库,可实现一厂一价,使定损环节风险管控更加精准。

(四) 大数据时代的保险风控

大数据在智能风控领域的核心应用是基于智能算法的大数据风控模型。从业务流程看,大数据风控的应用主要体现在投保前的风险排查、承保中的风险管控以及理赔时的风险识别和反欺诈。在投保环节,可以利用大数据搭建风险评估模型,筛查高风险客户,对其采用拒保或者提高保费的方式区别对待。在承保运营环节,可以利用大数据风控对保险客户的动态跟踪反馈,定期对承保中客户信息进行维护,更新客户风险指数。在理赔环节,大数据风控首先通过构建模型的方式筛查出疑似欺诈的高风险案件,然后再人工介入进行重点审核和调查,减少人工现场查勘误差,提高查勘效率。从险种上看,大数据风控的典型应用包括互联网场景下的健康险、意外险以及车险的风险定价及反欺诈。互联网场景下的健康险、意外险的很多产品投保条件宽松,很容易出现投保人逆向选择风险及欺诈风险,而大数据风控模型可以从多维度筛查客户不良信息,及时发现高风险投保客户,避免欺诈行为的发生。在车险领域,大数据风控在车险定价上增加从车、从人、从驾驶行为、从位置轨迹的定价因子以实现更加精准的定价。同时,保险公司在理赔端利用复杂的网络技术进行理赔反作弊分析,以减少欺诈案件的发生。

三、大数据在证券行业的应用

(一) 股市行情与股价预测

大数据可以有效拓宽证券行业量化投资的数据维度,帮助企业更精准地了解市场行情。通过大数据平台,证券企业可以收集和分析海量的市场交易数据、投资者行为数据等,从而更全面地把握市场动态。利用大数据分析和机器学习技术,对技术面、基本面、资金面、新闻研报多种因子组合,可以对股市趋势和走势进行预测。通过对历史数据的回溯测试和模拟交易,可以评估不同策略的表现,挖掘出更具优势的投资策略。大数据也可以帮助分析师和投资者从新闻、社交媒体等各种渠道获取大量的信息,更准确地把握市场动向,从而做出明智的投资决策。

(二) 智能投顾与财富管理

智能投顾是证券公司应用大数据技术匹配客户多样化需求的新尝试。通过收集和分析客户的风险偏好、交易行为等个性化数据,智能投顾可以为客户提供低门槛、低费率的个性化财富管理方案。智能投顾在客户资料收集分析、投资方案的制定和执行以及后续的维护等步骤上均采用智能系统自动化完成,提高了服务的效率和准确性。智能投顾的引入使得更多的零售客户能够享受定制化服务,拓宽了证券公司的服务范围。

(三) 客户关系管理与营销

通过大数据平台,证券公司可以对海量客户数据进行分析和挖掘,了解客户的消费习惯和行为特征,从而制定更有针对性的营销策略。利用大数据和智能营销方法,证券公司可以推进财富管理业务的数字化转型,从以支持交易型与产品代销业务为主,逐渐向以资产配置为核心的财富管理服务转变。通过大数据平台,证券公司可以实时监测客户的交易行为和市场变化,及时调整服务策略,提升客户的满意度。

四、大数据在金融监管的应用

随着信息技术的迅猛发展和数字经济时代的到来,银行业、保险业机构已经进入数据驱动业务发展阶段,积累了大量高价值数据,监管部门可融合监管数据、交易数据、商业信用数据等,开展监管大数据挖掘,有效实施"穿透式监管"[①]。可以说,大数据技术已成为现代金融监管领域不可或缺的重要工具。金融监管部门在履行职责时,面临着海量的金融数据和信息,如何高效、准确地利用这些数据,提高监管效率和水平,是金融监管部门面临的重要挑战。大数据技术的出现为金融监管提供了全新的解决方案和思路。

大数据技术能够帮助地方金融监管部门打破信息孤岛。由于地方金融组织众多、数据分散,地方金融监管部门面临数据碎片化和信息孤岛的问题。大数据平台可以通过数据抓取、转换、清洗等技术手段,对多源数据进行整合和标准化处理,从而打破数据孤岛,提高数据的准确性和一致性。

大数据技术能够帮助地方金融监管部门进行风险监测和预警。传统的金融监管方式往往依赖定期报告和现场检查,这种方式存在时效性差、覆盖面不全等问题。大数据技术可以通过对海量数据的实时分析和挖掘,发现地方金融组织是否存在经营异常等风险现象。

大数据技术能够帮助地方金融监管部门进行合规检查和监督。大数据技术可以通过对金融机构的业务数据、客户数据、交易数据等进行深度分析,发现可能存在的违规行为或异常交易。这有助于地方金融监管部门及时发现并纠正地方金融组织的不合规行为。

---

① 裴光.智慧监管提升金融监管质效[J].中国金融,2021(8):48-51.

[专栏 3-3]
第三方支付公司利用大数据分析进行交易风险管控

第四节　大数据案例分析

一、大数据在绿色金融中的应用与发展——"绿信通"和"绿融通"

(一) 案例背景

一方面,金融机构在为实体经济提供资金支持的过程中,要考虑环境保护的因素,利用市场化的手段发挥金融在配置资金方面的作用,引导资金走向环境保护型或资源节约型的企业和项目。另一方面,金融部门要节约资源和保护环境,实现绿色化的转型升级。在具体实践中,我们将绿色金融分为绿色信贷、绿色债券、绿色保险、碳金融等产品,其中,绿色信贷一般被定义为狭义的绿色金融。截至 2023 年末,21 家主要银行的绿色信贷余额超过 11 万亿元,累计绿色债券的发行规模约为 1.2 万亿元。

大数据的应用可以帮助解决绿色金融发展过程中存在的识别成本高、监管滞后、信息不对称等问题,进而推动绿色金融的发展。在大数据技术的驱动下,"绿信通"能够精准识别绿色金融和绿色金融信息管理系统,"绿贷通"与"绿融通"也促进了投融资项目的有效对接。

(二) 大数据在绿色金融中应用的重点案例分析

中小企业作为国民经济的重要支柱,是绿色投资资金的主要需求方。但受银企信息不对称等因素制约,中小微企业贷款可得性不高、信用贷款占比偏低等问题仍然存在,加之部分绿色产业存在建设周期较长、资金需求规模较大、受补贴政策影响较大、盈利能力较低、投资回报期较长等问题,绿色产业相关企业出现"融资难、融资贵"的问题。

针对上述问题,国家和地方政府积极开展中小企业融资畅通工作,鼓励利用金融科技建立信用信息共享体系。绿色金融改革创新试验区和非试验区部分地区在此基础上构建绿色金融综合服务平台,打通银企信息壁垒、降低绿色项目(企业)融资难度和成本、缩短融资时间,为绿色项目、绿色中小企业提供了极大的便利。表 3.1 总结了绿色金融改革创新试验区相关平台建设进展。

表 3.1　部分试验区绿色金融综合平台功能概览

	湖州	衢州	贵安地区	赣江新区	广州	兰州地区
平台名称	绿贷通/绿信通/绿融通	衢融通	贵阳贵安绿色金融综合平台	江西省普惠金融综合服务平台(绿金专区)	粤信融(绿金专区)	绿金通
建站方式	以信易贷为基础平台	以信易贷为基础平台	独立建站	独立建站	独立建站	独立建站
融资对接	✓	✓			✓	✓
银行融资对接	✓	✓	✓	✓	✓	✓

（续表）

	湖州	衢州	贵安地区	赣江新区	广州	兰州地区
非银融资对接	✓	✓		✓		✓
绿色项目（企业）	✓	✓	✓		✓	✓
线上识别认证	✓	✓	✓		✓	✓
政策兑现	✓	✓				✓
政策公示	✓	✓	✓		✓	✓
碳账户金融	✓	✓				
环境信息披露		✓			✓	
法律服务	✓	✓				
银税联动	✓					

　　我们以湖州市为例。湖州绿色金融综合服务平台由银企对接服务平台"绿贷通"、绿色企业（项目）认定评价服务平台"绿信通"、资本项目对接服务平台"绿融通"组成。该平台通过搭建上述三个服务系统，为融资主体提供 ESG 评价、绿色认定、银行贷款、股权融资、政策担保、政策兑现等全生命周期绿色金融服务。

1. 绿色项目认定系统——"绿信通"

　　绿色金融具有正外部性的特点，环境产生的效益没有被个体全部享有，使相关主体易在优惠政策或个人利益驱使下骗取资金，因此，精准地识别绿色项目和企业至关重要。湖州市绿色金融综合服务平台上线的"绿信通"（见图 3.5），作为对绿色融资项目的认定系统，先按照规则筛选出具有绿色属性的融资主体进入项目备选库，再通过打分评价模式进

图 3.5　湖州市"绿信通"官方网站

行项目分级处理。"绿信通"从省、市的数据库中收集整合信息,囊括环境污染处罚、环境气候影响、环境治理情况等24项指标,按照各指标的相对重要性赋予权重,使评价结果变得更加精准,而且一半的数据实现了机器式的自动提取,按照模型进行自动化转换。湖州市绿色金融综合服务平台再组织第三方机构进行复评,使评价结果更具可靠性。完成后输出"普绿"或"非绿"的评级结果,"普绿"中又细分出"浅绿""中绿"和"深绿"三个等级,以便为不同环境风险水平的企业或项目提供差异化的政策支持。这样呈现出既简要又形象的结果,达到可视化分析的效果。大数据技术通过收集各相关主体的信息,提高金融机构对绿色项目认定的能力,降低识别过程中的时间成本和人力成本。

2. 绿色金融信息管理系统——"绿融通"

从监管方面来讲,环保部门或第三方机构提供的环评报告只是企业某一时间段的表现情况。即使初始阶段企业环境效益指标表现良好,后续也有可能会出现不达标的情况,因此必须实时上传信息,提高风险防控的时效性。湖州银行上线的绿色信贷业务管理系统就实现了信贷业务 T+1 日上报给人民银行,传送每笔贷款涉及的节能环保、生产经营等数据。同时,系统也从多维度、多角度展现了各家银行绿色金融发展的概貌,涵盖绿色信贷余额、同比增减额、环比增减额、环境效益等指标。此外,其还具备业绩评价的功能,根据绿色信贷业绩评价的指标要求,自动抓取数据,对定性和定量指标进行评分,运用权重法得出综合评分,解决了绿色金融发展过程中面临的监管成本高、报送数据延迟、金融机构发展动力不足等难题,该系统便于中国人民银行和金融监管机构及时查询、了解金融机构绿色信贷的发展情况,也激励金融机构提高社会责任感,在经济、社会与环境三者之间保持平衡。

3. 对接平台——"绿贷通"

湖州市上线的"绿贷通"直接实现银行与企业的信息连接。截至2024年12月,"绿贷通"已经完成了2.0版本迭代,平台上汇集36家银行和427款信贷产品,融资者可根据金融机构、融资金额、融资期限、行政区域和贷款利率的分类,快速筛选出满足自身需求的信贷产品。企业只需要线上申请融资,就可以获得36家银行的关注,还与省级或市级的大数据中心、法院、担保机构都实现了对接。在融资者发出需求后,抢单成功的前三名的银行可以查看这家企业的信用报告。在时效性方面,相关银行要在1个工作日内主动接单,3个工作日内向企业组织专员服务,9个工作日内完成对企业信用风险的评估,极大地提高了信贷审批效率。"绿贷通2.0"已经打造了"碳金融""绿税通""外汇避险"等服务专区,上线441款信贷产品,初步实现了企业"绿色画像"向"绿色低碳画像"变革、融资需求订单从"层层下发"向"智能派单"变革、风险防控从"线下调查"向"在线预警"变革等三项变革。

(三) 未来大数据与绿色金融融合发展的建议

1. 提高信息披露与共享的有效性

在高效运转的大数据时代,在更全面地获得数据的同时剔除无效数据是关键。首先,在绿色金融信息共享平台的导入环节,可依据该行业信息披露的标准建立数据仓库,将未能诚信经营或出现资金挪用的企业统一纳入"非绿企业数据仓库"。其次,针对所披露数据存在缺失、不一致等问题,要建立数据质量监控中心,筛选出高质量的数据,真正打破各部门的信息壁垒。最后,共享平台的导出口和导入口也要直接接入各省区市环保部门、银行机构绿色金融业务部和绿色企业数据服务接口,保障共享平台服务的质量。

2. 防范数据使用风险,营造安全的应用环境

大数据技术也带来了网络安全风险,要防止发生数据被恶意篡改、窃取的行为。为此,要加强大数据在数据安全使用方面的技术研究,设置加密软件来保护数据的安全使用,对需要调取的数据要设置权限。政府部门要加强监管和引导,加强对大数据共享平台的建设。

二、中国建设银行"惠省钱"快捷支付数字化运营体系

(一)案例背景

中国建设银行坚持以人民为中心、支付为民宗旨,支付产品创新领跑同业,不断提高金融服务可得性和普惠性。中国建设银行同业首家推出快捷支付、聚合支付等网络支付产品,为7亿个人持卡客户提供安全便捷的网络支付服务。

(二)"惠省钱"基本运营架构

"惠省钱"是中国建设银行基于亿级客户规模打造的快捷支付数字化运营体系,将支付服务融入互联网生态场景,坚持敏捷捕捉市场和用户消费习惯变化,以"客户绑卡—交易活跃—提现回流"为目标,聚焦工具平台建设提升数字化经营能力,以银行同业首家推出的建行省钱卡为核心工具,有效整合总分行特色资源及互联网生态优质权益,扎实推动快捷支付业务闭环经营及绑卡客户全生命周期价值提升,重塑银行与客户之间的连接,有效提升数字经济时代的客户深度经营能力。

中国建设银行以支付业务为重要抓手,深度助力数字经济,以网络支付服务夯实数字经济基础设施,激发消费活力,助力国内大循环。数字经济时代,网络支付是数亿线上经济活动参与者最高频金融需求。中国建设银行通过优化支付体验、提供优惠让利等一揽子措施,激发消费活力,增强国内大循环内生动力,切实做到支付惠民、支付便民、支付利民。

(三)"惠省钱"与其他快捷支付业务

快捷支付业务是指客户将银行账户与支付机构(如微信、支付宝)的账户进行绑定,在一定限额内实现快速支付。银行提供安全、稳定的支付通道,是当前万亿级数字经济的重要金融基础设施。"惠省钱"快捷支付客户运营体系以"客户绑卡+交易活跃"为目标,以线上为主阵地,开展"未绑卡—绑卡—有交易—超级用户—流失挽回—提现回流"的用户全生命周期数字化运营,融合场景、活动、权益,基于用户运营、活动运营、产品运营、数据运营、内容运营、场景运营、平台运营、线下运营八大运营模块,实现获客、活客、留客,以及用户价值提升与裂变传播。

(四)大数据驱动下快捷支付业务发展策略

1. 搭建营销平台,强化营销能力建设

一是搭建覆盖手机银行、微信小程序及H5页面等多渠道的活动平台,丰富权益种类和营销玩法,同时推出用户成长体系,实现快捷支付全生命周期运营;二是打造丰富的营销工具库,同时将现有工具及流程能力化,支持总分行复用。探索用户流量经营新模式,

助力全行业务经营发展。

2. 培养用户心智，打造裂变营销新玩法

一是在银行同业中首家推出"省钱卡"营销玩法，客户抽取优惠价格购买包含多张立减金的权益组合；二是借助中国建设银行"神笔秀"数字内容服务平台，创新裂变营销玩法，实现用户自增长。有效强化建行卡作为客户支付主账户的地位，加快提升数字经济时代的客户深度经营能力。

3. 开展大数据精准营销，实现策略化运营

一是基于企业级应用平台及大数据工作平台，开展快捷支付客户模型研发；二是基于快捷支付客户模型，依托多样化客户权益资源，实现 3A3R 策略化运营；三是引入运营商数据服务，提升一键绑卡成功率，数据驱动优化客户体验。基于数据驱动理念，实现快捷支付客户全生命周期策略化运营。

4. 联动数字人民币业务发展，助力乡村振兴

一是依托中国建设银行快捷支付业务亿级客户规模，引导客户用数字人民币钱包支付购买省钱卡，联动数字人民币业务发展，实现交叉引流，积极推动数字人民币试点工作开展；二是将"善融商务"立减金纳入省钱卡权益包，打造中国建设银行"善融商务·省钱卡专区"，引导客户选购乡村地区优质特产，助力乡村振兴。

截至 2024 年 9 月，中国建设银行"惠省钱"平台注册用户数已经突破 5 000 万。以"惠省钱"快捷支付数字化运营体系为重要工具抓手，2023 年中国建设银行在头部互联网平台的有交易客户（不去重）超 8 亿，交易大于 20 笔的超级用户数超 2 亿，交易笔数超 600 亿笔，实现市场份额同业领先。在第三方支付已成为 C 端消费市场主流的大背景下，通过快捷支付开放互联抢抓用户支付结算主账户，对于商业银行提升数字经济时代客户深度经营能力、实现银行服务"泛在化"、打造客户主关系银行具有重要意义。同时，通过推动快捷支付业务做优做强，对于支持新型消费增长、促进消费内循环具有重要意义。

三、大数据推动摩根大通数字化转型

（一）案例背景——数字化银行新引擎

在新产业、新业态、新商业模式的数字经济洪流下，人工智能、区块链、云计算、大数据等底层数字技术层出不穷，正在不断改变传统银行的业务流程、发展模式和客户服务方式。

从消费者需求角度来看，全面推进业务模式和经营管理模式的数字化转型成为银行赢得市场和客户的新动能。《商业内幕》（*Business Insider Intelligence*）发布的《美国新生代银行研究报告》显示，89% 受访美国客户正在运用移动银行渠道访问银行业务，而 70% 的美国客户则表示移动渠道已经成为其访问银行账户的主要渠道；Resonate 公司调研结果显示，2019 年，630 万美国客户将在未来一年内转换银行，以享受更优质的数字化银行服务和个性化产品，这一数字较前一年的 560 万增长了 12.5%。

从竞争者角度，谷歌、亚马逊等科技公司也在重度布局金融服务领域，据麦肯锡估计，这些科技巨头有望争夺 1.35 万亿美国金融市场的一半份额。未来的银行竞争必将是数字化战略转型的速度和质量之争。

（二）大数据驱动下摩根大通数字化转型战略

1. 大力推进"移动第一，数字渗透"的数字化战略

摩根大通基于最大化数字化基础架构以及中后台运营体系投入的价值，有效节约成本，提升效率。在创新团队开发的过程中，基于大量的客户调研和数据分析，充分思考为客户提供服务的方式，致力于持续为客户提供价值。摩根大通的创新主管杰森·蒂德（Jason Tiede）在一次采访中表示，产品和服务开发的成果通常只保留 70%，最终决策剩下的 30% 往往会在与客户的交流会议中不断调整确定。

2. 开放生态加速创新，大力加码金融科技领域的投资与合作

摩根大通长期、持续、较大地投入金融科技，2020—2024 年，每年科技投入约占公司营业收入的 10%、净利润的 40%。截至 2024 年 12 月，在全球设有 18 个科技中心，专注于在反欺诈、信息安全、区块链、机器学习和云计算等科技前沿领域进行研究。摩根大通同时积极投资金融科技初创企业，包括移动支付公司 Square、LevelUp，移动支付系统 clearXchange，在线投资平台 Motif，区块链应用开发公司 Axoni，P2P 平台 Prosper，云服务平台 InvestCloud，云支付平台 Bill. com 等。

3. 重视技术人才储备，积极建立技术专家团队

摩根大通在吸引和建立壮大优质技术人才团队方面采取了很多措施，包括不断引进高端技术专家、积极招聘技术人员、通过战投和并购方式吸引技术员工等。2020 年，摩根大通全球约 25 万名员工中，有超过 5 万名技术人员，约占总员工人数的 20%，其中有超过 3 万人从事开发和工程类工作。摩根大通积极从高校和科技公司引入技术专家，还聘请了大量在风险、交易甚至量子计算机机器学习领域拥有博士学位的顶尖研究人员。

（三）大数据技术场景落地

1. 贸易金融：减少交易处理时间及造假风险

基于区块链等智能合约技术，贸易融资的各个环节的各参与方都可以接入区块链平台。同时，在区块链系统中，各参与方享有共同账本，不再需要将同一文档的多个副本存储在各个参与主体的数据库中。

跨境贸易各环节都可被接入区块链平台，可以很好地解决贷前调查、贷中审查、贷后管理实时监控问题，保证预设条件触发后强制及自动执行相关流程。

2019 年，摩根大通的 ChaseAuto 部门发布了一种基于分布式账本技术的贷款模式，允许汽车经销商抵押用于零售的存货以获得贷款额度。该项目的重点是数字化经销商平面图财务审计流程。通过资产网络（network of assets，NoA），可将车辆的车辆识别码（vehicle identification number，VIN）等信息存储在区块链上，并在一系列其他远程信息处理和地理位置传感器的辅助下，消除经销商贷款审计效率低下的痛点。从规模上看，这项新技术有可能减少审核所需的时间、精力和成本，帮助经销商跟踪汽车库存，并防止在货物担保贷款流程中出现不同贷款重复抵押同一辆汽车的情况。

2. 跨境支付：实时共享客户信息以降低错误成本

摩根大通致力于建立高效点对点支付网络，排除第三方机构的中间环节，全天候支付、即时收款，满足跨境电子商务支付结算服务的便捷需求，解决传统跨境支付方式清算时间长的问题。依托现有区块链的共识机制和智能合约，搭建一个全球化、低成本的信任

中心,支持跨境支付业务的可信开展,降低跨境支付欺诈造成的跨境资金风险。依靠区块链建立统一的支付网络,可以快速智能搭建支付路径,降低跨境支付的信任、时间和金钱成本。

3. 合规审核:可追溯和验证 KYC 信息降低人工审核成本

金融机构采集和认证客户身份识别(know your customer,KYC)信息,通过区块链分布存储到各个节点,区块链可以确保 KYC 信息从采集到每次变更的可追溯和可验证,并有机构的签名确认。

基于区块链技术的网络可确保网络节点安全稳定和容错机制,保证了 KYC 信息安全存储,且无单一节点故障。

(四) 摩根大通的其他金融科技创新成果

在持续的投入下,摩根大通在大数据风控、人工智能服务、移动金融产品等方面硕果累累,获得了丰厚的回报。

1. 金融合同解析软件 COIN

技术的发展已经深刻改变了法律和财务工作人员的工作方式。2017 年初,摩根大通开发了一款金融合同解析软件 COIN(Contract Intelligence,意为"合约智能"),这款工具利用机器学习技术驱动,并运行在摩根大通的私有云平台上。COIN 只需要几秒钟就可以完成原先律师和贷款人员每年需要上万小时才能完成的工作,并且大大减少了以往人工分析可能出现的错误。摩根大通每年由于人为失误造成的合同错误超过 12 000 例,COIN 的应用大大降低了这类错误,而 COIN 只是摩根大通在工作流程自动化方面众多尝试的一个案例。

2. 移动银行 Finn

针对越来越多的年轻人不喜欢到银行办业务的情况,摩根大通推出一款名为 Finn 的移动银行,主要面向习惯只用智能手机进行转账交易且具有储蓄意愿的年轻客群,并提供计划储蓄功能,如定期将一定额度的资金从活期转移到储蓄账户。Finn 也作为线下支行的补充渠道,为没有线下支行的地区提供金融服务。

3. 检索电子邮件的程序 X-Connect

摩根大通使用一个用来检索电子邮件的程序 X-Connect,帮助员工找到与潜在客户关系最密切的同事,并帮忙介绍认识。2016 年,摩根大通还向机构客户提供一些云支持技术,允许像贝莱德(BlackRock)集团这样的公司自助获取财报、研报、交易工具等常规信息,解放了销售和客服。

4. 亚马逊的声控助手 Alexa

2018 年初,摩根大通和亚马逊公司合作,向华尔街的用户提供了一种新的访问其研究报告的方式,让用户可以通过亚马逊公司的智能声控助手亚莉克莎(Alexa)获得分析师报告以及证券价格等相关信息。

Alexa 的全球市场执行主管大卫·哈德森(David Hudson)表示,语音助理正在走进人们的日常生活,这是把之前需要通过银行工作人员或是完成认证才能获得的信息放到全新的更加方便的渠道。

摩根大通的 Alexa 项目于 2017 年启动,是在鼓励创新的内部竞争中形成的创意。公司先在其研究团队中开放了数据,并增加了来自银行、托管和基金服务等其他部门的反馈。如果这种自动化服务得到普及,公司的销售人员就不必再回答常规问题。

2025 年 2 月,亚马逊推出 Alexa+,这是自 2014 年 Alexa 发布以来的首次重大升级。Alexa+基于亚马逊的 Bedrock 平台,整合了亚马逊自研的 Nova 模型与 Anthropic 的 Claude 等先进大语言模型,具备自然对话理解、复杂任务执行及深度个性化服务三大核心能力。Alexa+通过生成式 AI 技术将为银行工作人员和客户提供更精准、更便捷的服务。

5. 网络虚拟助理

为了在企业支付业务上更进一步,摩根大通去年推出了网络虚拟助理,以更好地满足客户资金业务结算的需求。截至 2024 年 12 月,用户仍需要在摩根大通门户 1 200 多个网页中查找银行资金汇款的入口,或者将多个账户的资料导出后进行资金结算。随着虚拟助理上台,客户只需要向虚拟助理简单地咨询,就能够得到账户余额的信息。

AI 助理不仅从与客户的交流中不断学习,而且会将问题归类总结,以便很快找到答案。最终 AI 助理能够做出主动行为,如提前通知可能推迟支付的客户的对手方。虚拟助理所在的平台将包括电脑端、手机 APP 以及语音虚拟助理设备。

6. 资产组合管理及投资软件 You Invest

摩根大通推出了一款名为 You Invest 的资产组合管理及投资软件,用户通过摩根大通手机银行 APP 或者网页端即可获得投资管理服务,这个产品旨在吸引那些从来没有投资习惯的人群,以及在摩根大通有账户但在其他机构投资的客户。

本 章 小 结

本章主要介绍了大数据的基本原理、技术、在金融中的应用及案例分析。大数据技术的基本原理部分介绍了大数据技术的定义、特点和发展历程。大数据技术部分介绍了数据采集与导入、数据储存、数据处理、数据分析、数据可视化等技术,并给出了 Hadoop 生态圈的综合示例。大数据在金融中的应用部分介绍了大数据技术在银行业、证券业、保险业以及金融监管中的应用前沿。大数据案例分析部分以"绿信通""绿融通"、中国建设银行"惠省钱"、摩根大通数字化转型为案例,剖析了大数据驱动金融企业转型升级以及产品和服务质量提升的机制。

基 本 概 念

结构化数据　半结构化数据　非结构化数据　文件存储　关系型数据库
非关系型数据库　批处理　流处理

思考与练习

1. 大数据具有哪些特点？
2. 数据分类以及数据采集有哪些方式？
3. 底层存储具有哪些形态？
4. 简述关系型数据库和非关系型数据库的特点和应用。
5. 批处理和流处理分别采用哪些框架？
6. 数据分析都有哪些方式？
7. 大数据技术如何作用于资产定价？
8. 大数据技术在金融中的哪些细分赛道具备应用前景？
9. 大数据如何通过赋能绿色金融解决中小企业和个体户融资困难的问题？
10. 中国建设银行的"惠省钱"和其他快捷支付业务如何利用大数据降低交易成本？
11. 摩根大通是如何利用大数据进行数字化转型的，有哪些技术创新值得借鉴？

参 考 文 献

1. 曹杰.云计算背景下的大数据存储安全技术研究[J].信息系统工程,2020(1):51-52.
2. 樊华晴,张金玲.海尔集团财务共享中心绩效分析及优化建议[J].内蒙古科技与经济,2024(14):53-56.
3. 管同伟.金融科技概论[M].北京:中国金融出版社,2019.
4. 帕丽旦·木合塔尔,郭文强,路翀.基于大数据的多属性网络舆情预测方法[J/OL].计算机工程与科学.(2024-09-13)[2024-09-13].http://kns.cnki.net/kcms/detail/43.1258.TP.20240910.1939.002.html.
5. 彭小珂,邓运,周子樱.分布式存储技术在大数据时代中的应用[J].电子技术与软件工程,2018(14):178.
6. 宋勇建.大数据背景下计算机信息处理技术的探讨[J].信息记录材料,2021,22(6):123-125.
7. 宿洁.大数据在绿色金融中的应用与发展[J].科技经济市场,2021(12):6-7.
8. 杨蕙馨,齐超,冯文娜."两业"融合背景下大数据何以驱动产品与服务质量双提升:海尔案例[J].宏观质量研究,2024,12(5):102-115.
9. 张邦维.未来数据储存技术与硬盘的发展[J].微纳电子技术,2007(10):907-916.

第四章

云计算技术及应用

学习要求

1. 掌握云计算的定义。
2. 了解并解释云计算的五大特征。
3. 追溯云计算从起源到现代的发展过程并了解未来趋势。
4. 理解云计算架构的六层模型。
5. 了解云计算的部署类型和应用场景。

本章导读

在数字化时代,云计算技术已成为金融行业创新的关键驱动力。本章全面介绍云计算的基础知识、架构特点、技术优势,并结合中国工商银行、广发证券等金融机构的实际案例,展示云计算如何在降低成本、提高效率、增强安全性的同时,推动金融行业的数字化转型。我们将从云计算的定义、核心特征、发展历程入手,深入探讨其六层架构的关键技术和资源管理的高效性,分析公有云、私有云和混合云三种部署模型的特点和适用场景,并讨论云平台如何提供计算、网络和存储能力,以及其性能和可靠性。通过本章的学习,读者将获得较为全面的云计算技术知识框架,理解其在现代金融服务中的核心作用,并能够将这些知识应用于实际工作,促进业务的创新发展。

第一节 云计算引论

一、云计算的定义

云计算可以从多个角度定义,但总体上它是一种基于互联网的计算方式。根据美国国家标准与技术研究院(National Institute of Standards and Technology,NIST)的定义,云计算是一种模型,支持对可配置计算资源的共享池进行无处不在、方便、按需的网络访问。这种模型允许用户在需要时获取所需的资源,同时实现快速配置和发布,减少管理成本和与服务提供商的交互。

云计算的核心在于通过网络将计算资源(如服务器、存储设备、应用程序等)以共享池的形式提供给用户,用户可以按需访问这些资源,并且无须了解或控制底层的技术基础设施。

二、云计算的特点

云计算的五大特征是按需自助服务(on-demand self-service)、广泛的网络接入(broad network access)、资源池化(resource pooling)、快速弹性伸缩(rapid elasticity),以及服务度量和优化(measured service)。

(一) 按需自助服务

云计算允许用户根据需要自助申请和管理计算、存储和网络资源,而无须事先与云服务提供商协商或人工干预。用户可以根据自身需求自主获取计算资源,而无须人工干预或长时间等待。用户可以自行配置计算能力、存储、网络等资源,并能够随时自主管理和监控。

(二) 广泛的网络接入

云计算通过广泛的网络接入(如互联网、私有网络、虚拟专用网络等)使用户能够从任何地方、任何设备访问和使用云服务。用户可以通过各种各样的设备(包括计算机、手机、平板)或者网络接入云服务,使得用户可以在不同的场景下高效地工作。

(三) 资源池化

云计算将多个客户的计算、存储和网络资源集中管理和分配,以最大化资源的利用率和效率。具体来说,云计算通过对大量物理资源进行虚拟化,将多个用户的计算需求整合到同一资源池,实现高效利用和共享。用户不需要了解具体的物理位置和配置,而是通过云服务提供商的管理平台管理和控制计算资源。

(四) 快速弹性伸缩

云计算提供弹性计算资源的能力,以根据用户的需求进行快速自动化扩展或缩减,以实现高效利用和成本控制。用户可以根据需求快速增加或减少计算资源,而无须等待或付出高昂的费用。通过云计算可以快速、自动地为应用程序提供额外的计算、存储和网络资源,以满足瞬时的、非常大的负载需求,之后也可以自动缩减资源,节省成本。

(五) 服务度量和优化

云计算提供服务度量和优化的能力,以监测和优化资源使用情况和服务质量。用户可以通过各种工具和服务来监控和度量其使用情况,以帮助其进行成本和资源优化。服务提供商也可以通过度量和分析用户的使用情况优化其服务,方便用户监控自己的资源使用量,并根据资源的使用情况对整体情况心里有底。

三、云计算的发展过程和未来趋势

(一) 起源与早期发展

云计算的概念可以追溯到 20 世纪 60 年代的分布式计算。当时,计算机科学家们为了解决单个计算机计算能力的局限性,提出了将多台计算机连接在一起进行计算的思想。1955 年,约翰·麦卡锡(John McCarthy)提出了"效用计算"(utility computing)的概念,即计算机可以像水电一样被作为一种公共资源提供。1959 年,克里斯托弗·斯特雷奇(Christopher Strachey)在国际信息处理大会上发表了论文《大型高速计算机中的时间共享》(Time Sharing in Large Fast Computer)，进一步推动了这一思想的发展。

（二）酝酿期（20世纪80—90年代）

在这个阶段，太阳计算机公司（Sun Microsystems）提出"网络计算机"概念并推出工作站产品；威睿（VMware）推出针对x86系统的虚拟化技术，解决了资源利用率的问题。

（三）快速发展期（21世纪初）

2006年，谷歌首席执行官埃里克·施密特（Eric Schmidt）首次提出"云计算"概念。同年，亚马逊推出了S3对象存储服务和SQS简单队列服务，开创了公共云计算服务的先河。在此时期，云计算开始从概念走向实际应用，各大公司纷纷投入云计算研究并推出相关产品。

（四）逐步成熟期（2010年至今）

随着云计算技术的不断成熟，阿里云、华为云、腾讯云、百度云等相继投入云计算研究并对外开放服务。2010年至今，云计算经历了从概念提出到技术成熟、应用普及的快速发展过程。云计算服务不断丰富，包括基础设施即服务（IaaS）、平台即服务（PaaS）和软件即服务（SaaS）等多个层次。同时，云计算与人工智能、区块链等前沿技术加速融合，推动了云计算产业的持续增长。

（五）未来趋势

一是多云和混合云将成为主流。随着企业对云计算的需求不断增加，多云和混合云将成为未来云计算的主流。多云是指企业使用不同的云服务提供商满足不同的需求，如使用亚马逊AWS托管应用程序，使用微软Azure存储数据。混合云是指企业同时使用公有云和私有云管理数据和应用程序。多云和混合云可以提供更加灵活和可靠的解决方案，可以满足不同企业的不同需求。

二是人工智能和机器学习将成为云计算的重要组成部分。人工智能和机器学习已经成为许多企业的关键技术。未来，人工智能和机器学习将成为云计算的重要组成部分。云计算可以提供更加强大的计算能力和更加高效的数据处理能力，帮助企业更好地应用人工智能和机器学习技术。亚马逊AWS、微软Azure和谷歌云已经推出了一系列人工智能和机器学习工具和服务。

三是安全和隐私将成为云计算的重要问题。随着企业对云计算的依赖程度不断加深，安全和隐私问题将成为云计算的重要问题。企业需要确保数据和应用程序的安全性和隐私性，并保护其免受黑客攻击和数据泄露的威胁。云服务提供商需要加强安全措施，提供更加可靠和安全的服务，以满足企业的需求。

四是边缘计算将成为云计算的重要补充。边缘计算是指将计算和存储资源放置在更靠近数据源的地方，以提高数据处理速度和减少网络延迟。未来，边缘计算将成为云计算的重要补充。边缘计算可以提供更加高效的数据处理能力和更加灵活的解决方案，可以满足不同企业的不同需求。许多云服务提供商已经开始推出边缘计算服务，如亚马逊AWS（Amazon Web Services）的AWS Greengrass和谷歌云的Cloud IoT Edge。

五是量子计算将成为云计算的未来方向。量子计算是一种基于量子力学的计算方式，可以提供超越传统计算的计算速度和存储容量。未来，量子计算将成为云计算的重要发展方向。量子计算可以应用于许多领域，如加密、化学、物理和天文学等。许多云服务提供商已经开始投资量子计算领域，如IBM、微软、谷歌等。

第二节　云 计 算 技 术

云计算的基本架构包括物理层、虚拟化层、平台层、应用层、用户接口层和服务管理层，下面我们将一一介绍各层的基本工作流程和关键技术。

一、云计算架构

(一) 物理层

在云计算架构中，物理层由一系列实体设备组成，这些设备共同构成了云平台的根基，提供所需的计算、存储、网络、电源等资源。数据中心在这一层面上扮演着核心角色，它不仅是服务器、存储系统和网络设备的安放地，也是支持云计算服务运行的关键设施。数据中心提供了一个适宜的环境，包括精确的温度控制、严格的安全措施和足够的空间，以确保云计算资源的稳定和高效运作。作为云计算基础设施中最基础的部分，数据中心是集中进行数据存储、处理和交换的场所，对于云计算的实现至关重要。

1. 数据中心主要功能

数据中心包含以服务器为代表的 IT 算力设备，以及为了保障 IT 设备正常运行的基础支撑设施，如供配电系统、制冷系统等。互联网数据中心(internet data center，IDC)是专门提供互联网基础服务的数据中心，它们是数据中心的一种类型，专注于托管客户的网络硬件和提供互联网接入服务。

数据中心的主要功能包括数据存储、数据处理、数据网络和数据安全。数据中心通过集中式解决方案高效地存储和管理大规模数据，设计有冗余系统，包括备份电源和多路径网络连接，以确保即使在硬件故障或受其他干扰的情况下也能持续运行，从而保障关键业务的连续性和服务的不间断可用性。此外，数据中心通过实施物理安全措施和网络安全技术保护数据免受未授权访问和其他安全威胁。

2. 数据中心的发展历程

数据中心的发展历程可以划分为几个重要的阶段，每个阶段都标志着技术和社会需求的重大转变。

(1) 早期阶段(20 世纪 40—60 年代)。数据中心的前身可以追溯到 20 世纪 40 年代，当时美国军方的电子数字积分器和计算机(electronic numerical integrator and calculator，ENIAC)需要专用空间来容纳其庞大的机体，这可以被看作数据中心的最早原型。到了 20 世纪 60 年代，计算机体积依然庞大，整个机房几乎被它们占据。随着技术发展，这些机房逐渐演变成现代的数据中心。

(2) 互联网时代(20 世纪 90 年代—21 世纪初)。20 世纪 90 年代初，微计算产业迎来了繁荣，客户端-服务器(client-server)技术模型的出现使得服务器开始被单独放置在一个房间里，这个房间被称为"数据中心"。20 世纪 90 年代中期，互联网的兴起使得网络连接成为企业 IT 服务的必备，数据中心开始得到广泛发展。2000 年前后，互联网的爆发式增长促进了数据中心的快速发展，数据中心的建设变得更为专业。

(3) 云计算时代(21世纪初至今)。21世纪初,云计算的出现极大地颠覆了传统的数据中心格局。云服务允许组织通过互联网按需访问计算资源,使得数据中心可以根据需要灵活地扩展或缩减。2006年,谷歌推出了第一个超大规模数据中心,这标志着数据中心进入了一个新的时代。

(4) 现代化数据中心时代(现在—未来)。随着数据中心大型化、集中化的发展,传统数据中心正在向具有数字化、网络化、智能化特征的数据中心转变。运用 AI 技术、数字孪生技术等使能于数据中心全生命周期,实现投资效益与运营效率的最大化。未来数据中心的发展将出现两极分化:一方面,超大型集约化数据中心的建设将持续增长;另一方面,满足各行业低时延、数据安全需求的轻量级边缘计算节点将得到广泛部署。数据中心的操作系统也将发展,实现数据中心级弹性伸缩能力,提供分布式调度与协调功能。

数据中心作为数字时代的关键信息化基础设施,扮演着算力核心载体的角色,对国家的数字竞争力有着决定性的影响。随着"东数西算"工程的推进,预计国内数据中心将再次迎来快速发展的新阶段。当前,数据中心正朝着绿色化和智能化的方向发展,通过积极整合人工智能技术提高能效和降低运维的复杂性。展望未来,数据中心可能经历新的形态变革。

3. 数据中心的基础硬件设施

数据中心的物理层由关键的硬件组件构成,它们共同支撑着云计算服务的运行。

(1) 计算硬件。计算硬件的核心是服务器,这些服务器作为数据中心的运算核心,负责处理和计算数据。随着技术进步,服务器已经从传统的塔式设计发展到更高效的机架式,再进化到超融合架构。这些服务器能够根据业务需求灵活配置和扩展,以适应不断变化的应用需求。例如,基于 ARM 架构[①]的高效能服务器,以其优化的能效比和高密度计算能力,满足了现代微服务工作负载的需求。

(2) 存储硬件。存储硬件包括硬盘驱动器、固态驱动器、磁带库等,它们负责数据的存储。存储设备的选择通常基于数据访问的频率、所需的存储容量和性能标准。随着大数据时代的到来,对存储设备的数量和性能要求也在提高。数据中心可能采用多种存储配置,如直连存储、网络直连存储和存储区域网络,以及不同的存储类型,包括文件存储、块存储和对象存储。

(3) 网络硬件。网络硬件涵盖了路由器、交换机、防火墙等,它们负责数据中心内外的数据传输和网络安全。这些高速网络设备支持数据中心与互联网及其他数据中心之间的高速数据交换。数据中心的网络架构由各类交换机、路由器和光纤组成,负责在服务器间传输网络流量。数据中心网络通常是虚拟化的,允许在物理网络基础设施上创建软件定义的网络,以满足特定的安全要求或服务水平协议(service level agreement,SLA)。

这些硬件组件共同构成数据中心的物理层,为云计算服务提供了坚实的基础,并确保了云服务的高可用性、可扩展性和安全性。随着技术的不断进步,数据中心的硬件设备也在不断演进,以满足日益增长的计算和存储需求。

---

① ARM 是 advanced RISC Machine 的缩写,是一种精简指令集计算机(reduced instruction set computer,RISC)架构。

（二）虚拟化层

1. 虚拟化技术概述

虚拟化层的重点是虚拟化技术。虚拟化技术是一种优化资源管理的技术，它能将计算机的物理资源如中央处理器（central processing unit，CPU）、内存、硬盘和网络设备等抽象化，并转化为一个或多个虚拟机的配置。这些虚拟资源不受物理位置或现有设置的限制，使用户可以更加灵活地管理和使用硬件。

虚拟化技术对物理硬件资源进行逻辑上分割，形成一个资源池，供各种服务使用。它的特点包括资源的高效分配、不同虚拟环境的隔离、应用及其环境的封装，以及虚拟环境对底层硬件的独立性，这些都极大地提升了资源的利用效率和系统的灵活性。

虚拟化技术的优势在于提升了硬件资源的利用效率、实现了资源的逻辑整合、增强了服务器的可移植性、提高了应用的可靠性，并且实现了网络和存储的虚拟化。它允许多个操作系统和应用程序在同一台物理服务器上隔离运行。

从早期的分时系统发展到今天的全虚拟化和半虚拟化技术，全虚拟化技术如VMware 和 KVM 能够模拟足够的硬件，使得客户操作系统不需要任何改动即可运行，而半虚拟化技术如 Xen，则需要修改客户操作系统以提升性能。

在实际部署中，虚拟化技术被广泛应用于服务器、桌面、网络和存储等多个领域。服务器虚拟化通过在单一物理服务器上运行多个虚拟机来优化资源使用，桌面虚拟化则使用户能够通过虚拟桌面接入应用和服务。开源虚拟化技术如 KVM 和 Xen，配合 libvirt和 oVirt 等开源的虚拟化管理平台，为用户提供了完全控制的灵活和可定制的解决方案，简化了虚拟机的管理和维护工作。

尽管如此，虚拟化也面临挑战，尤其是随着虚拟机数量的增长，对 CPU、内存和存储等资源的争夺变得更加激烈，可能导致性能下降。此外，虚拟层可能会增加系统故障的风险，使得排错更复杂，而且一旦物理服务器出现问题，就可能影响所有在其上运行的虚拟机，影响业务的连续性。因此，虚拟化技术在带来便利的同时，也要求对资源管理和故障恢复策略进行细致的规划。

2. 三种虚拟化方式

虚拟化的方式主要包括 CPU 虚拟化、内存虚拟化和输入/输出（I/O）设备虚拟化。下面对这三种虚拟化方式进行简要的介绍。

CPU 虚拟化技术允许单个物理 CPU 被划分为多个虚拟 CPU（vCPU），每个 vCPU都可以独立地分配给不同的虚拟机使用。这种虚拟化确保了虚拟机能够根据自己的需要获得 CPU 资源，而不会相互干扰。内存虚拟化涉及将物理内存抽象化为多个虚拟内存空间，每个虚拟机都有自己独立的地址空间。它负责管理内存的分配、访问控制和优化，确保每个虚拟机都能够安全高效地使用内存资源。I/O 虚拟化技术允许虚拟机访问物理I/O 设备，如硬盘、网络接口卡和通用串行总线（universal serial bus，USB）设备等。通过虚拟化 I/O 设备，每个虚拟机都能够拥有自己的虚拟设备，并且能够像在物理机上一样进行数据的输入输出操作。

3. 云架构中常见的虚拟化技术

（1）虚拟机技术。通过在单一物理服务器上构建多个独立的虚拟机，虚拟机技术为

［专栏 4-1］
东数西算

云服务和数据中心运营带来了极大的灵活性。每个虚拟机都配备独立的操作系统和应用,能在彼此隔离的环境中稳定运行。这种隔离不仅提升了安全性,也便于虚拟机在不同操作系统和硬件间迁移。此外,虚拟机的灵活性还体现在资源分配上,管理员可以迅速调整 CPU、内存和存储等资源,以匹配不同的工作负载需求。

(2) 容器技术。作为虚拟化技术的轻量级替代品,容器技术提供了更为高效和精简的解决方案。容器技术将应用及其依赖集成到一个镜像中,确保应用在任何容器支持的环境中都能一致运行,实现了应用的便携性和一致性。容器共享宿主机的内核,无须携带完整的操作系统,从而减少了资源占用和启动延迟。这些特性使容器在微服务和敏捷开发场景中极为适用,特别适合快速迭代和持续集成和持续集成(continuous integration,CI)/持续交付(continuous delivery, CD)流程。

(3) 虚拟网络技术。虚拟网络技术通过在实体网络设备上构建虚拟网络,为云计算资源提供了更大的灵活性和可靠性。这些虚拟网络模拟真实网络环境,提供隔离的网络空间,保护数据安全和隔离性。虚拟网络支持子网、路由和网络策略等复杂配置,并允许自动化和动态调整,以适应业务需求的变化。同时,虚拟网络还整合包括防火墙、入侵检测和虚拟私有网络(virtual private network,VPN)在内的多种安全功能,为云资源提供了额外的安全保护和保障。

(三) 平台层

云计算架构中的平台层提供了一个强大的服务和工具集,旨在简化应用程序的开发、部署和管理。平台层位于虚拟化的基础设施层之上,平台层通常包括开发平台、运行时环境、数据库服务、消息队列服务、API 网关等服务。

开发平台涵盖云原生开发平台、Web 开发平台和移动应用开发平台等,它们提供了应用程序开发、测试、调试和部署所需的工具和服务。运行时环境则提供多种编程语言和框架的执行环境,如 Java、Node. js、Python 等,确保应用程序能够在云平台上高效运行。

数据库服务是平台层的重要组成部分,它包括关系型数据库和 NoSQL 数据库等不同类型的数据存储解决方案,以满足不同的数据管理需求。消息队列服务则提供异步消息传递的功能,帮助实现系统组件之间的解耦和异步处理,提高系统的可扩展性和响应性。

API 网关是平台层中的另一个关键服务,它负责管理 API 的路由、安全性、监控和限制,确保 API 的高效和安全访问。通过这些服务,PaaS 能够简化应用程序的开发和部署过程,提高应用程序的可扩展性和可靠性,并通过自动化容错和监控工具提高应用程序的稳定性。

平台层还提供了一系列安全性措施,包括身份验证和授权、数据加密、网络安全、应用安全、日志记录和监控、合规性和法规遵从、备份和灾难恢复、开发者培训和最佳实践、第三方安全评估以及自动化和开发、安全、运维(DevSecOps)等,以确保应用程序和数据的安全。

(四) 应用层

应用层向用户提供了广泛的软件服务及用户交互接口,支持用户的个性化需求。该层级为用户搭建了信息化所需的全面网络基础设施及软硬件操作平台,承担了系统从前期实施到后期维护的一整套工作流程。应用层使用 SaaS 技术通过互联网向用户提供软件服务,用户通过租赁方式获得所需软件服务,而无须自行购买软硬件设备、建设专用机房或配备专业维护人员,从而极大降低了信息化部署成本和管理复杂性。应用层可以满足用户的多样化需求,尤其适用于将特定应用软件功能模块化并封装为服务的场景,从而实现用户的按需调用。

在云计算架构中,应用层通常包含三类常见的应用程序服务。

（1）企业应用。该类应用程序涵盖企业资源计划（ERP）、客户关系管理（CRM）、人力资源管理（human resource management,HRM）等广泛的企业管理系统,支持企业内部各项业务流程的自动化与高效管理。这些应用系统不仅提高了业务流程的透明度与协同效率,还促进了企业资源的优化配置,是现代企业管理不可或缺的工具。

（2）Web 应用。此类应用程序主要包括电商平台、社交媒体、在线教育、博客等,以提供各类在线服务和信息共享为核心。这些 Web 应用能够通过互联网向大量用户提供即时的服务和互动,为用户带来丰富的信息获取和在线体验方式,逐步改变了人们的工作和生活方式。

（3）移动应用。移动应用包含智能手机、平板电脑及手持设备上的各类应用程序,支持多种移动服务与信息共享。随着移动设备的普及,移动应用的使用日益广泛,用户可以随时随地访问服务,如金融支付、社交互动、地理定位和生活娱乐,极大提升了便捷性与用户体验。

在上述云计算架构中,不同层次通过 API 实现通信与协作。例如,应用层的各类应用程序可以通过 API 访问平台层提供的特定服务,而平台层则可通过 API 调用虚拟化层中的虚拟化环境,从而实现底层计算资源的共享与灵活交付。这种通过 API 的分层架构设计让不同层次的服务可以模块化、动态化地协同工作,提高了云计算系统的资源利用率与服务响应效率,有效支持了多样化的应用场景。

（五）用户接口层

用户接口层,也称“接入层”,是系统对终端客户呈现的直接界面和应用。这一层不仅是简单的界面显示,也包含复杂的系统逻辑,支持用户与系统的互动与数据交互。用户接口层负责为用户提供便捷的访问方式和直观的操作体验,是用户与应用层、服务层等后端系统交互的关键桥梁。

用户接口层的逻辑设计主要围绕资源分离和交互优化展开。为确保访问效率,动态资源与静态资源通常是严格分离的。动态资源的处理要确保系统的高可用性,在并发量较大时,使用限流策略和降级措施来避免资源被过度占用,从而保障服务质量。动态资源涉及用户输入和实时交互,而静态资源（如图片、样式文件等）则可在用户接口层进行缓存。使用内容分发网络实现静态资源缓存,可显著提高加载速度并减轻服务器压力。此外,用户界面（user interface,UI）和 API 也是分离的,通过组合 API 来实现界面的数据装配。这种设计是为了确保 UI 模块的灵活性与可复用性,并使用户接口层能通过 API 网关统一管理与治理 API 请求。

用户接口层是轻量化的设计,不包含核心业务逻辑,而是主要负责处理用户请求、入参校验、访问日志记录及异常处理。通过在用户接口层实现这些功能,可以简化后端业务逻辑的实现,确保系统响应的标准化和安全性。例如,入参校验通常使用注解(如@ Valid)来进行基本的合法性检查,错误处理与异常响应则在这一层进行统一封装和管理,以确保异常信息不会直接暴露给用户。

为了确保用户接口层的安全性,用户接口层有基础的身份认证与访问控制策略功能。这一层的功能由应用层负责具体实现,用户接口层只需要调用应用层中定义的接口,因而无须进行依赖倒置。尽管理论上用户接口层可以直接访问领域层①与基础设施层②,但在实际应用中,为确保系统的分层结构清晰,通常用用户接口层仅依赖其下方的应用层。

用户接口层的应用可以分类为命令行界面(command-line interface,CLI)、Web 服务、Web 门户和移动应用接口。

(1)命令行界面。命令行界面是一种直接与系统交互的用户接口形式,特别适合高级用户和自动化任务。用户通过命令行输入指令直接控制系统,命令行界面的轻量和高效特性使其成为复杂任务管理和快速配置的优选方式。

(2)Web 服务。Web 服务通常以 API 的形式呈现,为开发者提供灵活的应用构建和服务扩展能力。Web 服务接口能够实现系统之间的深度集成,通过标准化的 API 接口调用其他云服务,从而实现复杂的业务流程和服务链管理。

(3)Web 门户。Web 门户提供了图形化用户界面,通过直观的操作界面帮助用户访问和管理云服务资源。Web 门户通常包含丰富的功能模块,如服务目录、订阅管理和访问控制,适用于多样化的用户群体,是用户了解和选择具体云服务的重要入口。

(4)移动应用接口。移动应用接口专为智能手机和平板设备设计,包含优化的 UI 布局和用户体验设计。移动应用接口使用户能够随时随地访问系统服务,并通过移动设备实现交互,从而满足现代用户的移动性需求。

用户接口层作为系统与终端用户的交互桥梁,不仅要提供友好的用户界面,还需要通过合理的资源分配、限流、降级等策略实现系统的稳定性与安全性。通过分层架构和接口分离策略,用户接口层不仅增强了系统的灵活性和扩展性,还实现了统一的数据访问管理,为用户提供高效、安全的交互体验。

(六)服务管理层

服务管理层是云计算架构中的关键组成部分,它为用户提供全面的管理和维护技术支持。同时,服务管理层还肩负着确保核心服务层的可用性、可靠性和安全性的责任。为满足用户的服务质量需求,服务管理层需要通过服务质量保证和安全管理等手段,提供高可靠、高可用、低成本的个性化服务。由于云计算平台规模庞大且架构复杂,云服务提供商通常与用户协商制定服务水平协议,明确服务质量的具体要求与补偿条款,以便在未达标时为用户提供合理的保障。此外,数据安全性始终是用户关注的核心问题。资源集中管理的模式使得云平台面临单点失效风险,数据中心的关键数据可能因突发事件(如断电、自然灾害)、网络攻击等威胁而面临丢失或泄露的风险。因此,服务管理层也注重研究

---

① 领域层(domain layer)是软件的核心,它包含所有业务的核心逻辑和规则。这一层的代码与具体的数据库、操作系统或用户界面无关,它只关注如何解决业务问题。

② 基础设施层(infrastructure layer)负责处理所有技术性的细节,如数据存储、网络通信、消息队列等。它为领域层提供支持,而领域层并不需要知道这些细节是如何实现的。

和实施云计算环境下的安全与隐私保护技术,如数据隔离、隐私保护和访问控制等,以确保数据安全和系统可靠性。

服务管理层涵盖多个功能模块,用以确保资源的高效利用和系统的稳定运行。服务管理层不仅限于服务质量(quality of service,QoS)保证和安全管理,还包括但不限于以下核心模块:安全管理、运维管理、服务目录管理、计费管理、负载均衡、部署管理和服务监控。

安全管理模块是服务管理层中的基础模块,负责确保用户数据和系统安全性,防止未经授权的访问和潜在的网络攻击。该模块通常通过身份验证、权限控制、数据加密、防火墙策略等手段来构建多层次的安全防护体系,从而保障用户的隐私和数据完整性。

运维管理模块则侧重系统的日常维护和故障排查。它提供自动化的监控和故障恢复功能,支持对关键系统参数的实时监控,以确保平台的高可用性。当系统异常时,运维管理能够及时发出警报,并采取必要的恢复措施,从而有效减少系统停机时间并提高用户体验。

服务目录管理模块为用户提供可供选择的服务目录,使用户能够轻松找到、订阅和管理所需的云服务。这一模块不仅提高了服务的易用性,还支持灵活的资源分配和管理,使用户可以根据需求动态调整资源配置,避免资源浪费。

计费管理模块是服务管理层中负责成本控制和费用管理的关键模块。通过对用户资源使用情况的精确记录和实时更新,计费管理模块能够生成透明的使用报告和费用清单,帮助用户根据资源消耗情况进行成本优化,确保云服务的经济高效性。

负载均衡模块在服务管理层中扮演着分配流量和优化资源使用的角色。通过将流量均匀分配到多个服务器节点,该模块有效降低了单点服务器的压力,提升了系统的响应速度和处理能力。此外,负载均衡还能动态适应流量波动,确保在高并发场景下平台的平稳运行。

部署管理模块支持云资源的快速部署与灵活配置,为用户提供高效的资源上架和应用部署流程。通过自动化的配置与版本控制机制,部署管理模块简化了复杂应用的发布过程,使用户可以迅速将新服务或应用投入使用,从而加速业务创新。

服务监控模块对系统的性能和资源使用情况进行全面的监控和反馈。该模块可以实时跟踪关键指标,生成性能报告,并在资源使用接近上限或发生异常时发出预警,为系统管理员提供及时、可靠的管理依据,从而有效提升系统的稳定性和服务连续性。

这些模块共同作用,通过系统化、模块化的管理手段,使云资源能够被优化配置并实现动态调度,最大化平台资源的使用效率和服务质量。服务管理层不仅为用户提供丰富的技术支持与管理工具,还通过多层次的资源管理与监控体系确保云资源的动态调度与灵活分配,为用户提供安全、可靠且经济的云服务体验。

二、云交付类型

(一) 基础设施即服务(IaaS)

IaaS 是一种云计算服务模式,通过将 IT 基础设施(如服务器、存储设备、网络设备等)以租赁方式提供给客户使用,使企业无须自行构建和维护底层 IT 基础设施。IaaS 提供商负责对这些资源进行管理和维护,确保基础设施的可用性和稳定性,客户则可以通过互联网访问和使用这些资源,而无须关注底层设施的搭建与运维。IaaS的主要用户对象是企业管理员,他们可以借助 IaaS 来支持各种业务需求并优化 IT 资源的利用。

IaaS 交付模型在成本效益、可扩展性和灵活性方面具有显著优势。客户仅需要为实际使用的资源付费,避免了高额的 IT 基础设施投资和维护成本;此外,IaaS 平台可以根据业务需求动态调整资源配置,使企业能够在需求高峰期和低谷期高效利用资源。IaaS 还支持灵活的资源分配与快速部署,有助于企业应对市场变化。然而,IaaS 也带来了一些挑战。首先,客户需要自行管理应用程序和操作系统,增加了管理复杂性;其次,云端存储的应用和数据存在安全风险,易受攻击或泄露;最后,IaaS 要求客户具备较高的技术能力,如平台整合和系统管理方面等的知识,才能实现与现有系统的无缝集成。

(二)平台即服务(PaaS)

PaaS 是一种云计算服务模式,通过租赁方式提供开发和部署应用程序所需的环境和工具,使客户能够在无须关注底层基础设施的情况下快速开发、测试和发布应用程序。PaaS 的主要用户对象是开发人员,该平台为他们提供了完整的开发环境,包括编程语言支持、操作系统、Web 服务器和数据库。开发人员可以在此环境中进行程序构建、编译和运行,而无须担心底层架构的维护与管理。随着互联网业务需求和用户数量的快速增长,PaaS 已经成为企业 IT 基础设施中的关键构建部分,许多企业借助 Kubernetes 等容器编排技术搭建容器云平台,以提升应用的弹性和扩展性。常见的 PaaS 公有云平台包括阿里云、腾讯云、亚马逊云等。

PaaS 交付模型的优势在于它提供现成的开发环境和工具,显著降低了开发成本,并通过即用即付模式支持快速开发和部署提升开发效率。此外,PaaS 平台提供自动化的部署、监控和管理工具,简化了运维管理,使开发人员能专注于应用开发。然而,PaaS 也存在一定的技术限制,客户需要适应平台预定义的环境和工具,定制化需求也会受到限制,难以满足所有特殊业务需求。同时,PaaS 集中管理数据和开发环境,存在数据泄露和安全漏洞的潜在风险。

(三)软件即服务(SaaS)

SaaS 是一种云计算服务模式,将应用程序以租赁方式提供给客户使用,客户无须关注应用的安装、维护和底层硬件支持。SaaS 提供商负责应用程序的开发、更新和维护,确保其在云端的高可用性和稳定性。客户可以通过互联网访问这些应用程序,实现跨平台和跨设备的灵活使用,无须在个人电脑(personal computer,PC)上安装软件,也不需要关心特定网络环境。因此,SaaS 特别适合协同办公等场景,同时也可以大幅降低企业在软件上的运行成本。典型 SaaS 应用包括网盘、电子邮件、在线文档处理等,主要用户对象为普通终端用户。

SaaS 交付模型具有使用简便、灵活性高和成本节省的优点。客户无须安装软件或配置硬件,通过互联网即可访问应用程序,从而降低使用门槛和维护成本。此外,SaaS 提供商能够快速发布新功能,支持应用的快速迭代更新,按需付费的模式更适合小型企业和个人用户。然而,SaaS 也存在一定的缺点,如数据安全风险、供应商锁定问题以及性能限制。客户的数据存储在服务商的数据中心,面临潜在的数据泄露风险;客户对特定供应商的依赖使得迁移复杂且成本较高；此外，远程数据中心的运行有时候会导致网络延迟，影响高实时性和高性能需求。

表4.1对云交付类型进行了比较。

表4.1　云交付类型的比较

云交付类型	IaaS	PaaS	SaaS
服务内容	提供基础设施部署服务	提供应用程序部署与管理服务	提供基于互联网的应用程序服务
服务对象	需要硬件资源的用户	程序开发者	企业和需要软件应用的用户
使用方式	使用者上传数据、程序代码、环境配置	使用者上传数据、程序代码	使用者上传数据
赋予云用户的典型控制等级	完全的管理	有限的管理	使用和与使用相关的配置
云用户可用的典型功能	对虚拟化的基础设施的相关IT资源以及可能的底层物理IT资源的完全访问	对与云用户使用平台相关的IT资源的中等级别的管理控制	前端用户接口访问
常见云用户行为	建立和配置裸的基础设施，安装管理和监控所需的软件	开发、测试、部署和管理云服务以及基于云的解决方案	使用和配置云服务
常见的云提供者行为	提供和管理需要的物理处理器、存储、网络和托管；监控云用户的使用	实现配置好的平台和在需要时提供底层的基础设施、中间件和其他所需的IT资源；监控云用户的使用	实现、管理和维护云服务；监控云用户的使用

三、云计算部署类型

云计算的部署类型是指在云计算环境中部署资源和服务的方式。根据不同的部署模式，云计算可以分为三种主要类型：公有云、私有云和混合云。下面我们讨论这三种部署模型的定义、特点和应用场景。

（一）公有云

1. 公有云的定义和特点

公有云（public cloud）是指由第三方提供商运营和维护的云计算基础设施，并向多个客户提供服务。与私有云不同，任何人都可以使用或购买公有云上的服务。公有云通常提供大规模的计算资源和存储，并支持多种应用软件。客户可以根据需要在公有云上部署和运行自己的应用程序，并根据需要动态扩展计算能力。这些服务可能是免费的，也可能是按需出售的，用户只需要根据实际使用的中央处理器周期、存储空间或网络带宽付费。

公有云的主要优势在于它们可以帮助企业节省购买、管理和维护内部基础设施的费用，减轻客户的硬件维护和管理负担,因为云服务提供商负责管理系统。它们还提供可扩展的内存和灵活的带宽,提供快速、灵活的资源分配,使企业更容易扩展存储需求。然而,公有云也存在一些挑战,如数据安全和隐私问题,以及可能受到网络延迟和带宽限制的影响。

2. 公有云的应用场景

一是互联网应用。对于需要高弹性和高可扩展性的互联网应用,如电商、社交网络、在线协作等,公有云是理想的选择。这些应用通常对安全性要求不是特别高,但要求能够快速响应市场变化,公有云能够提供灵活的资源调配和按需付费的模式,满足这些需求。

二是小型企业。对于资源有限的小型企业来说,建设自己的私有云或混合云成本较高,而公有云则提供了经济实惠的解决方案。小型企业可以通过公有云快速部署应用,降低信息技术成本,提高运营效率。

三是开发和测试环境。在软件开发和测试阶段,需要频繁地部署和启动虚拟机,公有云的快速部署和自动化管理特点非常适合这一场景。开发人员可以按需获取资源,快速搭建测试环境,提高开发效率。

四是大数据分析。对于需要大规模数据处理和分析的企业,如金融、医疗、电信等,公有云提供了强大的计算能力和存储资源,支持企业进行高效的数据分析和挖掘。

(二) 私有云

1. 私有云的定义和特点

私有云(private cloud)是指组织自行拥有和维护的云计算基础设施,仅为自己的用户提供服务。私有云也被称为内部云、企业云或公司云,通常通过内部资源进行管理,组织外部的任何人都无法访问。在私有云中,计算服务通过私有信息技术网络提供,供单个组织专用。私有云可以部署在组织内部数据中心,或者通过专用网络与远程数据中心连接。私有云的主要优势在于它们可以满足组织的特定需求,如数据安全、合规性和性能要求。

私有云计算提供了公有云的所有优势,如自助服务、可扩展性和弹性,以及额外的控制、安全性和定制化,提供了更高的数据安全和隐私,但需要较高的投资和维护成本。私有云通过公司防火墙和内部托管提供更高级别的安全性,确保第三方提供商无法访问组织的敏感数据。然而,私有云需要大量的资源和专业知识来部署、维护和管理,这可能超出小型和中型组织的能力。企业需要负责数据中心的所有管理和维护工作,这可能是相当耗费资源的。

2. 私有云的应用场景

一是安全性要求较高的企业。一些企业对自己的数据安全性要求非常高,需要建立私有云来保证数据安全。私有云允许企业拥有并管理自己的计算资源和数据,确保数据不被外部访问和泄露。

二是企业内部应用。针对某些企业内部的应用,如企业资源计划、客户关系管理系统、办公自动化(office automation,OA)等,建立私有云可以帮助企业更好地管理和使用这些应用。私有云提供了专属的计算资源和网络环境,确保应用的稳定性和可靠性。

三是高性能计算。对于一些需要高性能计算的企业,如科学研究、气象预测、计算机辅助设计等,建立自己的私有云可以满足高性能计算需求。私有云可以提供更高的计算能力和更低的延迟,支持企业进行复杂的计算和模拟。

四是数据中心扩展。私有云可以帮助组织扩展其数据中心，以满足不断增长的数据存储和处理需求。通过搭建私有云，企业可以更加灵活地管理自己的计算资源，提高数据中心的效率和可靠性。

（三）混合云

1. 混合云的定义和特点

混合云（hybrid cloud）是指组织将公有云和私有云结合使用的云计算部署模型。混合云可以满足不同类型的应用程序和工作负载的需求，如将敏感数据和处理需求放在私有云中，而将非敏感数据和计算需求放在公有云中。混合云可以提供灵活性、性能和数据安全的平衡。

混合云结合了公有云和私有云的特点。混合云的主要优势在于它们可以根据不同类型的应用程序和工作负载的需求，灵活地将公有云和私有云结合使用。这种"两全其美"的云模式允许在计算和成本需求发生变化时，在私有云和公有云之间转移工作负载。当计算和处理需求发生波动时，混合云打开新窗口允许企业将其内部基础设施扩展到公有云，以处理溢出，同时确保没有第三方数据中心可以访问其数据。在混合云模式中，企业只需要为临时使用的资源付费，而无须购买和维护可能长期不用的资源。简而言之，混合云具有公有云的优势，却没有安全风险。

2. 混合云的应用场景

一是云上业务与本地业务结合。企业可能同时拥有云上业务和本地业务，混合云可以将两者无缝结合，实现资源的灵活调配和数据的统一管理。例如，企业可以将非敏感数据存储在公有云上以降低成本，而将敏感数据存储在私有云上以确保安全。

二是互联互通。企业异地分支机构可以就近接入公有云服务商，通过云专线打通网络，共享云上资源，实现互联互通。混合云提供了跨地域、跨平台的资源管理和调度能力，支持企业实现全球范围内的业务协同和资源共享。

三是容灾备份。企业可以将备用业务数据放在公有云上，借助公有云运营商的资源快速进行数据灾难恢复。混合云提供了更加灵活和可靠的容灾备份方案，确保企业在面对突发事件时能够迅速恢复业务运行。

四是负载调度。企业在业务有季节性或突发状况的高峰需求时，可以调整公有云资源以保证业务处理能力及效率。混合云允许企业根据业务需求动态调整资源分配，提高资源的利用率和业务的响应速度。

四、云计算平台

（一）云平台体系结构

云计算平台也称云平台，是指基于硬件的服务，提供计算、网络和存储能力。云平台基础设施的能力具备高度弹性，可以根据需要进行动态扩展和配置。

云平台由物理机器、虚拟机、服务水平协议资源分配器及用户等要素构成。平台架构可分为四层：资源层、虚拟化层、管理层和服务层。

资源层包括服务器、网络、存储和其他功能，以支持虚拟化层功能。

虚拟化层包括硬件虚拟化和应用虚拟化，作用是为管理层或者用户准备所需的计算和存储等资源。

管理层主要功能是提供资源管理与负载均衡。资源管理包括：①服务水平协议监控，对各个层次运行的虚拟机、服务和应用等进行性能方面的监控，使它们都能在满足预先设定的服务水平协议的情况下运行；②计费管理，对每个用户所消耗的资源等进行统计，以准确地向用户收取费用；③安全管理，对数据、应用和账号等信息资源采取全面的保护，使其免受犯罪分子和恶意程序的侵害；④运维管理，主要是使运维操作尽可能地专业和自动化，从而降低云计算中心的运维成本。负载均衡管理目的是通过将流量分发给一个应用或者服务的多个实例来应对突发情况。

服务层的作用是为平台服务，主要包括账户管理、服务目录、部署服务与生成用户报告等功能。

云平台体系结构如图 4.1 所示。

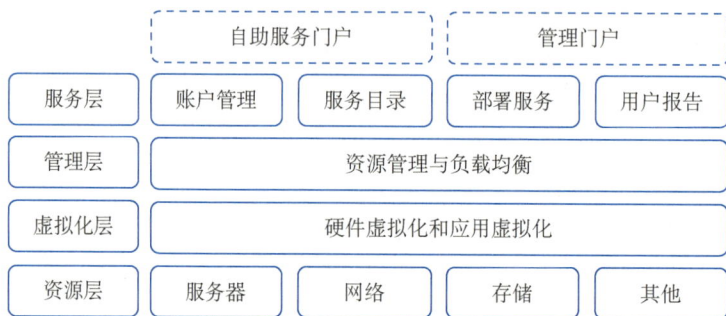

图 4.1　云平台体系结构

（二）常见的云平台

云计算平台可以分为三类：以数据存储为主的存储型云平台，以数据处理为主的计算型云平台，以及计算和数据存储处理兼顾的综合云计算平台。

目前，国内云平台包括数据挖掘、海量数据存储和弹性计算等，主要用于中国移动业务支撑、信息管理和互联网应用，代表性的三大平台为百度云、阿里云和腾讯云（BAT）。我国的计算机研究人员远在"云计算"这个名词提出之前就已有透明计算的构思。透明计算体现了云计算的特征，即资源池动态的构建、虚拟化、用户透明等。清华大学张尧学教授（中国工程院院士）早在 1998 年就开始从事透明计算系统和理论的研究。工业界很多公司则分别提出了自己针对云计算的理解，用不同的技术来实现上述云计算的目标。国际上代表性的云平台有亚马逊云计算 AWS 的弹性计算云 EC2 和简单存储服务 S3、IBM蓝云（Blue Cloud）等。

张尧学教授领导的研究小组从 1998 年开始就从事透明计算系统和理论的研究，2004 年前后正式提出并不断完善透明计算的概念和相关理论。随着硬件、软件以及网络技术的发展，计算模式从大型机的方式逐渐过渡到微型个人计算机的方式，并且从 2010 年左右开始，普适计算从一个前瞻性的概念，逐步演变为我们日常生活中常见的计算模式。但是，用户仍然很难获得异构类型的操作系统以及应用程序，在轻量级的设备上很难获得完善的服务。在透明计算中，用户无须感知计算具体所在位置以及操作系统、中间件、应用等技术细节，只需要根据自己的需求,通过连通在网络之上的各种设备选取相应的服务。

图4.2展示了透明计算平台的三个重要组成部分。用户的显示界面是前端的轻权设备,包括PC、笔记本、掌上电脑(personal digital assistant,PDA)、智能手机等,被统称为透明客户端。透明客户端可以是没有安装任何软件的裸机,也可以是装有部分核心软件平台的轻巧性终端。中间的透明网络则整合了各种有线和无线网络传输设施,主要用来在各种透明客户端与后台服务器之间完成数据的传递,而用户无须意识到网络的存在。与云计算基础服务设施构想一致,透明服务器不排斥任何一种可能的服务提供方式,既可通过当前流行的PC服务器集群方式构建透明服务器集群,也可使用大型服务器等。

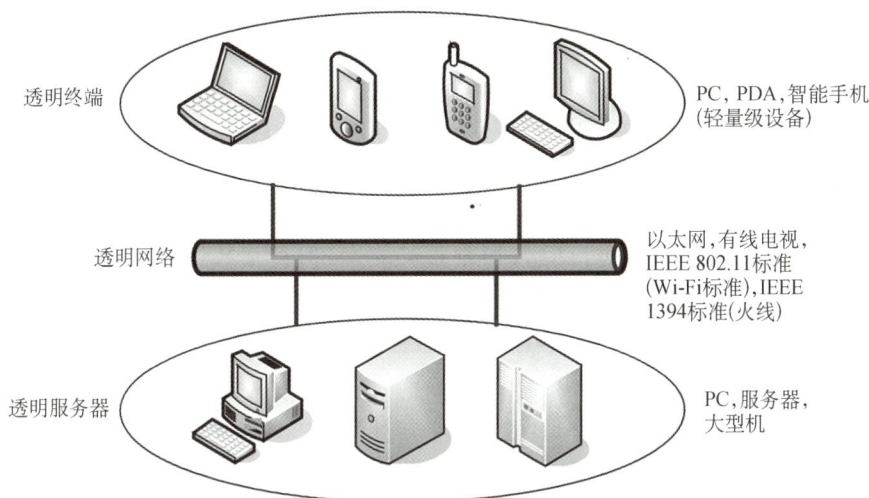

图4.2　透明计算系统的组成结构

当前透明计算平台已经达到平台异构的目的,能够支持Linux以及Windows操作系统的运行。用户具有很大的灵活性,能够自主选择自己所需的操作系统运行在透明客户端上。透明服务器使用流行的PC服务器集群方式,预先存储了各种不同的操作平台,包括操作系统的运行环境、应用程序以及相应的数据。每个客户端从透明服务器上获取并建立整个运行环境以满足用户对于不同操作环境的需求。用户之间的数据相互隔离,因此,服务器集群可以选取用户相对独立的方式进行存储,使得整个系统能够扩展到很大的规模。在服务器集群之上进行相应的冗余出错处理,能很好地保护每个用户的透明计算数据安全性。

第三节　云计算在金融领域的应用

一、云计算在金融领域的应用背景

(一)从数据中心到云计算

21世纪中叶以前,银行业务主要由人工操作。20世纪50年代,随着第一台大型商用计算机的推出,银行开始使用计算机。20世纪60年代,计算机技术开始在整个金融业迅

[专栏4-2]
华为云

速普及：1963—1968 年，使用内部或外部计算机的商业银行比例从不到 1/10 上升到近一半。起初，计算机用于支票处理；后来，计算机用于电子资金转账，这使得银行间结算的自动交换中心和处理金融交易的自动取款机得以建立。20 世纪 70 年代，中国开始了部分银行电子化最早的尝试。1975 年，第四机械工业部与中国人民银行联合下发《关于下达大中城市银行核算网试点任务的通知》。

20 世纪 80 年代和 90 年代，银行开始使用个人电脑与技术基础设施互动，取代了旧式的终端技术；到 20 世纪 90 年代中期，金融业使用电脑的员工比例超过了其他任何行业。个人电脑的使用使人们能够通过互联网和电子邮件访问外部网络。互联网还产生了另一个影响，增加了银行可向客户提供的远程服务的数量和质量，这反过来又给银行的 IT 基础设施带来了额外的负担。

为了应对日益增长的 IT 需求，并为客户提供更好、更创新的远程和移动服务，金融机构已开始从专有 IT 基础设施转向云计算，利用云服务支持从移动银行应用到处理信用卡交易和其他支付、贷款申请和保险理赔等各种功能。

（二）金融机构对云服务模式的选择

如前所述，云计算涉及通过网络（通常是互联网，但在某些情况下也可能是专用网络）使用计算资源，并可根据需求进行扩展。然而，这种笼统的描述可能会掩盖云计算包含各种服务模式的事实。金融机构在使用云服务时所承担的控制和风险的性质和程度因所采用的服务模式而异。

云服务可分为三种基本模式：基础设施、平台和软件。IaaS 涉及计算基础设施的使用，如服务器、存储容量或网络。在 IaaS 模式中，云提供商控制底层云基础设施，而客户则控制从操作系统到在该基础设施上运行的应用程序的一切。在另一端，SaaS 模式允许客户在远程云服务器上运行第三方服务提供商开发的软件。PaaS 模式比 IaaS 模式更具结构性，但比 SaaS 模式更具灵活性；它允许客户在云服务提供商提供的应用程序托管和开发基础设施上开发和使用软件。不同类型的云服务可以相互叠加。例如，提供 SaaS 服务的金融科技初创企业通常会在云服务提供商提供的应用程序托管和开发基础设施上开发和使用软件。

金融机构对服务模式的选择将取决于其需求和技术能力。内部技术专长较强的金融机构，无论是大型银行还是小型金融科技初创企业，都可能利用基础设施资源构建全新的应用程序。专业技术能力较弱的金融机构则更有可能利用云技术来运行第三方开发的软件，因为这种软件更易于部署。在数字经济的背景下，现代金融服务体系以数据为关键生产要素，以科技为核心生产工具，以平台生态为主要生产方式，需要一个类似计算机操作系统的金融操作系统，向下对接大量设备、海量数据，向上支撑金融数字化转型的快速开发与部署，实现数据的可信共享、资源的合理配置和服务的质量提升。一些已经在云基础设施上运行复杂的风险和资产管理软件的金融机构已经开始将这些软件作为分层云服务直接提供给自己的客户。

二、云计算在金融领域的应用优势

（一）降低成本提高效率

从传统数据中心向云计算的过渡是由云服务提供的巨大优势推动的。这些优势源于在云上可以获得功能更强、更可靠的计算资源,而且无须大量的前期资本支出。

随着银行业务日益复杂,专有数据中心的成本也越来越高。这是因为数据中心需要满足高可用性、高可靠性和高安全性的要求,同时还要应对业务的快速增长。为了确保顺利运营,金融机构必须不断投资更新硬件基础设施,包括超出日常计算需求的基础设施。例如,金融行业数据中心的建设规模不断扩大,用电报装容量从几千千伏安发展到几万千伏安,甚至十几万千伏安。此外,数据中心的能耗问题日益突出,大规模数据中心的电能费用在三年内可能相当于其建设费用。

相比之下,云技术可让金融机构从规模经济中获益,因为云提供商可与众多客户共享其庞大的资源。此外,云提供商还能在客户需要额外资源时自动扩大规模,在需求减少时自动缩小规模。例如,AWS、阿里云等云服务提供商都提供了自动扩展功能,能够根据业务负载动态调整资源。云计算通过提供类似公用事业的模式,按需提供计算资源,消除成本高昂的过度配置需求。例如,用户可以根据实际使用的计算资源(如 CPU、内存、存储等)的用量和使用时间来付费。

云计算资源的自动化和计量也有助于降低技术基础设施成本,将大额的前期资本支出转化为较小的持续运营成本。这不仅降低了技术基础设施的采购、支持和维护成本,还提高了金融机构开发新产品和服务时的灵活性。另外,云计算的可扩展性允许金融机构通过云计算提供更多服务。

(二) 提高安全性

此外,云计算还为不同规模的金融机构创造了更公平的竞争环境,使中小型机构能够获得以前只有有能力在技术基础设施上投入大量资源的大型机构才能获得的计算资源。云计算的前期成本较低,也使金融科技初创企业更容易与老牌金融机构竞争,从而有可能改善服务,扩大金融服务范围,特别是服务发展中国家或服务不足市场的消费者。

与传统平台相比,云计算还具有更高的安全性和弹性。金融机构历来使用多种技术基础设施,每种基础设施通常都是为了在特定时间点支持特定的应用程序而设计的。随着银行为客户提供越来越多的互联网和移动接入,以及为内部员工提供更多的灵活性,这些传统的基础设施越来越容易受到网络威胁。这种风险可能非常严重,因为许多金融机构无法检测到未受保护系统的渗透,即使检测到了,由于依赖人工程序,金融机构也无法充分解决这些问题。

鉴于全球云提供商的运营规模(从数百个数据中心到转运中心,再到分散的开发团队),云提供商的运维团队采用自动化机制来快速检测和修复问题。云提供商可以大大限制人工访问数据,从而降低与人工流程相关的风险,如人为错误。

尽管一些金融机构,尤其是大型金融机构,在安全方面投入了大量的资金和人力资源,但中小型金融机构却无法做到这一点。相比之下,大型云提供商在安全实施和研究方面走在了前列。云平台的构建可支持最严格的安全要求:客户可在云中使用最佳实践建立和实施安全模型。

由于云中的存储和处理具有分布式性质,而且与单个金融机构相比,云提供商拥有更多的计算资源,所以云还能为金融机构提供更强的运营弹性。例如,云提供商可以以单个金融机构难以独自应对的方式处理试图破坏金融机构运营的行为,如分布式拒绝服务

(distributed denial of serivce，DDoS)攻击。DDoS 攻击试图通过增加信息流量来压垮金融机构的计算资源；云提供商可使金融机构自动扩大容量，并对进入的流量进行重定向，以保持可用性。

同样，通过使金融机构能够将流程和数据分布到不同的数据中心，云平台使金融机构能够构建必须持续在线的应用程序，即使某个数据中心或整个地区发生中断也不例外。云提供商还提供将流程和数据从一个云提供商快速转移到另一个云提供商所需的功能，从而提高金融机构在发生中断时的恢复能力。

(三) 数据分析和监管技术

如上所述，云计算允许金融机构按需访问计算资源。自动可扩展性使云计算成为实时分析大型数据集的独特选择，允许用户持续记录和分析海量数据，而不是分批记录和分析。金融机构可以使用基于云计算的工具，作为日常运营的一部分，持续提供更丰富的数据见解。金融机构和监管机构还可以利用云数据分析工具，更好地进行合规性监测，并更深入地了解金融系统中的风险。

随着复杂的数据分析对获得竞争优势变得越来越重要，云计算成为越来越有吸引力的选择。主要的云提供商和第三方中介机构都提供在云上运行的复杂数据分析软件。金融机构、主要云提供商和第三方中介机构都开发了可在云上运行的专有分析工具；一些金融机构已开始向其他小型机构提供这些工具。通过让金融机构实时了解其投资组合，这些工具使金融机构能够改善其风险管理。云计算的使用使越来越多的复杂数据分析成为可能，这不仅改善了单个金融机构的风险管理，也提高了金融机构的风险管理水平。

云计算还为金融机构和监管机构带来新的合规可能性。通过把更好的工具交到金融机构及其监管者手中，云计算提供商可以让金融机构更轻松、更高效地遵守监管要求，让监管者更轻松、更高效地监控合规情况。例如，金融机构和监管机构可以使用在云上运行的数据分析软件来更好地检测潜在的欺诈或洗钱行为。云计算的使用可使监管机构提高对金融机构的期望，在以前由于数据计算限制而无法进行压力测试的领域，云计算可为压力测试提供便利。

英格兰银行首席经济学家安德鲁·霍尔丹（Andrew Holdane）曾设想过一个著名的"全球金融监控系统"，该系统以"全球资金流动地图、溢出效应和相关性图表"为核心，"近乎实时地跟踪全球资金流动（在星际迷航的椅子上使用监视器）"。霍尔丹的梦想可能还很遥远，但如果它或类似的东西能够实现，部分原因可能是金融机构和监管机构广泛采用了云计算。

三、云计算在金融领域的应用风险

虽然云计算给金融机构带来很多好处，但金融机构使用云服务也会面临风险。其中许多风险与传统技术基础设施的相关风险类似，但也有一些是独特的。这些风险既包括与云计算基础技术相关的风险，也包括金融机构与其云服务提供商之间的关系所产生的操作风险。有效的风险管理要求金融机构了解这些风险，并采取各种技术或操作上的缓解措施。

(一) 技术风险

与云计算相关的技术风险包括容量规划失败、不安全或不完整的数据删除，以及多租户和管理程序漏洞。

无论是传统数据中心还是云服务，合理的容量规划都至关重要，它可以帮助金融机构避免资源浪费、降低运营成本，并确保业务的连续性和稳定性。如前所述，使用专有数据中心的金融机构通常会通过超额配置来应对资源耗尽的风险，而超额配置的成本可能非常高。即便如此，这些机构在估算需求时也会出错。迁移到云的金融机构可有效地将许多容量规划决策委托给云提供商。云提供商则必须预测所有客户对计算资源的总体需求，以满足客户群的需求。然而，与传统数据中心环境的管理者相比，云提供商客户群的性质有一个优势：庞大的异构客户群的需求曲线比任何一个客户，甚至一个行业中的几个客户的需求曲线更平滑、更可预测，因为客户或细分市场的需求峰谷往往会相互抵消。

另一个技术风险是不安全或不完整的数据删除。无论在云中存储数据还是使用传统技术基础设施删除数据，都不一定能完全删除数据。在某些情况下，当客户在云中存储数据，即使是单一数据集，也不会存储在单一设施中；为了提高耐用性和冗余性，云提供商可能会在多个设施中存储该单一对象。当金融机构删除其数据，信息并不会完全从存储基础设施中删除。相反，云提供商会使任何人都无法访问数据，并最终重新使用底层存储容量。如果金融机构的数据没有加密，这些机密数据就会暴露。金融机构可以通过加密数据并删除加密密钥来降低这种风险。

虽然容量规划失败和不安全的数据删除在传统平台中很常见，但云计算确实带来了新的技术风险。多租户，即多个用户共享同一物理基础设施，是云计算模式的一个核心特征。多租户会导致使用共享基础设施的客户将其数据或其他资源暴露给未经授权方的风险。强大的云架构可确保客户无法访问存储在同一物理基础设施上的数据和资源：云提供商通过使用网络分段（如防火墙）甚至微分段（允许隔离单个工作负载）技术对操作进行虚拟隔离，从而加强单个客户的安全性。

虚拟化技术是云计算的核心基础，它允许将物理资源（如 CPU、内存、存储和网络）抽象化，并划分为多个独立的虚拟环境（如虚拟机）。每个虚拟机可以运行自己的操作系统和应用程序，这依赖一个名为"管理程序"的软件程序。管理程序管理着组成云的多个虚拟机，根据需要向客户分配云资源。虚拟机管理程序的漏洞可能会使其发生故障或遭受网络攻击，从而带来传统技术基础设施可能不存在的技术风险。不过，云提供商已开发专用软件和硬件，可降低管理程序遭受网络攻击的可能性。此外，云提供商还对异常行为进行持续监控，并经常进行渗透测试。

(二) 操作风险

采用云计算还使金融机构面临运营风险，如"锁定"风险：金融机构过度依赖特定服务提供商的风险。锁定风险并非云计算所独有：与第三方签订合同建设和维护传统数据中心的金融机构往往会签订长期合同，这使得在合同期内更换供应商在法律上和经济上都会付出高昂的代价。不过，金融机构可以通过跨多个云提供商运营和使用开源技术来应对"锁定"风险，从而在不同的环境中（从一个云提供商到另一个云提供商，或从云到内部数据中心）移动数据和使用服务。利用这些策略，金融机构在云提供商之间的迁移比在定制管理服务提供商之间的迁移更容易。

由于云服务比传统技术平台更加标准化,所以可以以更加自动化的方式向更多不同的客户提供服务,规模也更大,这可能会提高金融机构向特定云提供商集中的程度。金融机构对少数占主导地位的云计算提供商的依赖可能不仅在单个机构层面,而且在整个金融行业层面产生风险。当云计算成为金融系统关键基础设施的一部分时,云提供商集中带来的行业级风险将更加令人担忧。不过,值得注意的是,这种集中风险并非云计算所独有:即使在使用传统的、量身定制的技术基础设施时,金融机构历来也依赖特定的产品和服务,从半导体到受管理的数据库,其中许多产品和服务都是由少数极具优势的供应商生产或提供的。

第四节　云计算案例分析

一、中国工商银行全栈云原生实践

互联网的崛起对金融行业的金融模式及服务模式都产生了巨大的冲击,金融不得不做出一些巨大的革新,金融业务系统入云已是大势所趋。

当前,中国工商银行已形成了以基础设施云、应用平台云、金融生态云以及比较有工行特色的分行云四个模块,组成工行整体的云平台架构。工行云平台技术栈采用了业界比较领先的云产品和主流开源技术,在此基础上结合一些典型的金融业务场景,进行深度化定制,主要包括三个方面。

(1)基础设施云。基于云产品结合运营运维需求进行客户化定制,构建新一代基础设施云。

(2)应用平台云。通过引入开源容器技术(Docker)、容器集群调度技术(Kubernetes)等,自主研发建设应用平台云。

(3)上层应用方案。基于HaProxy、Dubbo、ElasticSearch等建立负载均衡、微服务、全息监控、日志中心等周边配套云生态。

在容器云方面,工行的金融云成效巨大。首先体现在规模大,截至2025年7月,承载应用节点规模超15.9万,容器数量超30万,支持超20万TPS的高并发场景,日均服务调用量超200亿。整体上,一些核心业务都已进入容器云内部。其次是业务场景涉及非常广泛,一些核心的应用、核心的银行业务系统,包括个人金融体系的账户、快捷支付、线上渠道、纪念币预约等,均已实现容器化部署。最后就是一些核心技术支撑类应用(如MySQL、中间件、微服务框架),以及一些新技术领域(如物联网、人工智能、大数据等),均已入云。

(一)多集群管理及容灾实践

越来越多的核心业务应用入云之后,工行面临最大的挑战是容灾以及高可用,在这方面工行也做了很多探索。云平台支持多层次故障保护机制,确保同一业务的不同实例会均衡分发到两地三中心的不同资源域,确保单个存储、单个集群甚至单个数据中心发生故障时,不会影响业务的整体可用性。在故障情况下,云平台通过容器重启及自动漂移,可以实现故障的自动恢复。

　　但也遇到了一些问题，其中比较突出的是 PaaS 层容器多集群管理问题，包括：业务场景覆盖广泛，需要为不同的业务场景定制不同集群。每一个集群能管理的节点、容器、业务数量有上限。业务扩展非常快，集群数量、节点规模增大，管理难度随之增加。两地三中心的架构至少有三个数据中心，每个数据中心内部还有不同的网络区域，通过防火墙进行隔离，导致集群故障域分布增加。

　　以上问题的解决方案主要还是依靠容器云的多云管理平台，通过多云管理平台管理这些多 Kubernetes 集群，另外上层的业务应用需要自主选择它的集群，包括它需要的偏好、网络、区域等，去选择具体的某一个 Kubernetes 集群。采用云原生多云容器编排项目 Karmada（即 Kubernetes Armada 简称，是 Kubernetes 的一个扩展管理系统），为工行的多集群管理带来四个方面的价值。

　　（1）资源调度。基于自定义跨集群调度策略，对上层应用透明，支持两种资源绑定调度，实现两种关联对象一起协同调度。

　　（2）容灾备份。支持动态绑定（dynamic binding）调整，对故障恢复和恢复后的流量负载有较大帮助，同时支持按照集群标签或故障域自动分发资源对象。

　　（3）集群管理。支持集群注册、全生命周期管理，并开放统一的、符合社区标准的 API。

　　（4）资源管理。支持 Kubernetes 原生对象，这样上层应用迁移到多云平台上时，不需要修改代码，支持子集群资源部署状态获取，资源对象分发支持"pull""push"方式。

（二）MySQL 容器化实践

　　入 PaaS 云之前，MySQL 主要基于物理机搭建，且一台物理机只部署一个 MySQL 实例。服务输出主要通过提交设备申请，由 MySQL 专业同事进行 MySQL 环境的搭建。工行 MySQL 数据库使用广泛，随着版本推移，规模也在不断扩大。这种情况下，物理机部署的问题逐渐显现。

　　（1）资源密度较低。MySQL 数据库实例与 Oracle 相比，数据单体性能容量较小，数据容量普遍小于 500G，TPS 小于 500。超过该性能容量的数据库需要进行分库。但是一台物理机部署一个数据库的部署方式依然没变，导致 MySQL 的服务器资源密度较低。

　　（2）运维效率偏低。MySQL 一体化运维平台主要关注 MySQL 层面的自动化运维。服务器、存储、网络等基础设施环节的运维和交付仍然需要较多手工操作。

　　（3）服务输出能力不足。MySQL 用户需要提交的面向 MySQL 专业运维的 MySQL 环境的设备申请单较为复杂，环境搭建完成后仍然需要 MySQL 专业组或者研发支持组通过邮件等方式通知用户环境信息。

　　为了解决如上问题，通过 Kubernetes、软件定义网络（software defined network）、IaaS 建设持久性状态容器运行集群，同时研发相应的存储和网络插件实现容器数据持久化，以及实现扁平化的容器网络。基于 MySQL 运维支撑体系建设 MySQL 自服务平台，完善从基础设施到上层数据库全面的 MySQL 运维体系。

　　MySQL 容器化给工行的 MySQL 部署带来三个方面的价值。

　　（1）资源密度的提升。MySQL 容器化部署后，资源密度最大可提升三倍，节省数千台物理机,同样节省的还有 MySQL 所使用的网络交换机、光纤交换机等其他设备。

(2)运维效率的提升。基于 PaaS 平台实现设备、网络、存储、数据库等多个专业方向的自动化串联,大大减少环节之间衔接的沟通工作,最终通过 MySQL 自服务平台实现 MySQL 数据库实例的一键式创建;基于运维平台实现 MySQL 运维的可视化。监控、高可用、故障应急等 MySQL 专业运维工作都统一在运维平台下进行操作和自动化的实施。

(3)服务输出能力的提升。用户获取和使用 MySQL 服务的体验提升。MySQL 的最终用户可以通过自服务平台自助化创建立等可用的 MySQL 实例。用户可以在 MySQL 运行过程中自助查看 MySQL 的运行状态,并进行一定程度的分析。

(三)基于 Operator 的实践

随着云平台技术的发展,工行越来越多的应用均基于 Kubernetes 平台入 PaaS 云,实现容器化部署。容器化部署可以让应用享受一键搭建、一键伸缩、一键升级等红利,无状态应用的特性支持其在任意时刻进行部署、迁移、升级等操作,可以享受入 PaaS 云带来的快速上线、弹性扩容的红利。但是,与无状态应用对应的有状态的中间件应用,即为提供分布式体系中间件支撑能力的应用,如 ElasticSearch、Zookeeper、Redis 等,在云化方面主要存在三个问题。

(1)缺少通用入云框架支持。中间件应用入云在复杂编排部署、网络持久化和持久化存储方面存在诸多难点,需要通过框架层面解决。在编排部署方面较为复杂,不同类型节点启动和变更顺序有要求,且配置上存在依赖关系。如 Kafka 集群的代理服务器(broker)节点需要在 Zookeeper 集群后启动,且要配置 Zookeeper 集群的地址列表;网络方面需要做持久化:为实现内部稳定通信,Kubernetes 中最小的可部署单元 Pod 迁移或重启时,需要维持 Pod 访问地址不变;此外,还需要持久化存储,需要在 Pod 内实现持久化存储,Pod 迁移或重启等情况下存储内容不能丢失。

(2)缺少配套交付运维体系。需要基于通用 PaaS(GPaaS)服务入云框架,匹配个性化开发模式,配套交付、日志、监控等标准化体系。

(3)自服务能力不足。需要逐步具备应用自主配置、自助申请的企业级能力。

鉴于上述问题,通过搭建中间件云平台,基于 Operator 实现有状态应用各类节点依赖关系的编排,实现全生命周期的运维管理。通过建设 GPaaS 门户实现上下游链路整合,支持服务自助配置和申请。

中间件云平台为工行的中间件部署带来三个方面的价值。

(1)提供统一入云框架支撑。简化编排部署流程,将中间件应用种类多样的节点及节点之间的依赖关系封装起来构成一个整体,使得无须考虑多节点构成及关联关系便可实现中间件应用的建立部署;提供网络持久化和存储持久化,保障中间件容器化部署后有快速保障运维能力,在故障应急、滚动升级、横向扩缩等场景下,支持通过整个应用维度而非某种节点维度进行运维管理。

(2)标准化交付运维体系。基于 GPaaS 服务入云框架,匹配中间件应用的个性化开发模式,配套交付、日志、监控等标准化体系。

(3)提升自服务能力。具备应用自主配置、自助申请的企业级能力,使得最终用户可快速创建一个立等可用的中间件应用实例。

（四）服务网络（service mesh）实践

微服务架构是当今互联网和金融机构渐趋主流的系统架构模式，其核心是集成服务通信、服务治理功能的服务框架。服务网格作为一种新型的微服务架构，因架构灵活、普适性强，被认为具有较好发展前景。工行主动探索服务网格领域，从2019年开始服务网格技术预研工作，通过对服务网格技术进行深入研究和实践，于2021年建设了服务网格平台。服务网格与现有微服务架构融合发展，助力工行应用架构向分布式、服务化转型，承载未来开放平台核心银行系统。

工行从2015年开启了IT架构转型工程，截至2021年底分布式体系已覆盖240余个关键应用，已有约50万个分布式服务节点，日均服务调用量超110亿次，交易峰值逾10万TPS吞吐量，逐步实现了超越主机性能容量的集群处理能力。工行分布式服务平台在稳定支撑已有业务系统平稳运行的同时，也存在一些业界共性的挑战，如：存在非Java的异语言系统需要分别实现对应的基础框架，同时维护多套框架成本较大。多产品线下，各应用使用不同版本的基础框架，推动各应用升级框架周期较长，生产并行运行多版本的基础框架，兼容压力较大。

为解决当前痛点，工行积极引入服务网格技术，探索解耦业务系统与基础设施，完善服务治理能力。工行服务网格平台集成了原有分布式体系的注册中心、服务监控等基础设施，将原服务框架客户端中最基础的通信协议编解码能力以轻量级客户端的形式保留在业务系统中，其余服务框架客户端的能力均下沉至流量代理（sidecar）中，可与服务框架兼容发展，平滑过渡。目前工行已完成服务网格平台的建设，在与分布式服务平台融合发展过程中，打通了异构语言系统的服务治理与监控体系，解耦了业务与中间件系统，丰富了流量治理能力，主要价值包括四个方面。

（1）定制流量代理。分别针对异构系统与高频联机服务定制个性化sidecar，以满足异构系统的完全透明无侵入的接入能力，与保证性能的高频服务交易场景。

（2）监控运维能力。服务网格平台内置了完善的监控与报警能力，支持向第三方监控系统上报服务监控、链路监控等监控指标，具备根据单位时间内的业务请求异常率阈值的报警，而且能在触发限流、熔断、降级、故障自愈等服务治理功能时，同步触发对应的报警事件。

（3）服务治理能力。服务网格平台已具备细粒度的流量精准匹配能力，从流量身份标识角度识别特定标识的流量合集，并对这部分流量进行精准管控。平台现已支持（标签级/方法级/服务级/应用级）限流、熔断、降级、路由、流量镜像、链路加密、鉴权、故障演练、故障隔离等企业级的流量管控能力。

（4）安全管控能力。服务网格平台已支持安全认证能力，支持国密及多种主流算法构建加密通道，实现更加安全的数据传输，以零信任网络的安全态度，实现全链路可信、加密，并能识别调用方身份标识，根据身份标识设置访问控制策略（黑/白名单）。在有多接入方的业务场景中，可预防个别客户系统故障或者恶意攻击，对异常客户实施黑名单管控，拒绝非法访问，保护本系统的可用性。

（五）基于Serverless函数的计算实践

无服务器架构Serverless作为云原生架构的重要组成部分，是最有潜力的云计算技术发展方向。通过 Serverless 技术,开发者只需要关注业务逻辑而无须关注底层服务器等基础设置资源,从而提高开发者的研发效率和创新能力。

当前,工行已建立较为完备的云计算、分布式架构体系及容器云平台,分布式服务体建设成效显著,积累了大量可复用的业务服务资产。但同时也面临着挑战,例如,银行业务处理线上化和自助化的绝对数量和占比持续提升,大量业务需要改造。商业银行竞争加剧及互联网企业的跨界渗透,要求银行信息系统必须满足快速创新需要。

为解决当前痛点,基于 Serverless 高效弹性伸缩、免运维管理、快速上线等技术优势,工行从 2018 年开始自研 Serverless1.0 平台,提供无服务容器(Serverless container)能力,并在 2020 年建设完成 Serverless 2.0 函数计算平台,结合工行各分布式服务,适配工行金融技术架构和业务场景,提供函数管理、应用管理、事件管理、工作流管理、发布管理、日志监控等能力,覆盖函数的开发测试、运维监控全链路环节。目前,Serverless 函数计算平台已完成分布式批量任务场景、应用后端服务、AI 模型发布等多个业务场景落地试点。通过业务实践,总结函数计算主要价值,包括四个方面。

(1)弹性伸缩。当业务有比较明显的高峰和低谷,或者业务有临时的容量需求时,通过 Serverless 函数计算可高速且稳定地实现自动弹性扩容以应对峰值压力。

(2)降低成本。只有当请求发生时,应用程序实例才会被加载执行,空闲时应用程序实例会被停止和卸载,不会持续在线占用资源,实现按需使用,降低成本。同时,平台提供监控、日志、负载均衡等配置统一运维能力,可以降低应用运维成本。

(3)快速上线。应用只需要专注业务逻辑开发,极大提高开发者生产力,同时应用的功能被拆解为若干个细粒度无状态函数,开发效率提升,迭代周期变短,加快应用交付速度。

(4)推进创新。对于实验性的工作,如 AI 模型部署,无须提前准备底层基础设施,部署成本低,快速验证开发应用程序的有效性,有利于创新发展。

二、广发证券金融平台建设实践

广发证券成立于 1991 年,是中国首批综合类证券公司,先后于 2010 年和 2015 年在深圳证券交易所及香港联合交易所主板上市。公司被誉为资本市场上的"博士军团",在竞争激烈、复杂多变的行业环境中努力开拓,以卓越的经营业绩、持续完善的全面风险管理体系及优质的服务持续稳健发展,成立 30 年来始终是中国资本市场最具影响力的证券公司之一。

广发证券一直以来走自研路线,在 2014 年 Docker 等容器技术尚未盛行之时就开始投入容器化技术的研究,并于 2015 年开始大规模投入应用,行情、资讯、广发通、消息推送、自选股、统一认证、实时事件处理等核心业务都已生产容器化,是为数不多把容器化技术大规模用到"真金白银"的金融业务中的案例。随着技术的不断发展,广发证券架构也需要不断升级和创新,主要升级方向包括:把 Docker、容器编排管理的技术深度整合到交易系统中,让其获得自伸缩、自监控、自修复的自动化能力。实现包管理器 Helm 和软件扩展 Operator 主流的云原生服务管理标准,构建云原生服务生态。大规模服务实例管理,完成服务流量治理和流量监控,加速推进全面安全可控。

目前广发证券逐步对公司网站、员工服务平台等内部管理系统基于云原生架构进行升级改造。在此基础上创建和管理多样化的容器工作负载，并具备容器故障自愈、监控日志采集、自动弹性扩容等高效运维能力，从而完善应用生命周期管理能力和自动扩缩容机制，提升运维效率；通过 CI/CD 流水线，快速在研发/测试/生产环境间分发、部署、上线，提升部署效率。同时采用云原生服务中心（operator service center，OSC），完成对中间件的统一部署和监控以及生命周期管理，完善系统生态。云原生 2.0 技术还提供开箱即用的应用服务网格流量治理能力，客户无须修改代码就实现了灰度发布、流量治理和流量监控能力，进一步简化微服务的管理，提升应用的可靠性和可监控性。同时，广发证券借助云原生的异构能力，构建鲲鹏、海光等多异构底层能力，满足应用从 x86 到 ARM 无缝切换，实现全栈安全可控。

三、证券交易所数字化转型实践

深圳证券交易所成立于 1990 年，是经国务院批准设立的全国性证券交易场所。深交所在证券市场中履行市场组织、市场监管、市场服务等职责。经过多年的建设，目前深交所建成近 300 个系统，覆盖核心交易系统、业务管理系统、市场实时监察、信息服务系统等主要领域。经过多年发展，深交所技术架构也在持续的创新和转型，转型的动力主要来自三大驱动：一是市场在产品与制度创新、产品快速迭代等方面给技术带来了需求和压力；二是行业监管和系统安全的需求也要求系统技术架构向更稳定、更可靠、更安全方向进行转型；三是以云计算、大数据、人工智能为代表的新技术发展也要求技术架构不断更新。

第一个转变是深交所首先构建了基于容器的高效云原生基础设施，为应用提供可定制的模块化资源，同时以 API 形式开放基础设施的各项能力，通过一个统一的平台来满足不同应用在性能、成本、可靠性等关键指标方面的差异化需求，提升了基础设施的自动化运维程度以及资源使用率。深交所云原生基础资源设施主要基于高性能云容器引擎构建，与原生 Kubernetes 相比，资源损耗更小，调度效率史高；在容器网络方面，深交所采用三层网络边界网关协议（border gateway protocol，BGP）路由方案，以满足安全隔离要求，同时集成 SDN 设备，构建保障性更高、性能更好的网络资源平台；在存储方面，容器存储支持块存储、对象存储、文件存储等不同类型，通过基础设施平台统一构建融合存储平台，满足应用的需求。该设计大幅提升了基础设施的性能和利用率，降低成本，提升了用户的体验。

第二个转变是建立统一的计算、存储资源池，通过容器引擎统一管理，可进行更细粒度资源配额调配，比如，可实现中央处理器、内存、图形处理器（graphics processing unit，GPU）等计算资源的动态调配，资源利用率和分配效率得到显著提高，并实现了算力的灵活调度和弹性扩容。

云原生带来的第三个转变是以应用为中心再升级应用架构，本质是云原生基础设施带来了应用架构的模式转变。传统模式是以基础设施为主体，根据基础设施容量分配额定资源去部署有限应用运行，而现在是以应用为中心定义基础设施，根据应用需求分配基础设施资源，如计算资源、网络资源、存储资源等。同时应用架构升级成更为轻量无状态的微服务，这样不仅可保证应用弹性伸缩能力及快速部署、快速迭代，结合微服务的全方位治理能力,还实现了灰度发布、多版本并行、链路跟踪、限流熔断、自动化测试等能力。

深交所各类应用已陆续基于上述云原生架构进行升级改造。以新办公自动化系统为例,最初以烟囱模式开发,各个子系统之间关联性较低,后来进行了服务化改造,将业务逻辑以服务方式提供,形成一定规模的复用。此后又升级成为微服务架构,并运行在云原生基础设施上,可以实现办公自动化系统的高效部署和弹性伸缩,并具备灰度发布、熔断限流、链路监控等能力,从而提升了办公自动化系统的交付效率。

本 章 小 结

［专栏4-3］
云计算相关
政策法规

本章主要介绍云计算的定义、特点、发展过程、未来趋势以及基本架构与技术。云计算作为一种基于互联网的计算方式,通过共享池的形式为用户提供按需的计算资源,具有按需自助服务、广泛的网络接入、资源池化、快速弹性伸缩和服务度量五大特征。从 20 世纪 60 年代的分布式计算概念发展至今,云计算已经成为金融领域技术创新的重要推动力。

云计算的发展不仅降低了金融机构的运营成本,提高了数据处理能力,还增强了系统的安全性和可靠性。未来,多云混合云、人工智能、机器学习、安全隐私保护以及边缘计算将成为云计算的主流趋势,推动金融行业的数字化转型。在技术架构方面,云计算平台由物理层、虚拟化层、平台层、应用层、服务管理层和用户接口层构成,每一层都承担着关键的角色和功能。

此外,云计算的部署类型包括公有云、私有云和混合云,为金融机构提供了灵活的资源管理和数据保护方案。本章强调了云计算在金融领域的应用优势,如成本效益、效率提升、安全性增强和数据分析能力,同时也指出了技术风险和操作风险等挑战。通过对中国工商银行、广发证券等金融机构的云原生实践案例分析,本章也展示了云计算技术在金融行业的实际应用和价值。

基 本 概 念

云计算　云服务模式　公有云　私有云　混合云　云平台体系结构

思考与练习

1. 云计算技术如何改变金融服务的提供方式?

2. 云计算技术如何帮助企业降低成本、提高效率?

3. 金融机构如何选择合适的云计算服务提供商,如何平衡效率提升与数据安全风险,如何制定云安全策略?

4. 金融机构在迁移至云计算时面临的主要挑战有什么?

参 考 文 献

1. ERL T，Mahmood Z，Puttini R. 云计算：概念、技术与架构［M］. 龚奕利，等译. 北京：机械工业出版社，2014.
2. 陈康，郑纬民. 云计算：系统实例与研究现状［J］. 软件学报，2009,20(5)：1337-1348.
3. 陈全，邓倩妮. 云计算及其关键技术［J］. 计算机应用，2009,29(9)：2562-2567.
4. 管同伟. 金融科技概论［M］. 北京：中国金融出版社，2019.
5. 胡浩青. 云算力在金融领域的创新应用［J］. 中国金融，2024(14)：52-54.
6. 黄哲."东数西算"两周年：合力推进"算"出数字经济新时代［N］. 中国计算机报，2024-03-18(16).
7. 李俊峰. 企业私有云平台的研究与建设［C］//中国智慧工程研究会. 2024 社会发展与科技创新交流会论文集. 2024：395-397.
8. 林康平，王磊. 云计算技术［M］. 北京：人民邮电出版社，2017.
9. 罗军舟，金嘉晖，宋爱波，等. 云计算：体系架构与关键技术［J］. 通信学报，2011,32(7)：3-21.
10. 孙东旭，张楠，武坚. 机载云计算平台的服务可靠性研究［J］. 航空计算技术，2022,52(3)：97-99.
11. 熊禄. 云计算平台的性能评测模型及其方法研究［D］. 上海：华东理工大学，2013.
12. DEAN J，GHEMAWAT S. MapReduce：Simplified data processing on large clusters［J］. Communications of the ACM，2008，51(1)：107-113.
13. ERL T，MAHMOOD Z，PUTTINI R. Cloud computing，concept，technology，and architecture［J］. ACM SIGSOFT Software Engineering Notes，2014，39(4)：37-38.
14. HALDANE A. Managing global finance as a system［R］. London：Bank of England，2014.
15. MELL P，GRANCE T. The NIST definition of cloud computing［M］. Gaithersburg：National Institute of Standards and Technology，2011.
16. POPEK G J，GOLDBERG R P. Formal requirements for virtualizable third-generation architectures［J］. Communications of the ACM，1974，17(7)：412-421.
17. SCHMIDT E. Conversation with Eric Schmidt hosted by Danny Sullivan［C］//Search Engine Strategies Conference. Chichago，2006.
18. STRACHEY C S. Time sharing in large，fast computers［J］. IFIP Congress，1959：336-341.

第五章

人工智能技术及应用

学习要求

1. 了解人工智能的发展历程、核心能力和基本类型。
2. 了解知识的表示和推理。
3. 了解三种机器学习模式和重要的机器学习算法。
4. 了解深度学习的概念和基本模式。
5. 了解GPT等生成式人工智能的应用和发展前景。

本章导读

  人工智能(AI)是计算机科学的重要领域，致力于模拟和实现人类智能。它的研究涵盖机器学习、自然语言处理、计算机视觉、机器人等多个方向。随着技术的快速进步，人工智能已经渗透到各行各业，从智能助手到自动驾驶，极大地改变了人类与世界的互动方式。本章通过对人工智能生态系统和前沿技术的全面解析，旨在帮助读者深刻理解人工智能，并从学术角度提供应用视角，以应对未来研究和实践中人工智能带来的机遇与挑战。本章分为四节。第一节为人工智能引论，介绍了人工智能的基本概念、发展历程、核心能力及基本类型。人工智能的概念起源于20世纪50年代，随着计算能力的提升，人工智能经历了多个发展阶段，从符号处理到规则系统，再到由深度学习和大数据推动的突破。如今，人工智能已经被广泛应用于医疗、金融、交通、娱乐等领域，极大地提升了效率和精准度。第二节为人工智能技术，介绍了知识表示、推理、机器学习、深度学习、预训练语言模型和增量学习。机器学习包括有监督学习、无监督学习和强化学习，我们在此部分介绍线性模型、决策树、支持向量机、贝叶斯分类器、集成学习等基础技术，并为读者提供清晰的人工智能底层框架。此外，进一步探讨深度学习技术，涵盖人工神经网络、循环神经网络、卷积神经网络等内容。最后，针对人工智能前沿技术预训练语言模型与增量学习展开介绍，特别对生成式预训练转换器(generative pre-trained transformer, GPT)的最新发展进行了详细讨论，提供前沿视角，并帮助读者把握人工智能技术的最新动态。第三节为人工智能在金融中的应用。第四节结合智能投研进行案例分析，重点探讨了人工智能在投资领域的应用。通过分析大量的市场数据、公司财报、新闻资讯等信息，人工智能可以辅助投资决策、优化投资组合和风险管理。

第一节　人工智能引论

一、人工智能的基本概念及发展历程

（一）人工智能的基本概念

人工智能是一门计算机科学分支，旨在通过计算机和相关技术来模拟、延伸和扩展人类智能。其目标是开发能够表现出人类智能特征（如学习、推理、思考、规划等）的系统。人工智能技术包括机器学习、自然语言处理、深度学习等，这些技术使机器能够感知、理解、行动和学习。

（二）人工智能的发展历程

人工智能的发展经历了从起源、早期发展、瓶颈、复苏到快速发展的过程。随着技术的不断进步和应用场景的不断拓展，人工智能将在未来发挥更加重要的作用。

1. 起源阶段（20世纪40—50年代）

1943年，心理学家沃伦·麦卡洛克（Warren McCulloch）和数学家沃尔特·皮茨（Walter Pitts）提出了第一个神经元模型，这是神经网络的基础。1950年，"计算机之父"艾伦·图灵（Alan Turing）提出了"图灵测试"，这是一个用于判断机器是否具有智能的著名思想实验。同年，计算机科学家约翰·麦卡锡（John McCarthy）提出了"人工智能"这个词，并组织了首个人工智能会议。

2. 早期发展（20世纪50—60年代）

1951年，马文·明斯基（Marvin Minsky）与他的同学建造了世界上第一台神经网络计算机，这被看作人工智能的一个起点。1956年，在达特茅斯学院举行的一次会议上，不同领域的科学家正式确立了人工智能为研究学科。同年，麦卡锡与明斯基共同创建了世界上第一座人工智能实验室——麻省理工学院人工智能实验室（MIT AI LAB）。这个时期的人工智能研究主要集中于推理和专家系统，代表性应用包括 DENDRAL 系统（用于化学分析）和 MYCIN 系统（用于诊断感染病）。

3. 瓶颈阶段（20世纪70年代）

由于技术和计算机性能的限制，以及人们对人工智能期望过高，许多项目失败，人工智能进入了所谓的"AI寒冬"阶段。

4. 复苏与第二发展期（20世纪80—90年代）

随着计算机技术的快速发展和新的研究方法的出现，人工智能开始复苏，并在多个领域取得显著进展。这个时期的研究开始涉及机器学习、自然语言处理、计算机视觉等领域，同时人工智能也开始被逐步应用于商业领域。

5. 快速发展与广泛应用（2000年至今）

人工智能实现最大的飞跃是在大规模并行处理器出现时，特别是GPU，它是具有数千个内核的大规模并行处理单元，而不是CPU中的几十个并行处理单元。这大大加快了现有的人工智能算法的速度。

1986年，反向传播（back propagation，BP）网络实现，神经网络得到广泛认知，基于人工神经网络的算法研究大步推进，计算机硬件能力快速提升，互联网、分布式网络降低了人工智能的计算成本。2006年，深度学习被提出，人工智能获得新的突破；2010年，移动互联网开始普及，人工智能应用场景增多；2012年，深度学习算法在语音和视觉识别上实现突破；2015—2016年，融资规模开始快速增长，人工智能商业化高速发展，人工智能产品更加成熟，围棋人机大战、无人驾驶汽车上路等标志性事件进一步激发了人工智能的创新，扩大了市场应用空间。

随着深度学习技术的突破和计算能力的提升，人工智能迎来了快速发展的黄金时期。人工智能在多个领域取得了广泛应用，包括自动驾驶、医疗诊断、金融交易、智慧交通、智能家居等（见图5.1）。同时，人工智能也开始逐渐渗透到人们的日常生活中，成为人们生活的重要组成部分。

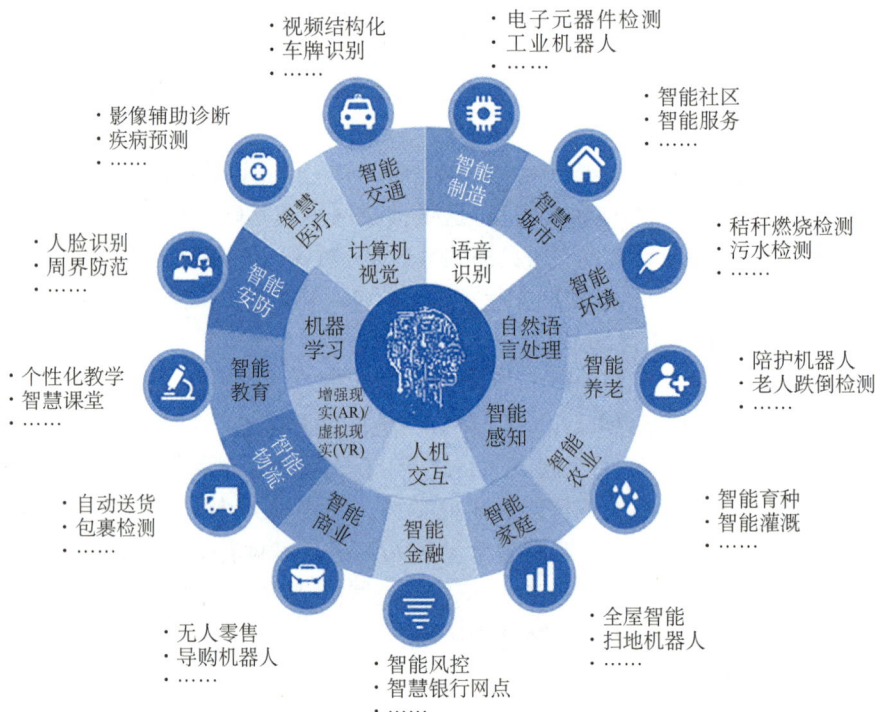

图5.1 人工智能的广泛应用

二、人工智能的核心作用及其类型

［专栏5-1］相关术语解释

人工智能的核心作用在于模拟、延伸和扩展人类智能，使机器能够像人类一样思考、学习和解决问题。人工智能通过算法和数据构建系统，这些系统可以进行语言理解、问题解决、认知和决策等类似人类智能的行为。其核心技术包括机器学习、深度学习、自然语言处理、计算机视觉等，这些技术使人工智能系统能够从大量数据中学习并改进。

人工智能的核心要素包括算法、算力和数据，这些要素的深度融合促进了人工智能产业的发展。通过这些技术的不断创新和应用，人工智能正在推动社会和经济的转型，并解决许多实际问题,如自动驾驶汽车、医疗诊断、智能家居等。

按照实力强弱,人工智能可以分成三大类。

(1)弱人工智能(artificial narrow intelligence,ANI)。弱人工智能指擅长单个方面的人工智能。比如,战胜李世石、柯洁的人工智能阿尔法围棋(AlphaGo)只会下国际象棋或围棋,若要问它怎样更好地在硬盘上存储数据,它就不知道怎么回答了。

(2)强人工智能(artificial general intelligence,AGI)。强人工智能指人类认知和感知级别的人工智能。强人工智能是指在各方面都能和人类比肩的人工智能,人类能干的脑力活它都能干。创造强人工智能比创造弱人工智能难得多,人类现在还做不到。美国教育心理学家琳达·戈特弗雷德森(Linda Gottfredson)教授把智能定义为"一种宽泛的心理能力,能够进行思考、计划、解决问题、抽象思维、理解复杂理念、快速学习和从经验中学习等操作"。强人工智能在进行这些操作时应该和人类一样得心应手。

(3)超人工智能(artificial super intelligence,ASI)。牛津哲学家、知名人工智能思想家尼克·博斯特罗姆(Nick Bostrom)对超级智能的定位是"在几乎所有领域都比最聪明的人类大脑聪明很多,包括科学创新、通识和社交技能"。超人工智能可以是各方面都比人类强一点,也可以是各方面都比人类强万亿倍。现在人类已经掌握了弱人工智能。其实弱人工智能无处不在,人工智能革命是从弱人工智能,通过强人工智能,最终到达超人工智能的旅途。这段旅途中人类可能会生存下来,可能不会,但是无论如何,世界将变得完全不一样。

第二节 人工智能技术

[专栏5-2]
IBM公司的
深蓝和沃森

一、知识表示和推理

知识表示是人工智能领域中的核心环节,它涉及对人类知识以计算机可理解和处理的形式进行编码,从而使得机器能够进行逻辑推理、决策制定和问题解决。这一过程对于构建智能系统至关重要,因为它允许机器不仅存储数据,还能从中提取意义、学习模式,并据此做出智能响应。简而言之,知识表示是实现机器认知和智能行为的基石。

(一)知识表示方法
1. 谓词逻辑表示法

谓词逻辑是一种用于精确表达人类思维的形式化语言,通过谓词 $P(x_1, x_2, ..., x_n)$ 来描述个体间的关系,其中 P 是谓词,$x_1, x_2, ..., x_n$ 是代表常量、变量或函数的个体。它适用于表示状态、属性、概念等事实性知识,也可以用来表达因果关系。在自动定理证明和人工智能逻辑推理中,谓词逻辑提供了精确严格的表示方法。例如,"A 和 B 是朋友"可以表示为 Friend(A,B),"A 是学生"可以表示为 student(A),"学生 A 和学生 B 是朋友"则可以表示为 Friend[student(A),student(B)]。

然而,一阶谓词逻辑在知识表示上存在局限,在处理不确定性和启发性知识时尤其如此。此外,随着事实数量的增加,推理过程可能因组合爆炸而变得复杂和耗时,这降低了推理的效率。

2. 产生式表示法

美国数学家埃米尔·波斯特在 1943 年首次提出"产生式"这一术语。因其自然、灵活、清晰、模块化和通用的特性,产生式已成为人工智能中广泛使用的知识表示方法。它被用于表示事实、规则及其不确定性度量,基本形式为"如果 P,则 Q"(IF P THEN Q),其中 P 是前提,Q 是结论或动作。例如,"若动物能飞且能下蛋,则该动物是鸟"可表示为"如果动物能飞且能下蛋,则动物是鸟"。

然而,产生式表示法的局限在于难以表达结构复杂的知识。其求解过程需要不断匹配规则、解决冲突和执行操作,可能导致效率低下。在处理复杂问题时,可能面临组合爆炸,即潜在的解决方案数量激增,使求解变得极其复杂和耗时。

3. 框架表示法

框架理论最初由明斯基在 1975 年提出,旨在构建描述对象属性的数据结构。框架作为这一表示法的核心,是知识的基石,通过属性相互关联构成框架网络,有效表示对象间的复杂关系。框架表示法因其在表达结构化知识方面的优势和继承特性而受到青睐,这有助于减少知识表示的冗余并保持一致性。

框架本身是一种数据结构,通过定义"典型情况"来组织知识子结构。它们由插槽(即属性)和相应的值构成,使得人工智能系统能够识别并模式化知识。

例如,一个简单描述学生基本情况的框架表示法如下:

框架名:〈学生〉

姓名:单位(姓,名)

年龄:单位(岁)

性别:范围(男,女)

　　缺省条件:男

健康状况:范围(健康,一般,差)

　　缺省条件:一般

4. 语义网络表示法

语义网络由罗斯·奎里安(Ross Quillian)在 20 世纪 60 年代提出,是用于知识表示的方法。它采用节点和边来组织知识,节点代表概念或对象,边则代表它们之间的关系。这种网络结构旨在模拟人脑中的知识结构,帮助计算机更有效地理解和处理语言及知识。语义网络是有向图,通过概念及其语义联系来表示知识,其中,节点代表名称、概念、属性、状态、事件或动作等,边则表示有方向、有标注的语义关系。例如,"猫是动物的一种"的语义网络会包括"猫"和"动物"两个节点,以及它们之间的"属于"(is-a)关系。

5. 知识图谱表示法

知识图谱是将实体、关系和属性以图形化结构呈现的结构化知识表示方式,被广泛应用于实体识别、关系抽取、知识推理等领域。作为结构化的语义知识库,知识图谱利用图形化手段对实体间的关系进行编码,便于机器理解。其主要优势在于能够捕获复杂的实体关系并提供丰富的语义信息,支持复杂查询和推理,从而挖掘深层次信息。知识图谱的可扩展性也很强,便于添加新的实体和关系。它在搜索引擎、推荐系统、智能问答等多个领域都显示出巨大的应用价值。

然而,知识图谱也面临一些挑战。其建设和维护成本高昂,在数据稀疏或快速变化的场景下尤其如此。实体识别和消歧过程复杂,需要精确区分同名实体。此外,知识图谱的推理能力受限于其结构和规则,对于超出预定义结构的复杂推理任务可能存在局限。随着知识图谱规模的扩大,性能优化和查询效率的提升也成为技术挑战。

(二) 推理类型与过程

知识推理的类型主要包括以下 10 种。

(1) 演绎推理(deductive reasoning)。这是一种从一般到特殊的推理过程,通过已知的一般性前提推导出特定情况下的结论。在知识图谱中,演绎推理通常基于规则和事实,通过匹配规则来推导出新的结论。

(2) 归纳推理(inductive reasoning)。与演绎推理相反,归纳推理是从特殊到一般的推理过程,通过观察特定案例来推广出一般性的规律或原则。这种推理在机器学习和数据挖掘领域尤为重要。

(3) 类比推理(analogical reasoning)。通过比较不同事物的相似性进行推理。它在处理新颖问题时尤其有效,可以通过已知情况来推测未知情况。

(4) 基于规则的推理(rule-based reasoning)。通过定义或学习知识中存在的规则进行挖掘与推理,从大规模知识图谱中学习置信度较高的规则,并且应用于推理任务。

(5) 基于图结构的推理(graph-based reasoning)。利用知识图谱的图结构进行推理,通过图谱中已有的事实或关系推断出未知的事实或关系。

(6) 基于分布式表示学习的推理(distributed representation learning-based reasoning)。使用机器学习技术(如神经网络)来学习实体和关系的分布式表示,进而进行推理。

(7) 基于神经网络的推理(neural network-based reasoning)。使用神经网络模型模拟复杂的推理过程,在处理大规模和复杂的知识图谱时尤其有效。

(8) 混合推理(hybrid reasoning)。结合多种推理方法,如规则推理和神经网络推理,提高推理的准确性和效率。

(9) 溯因推理(abductive reasoning)。在给定一个或多个已有观察事实的情况下,根据已有的知识推断出对已有观察最简单且最有可能的解释的过程。

(10) 默认推理(default reasoning)。在知识不完全的情况下,通过假设某些条件已经具备而进行推理。

二、机器学习

(一) 机器学习概述

1. 机器学习的概念

机器学习作为人工智能的关键分支,旨在通过经验学习赋予机器学习能力,提升其智能行为。在人工智能的演进历程中,机器学习发挥了核心作用,使计算机能从数据中发现模式并用于预测和决策,无须对每种情境编写具体指令。

进入 21 世纪以来,机器学习受到极大关注,迅速发展为一个独立的学科。这一时期,众多机器学习技术涌现,加速了人工智能技术的发展。机器学习的进步得益于多方面因素:互联网和大数据的兴起提供了海量数据资源;计算能力的提升,特别是 GPU 的普及,使得训练复杂模型成为可能;深度学习等先进算法的提出和优化大幅提升了模型性能。在图像识别、语音识别、自然语言处理等领域,机器学习取得了革命性进展。例如,深度卷积神经网络(convolutional neural network,CNN)在图像识别上的准确率接近甚至超过人类,循环神经网络(recurrent neural network,RNN)和长短期记忆(long short-term memory,LSTM)网络在处理序列数据方面表现出色。

然而,机器学习技术的快速发展也带来了挑战,包括模型的可解释性、隐私保护、算法偏见等问题。解决这些问题需要跨学科合作和创新,确保机器学习技术的健康发展和广泛应用。

[专栏 5-3]
阿瑟·塞缪尔(Arthur Samuel)

2. 机器学习的基本流程

机器学习的基本流程是一个迭代过程,包括收集数据、预处理数据、选择模型、训练模型、评估模型和部署模型。模型性能会随着数据量的增加和算法的优化而逐步提高。

首先,数据收集是机器学习的基础,需要从多个渠道获取相关数据。大量高质量的标注数据对于训练高效能模型至关重要。其次,数据预处理是确保数据质量的关键步骤,涉及数据清洗、处理缺失值、进行特征工程等,以提高数据的适用性。再次,根据问题的类型和数据特征选择合适的机器学习算法。随着机器学习技术的发展,出现了多种算法,如支持向量机(support vector machines,SVM)、随机森林(random forest)、神经网络等。训练模型阶段使用经过预处理的数据来训练选定的算法,目的是调整参数,使模型在给定数据上达到最佳性能。评估模型阶段则是通过将数据分为训练集和测试集,使用训练集训练模型,并用测试集评估模型的泛化能力。最后,在应用模型阶段,将训练好的模型应用于实际场景,解决实际问题。

3. 机器学习的模式

机器学习主要分为三种模式:监督学习、无监督学习和强化学习。每种模式都具有独特的属性和适用情况,它们共同促进人工智能的进步,使计算机能够通过数据学习并优化其性能。随着技术的不断发展,这些学习模式也在不断进化,应对更复杂的任务和挑战。

(二) 有监督学习

1. 定义与特点

有监督学习(supervised learning)是机器学习和人工智能的一个重要分支,使用带标签的数据集来训练模型,使其能够有效地分类数据或预测输出。该方法的核心是反复调整输入数据的权重,直到模型能够准确地拟合训练数据的规律性特征,一般使用交叉验证帮助评估模型的泛化能力。

在监督学习中,模型会从带有标签的训练样本中学习映射关系,其中每个训练样本都包含特定的输入特征和相应的输出标签。这种学习模式通常被应用于分类和回归任务。分类任务旨在预测离散的类别标签,如通过分析社交媒体内容识别情感或预测客户的购买意图;回归任务则关注数值预测,如预测某地的房产租金或工业生产指数。

常见的监督学习算法包括线性回归、逻辑回归、决策树、支持向量机、神经网络等。监督学习被广泛应用于医疗诊断(如通过病理数据预测疾病)、风险管理(如信用评分)、自然语言处理(如情感分析)以及个性化推荐等多个领域,推动了众多行业的技术进步。

2. 分类和回归任务

在监督学习中,分类和回归任务是两类核心问题。

分类任务的目标是对数据进行离散型预测,即将样本分配到预先定义的类别中。例如,情感分析就是一个典型的分类问题,模型可以根据用户的评论内容预测情感类别为"正面"或"负面"。常用的分类算法包括逻辑回归、支持向量机、决策树、K最近邻(K-nearest neighbour,KNN)、朴素贝叶斯等,这些算法擅长处理离散标签的预测任务。

回归任务则关注连续数值的预测,如预测某区域的年均降水量或未来一个季度的能源消耗水平。回归问题的解决通常依赖线性回归、岭回归、拉索(Lasso)回归、决策树回归、随机森林等算法。这些算法可以处理连续性数据,从而在许多实际场景(如经济预测、环境监测和资源管理)中提供有效的支持。

3. 常见的机器学习算法

(1)线性模型。线性模型是机器学习中一种基础且被广泛使用的算法,它们假设输入特征和输出结果之间存在线性关系。这类模型以其易于理解、实现简单、计算效率高而闻名,适用于大规模数据集的分析。线性模型能够快速处理大量数据,并且在数据呈线性关系时表现优异,是许多机器学习任务中的重要选择。

① 性回归(linear regression)。线性回归是一种用于预测连续数值输出的监督学习算法。它假设输入特征和输出结果之间存在线性关系,然后最小化误差平方和来找到最佳拟合直线。线性回归模型的表达式为

$$y = \beta_0 + \beta_1 x_1 + \beta_2 x_2 + \beta_3 x_3 + \cdots + \beta_n x_n + \varepsilon \tag{5.1}$$

其中,y 是预测输出,$(x_1, x_2, x_3, \cdots, x_n)$ 是输入特征,$(\beta_0, \beta_1, \beta_2, \cdots, \beta_n)$ 是模型的参数。

线性回归的一个重要特征是参数估计方法——最小二乘法。最小二乘法最小化所有数据点到预测直线的垂直距离之和,以此寻找最佳的拟合。在线性回归中,通常使用均方误差作为损失函数来度量预测误差:

$$MSE = \frac{1}{N} \sum_{i=1}^{N} (y_i - \widehat{y_i})^2 \tag{5.2}$$

其中,y_i 是真实值,$\widehat{y_i}$ 是预测值,N 是样本数量。通过最小化均方误差,线性回归能够找到适合数据的参数,从而实现准确的连续值预测。

② 逻辑回归。逻辑回归(logistic regression)虽然名字中带"回归",但实际上是一种用于分类的算法,主要解决二分类问题。逻辑回归通过将线性模型的输出映射到概率空间,从而预测样本属于特定类别的概率。其核心在于使用 S 型(Sigmoid)函数将线性输出压缩到 0~1,逻辑回归的预测函数为

$$P(Y = 1 \mid X) = \frac{1}{1 + e^{-(\beta_0 + \beta_1 x_1 + \cdots + \beta_n x_n)}} \tag{5.3}$$

其中,$P(Y=1|X)$ 表示给定输入特征 X 时,样本属于类别 1 的概率。

逻辑回归使用交叉熵损失(cross-entropy loss)作为损失函数来衡量模型预测概率与

真实类别之间的差异。交叉熵损失函数的表达式为

$$L = -\frac{1}{N}\sum_{i=1}^{N}\left[y_i\log(\hat{y_i}) + (1-y_i)\log(1-\hat{y_i})\right] \tag{5.4}$$

采用梯度下降等优化算法,可以调整模型参数,最小化损失函数,以提升分类的准确性。逻辑回归在实际应用中表现出诸多优势,如模型简单、实现方便、可以输出类别概率等。然而,它也有一定的局限性,如无法有效处理非线性问题,并且容易受异常值的影响。此外,数据特征间高度相关性可能导致逻辑回归的性能下降。

在各类应用场景中,线性回归和逻辑回归都有着广泛的用途。线性回归常用于房价预测、股票走势预测等连续值预测任务,而逻辑回归在邮件分类、疾病预测等分类任务中表现良好。这些线性模型为机器学习中的复杂模型奠定了基础,是理解深度学习和非线性模型的重要起点。

(2) 决策树。决策树通过特征选择、树的生成和剪枝来实现分类和回归,其核心在于选择最优特征和防止过拟合。以下是主要的构建和剪枝过程。

决策树在每个节点选择一个特征进行分裂,常用评估指标包括信息增益和基尼不纯度。

① 信息增益。基于熵(entropy)的概念,信息增益衡量分裂后的无序程度减少量。信息增益的计算公式为

$$IG = H(父节点) - \sum_i \frac{N_i}{N}H(子节点_i) \tag{5.5}$$

其中,H 表示熵,N 表示样本总数,N_i 表示子节点 i 中的样本数。信息增益越大,表明分裂后的结果越能区分不同类别。

② 基尼不纯度。基尼指数(Gini impurity)度量一个节点内样本点属于不同类别的不确定性,其公式为

$$Gini = 1 - \sum_i p_i^2 \tag{5.6}$$

其中,p_i 是样本属于类别 i 的概率。基尼不纯度越小,节点内的样本越一致。

决策树的生成过程是通过递归地选择最优特征并在其不同值上分裂数据,构建出层次结构,直到满足以下停止条件之一:达到最大树深度,所有数据样本属于同一类别,子集中或样本数低于设定的阈值。为防止决策树过拟合,用剪枝提高其泛化能力,常用方法包括预剪枝和后剪枝。

① 预剪枝。在决策树完全生成之前,基于条件判断是否停止分裂。例如,当某节点的分裂带来的信息增益低于某阈值或样本数少于某值时,不再继续分裂。

② 后剪枝。决策树完全生长后,移除一些冗余的分支。如果一个子节点的分类结果与其父节点一致,可以删除该子节点,以简化树结构。

剪枝的目的是减少过于复杂的分支,从而提升决策树的泛化性能。在实践中通过交叉验证选择最佳的剪枝策略和剪枝强度,使决策树在新数据上的预测更加准确。

(3) 支持向量机。支持向量机是一种被广泛应用的分类模型,其核心在于在特征空

间中找到一个最优超平面来区分不同类别的数据点。支持向量机最初是为线性可分情况下的分类问题设计的,目的是寻找一个能够最大化类间间隔的超平面,从而达到良好的分类效果。支持向量机的一个关键概念是间隔最大化,它选择一个能够使正负样本间距离最大的超平面,从而提升模型的泛化能力。

在理想的线性可分情况下,支持向量机可以找到一个超平面,让所有数据点被正确分类,并且使该超平面到最近样本点(支持向量)的距离最大化。这种情况称为"硬间隔",假设数据是完全线性可分的。

对于非线性可分的数据集,支持向量机允许部分数据点违反分类规则,即部分点可能被错误分类,这种情况被称为软间隔。为此,引入松弛变量,使模型在最大化间隔和最小化分类误差之间取得平衡。软间隔的优化问题可表示为

$$\min \frac{1}{2}\|w\|^2 + C\sum_{i=1}^{n}\xi_i \tag{5.7}$$

其中,w 表示超平面法向量,ξ_i 是松弛变量,C 是惩罚参数,用于控制间隔大小与分类误差之间的权衡。

支持向量机在处理非线性问题时引入了核函数,允许在高维空间中寻找最优超平面,而不需要显式映射数据到高维空间。常用的核函数包括三种。

① 线性核。适用于线性可分的数据集,通过计算数据点的内积进行线性分类,公式为

$$K(x_i, x_j) = x_i \cdot x_j \tag{5.8}$$

② 多项式核。将数据映射到更高维空间,适用于简单的非线性关系。其表达式为

$$K(x_i, x_j) = (x_i \cdot x_j + 1)^d \tag{5.9}$$

其中,d 是多项式的阶数。

③ 径向基函数(radial basis function,RBF)核。适合处理复杂的非线性数据,计算数据点之间的欧氏距离,公式为。

$$K(x_i, x_j) = \exp(-\gamma\|x_i - x_j\|^2) \tag{5.10}$$

其中,γ 控制映射复杂度。

核函数的选择会显著影响支持向量机的性能。例如,在含有较多噪声的数据集中,RBF 核能够更好地捕捉数据的非线性关系,但通常需要选择合适的参数。核函数和参数的选择往往需要大量实验和调优,才能找到对特定数据集最优的配置。

统计数据显示,支持向量机在加州大学欧文分校(University of California, Irvine,UCI)机器学习库中的多个数据集上平均准确率超过 95%,显示了其优异的分类性能。同时,支持向量机能够处理非线性问题,是应对复杂数据集的一种强大工具。

(4) 贝叶斯分类器。贝叶斯分类器是一类基于贝叶斯定理的分类算法,其核心思想是通过类别的先验概率推测新数据点的类别。此类算法在处理大量数据时表现出色,尤其适用于文本分类、垃圾邮件过滤等应用领域。

朴素贝叶斯(naive Bayes)分类器是基于贝叶斯定理的简单概率模型,以假设各特征

之间条件独立为基础。这一"朴素"假设虽在现实中不总是成立,但朴素贝叶斯分类器在许多实际场景中依然具有较强的表现力,而且其实现较为简便,因为不需要复杂的特征工程或数据预处理。

贝叶斯定理是朴素贝叶斯分类器的基础,用于计算给定特征下某类别的后验概率,公式为

$$P(C \mid X) = \frac{P(X \mid C) \cdot P(C)}{P(X)} \tag{5.11}$$

其中,$P(C|X)$ 是在已知特征 X 的情况下,数据属于类别 C 的后验概率;$P(X|C)$ 是类别 C 下特征 X 出现的概率;$P(C)$ 是类别 C 的先验概率;$P(X)$ 是特征 X 的总体概率。

在朴素贝叶斯分类器中,假设特征之间条件独立,则对于给定类别 C 和特征集 $X = (x_1, x_2, \cdots, x_n)$,可以表示为

$$P(C \mid X) = \frac{P(C) \prod_{i=1}^{n} P(x_i \mid C)}{P(X)} \tag{5.12}$$

由于 $P(x)$ 对于所有类别都是相同的,我们可以简化分类规则为

$$\text{argmax}_k P(C_k \mid x) \propto \text{argmax}_k [P(x \mid C_k) P(C_k)] \tag{5.13}$$

这意味着我们只需要比较 $P(x|C_k)P(C_k)$ 的值就可以决定分类。由于朴素贝叶斯算法基于概率计算,且假设特征条件独立,它对小规模数据的泛化能力较强,能够在缺乏丰富特征信息的情况下取得较好的效果。同时,朴素贝叶斯分类器计算效率高,适合处理大规模数据,并被广泛应用于情感分析、文本分类、垃圾邮件过滤等领域。

(5) 集成学习。集成学习是一种结合多个基学习器的结果来提升预测准确性和减少过拟合风险的机器学习方法。这种方法的核心理念是"集思广益",即假设多个学习器的协同作用通常优于单个学习器的表现。集成学习在分类和回归任务中都得到了广泛应用,尤其适用于模型稳定性和预测精度要求较高的场景。集成学习的主要方法有自助聚合(bagging)、提升(boosting)和堆叠(stacking)。

自助聚合是指通过在训练集中随机采样生成多个子数据集,并在每个子数据集上独立训练学习器。通过多次预测的平均结果或投票方式来增强模型的稳健性。随机森林(random forest)是典型的方法之一。

提升是指逐步训练多个学习器,使后续学习器更关注前一轮误分类的数据点。提升的方法通常比自助聚合更适合处理复杂数据,代表性算法包括自适应提升(adaptive boosting, AdaBoost)和梯度提升(gradient boosting)。

堆叠是指将多个基学习器的输出作为新模型的输入,再用一个元学习器综合这些结果。堆叠允许不同模型之间的互补性,有助于提高预测精度。

集成学习的优势是它可以通过多个学习器的组合减少单一模型的偏差和方差,从而提高模型的泛化能力和鲁棒性。这种方法尤其适用于大型数据集,如图像分类、语音识别、金融预测等任务。

①随机森林。随机森林就是使用自助聚合的一种经典集成学习算法,它从原始训练集中创建多个子集,并在每个子集上独立训练一棵决策树。每棵决策树在分裂节点时,仅随机选择一部分特征进行考量,这种随机性增强了模型的多样性,有助于提升模型的泛化性能。对于分类任务,随机森林采用多数投票的方式决定最终类别;对于回归任务,通常使用所有树的预测结果的平均值作为最终输出。

图 5.2 展示了随机森林算法的基本流程。算法会使用自助采样方法(bootstrap sampling)从原始数据集中生成多个子样本集,每个子样本集用于训练一棵决策树,这些决策树被称为“弱学习器”。通过集成这些决策树的预测结果,构建一个“强学习器”(随机森林),从而提升模型的整体准确性和泛化能力。

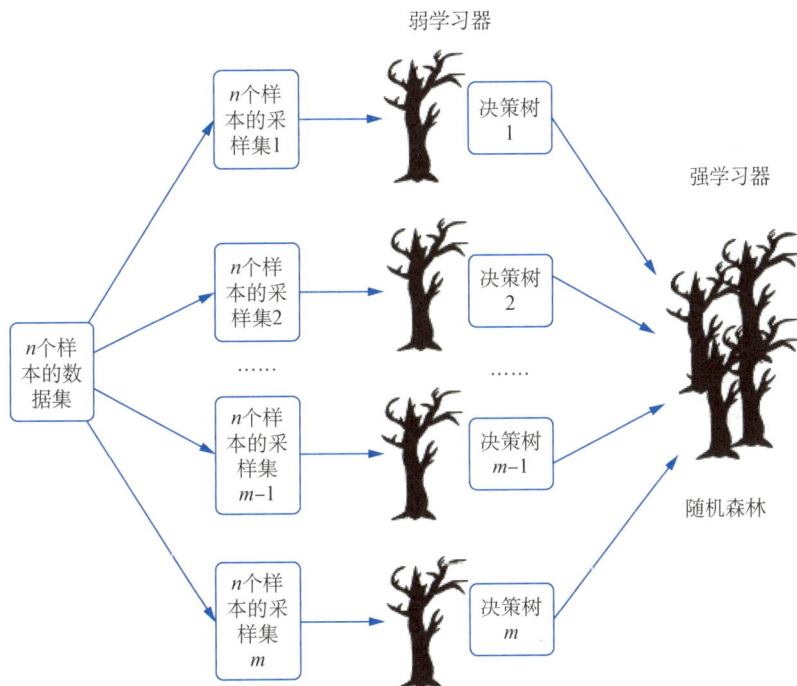

图 5.2　随机森林算法原理示意图

随机森林具有高准确性、较强的抗过拟合能力、对缺失值较高的容忍度以及不需要特征标准化的优势。此外,随机森林还具备特征重要性评估的能力,它可以计算每个特征对预测结果的贡献大小,帮助识别出对模型预测影响最大的特征,这在特征解释和数据分析中非常有用。然而,它也存在一些缺点,如模型复杂度高、预测过程较慢、模型可解释性不佳以及对噪声敏感。

在最新的研究进展中,随机森林算法得到了多种改进。例如,结合合成少数类过采样技术(synthetic minority over-sampling technique, SMOTE)算法和随机欠采样策略对不平衡数据集进行预处理,增强分类性能。此外,使用基于多类近邻的特征权重评估算法 ReliefF 对高维数据进行特征选择,并将其与随机森林结合,提高高维数据集上的分类效果。随机森林还可以与其他算法结合,如与核主成分分析法(kernel principal components analysis，KPCA)结合用于变压器故障诊断，或与梯度提升算法结合提高预测准确性。这些改进显示了随机森林在多个复杂问题上的灵活性和高效性，使其成为一个仍在不断发展的研究热点。

② 提升方法。提升方法是另一种集成学习技术，它通过按顺序逐步构建基学习器，并且让每个学习器在前一个学习器犯错误的实例上获得更高的权重，提高整体的预测性能。

提升方法的核心在于基学习器的顺序构建。每个新的基学习器都在前一个学习器预测错误的实例上获得更多的关注，这样每个后续的学习器都能纠正前面学习器的错误。

自适应提升是最知名的提升算法之一。它为每个训练实例分配权重，并且根据基学习器的性能动态调整这些权重，从而提高整体性能。

梯度提升是另一种流行的提升方法，它通过构建决策树来近似梯度下降的步进方向，从而最小化损失函数。

XGBoost、LightGBM 和 CatBoost 是现代的提升框架，它们通过优化算法和数据结构提高了 Boosting 方法的效率和可扩展性。例如，XGBoost 在处理大规模数据集时比传统的 Boosting 算法快很多，并且在开格(Kaggle)等数据科学竞赛中取得了显著的成绩。

提升方法能够处理非线性关系，并且对于不平衡的数据集具有较好的鲁棒性。通过关注前一个学习器的错误，提升方法能够逐步提高模型的性能。

提升方法在各种预测任务中都有广泛的应用，包括信用评分、异常检测和推荐系统。在金融领域，提升方法被用来预测贷款违约，其 AUC 值(area under the ROC curve，即 ROC 曲线下面积)通常高于 0.8，显示了其在风险评估中的有效性。

(三) 无监督学习

1. 无监督学习概述

无监督学习(unsupervised learning)是机器学习的另一种类型，与监督学习不同，无监督学习算法使用未标记的数据进行训练，以识别数据中的模式、结构或关系，而不需要预先定义的输出标签。

在无监督学习中，计算机通过以下处理流程来处理数据：首先，算法被应用于原始数据集，以发现数据中的内在结构；其次，算法尝试将数据点分组到多个簇中，或者将数据降维到更低的维度以便于可视化和进一步分析；最后，这些模式和结构可以被用来进行数据压缩、特征学习或异常检测等任务。整个过程是探索性的，目的是让计算机在没有明确指导的情况下自主地从数据中学习。

由于输入数据没有确切输出，无监督学习在算法准确性上略逊于监督学习，但在处理人工标注不切实际或不可能的大型数据集时特别有意义，因而在各个领域都有广泛的应用，包括异常情况检测、推荐系统、自然语言处理、图像和视频处理以及数据探索和可视化等。

2. 聚类

在无监督学习中，聚类(clustering)是研究最多、应用最广的一类问题。聚类是将数据集中的样本划分为若干个通常子集，每个子集被称为一个"簇"(cluster)，使得同一个簇内的样本相似度高，而不同簇的样本之间相似度低。在更广泛的层次上，有两种类型的聚类方法。

一是固定聚类。在这种类型的聚类中,每个数据点都只属于一个簇,边界被清晰地定义并且清晰地分隔了数据点。

二是概率聚类。在这种情况下,对于每个数据点,对象(实体的实例)以一定的概率属于特定簇。一般来说,具有最高概率的对象所属的簇优先于其他簇。

聚类通常可以作为一个单独过程用于厘清数据内在的分布结构,也可以作为分类等其他学习任务的前驱过程。例如,在一些商业场景中,往往需要对新用户的类型进行判别,此时可以先对用户数据进行聚类,根据聚类结果将每个簇定义为一个类,然后再基于这些类训练分类模型判断新用户的类型。值得注意的是,与监督学习不同,聚类的过程和方法不能完全标准化,聚类的结果往往根据数据集和特定场景而变化。

常见聚类算法包括 K 均值聚类(K-means)、层次聚类、具有噪声的基于密度的空间聚类(density-based spatial clustering of applications with noise, DBSCAN)、高斯混合模型等。K 均值聚类是一种较为经典的聚类算法。它将数据分成 K 个簇,每簇由其簇中心(质心)来表示。该算法的核心思想是通过最小化数据点与其所属簇质心之间的距离进行聚类,主要有四个步骤。

(1)选择初始中心。随机选择 K 个数据点作为初始的簇中心。

(2)分配数据点。将每个数据点分配给最近的簇中心,这里的最近通常指的是欧几里得距离(Euclidean distance),即两点在欧几里得空间中的实际直线距离。

(3)更新中心。计算每个簇中所有点的平均值,更新簇中心。

(4)重新分配和更新。重复步骤 2 和 3,直到每次迭代时簇中心的位置不再显著变化,即该算法收敛,此时的簇中心和簇分配就是最终聚类结果。

K 均值聚类算法的主要优点在于高效性和可伸缩性,K 均值聚类擅长处理大规模数据集,其计算复杂度通常表示为 $O(NKt)$,其中 N 是数据集中的数据点数量,K 是聚类的簇数,t 是迭代的轮数,计算复杂度接近线性。但是与此同时,该算法的缺陷也显而易见:①使用 K 均值聚类算法需要预先指定簇的数量 K,而这个值通常很难确定;②初始簇中心的选择具有随机性,易使算法陷入局部优解,聚类结果不稳定;③K 均值聚类通常假设簇是圆形或球形,这在实际数据中并不总是成立;④K 均值聚类通常使用欧式距离,对某些类型的数据可能并不适用,如非数值型数据、高维数据、具有异常值的数据、稀疏数据等。

3. 降维

对大数据而言,现在有能力从异构数据源中引入数据,这在之前是不可能的。我们不断地向数据集添加更多的维度。虽然拥有额外的数据点和属性可以更好地理解问题,但是如果考虑到数据集中额外维度带来的计算开销,那么更多并不一定意味着更好。降维作为一种数据预处理技术,通过将高维数据映射到低维空间减少特征维度和数据复杂性,并尽可能保留原始数据的重要信息,对于提高数据分析和机器学习模型的性能、减少计算资源消耗以及提高数据可视化的可解释性都非常有用。

常见的降维算法包括主成分分析(principal component analysis, PCA)、线性判别分析(linear discriminant analysis, LDA)、t-分布随机领域嵌入(t-distributed stochastic neighbor embedding, t-SNE)等。其中,主成分分析是一种最为常用的降维算法,通过线

性变换将高维数据投影到低维空间,同时保持数据集对方差贡献最大的特征。变换步骤包括六步。

(1) 数据标准化。对数据进行标准化处理,使得每个特征的均值为 0,标准差为 1。

(2) 构建协方差矩阵。计算数据的协方差矩阵 $\Sigma = \dfrac{1}{n-1}X^T$,其中 X 是标准化后的数据矩阵,n 是样本数量。

(3) 计算特征值和特征向量。对协方差矩阵进行特征分解,即求解方程 $\Sigma v = \lambda v$,其中,v 是特征向量,表示数据在该维度上的投影方向,λ 是对应的特征值,表示每个特征向量的重要性。

(4) 选择主成分。根据特征值的大小降序排列,选择前几个最大的特征值对应的特征向量,这些特征向量被称为主成分。选择的主成分数量通常由累计贡献率(如 95%)确定。

(5) 构造新特征空间。将原始数据投影到选定的主成分上,得到降维后的数据表示:$Y = XW$。其中,W 是由选定的主成分特征向量组成的矩阵。这一步骤实际上是将数据转换到由主成分定义的新坐标系统中。

(6) 解释结果。降维后的数据可以用于可视化、聚类、分类等任务,同时,主成分本身也可以用于解释原始数据中的变异性。

主成分分析通过提取数据的主要特征,在有效降低数据的复杂性的同时保留了最重要的信息,目前被广泛应用于数据可视化、数据预处理、图像压缩、语音识别、金融分析、医疗诊断等各个领域。但是与此同时,该方法主要具有五个缺陷。

(1) 非线性关系处理效果不佳。主成分分析假设数据之间的关系是线性的,如果数据的内在结构是非线性的,主成分分析可能无法有效捕捉这些结构。

(2) 对异常值敏感。数据中的异常值或离群点可能会对协方差矩阵的计算产生较大影响,从而影响主成分的提取和降维效果。

(3) 数据规模要求较高。主成分分析需要足够的数据量才能计算出准确的协方差矩阵,如果数据量较小,可能出现协方差矩阵估计不准确、主成分不稳定、方差解释不足以及"维度诅咒"等问题。

(4) 主成分的解释性。虽然主成分分析可以有效降低数据维度,但降维后的主成分可能难以解释,当原始数据的特征具有明确物理意义时尤其如此。

(5) 对非高斯分布数据的局限性。主成分分析在非高斯分布的情况下,得出的主成分可能不是最优的。

(四) 强化学习

[专栏 5-4]
维度诅咒

强化学习是一种专注于通过交互与反馈优化行为策略的机器学习方法。智能体在与环境进行动态交互时,根据当前的状态选择相应的动作,并从中获得相应的奖励。其核心目标在于最大化累积的长期奖励,实现这一目标需要在探索和利用之间取得平衡:一方面,智能体需要探索未知的策略,以发现潜在的最佳行为;另一方面,也需要充分利用现有知识来实现即时的收益。

在具体算法方面,强化学习包含多种方法,如值迭代(value iteration)、策略迭代(policy

iteration)、Q学习(Q-learning)和Sarsa算法。这些方法使用不同的更新机制调整价值函数和策略,从而实现优化目标。2013年以来,深度强化学习(deep reinforcement learning)的发展将深度学习的特征提取能力融入其中,使强化学习在处理复杂的视觉和连续决策任务上有了显著提升。

此外,强化学习在大模型中的应用为生成质量的提升和复杂任务的处理能力带来了显著优势。在大语言模型(如GPT)中,强化学习可以用来提高文本生成的质量。模型首先生成初始输出,然后根据用户反馈或预设的评价标准(如流畅性、连贯性和准确性)获得奖励信号。通过策略优化调整生成过程,模型的文本输出逐步更符合上下文需求和用户偏好。例如,GPT-3和GPT-4在优化阶段应用了来自人类反馈的强化学习(reinforcement learning from human feedback, RLHF),使得生成内容更符合人类期望。这一技术使得模型能够产生符合语法的文本,同时还能表现出更高的理解度和适应性。

推荐系统中的强化学习也日益广泛,在实现个性化推荐方面尤其如此。推荐系统根据用户的交互行为(如点击、停留时间和负反馈)获得奖励或惩罚信号,通过强化学习调整推荐策略,以逐步优化内容的相关性和用户体验。此外,强化学习在图像生成和复杂控制任务中同样发挥关键作用。深度强化学习与神经网络结合,赋予大模型处理连续动作和视觉反馈的能力。例如,生成式对抗网络(generative adversarial network, GAN)利用判别器和生成器的对抗机制,在不断博弈中生成更高质量的图像。

强化学习的应用领域广泛而深入,如电子游戏、自动驾驶、机器人技术和金融交易等。在围棋领域,AlphaGo的胜利充分展示了强化学习在复杂决策任务中的能力;在商业领域,强化学习已被用于优化推荐系统,显著提升了用户体验和业务效率。随着技术的进步,强化学习在新兴领域中的应用前景愈加广阔。

三、深度学习

(一) 深度学习概述

随着计算技术的发展,神经网络成为现实,催生了深度学习这一机器学习的重要分支。深度学习模拟人脑的决策能力,被广泛应用于人工智能领域,例如,AlphaGo在围棋比赛中击败人类,而不需要接受任何直接输入或与人类棋手对弈[①]。与传统机器学习方法相比,深度学习在模型复杂度、数据处理和计算资源需求上有显著差异。

深度学习使用卷积神经网络和循环神经网络等复杂模型,能够捕捉数据中的复杂特征,而传统方法如线性回归和支持向量机通常处理不了高维度和非结构化数据。深度学习的优势在于能够自动从原始数据中学习特征,减少对特征工程的依赖,适用于图像和语音识别、自然语言处理等复杂数据处理领域。

然而,深度学习需要大量数据和计算资源(如图形处理单元)来训练模型,而传统机器学习模型则需要较少资源。深度学习模型训练耗时较长,且存在过拟合风险,需要正则化技术和优化算法来解决。此外,深度学习模型的决策过程难以解释,存在"黑箱"问题,而

---

① SILVER D, SCHRITTWIESER J, SIMONYAN K, et al. Mastering the game of Go without human knowledge[J]. Nature, 2017, 550(7676): 354-359.

且调参复杂。传统机器学习模型则参数较少,调参相对简单。

尽管如此,深度学习在处理大规模复杂数据集方面仍展现出巨大潜力,只是需要更多数据、资源和调参工作。随着研究进展,深度学习领域不断提出新的架构和优化方法,成为研究热点。传统机器学习与深度学习的对比如表 5.1 所示。

表 5.1　传统机器学习与深度学习对比

特性	传统机器学习	深度学习
模型复杂度	通常使用简单的模型,如线性回归、决策树、支持向量机等	使用复杂的模型,如多层神经网络、卷积神经网络、循环神经网络等
数据依赖性	需要大量的特征工程来提取有用的信息	能够自动从原始数据中学习特征,减少了对特征工程的依赖
数据量	可以在较小的数据集上表现良好	通常需要大量的数据来训练模型,以便捕捉复杂的模式
计算资源	通常需要较少的计算资源	需要大量的计算资源,如 GPU,以进行训练
训练时间	训练过程较快	训练过程可能需要较长时间,对于大型网络和大规模数据集尤其如此
泛化能力	简单模型可能更容易泛化,但也更容易欠拟合	复杂模型有更高的拟合能力,但也更容易过拟合
可解释性	模型的决策过程通常更容易解释	模型的决策过程通常难以解释,被称为"黑箱"模型
应用领域	适用于各种领域,包括图像识别、自然语言处理、推荐系统等	主要应用于图像和语音识别、自然语言处理、游戏智能等需要处理复杂数据的领域
调参难度	调参相对简单,因为模型参数较少	调参可能非常复杂,因为模型参数众多,需要精细调整超参数
研究进展	相对成熟,研究进展较为稳定	是当前研究的热点,不断有新的架构和优化方法被提出

(二) 卷积神经网络

卷积神经网络主要被应用于计算机视觉和图像分类领域。它们能够识别图像及视频中的特征和模式,执行物体检测、图像识别、模式识别、人脸识别等任务。卷积神经网络利用线性代数,尤其是矩阵乘法,来识别图像中的模式。

卷积神经网络是一种特殊的神经网络,由多个节点层构成,包括输入层、多个隐藏层和输出层。每个节点与其他节点相连,拥有相应的权重和阈值。如果节点的输出超过设定的阈值,它会被激活,并将数据传递给下一层;否则,数据不会被传递。

卷积神经网络的核心层至少包括卷积层、池化层和全连接层。在复杂应用中,一个卷积神经网络可能包含数以千计的层,每层都以前一层为基础。通过反复"卷积"处理原始输入,可以揭示更精细的模式。每增加一层,卷积神经网络的复杂度都会增加,能够识别图像中的更多细节。早期层专注于基本特征,如颜色和边缘,而随着数据在卷积神经网络层间的传递,网络开始识别更复杂的物体元素或形状,直至识别出目标物体。

与其他神经网络相比,卷积神经网络在处理图像、语音或音频信号方面表现出色。在卷积神经网络出现之前,人们依赖需要大量人工且耗时的特征提取方法来识别图像中的物体。但现在,卷积神经网络为图像分类和物体识别任务提供了更可扩展的解决方案,并能处理高维数据。卷积神经网络能够在层间传递数据,实现更高效的数据处理。尽管在池化层可能会丢失一些信息,但这可以通过卷积神经网络的优势来弥补,因为卷积神经网络有助于降低复杂性、提高效率,并限制过拟合的风险。

然而,卷积神经网络也有其局限性,主要在于高计算需求——既消耗时间也消耗预算,需要大量的图形处理单元。此外,卷积神经网络还需要跨领域专家对配置和超参数进行细致的测试。

(三) 循环神经网络

循环神经网络被广泛应用于自然语言处理和语音识别领域,通过其内部的反馈机制识别信息内容。这些算法主要处理时间序列数据,用于预测未来事件,如股市走向、销售趋势,以及执行语言翻译、自然语言处理、语音识别和图像字幕等任务。这些功能常见于Siri、语音搜索、谷歌翻译等流行应用程序中。

循环神经网络通过"记忆"功能,从先前输入中提取信息,影响当前的输入和输出。与假设输入输出相互独立的传统深度神经网络不同,循环神经网络的输出依赖序列中的前序元素。尽管未来事件对序列输出有影响,但单向循环神经网络无法在预测中利用这些信息。

循环神经网络在每层网络中共享参数,通过反向传播和梯度下降调整权重,以优化学习过程。循环神经网络采用时间反向传播(back propagation through time,BPTT)算法计算梯度,这与传统反向传播不同,因为它专门处理序列数据。时间反向传播与标准反向传播的主要区别在于,时间反向传播在每个时间步累加误差,而前馈网络无须这样做,因为它们不共享层间参数。

与其他神经网络相比,循环神经网络的优势在于能够同时处理二进制数据和存储信息。循环神经网络能够处理多个输入和输出,实现一对多、多对一或多对多的输出模式,而不仅仅是单一输入对应单一输出。

循环神经网络还包括一些变体,如长短期记忆网络,它通过学习长期依赖关系,表现优于基本循环神经网络。

传统循环神经网络常面临梯度消失和梯度爆炸问题,这些问题由梯度大小决定,梯度是损失函数沿误差曲线的斜率。梯度消失导致权重更新过小,直至停止学习;梯度爆炸则导致模型不稳定,权重过大,可能变为非数(NaN)。解决这些问题的一个方法是减少隐藏层数,降低模型复杂性。

然而,循环神经网络也有局限性,如训练时间长,难以处理大型数据集,而且当模型层数和参数较多时,优化循环神经网络的复杂性增加。

(四) 生成式对抗网络

生成式对抗网络是一种在人工智能领域被广泛使用的模型,它能够生成与训练数据相似的新数据,如创建逼真的人脸图像,而这些图像并非真实存在。生成式对抗网络的核心在于"对抗"二字,指的是网络中的两个主要组成部分即生成器和判别器之间的竞争关系。

生成器负责创造内容,如图像、视频或音频,并产生相应的输出。例如,它可以将马的图像转换成类似斑马的图像。输出的质量取决于输入数据和生成器在特定任务上的训练程度。判别器的角色是对手,它将生成的假图像与真实数据集中的图像进行对比,试图区分真伪。

生成式对抗网络通过自我训练的方式运作。生成器制造假图像,而判别器则学习如何识别这些假图像与真实图像之间的差异。当判别器成功识别出假图像时,生成器会受到相应的惩罚。这个过程会持续进行,直到生成器能够生成足以欺骗判别器的图像。

生成式对抗网络的主要优势在于能够产生高度逼真的输出,这些输出可以被用于进一步训练机器学习模型。生成式对抗网络的设置和学习过程相对简单,因为它们可以使用无标记或少量标记的数据进行训练。然而,生成式对抗网络也存在一些潜在的问题,如生成器和判别器之间的长期竞争可能导致系统资源的大量消耗。此外,为了获得满意的输出,可能需要大量的输入数据。还有一个问题是"模式崩溃",即生成器最终只产生有限的几种输出,而不是多样化的结果。

(五) 扩散模型

扩散模型是一种生成模型,它通过逐步增加噪声和随后的去噪过程来进行训练。这些模型能够生成与训练数据相似的数据(通常是图像),但最终会生成全新的数据,覆盖原有的训练集。训练过程中,模型会向数据中不断加入高斯噪声,直至数据变得无法识别,然后学习一个逆向的"去噪"过程,从纯粹的噪声中重建出图像。

扩散模型的目标是学习如何减少生成样本与目标样本之间的差异。任何偏差都会被测量并用来更新模型参数,目的是最小化误差,使得生成的样本尽可能接近真实的训练数据。

除了在图像质量上的优势外,扩散模型还避免了对抗训练的需求,这不仅加速了学习过程,还提供了更严格的控制。与生成式对抗网络相比,扩散模型的训练过程更为稳定,减少了模式崩溃的风险。

然而,扩散模型在训练时可能需要更多的计算资源,包括更精细的调整。研究显示,这种类型的生成式人工智能可能通过后门被劫持,允许攻击者控制图像生成过程,进而诱导人工智能扩散模型产生被操纵的图像[①]。

(六) 转换器模型

转换器模型(transformer models)融合了编码器-解码器架构和文本处理机制,彻底革新了语言模型的训练方法。编码器将原始文本转换为嵌入表示,而解码器则结合这些嵌入表示和模型先前的输出,顺序预测句子中的每个单词。

通过预测缺失单词的任务,编码器能够理解单词和句子间的关系,构建出强大的语言表示,无须依赖标注的语篇或语法特征。实际上,转换器可以在没有特定任务的情况下进行预训练。掌握了这些强大的表示后,即使只有少量的数据,模型也可以针对特定任务进行微调。

---

① CHOU S Y, CHEN P Y, HO T Y. How to backdoor diffusion models? [C]//Proceedings of the IEEE/CVF Conference on Computer Vision and Pattern Recognition,2023:4015-4024.

多项技术创新使得这一切成为可能。转换器能够并行处理句子中的单词,实现文本的并行处理,加快训练速度,这与早期技术如循环神经网络逐个处理单词的方式不同。转换器还能学习单词的位置和它们之间的关系,这种上下文理解能力使其能够推断词义,并消除长句中的歧义。

转换器模型无须预定义任务,可以在大量原始文本上进行预训练,显著扩大了模型的规模。以往,需要收集标注数据来针对特定任务训练模型。现在,一个在海量数据上训练的转换器模型可以通过在少量特定任务的标注数据上进行微调,适应多种任务。如今,语言转换器既可以用于分类、实体识别等非生成任务,也可以用于机器翻译、文本摘要和问答等生成任务。

自然语言处理中的转换器可以并行处理序列的多个部分,显著加快训练速度。它们还能捕捉文本中的长期依赖关系,更清晰地理解整体上下文,从而生成优质的输出。此外,转换器具有更高的可扩展性和灵活性,可以根据任务需求进行定制。

然而,由于其复杂性,转换器模型需要大量的计算资源和较长的训练时间。同时,为了产生准确的结果,训练数据必须无偏且丰富。

四、预训练语言模型

预训练语言模型(pretrained language model,PLM)是一种在大规模文本数据上进行预训练的语言模型,旨在捕捉语言的内在结构和语义信息,以便在各种自然语言处理任务中表现出色。这些模型通过在未标记的文本数据上进行训练,学习语言的统计特性,从而能够在下游任务中进行微调,以达到更好的性能。预训练语言模型的核心思想是通过大规模的无监督学习,使模型能够理解语言的复杂性,包括词汇、语法、语义和上下文关系。

[专栏 5-5]
卷积神经网络用于手写数字识别

从预训练语言模型的发展来看,可以将其分为静态预训练模型和动态预训练模型。

2013 年,托马斯·米科洛夫(Thomas Mikolov)等在神经网络语言模型(neural network language model,NNLM)思想的基础上提出了词嵌入模型(Word2Vec),并入大规模预训练的思路,旨在训练具有特征表示的词向量,其中包括连续词袋(continuous bag of words,CBOW)模型和跳字(skip-gram)模型两种训练方式。相比 NNLM 模型,Word2Vec 可以更全面地捕捉上下文信息,弥补 NNLM 模型只能看到上文信息的不足,提高模型的预测准确性。Word2Vec 极大地促进了深度学习在自然语言处理中的发展。自 Word2Vec 模型被提出以来,一批训练词向量的模型相继涌现,例如,GloVe 和 FastText 等模型均考虑如何得到文本单词较好的词向量表示,虽然对下游任务性能有所提升,但本质上仍是一种静态的预训练模型。

2018 年,马修·彼得斯(Mattew Peters)等提出的动态词嵌入模型(embeddings from language models,ELMo)将语言模型带入动态的预训练时代。ELMo 采用双层双向的长短期记忆(LSTM)编码器进行预训练,提取上下文信息,并将各层词嵌入输入特定下游任务中进行微调。该模型不仅可以学习底层单词的基础特征,而且可以学高层的句法和语义信息。然而,ELMo 只能进行串行计算,无法并行计算,模型训练的效率较低;此外,该模型无法对长序列文本进行建模,常出现梯度消失等问题。而后,OpenAl 提出了 GPT 模型。与 ELMo 不同,GPT 采用 Transformer 深度神经网络,其处理长文本建模的能力强于 LSTM,仅使用 Transformer 解码器进行特征提取,在机器翻译等生成式任务上表现惊人。但这一特点也导致 GPT 只利用当前词前面的文本信息,并没有考虑到后文信息,其本质上依旧是一种单向语言模型。

为了解决 GPT 等模型单向建模的问题,2018 年,雅各布·德夫林(Jacob Devlin)等提出了基于 Transformer 的双向编码器表示(bidirectional encoder representations from Transformers,BERT)模型,该模型是第一个基于 Transformer 的双向自监督学习的预训练模型,在英文语言理解评测基准榜单中的多个任务上达到了当前最先进水平(state of the art,SOTA)。此后出现了一大批基于 BERT 的预训练模型,大幅提升了下游自然语言处理任务的性能。

(一)词嵌入模型 Word2Vec

Word2Vec 是一种基于神经网络的自然语言处理技术,由谷歌团队在 2013 年提出,用于将单词转换为向量表示,从而捕捉词语之间的语义和上下文关系。它通过学习大量文本数据中的词语共现关系,生成词向量,这些向量能够反映词语的语义信息和相似性。

Word2Vec 主要包括两种模型:连续词袋模型和跳字模型。连续词袋模型试图根据上下文预测目标词,而跳字模型则根据目标词预测其周围的上下文词。

连续词袋模型结构如图 5.3 所示。

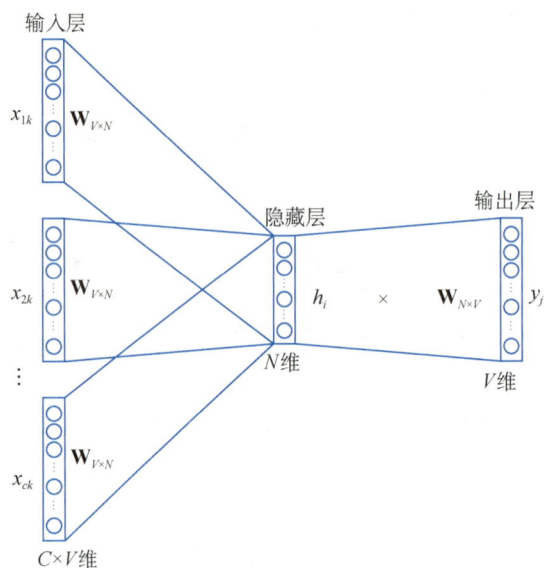

图 5.3 连续词袋模型

连续词袋模型的输入为独热码(one-hot);隐藏层没有激活函数,即线性单元;输出层维度与输入层维度一样,使用 Softmax 回归。后续任务用训练模型所学习的参数(如隐藏层的权重矩阵)处理新任务,而非用已训练好的模型。

连续词袋模型具体处理流程如下:①输入层。上下文单词的独热码(假设单词向量空间维度为 V,上下文单词个数为 C)。②所有独热码分别乘以共享的输入权重矩阵 W

（$V \times N$ 矩阵，N 为自设定）。③所得的向量（因为是独热码，所以是向量）相加求平均，作为隐层向量。④乘以输出权重矩阵 W'（$N \times V$ 矩阵）。⑤激活函数处理得到 V 维（V-dim）概率分布（因为是独热码，其中的每一维都代表着一个单词）。⑥概率最大的索引（index）所指示的单词为预测出的目标词（target word）。⑦将目标词与真实值的独热码做比较，误差越小越好（从而根据误差更新权重矩阵）。经过若干轮迭代训练后，即可确定 W 矩阵。输入层的每个单词与矩阵 W 相乘得到的向量就是想要的词向量（预训练词向量只是其中的副产物）。

跳字模型中，输入是特定词的词向量，输出是特定词对应的上下文词向量。模型结构如图 5.4 所示（具体训练过程与连续词袋模型相似）。

Word2Vec 的应用非常广泛，包括但不限于文本分类、情感分析、命名实体识别、机器翻译、推荐系统、信息检索等领域。例如，在文本分类中，可以利用 Word2Vec 得到的词向量作为特征表示，提高分类的准确性和效率；在情感分析中，通过计算词向量之间的相似度来衡量词语的情感倾向。此外，Word2Vec 还可以用于词义相似度计算，通过比较词向量之间的距离来衡量词语的相似程度。它还可以应用于推荐系统，通过计算用户兴趣和商品描述的词向量相似度来进行个性化推荐。然而，由于模型为每个词分配唯一且固定的向量表示，无法解决一词多义问题。同时，Word2Vec 是一种静态的方法，无法针对特定任务做动态优化，并且它的相关上下文不能太长。

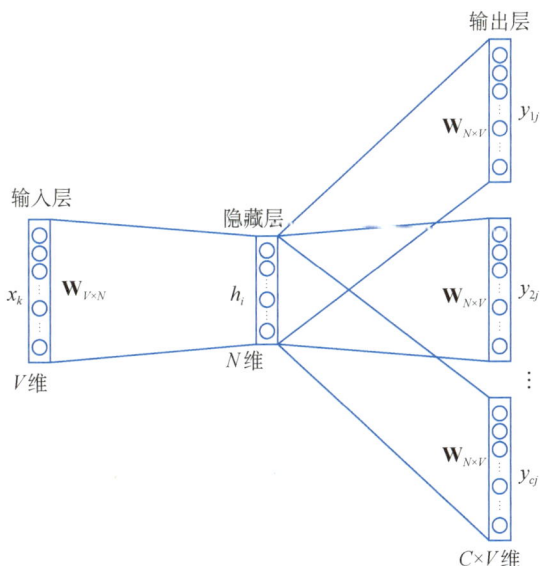

图 5.4 跳字模型

（二）ELMo

ELMo 的本质思想是先用语言模型学习一个单词的"词嵌入"（word embedding，可以用 Wrod2Vec 或 GloVe 等得到），此时无法区分一词多义问题。在实际使用词嵌入的时候，单词已经具备特定的上下文，这时可以根据上下文单词的语义调整单词的词嵌入表示，这样经过调整后的词嵌入更能表达上下文信息，自然就解决了一词多义问题。

图 5.5 展示了 ELMo 的预训练过程,该模型的网络结构采用双层双向 LSTM。使用该网络对大量语料预训练,从而新句子中每个单词都能得到对应的三个嵌入:最底层是单词的嵌入;中间层是双向 LSTM 中对应单词位置的嵌入(position embedding),这层编码单词的句法信息更多一些;最高层是 LSTM 中对应单词位置的嵌入(position embedding),这层编码单词的语义信息更多一些。也就是说,ELMo 的预训练过程不仅学会了单词的嵌入,还学会了一个双层双向的 LSTM 网络结构。预训练完成后,将会得到一个半成品检查点,将需要训练的语料库经过处理后连同检查点一起送入后续任务中进行拟合训练,从而后续任务可以基于不同的语料文本得到不同的意思。

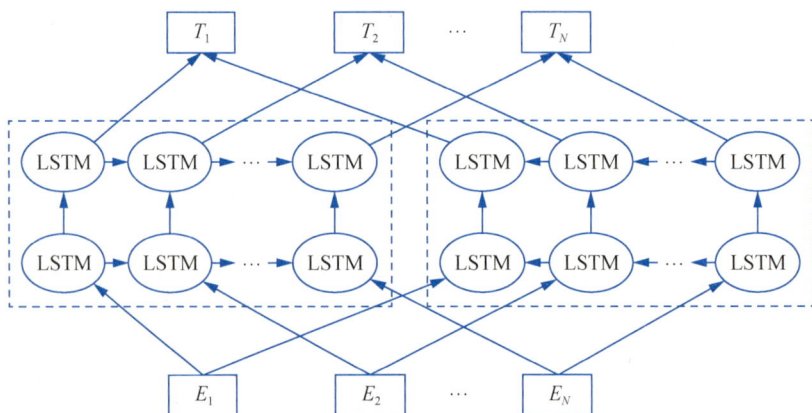

图 5.5　ELMo

经过如上处理,ELMo 在一定程度上解决了一词多义问题且模型效果良好。ELMo 技术开始适用于语义消歧、词性标注、命名实体识别等领域,随着研究的深入,适用范围也越来越广。但是它仍存在一定不足:一方面,在特征提取器方面,ELMo 使用的是 LSTM 而非 Transformer(在已有的研究中表明,Transformer 的特征提取能力远强于 LSTM);另一方面,Elmo 采用的双向拼接融合特征比一体化的融合方式要弱一些。

(三) 生成式模型 GPT

1. GPT 模型

GPT 模型用单向 Transformer 完成预训练任务,其将 12 个 Transformer 叠加起来。训练的过程较简单,将句子的 n 个词向量加上位置编码(positional encoding)后输入到 Transformer 中,n 个输出分别预测该位置的下一个词。图 5.6 为 GPT 的单向 Transformer 结构和 GPT 的模型结构。

总体来说,GPT 分无监督预训练和有监督拟合两个阶段,第一阶段预训练后有一个后续拟合阶段。该模型与 ELMo 类似,主要不同在于两点:其一,使用 Transformer 而非 LSTM 作为特征抽取器;其二,GPT 采用单向语言模型作为目标任务。

GPT 模型采用 Transformer 作为特征提取器,比 LSTM 更能有效提取语料特征。虽然其应用领域较为广泛,但其最为突出的领域为文本生成领域。然而,由于采用单向 Transformer 技术,会丢失较多关键信息。

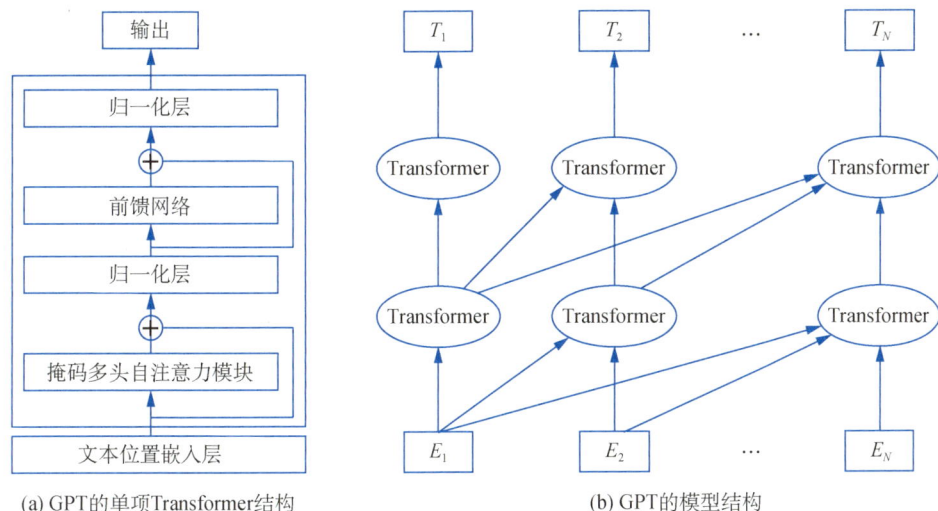

(a) GPT的单项Transformer结构　　　　　(b) GPT的模型结构

图 5.6　GPT 相关模型

2. GPT-2 模型

GPT-2 依然沿用 GPT 单向 Transformer 模式,但是在 GPT 上做了一些改进。首先,不再针对不同层分别进行微调建模,而是不定义这个模型具体任务,模型会自动识别需要什么任务;其次,增加语料和网络的复杂度;最后,将每层的正则化放到每个子模块(sub-block)之前,并在最后一个自注意力模块之后再增加一个层正则化操作。

相较于 GPT 模型,GPT-2 提取信息能力更强,在文本生成方面的性能尤为优越。但是,该模型的缺点与 GPT 一样,即采用单向的语言模型,会丢失较多关键信息。

3. GPT-3 模型

GPT-3 是目前性能最好的通用模型之一,聚焦更通用的自然语言处理模型,主要解决对领域内标签数据的过分依赖和对领域数据分布的过拟合问题。特色是依然沿用了单向语言模型训练方式,但是模型的大小增加到了 1 750 亿的参数量,以及用 45 TB 的语料进行相关训练。

在通用自然语言处理领域中,GPT-3 的性能目前是最高的,但其在一些经济政治类问题上表现不太理想(由预训练语料的质量造成)。同时,由于该模型参数量过于巨大,目前大部分学者只能遥望一二,离真正进入实用阶段还有较远距离。

(四) 上下文嵌入模型 BERT

BERT 模型采用和 GPT 完全相同的两阶段模型,一是语言模型预训练,二是后续任务的拟合训练。它和 GPT 最主要的不同在于预训练阶段采用了类似 ELMo 的双向语言模型技术、掩码语言模型(masked language mode,MLM)技术以及下一句预测(next sentence prediction,NSP)机制。BERT 模型如图 5.7 所示。

在 MLM 技术中,Devlin 等人随机掩码(mask)每个句子中 15% 的单词,用来做预测,而在这 15% 的单词中,80% 的单词采用掩码遮盖,10% 的单词采用随机替换,剩下 10% 的单词保持不变的特性。在 NSP 机制中,选择句子对 A、B,其中 50% 的 B 是 A 的下一条句子,而另外 50% 是从语料库中随机挑选的句子,进而让它们学习其中的相关性。经过若

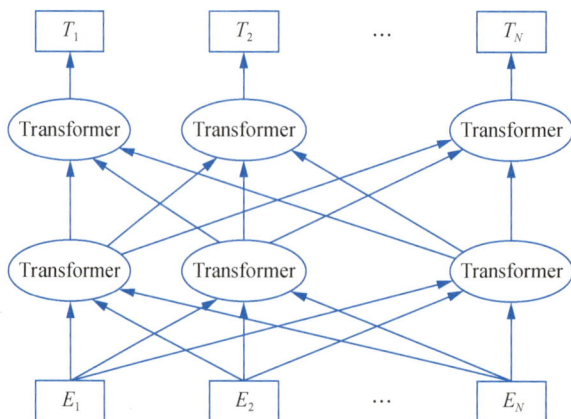

图 5.7　BERT 模型

干次训练,保存检查点即预训练模型。

BERT 采用双向 Transformer 技术,能较准确地训练词向量,引发了自然语言处理的大地震。现阶段,常用的自然语言处理技术绝大部分基于 BERT 及其改进技术。BERT 的应用领域较为广泛,从自然语言理解领域的文本分类、阅读理解等热点领域,到自然语言生成的自动文摘、文本写作等领域,均有涉猎。但是,该模型存在参数量巨大、实际应用困难等缺点。

五、增量学习

增量学习(incremental learning)是一种机器学习技术,旨在使模型能够在接收到新数据时进行学习,而无须重新训练整个模型。这种方法特别适合数据持续生成的动态变化环境以及在计算资源有限的情况下进行的模型更新。

在深度学习领域,一个开放性的问题是如何使神经网络能够从非平稳数据流中增量地、持续地学习。在传统的机器学习方法中,模型通常需要在一个固定的数据集上进行训练。随着新数据的到来,通常需要重新训练模型,这不仅消耗时间和计算资源,还可能导致模型在旧数据上的表现下降。这种现象被称为"灾难性遗忘"(catastrophic forgetting)。与此不同,人类和其他动物可以逐步学习新的技能,同时不会遗忘已经学到的旧技能。增量学习的目标就是使模型能够逐步学习新知识,同时保留先前学习的经验。增量学习的关键在于模型如何处理新信息。因此,增量学习又被称为终身学习、持续学习,致力于缩小人工智能和自然智能在增量学习能力上的差距。增量学习的模型在接收到新数据时,可以选择直接更新已有模型的参数,或者在已有架构的基础上增加新的组件。例如,神经网络可以通过增加新层或节点来适应新的任务。同时,增量学习还可以通过各种策略来防止灾难性遗忘,如使用知识蒸馏等方法。

(一) 增量学习基本类型

增量学习有三种基本类型,即任务增量学习(task-incremental learning)、领域增量学习(domain-incremental learning)和类别增量学习(class-incremental learning)。

在经典的机器学习中,算法有权限同时访问所有的训练数据。但是在增量学习中,数据却是以序列或多步到达的;同时,数据的底层分布随着时间在变化。任务增量学习、领域增量学习和类别增量学习,不同场景下算法必须要学习的任务以及应对的挑战不同。

(1) 在任务增量学习中,算法必须增量地学习一系列可明确区分的任务。任务增量学习面临的挑战不是简单地防止灾难性遗忘,而是寻找有效的方法跨任务共享学到的知识,优化性能和计算复杂度之间的权衡。任务增量学习的真实例子是学习做不同的运动或者演奏不同的乐器。

(2) 在领域增量学习中,算法必须在不同的语境中学习相同的问题。在这种场景下,问题的结构总是相同的,但是上下文或者输入的分布改变了。在测试阶段,算法并不知道样本属于哪一个任务。对领域增量学习,缓解灾难性遗忘仍然是一个重要的未解决的难题。这种场景的例子是在不同天气条件下学习驾驶。

(3) 在类别增量学习中,算法必须逐渐地学习区分越来越多的对象或者类别。这种场景经常使用的设定是给出一系列包含不同的类别的任务。这种场景中一个重要的挑战是学习区分不在一起观察的类别,尤其是不允许存储以前观察过的类别实例的情况。

图 5.8 给出了关于增量学习的一个简易问题设定,即 Split MNIST 数据集如何根据三种场景进行问题划分。在任务增量学习场景下,算法需要学习区分不同语境中的两个数字;在领域增量学习场景下,算法需要学习区分数字的奇偶性;在类别增量学习场景下,算法必须学习区分全部 10 个数字。

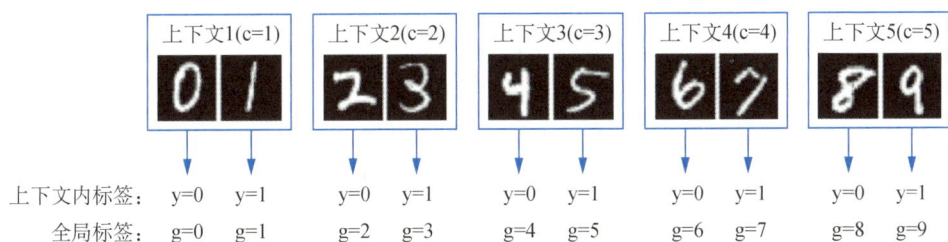

注:Split MNIST 协议是通过将原始 MNIST 数据集拆分为五个上下文而获得的,每个上下文由两个数字组成。

图 5.8　Split MNIST 示意图

(二) 增量学习实现方式和应用领域

增量学习可以通过多种方式实现。一种常见的方法是在线学习,这种方法允许模型在接收到每个新样本后立即更新。这在处理流数据时尤其有效。例如,在社交媒体平台上,用户的行为数据是实时生成的,在线学习可以帮助模型及时调整其预测。另一种方法是批量增量学习,即在接收到一小批新样本后进行更新。这种方法在计算资源有限的情况下也能有效工作,因为它不需要处理全部数据。知识蒸馏也是增量学习中的一种有效策略。通过训练一个新模型(学生模型)来模仿一个已训练好的模型(教师模型),可以帮助新模型保留旧知识。这种方法在新任务和旧任务之间建立了一种联系,从而减少了灾难性遗忘的风险。

增量学习在许多领域都有广泛的应用,尤其是在需要实时处理和动态适应的场景中。例如,在推荐系统中,用户的偏好和行为会随着时间变化,增量学习可以帮助系统快速调整推荐策略,以提供更个性化的服务。在自然语言处理领域,增量学习能够帮助模型适应新的语言用法和模式,在处理实时数据流时尤其如此。如果一个聊天机器人需要不断更新以适应新的对话趋势,增量学习将是一个理想的解决方案。计算机视觉也是增量学习的重要应用领域。在图像分类任务中,随着新类别图像的加入,增量学习可以使模型快速适应这些新类别,从而提高分类准确性。

尽管增量学习具有许多优势,但在实际应用中仍然面临一些挑战。首先,如何有效防止模型在学习新任务时忘记旧任务是一个亟待解决的问题。许多增量学习方法仍然难以完全消除灾难性遗忘。其次,随着新任务的增加,模型的复杂性可能会显著提高。这可能导致推理速度变慢,从而影响实时应用的性能。最后,数据不平衡问题也可能影响模型的性能。当新数据和旧数据的分布发生变化时,模型的预测能力可能受到影响。因此,设计能够处理这种不平衡数据分布的增量学习算法也是一个重要的研究方向。

第三节　人工智能在金融中的应用

人工智能(AI)在金融领域的应用正日益广泛,成为推动行业创新和变革的重要力量。随着技术的不断进步,AI在金融分析、风险管理、智能投顾等方面展现出巨大的潜力和价值。例如,生成式AI技术已被多家金融机构引入,用于风险识别、欺诈检测和个性化金融产品推荐等场景,显著提升了工作效率和准确性。此外,AI技术在智能客服、智能风控、智能营销、智能投研等领域的应用使得金融服务更加智能化和高效化。金融机构通过引入AI技术,不仅能够降低人力成本、提高收入,还能优化客户服务和营销策略,推动金融行业的智能化和高质量发展。随着AI技术的不断发展,其在金融领域的应用前景广阔,将为金融行业带来更多创新和变革。AI技术正被用于改变金融行业的各个方面。

一、智能客服和个性化服务

AI聊天机器人和虚拟助手通过提供即时、个性化的响应和支持来改善客户服务。美国银行的Erica是一个突出的例子。Erica是一个基于AI的虚拟财务助手,能够通过分析客户的账户信息和消费习惯,提供个性化的财务管理建议和提醒。Erica还能帮助用户执行交易和支付,并在用户处理与财务相关的问题时提供实时帮助。通过这种个性化服务,美国银行显著提升了客户的互动体验,加强了客户的忠诚度。

二、支付交易和欺诈检测

机器学习算法实时分析大量交易数据,以识别和减轻欺诈活动。例如,我国的支付宝已经成功应用AI技术,通过复杂的算法和大数据分析,有效提高了欺诈检测的准确性和实时性。其通过引入机器学习和深度学习技术,构建了先进的欺诈检测系统。该系统通过对用户的交易行为、设备信息、地理位置等多维度数据进行实时监测和分析,能够快速识别出潜在的欺诈活动。

三、风险管理和信贷审批

通过大数据分析和机器学习模型,金融机构能够更准确地识别和评估风险,提高信贷审批的效率和准确性。以招商银行为例,通过引入 AI 风险模型,成功提高了对客户信用风险的判断准确度。通过分析客户的交易历史、信用记录和其他关联数据,AI 算法能够更全面地评估每位客户的信用状况,从而更精准地判断贷款违约风险。

四、投资管理

机器人顾问正在利用人工智能提供个性化的投资建议和投资组合管理服务。如贝莱德集团的阿拉丁(Aladdin)风险管理平台利用先进的数据分析和机器学习技术,为客户提供个性化的投资组合管理服务,提高了投资效率和回报率。

第四节　人工智能案例分析

一、智能投研发展背景

智能投研是一种将计算机技术与 AI 算法应用于金融市场分析和预测的新兴研究方式。传统投研业务流程需要投研人员通过各种渠道寻找数据和判别信息,依靠个人的知识储备和历史经验对数据进行加工整合,并通过逻辑分析和数理建模,最终以报告的形式输出观点并指导投资决策。整个过程对投研人员信息搜集、数据处理、逻辑分析和知识结构都提出了较高的要求,而且会花费大量时间,然而有些窗口时间较短的市场投资机会稍纵即逝。即使部分金融数据服务商目前已经提供了相应的数据库产品,但数据的颗粒度和产业链关联性仍难以满足多元需求。同时,依靠人工分析,最终的研究结果还容易受到个人情绪以及知识的影响,可靠性难以保证。

智能投研则使用大数据、机器学习、自然语言处理等技术手段,从多维度挖掘金融数据、快速捕捉市场动态,生成高效、精准的投资策略建议。作为金融科技与投资研究、资产管理深度融合的成果,智能投研推动了传统投研模式的革新,能够显著提升投研效率和决策质量,减少人为偏差。

智能投研作为一种利用科技手段辅助金融投资研究与决策的创新方法,凭借其在提升效率、降低成本、提高分析精准度、增强风险识别等方面的优势,迅速受到各大金融机构的青睐,尤其在资产管理领域发挥着越来越重要的作用。金融机构使用智能投研来充分挖掘海量数据中的投资机会,利用先进的算法模型来优化决策过程,从而有效应对复杂的市场环境,提升投资组合的收益与风险控制能力。

智能投研的核心优势体现在多个方面。首先,借助自动化的数据处理和分析,能够大幅度降低人工干预带来的交易成本和时间成本。其次,依托机器学习和自然语言处理技术,可以快速精准地识别和预测市场趋势、企业财务状况及宏观经济走势,从而大大提高投研效率和决策的准确性。再次,智能投研可以采用大数据分析、情感分析等手段揭示潜在的市场风险和不易察觉的投资机会,进一步增强风险管理能力。最后,智能投研也有助于金融机构减少人为偏差,从而提高决策的科学性和合理性。

在实际业务操作中,智能投研的流程一般包括四个关键步骤。

（一）数据采集

数据采集是智能投研业务中最基础且至关重要的环节。准确和全面的数据采集为后续的分析、模型建立和决策提供了坚实的基础。在数据采集的初步阶段，必须根据研究目标和投资策略明确所需数据的种类和范围。这些数据可以涵盖多个层面，包括但不限于金融市场交易数据、公司财务数据、宏观经济指标、行业趋势、政策变动、新闻资讯、社交媒体信息，甚至天气、地理数据等外部数据源。

在确定了数据需求之后，下一步是开发和制定高效的策略，以便定期和不定期地采集所需数据。这一过程中，数据采集策略不仅要确保数据的全面性和时效性，还需要考虑数据的多样性和可信度。对于金融市场数据、经济指标等高频更新的数据，需要通过实时抓取和自动化采集方式来确保其时效性；一些较为静态的企业基本面或行业数据，则可以通过定期的更新方式进行补充。不同类型的数据采集可能采用不同的技术手段和工具，例如，利用 API 接口从各大数据平台获取实时数据，或通过爬虫技术抓取网页数据，甚至通过与数据提供商的合作获取高质量的专有数据。

为了有效管理大量的数据，采集的数据需要有序地存储和组织。存储方式的选择通常依据数据的种类和处理需求来定，常见的数据存储方案包括传统的关系型数据库、NoSQL 数据库以及分布式存储系统等。数据存储不仅要考虑其容量和读取效率，还要确保数据的安全性和可访问性，避免因数据丢失或存储不当影响后续分析。

最终，经过系统化的数据采集与存储后，所获得的高质量数据将作为智能投研各个环节的原料，为后续的分析、预测和决策提供支撑。正因如此，数据采集不仅是智能投研的起点，也是保证其他环节顺利进行的关键环节。

（二）数据处理

在上一环节中，我们已经准备好了智能投研业务的基础原料——原始数据。这些数据虽然为后续分析和决策提供了重要的支撑，但它们通常是未经加工和处理的，而且可能存在噪声、冗余信息或不完整的部分。因此，接下来需要对这些原始数据进行精细的处理，以确保其准确性、一致性和可靠性，从而为进一步的分析提供有效的数据支持。数据的清洗是处理过程中的关键步骤。原始数据往往包含不完整的记录、重复的条目、错误的数值或缺失的数据。在清洗过程中，数据科学家会运用各种方法修复这些问题，如通过插值法填补缺失值、删除或修正重复记录、校正明显错误的数据点，确保数据在质量上达到可分析的标准。

接下来是筛选环节。在这一阶段，基于智能投研的具体目标和需求，需要从海量数据中筛选出与投资决策最相关的信息。例如，可能只有某些特定行业、公司或资产类别的数据对当前的投资策略具有重要意义，因而需要根据预设的筛选标准，从原始数据中提取出最有价值的部分。筛选的过程还包括对数据进行特征选择，即识别哪些变量对分析和预测有更大影响，哪些则可以忽略，以提高后续分析的效率和准确性。

提取是数据处理中的另一个重要环节。原始数据通常包含多个维度的信息，但这些信息可能是冗长或复杂的，需要通过提取技术来简化。比如，通过特征工程，从复杂的数据集中提取出关键特征，以便进行建模和分析。在智能投研中，常见的提取方法包括情感分析（从新闻、社交媒体中提取情绪变化）、文本挖掘（从公司公告或财报中提取有用的指标)等。

计算也是数据处理中的重要一环。对于处理后的数据,通常需要进行一系列数学运算和统计分析。例如,计算各类财务比率(如市盈率、净资产收益率等),进行时间序列分析、风险度量(如波动率、风险价值等),以及其他基于数学和统计模型的计算,以揭示数据之间的关系和趋势。

(三) 分析研究

分析研究是智能投研的核心与关键环节,它是在前面数据处理基础上进行的实质性业务分析。这一环节主要涉及多种分析方法,如趋势分析、时间序列分析、因子分析、事件分析、相关性分析等。

要做好这一环节的工作,需要深入理解金融投研领域的各类业务逻辑与分析逻辑。这不仅包括对金融市场、宏观经济、企业基本面等多方面的知识积累,还需要理解不同数据的相互关系和影响。将这些业务知识和分析经验内化到智能投研系统中,系统能够在进行分析时具备更强的实际操作能力和决策参考价值。因此,智能投研系统不仅能提供数据支持,而且能够结合行业经验生成更具实战性的分析结果。

(四) 结果输出

智能投研最终的产出会以观点或报告的形式呈现,为金融投资与研究提供相应的业务与决策支持。这一环节是建立在前述工作基础之上的,是智能投研的成果输出环节,而且其成果可以有多种表现形式,如 TXT、Word、图表、公众号图文、H5、音视频等,可以适应投研系统以及互联网、移动互联网传播。

对于金融机构来说,智能技术的介入将使得传统投研的各个环节优化和革新,解放大量基础的投研信息搜集类工作。另外,通过结构化、模型化的处理方式,智能投研也提升了金融市场海量原始数据的效用和价值。目前,智能投研处于发展初期,官方还没有明确的概念鉴定。综合来看,智能投研是以数据为基础,基于自然语言处理、深度学习等 AI 技术,使传统投研实现自动化和智能化,用 AI 技术做数据的获取、挖掘、分析等,以提升投研效率。

二、代表性公司

美国在智能投研领域率先进行探索,发展形成了具有较高知名度的几家头部企业,如阿尔法感知(AlphaSense)、肯硕(Kensho)等。国内的智能投研应用则在 2015 年起步,一批传统金融机构、传统金融数据服务商率先入局探索。2017 年前后,一些创业公司陆续成立,关注度和投资热度均有所提升。

总体来看,中国的智能投研业务目前仍处于成长初期阶段,在数据积累、技术难度以及应用场景等方面与国外仍存在一定差距。从企业类型来看,主要可以分为三类,包括金融数据服务商、智能投研创业公司和金融机构自研智能投研平台。

(一) 金融数据服务商

随着国内监管政策逐步加强对上市公司、公募债券发行人等各类企业信息披露的要求,目前我国二级市场的相关金融数据已经较为丰富,国内的金融数据服务商如万得(Wind)、同花顺、东方财富、恒生电子等公司以及财经媒体行业基本覆盖了绝大多数的市场份额。但相比之下,一级市场的金融数据和部分行业企业相关的另类数据(包括个体的搜索、购买记录,购物网站的交易数据,卫星图像等传感器数据等)仍存在质量不高、源头不稳定等问题,导致金融机构在进行投资研究的过程中,持续、批量地获取高质量的金融数据仍较为困难。数据获取属于智能投研产业链的上游阶段,主要由金融数据服务商针对数据获取的痛点提供一些解决方案和服务应用,如万得开发的全球企业库、同花顺上线的 i 问财知识库等。

(二)智能投研创业公司

智能投研产业链的中游阶段主要包括对金融数据进行处理分析、提供智能搜索、自动生成报告等服务,目前国内有关智能投研的创业公司主要处于产业链的中游阶段,典型企业包括数库科技、文因互联、萝卜投研、司南数据、金证科技等。除了针对投资研究部门对数据处理分析等方面的需求外,创业公司还衍生出针对投行的文本解析、文档生成等相关服务,所应用的金融科技手段有较大的共通之处,产品类型相似,只是服务对象有所区别。

(三)金融机构自研平台

国内部分金融机构也在尝试自行研发相关智能投研应用,天弘基金、华夏基金、嘉实基金和易方达基金相继成立了智能投研相关研究中心或投资实验室,广发证券于 2019 年全自主研发量化策略平台"广发量化精灵"(GF Quant Genius,GFQG),并获得当年上交所优秀期权做市商奖项。

表 5.2　智能投研代表性公司

企业类型	企业名称	成立年份	企业简介
金融数据服务商	同花顺	2016	上线 i 问财知识库构建知识图谱
	东方财富	2005	研发妙想金融大模型,实现 Choice 一站式智能投研
	恒生电子	2016	发布智能小梵,实现智能搜索
创业公司	数库科技	2009	提供大数据关联化、智能化服务,核心产品战略分析模型(strategic analysis model,SAM)行业分析工具及产业链分析工具
	文因互联	2015	对金融数据进行结构化提取和智能化分析,产品包括智能搜索、自动化报告等
	萝卜投研	2016	产品包括智能搜索、智能财务模型等
	司南数据	2018	发布智能研报系统,自动研报生成及报告审核
	金证科技	2018	发布智能舆情系统
金融机构	天弘基金	2015	建立投研云系统("信鸽""鹰眼"),分别支持股票和债券投研
	华夏基金	2016	与微软亚洲研究院就人工智能在金融服务领域的应用展开战略合作研究
	嘉实基金	2016	成立人工智能投资研究中心
	易方达基金	2018	成立方舟智能投资实验室
	广发证券	2019	全自主研发量化策略平台,服务期权等衍生品交易业务

三、智能投研代表案例

（一）东方财富：Choice 一站式智能投研

2024 年 1 月 11 日，"东方财富 AI"官方微信公众号发布消息称，公司旗下自主研发的妙想金融大模型开启内测。妙想金融大模型采用纯解码器（Decoder-only）架构的 Transformer 网络结构，目前已经覆盖了 7B、13B、34B、66B 及 104B 参数。通过自建的数据治理和数据实验流程，结合效果预估算法、高效预训练框架、监督微调（supervised fine-tuning，SFT）、人类反馈强化学习（reinforced learning from human feedback，RLHF）训练等技术，妙想金融大模型建立起自主研发的技术壁垒。

在数据层面，高品质金融数据供给、金融数据特色挖掘、专业多样的金融语料、巨量金融词表的加入，让妙想金融大模型从源头更精通金融；在模型算力层面，妙想金融大模型构建了超千卡级别的算力集群，可支撑千亿级别的模型训练规模。同时，妙想金融大模型通过创新模型训练算法、大规模算力集群支撑快速迭代、高性能推理支撑场景需求等多元手段对模型的金融能力和运算效率持续优化。

金融能力是东方财富自研金融大模型的价值主线。作为金融行业的垂直大模型，妙想金融大模型锚定金融能力价值创造，除了具备文本生成、语义理解、知识问答、逻辑推理、数学计算、代码能力等通用能力，更加关注金融场景的垂直能力。从妙想金融大模型和主流通用模型在常见金融应用场景的综合评测结果对比（见图 5.9）来看，妙想金融大模型在股票对比、个股诊断、实际操作、投资热点解读等金融垂直场景的能力已具备较明显的优势。

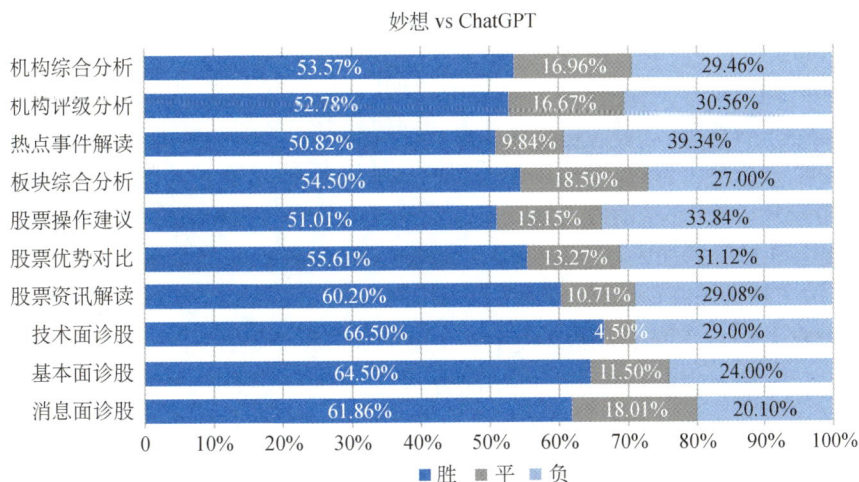

图 5.9　金融能力综合比较

依托妙想金融大模型，2024 年 6 月，东方财富推出 Choice 智能金融终端 8.0 版本，直面百万金融用户的投研痛点，以更便捷的智能投研体验为用户带来金融场景运行效率的立体提升。

垂直纵向层面，Choice 智能金融终端以七大智能业务场景对投研、投顾和投资进行智能下沉,对"快、全、准"进行综合提效(见图 5.10);横向贯通层面,同屏展示、一键打通,对行情、资讯、研报、公告、交易报价等工作流进行智能整合提效;多元触达层面,"AI＋DATA"实现多场景交互,"PC＋APP"完成多端口交互,"Windows＋Mac＋国产 Linux"呈现多系统覆盖,全方位降低投资研究决策及交易操作等综合成本。

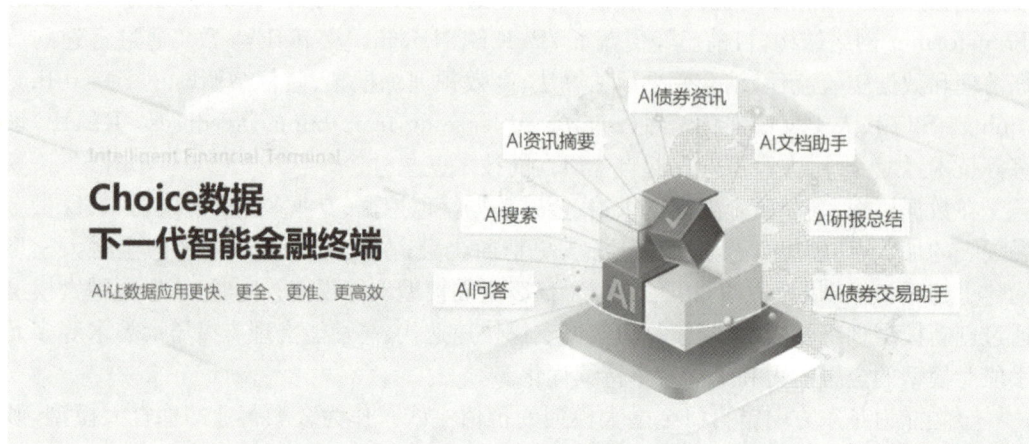

图 5.10　Choice 智能金融终端七大智能场景全时护航

在海量研报挖掘场景,Choice 智能金融终端运用 AI 总结能力,完成对研报"一目百篇,一眼千行"的快准精读。AI 研报总结实现了对研报核心信息无损展示,并识别差异化观点,大幅提升研报阅读及关键信息获取效率,在业内首度全程溯源展示,每一条总结内容均能溯源并精准定位至相关出处。Choice 智能金融终端通过高品质精准信源和智能关联定位跟踪,对研报等信息严谨降噪,持续敏捷提炼出核心要点。

在终端内的信息搜集场景,Choice 智能金融终端 AI 搜索带来了投研信息搜集新体验,直达结果,实现效率百倍提升。AI 搜索在理解搜索意图的基础上,智能挖掘和优选相关资讯、研报、公告等内容,根据用户问题归纳总结成多维度、有条理的完整回答结果及要点提炼。用户只需要 10 秒即可了解新概念或热点事件全貌和相关影响,并对相关资讯全溯源。此外,AI 搜索的加入与全局搜索互为补充,为 Choice 智能金融终端带来更全的搜索入口,形成了搜索闭环。

东方财富 Choice 智能金融终端通过 AI 助手打造了全链路的一站式智能投研体验,全局搜索、资讯、研报、公告全面融合 AI 能力,搭建起了智能交互的一站式工作流平台,为用户带来极速高效阅读、即时信息搜集、研究观点获取等全流程智能化投研体验。在固收等垂直业务领域,东方财富 Choice 智能金融终端则通过 AI 债券资讯和 AI 债券交易助手深入债券市场的投研、报价等私域场景,完成整合提效。

(二) 司南数据:智投解决方案

司南数据是一家专注于自主研发的知识密集型创新企业,致力于将大数据、人工智能技术应用于各类场景,为企业级用户提供全球领先的人工智能产品和行业解决方案。公司拥有雄厚的自主研发力量,骨干成员均来自哈佛大学、清华大学、复旦大学、上海交通大学、浙江大学等名校。团队中博士及博士后占 10%,硕士占 10%,本科占 80%,核心团队具有平均十年以上的知名大型企业工作经验,在数据行业内有着深厚的沉淀和积累。

公司金融产品线依托大数据、人工智能、知识图谱、自然语言处理等领域的先进技术,结合资本市场行业知识,为证券公司等金融机构建设智能投研辅助平台,帮助分析师深入产业链、全面实时把握金融数据与资讯,提高数据与信息处理效率。为基金公司、证券公司业务部门提供优质的数据、技术服务,支持其构建智能投顾助手、机器人客服、量化交易等产品。公司成立以来,扎根金融行业,聚焦智能投研领域,并已取得丰硕成果,其中智能研报系统为国内首创。

1. 智能研报系统

司南数据旗下券商智能研报产品,通过大数据、深度学习与自然语言处理等智能技术,结合各行业逻辑,为券商研报生产提供新模式。国内某大型头部券商为提高研究所研报撰写的质量与效率,积极采用前沿智能数据技术。经过技术选型与定制化开发,实现该券商研究所日报、周报、月报、财报点评等研究报告草稿的一键化自动生成,省去研究员90%以上不必要的烦杂工作,从而可以把更多时间精力放在报告的核心观点与深度分析上。目前,司南数据的智能研报产品已在多家券商研究所落地使用,大幅提高分析师撰写研报的工作效率。

2. 基金业绩智能信披服务

国内某财富管理机构因基金产品业绩披露需要,定期撰写各类基金产品业绩相关的文章,并通过公众号图文等方式推送给投资者。司南数据公司利用自身丰富的数据与成熟的技术,为该财富管理机构提供定制数据技术服务。智能系统可以定时处理各类相关数据,自动生成公众号图文文章,将客户从烦琐、重复的工作中解放出来。智能系统生成的文章内容样式得到了客户的高度认可,并且提高了信息披露工作的准确性和及时性。

3. 可视化研报

报告可视化具有广阔的市场,国内某大型头部券商研究所为更好地服务上市公司,实现公告的可视化呈现,与司南数据开展可视化研报的项目合作计划。司南数据利用自身在数据与技术上的深厚积淀,为该券商提供了多种可视化研报方案,数据丰富齐全,用户界面设计精美独特,沉浸式交互,多种样式随意搭配。该项目一经推出,即获得使用者广泛好评。

4. 智能报告审核系统

司南数据智能报告审核系统是基于对实际报告审核业务的深刻理解,利用司南数据在智能报告领域的深厚数据积累和技术优势而开发落地的智能报告审核系统,可一键自动识别审核各类财务数据、文档要素、数据一致性、估值表数据、引用内容等各审核要点,并即时输出报告审核意见和经审核标注的报告文档,可省去95%重复枯燥的人工数据审核校验过程,极大地提高报告审核效率。

(三) 天弘基金:投研云系统支撑股票/债券投研

1. 率先建立智能投资部

提起公募基金行业中具备互联网思维、科技感的基金公司,天弘基金往往是投资者们最先想到的机构。这更多还是来源于大众对余额宝的认知。殊不知蚂蚁带给天弘基金的并非平台流量那么简单,金融科技像一粒种子,早已播撒在天弘基金发展的土壤上。当各大公募基金公司还在抢占百度、腾讯、阿里等互联网渠道时，天弘基金便已前瞻性地开启了大数据应用上的布局。

早在2013年，基于阿里云计算的架构，天弘基金的技术团队就已搭建了一套云计算系统架构，组建了首支大数据团队。2014年6月，天弘基金还成立了大数据中心，该中心具备百亿级以上的数据处理能力，可以利用科学而复杂的数据模型，描绘出真实的用户肖像和用户习惯，为客户理财需求的智能化定制积累宝贵素材。

尽管有了余额宝这一巨大流量平台靠山，但天弘基金仍在直销渠道上发力。据悉，在IT系统方面，天弘基金还建立了业内首个云直销系统。该系统具备支撑亿级用户、一天数亿笔交易的能力，每秒能处理数千笔交易，具备灵活可拓展、容量大、响应快、成本低等特色，在面对海量交易用户的后台运营能力方面拥有较大优势。

值得一提的是，2016年，天弘基金在业内率先设立了智能投资部，这也意味着，天弘基金开始尝试把大数据、人工智能等前沿科技的研究真正运用到投资领域。天弘基金认为，用互联网改造信息获取方式，利用更广泛的数据源，可以更直接、更深度地渗透到各行业大数据体系中，而利用自身的数据信息优势和算法模型优势，也可以降低投资风险，帮助用户获得长期收益。据了解，天弘基金的智能投资部还将建立以资产配置为核心的"基金中的基金"（fund of funds，FOF）投资决策体系，并辅以基金研究、大数据研究，为FOF投资提供坚实的投研支持。

天弘基金相关负责人曾指出，科技金融的创新发展极大地提升传统投研的效率和能力，而把人工智能引入投研领域，也将引起资产管理行业新的变革，2018—2028年会是人工智能发展最好的时代，也是投资回报最有效的时代。

2. "鹰眼"系统预警违约风险

随着宏观经济走向转入下行周期，投资市场的信用风险也在加剧，也更加考验着公募基金管理人的风险把控和应对能力，但人的精力和覆盖范围通常是有限的，由此金融科技的强大作用和优势也开始显现。天弘基金创新开发了针对信用研究方面的大数据"鹰眼"系统、财务异常模型等。

以"鹰眼"系统为例，该系统主要通过实时抓取互联网信息，利用智能分词、情感学习等机器学习技术实现对债券主体、上市公司、行业动态、存款风险、债券折算率变化、债券等级变化、公司关联关系的互联网舆情变化进行实时监控，可以模拟人脑阅读新闻，对自动抓取的新闻进行准确分词和情感分析。

基于"鹰眼"系统，天弘基金还开发了适用于债券投资和权益投资的财务异常模型。天弘基金利用"鹰眼"系统和财务异常模型，根据企业信用资质，严格筛选投资备选标的，剔除产能过剩的行业债券、负面展望债券、负面报道债券，同时对持仓债券进行跟踪监控；定期进行深度分析及梳理，对信用资质有可能恶化的债券，限期进行卖出处理，严格控制信用风险。

鹰眼系统已被成功应用于债券主体及基金持仓舆情监控，该系统高效且准确的判断能力也使得天弘基金截至目前保持主动持仓零风险纪录。

据悉，2018年前三季度，在可统计的债券违约案例中，90%的债券违约都在"鹰眼"系统里出现了预警。以第三季度为例，对首次违约的"营口港"和"15城六局"等，"鹰眼"系统均做到了提前一个月预警违约风险。

在 2018 年的信用违约浪潮中,天弘基金在大数据技术的支持下,取得了零违约的良好成绩,大部分债券型基金业绩也远超市场平均收益。万得数据显示,截至 2018 年 12 月 7 日,公募债券型开放式基金年内平均收益为 3.69%,而天弘基金旗下数据可统计的 17 只债券型基金中,有 16 只实现了正收益,年内平均净值增长率为 4.76%,天弘稳利定期开放 A/B 类份额更是达到 8.93% 和 8.61% 的业绩表现。另外,年内净值增长率超过市场平均的债基,天弘基金还有 10 只。也就是说 17 只产品中,天弘基金实现了超七成债基跑赢市场。

本 章 小 结

人工智能是计算机科学的重要分支,它的目的是模拟和实现人类智能。本章对人工智能的概念、发展历程、核心原理以及学术应用进行了全面概述,帮助读者理解人工智能在研究和实践中的机遇与挑战。

本章分为四节。第一节介绍了人工智能的基本概念、发展历程、核心能力和主要类型。人工智能的概念最早出现于 20 世纪 50 年代,经历了符号处理、规则系统等多个发展阶段。2017 年以来,随着深度学习和大数据的发展,人工智能的进步大大加快,现已被广泛应用于医疗、金融、交通、娱乐等领域,提高了效率和准确性。第二节探讨了人工智能的基础知识,包括知识表示、推理、机器学习和深度学习。机器学习涵盖有监督学习、无监督学习和强化学习,此节还介绍了线性模型、决策树、支持向量机、贝叶斯分类器和集成学习等核心模型和技术,为读者提供了全面的人工智能底层逻辑框架。此外,还深入介绍了深度学习,主要覆盖人工神经网络、卷积神经网络和循环神经网络等技术,为理解人工智能的基础逻辑奠定了基础。第三节介绍了人工智能的前沿技术和在金融中的应用,如预训练语言模型和增量学习,特别关注了 GPT 的发展,帮助读者及时掌握人工智能技术的最新应用。第四节是智能投研的案例分析,探讨了人工智能在金融领域的实际应用,通过智能投研系统的应用背景、代表性公司及其技术能力等具体案例,向读者展示了人工智能在投资研究中的巨大潜力。智能投研系统利用大数据和机器学习算法进行市场分析和投资决策,提高了金融行业的决策效率与精度,也带来了新的商业模式和竞争优势。

基 本 概 念

人工智能　知识表示　机器学习　线性回归　逻辑回归　决策树　朴素贝叶斯　集成学习
随机森林　深度学习　人工神经网络　强化学习

思考与练习

1. 最后一节中三家企业提供的智能投研解决方案上有何异同？结合企业性质和投研业务流程分析原因。

2. 不同类型企业在智能投研中的核心技术优势是什么？结合金融数据服务商、智能投研创业公司和金融机构自研平台的特点，分析其在技术研发、数据处理和市场适应性方面的优势。

3. 智能投研系统在数据收集、分析、呈现方面有哪些技术挑战？从数据准确性、实时性以及处理复杂性角度出发，探讨现有系统的局限和改进方向。

4. 结合上述案例以及你对投研业务的了解，分析未来投研业务发展方向。新一代生成式人工智能将会如何赋能投研业务？

5. 生成式人工智能对智能投研的潜在风险是什么？在使用生成式人工智能提供投资建议时，可能面临的伦理问题和潜在的决策偏差有哪些？如何在发展智能投研的同时确保合规性和透明度？

6. 除了智能投研，还有哪些人工智能赋能金融行业的案例？

参 考 文 献

1. 陈文虎,邢单,李连山.金融科技在智能投研领域的应用探析[J].金融市场研究,2021,81(12):93-100.

2. 管同伟.金融科技概论[M].北京:中国金融出版社,2019.

3. 李铮,黄源,蒋文豪,等.人工智能导论[M].北京:人民邮电出版社,2021.

4. 马飒飒,张磊,张瑞,等.人工智能基础[M].北京:电子工业出版社,2020.

5. 年志刚,梁式,麻芳兰,等.知识表示方法研究与应用[J].计算机应用研究,2007(5):234-236+286.

6. 祁亨年.支持向量机及其应用研究综述[J].计算机工程,2004(10):6-9.

7. 韦昌法,刘东波,刘惠娜,等.基于知识图谱的郁病智能辅助辨证知识表示与推理研究[J].现代信息科技,2023,7(24):115-120+125.

8. 周斌斌,周苏,蓝忠华,等.人工智能基础与应用[M].北京:中国铁道出版社,2022.

9. DESHPANDE A, KUMAR M. Artificial intelligence for big data[M]. Birmingham: Packt Publishing Ltd, 2018.

10. HOULE M E, KRIEGEL H P, KRÖGER P, et al. Can shared-neighbor distances defeat the curse of dimensionality? [C]//Scientific and Statistical Database Management: 22nd International Conference, 2010: 482-500.

11. SAHA S. A comprehensive guide to convolutional neural networks: The ELI5 way[J]. Towards Data Science, 2018, 15: 15.

第六章

区块链技术及应用

学习要求

1. 了解区块链的概念、特点和基本发展历程。
2. 了解区块链的基本架构和分类。
3. 了解区块链面临的问题与未来发展趋势。
4. 了解区块链在金融领域的应用。

本章导读

　　本章将深入探究区块链技术以及区块链技术在金融中的应用。首先,对区块链进行定义,并探讨它的特性和发展历程。其次,深入介绍区块链的基本架构和技术。从数据层到网络层,再到共识层、激励层、合约层,直至应用层,每一层都承载着区块链的不同功能。数据层确保交易数据的安全性和不可篡改性,网络层负责节点间的通信,共识层通过算法达成全网一致性,激励层通过经济激励维护网络安全,合约层实现智能合约的功能,应用层则为用户和开发者提供接口和各种应用服务。我们还将讨论区块链的不同类型,包括公有链、联盟链和私有链,并展望区块链技术的发展趋势,探讨如何克服现有挑战,以及区块链技术可能带来的创新和变革。最后,我们将对区块链技术在金融领域的应用进行深入的探讨,并对区块链相关案例进行分析。

第一节　区块链引论

一、区块链的概念和特性

　　区块链是基于比特币出现的,作为比特币的基础技术进入公众视野。很多人将区块链看作第四次工业革命重要的组成部分。区块链解决了现行互联网无法解决的问题,即所有权转移的问题。原因在于,通过区块链可以实现全网见证和全网验证,即全网每台连接的服务器都能见证和验证;接下来这项交易可以全网存储,实现了互联网无法做到的所有权转移。

区块链代表一种新型的计算机技术应用模式,它融合了分布式数据存储、点对点传输、共识机制和加密算法。共识机制是区块链系统中用于在不同节点间建立信任和分配权益的数学算法。本质上,区块链是一个去中心化的数据库,作为比特币的基础技术,它由一系列通过密码学方法相互关联的数据块组成,每个数据块记录了比特币网络中的交易信息,用于验证信息的真实性(防伪)和生成新区块。区块链具备六个特性。

(一)去中心化

区块链通过分布式存储和核算实现去中心化,不依赖中心服务器或管理机构。网络中的每个节点都享有相同的权利和义务,共同维护数据的完整性。即使某个节点失效,也不会影响整个系统的运行,提高了系统的安全性和稳定性。

(二)去信任

在区块链网络中,节点间不必在相互信任的情况下进行交易,因为所有数据都是公开透明的,交易信息在规则和共识机制下记录和验证,难以篡改或欺诈。这降低了交易中的信任成本,允许参与者在无中介的情况下完成交易。

(三)开放性

区块链系统对所有人开放,除了交易各方的私有信息外,其他数据都是公开的。任何人都可以通过公开接口访问数据,验证交易信息,并开发应用程序。这种透明度是区块链在建立信任和保障数据完整性方面的独特优势。

(四)自治性

区块链网络的运作基于共识机制和协议,不依赖中心化管理。节点通过协商一致达成共识,确保数据交换的安全性和一致性。这个过程是自动化的,减少人为干预,增强系统的自主性。

(五)信息不可篡改

一旦数据经过验证并添加到区块中,就会永久存储,且难以修改。要篡改已记录的数据,理论上需要控制超过 51% 的节点,这在实际操作中几乎不可能。因此,区块链的不可篡改性在保障数据真实性和可靠性方面具有明显优势,特别适用于金融交易和合同管理等领域。

(六)匿名性

区块链通过算法实现数据验证和交换,参与者无须公开真实身份即可交易。双方只需要通过加密方式验证信息的有效性,无须透露个人信息。这种匿名性在保护用户隐私的同时,也有助于构建基于信誉的数字社会。

二、区块链的发展历程

(一)区块链 1.0

区块链 1.0 时代的比特币标志着虚拟数字货币的诞生,实现支付流通等货币职能,并提供了一种去中心化的支付方式。比特币的愿景是创造一个不依赖央行、全球统一的货币体系。

区块链技术起源于 20 世纪 70 年代末由拉尔夫·默克尔(Ralph Merkle)发明的默克尔树(哈希树)专利。20 世纪 90 年代末,斯图尔特·哈伯(Stuart Haber)和斯科特·斯托内塔(Scott Stornetta)利用哈希树创建了不可篡改文档时间戳系统,成为区块链技术的早期应用。

2008 年末,化名"中本聪"的人或团队在加密货币论坛发布论文《比特币:一种点对点的电子现金系统》,首次提出比特币和区块链技术。论文中,中本聪针对电子货币的双重支付问题,提出一种基于时间戳和哈希算法的解决方案,确保交易数据的不可篡改性和安全性。交易数据以区块形式存在,每个区块通过哈希值与前一个区块相连,形成区块链,保障了系统的安全性和完整性。

最初,区块链作为比特币的底层技术,支持去中心化数字货币的运作。自 2009 年比特币网络运行以来,区块链技术逐渐受到全球关注,并不断演进。起初区块链主要用于加密货币交易,但随着时间推移,区块链的应用已扩展到多个领域。

(二) 区块链 2.0

区块链 2.0 时代标志着智能合约的兴起,这些合约与数字货币的结合在金融领域开拓了更广阔的应用前景。区块链技术支持点对点交易,绕过第三方,从而规避了环境、跨国界、跨银行以及货币兑换等复杂问题,实现直接转账,极大提升了金融效率。以太坊作为区块链 2.0 的典范,提供了一个智能合约的开发环境,允许用户编写智能合约来执行复杂的商业和非商业逻辑。

2015 年,以太坊的推出开启了区块链技术的新时代。在比特币的基础上,以太坊首次引入智能合约功能,将区块链转变为一个能够自动执行程序的平台。智能合约的引入极大地扩展了区块链的潜在用途,使其在金融、供应链管理、去中心化应用(DApps)等多个领域都能发挥重要作用。

(三) 区块链 3.0

区块链 3.0 时代标志着这项技术从金融领域扩展到更广泛的行业应用,被视为继互联网后的新一代技术创新,有潜力推动大规模的产业改革。区块链 3.0 的应用范围广泛,包括数据存储、数据鉴证、资产管理、选举投票等,促进了信息、资源和价值的流通与有效配置。

目前,已有多个公共区块链平台如比特币、以太坊、区块链平台 EOS 和超级账本(HyperLedger)等,它们为开发者提供了搭建和部署区块链应用的基础设施。以太坊平台尤其活跃,拥有 2 667 个去中心化应用,部署了超过 4 200 个智能合约,每日活跃用户超过 2.7 万,形成了强大的区块链分布式应用生态系统。

区块链的"自治"特性使得新型分布式管理方式成为可能,并在组织管理、身份认证、隐私保护等领域得到应用。例如,分布式自治组织 The DAO 利用区块链技术构建了一个分布式自治组织,短时间内从超过 1 万名用户筹集了约 1.5 亿美元资金,成为当时最大的众筹项目之一。尽管项目因安全漏洞失败,但它开启的分布式治理模式为后续创新提供了宝贵经验。身份管理平台 Sovrin 则展示了区块链在自主身份管理中的应用潜力,让用户在无须依赖中心化机构的情况下,安全地管理和验证身份信息,实现对个人数据的自主控制。

区块链的"可信"特性在奢侈品销售、食品和药品追溯、供应链管理等领域得到广泛应用。英国埃弗莱哲(Everledger)公司利用区块链技术为每一颗钻石建立不可篡改的身份和交易记录,已上传了 98 万颗钻石的身份数据。法国布洛克法玛(BlockPharma)公司通过区块链技术进行药品追溯和防伪,将药品信息和二维码记录到区块链上,为每个药物产品提供唯一身份标识,实现全程追溯。

2015 年以后,区块链技术迅速发展,形成公有链、联盟链、私有链等多种形式,适应不同商业需求。区块链已从加密货币应用演化为具有颠覆性潜力的全球性技术,吸引了科技巨头、金融机构的广泛投资,并受到各国政府关注,成为数字化时代的重要创新工具。区块链被视为能够重塑信任机制、提升数据透明度和安全性的技术,正在加速向金融、物流、医疗、能源等领域渗透,推动新一轮技术革命。

[专栏 6-1]
中本聪与创世区块

第二节　区块链技术

一、区块链基本架构

区块链技术构建了一个分层的架构体系,通常被划分为六个主要层次:数据层、网络层、共识层、激励层、合约层和应用层。这些层次共同构建了一个强大、灵活且可扩展的区块链系统,它提供了去中心化的信任和透明度,适用于多种不同的应用场景。下面将一一介绍。

(一)数据层

数据层是区块链的基石,负责数据的存储和组织。它包括区块的链式结构,以及加密技术如哈希函数和非对称加密,确保数据的安全性。时间戳技术也属于这一层,它保证了交易记录的顺序和不可更改性。通过应用多种算法和机制,数据层确保了数据间的紧密联系和验证过程的高效,赋予了区块链数据难以被篡改的特性。

1. 区块链结构

在区块链的链式结构中,区块是最小的数据单元。每个区块都包含一定数量的交易信息,以及一些额外的信息,如时间戳和前一个区块的哈希值。这些区块按照它们加入链的顺序依次相连,构建起了区块链的完整历史记录。这样的结构不仅确保了数据的不可更改性,也赋予区块链高度的透明度和追溯能力。

(1)区块组成部分简介。区块头(block header)和区块体(block body)是构成区块链中区块的两个主要部分,它们共同记录了区块链网络中的交易信息和元数据。下面详细介绍这两个部分。

① 区块头。区块头是区块的元数据部分,它包含区块的基本信息和与安全相关的数据。区块头的主要作用是确保区块的链接和验证区块的完整性。

版本号(version):表示区块的软件版本或协议版本,用于区分不同的区块链网络。

前一个区块的哈希值(previous block Hash):这是前一个区块头的哈希值,它将当前区块与前一个区块链接起来,形成了区块链的链式结构。

默克尔根(Merkle root):默克尔树的根哈希值,它汇总了区块内所有交易的信息。默克尔树是一种二叉树结构,通过将交易数据分组并计算哈希值,最终生成一个根哈希值,用于快速验证交易的存在性和完整性。

时间戳(timestamp):记录区块生成的时间,通常是矿工完成挖矿的时间。

难度目标(difficulty target)：与工作量证明(proof of work，PoW)相关，用于调整挖矿难度，确保区块的生成速度符合网络设定的目标。

Nonce(number used once)：一个随机数，用于在工作量证明算法中寻找满足特定条件的哈希值。矿工需要不断调整 Nonce 值，直到找到一个使得区块头的哈希值满足难度目标的值。

② 区块体。区块体是区块中实际存储交易数据的部分。它包含区块中所有交易的详细信息，每个交易记录了发送者、接收者、金额和其他与交易相关的数据。区块体的主要作用是记录和传播网络中的交易信息。

交易列表(transaction list)：这是区块中所有交易的集合，每个交易都包含交易双方的地址、交易金额、交易费用、时间戳等信息。

交易数量(transaction count)：表示区块中包含的交易数量。

区块头和区块体共同构成了一个完整的区块(见图 6.1)，区块头负责确保区块的安全性和链接性，而区块体则负责记录和传播交易数据。这种结构设计使得区块链网络能够高效、安全地处理和验证大量的交易数据。

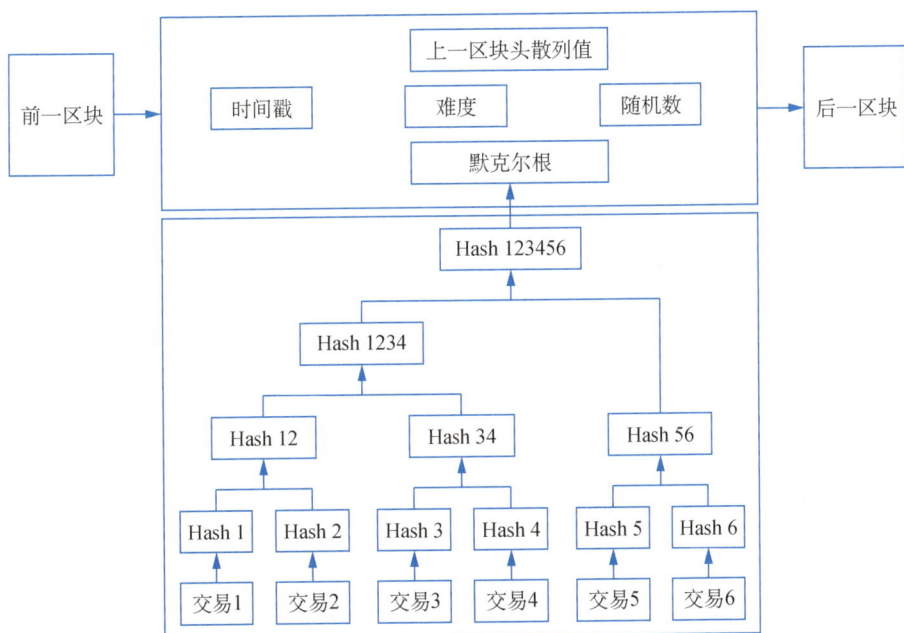

图 6.1　基本区块结构

资料来源：沈鑫,裴庆祺,刘雪峰.区块链技术综述[J].网络与信息安全学报,2016,2(11):11-20.

(2) 重要的技术和数据结构。

① 哈希函数。哈希函数是一种算法，它将任意长度的数据输入通过一系列复杂的数学变换转化为一个固定长度的输出，这个输出被称为哈希值。这种转换是确定性的，意味着对同一个输入总是会产生相同的哈希值。哈希函数的设计使其具有单向性，即从哈希值几乎不可能推导出原始输入数据；同时它还具有雪崩效应，即输入数据的微小变化会导致产生完全不同的哈希值。

利用散列算法的单向、定长和差异放大的特征,节点通过比对当前区块头的前继散列即可确定上一区块内容的正确性,使区块的链状结构得以维系。区块链中常用的散列算法包括 SHA256 等。

② 默克尔树。默克尔树,又称哈希树,是一种在加密和计算机科学领域,特别是在区块链技术中发挥关键作用的二叉树结构。这种数据结构通过将数据分块并计算每块的哈希值来构建树状组织,以增强数据验证的效率与安全性。

在默克尔树中,最底层的叶子节点包含数据块的哈希值。随着层级的上升,每个非叶子节点都是其子节点哈希值的哈希。这一过程递归进行,直至生成树顶的单一根哈希值,该值代表了整个数据集的压缩摘要。

这种设计使得数据验证极为高效。在处理大量交易的区块链系统中,用户可以通过验证从交易到根哈希值的路径上的哈希值来确认单笔交易的有效性,无须下载整个数据集。这一机制不仅提升了验证效率,也增强了安全性,因为任何数据的更改都会改变根哈希值,从而被迅速识别。

默克尔树的可扩展性保证了它能够适应不同规模的数据集,而不会随着数据量的增长而增加树的高度,保持了验证过程的高效。哈希函数的雪崩效应进一步确保数据的微小变化会导致根哈希值的显著不同,为数据完整性提供了强有力的保障。

在区块链中,默克尔树使得轻量级客户端能够通过默克尔证明验证交易的存在性,而无须下载整个区块链。这种证明机制对于实现轻量级区块链客户端至关重要,因为它们可以请求和验证特定交易的存在性,而不必存储整个区块链的数据。

2. 加密机制

非对称加密技术是区块链安全性的基石,它通过使用一对独特的密钥(公钥和私钥)来加密和解密信息。公钥可以公开,而私钥则必须严格保密。在区块链的多种应用中,非对称加密技术扮演着关键角色,包括但不限于信息加密、数字签名验证和用户身份认证。

在比特币网络中,非对称加密确保了交易的安全性和所有权的验证。例如,用户 A 向用户 B 发送加密信息时,会利用 B 的公钥加密,只有 B 的私钥才能解密这条信息。在数字签名的场景中,A 用自己的私钥对信息签名,B 可以使用 A 的公钥来验证信息的真实性。在登录认证过程中,用户可以使用私钥加密登录凭证,服务端则通过公钥解密并验证用户身份。

值得注意的是,公钥的生成过程是单向的,无法从公钥反推出私钥。在比特币和其他许多区块链系统中,私钥和公钥通常存储在数字钱包中,私钥的保管至关重要,一旦丢失,意味着失去了对应地址上的所有资产。为了适应更复杂的需求,如多重签名等,比特币和区块链系统已经发展出多私钥加密技术,以增强安全性和灵活性。

(二)网络层

在区块链网络中,节点间的交流主要通过点对点(P2P)协议进行,这种协议使得节点能够直接交换信息,无须中心服务器的介入。在这样的网络架构中,每个节点都拥有相同的权利和责任,它们以扁平化的网络结构相互连接,没有中心节点或层级之分,每个节点都直接参与网络的运作。

比特币、以太坊等区块链平台的 P2P 通信建立在传输控制协议(Transmission Control Protocol, TCP)之上,而像超级账本结构框架(Hyperledger Fabric)这样的区块链框架则采用超文本传输协议 2.0(HTTP/2)协议来实现节点间的通信。

在这个去中心化的网络中,每个节点都充当监听者,持续监控其他节点广播的数据。当一个节点创建了新的交易信息,它会通过广播将这个信息传递给网络中的其他节点。这一过程从节点将交易信息发送给直接连接的邻近节点开始。这些邻近节点会验证交易的有效性,如检查发起交易的用户是否有足够的余额。

如果交易验证通过,这些节点会将交易信息进一步广播给它们连接的其他节点,形成连锁反应,迅速将交易信息传播到全网。这种广播机制确保交易信息能够迅速被大多数节点接收。在区块链网络中,通常认为只要超过半数的节点接收到交易信息,这笔交易就得到了网络的认可。如果交易信息存在问题,如发起者的余额不足,某个节点在验证过程中会发现这一点并停止进一步广播,防止无效或欺诈交易的传播。

同样的广播机制也适用于新区块的生成和确认。当矿工节点找到一个满足工作量证明条件的随机数(Nonce),它会将这个新区块广播到网络中。其他节点接收到新区块后,会验证区块中的所有交易是否有效,以及区块是否符合区块链规则。一旦新区块通过验证,它就会被添加到主链上,全网节点会同步这个区块,确保网络的一致性和完整性。

这种基于广播的机制是区块链网络实现去中心化共识的关键,它不仅确保了信息的快速传播,还通过节点间的相互验证来维护网络的安全性和可靠性。

(三) 共识层

作为区块链的核心,共识层包含多种共识算法,这些算法确保网络中的节点对数据的一致性达成共识。区块链的共识机制是指区块链网络中各个节点达成一致的过程,这个过程确保了所有参与者对区块链数据的一致认同。共识机制是区块链技术的核心,因为它解决了去中心化系统中的数据一致性问题。

1. 实用拜占庭容错

实用拜占庭容错(practical Byzantine fault tolerance, PBFT)是一种分布式共识机制,它旨在解决分布式系统中的一致性问题,尤其是存在恶意节点或故障节点的情况。PBFT 算法由米格尔·卡斯特罗(Miguel Castro)和芭芭拉·利斯科夫(Barbara Liskov)在 1999 年提出,它解决了原始拜占庭容错算法效率不高的问题,将算法复杂度由指数级降低到多项式级,使得拜占庭容错算法在实际系统应用中变得可行。PBFT 算法的核心在于通过多轮投票来达成共识。在这个过程中,系统中的角色包括客户端、主节点(primary)和多个备份节点(replicas)。共识过程通常包括三个阶段:预准备(pre-prepare)、准备(prepare)和提交(commit)。

PBFT 算法能够在保证安全性的同时,提供较高的吞吐量和较低的延迟。它适用于许可链(permissioned blockchain)或联盟链(consortium blockchain),在这些场景中,节点的数量较少,且节点的身份是已知的。PBFT 算法能够容忍最多 f 个恶意节点,而不影响系统的一致性。然而,PBFT 也有其局限性,比如在节点数量非常多的情况下,它的性能会受到影响,因为每个节点都需要与其他节点通信,这会导致网络通信量呈平方级增长。此外,PBFT 算法在处理视图变更(如主节点故障或恶意行为)时可能会有性能瓶颈。

2. 工作量证明

工作量证明(PoW)是最著名的共识机制之一,主要用于比特币网络。在 PoW 中,矿工通过解决复杂的数学难题来证明其工作量,首个解决难题的矿工有权将新区块添加到区块链上,并获得相应的区块奖励。这个过程需要大量的计算力,因而被称为"工作量证明"。

3. 权益证明

在权益证明(proof of stake,PoS)中,创建新区块的权利不是通过竞赛解决难题获得,而是基于节点持有的货币数量和持有时间。持有货币越多、时间越长,获得记账权的概率越大。这种方式旨在减少 PoW 机制中的能源消耗问题。

4. 委托权益证明

委托权益证明(delegated proof of stake,DPoS)融合了权益证明的元素和民主投票的过程。在 DPoS 模型下,系统的代币持有者行使投票权,选举出少数可信的节点,这些节点被称为见证人或代理人,负责验证交易并生产区块。这种机制的核心在于,整个网络的参与者通过投票表达对网络运作的看法,从而选出能够代表整个社区利益的节点。被选出的节点因为社区的信任而承担起维护区块链的责任,轮流产生新的区块,并因此获得创建区块的奖励。这个过程不仅提高了区块链处理交易的效率,还降低了维护网络所需的资源消耗。DPoS 机制的优势在于它能够提供快速的交易确认和高度的可扩展性。由于只有少数节点负责验证和出块,网络拥堵的情况得到缓解,交易费用也较低。此外,DPoS 还引入了一定程度的中心化,因为节点的数量较少,这可能提高了网络的稳定性和预测性,但同时也引发了关于去中心化程度的讨论。

(四)激励层

区块链激励层是区块链技术架构中的一个重要组成部分,主要通过经济激励机制来鼓励节点参与区块链系统的建设和维护。激励层的核心功能包括经济激励的发行机制和分配机制,这些机制旨在奖励那些为区块链网络做出贡献的参与者,如矿工、开发者和用户等。

激励层通常在公有链中出现,因为公有链需要激励遵守规则的节点参与记账,并惩罚不遵守规则的节点。激励机制的设计可以分为多种类型,包括赋予权利型激励、增加收益型激励和提高声誉型激励等。这些激励方式共同作用,确保区块链系统的持续健康运行,并推动区块链应用的发展。

在比特币等公有链中,激励层通过发行新的代币来奖励矿工,以激励他们进行计算工作并维护网络安全。这种机制不仅促进节点的积极参与,还确保了区块链系统的去中心化和安全性。此外,激励层与共识机制紧密相关,共识机制决定了激励机制的具体实现方式,如工作量证明、权益证明等。

(五)合约层

区块链合约层是区块链系统中一个关键的组成部分,主要负责封装各类脚本代码、算法以及由此生成的更为复杂的智能合约。合约层建立在区块链虚拟机之上,是实现区块链系统灵活编程和操作数据的基础。它允许用户通过编写智能合约来定义复杂的商业逻辑和规则,这些合约可以在满足特定条件时自动执行,无须第三方的干预或信任背书。

智能合约是区块链技术的核心特性之一,其概念最早由尼克·萨博(Nick Szabo)在1996 年提出,但随着区块链技术的发展才得以实现。智能合约可以被视为传统合约的数

[专栏 6-2]
拜占庭将军问题

字化版本,当满足某些特定条件后可自动执行。这种合约一旦部署在区块链上,其内容就变得公开透明且不可篡改,从而确保了交易的安全性和可靠性。

合约层不仅支持简单的交易控制,如延时支付和担保交易,还能够支持更为复杂的业务逻辑和循环,使得区块链能够支持宏观金融和社会系统的诸多应用。以太坊等图灵完备的平台更是通过支持复杂的智能合约编程语言,为去中心化应用的开发提供了强大的基础。

合约层作为区块链架构中的重要一层,通过智能合约实现了去中心化、自动化和不可篡改的特性,极大地扩展了区块链的应用范围和潜力。

(六) 应用层

区块链应用层是区块链技术架构中的一个重要组成部分,它封装了各种应用场景和案例,类似于电脑上的应用程序、浏览器上的门户网站或手机端的应用程序。在应用层中,区块链技术被广泛应用于多个行业领域,包括金融、医疗、物流、政务等。

具体来说,区块链应用层的主要任务包括区块链的部署、运行、管理和维护。在部署方面,区块链系统可以被部署到不同的区块链网络或平台上,如以太坊、Hyperledger Fabric 等。在运行过程中,区块链应用程序可以在这些平台上执行,提供透明、安全的数据存储和交易处理功能。

此外,应用层还涉及智能合约和去中心化应用程序的开发与部署,这些应用程序利用区块链技术实现自动化和去中心化的业务流程。例如,在金融领域,区块链技术可以被用于跨境支付、供应链金融、贸易融资等场景,提高交易效率和安全性;在医疗行业,区块链技术则可被用于数据加密和追踪溯源,确保医疗数据的安全性和可追溯性。

随着区块链技术的发展,跨链技术的成熟也使得不同区块链之间的集成成为可能,构建了一个更加灵活和高效的区块链生态系统。因此,应用层的发展趋势是提供多样化的服务和应用,以满足不同场景的需求,并打包底层区块链技术,提供一站式区块链开发平台。

二、区块链的分类

区块链系统根据应用场景和设计体系的不同,一般分为公有链(public blockchain)、联盟链(consortium blockchain)和私有链(private blockchain),分别适用于不同的信任环境。

(一) 公有链

公有链是指任何人都可读取的,任何人都能发送交易且交易能获得有效确认的,任何人都能参与其中共识过程的区块链——共识过程决定哪个区块可被添加到区块链中和明确当前状态。

公有链的各个节点可以自由加入和退出网络,并参加链上数据的读写,运行时以扁平的拓扑结构互联互通,网络中不存在任何中心化的服务端节点。

在公有链中,程序开发者无权干涉用户,所以区块链可以保护其开发的程序的用户。任何拥有足够技术能力的人都可以访问,也就是说,只要有一台能联网的计算机就能满足访问的条件。所有关联的参与者都隐藏了自己的真实身份,这种现象十分普遍。他们通过公共性来产生自己的安全性，在这里每个参与者都可以看到所有的账户余额和所有的交易活动。

公有链包括比特币、以太坊、超级账本、大多数山寨币以及智能合约，其中，公有链的始祖是比特币区块链。比特币区块链基于 P2P 网络，所有节点对等，而且都运行同样的节点程序。比特币区块链代表着区块链的 1.0 模型，主要适用于虚拟货币的交易。它的区块链架构对虚拟货币以外的应用场景支持非常有局限性，随着区块链技术从比特币中独立出来，其作为可编程的分布式信用基础设施的发展理念被逐渐确立，并过渡到区块链 2.0 模式即以太坊模式，以支持智能合约、去中心化应用为特征。

以太坊是一个开源的有智能合约功能的公共区块链平台，通过其专用的加密货币以太币(Ether)提供去中心化的虚拟机来处理点对点合约。以太坊是可编程的区块链，允许用户按照自己的意愿创建复杂的操作，可以作为多种类型去中心化区块链应用的平台。和编程语言相似，它由企业家和开发者决定其用途。以太坊尤其适合那些在点与点之间自动进行直接交互或者跨网络促进小组协调活动的应用。

目前，大多数区块链项目都依靠以太坊作为公有链。除金融类应用外，任何对信任、安全和持久性要求较高的应用场景，如资产注册、投票、管理、物联网等 3.0 时代应用，都会大规模地受到以太坊平台影响。

超级账本是一个旨在推动区块链跨行业应用的开源项目，由 Linux 基金会在 2015 年 12 月主导发起，成员包括金融、银行、物联网、供应链、制造和科技行业的领军企业。项目的目标是区块链及分布式记账系统的跨行业发展与协作，并着重发展性能和可靠性使之可以支持主要的技术、金融和供应链公司的全球商业交易。该项目将采用独立的开放协议和标准，通过框架方法和专用模块，包括各区块链的共识机制和存储方式以及身份服务、访问控制、智能合约等功能来实现其目标。

(二) 联盟链

允许授权的节点加入网络、可根据权限查看信息、往往被用于机构间的区块链，被称为联盟链或行业链。

联盟链的各个节点通常有与之对应的实体机构组织，通过授权后才能加入与退出网络。各机构组织组成利益相关的联盟，共同维护区块链的健康运转。

联盟链适合被用于机构间的交易、结算或清算等企业对企业(B2B)场景，以及多种企业之间的供应链管理、政府部门之间的信息共享等。例如，在银行间进行支付、结算、清算的系统就可以采用联盟链的形式，将各家银行的网关节点作为记账节点，当网络上有超过 2/3 的节点确认一个区块，该区块记录的交易将得到全网确认。联盟链交易的确认时间、每秒交易数都与公有链有较大的区别，对安全和性能的要求也比公有链高。

联盟链中的共识节点来自联盟内各个机构，且提供节点审查、验证管理机制，节点数目远小于公有链，因而吞吐量较高，可以实现毫秒级确认；链上数据仅在联盟机构内部共享，拥有更好的安全隐私保护。联盟链有超级账本、科尔达(Corda)平台和企业以太坊联盟等。

联盟链由参与成员机构共同维护，并提供了对参与成员的管理、认证、授权、监控、审计等全套安全管理功能。2015 年成立的 R3 联盟就是银行业的一个联盟链，目前已加入的成员有 40 多个，包括世界著名的银行摩根大通、汇丰、高盛等。

（三）私有链

当网络中的所有节点都被掌握在一家机构手中，称为私有链（private blockchain）。私有链的各个节点的写入权限归内部控制，而读取权限可视需求有选择性地对外开放。私有链仍然具备区块链多节点运行的通用结构，适用于特定机构的内部数据管理与审计。

私有链一般在企业内部应用，如数据库管理、审计等；在政府行业也会有一些应用，如政府的预算和执行，或者政府的行业统计数据，这个一般来说由政府登记，但公众有权利监督。

公有链是完全去中心化的，特点是全网公开，无用户授权机制。由于私有链和联盟链都需要授权加入和访问，私有链和联盟链也被称作许可链。区块链的三大类型（私有链、联盟链、公有链）构成了未来区块链生态。区块链三大类型各自的特点与相互区别如表6.1 所示。

表 6.1　区块链三大类型的各自特点与相互区别

类别	公有链	联盟链	私有链
参与者	任何人自由进出	联盟成员	链的所有者
共识机制	PoW/PoS/DPos	分布式一致算法	solo/PBFT 等
记账人	所有参与者	联盟成员协商确定	链的所有者
激励机制	需要	可选	无
中心化程度	去中心化	弱中心化	强中心化
特点	信用的自创建	效率和成本优化	安全性高、效率高
承载能力	<100 笔/秒	<100 万笔/秒	视配置决定
典型场景	虚拟货币	供应链金融、银行、物流、电商	大型组织、机构
代表项目	比特币、以太坊	R3、Hyperleder	Ripple 网络

传统机构无法突然转变成一个完全的公有链，联盟链是实现未来加密世界的重要步骤。相比中心化数据库，联盟链的最大好处就是加密审计和公开的身份信息。没有人可以篡改数据，就算发生错误也能追踪错误来源。相比公有链，私有链更加快速，成本更低，同时尊重了公司的隐私。联盟链或在传统机构中先落地应用，同时将区块链推广到企业的管理和应用中。

三、区块链发展趋势

经过十余年的发展，区块链技术已逐步渗透到金融、物流、医疗等多个行业，展现出强劲的增长势头。然而，尽管区块链在提升数据透明性、保障数据安全性等方面具有显著优势，但是要充分挖掘其潜在价值仍需要克服技术、政策和法律等多方面的挑战。区块链的核心特性（去中心化和可信）在推动其技术进步的同时，也构成了双刃剑：一方面，它们为实现自治和透明提供了基础;另一方面,分布式架构带来了数据一致性、交易速度、监管适应性等多层面的考验。

(一) 区块链所面临的问题

1. 可扩展性问题

在加密货币(如比特币和以太坊)设计之初,开发者未充分预见到其大规模使用的情景,因而没有对网络的扩展需求做出足够的设计预留。然而,随着加密货币应用逐渐广泛,用户数量的增加暴露出系统在可扩展性方面的显著不足。可扩展性问题的根源在于当前主要加密货币依赖区块链结构来确认交易,而比特币和以太坊等区块链在设计时对每个区块的大小设定了严格的限制。例如,比特币的区块大小上限为 1 MB,此设计的初衷是提高系统的安全性和防范攻击的能力。然而,这一限制同时导致网络处理交易的效率显著降低。

2. 互操作性问题

实现区块链系统的"可信"特性需要足够大的网络规模,才能确保共识机制的有效性并增强其抗攻击能力。然而,小规模的区块链网络在去中心化和数据一致性方面存在不足,难以完全展现区块链的潜在价值。目前,许多组织和机构在小范围内试验区块链技术,这导致不同区块链平台之间的多样性和异质性加剧。例如,在全球最大的开源代码托管平台 GitHub 上,有超过 6 500 个活跃的区块链项目,各自采用不同的平台、开发语言、共识机制和隐私保护方案,从而形成众多异构的区块链生态。这一现状带来了区块链的互操作性问题。若这些异构的区块链系统无法有效连接与通信,其"可信"特性将难以充分实现。类似早期数据库系统中的数据不兼容问题,不同区块链网络由于采用各自的架构、加密算法和数据格式,造成跨链通信极为复杂,阻碍了数据流通与一致性验证的实现。例如,在农业供应链中,不同区块链平台可能分别管理生产、运输、分销等环节,但由于互操作性差,跨平台的数据流通困难,无法实现全过程的透明追踪,进而影响供应链的效率和数据可信度。

3. 监管问题

区块链技术在快速发展的过程中,面临的第三大挑战是实现有效的监管。区块链技术最初源于"网络朋克"(cypherpunk)社区,该社区以隐私保护和去中心化为核心理念,具有强烈的无政府主义色彩。作为区块链技术的首个成功应用,比特币的诞生带有显著的"反主流"特征,其目标在于构建一个独立于传统金融体系的去中心化货币体系,消除对中心化金融机构的依赖。然而,正是这种去中心化、匿名性和高度隐私保护的特性,使得比特币及其背后的区块链技术在隐蔽网络中被大量用于洗钱、非法交易以及资助恐怖活动等行为,迅速引起各国监管机构的关注。

此外,基于区块链的首次代币发行(initial coin offering, ICO)在短时间内成为筹集资金的新方式,却也因缺乏监管而频繁被滥用,成为金融诈骗和非法融资的温床。大量缺乏实际技术支持的项目通过 ICO 吸引投资者资金后迅速消失,给投资者带来巨大损失。这种滥用现象导致各国政府开始加强对 ICO 及区块链技术的监管力度,力图在支持技术创新与维护金融市场秩序之间找到合理的平衡点。

为此,各国政府正在探索适应区块链特性的监管方式,如建立"沙盒监管"机制,为创新项目提供一个在受到适度监督的环境中试验的空间,以便在保持技术创新活力的同时有效预防风险。此外,开发合规区块链协议(如合规链)和身份验证系统,可以在一定程度上引入软监管,实现可追溯性、数据透明度与用户隐私保护之间的平衡。

(二) 区块链技术发展趋势

随着区块链技术逐渐被应用于实际业务,目前的区块链平台在性能、存储效率、互操作性以及可扩展性等诸多方面仍面临挑战。为了解决这些问题,并提升区块链在实际应用中的效率和可行性,未来区块链技术的研究与发展将集中在共识机制、部分存储、链外交易、多链与侧链以及跨链等关键领域。

1. 共识机制

现有的区块链共识机制如工作量证明和权益证明虽然在去中心化和抗攻击方面表现出色,但在交易速度和能源效率方面存在局限性。工作量证明计算哈希值来达成共识,其高能耗和低效率限制了区块链的可扩展性;权益证明尽管降低了能耗,但仍然面临因权益分配导致的中心化风险。为解决这些问题,未来的区块链共识机制研究将着重开发更高效、更节能的共识协议,如拜占庭容错、委托权益证明以及混合共识等机制,在优化共识效率的同时确保网络的去中心化特性。例如,拜占庭容错共识机制通过允许在一定比例的节点出现故障的情况下达成共识,显著提高了系统的容错性,适用于交易频繁的环境。

此外,混合共识机制的应用在未来也将变得越来越重要,对于具有不同需求的区块链网络而言尤其如此。混合共识机制结合了多种共识协议的优势,通过灵活调整共识策略,在确保去中心化和安全性的同时兼顾交易处理速度。例如,一些区块链平台开始探索工作量证明和权益证明混合使用的模式,在区块生成上采用工作量证明提高安全性和抗攻击性,而在交易确认上采用权益证明提升交易确认速度和节能效果。

2. 部分存储

随着区块链数据量的持续增长,全节点的存储需求迅速增加,带来了显著的存储压力。目前,区块链网络要求每个节点存储所有交易数据以保证数据的完整性和安全性,但这种设计在数据量爆炸式增长的情况下难以维持。部分存储方案将成为缓解这一问题的重要手段,它采用优化存储结构和减少重复数据的方式来降低存储压力。例如,状态快照和数据修剪(pruning)技术可以帮助节点选择性地存储关键数据或当前状态的快照,而非所有历史数据,从而降低存储需求。这种方式可以释放硬件资源,提升节点的参与度和可持续性。

随着区块链上交易量和数据量的不断增长,节点存储策略正逐渐从全量存储转向部分存储,这已成为区块链技术发展的一个重要趋势。未来的区块链系统可能会进一步探索更加高效和隐私友好的数据存储方案,以适应不断变化的市场需求和技术挑战。

3. 链外交易

链外交易(off-chain transactions)是提升区块链可扩展性的重要途径,它将部分交易从链上移至链外执行,减轻主链的负担,增加交易处理速度。链外交易允许交易双方在不占用链上资源的情况下进行资产转移或信息交换,最终将交易结果记录在主链上。例如,状态通道(state channels)是一种典型的链外交易方式,交易双方在状态通道开启后可以在链外进行频繁的交易操作,仅在通道关闭时将交易记录写入链上。这种方式适用于小额、高频交易,如支付或微交易场景,能够显著降低链上数据量并提高交易效率。

未来,链外交易技术将继续拓展,预计会与链上智能合约和自动化协议结合,实现更复杂的交易结构。链外交易的不断发展将促使区块链从单一的链上交易模式转向链上链下混合的处理方式,为区块链在商业支付、游戏内交易等场景中的广泛应用提供了可能。

4. 多链与侧链

随着区块链技术应用的不断扩展,多链与侧链技术在未来区块链架构中也越来越重要。传统区块链平台通常采用单链设计,这限制了系统的整体处理能力,它的性能受限于单个计算节点。为了突破这一限制,人们又提出了多链设计方案,它允许将互不相关的交易分片存储和并发执行,从而提高了系统的可扩展性。在多链设计中,全网的处理能力不再受限于单个节点,而且不同链之间的隔离还有助于保护交易数据的隐私。在实际应用中,多链架构支持针对性更强的应用,例如,企业可以在私有链上处理内部机密信息,同时利用公有链进行公开验证和数据共享,从而实现高效的信息隔离和管理。多链架构还能够提高区块链的弹性,允许不同链针对不同应用需求进行个性化优化。除了以太坊的分片技术和 Hyperledger Fabric 的多通道技术,还有其他区块链平台如 Monax 和 MultiChain 也提供了自己的多链方案。

侧链技术最初是为了实现数字资产交易而设计的,它通过锚定比特币来解决比特币平台应用单一和性能受限的问题。侧链技术为主链提供了扩展能力,使得特定应用或复杂任务可以在侧链上执行,从而不影响主链的稳定性。例如,块流(Blockstream)公司推出的元素链通过与比特币双向锚定,实现比特币在主链和侧链间的互转,并提供了智能合约和私密交易等特性。未来,随着多链和侧链技术的成熟,不同区块链之间的协同将进一步增强,为跨平台和跨应用的区块链解决方案提供了更大的灵活性和扩展性。

5. 跨链

当前,不同的区块链系统彼此隔离,难以实现数据和资产的跨链流通,这种互操作性的缺乏极大地限制了区块链在多领域的应用潜力。跨链技术(cross-chain)成为解决这一问题的核心方案,通过建立跨链协议和桥接(bridge)技术实现不同区块链间的数据和资产自由交换。跨链互操作性的发展将打破当前区块链的孤立状态,使各个区块链平台之间实现互联互通。例如,中继(relay)技术可以在不同链之间交换信息和验证交易状态,确保跨链交易的可信性;哈希锁定(hash-locking)技术则利用多重签名和加密算法,确保跨链交易的安全性。目前,Polkadot 和 Cosmos 是两个较有影响力的跨链技术项目。

未来,跨链互操作性的发展将推动更多复杂场景落地,特别是金融、供应链和物联网等需要多方协作的行业。例如,通过跨链协议,不同金融区块链平台可以实现去中心化金融产品的跨链流通,提升金融服务的流动性和用户体验。跨链互操作性也将增强区块链技术的适应性,使其在多平台、多应用环境中实现数据共享和一致性验证,进一步扩展区块链的应用空间。随着跨链技术的成熟,区块链在全球化和多行业中的应用潜力将得到全面释放。

第三节　区块链在金融中的应用

区块链技术以其去中心化、不可篡改和透明性等特性,深刻地改变了金融行业的传统运行方式。在传统的金融交易中,为了确保交易的安全性和可信度,往往需要依赖银行、清算中心等第三方中介机构。这些中介机构在交易过程中扮演着验证、记录和执行的角色,不仅增加了交易的复杂性,也带来了额外的时间和成本。然而,区块链技术的应用为解决这些问题提供了新的可能性。通过智能合约的自动执行和验证机制,区块链能够实现不需要中介的点对点交易,从而降低交易成本,提高效率。区块链在金融领域的应用方向多样,涵盖跨境支付、资金监管、双碳、贸易金融、数字身份、征信等多个方面。

一、跨境支付

在传统的跨境支付业务中,主要面临汇款速度慢、汇款费用高、透明度低、隐私性差、资金占用率高等问题。一笔跨境支付业务需要通过多个银行的系统才能完成清算与记账,整个汇款流程一般需要 2～3 天才能完成。客户需要支付高额的手续费、电报费、中转费用、现钞兑换费等。此外,跨境汇款往往涉及多个国家或地区,支付报文以串行方式在银行间逐层传递,可追溯性差,导致信息沟通反馈不畅,信息透明度低,客户的账户及交易等私人信息完全暴露给汇款路径上所有参与机构。此外,为满足日常清算需要,银行需要在结算账户中备付一定资金量,导致大量资金占用。

基于以上原因,金融机构和科技公司都在加速布局区块链技术在支付与结算领域的应用。2019 年 2 月,摩根大通公司推出了加密货币 JPMcoin,可以将摩根大通的企业客户间跨境支付的清结算时间由 1 天缩短至实时。2019 年 6 月,脸谱网(Facebook)联合 20 余家机构共同宣布计划推出天秤币(Libra),目标是建立一套为数十亿人服务的金融服务生态系统。中国银行、招商银行、蚂蚁集团等机构也在支付领域推进区块链应用创新,将区块链作为信息交换的载体,将机构间的串行处理并行化,提高信息传递及处理效率,提升跨境汇款的时效性。此外,欧洲和日本央行、新加坡金管局、加拿大央行等境外金融监管机构也在探索区块链技术在中央银行之间的清结算领域的应用。

将区块链技术应用到跨境支付中,可以有效克服传统跨境支付业务模式的痛点,解决信息共享不畅、跨地区多主体协同困难、支付交易费用高、交易不安全等问题。应用区块链技术创新跨境支付机制,解决传统跨境支付清算路径长、时效性低、成本高等痛点,提升跨境支付清算的效率,同时满足境内外监管合规的要求,大幅提升客户跨境支付体验。

二、资金监管

在数字经济蓬勃发展的大背景下,随着资金服务向各应用场景渗透,业务呈现多主体、多交互、信息流与资金流互相驱动、权属意识强化等特点,客户联结逐渐形成分布式的生态模式,往往伴随信息流、资金流等自发连接而形成关系复杂的协同价值网络。传统资金服务缺乏逐笔流水管理粒度、多账户穿透追溯的资金监管能力,影响资金科学合理使用的同时造成出资方权益保障难、政府相关部门监管难的局面。

基于区块链的资金监管场景聚焦复杂资金服务场景下的多方协同、信息对称、穿透管理等问题，基于智能合约实现场景化资金监管的应用创新，并通过抽象业务流程打造资金监管类的业务智能合约模板库。

一方面，依托区块链多方参与、可追溯、防篡改的技术特点实现逐笔资金穿透管控，提升资金流转透明度，降低资金风险，提升资金相关方互信度，更好地规避交易商信用风险，真正解决买卖双方在交易过程中的风险问题，提高双方的诚信度，提供安全资金监管服务。另一方面，发挥智能合约的自动执行和可编程特性，实现资金管理自动化。同时实现资金服务客制化，研究沉淀更具推广应用价值的智能合约，提升资金服务创新的便捷性，增强资金监管服务质效。赋能资金监管业务拓展，为革新业务经营模式和管理方式注入新推力，促进开放金融生态建设，在集团企业、新型互联网产业逐步创造金融服务数字化经济价值。

三、双碳

区块链技术特点有望解决双碳场景参与方众多、流程繁杂等问题，为双碳数据要素的全生命周期管理和认证提供技术支撑。主要应用场景包括三个方面。

第一，碳核查。区块链结合物联网技术可直接采集企业生产、物流、存储过程中涉及的碳足迹信息并上链存证，确保相关信息客观、真实、可溯源，满足碳核查过程对数据真实性的要求；利用智能合约获取链上数据并自动进行碳核算，可保障碳核算结果的准确性，避免人为干预和造假。

第二，碳交易。基于区块链技术可建立一个碳金融市场生态体系，政府机构、监管部门、企业、金融机构和碳金融产品交易方均可在联盟链部署节点，交易主体可直接在链上完成点对点交易，实现降本增效的目的。监管部门也可通过设置监管节点的方式对碳金融市场实施穿透式监管。

第三，个人碳账户。个人碳排放场景较多且难以量化，区块链结合数字身份可为公民建立个人碳账户，从而准确追踪、记录用户碳减排行为，形成碳账户余额。通过将碳账户与金融服务、用户权益等挂钩，可提升绿色金融服务的普惠性与可得性。

四、贸易金融

贸易金融是指银行在贸易双方债权债务关系的基础上，为国内或跨国的商品和服务贸易提供的贯穿贸易活动整个价值链的全面金融服务，其功能涵盖贸易结算、贸易融资、信用担保、避险保值与财务管理。

贸易金融涉及多个参与方、多重环节的复杂场景，涉及行业面广、交易链条长，需要各贸易参与方彼此互信共享，而区块链技术的出现较为有效地解决了这方面的问题。从现有业务模式入手，以贸易金融业务为基础，通过将区块链技术融入银行、核心企业、政府机构、船公司等贸易参与方，形成新的"区块链＋贸易金融"业务模式。

在贸易金融各业务领域应用区块链技术，旨在解决当前贸易金融业务过程中信息造假、信息不对称等痛点问题，而基于区块链所具有的不可篡改、分布式和可追溯等特点，结合多样化的贸易金融手段,各家银行可以将数据信息转移到区块链平台之上,从而快速验证和安全匹配贸易背景真实性、融资等信息,解决贸易金融交易中数据信息的信任问题。

通过加入基于区块链技术的贸易金融系统,从整体信息流动的角度来看,传统贸易金融中的信息不对称问题将得到改善。一方面,区块链与贸易金融二者相互加持,贸易金融业务风险控制可以贯穿整个贸易过程,对企业的信任度大大提升;另一方面,"区块链＋贸易金融"模式下对资金、货物、货权的把控力度大大提升,安全性整体增强。

通过区块链技术构建一个全新的开放性贸易金融平台,对国际贸易各个环节的在线全流程管理、实时控制可以大大简化贸易背景真实性核验、融资前尽调、业务审批、管理等运作流程。这样不仅可以大大降低银行投入的人力成本,解决投入产出比的效益问题,而且避免了线下转线上多渠道收集信息的高成本,银行可以用更少的人力投入发展更多的客户,获取更大的规模效益。

由于获取的各相关方信息的接入和整合,原先零散的信息变得集中且全面,有利于银行快速、准确地进行信息的核实与比对,提高对贸易背景真实性的把握,大大减少贸易参与方人为造假的道德风险,使银行更有信心和底气,推动贸易金融业务的开展。

五、数字身份

基于区块链的分布式数字身份,其核心思想是建立一个以用户为中心、自主可控、可信任的身份基础设施体系,可应用于以下场景。

第一,信用卡融合场景。在申办信用卡的同时,生成数字身份。在联动信用卡生活消费场景中,出示数字身份即可,如酒店预定和入住通过数字身份登记与核验。

第二,智慧机场生态场景。对线上线下购置机票、机场过闸登记、机场消费等场景,通过出示数字身份核验旅客身份信息。

第三,智慧校园生态场景。在高校校园内,通过数字身份实现一卡通行,如学生及职工考勤管理、食堂消费、图书借阅、关联银行借记卡费用缴纳、选课报名、投票、关联考试准考证信息等。

第四,智慧医疗生态场景。医疗机构通过数字身份提供就诊预约服务,关联登记看病记录、过往病历、遗传病等医疗信息。医疗机构可通过病人授权的声明获取医疗信息,便于对病人进行全面病情的诊断,并可签发处方药的声明,同时药店对于病人出示的处方药可验证声明(经医院颁发)进行核验,核验通过后对病人出售药品。

六、征信

信用数据是征信体系赖以生存的基础,随着数据成为新型生产要素,相关领域立法不断完善,我国社会信用体系建设进程加速。然而,在征信市场信息开放共享的过程中,由于涉及数据权属、隐私保护、存储安全、信息真伪等问题,往往会出现数据共享不充分的情况。

首先,在征信市场中,不同的组织拥有不同的数据资源,数据共享过程中往往要考虑到数据的商业价值以及竞争优势,因而可能会限制数据的共享范围。其次,在征信市场中,个人的信用信息往往被广泛收集和使用,但个人信息具有敏感性和隐私性,需要确保使用安全和隐私不被泄露。再次,征信数据的规模庞大、复杂,需要征信机构、数据源单位等加强对数据存储的安全管理,避免出现数据丢失或被篡改等问题。最后,信息真伪也是影响数据共享的一个重要因素,需要加强对信息的验证和核实,确保数据共享的真实性和可信度。

针对上述情况,区块链技术可以助力解决征信市场中信息共享不全面、不充分的问题,让征信市场中各类参与主体实现更高水平的信息共享。

第一,区块链的分布式存储特性使得征信数据可以被多个参与主体共享和访问。征信平台、征信机构和数据源单位等可以通过区块链技术将各自的数据存储在不同的节点上,实现数据的多中心化管理和共享,让不同地区和不同机构之间的征信数据可以互相访问,实现跨区域的征信服务。

第二,区块链融合隐私计算技术可以有效保护个人信用信息。区块链可以实现数据难篡改、可追溯、链上数据密文可验证,同时基于公私钥的数据共享机制,可以确保数据的可验真性以及隐私性,确立数据内容的权益边界,保护个人信息不被滥用。

第三,区块链的不可篡改性可以保证征信数据的安全性和可信度。征信市场中信息造假和篡改等问题给金融机构和借贷方带来了风险,区块链技术使用密码学算法和共识机制,使得区块链中的数据无法被篡改,确保征信数据的可信度。

[专栏6-3]
中国建设银行-跨境易支付

第四节　区块链案例分析

一、区块链与金融风控——以金综链为例[①]

(一)案例背景

金融安全是当今社会经济发展中不可忽视的重要问题,而区块链技术则被视为解决金融安全问题的一种创新性工具。区块链技术通过非对称加密、签名验签等技术手段,在确保数据安全的前提下,依托精准溯源和不可更改的特性,支撑涉及自然人和法人的公共数据的授权,为公共数据资源要素化、流通化提供技术支撑。2022年7月发布的《中国银保监会关于加强商业银行互联网贷款业务管理 提升金融服务质效的通知》要求商业银行提升金融服务质效,优化贷款流程,并严格履行贷款管理主体责任,包括贷款调查、风险评估、授信管理、贷款资金监测等。这要求银行机构强化信息数据管理,确保获取的信息数据真实准确,并采取有效措施对贷款用途进行监测,以保障贷款资金安全。2022年10月发布的《国务院办公厅关于印发全国一体化政务大数据体系建设指南的通知》提出建设全国标准统一的政务区块链服务体系,推动"区块链＋政务服务""区块链＋政务数据共享""区块链＋社会治理"等场景应用创新,并建立完善数据供给的可信安全保障机制,保障数据安全合规共享开放。

---

① 案例资料来源:数治网治库、浙江省银行业协会公众号、数秦科技公众号、国家金融监督管理总局浙江监管局官网、布比科技网站。

思考

运用区块链技术进行金融风控的优点有哪些?

(二)金综链简介

围绕中央政治局第十八次集体学习的重要精神和推动区块链和实体经济深度融合,解决中小企业贷款融资难、银行风控难、银行机构之间数据无法共享而导致的信贷风险信息孤岛等问题,中国金融监督管理总局浙江监管局以区块链加风控试点为契机,搭建了自主产权的区块链——金综链(见图6.2)。该应用基于金综平台实践成果和安全可信数据交换网络,运用区块链、知识图谱、多方安全计算等前沿技术,对接政府部门、金融监管部门、银行等机构内部信息系统,采集上链企业注册、银行账户、资金转移流动等数据,聚焦"账户资金转移流动"小切口,谋划"资金应用行为分析"大场景,构建信贷资金挪用、专项资金监管、产业链供应链交易欺诈等风险联合管控和跨行数据安全共享机制,精准展现企业关系图谱,实现信贷欺诈、资金挪用、供应链产业链虚假交易等多种风险的事前、事中以及事后全生命周期管理。金综链顺利入选2023年国家区块链创新应用金融科技类典型案例。

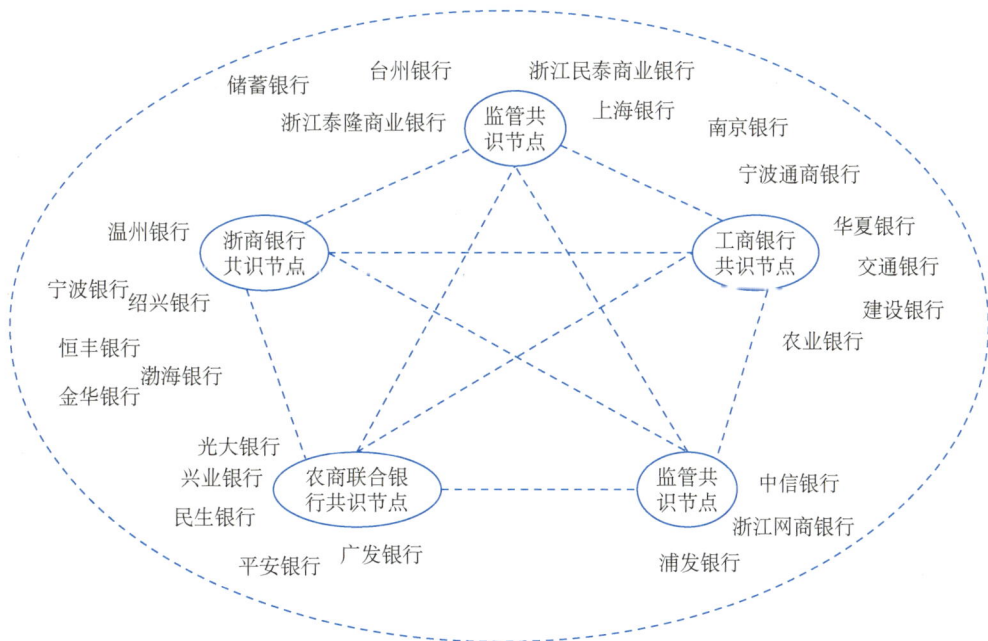

图6.2 "金综链"共识节点

金综链基于数秦科技提供的区块链基层技术框架"氚"平台支撑,在全辖区117家金融机构之间建立数据共享专网,通过"手机银行+金综链"和"企业网银+金综链"率先实现了账户流水的跨机构直接共享。与此同时,流水验真信息的全数字化也帮助银行机构基于精准客户画像,提供更好的便民金融。截至2023年12月,该应用累计服务群众14.4万余次,帮助群众节约成本超720万元。银行可以通过贷后资金监管,发起资金追踪申请,将资金流出详情脱敏登记上链。最后通过图数据分析处理,勾画出完整的资金流转链路。截至 2023 年 11 月,该应用保障资金流向实体经济超过 25.6 万笔,纠偏资金风险 2.6 亿元。金综链试点以来,已推动政府部门、省高院、省公积金中心、银行保险等机构的接入,截至 2023 年 11 月,金综链节点规模已达 38 个,处理性能已超过 5 000 TPS,已服务连接 201 家单位,包括浙江省公积金中心、浙江省大数据中心、浙江省高级人民法院以及浙江省辖内绝大部分银行保险机构等单位,已成为浙江省内乃至全国规模最大的金融业数据共享联盟链网络。后续,金综链也将持续迭代升级应用场景,以区块链破解银行业保险业机构间风险信息共享的难题,助推行业风控能力和服务质效的提升。

知识点回顾

区块链系统根据应用场景和设计体系的不同,一般分为公有链、私有链和联盟链,你能指出它们的特点和典型应用吗?

(三) 金综链信息共享场景

截至 2024 年,金综链应用已经落地"贷后资金监管"和"跨行流水验真"两个信息共享场景。"贷后资金监管"针对贷后信贷资金风险管理,通过区块链为贷款行提供信贷资金流向信息,提高贷款银行风险防控能力。"跨行流水验真"针对贷前客户流水数据审查,通过区块链实现银行账户资金流水跨行线上查询,替代线下网点查询,在便利客户的同时,保证账户资金流水数据真实有效。下面将对这两种信息共享场景进行介绍。

1. 贷后资金监管

中央金融工作会议指出,金融工作必须以全面加强监管、防范化解风险为重点。针对长期以来存在的银行机构资金监管局限性大、时效性低和信息不对称造成的中小企业贷款融资难、银行风控难、部门监管难等问题,依托金综链建立的"贷后资金监管"应用,大幅提升跨机构资金流向风险跟踪与识别能力,实现资金回流同名账号、流入禁入行业预警。银行可通过"贷后资金监管"发起资金追踪申请,资金流经银行将资金流出的详情脱敏登记上链,最后通过图数据分析处理,勾画出完整的资金流转链路。"贷后资金监管"着眼于贷后场景,通过区块链为贷款行提供贷款资金流向信息,提高信贷风险防控能力。"跨行流水验真"着眼于贷前便利客户,使用区块链线上查询他行个人账户流水,以替代线下网点查询。

知识点回顾

非对称加密机制是如何工作的?

思考

"贷后资金监管"是如何利用区块链技术实现在不泄露商业秘密基础上解决跨行资金流转信息无法共享痛点的?

"贷后资金监管"场景的整体业务流程(见图 6.3)如下:①银行 A 针对某企业进行了贷款发放,贷款资金通过资金系统划转进入银行 B;②银行 A 将资金转出的概要数据加密通过多方安全计算点对点传输组件传输给流水行 B,银行 B 获得概要数据并解密用于定位入账交易;③银行 B 中被定位的监控账户,在规定周期内,当资金转出进入银行 C,则由银行 B 再转出的概要数据加密后通过点对点传输给银行 C,并同时将详情数据加密后通过区块链传输给银行 A;④银行 C 重复上述银行 B 同样步骤;⑤银行 A 从链上取到详情数据后,进行解密并本地化分析跨行流水数据,形成资金跟踪预警链路图。

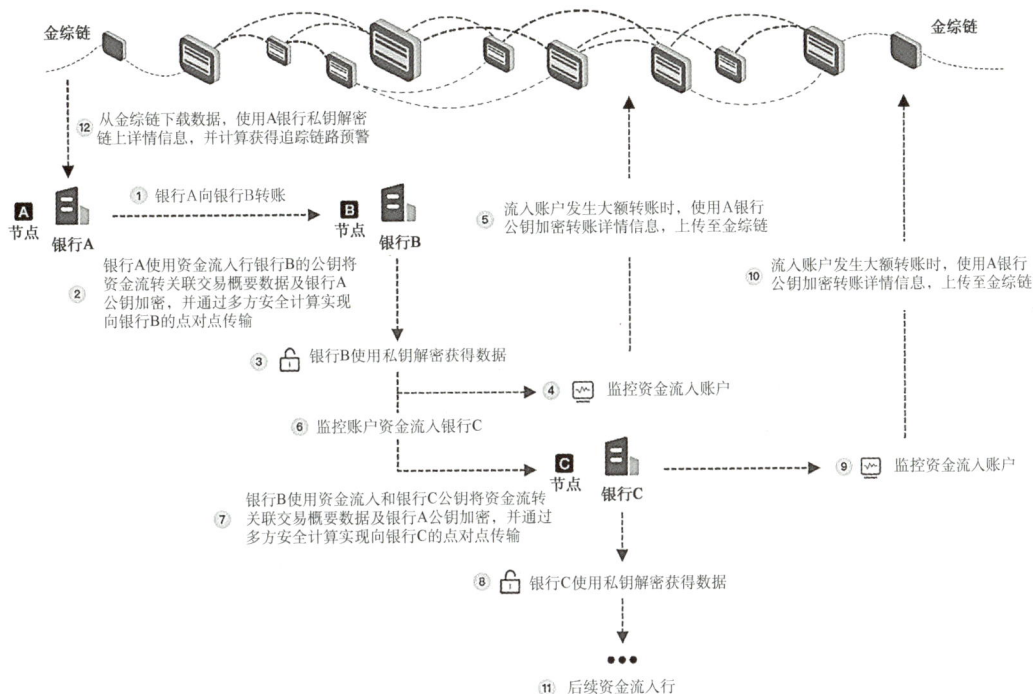

图 6.3 "贷后资金监管"场景的整体业务流程

资料来源:中国网信网.《中国区块链创新应用发展报告(2023)》《中国区块链创新应用案例集(2023)》发布[EB/OL].(2024-02-22)[2025-04-26].https://www.cac.gov.cn/2024-02/22/c_1710016970183267.htm.

在以上过程中,由于数据交互均通过区块链进行,银行之间无法反推上游银行的指令来源,也无法解析出下游流水行具体来源或其他账户的明细,实现在不泄露商业秘密基础上的跨行数据共享与预警。

"贷后资金监管"通过建立跨行数据安全共享机制,解决跨行资金流转信息无法共享痛点,实现信贷资金流向全生命周期管理,确保信贷资金的专款专用,有效防范信贷资金违规使用。

2. 跨行流水验真

银行账户的流水信息是个人和企业证明财务水平和收支情况的主要手段之一,在信贷、住房、出境等众多办事场景中广泛应用。一直以来,账户流水主要以纸质的形式办理,存在办理标准不统一、办理时间长、核实成本高等痛点①。

---

① 中国网信网.《中国区块链创新应用发展报告(2023)》《中国区块链创新应用案例集(2023)》发布[EB/OL].(2024-02-22)[2025-04-26].https://www.cac.gov.cn/2024-02/22/c_1710016970183267.htm.

思考

"跨行流水验真"如何利用区块链技术解决了跨行信息不对称产生的数据造假问题？

"跨行流水验真"场景的整体业务流程（见图6.4）如下：①个人用户登录浙里办 APP——浙里金融——银行流水功能页面，发起个人流水申请；②进入银行流水页面后，用户选择要申请流水打印的银行并填入账户信息、流水范围等，同时选择要接收流水的贷款行信息；③用户对流水提供行进行数据授权，授权其将流水数据提供到指定贷款行；④流水提供行计算流水数据哈希值并完成上链存证，同时通过金综平台金融专网以点对点加密方式传递流水数据至指定银行；⑤接收银行解密后对流水文件进行哈希比对核验，确保其真实性与原始性。

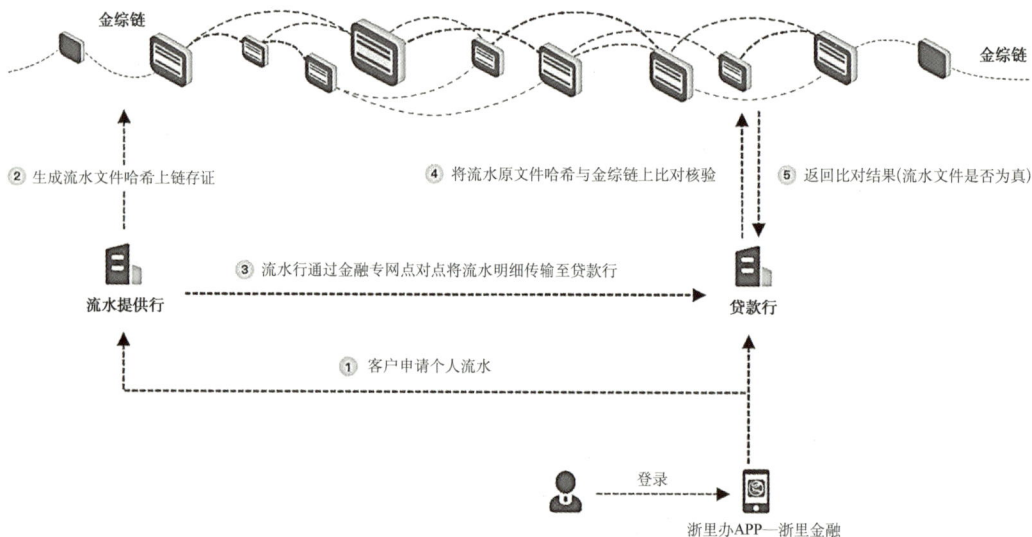

图6.4 "跨行流水验真"场景的整体业务流程

"跨行流水验真"场景以银行之间流水数据线上直通共享形式，替代线下打印、提交纸质流水材料流程，解决了跨行信息不对称产生的数据造假问题，帮助群众节约时间和资金成本，同时提高银行业务办理效率，降低借贷风险。

通过"手机银行＋金综链""企业网银＋金综链"，率先实现了账户流水在不同银行机构之间直通共享，替代客户线下打印、提交与验真纸质流水，将线下平均用时四小时缩短为线上五分钟。用户可以通过手机银行 APP 直接将流水数据发送给他行。这不仅限于金融体系内部，金综链还与住房公积金管理部门实现了基于区块链的流水信息互认共享，浙江群众将能够在办理住房公积金相关业务时，实现"一次不跑、又快又好"。

与此同时，流水验真信息的全数字化也能够帮助银行机构减少纸质流水伪造骗贷风险，甚至可以实现建模分析，基于精准客户画像提供更好的便民金融。该应用上线以来，群众和银行机构反响强烈,截至 2023 年 12 月,该应用累计服务群众 14.4 万余次,帮助群众节约成本超 720 万元。

二、区块链与供应链金融——以布比壹诺金融为例

（一）供应链金融简介

供应链金融是一种创新的金融服务模式,通过整合供应链中的各方参与者,包括供应商、制造商、分销商、零售商以及最终消费者,优化整个供应链的资金流和信息流。这种模式的核心在于利用供应链中的核心企业的信用优势,解决供应链上下游中小企业的融资问题。

在供应链金融中,核心企业的作用至关重要。它们通常具有较强的市场地位和信用背景,其信用可以通过供应链金融机制传递给上下游的中小企业,帮助它们获得银行或其他金融机构的融资。这种信用传递机制使得供应链中的中小企业能够借助核心企业的信用等级获得更低成本的融资。

供应链金融包括多种融资方式,如应收账款融资（见图 6.5）、预付款融资（见图 6.6）和存货融资（见图 6.7）。供应商可以将其对核心企业的应收账款作为质押,向金融机构申请贷款。制造商或分销商可以基于未来的销售合同,向金融机构申请预付款融资,以提前获得资金。企业也可以将其存货作为质押,向金融机构申请贷款,以满足短期资金需求。供应链金融可以帮助企业分散和管理风险,通过融资结构的设计,降低单个企业面临的市场和信用风险。

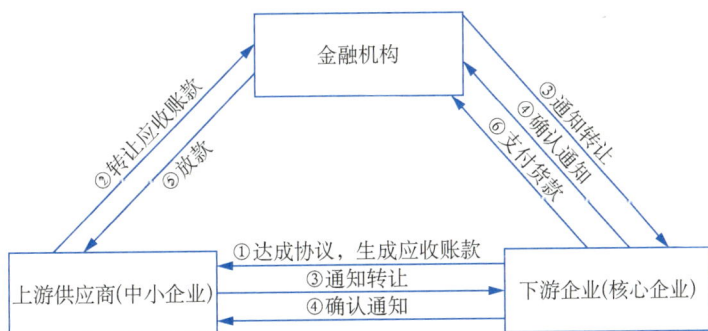

图 6.5　供应链应收账款融资流程

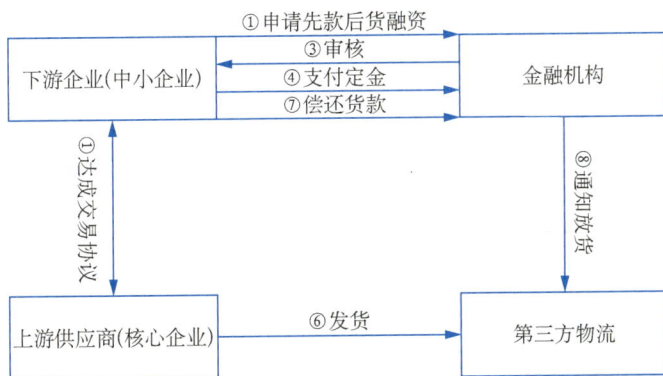

图 6.6　供应链金融存货融资流程

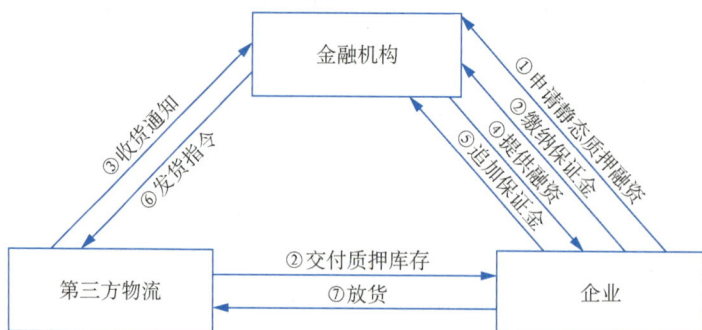

图 6.7　供应链金融预付账款融资流程

信息共享是供应链金融成功的关键。供应链金融依赖供应链各方的信息共享,确保交易的真实性和融资的安全性。随着技术的发展,尤其是区块链和大数据技术的应用,供应链金融的效率和安全性得到了显著提升,使得信息共享更加透明和可靠。

总体而言,供应链金融的目的是提高整个供应链的资金使用效率,降低融资成本,增强供应链的稳定性和竞争力。通过供应链金融,中小企业可以获得更灵活的融资渠道,而金融机构则可以拓展其业务并降低信贷风险。

讨论

为何区块链＋供应链金融?

(二) 布比壹诺金融简介

布比壹诺金融是基于区块链等技术的分布式供应链金融网络,利用区块链不可篡改、多方共享的分布式账本特性,创新性地将区块链技术与供应链金融结合,把传统企业贸易过程中的赊销行为,用区块链技术转换为一种可拆分、可流转、可持有到期、可融资的区块链记账凭证。依托产业链条中上游核心企业的付款信用,释放/传递核心企业信用,打破信息不对称,优化资金配置,为其他环节供应商带来融资的可行性和便利性,为金融机构提供更多的投资场景,提高碎片化经济下的资金流转效益。

布比的核心团队自 2012 年起便开始研究区块链技术,并在两年后开始开发相关的技术和系统。2015 年,布比正式成立,并开始探索区块链的商业应用,同年实现了区块链平台的商业应用案例。2016 年,布比推出了区块链数字资产网络"布萌",用户数量迅速增长,为区块链数字资产网络的发展奠定了基础。2017 年,布比认识到区块链技术在供应链金融领域的应用潜力,与战略合作伙伴共同运用前沿区块链技术,构建了"区块链＋供应链金融"的技术服务平台。

保理业务分为正向保理和反向保理,正向保理依赖供应商的信用,而反向保理则依赖核心企业的信用,该平台采用反向保理模式。在供应链的两端,一端是体量大、资产优质的大型企业,它们容易获得银行授信;另一端则是中小微企业,它们很难仅凭自身信用获得银行授信。通过核心企业获得银行授信并分配给供应链成员,利用区块链技术实现信用上链,将信用传递给多层供应商。供应商通过反向保理构建以核心企业信用为基础的共享信用机制,从而与金融机构开展融资业务。在反向保理融资过程中,需要向核心企业确权,确认其应付账款承诺和信用。在区块链上,这些承诺和信用被电子化和数字化,确权后以电子凭证的形式流转。这种确权前置的做法,使得供应商在进行融资时无须每次都获得核心企业的确认,从而提高了融资效率和成功率。

布比壹诺金融平台以应收账款融资为核心业务,围绕核心企业实现应收账款的信用上链、传递、流转和拆分以及信用融资。该平台采用联盟链技术和中国金融认证中心(China Financial Certification Authority, CFCA)的身份认证机制,只有经过认证的企业和金融机构才能加入,确保了金融级的安全性和可靠性。

(三) 布比区块链平台结构

为了解决区块链技术在应用落地过程中可能面临的各种阻碍,布比区块链平台采用两层结构:①布比链底层平台 BubiChain 提供区块链基础服务;②布比应用适配层 Bubi Application Adaptors 对内进行封装,对外进行建模适配,提供一系列符合应用场景的接口,降低应用对接的复杂度,如图 6.8 所示。

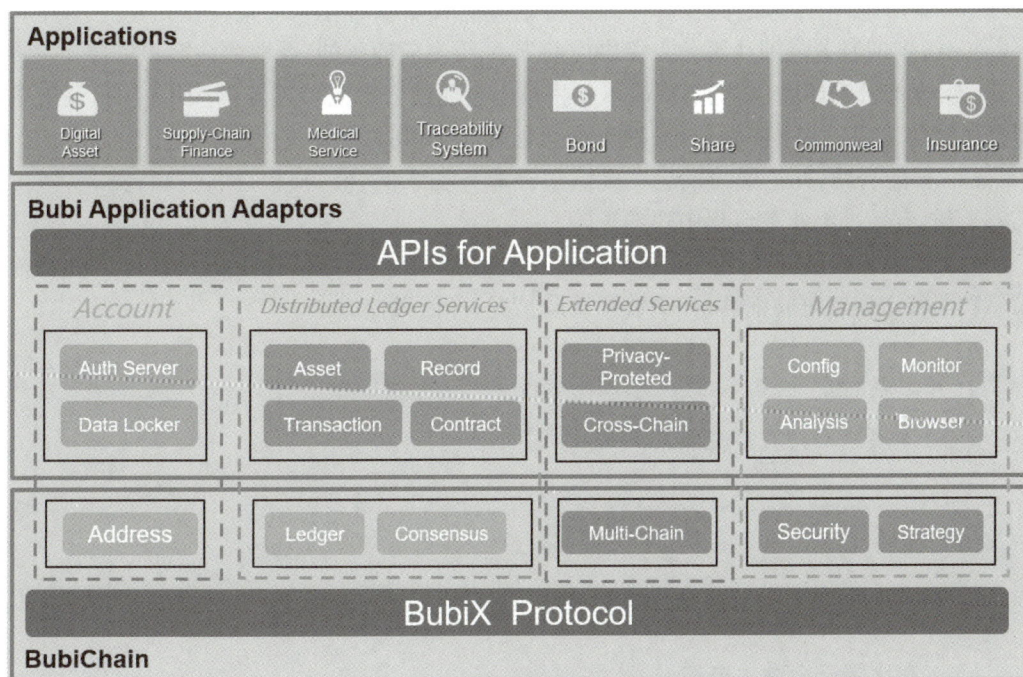

图 6.8　布比区块链的结构

资料来源:布比区块链产品白皮书 V4.0 [R/OL]. (2020-01)[2025-03-26]. https://www.bubi.cn/chain.html.

布比产品体系架构分为四个组成部分,即账户中心、分布式账本服务、区块链扩展服务以及策略与管理。其中,多数部分从零开始实现,有些部分采用某些标准的开源组件,还有些部分是在成熟框架上进行优化和改进。

(1) 账户中心(account)。公私钥生成,公钥写入,私钥签名与管理;应用层用户信息与区块链地址的映射;支持实名认证及审计的监管需求。

(2) 分布式账本服务(distributed ledger services)。基于 P2P 协议的底层组网,各节

点通过 P2P 协议进行消息分发；提供账本结构的定义和账本数据的存储；可插拔的共识模块，负责在确保底层数据强一致性的同时抵抗来自"恶意"节点的攻击。针对应用的建模适配，包括对资产、记录、事务、合约等多种对象的建模和实现。

（3）区块链扩展服务（extended services）。在基础服务之上，提供了更高级的服务，包括解决可扩展性问题的多链分片技术、解决价值孤岛问题的跨链技术和解决数据安全的隐私保护技术。

（4）策略与管理（management）。提供完备的访问策略控制的解决方案，如多种可视化管理工具、底层区块链的健康监控、系统参数配置、数据分析、区块链浏览器等。

（四）壹诺的"区块链＋供应链"方案的优势

作为一个多方参与、共建共享的分布式供应链网络，壹诺积极布局产业生态及落地产品服务，辅助核心企业提升产业链条综合竞争力，降低整体成本；能够为多层级供应商带来融资的可行性及便利性，解决融资难题；穿透底层资产为金融机构提供更多优质业务场景，实现其在供应链金融业务领域的降本增效。

（1）盘活企业资产，挖掘客户资源。将企业应收账款转化为可信区块链电子结算和融资工具，实现服务范围从服务一级供应商向 N 级供应商延伸，获取更多客户资源。

（2）改善融资环境，降低融资成本。将核心企业信任有效传递至多级供应商，解决中小企业因缺乏信任背书而融资难、融资贵问题，打造高效的产业链生态圈。

（3）智能合约，杜绝履约风险。提供多种业务场景的合约模板，固化执行路径，减少人为干预，有效杜绝业务流程中违约风险。

（4）穿透式底层资产，降低风控成本。区块链多中心网络信任结构及其可追溯特性保障数据资产完整可验证性，杜绝数据篡改情况，降低风控成本。

📖 **知识点回顾**

什么是智能合约？智能合约的特点是什么？

💼 **讨论**

区块链智能合约运用到供应链金融中的好处是什么？

（五）布比壹诺金融生态布局

为建立一个多方参与、共建共享的分布式供应链网络，壹诺积极布局产业生态（见图6.9）及落地产品服务，辅助核心企业提升产业链条综合竞争力，降低整体成本；分布式供应链网络能够为多层级供应商带来融资的可行性及便利性，缓解融资难题；区块链网络穿透底层资产为金融机构提供更多优质业务场景，实现其在供应链金融业务领域的降本增效。

对于核心企业，通过区块链共享账本，打破信息不对称，释放并传递核心企业信用，降低产业成本，优化资金配置；多渠道整合，让企业实现自金融。

对于中小企业，基于核心企业的信誉，保证流转中的信用传递，实现产业链上多级供

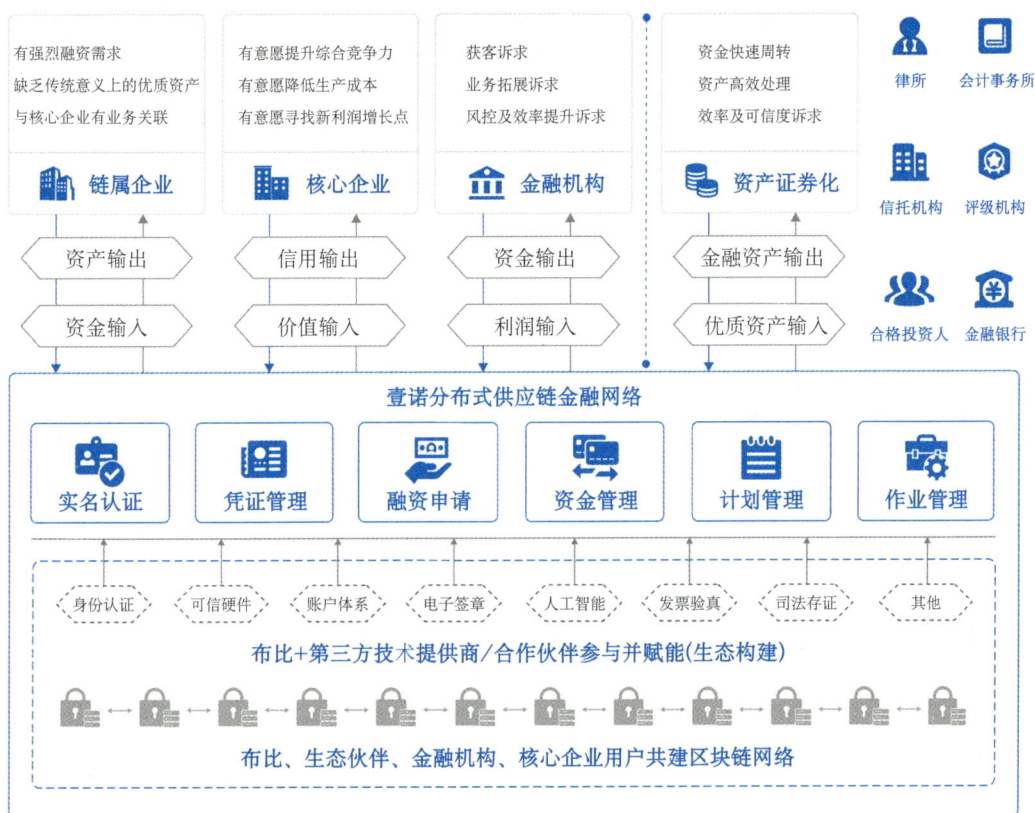

图 6.9　布比壹诺的生态布局

资料来源:布比壹诺金融[EB/OL]. (2020-02)[2025-03-26]. https://www.bubi.cn/finance.html.

应商享受低成本金融服务。

对于金融机构,通过布比区块链的数据授权共享,能够获取业务量多、风险可控议价空间更大的投资资源。

(六) 布比金融平台的核心功能

"区块链＋供应链金融"平台的核心功能在于将核心企业的应付账款凭证数字化并上链,通过供应商的确认签署,实现信用和资产的确权。供应商持有的应付账款信用凭证可以在链上进行转让,传递给上游企业,拆分流转给下级供应商,或用于融资。这一过程利用了区块链的可信价值传递特性,使得核心企业的信用能够穿透至多级供应商。壹诺供应链平台系统如图 6.10 所示。

1. 平台系统功能

(1) 实名验证。利用多种身份认证渠道,对参与企业进行真实性验证,并在线完成确权、签章等操作。

(2) 凭证管理。基于实际贸易背景,实现从核心企业到多级供应商的凭证登记、确认、拆分和流转。

(3) 在线融资。依托凭证信息,开展线上融资申请和审核业务,流程简洁、操作便捷,提高准确性和效率。

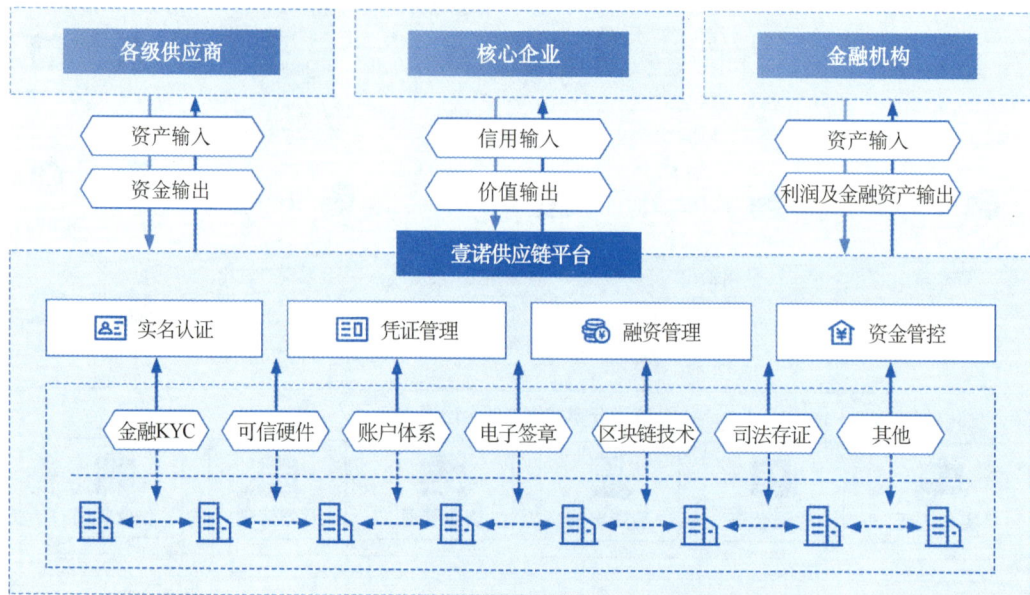

图 6.10　壹诺供应链平台系统

资料来源:区块链+供应链金融解决方案[EB/OL].(2025-02-26)[2025-02-26].https://www.yinuojr.cn/product.html.

（4）资金管理。通过智能合约与银行账户支付体系的同步,实现资金的自动流转和过程监督。

2. 应收账款业务流程

在供应链金融的应收账款模式中,区块链技术被用来实现票款拆分,从而使核心企业的信用能够传递给二、三级供应商。

以一个已上线的系统为例[①],一家大型钢铁公司作为核心企业,向其一级供应商签发了价值 1 000 万元的应付账款凭证。一级供应商在收到凭证后,可以保障自身的营运资金需求,但其二级供应商,一家小微企业,提出了使用应收账款向银行质押融资的需求。

为了维护供应链的稳定性,一级供应商决定从核心企业收到的应付账款凭证中拆分出 600 万元支付给二级供应商,这样也减轻了一级供应商的现金支付压力。二级供应商随后用这 600 万元的应付账款凭证拆分出 400 万元进行融资,银行基于对核心企业的信用评估,向二级供应商发放了 350 万元的贷款,帮助二级供应商解决了资金周转问题。

当核心企业的大型钢铁公司到期支付 1 000 万元应付账款时,区块链平台通过预设的智能合约自动执行款项清算:400 万元支付给一级供应商,350 万元贷款本金加上 10 万元利息共计 360 万元支付给资金方,剩余的 240 万元支付给二级供应商。整个支付清算过程由系统自动完成。这一应收账款业务流程的案例如图 6.11 所示。

---

① 吴志峰,田惠敏.区块链在供应链金融的应用研究[J].供应链管理,2024,5(5):5-21.

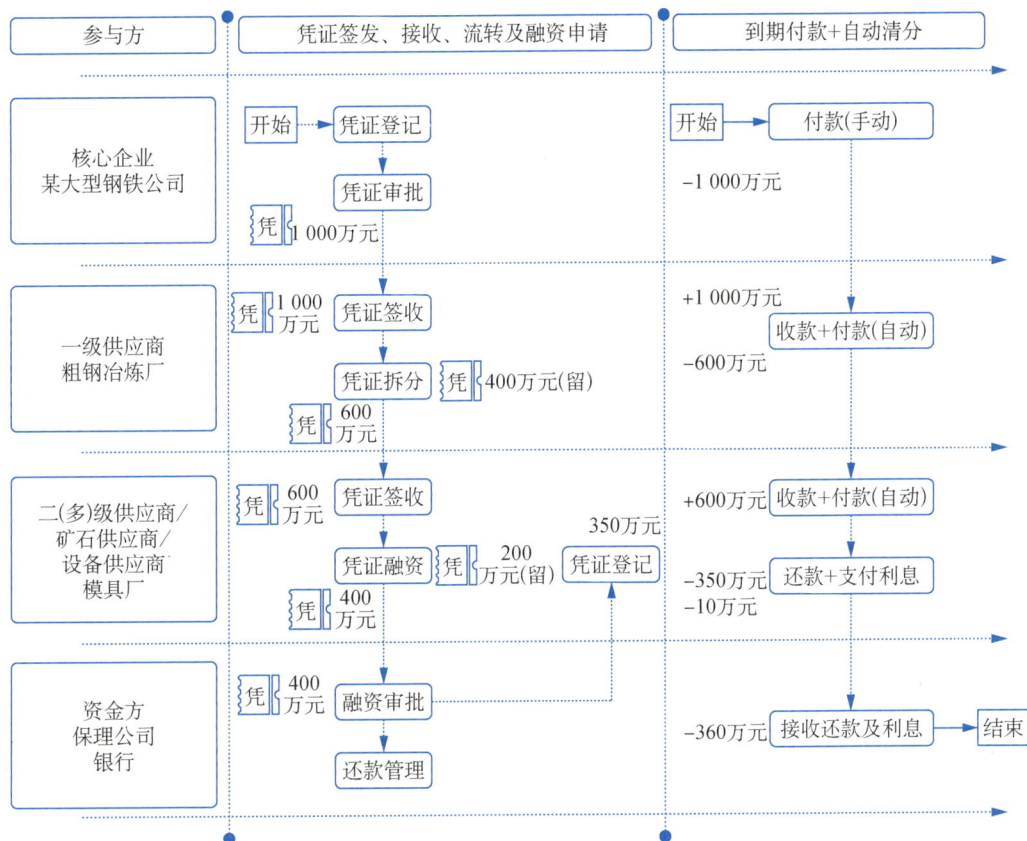

图 6.11 布比壹诺金融应收账款业务流程示例

资料来源:吴志峰,田惠敏.区块链在供应链金融的应用研究[J].供应链管理,2024,5(5):5-21.

3. 订单融资业务流程

该平台具备的功能如表 6.2 所示,这些功能使得供应链金融的各方参与者能够在平台上高效地开展业务,同时在业务过程中整合物流、商流、资金流和信息流,使平台成为一个"四流合一"的综合性大平台,覆盖供应链的全过程。与由大型科技企业控制的现有互联网平台不同,"区块链+供应链金融"平台的各参与方都是平等的节点,提供的信息经过加密处理,平台的治理遵循利益相关方的共同治理原则。

表 6.2 订单融资业务流程

核心企业功能	• 将应付账款凭证登记上链; • 上传贸易合同、发票等业务资料; • 发布应付账款承诺函; • 进行流程内部审核
供应商功能	• 签收核心企业发布或上级供应商转发的应付账款承诺函,也可以主动向核心企业请求应付账款,由核心企业签收并确权; • 进行应付账款的拆分和流转; • 利用应付账款进行融资; • 管理融资还款

（续表）

金融机构功能	• 审核融资请求； • 放款贷款； • 管理贷后还款
辅助功能	• 实名身份验证管理； • 授信额度管理； • 内部流程管理； • 内部凭证设计管理； • 内部员工权限管理

　　布比的"区块链＋供应链金融"平台取得了显著成效。首先，平台引入了中国金融认证中心的身份认证机制，并将票据数字化上链，通过多方在线验证，有效预防了票据造假和贷款欺诈行为。其次，平台实现了信用拆分功能，使得一级供应商能够将从核心企业获得的应收账款逐级拆分传递给下级供应商，这样即使末端的小微企业也能享受到核心企业的信用背书，提高了这些企业的融资可能性，同时扩大了银行等金融机构的信贷服务范围。最后，平台采用反向保理模式，传统上核心企业对此不太积极，但通过区块链技术，核心企业能够掌握整个供应链的动态，并从上下游企业的融资中获得利息分成，这激发了核心企业的积极性。

　　然而，布比模式也存在一个主要缺点，即在增强核心企业权力的同时，使得整个生态系统过于依赖核心企业，虽然这有助于核心企业提升供应链管理效率，但也容易导致形成封闭的商业圈。未来，平台应进一步利用区块链的开放性特征，推动"区块链＋供应链金融"向开放网络的方向发展。如果再结合隐私保护和智能化技术，该平台的发展潜力将更大。

讨论

"区块链＋供应链金融"还有哪些案例？

本 章 小 结

　　本章全面剖析了区块链技术及其在金融领域的深远影响，从定义、特性、发展历程到技术架构等层次，揭示了区块链如何通过去中心化、不可篡改和透明性重塑金融交易。本章探讨了公有链、联盟链和私有链的不同应用，预测了技术发展面临的挑战与创新方向，最终聚焦于区块链在金融行业的实际应用，展现了其在提高支付清算效率、金融风险控制及供应链金融等方面的巨大潜力。

基本概念

区块链　比特币　共识算法　P2P　公有链　联盟链　私有链

思考与练习

1. 简单描述一下比特币区块的基本结构。
2. 介绍一下什么是哈希函数/散列函数。
3. 介绍一下区块链常见的共识算法。
4. 什么是P2P? P2P在区块链中是如何应用的?
5. 了解比特币、以太币等加密货币的市场行情,并谈谈你的感想。
6. 你能再举出一些区块链在金融行业应用的例子吗?

参 考 文 献

1. 北京金融科技产业联盟. 区块链金融行业应用发展报告(2023年)[R]. 2023.
2. 蔡晓晴,邓尧,张亮,等. 区块链原理及其核心技术[J]. 计算机学报,2021,44(1):84-131.
3. 曾诗钦,霍如,黄韬,等. 区块链技术研究综述:原理、进展与应用[J]. 通信学报,2020,41(1):134-151.
4. 管同伟. 金融科技概论[M]. 北京:中国金融出版社,2019.
5. 何蒲,于戈,张岩峰,等. 区块链技术与应用前瞻综述[J]. 计算机科学,2017,44(4):1-7,15.
6. 贺海武,延安,陈泽华. 基于区块链的智能合约技术与应用综述[J]. 计算机研究与发展,2018,55(11):2452-2466.
7. 欧阳丽炜,王帅,袁勇,等. 智能合约:架构及进展[J]. 自动化学报,2019,45(3):445-457.
8. 邵奇峰,金澈清,张召,等. 区块链技术:架构及进展[J]. 计算机学报,2018,41(5):969-988.
9. 沈鑫,裴庆祺,刘雪峰. 区块链技术综述[J]. 网络与信息安全学报,2016,2(11):11-20.
10. 袁勇,倪晓春,曾帅,等. 区块链共识算法的发展现状与展望[J]. 自动化学报,2018,44(11):2011-2022.
11. 袁勇,王飞跃. 区块链技术发展现状与展望[J]. 自动化学报,2016,42(4):481-494.
12. 张宁,王毅,康重庆,等. 能源互联网中的区块链技术:研究框架与典型应用初探[J]. 中国电机工程学报,2016,36(15):4011-4022.

第三篇

数字货币与影响

本篇深入探讨数字货币的本质、发展及其对经济金融的深远影响。第七章全面介绍数字货币的基本概念、特征及其发展历程,详细分析私有数字货币(如比特币)的发行机制及其潜在风险,并深入探讨央行数字货币的设计、优势以及全球比较。此外,还特别关注中国数字人民币的研发进展,展示了中国在数字货币领域的创新与实践。第八章进一步剖析数字货币对经济金融的影响,分析私有数字货币对货币政策及金融稳定性的挑战,并详细探讨了法定数字货币(尤其是数字人民币)对货币需求、供给及货币政策传导机制的变革性作用。此外,还深入研究法定数字货币在跨境支付中的应用前景,包括多边央行数字货币桥项目和数字人民币国际化路径,揭示数字货币在全球金融体系重构中的关键角色。整体而言,本篇不仅构建了数字货币的全面知识体系,还深刻分析了数字货币在中国乃至全球金融市场中的变革力量,为理解数字货币的未来发展趋势提供了宝贵的洞见。

第七章

数字货币

学习要求

1. 掌握数字货币的基本概念、分类和特性。
2. 了解数字货币的发展历程,特别是比特币的诞生和数字人民币的试点。
3. 掌握数字货币的应用场景。
4. 了解不同国家央行数字货币的特征及国际比较。

本章导读

在数字化浪潮的推动下,货币的形态正经历着前所未有的变革。本章将深入探讨数字货币的多个维度,包括其定义、特征、发展历程以及在全球金融体系中的潜在作用。我们将从数字货币的基本概念出发,逐步展开到私营部门和中央银行在数字货币领域的创新实践。

本章旨在为读者提供一个全面的数字货币知识框架,理解数字货币的复杂性及其对现有金融秩序的挑战和机遇。第一节是数字货币及其发展历程,介绍数字货币的基本概念,包括其数字化、电子交易、加密技术、去中心化特性、可编程性以及全球性等关键特征。这些特征不仅定义了数字货币的本质,也预示着金融交易和转移的未来趋势。随后,我们回顾数字货币的发展历程,从早期的探索性项目到比特币的诞生,再到莱特币、以太坊等其他主要数字货币的发展。这一部分将揭示数字货币如何从边缘创新逐渐走向金融舞台的中心。第二节是私有数字货币的发行机制与存在的问题,介绍主要私有数字货币,如基于区块链技术的比特币、稳定币等,重点分析私有数字货币的发行机制及其存在的问题,如价格波动性、监管挑战和安全性问题。第三节探讨央行数字货币(central bank digital currencies, CBDC)的发行与流通,包括其发行机制、与现有货币形态的比较优势等。CBDC 作为中央银行发行的数字形式货币,具备法定偿付地位,其设计旨在提升支付系统的效率和安全性,并作为货币政策的新工具。同时,探讨 CBDC 在提升金融包容性、降低交易成本以及促进跨境支付等方面的潜力。第四节是央行数字货币的国际比较,介绍其在全球范围内的发行情况和典型案例,包括不同国家央行在 CBDC 研发上的进展和策略;该节还特别关注数字人民币的发展,包括其设计理念、试点进展以及在国际金融体系中的潜在影响。

第一节　数字货币及其发展历程

一、数字货币的定义、特征及分类

(一) 数字货币的定义与特征

数字货币是一种以数字形式存在的货币,它通过电子方式进行存储、交易和转移。

数字货币具有六个特征。

(1) 数字化。数字货币完全以电子形式存在,没有物理形态(如纸币或硬币)。

(2) 电子交易。数字货币的交易通常通过网络进行,这使得交易可以迅速、低成本地在互联网上完成。

(3) 加密技术。许多数字货币使用加密技术来保护交易安全,确保货币的完整性,并防止双重支付。

(4) 去中心化。部分数字货币(如比特币)基于去中心化的网络,不依赖中央发行机构,而是由网络参与者共同维护。

(5) 可编程性。数字货币可以编程,使得智能合约和自动执行的交易成为可能。

(6) 全球性。数字货币通常不受地理限制,可以在全球范围内使用。

(二) 数字货币的多样性与复杂性:国际清算银行"货币之花"

2017 年,国际清算银行(Bank for International Settlements, BIS)的支付与市场基础设施委员会负责人莫滕·巴赫(Morten Bech)和 BIS 技术顾问罗德尼·格兰特(Rodney Garratt)发表《央行加密货币》,首次提出货币之花概念模型(见图 7.1)。2018 年,贝克修

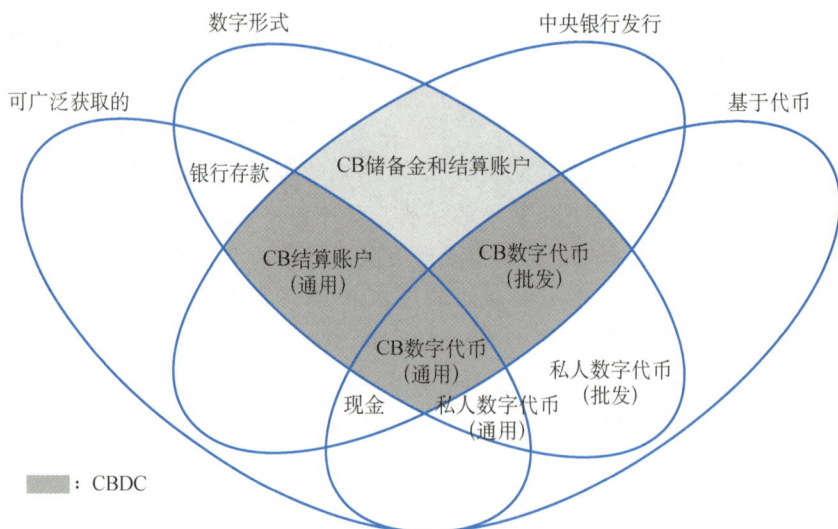

注:CB代表中央银行,CBDC代表中央银行数字货币。

图 7.1　BIS 货币之花

资料来源:国际清算银行. 中央银行数字货币[R]. 2017.

改了货币之花模型,根据各国货币当局和学者的研发成果,改变了对货币关键属性的描述。其中,数字货币分为银行存款、央行法定数字货币、包括比特币在内的私人数字货币等类型。

货币之花模型为我们提供了一个清晰的框架,理解和分析数字货币的多样性和复杂性。货币之花模型通过四个关键特征来区分不同的货币形式:①发行机构,货币可以由中央银行发行,也可以由私人机构发行;②获取范围,货币可以是可广泛获取的,即面向公众开放,也可以是限制获取的,即仅限于特定用途或用户群体;③物理形式,货币可以是物理形式,如纸币和硬币,也可以是数字形式,如电子货币和数字代币;④基于账户或基于代币,货币可以是基于账户的,即需要在金融机构中持有账户才能使用,也可以是基于代币的,即作为独立的价值单位进行交易,不依赖于账户。

货币之花模型以图形的方式展示,将不同类型的货币安置在花瓣状的布局中,直观地表示它们之间的关系和区别。这个模型有助于理解货币的演变,以及新兴数字货币形式如何适应现有的货币体系。

花瓣有四个"象限"特征。

(1)可广泛获取。这个特征意味着货币可以被公众普遍接受和使用,没有限制特定的用户群体或使用场景。可广泛获取的货币提升了货币的流通性和普遍接受度,增强了其作为交易媒介的功能。它有助于减少交易成本,提高经济活动的效率。

(2)数字形式。数字形式的货币以电子数据的形式存在,可以通过电子方式进行存储、传输和处理。数字货币的使用可以提高支付系统的效率和速度,降低处理物理货币的成本。此外,数字货币可以支持新的支付技术和服务,如移动支付和互联网银行。

(3)中央银行发行。由国家的中央银行发行的货币具有法定偿付地位,即在该国境内必须被接受的支付手段。中央银行发行的货币通常被视为具有最高程度的安全性和信任度。它们通常受到严格的监管和货币政策的控制,以维护货币价值的稳定和金融系统的稳定。

(4)基于代币。基于代币的货币使用代币作为价值的数字表示,这些代币可以是加密货币,也可以是中央银行发行的数字货币。基于代币的货币可以实现去中心化的交易,提高支付系统的透明度和效率。它们通常基于区块链或其他分布式账本技术,可以提供更好的安全性和防篡改特性。

结合这些特征,我们可以分析不同类型货币的属性。

1. 中央银行储备金和结算账户

特征:由中央银行发行和管理,用于金融机构间的大额交易和资金结算。这些账户通常不直接与公众交易,而是作为金融系统的基础架构。

优势:提供高度的安全性和信任度,因为它们由国家机构支持。

局限:不面向普通公众,流动性受限于银行系统。

2. 商业银行存款

特征:个人和企业在商业银行持有的货币形式,包括活期存款和定期存款。这些存款可以通过各种支付系统进行转账和支付。

优势:容易获取,广泛用于日常交易,而且通常受到存款保险的保护。

局限:可能受到银行运营风险的影响,而且在没有银行账户的情况下难以使用。

3. 中央银行数字货币

由国家中央银行发行的数字形式的货币,旨在提供一种安全、高效的数字支付手段,可能与传统现金和其他形式的货币并存。

批发型中央银行数字货币用于金融机构之间的大额交易,以提高交易效率和降低成本。

特征:通常不面向公众,可能基于区块链或其他分布式账本技术,以确保交易的安全性和透明度。

通用型中央银行数字货币面向公众,作为现金的数字形式,用于日常交易。

特征:可能提供更高的支付便利性,增强金融包容性,同时受到中央银行的直接监管。

优势:支付效率高,成本较低。增强金融包容性。提升货币政策的实施效果。加密技术保障交易安全。

局限:技术实施和维护挑战。可能影响银行存款,引发金融稳定性问题。需要新的法律和监管框架。用户接受度和习惯培养需要时间。

4. 私人数字代币

由私人机构发行,用于日常交易的数字货币。这些货币可能基于区块链或其他技术,提供去中心化的支付网络。

批发型私人数字代币用于特定目的或在特定群体中的大额交易。

特征:可能由大型企业或财团发行,用于内部结算或特定的金融交易。

通用型私人数字代币面向公众,作为现金的替代品,用于日常交易。

特征:包括加密货币如比特币、以太坊等,提供去中心化的交易机制,但价格波动性较大,而且可能面临监管不确定性。

优势:提供去中心化的支付选项,增加金融系统的多样性。

局限:可能面临法律和监管的不确定性,价值波动性较大,而且依赖技术基础设施。

5. 现金

特征:实体形式的法定货币,由中央银行发行,广泛用于日常小额交易。

优势:提供匿名性,无须依赖技术基础设施,被普遍接受。

局限:易受物理损害,携带不便,而且存在被盗窃和伪造的风险。

每种货币形式都有其独有的特征和适用场景。中央银行发行的货币通常提供更高的安全性和信任度,而私人数字货币则提供更多的创新和灵活性。随着技术的发展,这些货币形式之间的界限可能会变得模糊,新的货币形式也可能出现。

(三) 数字货币的分类

数字货币可以根据不同的标准进行分类。

1. 按发行主体分类

法定数字货币/央行数字货币:由国家中央银行发行,具有法定偿付地位的数字货币。例如,中国的数字人民币等。

私人数字货币:由私人机构或个体发行的数字货币,如比特币、以太坊等。

2. 按技术基础分类

基于区块链的数字货币:利用区块链技术实现去中心化和交易验证的货币,如比特币。

基于非区块链技术的数字货币:不使用区块链技术,而采用其他技术如中心化数据库管理的货币。

3. 按价值稳定性分类

稳定币(stablecoins):旨在维持固定价值的数字货币,通常与法定货币或一篮子资产挂钩,如泰达币(USDT)。

非稳定币:价值波动较大的数字货币,如比特币和大多数加密货币。

4. 按使用范围分类

全球性数字货币:在全球范围内使用的数字货币,如比特币。

区域性数字货币:在特定地区或国家内部使用的数字货币,如一些国家的央行数字货币。

二、数字货币的发展历程

(一) 早期的数字货币

数字货币的概念和实践可以追溯到 20 世纪 90 年代,当时随着互联网的兴起,人们开始探索在线支付和数字交易的新方法。其中,DigiCash 为在线支付系统的先驱;E-Gold 与黄金价值挂钩,但因为吸引了大量洗钱交易而衰败;B-money 应用了分布式记账技术,但面临系统可能存在同一笔数字资产被重复使用的情况("双花");WebMoney 为少数幸存的尚未加密的数字货币之一。

(1) DigiCash。DigiCash 成立于 1990 年,是最早的数字货币支付系统之一,由大卫·乔姆(David Chaum)创立。它允许用户进行电子支付而保持匿名,这是通过使用盲签名技术实现的。尽管 DigiCash 在技术上是先进的,但由于市场接受度低和商业模式问题,它最终在 1998 年宣布破产。

(2) E-Gold。E-Gold 是一种基于黄金的数字货币,由金银储备公司(Gold & Silver Reserve Inc.)在 1996 年推出。用户可以将实际的黄金存入其账户,并以电子形式持有和交易。E-Gold 的问题在于它被用于非法活动,包括洗钱和资助恐怖主义,这导致它在 2008 年被关闭。

(3) WebMoney。WebMoney 是一种非加密的数字货币,由 WebMoney 转账科技公司(WebMoney Transfer Tech Ltd.)在 1998 年推出。它允许用户通过在线账户进行支付和转账。WebMoney 的一个特点是它提供了一种相对中心化的支付系统,这使得它在某些司法管辖区受到监管。

(4) B-money。B-money 由斯蒂芬·布兰兹(Stefan Brands)在 1993 年提出,是早期尝试使用加密技术和分布式记账的数字货币之一。B-money 的设计旨在防止双重支付,即同一笔资金被花费两次的问题。尽管 B-money 在理论上是创新的,但它并没有得到广泛的实际应用。

这些早期的数字货币项目为后来的数字货币发展奠定了基础,尤其是在加密技术、分布式账本和防止双重支付等方面。然而,它们也暴露了数字货币在法律、监管和市场接受度方面的挑战。

[专栏 7-1]
什么是"双花"

(二) 主流私有数字货币

随着 2008 年比特币的诞生,数字货币的发展进入了一个新的阶段。比特币不仅采用了分布式记账技术,还通过工作量证明机制解决了双重支付问题,并提供了一种去中心化的货币发行和交易方式。比特币的成功激发了万余新的加密货币和数字货币项目的诞生,推动了区块链技术的发展,并引发全球范围内对数字货币和金融科技的广泛关注。

2011 年,莱特币(Litecoin)诞生,该货币在比特币基础上对运算效率、矿工入场容易程度方面进行改善;2014 年,以太坊诞生,通过以太坊可创建智能合约和构建去中心化应用程序;2019 年,Facebook 推出虚拟加密货币天秤币(Libra),按 Libra1.0 的愿景,Libra 为一篮子货币稳定币,是一个超主权货币。数字货币发展历程如图 7.2 所示。

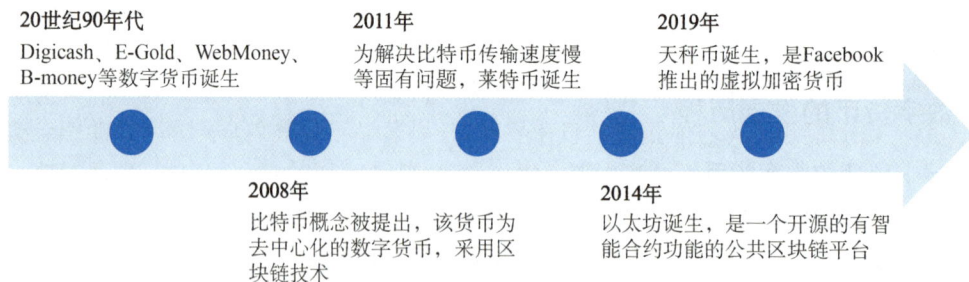

20世纪90年代
Digicash、E-Gold、WebMoney、B-money等数字货币诞生

2011年
为解决比特币传输速度慢等固有问题,莱特币诞生

2019年
天秤币诞生,是Facebook推出的虚拟加密货币

2008年
比特币概念被提出,该货币为去中心化的数字货币,采用区块链技术

2014年
以太坊诞生,是一个开源的有智能合约功能的公共区块链平台

图 7.2　数字货币发展历程

(1) 比特币。2008 年 11 月 1 日,一个化名为"中本聪"的个体或团队发表比特币白皮书,提出了一种去中心化的电子现金系统。这个系统允许从个人到个人直接进行在线支付,无须通过银行或其他金融机构。2009 年 1 月 3 日,比特币网络的第一个区块(所谓的"创世区块")被挖出,标志着比特币网络的正式启动。比特币的区块链是一个公共账本,记录所有的交易历史,确保交易的不可篡改性和透明性。

(2) 莱特币。2011 年,莱特币作为一种加密货币被推出,它受到了比特币协议的启发,但进行了一些技术改进,以提高交易处理速度和降低交易费用。莱特币的目标是实现更短的区块生成时间和更高的交易吞吐量,使其更适合日常的小额支付。

(3) 以太坊。2014 年,以太坊由维塔利克·布特林(Vitalik Buterin)创立,它不只是一种加密货币(以太币 Ether),也是一个更为广泛的平台,支持智能合约和去中心化应用。智能合约是自动执行的合同,它们存储在区块链上,并在预定条件满足时执行,这为金融和非金融应用开辟了新的可能性。

(4) 天秤币 Libra(现改名为 Diem)。2019 年,社交媒体巨头 Facebook 宣布了 Libra 项目,这是一种由一篮子法定货币和资产支持的稳定币。Libra 的愿景是成为一种低波动性的全球数字货币,用于支付和转账,特别是服务那些无法使用传统银行服务的人群。Libra 的设计目标是成为一种超主权货币,提供更快、更便宜、更安全的支付方式。然而,由于监管机构对其潜在影响的担忧,Libra 项目面临重大挑战,包括金融稳定、隐私和反洗钱等方面。2020 年 12 月,Libra 协会宣布将项目更名为 Diem,以强调其在符合监管要求方面的努力。Diem 计划推出一个与美元挂钩的单一稳定币,而不是最初提议的一篮子货币。

这些发展事件展示了数字货币和区块链技术的演变,从最初的比特币概念,到提高交易效率的莱特币,再到扩展区块链应用范围的以太坊,以及尝试建立全球稳定数字货币的Libra/Diem。这些创新不断拓宽着金融科技的边界,并引发对货币、支付和全球金融体系未来的深入思考。

(三) 法定数字货币

然而,私有部门发行的虚拟货币和稳定币很难真正达到"货币"的标准,为了克服私有部门发行的数字货币存在的弊端,各国央行正在积极探索法定数字货币即央行数字货币(CBDC)的研发。全球央行数字货币的发展正快速推进,不同国家和地区在试点和研究方面取得了显著进展。国际清算银行2023年发布的第五次央行数字货币调查显示,目前全球93%的经济体正在参与央行数字货币的研究,较过去五年来增加了1/3,一半的央行正在进行具体实验或开展CBDC试点,近1/4的央行正在试行零售型CBDC,18%的央行在调查中表示可能会在短期内发行零售型CBDC。

法定数字货币是由国家中央银行发行的数字形式的货币,它具有法定偿付地位,即在发行国境内被法律认可并必须被接受的支付手段。CBDC的出现是对现金和传统银行账户数字化趋势的一种回应,同时也是对私人数字货币(如比特币)和稳定币(如泰达币)的补充。

法定数字货币具有一些关键特点。

(1) 法定地位。CBDC由国家中央银行发行,具有法定货币的地位,这与私人数字货币不同,后者的价值通常由市场需求决定。

(2) 数字形式。CBDC完全以数字形式存在,没有物理形态,这使得它们易于存储、转移,并且可以无缝集成到数字支付系统中。

(3) 中心化管理。尽管CBDC采用了许多与加密货币相同的技术,如区块链,但它们通常由中央银行中心化管理,这有助于维护货币的稳定性和安全性。

(4) 双重发行体系。大部分CBDC采用"双重发行体系",即中央银行将数字货币发行给商业银行,商业银行再将货币分发给公众。这种模式有助于维护现有的金融体系稳定。

(5) 提高支付效率。CBDC可以提高支付系统的效率,特别是在跨境支付方面,可以减少交易成本和时间。

(6) 金融包容性。CBDC可以提高金融包容性,使那些没有银行账户的人也能访问金融系统,通过数字钱包进行交易和储蓄。

(7) 货币政策工具。CBDC为中央银行提供了新的货币政策工具,可以更直接地控制货币供应,提高货币政策的传导效率。

(8) 隐私与监管。CBDC的设计需要平衡用户隐私和监管需求,确保交易的透明性,同时保护用户的个人财务信息。

(9) 减少现金使用。CBDC可以减少对现金的依赖,降低现金管理的成本,并提高支付系统的安全性。

不同国家的中央银行正在以不同的速度和方式探索CBDC。一些国家已经推出了试点项目,如中国的数字人民币(e-CNY)、瑞典的电子克朗(e-Krona)和巴哈马的沙元(Sand Dollar)。欧洲中央银行和美联储正在研究CBDC的潜在影响和设计问题。随着技术的发展和消费者支付习惯的变化,CBDC可能在未来的金融体系中扮演越来越重要的角色。

第二节　私有数字货币的发行机制与存在的问题

一、私有数字货币发行机制

（一）基于区块链技术的数字货币发行机制

基于区块链的数字货币发行机制是一种去中心化的方法，它允许数字货币在没有中央权威机构的情况下被发行和验证。比特币、莱特币等都是采用这种机制的典型例子。

1. 区块链数字货币鼻祖：比特币

2009年由中本聪创建的比特币是世界上第一个采用公钥加密技术通过区块链记录、签署和发送交易的数字资产，也是第一个完全去中心化的点对点电子货币系统。

比特币的工作原理基于以下八个关键的技术和概念。

（1）去中心化网络。比特币运行在一个去中心化的点对点网络上，由全球范围内的计算机（称为节点）组成。这些节点共同维护交易记录和货币供应。

（2）区块链技术。比特币的交易记录存储在一个公共的、去中心化的账本上，称为区块链。区块链由一系列连续的"区块"组成，每个区块包含一系列交易记录，并使用加密技术链接到前一个区块。

（3）加密技术。比特币使用公钥和私钥加密技术来确保交易的安全性。用户拥有一个私钥（保密）和一个公钥（相当于银行账户）。私钥用于签署交易，证明用户有权使用特定的比特币；公钥则用于接收比特币。

（4）挖矿过程。为了验证交易并将其添加到区块链中，网络节点（矿工）竞争解决复杂的数学问题。这个过程被称为挖矿。成功挖矿的节点会获得新生成的比特币作为奖励，并且会创建一个新的区块，将其添加到区块链中。

（5）共识机制。比特币网络通过共识机制（工作量证明）来确保网络中的所有参与者对交易记录的一致性达成共识。挖矿过程是实现这一共识机制的方法。

（6）交易过程。当一个用户发起一笔比特币交易时，这笔交易会被广播到整个比特币网络。矿工节点会验证交易的合法性，包括检查比特币是否确实属于发送者，并且没有进行双重支付。

（7）交易确认。一旦交易被验证，它会被包含在一个区块中，等待被添加到区块链上。通常需要多个区块连续确认同一笔交易，这样交易才被认为是最终和不可逆的。这个过程通常需要10分钟。

（8）供应限制。比特币的总量是有限制的，最多只能有2 100万个比特币被挖出。这种设计旨在控制货币供应量，防止通货膨胀。

比特币的这些工作原理共同构成一个去中心化、安全、透明的货币系统，它允许用户直接进行交易，不需要依赖银行或其他金融机构作为中介。

比特币价格走势如图7.3所示，体现了比特币市场具有高波动性，价格有显著的峰值和谷值，易受外部环境影响。

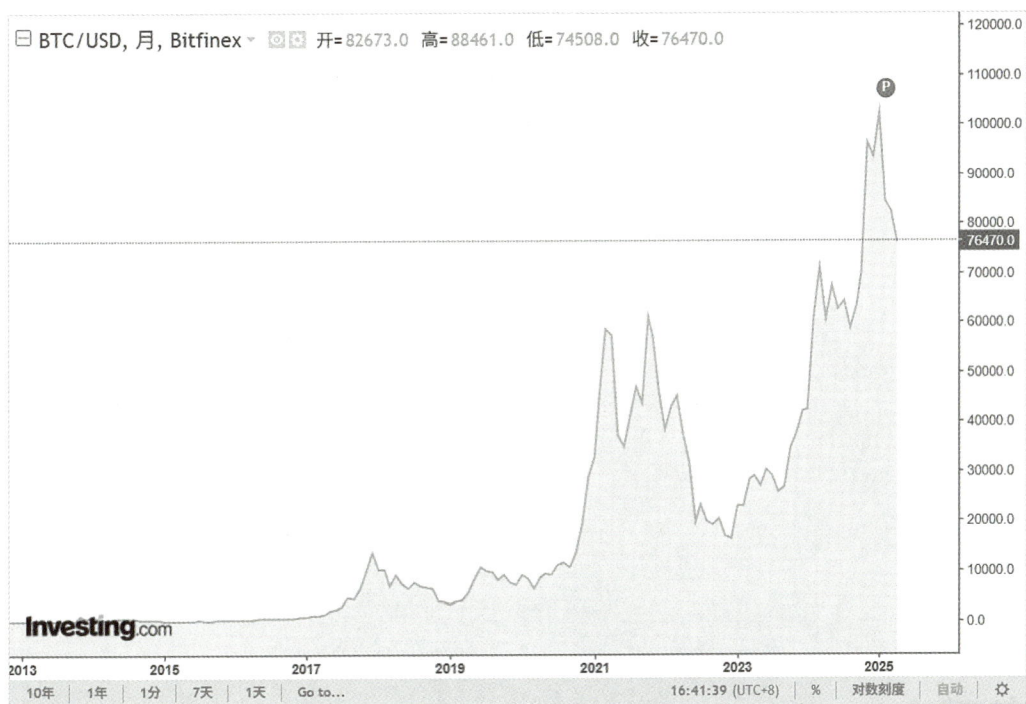

图 7.3 比特币价格走势(2025 年 4 月 21 日)

资料来源:英为财情[EB/OL]. https://cn. investing. com/crypto/bitcoin.

2. 莱特币

莱特币是一种基于区块链技术的加密货币,由前谷歌员工李启威(Charlie Lee)于 2011 年创建。莱特币在全球加密货币市场中占有重要地位。截至 2024 年,莱特币的市值在全球加密货币中位列前茅,具体排名第 22 位,市值约为 52.91 亿美元。与比特币相比,莱特币具有更高的可访问性和交易吞吐量,更适合用于支付,补充了比特币作为价值存储的效用。莱特币被描述为"比特币的轻量级版本",相比比特币是"数字黄金"的说法,莱特币被称作为"数字白银"。

莱特币的设计灵感源于比特币,它继承了比特币的许多特性,但也引入了一些重要的改进,使其在某些方面与比特币区别开来。

(1) 缩短的区块生成时间。莱特币采用了与比特币类似的发行机制,但它的区块生成时间更短,大约为 2.5 分钟,而比特币为 10 分钟。这意味着莱特币网络可以更快地确认交易。

(2) 更大的货币供应量。莱特币的总供应量为 8 400 万枚,是比特币的四倍。莱特币的区块奖励也会随着时间减半,但总供应量更大。

(3) 不同的散列算法。莱特币使用了一种名为"Scrypt"的不同的加密算法,而不是比特币的 SHA-256 算法。这使得莱特币对普通计算机更为友好,减少了对专业挖矿硬件的依赖。

(4) 去中心化和安全性。与比特币一样,莱特币也是去中心化的,由全球的矿工和节点维护。这确保了莱特币的安全性和抗审查性。

莱特币的价格走势如图 7.4 所示。

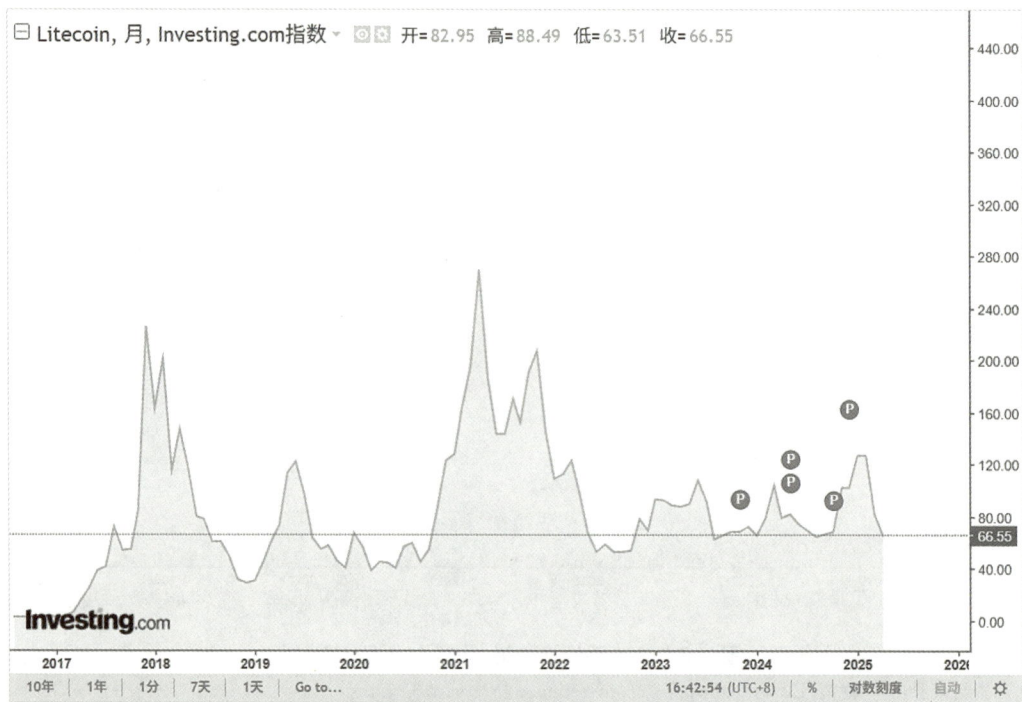

图 7.4　莱特币价格走势(2025 年 4 月 21 日)

资料来源:英为财情[EB/OL]. https://cn. investing. com/crypto/litecoin.

目前市面上大部分的数字货币都和比特币一样采取区块链的发行机制,通过去中心化的方式确保货币的安全性和信任度,但其价格的波动性也饱受诟病。

(二) 稳定币发行机制

稳定币是一种旨在维持固定价值的数字货币,通常与法定货币或其他资产挂钩,以减少传统加密货币的波动性。目前市面上主流的稳定币根据其背后的信用担保可以分为四类:第一类是法币抵押型稳定币,与实体法定货币进行锚定,如与美元挂钩的泰达币(USDT)、美元硬币(USDC)等;第二类是商品抵押型稳定币,与黄金、石油或房地产等商品进行锚定,如与黄金挂钩的 PAX 黄金币(PAX GOLD, PAXG,由美国金融科技公司 Paxos 信用公司发行);第三类是加密资产抵押型稳定币,与其他加密资产进行锚定,如 DAI(由 Maker DAO 发行)、UST(Terra-USD,由 Terra form 实验室发行)等;第四类是算法稳定币,以"算法央行"的形式通过智能合约等控制发行数量来实现币值稳定,如 BASIS。

接下来介绍两种知名稳定币(泰达币和天秤币)的发行机制。

1. 泰达币

泰达币(USDT),全称 Tether USD,由泰达有限公司(Tether Limited)管理、发行和支持,是首批将市场价值与法定货币挂钩的加密货币之一,也是市值最大的稳定币。泰达币于 2014 年 7 月推出,最初称为"Realcoin",将每个代币的价值定为 1.00 美元,以减少在

[专栏 7-2] 你知道狗狗币吗?

整个加密货币生态系统中移动真实货币的摩擦,1 USDT＝1 美元,用户可以随时使用 USDT 与 USD 进行 1∶1 兑换。

泰达币是保存在外汇储备账户、获得法定货币支持的虚拟货币,该种方式可以有效地防止加密货币出现价格大幅波动,基本上一个泰达币价值就是 1 美元。泰达公司严格遵守 1∶1 的准备金保证,每发行 1 个 USDT 即储备 1 美元。由于与美元挂钩,用户可以在泰达平台进行资金查询,以保障透明度。这种储备机制确保 USDT 有足够的美元支持其价值,从而增强市场对其稳定性的信心。这一特性使得 USDT 在波动剧烈的加密货币市场中成为一种良好的保值代币,为投资者提供一个相对安全的避风港,减少了因市场波动而造成的资产损失风险。

(1)发行流程。客户向泰达公司银行账户汇入美元,泰达公司确认收到相应资金后,从泰达公司的核心钱包向该客户的钱包转入与美元数量等同的 USDT,此环节即 USDT 的发行。

(2)赎回流程。客户希望赎回美元时,将其持有的 USDT 转入泰达公司核心钱包并支付手续费之后,泰达公司会向该客户的银行账户汇入与 USDT 数量相同的美元,并销毁对应数量的 USDT。

尽管泰达公司承诺严格遵守 1∶1 的准备金保证,并且用户可以在泰达平台进行资金查询以保障透明度,但 USDT 储备机制的具体落实和透明度可能受到质疑。泰达公司通过公布银行余额并由专业人士进行定期审计,证明其储备中持有的相应总量的美元。

泰达币的价格走势如图 7.5 所示,自发行以来,USDT 的市场交易价在 0.92～1.05 美元波动,价格稳定的目的基本实现。

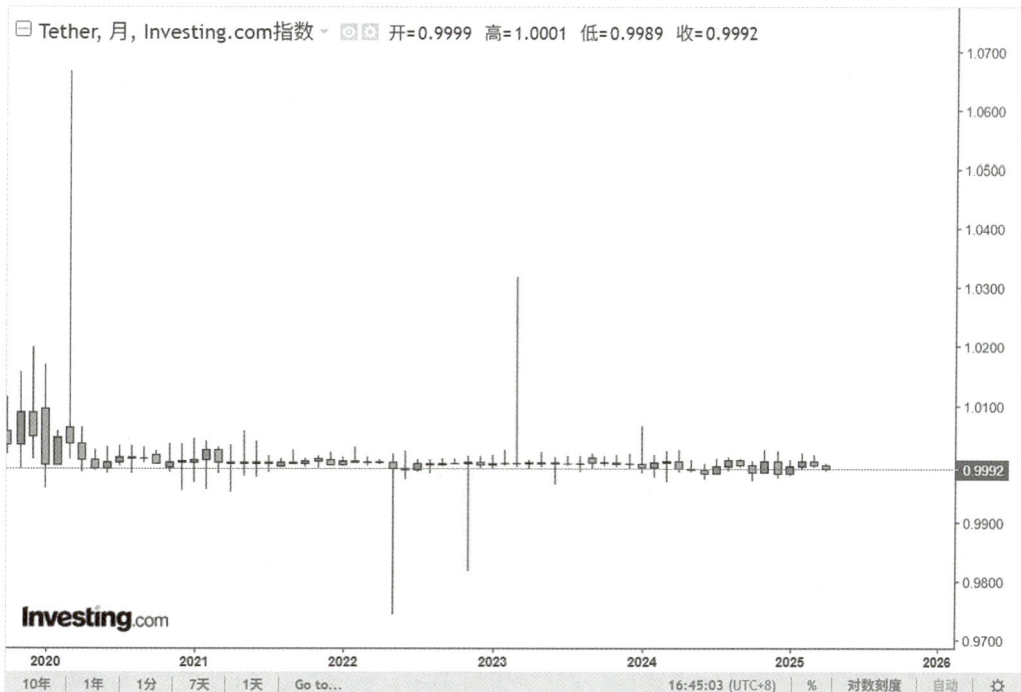

图 7.5 泰达币价格(2025 年 4 月 21 日)

资料来源:英为财情[EB/OL]. https://cn. investing. com/crypto/tether.

USDT 因其稳定性和便捷性，已成为加密货币市场中广泛使用的交易媒介和避险资产。许多交易所、钱包和去中心化金融项目都支持 USDT，使得投资者可以方便地在不同平台和项目之间进行资金转移和交易。

2. Libra/Diem

2019 年 6 月 18 日，社交巨头 Facebook 公布了其数字货币的白皮书，"一个新的去中心化区块链、一种低波动性加密货币和一个智能合约平台的计划"。这个宣称要"建立一套简单的、无国界的货币和为数十亿人服务的金融基础设施"的以象征公平的天秤座命名的 Libra 币（现更名为 Diem）一经推出，就受到了广泛的关注。

Libra 最初计划由一篮子法定货币（包括美元、欧元、英镑、日元等）和政府债券支持，以确保其价值的稳定性。这意味着其价值将与这些资产的价值挂钩。

与 USDT 不同，Libra/Diem 的设计从一开始就强调合规性和监管。Diem 协会（Libra 协会）计划遵循所有适用的法律和监管要求，包括反洗钱（anti-money laundering，AML）和客户身份识别（KYC）规定。Libra 项目在推出后面临全球监管机构的严格审查，这导致其设计和计划进行了多次调整。Diem 的推出计划被推迟，并且更加注重符合监管要求。

Libra 在设计之初，其发行体系基本能对标传统货币发行体系，如图 7.6 所示。

图 7.6　Libra 发行体系

Libra（Diem）的货币发行主体是 Libra 协会，这是一个独立的非营利组织，负责管理货币的发行和维护其稳定性。协会由多个成员组成，包括金融支付企业、技术和交易平台、电信公司、区块链业务以及学术和非营利组织（初始成员有 28 家，计划拓展到 100 家①）。

---

① Libra 初始成员包括：
支付业：Mastercard、Mercado Pago、PayPal、PayU（Nasper 的金融科技子公司）、Stripe、Visa。
技术和交易平台：Booking Holdings、eBay、Facebook/Calibra、Farfetch、Lyft、Spotify AB、Uber Technologies。
电信业：Iliad、Vodafone Group。

（转下页）

Libra 的货币流通网络是建立在区块链技术之上的,这使得 Libra 货币能够在全球范围内快速、安全地流通。该网络支持点对点交易,减少了传统金融系统中的中介成本,提高了交易效率。

Libra 网络服务的终端用户包括个人用户和企业用户,可以通过 Libra 钱包进行日常支付、转账、储蓄等金融活动。目标是为全球用户提供一种低成本、高效率的数字货币服务,特别是为那些没有银行账户的人提供金融服务。

在 Libra 1.0 的白皮书中,Libra 协会不直接面向终端用户,以减轻自身市场拓展与合规压力,如图 7.7 所示。

Libra协会:
不直接面向终端用户,减轻自身市场拓展与监管合规压力

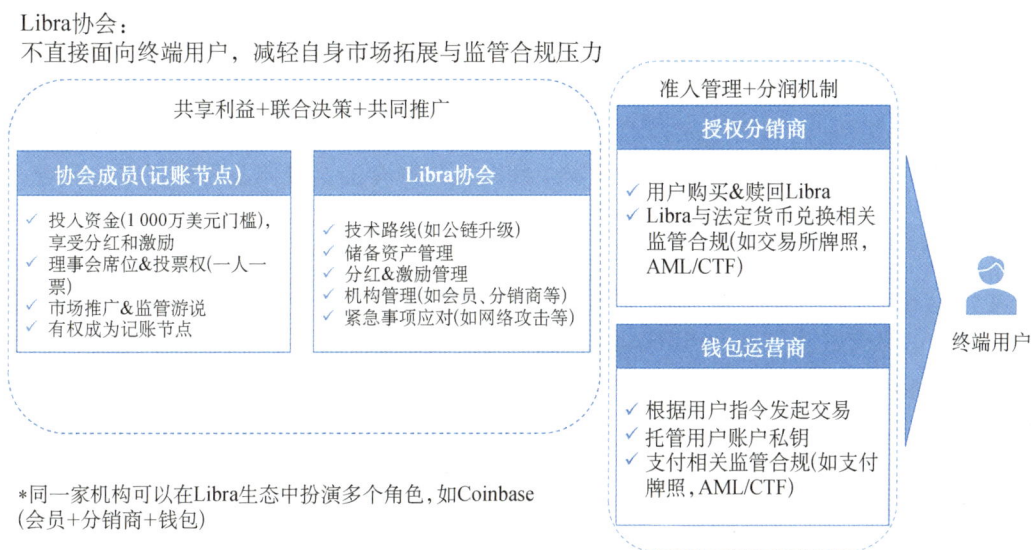

图 7.7 Libra 协会的运行机制

Libra 协会由多个成员组成,这些成员扮演记账节点的角色。这些成员需要投入资金(1 000 万美元门槛)以享受分红和激励。每个成员拥有理事会席位和投票权(一人一票),参与市场推广和监管游说。成功成为记账节点的成员(validator)将负责验证和记录交易。

Libra 协会负责制定技术路线(如公链升级)、管理储备资产、管理分红与激励、管理机构(如会员、分销商等),以及应对紧急事项(如网络攻击等)。Libra 协会通过准入管理和分润机制,确保成员共享利益、联合决策和共同推广。这种机制有助于减轻单一机构的市场拓展和监管合规压力。

授权分销商负责用户购买和赎回 Libra,以及 Libra 与法定货币兑换的相关监管合规工作,如交易所牌照和反洗钱/打击恐怖融资(AML/CTF)。钱包运营商根据用户指令发

(接上页)区块链业:Anchorage、Bison Trails、Coinbase、Xapo Holdings Limited。
风险投资业:Andreessen Horowitz、Breakthrough Initiatives、Ribbit Capital、Thrive Capital、Union Square Ventures。
非营利组织、多边组织和学术机构:Creative Destruction Lab、Kiva、Mercy Corps、Women's World Banking。
部分机构如 Mastercard、Visa、PayPal 等已退出。

起交易,托管用户账户私钥,并负责支付相关监管合规工作,如支付牌照和 AML/CTF。终端用户是 Libra 生态系统的最终服务对象,其通过钱包运营商提供的服务进行交易和存储。

与传统货币发行体系相比,Libra 协会的模式是一种创新的尝试。它通过私营机构的合作,建立一个全球性的数字货币体系。Libra 利用区块链技术取代人工对账,提高了效率并减少了差错。这种自动化处理减少了人力成本,使得操作成本更低。在 Libra 体系内进行的交易无须向中心化机构支付代理费用。这意味着用户之间的交易可以直接进行,无须支付额外的中介费用,从而降低了交易成本。Libra 通过账本实时同步,增强了机构间的公信力,减少了对保证金的需求。这不仅降低了保证金带来的额外成本,还提高了资金的流动性。Libra 的设计和运作模式鼓励金融创新,同时通过提供低成本的金融服务,有助于实现金融普惠,对那些传统金融服务覆盖不足的地区和人群特别有帮助。这种模式在一定程度上减轻了单一机构的市场拓展和监管合规压力,但同时也带来了新的挑战,如确保系统的稳定性、安全性以及与现有的金融体系和监管框架融合。

二、私有数字货币存在的问题

(一) 初代数字货币比特币不能行使货币的基本职能

初代的私有数字货币比特币诞生时,最初希望可以通过特定的发行规则,避免信用货币超发带来的问题。但自其问世以来,它是否能够行使货币属性就一直饱受争议。

第一,比特币背后仅为区块链算法支撑的代码,没有实物和国家信用支持,难以稳定发挥货币交易职能。比特币的价格存在较大泡沫,波动性大,币值不稳定。

由图 7.3 可见,比特币的价格由最初问世时每个不到 1 美元,到 2017 年 12 月一度涨到近 2 万美元/个,下跌 70% 后,2021 年 11 月 30 日疯狂冲顶至 6.9 万美元/个,经历了几度的大起大落,2021—2023 年一路暴跌至不足两万美元,但在 2025 年初突破了 10 万美元关口。由于不具备可靠的价值基础,比特币价格持续波动,也使得比特币难以充当记账单位和发挥价值贮藏的作用,不能行使货币的基本职能。

第二,比特币的流通范围非常有限,不具备普遍接受性,在大部分日常条件中不能充当交易媒介。由于比特币没有法偿性,可能出现价格波动、监管变化等多种原因使得原先接受比特币支付的商家突然不接受比特币支付的情况。此外,根据美国的"全球成本预估与财经可视化"网站 howmuch 的统计,在全球约 7% 的国家比特币等私有货币不能充当合法货币在境内流通,53% 的国家没有出台相应的法律法规定义比特币的合法性,因此,比特币难以在全球普遍发挥流通支付的作用。

第三,比特币在发行设计上具有上限,限制了其支付稳定性和货币政策执行空间。比特币依据算法发行,在技术上设置了其总发行数量限额,上限为 2 100 万个。数量的稀缺性使得其更多被追捧为一种理财工具,被称作"数字黄金",大量的比特币交易是出于投机性目的而非将其支付工具,炒作带来的价格波动也大大降低了其作为支付手段的稳定性。此外,比特币的上限设置使得其自带通货紧缩的属性,虽然这一设置是为了防止货币的滥发超发和过度通胀问题,但其总量的限制无法适应现代金融体系的发展(这也是金本位制崩溃的原因之一),无法满足不断扩大的生产和商品流通需求。

第四，比特币没有统一管理的发行机构，是完全去中心化发行的，其投放数量取决于挖矿能力、活跃地址数量等，没有明确的回笼机制（部分比特币可能因为设备损坏而灭失，但这和传统货币的回笼机制完全不同）。因此，比特币不具备根据物价水平、就业率、利率等经济运行情况调节货币投放量的能力，无法实施货币政策，保证货币体系的正常运行。

（二）"稳定币"并不稳定，对初代数字货币缺点的改进有限

由于比特币等数字货币价格波动大，稳定币通过一定的机制发行，以保证其价格比起其他加密资产相对稳定，波动性小，也因此在加密市场扮演着交换媒介和价值存储的角色。但各类稳定币的价格也存在波动，而且背后存在较大的风险，仍存在初代数字货币所暴露出的问题。

第一，目前这些稳定币的发行都由企业负责，和比特币等初代数字货币不同，大部分是中心化发行的（即使技术上去中心化，也存在企业这个"中心"来控制货币的发行），发行、承兑、监管和运营的风险都由发行企业承担，因而其最大的风险就是发行企业的道德风险。发行企业可能存在卷款跑路、破产清算、冻结资金等风险，也没有办法保证相关企业是否如数进行了相关抵押资产的储备，甚至部分稳定币存在"庞氏骗局"的嫌疑。一旦这些稳定币的使用者对发行公司失去信任，容易加剧挤兑风险，那稳定币的价值将荡然无存。

第二，稳定币的价值并不稳定，存在较大的波动。法币抵押型稳定币是稳定币中相对稳定的币种，但其价格仍有所波动。以 USDT 为例，当其赎回率处于高位时，会出现下行偏差，而当比特币出现贬值时，USDT 也出现了溢价交易。此外，近年来泰达币经历了多轮大规模增发，但其背后的美元储备是否随之增长仍然存疑，也给其稳定性带来不确定性。商品抵押型稳定币的价值受其抵押物波动影响大，如果黄金、石油、房地产等抵押品受经济、政治等多方面因素影响出现波动，可能会出现稳定币与其脱钩的现象，引起币值波动。加密资产抵押型稳定币由于抵押资产本身波动性大，其通过超额抵押等方式保持币值的相对稳定，但一旦抵押资产大跌且无人参与到其套利修正机制中，那稳定币的价值也会大跌，还可能造成恐慌性抛售，从而导致币价进一步下跌。算法稳定币是稳定币中争议最大且价值最不稳定的一类，目前市面上的算法稳定币长期价格大多低于 1 美元。算法稳定币完全没有抵押品作为支撑，依靠算法调节货币供应量来维持价格稳定，其价值完全基于持有者对算法的信任，一旦信任动摇，就会引发系统性风险，币值可能直线清零。算法稳定币中最大的失败项目 UST 近 200 亿的市值几乎蒸发，币值从 1 美元跌至 1 美分，陷入"死亡螺旋"是其币值蒸发的最大原因。UST 背后支撑的是发行商泰拉（Terra）的原生代币露娜币（Luna），UST 发生了脱钩，影响到露娜币的价格，而露娜币的价格下跌进一步影响 UST 的价格，两者互相影响导致了 UST 最终的崩盘。

第三，目前稳定币的使用生态有限，更多是充当避险资产。目前大部分稳定币没有发挥其在商品市场的一般等价物的功能，而是在法定货币和加密货币之间发挥锚定物的作用。在加密货币币价剧烈波动时，法定货币交易的时效性较差，投资人以稳定币充当兑换法币的中间件，规避加密货币下跌带来的风险。因此，目前稳定币不符合货币所要满足的计价单位、交易媒介和价值储藏的基本作用，没有发挥货币最为基础的支付功能。

（三）Libra 虽然对稳定币有所改进，但最终落地仍是"乌托邦"

如前文所述，Libra 虽然交易成本低、具有社交分享功能，能更好地发挥网络效应吸引

更多的用户,满足了 Libra 协会不同参与方的诉求,但要最后"落地"仍存在五大挑战,仅仅是幻想中的"乌托邦"。

第一,Libra 落地的最大难点在于应对各国的监管,达到合规要求。从目前各国的态度来看,大部分国家对 Libra 持谨慎态度。自 Libra 问世以来,美国参议院举行了多场有关 Libra 的听证会,部分议员要求美联储禁止 Libra 项目;Libra 被禁止在俄罗斯作为支付手段;欧洲的监管机构对 Libra 也高度存疑,德国和法国的财政部长在公开讨论中明确表示不能授权在欧洲土地上开发 Libra 项目;日本和韩国的监管机构也警告 Libra 可能威胁到金融系统的稳定性。中国人民银行的王信在公开演讲中表示 Libra 会带来不仅限于经济金融的问题,还会带来国际政治等一系列复杂的问题。Libra 若要落地,面临各国不同的监管要求,需要满足相关的支付牌照以及准备金要求,反洗钱方面的跨境监管要求也较严格。各国监管部门对 Libra 的性质的认定取决于很多主观因素,而且可能立场不一,导致监管政策上存在较大不确定性,给 Libra 带来很大的挑战。

第二,身陷隐私风波的 Facebook 需要应对 Libra 可能的隐私泄露风险。此前 Facebook 多次因隐私泄露和数据滥用问题遭到媒体的批评和监管部门的处罚。近期曝出剑桥分析公司(Cambridge Analytica)"窃取"8 400 万 Facebook 用户的信息,在 2016 年美国总统大选期间利用这些数据向选民定制宣传,影响选举结果,最终也收到了来自美国联邦贸易委员会的 50 亿美元史上最大罚单。此外还有诸如 Facebook 未能确保"小组"功能中敏感数据的安全,遭遇黑客攻击使得约 5 000 万客户信息可能泄露等负面新闻,使得 Facebook 失去了部分用户的信任。未来 Libra 如果能如 Facebook 设想一样在全球流通并达到一定规模,Libra 协会将管理全球数十亿个账户,并且覆盖用户的跨境支付、消费、社交等多维度数据。虽然 Libra 白皮书中称协会本身不参与交易处理,也不会存储用户的任何个人数据,交易由验证者节点处理和存储,但是仍然不能确保不会遭到网络袭击,此外还有 Libra 协会自律性问题。因此,隐私泄露问题仍不可忽视。

第三,Libra 需要应对流动性风险,避免挤兑。Libra"不会制定自己的货币政策,而是仅根据授权经销商的需求来'制造'和'销毁'Libra 币",Libra 协会还声称"可能会不时根据市场形势的重大变化改变篮子的组成"(虽然仅在特殊情况下做出,并需要获得绝对多数投票通过)。这就给投机者带来了套利的空间,造成汇率市场更大的波动,难以达到币值稳定的目标。对比同样采取"盯住"策略的香港金管局的实践,香港基础货币的发行需要足额的美元支持,还需要更加充足的外汇储备来临时创造流动性。此外,香港金管局还发展出多种工具,包括强方兑换保证、弱方兑换保证和通过回购为银行提供紧急流动性等技术手段,主动积极维持汇率稳定,但 Libra 目前没有相关的制度安排。若未来 Libra 追求投资收益,实施激进的投资策略,那当 Libra 面临大量赎回时,可能缺乏足够的高流动性资产来应对,就会迫使 Libra 协会折价出售储备资产,造成进一步恶化流动性和清偿能力,形成恶性循环。传统央行"最后贷款人"的机制在 Libra 体系中目前并不存在,这也使得 Libra 应对挤兑风险、维持币值稳定的能力需要被打一个问号。

第四,Libra 不可避免陷入"区块链不可能三角"[①],需要实现去中心化,并兼顾安全和

---

① 从加密货币的设计来看,三个目标(安全、效率和去中心化)只能同时满足两个,即存在三元悖论。

效率。Libra 目前由中心化的 Libra 协会管理货币的发行等事宜,目标是用五年左右的时间实现去中心化的"非许可型网络",但实现在技术上具有难度。此外,目前区块链架构的支付承载能力是有限的,比特币是每秒七笔,Libra 每秒只能支持 1 000 笔交易。Libra 的目标是跨境支付,有 27 亿潜在用户,而这些潜在用户的交易大部分都是小额高频的。2021 年网络平台共处理业务 6 827.6 亿笔,平均每天 18.71 亿笔,而在"双十一"这样的高峰期,网联的交易峰值达到了近 10 万笔/秒,Libra 显然无法实现零售所要求的高并发性能。

第五,Libra 协会需要保证自身的独立性和稳定性,不受外界操控,管理好 Libra 的发行。Libra 协会目前包括支付业、技术和交易平台、电信业、区块链业、风险投资业、非营利组织等 28 家创始机构,未来会拓展到 100 家,负责 Libra 发行和储备资产管理等事务。虽然不管初始投资多少,各成员都有一人至多一票的投票权,但加入 Libra 协会有较高的门槛,需要在网络中至少投资 1 000 万美元,而且对于成为协会创始人的参与者更是有极为严苛的要求(如企业需要市值超过 10 亿美元、为超过 2 000 万人提供服务、被第三方行业协会评估为行业百强等)[①]。这也意味着只有行业巨头和垄断者才能进入协会,而这些巨头在进行 Libra 决策时可以进行共谋以获得自身利益最大化,就很难保证 Libra 协会的独立性。2019 年的 10 月 4 日,付款处理商 PayPal 发言人表示,PayPal 正式离开 Libra 协会,10 月 11 日又有 Mastercard、Visa、eBay、Stripe 和 Mercado Pago 五家机构宣布退出 Libra 项目,因此,Libra 协会能否保证自身的稳定性也值得怀疑。

2020 年 4 月,Libra 第二版白皮书提出重大修订,项目被更名为 Diem(Libra 2.0),其最大的改变就是增加了锚定单一货币的稳定币,并以此为主导,计划在 2021 年推出盯住美元的稳定币,而锚定一篮子货币稳定币 Libra Coin 仅作为补充货币予以保留。第二个大改变是放弃了未来向无许可系统过渡的计划(即放弃从中心化发行过渡到去中心化发行),但仍然保留市场驱动、开放竞争性网络等经济特征。此外,为了满足监管要求,提高了支付系统的安全性,包括反洗钱、反恐怖融资、制裁措施合规和防范非法活动等。尽管 Libra 修改了项目目标并增加了更多合规性的要求,意在获得监管机构批准以加速推出,但由于治理因素、监管障碍等,这个曾经轰动一时、被认为可能改变支付体系未来、打破货币垄断的项目正日渐走下神坛。2022 年 2 月,美联储会员银行银门资本公司(Silvergate Capital Corporation)[②]收购 Diem 支付网络的知识产权和其他资产,包括用于运行基于区块链的支付网络的开发、部署和运营的基础设施和工具。Facebook 期望通过与银门这家既涉足加密货币领域又是美联储成员、接受美联储监管的银行合作,能更好得到监管部门的认可,而 Facebook 仅保留了数字钱包诺维(Novi,即原来的 Calibra)为人们提供各种金融服务。随着更多国家法定数字货币的进展,Libra 的未来越发具有不确定性,这场"货币革命"是真正的"颠覆"还是"乌托邦"需要交给时间去检验。

---

① 具体参见 Libra 白皮书《如何成为创始人》部分。

② Silvergate 是一家成立于 1988 年的美联储会员银行,从 2013 年起 Silvergate 致力于为数字货币行业提供创新金融基础设施解决方案。除银行服务外,Silvergate 最为知名的服务,是一个 24/7 不间断的实时支付平台 Silvergate Exchange Network(SEN)。

第三节　央行数字货币的发行与流通

一、央行数字货币发行机制

（一）央行数字货币的分类

央行数字货币（CBDC）被定义为一种新形式的数字货币，以国家账户单位计价，是中央银行的直接负债。

根据 BIS 的定义，CBDC 根据用户和用途不同可分为两类：零售型与批发型。

如果 CBDC 旨在供家庭和公司用于日常交易，则称为零售型 CBDC。零售型 CBDC 不同于现有的无现金支付工具，如信用转账、直接借记、卡支付、电子货币等，因为 CBDC 代表了对中央银行的直接债权，而不是私人金融机构的负债。

与零售型 CBDC 相比，批发型 CBDC 用于银行、中央银行和其他金融机构之间的交易，因此，批发型 CBDC 将发挥与今天中央银行持有的准备金或结算余额类似的作用。

零售型 CBDC 和批发型 CBDC 的主要区别在于服务对象和使用场景。零售型 CBDC 主要面向个人和企业的日常交易，而批发型 CBDC 主要面向金融机构间的交易。批发型 CBDC 可以用于改进现有的代理银行机制，而零售型 CBDC 则可以实现跨境点对点支付。

各个国家（经济体）情况各异，有的侧重大额交易，有的侧重零售系统效能的提高，因而构建发行 CBDC 的重点也各有不同。除了上述提到的类型之外，央行还需要基于多种设计维度满足市场需求，才能实现与现存的银行、支付网络等金融基础设施无缝对接。通常各央行构建发行 CBDC 时会涉及五个维度[①]。

1. 运行机制：单层与双层

单层模式中，央行除了发行 CBDC，还直接运营支付系统并提供零售服务，所有的运营均由央行维护。这种模式下，央行将对 CBDC 相关的产品设计和应用拥有绝对的控制权，但其职责和能力很有可能会超负荷。因此，单层模式只适用于一些金融部门极度不发达的小型经济体。

双层模式中，CBDC 仍由央行发行，但支付服务和账务维护等服务则交由商业银行等大型金融机构负责。目前，大多数央行正在探索双层运营模式，即央行构建发行 CBDC，然后让大型金融机构分配这些资金，并在此基础上进行创新。

2. 发行方式：直接发行与间接合成发行

拥有更先进支付基础设施的央行可以直接发行 CBDC 用以结算交易。国际货币基金组织（International Monetary Fund，IMF）提出的另一种方法是间接合成发行，由央行批准的商业银行等中介机构向公众发行。

合成的 CBDC 对于资源和技术能力有限的中央银行来说是个不错的选择，但这样一

---

① 详解 CBDC：定义、类型、构建发行维度、优劣势及各国发展状况［EB/OL］.（2022-07-08）［2025-06-22］. https:// www.panewslab.com/zh/articledetails/o19t113bc78d.html.

来,央行将失去对这些数字货币设计和操作的部分控制,因而目前央行主要采取的都是直接发行模式。

3. 技术呈现形态:账户型、通证型与混合型

在CBDC连接到应用的过程中还需要确定呈现形式。其中一种是账户形式,它其实是一个数字钱包,很像传统的网银账户,这种形式可以基于现有基础设施为用户提供熟悉的支付体验,但同时用户的隐私性不会得到保障。

另一种创新方法是基于通证(token)的CBDC,这种形式在使用过程中更像实物现金,具有匿名性,也就是说这种类型的CBDC交易细节只有交易双方知道,在技术应用上更接近现钞的形态。但这种形式与客户身份识别原则相违背,可能会滋长逃税、洗钱和恐怖融资等非法问题。

因此,即便使用通证技术,也势必要采取某种形式的身份验证,账户和通证的混合型便应运而生了。目前多数央行也表示更偏向于中心化和混合型来满足金融普惠、灵活性、隐私性等多方面的需求。

4. 区域范围:国内与跨境

许多央行在积极研究针对国内发行的CBDC,但理想情况是,除了国内,资金也应该在全球范围内快速、稳定地流动。因此,类似万事达卡这样的大型金融机构也在提议将多个国家的CBDC连接起来,以减少跨境支付相关的时间、风险和成本。目前,世界各地的央行正在探索这一充满希望的想法。

5. 利率影响:计息与不计息

计息的CBDC可以作为利率的有效下限,成为央行货币政策管控的工具。例如,一旦央行提高CBDC的利率,商业银行为了避免资金流向CBDC,将被迫提高利率。同时,计息也可能会造成金融机构中的存款被过多转移到CBDC持有的账户而导致的去中介化风险。因此,计不计息涉及实际情况复杂,需求针对经济体情况设定。

(二) 各国积极开展央行数字货币的研发

国际清算银行2024年的调查显示,94%的受访央行正在探索CBDC。调查表明,各国央行正在采取不同的方法、考虑不同的设计特征,以推出适合自己的CBDC。2023年,批发CBDC的试点快速增加,主要发生在发达经济体,但各种新兴市场和发展中经济体也加强了其批发CBDC工作。总体而言,央行在未来六年内发行批发CBDC的可能性超过了发行零售CBDC的可能性。同时,中央银行进一步加强了与利益相关者的接触,为CBDC的设计提供多样化的信息。对于即将大规模推广的CBDC,参与方通常考虑互操作性和可编程性。对于零售CBDC,超过一半的央行正在考虑持有限额、互操作性、离线支付和零利息。

图7.8展示了CBDC相关演讲和报告的时间线以及谷歌搜索趋势,不难发现从2016年开始,关于CBDC的演讲数量逐渐增加,显示出对CBDC的兴趣和讨论在增长。2018年和2019年,演讲数量达到高峰,之后有所波动,但整体趋势是上升的。

从谷歌指数看,2017年和2018年对比特币的搜索兴趣达到高峰,之后有所下降,但在2020年再次上升。2019年对Libra的搜索兴趣急剧上升,这与Facebook宣布Libra项目的时间吻合,之后搜索有所下降。对央行数字货币的搜索在2020年显著上升,显示

公众对中央银行数字货币的关注度在增加。

这些趋势表明,随着时间的推移,CBDC 已经成为金融领域的一个重要话题,不仅在中央银行家和政策制定者中,也在公众和投资者中引起了广泛的讨论和兴趣。

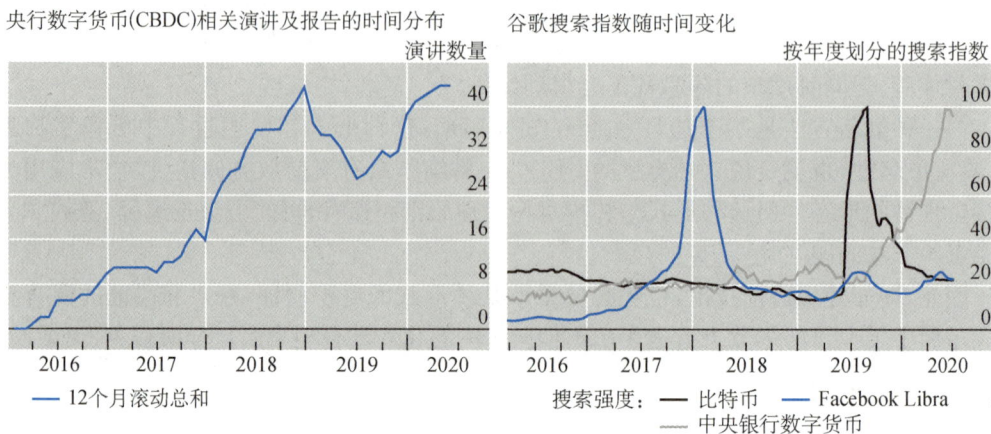

图 7.8　央行数字货币相关演讲和报告的时间线以及谷歌搜索趋势

资料来源:国际清算银行. 中央银行数字货币的崛起:发展动因、实现路径与相关技术[R]. 2020.

2022 年以来,全球央行参与 CBDC 研究的比例已经很高,并且基本保持不变:截至 2023 年底,94% 的央行参与了 CBDC 工作。大多数央行都在研究零售和批发 CBDC。约 30% 的央行只关注零售 CBDC,2% 的央行只专注于批发 CBDC。超过一半的受访者(54%)正在试验概念验证,约三分之一(31%)正在进行试点(见图 7.9)。

整个 2023 年,CBDC 的零售和批发工作都进入了更高级的阶段。然而,各国央行正在采取不同的方法,并以不同的速度进行相关工作。例如,发达经济体(advanced economy,AE)央行进行概念验证(81%)或试点(33%)的比例急剧上升,尤其是批发 CBDC。新兴市场和发展中经济体(emerging market and developing economy,EMDE)中央银行从事大规模 CBDC 概念验证(39%)或试点(19%)的份额也有所增长,但增幅较小(上一次调查分别为 37% 和 16%)。最近开始进行大规模 CBDC 试点的央行包括瑞士国家银行(Swiss National Bank,SNB)(Helvetia 项目第三阶段)、新加坡金融管理局(Monetary Authority of Singapore,MAS)、欧洲央行(European Central Bank,ECB)和南非储备银行(South Africa Reserve Bank,SARB)等。

2023 年,各司法管辖区的零售 CBDC 工作进展也有所不同(见图 7.10)。特别是,发达经济体的概念验证大幅增加(从 71% 增加到 82%)。例如,欧洲央行理事会决定将其数字欧元的工作从调查阶段转移到准备阶段,这将涉及测试和实验。相比之下,新兴市场和发展中经济体央行运行概念验证(29%)或试点(27%)的份额略有下降(上一次分别为

央行在央行数字货币(CBDC)工作中的参与度进一步提升
占受访者的百分比

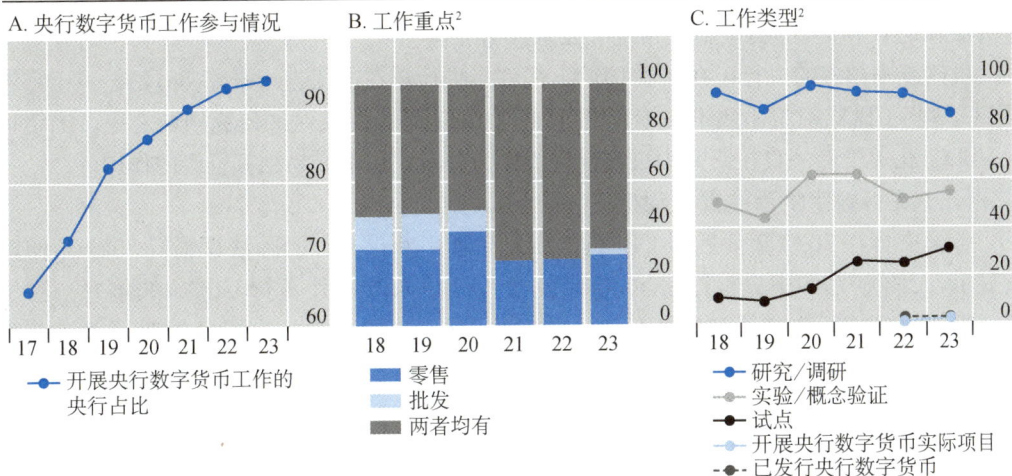

A. 央行数字货币工作参与情况

—●— 开展央行数字货币工作的
　　央行占比

B. 工作重点[2]

■ 零售
□ 批发
■ 两者均有

C. 工作类型[2]

—●— 研究/调研
—●— 实验/概念验证
—●— 试点
—●— 开展央行数字货币实际项目
—◦-- 已发行央行数字货币

注：基于本调查的结论，结果不一定与其他来源[如Auer等人(2020年)的数据库、Mikhalev等人(2021年)在cbdctracker.org的央行数字货币追踪平台，以及大西洋理事会在www.atlanticcouncil.org/cbdctracker的央行数字货币追踪平台]所报告的实际央行数字货币发行情况相符。

数据来源：国际清算银行(BIS)2017—2023年关于央行数字货币和加密货币的央行调查；作者计算。

图 7.9　中央银行在 CBDC 方面的工作进展

资料来源：国际清算银行. 拥抱多样性，携手共进：2023 年国际清算银行央行数字货币与加密货币调查结果[R].
2024.

按国家分组的央行数字货币(CBDC)工作类型
占开展央行数字货币工作受访者的百分比

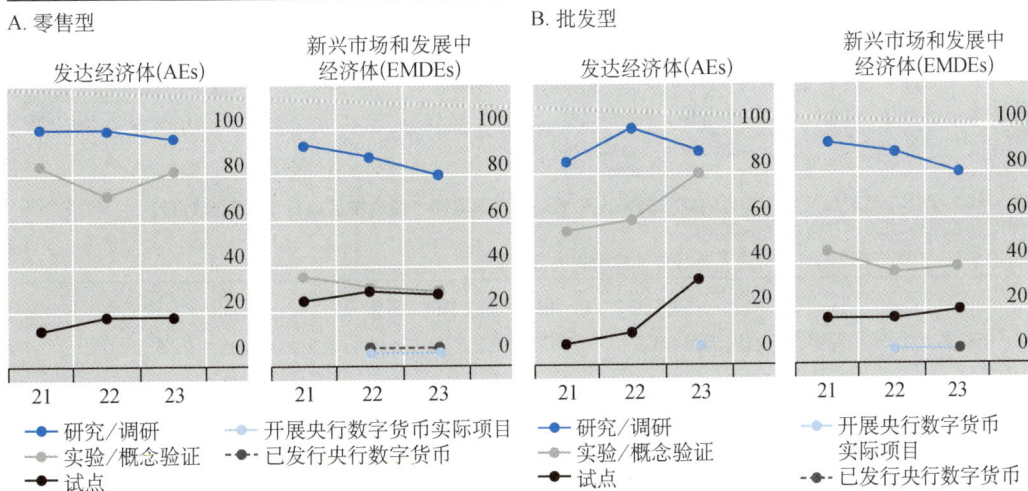

A. 零售型

发达经济体(AEs)

新兴市场和发展中
经济体(EMDEs)

B. 批发型

发达经济体(AEs)

新兴市场和发展中
经济体(EMDEs)

—●— 研究/调研　　　—●— 开展央行数字货币实际项目
—●— 实验/概念验证　-■-- 已发行央行数字货币
—●— 试点

—●— 研究/调研　　　—●— 开展央行数字货币
—●— 实验/概念验证　　　实际项目
—●— 试点　　　　　　-●-- 已发行央行数字货币

注：基于本调查的结论，结果不一定与其他来源[如Auer等人(2020年)的数据库、Mikhalev等人(2021年)在cbdctracker.org的央行数字货币追踪平台，以及大西洋理事会在www.atlanticcouncil.org/cbdctracker的央行数字货币追踪平台]所报告的实际央行数字货币发行情况相符。

数据来源：国际清算银行(BIS)2021-2023年关于央行数字货币和加密货币的央行调查；作者计算。

图 7.10　不同国家组别在零售型和批发型 CBDC 方面的工作进展

资料来源：国际清算银行. 拥抱多样性，携手共进：2023 年国际清算银行央行数字货币与加密货币调查结果[R].
2024.

31%和29%)。然而,与发达经济体相比,新兴市场经济体中正在使用的零售 CBDC 更多。事实上,目前已经发行零售 CBDC 的四个国家或地区分别是巴哈马、东加勒比地区、牙买加和尼日利亚,都属于新兴市场和发展中经济体。

虽然越来越多的央行正在试验 CBDC,但许多央行仍在继续进行研究(88%)。对于零售 CBDC,零售 CBDC 对货币政策实施和银行中介的影响是最受关注的研究领域之一。围绕批发 CBDC,相关学者一直在研究中央银行货币作为分布式账本交易结算资产的作用。

(三) 央行数字货币的发行动机

各国央行在 2020 年前后对 CBDC 的研发兴趣不断提升。国际清算银行 2021 年的调查显示,大约 60%的中央银行表示,新冠疫情危机并未改变其发行 CBDC 的偏好。对于那些因新冠疫情而改变了对 CBDC 立场的中央银行,主要是为了在紧急情况下能够获取中央银行的资金,并将在需要社交距离时利用 CBDC 作为现金和现金的潜在补充。使用 CBDC 作为政府向个人付款的方式(尤其是直接向家庭和小型企业提供财政援助或刺激)的想法也得到了广泛认可(见图 7.11)。

新冠疫情与央行数字货币(CBDC)
受访者占比

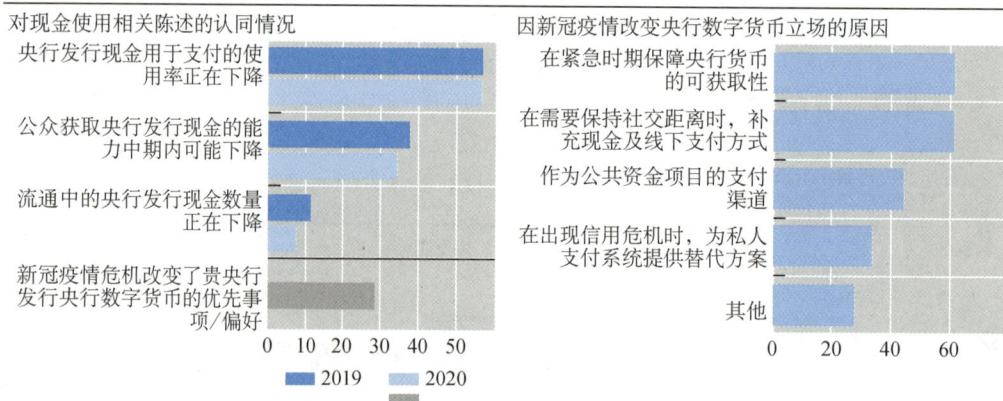

注:样本涵盖参与2019年和2020年调查的国家。对于最后一条陈述"流通中的央行发行现金数量正在下降",样本涵盖所有2020年参与调查的国家。

数据来源:国际清算银行(BIS)关于央行数字货币的央行调查。

图 7.11 Covid-19 与 CBDC 研发

资料来源:国际清算银行.预备,瞄准,出发?——国际清算银行第三次央行数字货币调查结果[R].2021.

在 2024 年国际清算银行的调查中,超过三分之二的受访者认为,保持央行货币的作用是 CBDC 工作的关键驱动因素之一(见图 7.12)。各国央行提到,零售 CBDC 有助于确保货币的单一性,即不同形式货币之间的平价可兑换。各央行都担心,这种单一货币可能会受到新形式私人发行货币的威胁。其他央行报告称,批发 CBDC 将加强央行货币在代币化生态系统中作为结算资产的作用。

央行也出于其他原因探索 CBDC,零售和批发 CBDC 之间存在一些显著差异。对于零售 CBDC,这项工作的目的是提高国内支付效率,并促进支付安全(见图 7.13)。这两个动机对 AE 和 EMDE 来说同样重要。

将央行货币职能作为开展央行数字货币(CBDC)工作的发行动机的重要性排序
以开展央行数字货币工作的受访者占比计，2023年

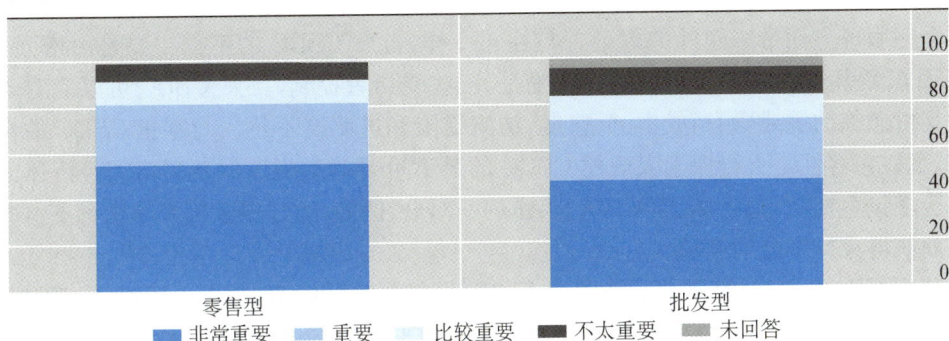

数据来源：2023年国际清算银行(BIS)关于央行数字货币和加密货币的央行调查；作者计算。

图 7.12　确保 CBDC 继续发挥激励作用的重要性

资料来源：国际清算银行.拥抱多样性,携手共进:2023 年国际清算银行央行数字货币与加密货币调查结果［R］. 2024.

发行零售型与批发型央行数字货币(CBDC)的动机
平均重要性，1(不太重要)~4(非常重要)

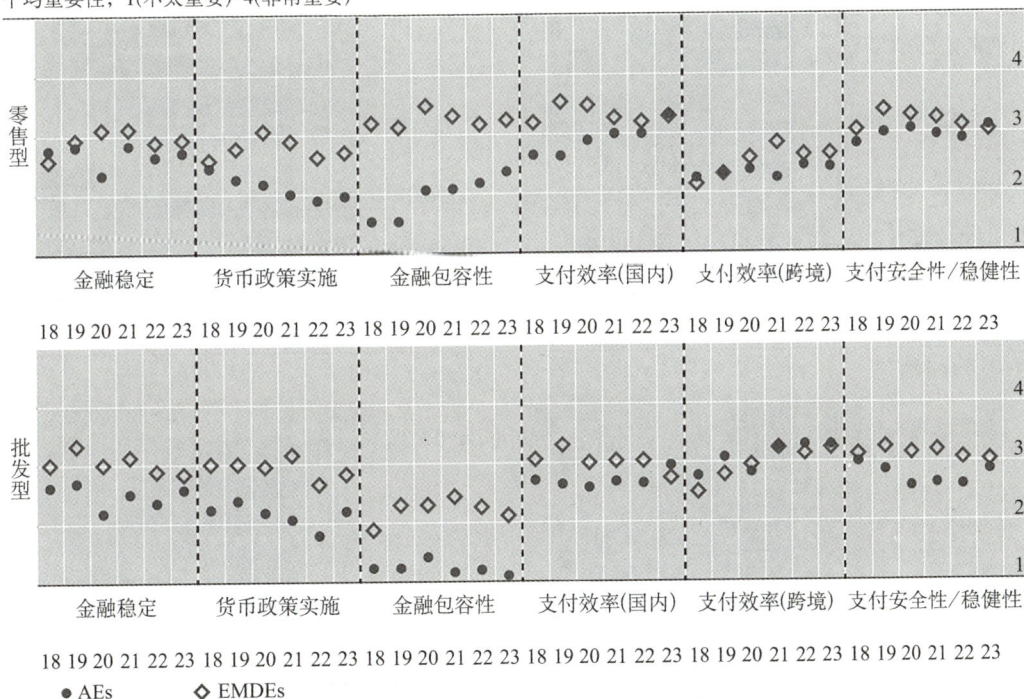

数据来源：国际清算银行(BIS)2018—2023年关于央行数字货币和加密货币的央行调查；作者计算。

图 7.13　央行发行零售型和批发型 CBDC 的动机

资料来源：国际清算银行.拥抱多样性,携手共进:2023 年国际清算银行央行数字货币与加密货币调查结果［R］. 2024.

金融包容性作为零售 CBDC 驱动力的重要性也在 AE 和 EMDE 之间趋同。虽然这仍然是 EMDE 比 AE 更重视 CBDC 研究的原因,但与去年相比,更多 AE 央行报告称金融包容性是其驱动因素之一。特别是,各参与的 AE 央行报告称,零售 CBDC 可以在获得数字金融服务方面带来额外的好处。与往年一样,批发 CBDC 的工作主要是由增强 AE 和 EMDE 跨境支付的愿望驱动的。特别是,一些受访者提到,批发 CBDC 可以应对当今跨境支付面临的挑战,如高成本、低速度、访问受限和透明度不足。与零售 CBDC 的情况不同,金融包容性是央行探索大规模 CBDC 的最不重要的动机。但新兴市场经济体的央行将金融包容性视为其大规模 CBDC 工作的一部分,例如,通过探索扩大非银行支付服务提供商获得央行资金的途径。

随着 CBDC 工作的进展,各国央行正在形成其对潜在零售 CBDC 的想法(见图 7.14)。超过三分之二的受访者认为,零售 CBDC 应该有持有限制(AE 68%;EMDE 63%)、应该可与其国内支付系统互操作(AE 75%;EMDE 78%),并应启用离线支付(AE 68%;EMDE 69%)。此外,50%的发达经济体和 35%的新兴市场经济体认为零售 CBDC 可以在没有银行账户的情况下使用。

(潜在)零售型CBDC的设计特征
以开展零售型CBDC工作的受访者占比计,2023年

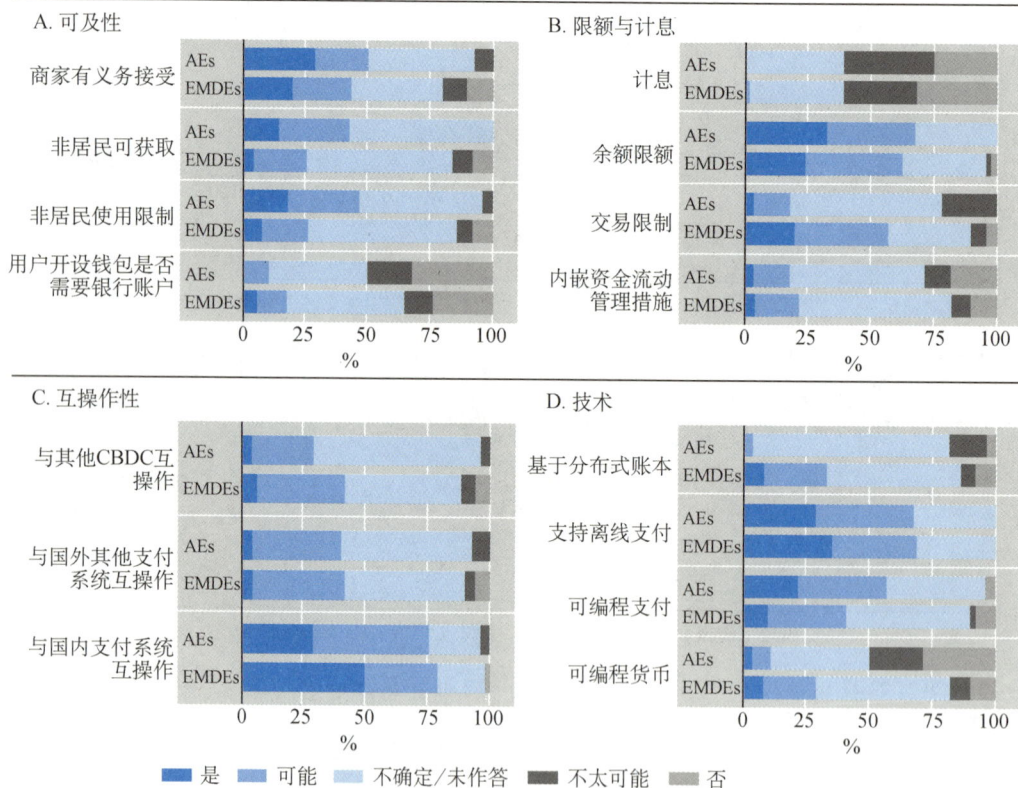

图 7.14 零售型 CBDC 的潜在设计特征

注:欧元区作为汇总数据纳入统计。

资料来源:国际清算银行.拥抱多样性,携手共进:2023 年国际清算银行央行数字货币与加密货币调查结果[R]. 2024.

零售 CBDC 另一个经常被讨论的特征涉及利息问题。超过二分之一的央行不打算为潜在的零售 CBDC 支付利息。然而,并非所有央行都先验地排除了这一特征。例如,以色列银行宣布,其潜在零售 CBDC 可能可以选择计息。

发达经济体与新兴市场经济体不仅在 CBDC 工作的类型选择和进展方面有所不同,也在考虑不同的设计。有四个关键区别:①与发达经济体中央银行相比,更多的新兴市场经济体中央银行可能会在分布式账本上发行零售 CBDC,这可能反映出它们愿意从传统系统跨越到尖端技术。②新兴市场经济体似乎比发达经济体更有可能设计可编程用于特定目的的 CBDC。③新兴市场经济体中央银行似乎比发达经济体中央银行更有可能施加交易限制,例如在尼日利亚,个人可以选择使用照片和电话号码等基本信息在没有银行账户的情况下开立 eNaira 钱包。然而,这种钱包的每日交易限额较低。④发达经济体中央银行通常更有可能考虑推出非居民也可以使用的零售 CBDC。

许多央行计划使其大规模 CBDC 可互操作。大约三分之二的央行表示,可能将 CBDC 系统与其国内支付系统建立互操作性(AE 69%;EMDE 58%),许多央行也考虑了跨境互操作性,尽管其频率低于国内互操作性。

此外,互操作方面存在显著的国家差异。新兴市场经济体中央银行比发达经济体中央银行更多考虑与其他司法管辖区的 CBDC(AE 31%;EMDE 53%)和其他跨境支付系统(AE 23%;EMDE 53%)互操作。

不同央行对各种其他批发 CBDC 设计功能也有不同的看法。新兴市场经济体的中央银行比发达市场经济体的中央银行更经常考虑支付服务提供商的强制性参与。这种强制性参与可被视为促进金融包容性。此外,新兴市场经济体中央银行更有可能实施资本流动管理措施(见图 7.15),发达市场比新兴市场经济体更有可能提供可编程并用于特定目的的批发 CBDC。然而,与零售 CBDC 一样,许多设计选择尚未做出。特别是,发达市场和新兴市场经济体的中央银行在向外国支付服务提供商提供其批发 CBDC 方面都非常不确定。

(潜在)批发型CBDC的设计特征
以开展批发型CBDC工作的受访者占比计,2023年

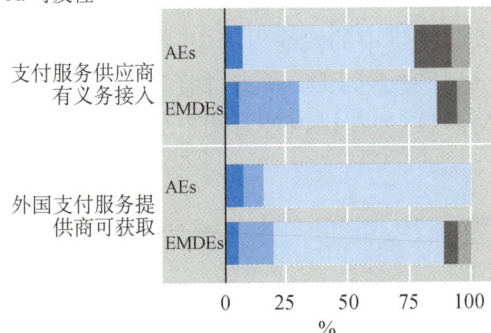
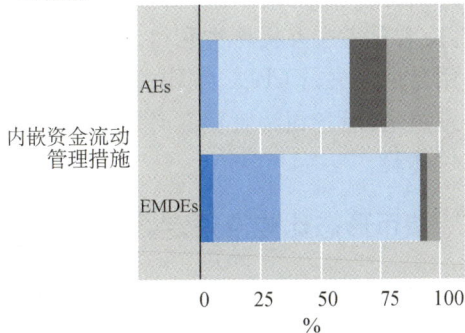

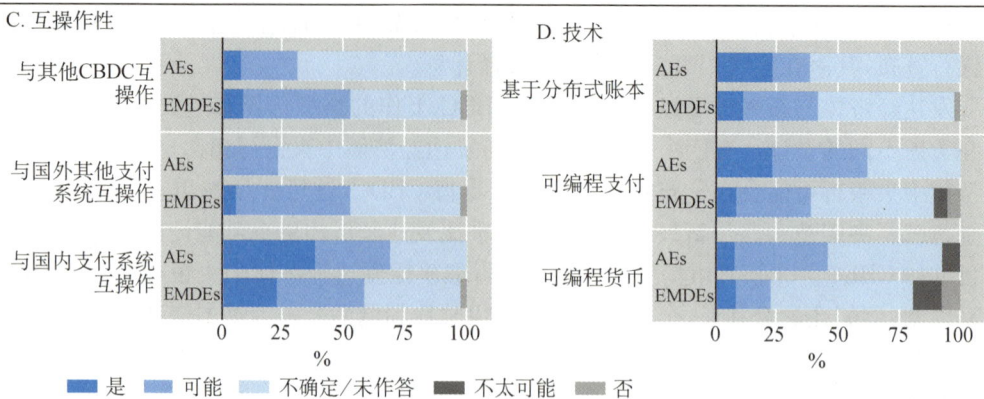

C. 互操作性

与其他CBDC互操作　AEs / EMDEs

与国外其他支付系统互操作　AEs / EMDEs

与国内支付系统互操作　AEs / EMDEs

D. 技术

基于分布式账本　AEs / EMDEs

可编程支付　AEs / EMDEs

可编程货币　AEs / EMDEs

■ 是　■ 可能　■ 不确定/未作答　■ 不太可能　■ 否

注：欧元区作为汇总数据纳入统计。

图 7.15　批发型 CBDC 的潜在设计特征

资料来源：国际清算银行. 拥抱多样性，携手共进：2023 年国际清算银行央行数字货币与加密货币调查结果[R]. 2024.

关于预期的使用情况，零售和批发 CBDC 有显著差异。对于零售 CBDC，约一半的央行设计了可用于在线支付（52%）和线下销售点支付（49%）的零售 CBDC 用例。例如，2022 年底在印度启动的零售 CBDC 试点中，允许使用数字卢比进行人对人和人对企业支付。同样，欧洲央行正在调查数字欧元在线、离线和电子商务支付的用例。

批发 CBDC 中，最常提到的两个用例是银行间支付结算（46%）和交付与支付（DvP，50%）。一些央行还考虑了外汇交易（24%）或支付对支付交易（PvP，17%）的潜在批发 CBDC 用例。这与在各种概念验证、实验和试点中探索的用例一致。例如，BIS 创新中心的 Mariana 项目证明了自动做市商在批发 CBDC 交易和结算方面的技术可行性；瑞士国家银行启动了 Helvetia 试点项目第三阶段，测试了 CBDC 用于债券交易结算的用例。

综上所述，根据国际清算银行连续六年开展的央行数字货币调查，目前各国央行进一步加强了与广泛利益相关者的接触，为其潜在 CBDC 的设计提供信息。超过一半的央行正在考虑零售 CBDC，目前各国大多认为，零售 CBDC 应该有持有限制，可与现有国内支付系统互操作，支持离线支付，并且不计息。当涉及批发 CBDC 时，许多央行认为，应着重考虑互操作性和可编程性。在私人数字货币的快速发展中，保持央行货币的作用是许多央行 CBDC 工作的重要驱动力。尽管关于 CBDC 和支付监管的决定由各国自主决定，但各司法管辖区必须进行合作和协调，以便在国内外为用户提供安全高效的支付体验。

二、货币形态比较及法定数字货币的优势

法定数字货币与比特币和 Libra 等私有数字货币和数字稳定币以及其他货币形态之间存在一些异同，主要体现在发行机制、信用背书、发行数量、匿名性、流通范围、货币政策和区块链形态等方面，如表 7.1 所示。

表 7.1　多种货币形态比较

	发行机制	信用背书	发行数量	匿名性	流通范围	货币政策	区块链形态
法定数字货币(CBDC)	绝大部分中心化①	政府信用	无上限	非匿名性可追溯	境内	有	联盟链或不限于区块链技术
Libra	(去)中心化	100%挂钩一篮子储备资产	无上限	非匿名性	前期基于Facebook应用场景，后期可能全球	无	联盟链
港币	中心化	100%挂钩美元	无上限	匿名性	主要境内	有	/
法币支撑型稳定币(USDT 等)	去中心化	100%挂钩美元	无上限	匿名性	流通场景有限	无	公链
比特币	去中心化	无	上限 2 100万个	匿名性	全球	无	公链
金本位制法币	中心化	100%挂钩黄金	有上限(黄金有限)	匿名性	境内	有	/
信用货币法币	中心化	政府信用	无上限	匿名性	境内	有	/
网基支付(支付宝、微信等)	中心化	100%挂钩法币	无上限	非匿名性可追溯	主要境内，也有跨境业务	/	/
卡基支付(借记卡、信用卡等)	中心化	100%挂钩法币	无上限	非匿名性可追溯	主要境内，也有跨境业务	/	/
票据(支票、本票、汇票等)	中心化	100%挂钩法币	无上限	非匿名性可追溯	主要境内，也有跨境业务	/	/
虚拟代币(Q币等)	中心化	公司信用	无上限	非匿名性可追溯	腾讯应用场景	无	/

资料来源:杨洁萌. Libra 乌托邦与中国法定数字货币的机遇[J]. 新金融,2019(12):40-47.

从发行机制看,法定数字货币由中央银行发行,技术上可以采取区块链技术,也可以采取其他技术,是中心化发行的货币。Libra 虽然基于区块链技术,但和比特币及其他稳定币的去中心化不同,Libra 的发行是由 Libra 协会制定管理发行规则的中心化货币,这与法币、基于法币抵押的支付工具以及虚拟代币是一致的。

---

① 马绍尔群岛的主权加密货币 Sovereign 通过首次代币发行采取完全去中心化的发行。

从信用背书看,法定数字货币由国家信用背书,是法定货币的数字化形态。Libra 与 USTD 等法币支撑型稳定币一样,有实体储备资产作为抵押,Libra 的最初设计与 USDT 仅挂钩美元这一单一货币不同,它的特殊之处在于 100% 挂钩一篮子货币。设计之初,Libra 篮子计划包括美元、欧元、日元、英镑、新加坡元等,从而可以进一步分散风险,实现币值稳定。但受到各方监管要求的压力,Diem(即 Libra 2.0)设计更改,包括引入单货币稳定币。Libra 也常被和挂钩美元的港币进行对比。但港币除了具有 100% 的储备之外,还具有超额的外汇储备以应对货币投机,缓解资本外流。相比之下,比特币没有信用背书,金本位制时期的法币基于黄金背书,信用货币法币以及网基支付、卡基支付和票据等支付工具皆依托于国家信用背书,Q 币等虚拟代币则基于公司信用支持。

从发行数量看,比特币有 2 100 万个的发行上限,这和金本位时期的法币有相似之处(黄金数量也是有限的),这也是比特币也被叫作"数字黄金"的原因。Libra、法币、CBDC、法币支撑型稳定币和虚拟代币等均没有发行上限。

从匿名性看,除了比特币和法币支撑型稳定币以及传统形态的法币如纸币、硬币等具有完全的匿名性外,Libra 和其他支付工具均为非匿名可追溯的。中国发行的法定数字货币数字人民币在设计上采用了可控匿名的方式,即"小额匿名、大额依法可溯",在满足日常消费小额匿名需求、保护用户隐私的同时,也可满足打击洗钱、诈骗等违法犯罪活动的要求。

从流通范围看,除了美元、欧元等国际货币外,大部分的法币(包括金本位制以及目前设计中的大部分 CBDC)主要在境内流通,网基支付、卡基支付和票据也主要针对境内业务,仅涉及小部分跨境支付业务。国际清算银行也正与多国央行合作多边央行数字货币桥(multiple CBDC bridge,mBridge)项目,探索法定数字货币的跨境使用。Libra 以Facebook 体系内全球 27 亿用户为基础,起步阶段仅应用于 Facebook 的应用场景(商品购买、软件支付等),后期可能会拓展到全球范围。比特币目前在全球流通,但是应用场景相对单一,而法币支撑型稳定币如 USDT 等的应用范围通常在于购买其他数字资产。Q 币等虚拟代币仅支持购买发行企业内部的服务。

从货币政策看,对于各种形态的法币来说,中央银行会根据经济状况制定相应的货币政策,法定数字货币的诞生也可能会带来新的货币政策工具,疏通货币政策的传导机制。和法币不同,Libra、比特币和法币支撑型稳定币都没有自己的货币政策。虽然 Libra 和港币一样,都锚定法币,有着类似香港金管局的地位。但是香港金管局可以通过央行-商业银行结构完成信用扩张,形成货币乘数,从而实施货币政策,而 Libra 并不具有这样的结构。

从区块链形态看,如果未来 CBDC 采取区块链技术[1],则其属于联盟链,由央行授权的一组节点进行统一的发行和管理。根据目前白皮书释放的内容,Libra 也属于许可型网络的联盟链,即只有一组确定的实体(Libra 协会成员)可以参与共识和治理,在 Libra 生态系统发布之后的五年内计划实现从许可型网络向非许可型网络的公链的过渡[2]。比特币和法币支

---

[1]　中国央行决定保持技术中性,不预设技术路线,即不一定采取区块链技术。

[2]　新浪财经综合. Libra 2.0 白皮书中文版全文发布[EB/OL]. (2020-04-17)[2025-08-16]. https://finance. sina. com. cn/blockchain/roll/2020-04-17/doc-iirczymi6791998. shtml.

撑型稳定币则采取公链的模式,即只要遵循协议规则,任何人都可以参与治理。

各种货币形态在设计上的区别也决定了他们具有不同的特点和优势劣势,下面从便捷性、安全性、成本等定量的角度考察多种货币形态的优势和劣势。用户基于最大化其收益、最小化相关的成本和风险来选择不同的支付方式。具体考察维度如表7.2所示[①]。

表 7.2　不同货币形态对比考察维度[②]

收益	应用场景:有多少商家、用户接受此种支付方式; 交易金额:在大额及小额交易中的便捷度,是否有交易金额的限制; 延伸服务:使用该方式可以享受的其他服务(如社交、理财、信贷等)
成本	匿名成本:交易对象、金额等对第三方和政府披露的程度,人们出于一些原因会偏好一定程度上的匿名性; 交易成本:使用的便利性以及手续费等成本
风险	违约风险:发行方/支付方自身不予兑现的风险; 偷盗风险:逆转欺诈交易的能力,遭受欺诈/网络攻击造成损失的风险; 结算风险:在交易完成和实际收到资金之间的滞后风险

资料来源:杨洁萌. Libra 乌托邦与中国法定数字货币的机遇[J]. 新金融,2019(12):40-47.

现金的应用场景非常广泛,具有完全的匿名性,有国家信用背书意味着其违约的风险较低,结算也没有延时性。但是现金需要交易双方面对面交易,同时需要较高的清点保管的成本,使得其交易成本较高。面对大额交易时,现金结算没有电子结算方式方便快捷。现金具有较高的偷盗风险,还存在伪造变造的可能性,这也增加了交易的成本与风险。此外,使用现金不能享受其他的延伸服务。因此,随着技术的发展,现金的使用比率逐步下降[③],其特性也决定了它在当下并不是一个非常具有吸引力的支付工具。

根据表7.2所示的维度使用雷达图[④]对不同货币形态进行分析,衡量他们在不同的维度上的强弱,如图7.16所示。

相比之下,由国家信用和法币背书的网基支付、卡基支付和票据支付在不同方面有更多的优势,三者的违约风险都很小,卡基支付和网基支付对现金产生了一定的替代效应。由于基于电子系统,三者都能抵御一定的偷盗风险,但仍有一定概率存在盗刷、网络袭击等。它们的交易成本都较小,相比卡基支付和票据支付,网基支付交易成本更低,不过各网基支付平台之间尚未完全打通,存在一定的交易壁垒。在上述三个系统中的交易都是非匿名可追溯的。网基支付在中国的应用场景广泛,大部分属于小额高频支付(受账户类别限制,网基支付金额有一定上限),并且能够提供社交、理财、借贷服务等延伸服务。卡基支付也具有一定的借贷、理财等延伸服务。票据更多被使用于企业之间的支付,应用场景相对狭窄,不过交易金额没有上限。结算上来看,网基支付和卡基支付的结算延迟较

---

①　维度选择与雷达图方法部分参考 GRIFFOLI M T M, PERIA M M S M, AGUR M I, et al. Casting Light on Central Bank Digital Currencies[R]. International Monetary Fund, 2018.

②　收益为正向指标,成本和风险为负向指标。

③　KHIAONARONG T, HUMPHREY D. Cash use across countries and the demand for central bank digital currency[J]. Macroeconomics: Monetary & Fiscal Policies eJournal, 2019. DOI:10.5089/9781484399606.001.

④　雷达图面积越大,表示在各项指标中的综合表现越突出。

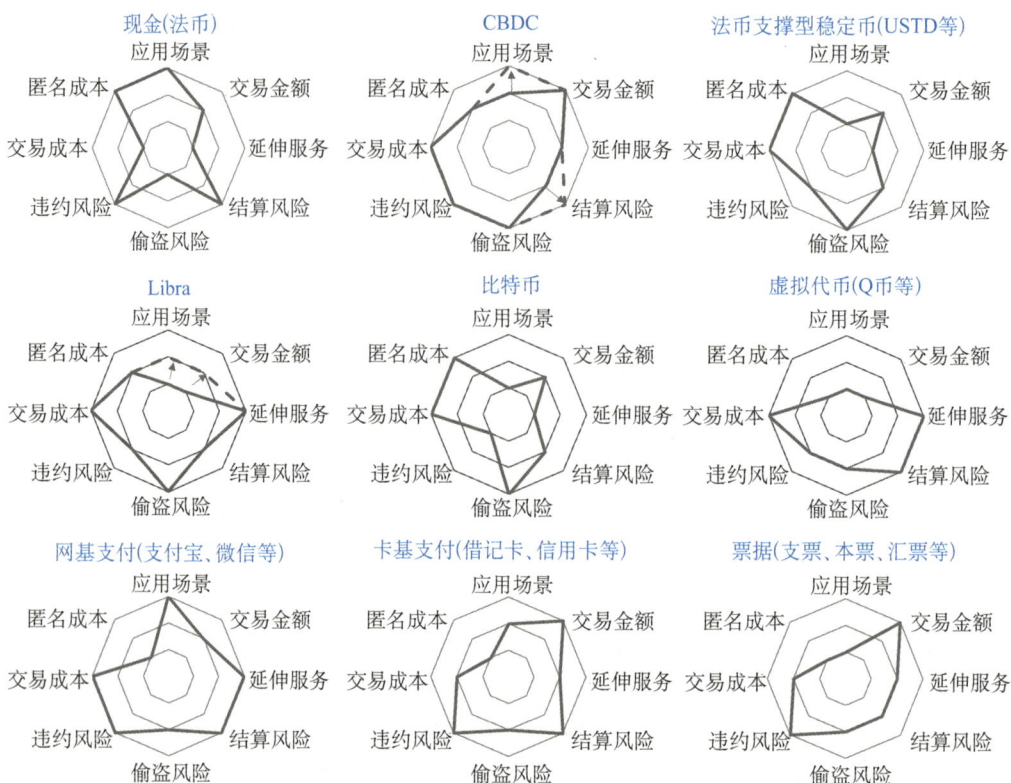

图 7.16　法定数字货币与其他货币形态雷达图比较

资料来源:杨洁萌. Libra 乌托邦与中国法定数字货币的机遇[J]. 新金融,2019(12):40—47.

小,而票据则有一定的延迟到账。

Q币等虚拟代币由相关公司发行,应用场景仅限于购买相关的产品和服务,交易金额通常较小。不过这些虚拟代币的购买可以给用户带来延伸的社交功能等服务。依托公司信用背书使得违约风险较小,依托网络技术交易则使得交易成本低,结算实时进行,交易完全是实名可追溯的,但仍存在一定的偷盗风险,如账户被盗、网络袭击等。

根据白皮书 1.0 的内容,Libra 目前的应用场景是 Facebook 生态中的产品和服务购买,未来可能会拓展到更大的范围,交易金额也会从小额向大额发展。使用 Libra 可以享受到 Facebook 提供的延伸的社交、理财等服务。依托区块链技术,其交易成本将大幅下降,偷盗风险较低,但受限于区块链所能处理的并发数,跨钱包的结算仍有一定的延时。由于有 100% 的一篮子货币/单一货币的背书,Libra 的违约风险较比特币等数字货币小,但仍然无法保证完全的刚性兑付(Facebook 和 Libra 协会可能无法做到足额储备,也难以监管)。目前,Calibra 钱包的机制使得 Libra 的使用是非匿名可追溯的。

央行发行的法定数字货币 CBDC 和现金具有同样的法定效力,其交易金额将不受限制,也不用担心违约风险。其应用场景也将随着其不断推广而扩大,不仅满足对私应用需求,也逐步拓展到对公业务,一定程度上弥补了网基支付大多局限于对私需求的不足。由于有国家信用背书,由中央银行的储备作为担保,CBDC 几乎没有违约风险。技术采纳的多样性使得 CBDC 的交易成本较低,结算不易受设备承载力影响,延时缩小,并且具有较强的抗偷盗的能力。使用 CBDC 可以享受到其钱包代理商带来的延伸服务,而且其设计在最大限度保护用户隐私的基础上,仍具有一定的可追溯性,以有效防止洗钱、诈骗等犯罪行为。由于法定数字货币的诸多优势,未来其在跨境支付方面也一定将大有作为。

综上所述,Libra 相较于比特币和 USDT 等其他私有数字货币在应用场景、违约风险等方面有较大的改进,综合表现也强于 Q 币等虚拟代币,但和有国家背书的支付工具相比还存在一定的差距,离成为超主权货币的"梦想"还比较遥远。法定数字货币作为数字经济时代的必然产物,成为新的货币形态是大势所趋。

第四节　央行数字货币的国际比较

一、全球央行数字货币发行情况概述

如第三节所述,央行数字货币已成为全球关注的话题。国际清算银行 2024 年调查显示,截至 2023 年末,94% 的受访央行正在探索 CBDC。随着时间的推移,围绕 CBDC 的工作已经从对支付、货币政策实施和金融稳定的潜在影响的理论研究,演变为试点和实验,以测试特定设计特征的可行性和可取性。迄今为止,超过一半的央行正在进行概念验证,三分之一的央行正在试点。

本书考察了有关国家数字货币研发情况,并从发行时间、信用背书、发行动机、发行机制、发行特点、发行结果等方面进行比较分析。

(一) 部分小型新兴市场国家积极开展法定数字货币研发和试点

厄瓜多尔、乌拉圭、突尼斯、塞内加尔、委内瑞拉、马绍尔群岛、南非、泰国、乌克兰、柬埔寨、巴哈马、立陶宛等小型新兴市场国家,从 2014 年起就陆续开始了法定数字货币的研发。这些国家 GDP 总量[①]普遍不到 1 000 亿美元,通胀率较高,超过了 4.5%(其中委内瑞拉通胀率高达 1 946%),部分国家利率水平虚高(如委内瑞拉 54.06%、厄瓜多尔 9.33%、乌拉圭 5.25%),部分国家经常账户余额为负(乌拉圭、塞内加尔、委内瑞拉、柬埔寨、巴哈马),政府债务比重平均为 60.7%(委内瑞拉为 350%),现金流通比例较高。

这些国家法定数字货币大部分基于国家信用支撑,有些基于实物资产支撑(如厄瓜多尔的 Dinero Electronico 基于琥珀蜜蜡,委内瑞拉的石油币基于原油),有带有纪念币性质的立陶宛的 LBCoin,也有完全依赖区块链技术的去中心化的马绍尔群岛的 Sovereign。

从发行动机看,这些国家希望通过发行法定数字货币解决其复杂的经济政治问题,搭上快车,改善国内困境。同时希望借助数字化技术提高支付清算效率,增强金融安全稳定性。此外,法定数字货币还能帮助它们实现金融服务的普惠性,改善本国金融基础设施,满足更多没有被传统金融体系服务的民众。部分国家希望借助法定数字货币摆脱"美元化"的影响,提高本国货币服务经济的能力,弥补预算缺口。

从技术路线看,大部分国家选择采用区块链技术发行,也有部分国家考虑其他技术方案。除了马绍尔群岛的 Sovereign 通过首次代币发行采取完全去中心化的发行方式,其他

---

① 　基础数据来源:https://zh. tradingeconomics. com/indicators,下同。

国家均由央行以中心化方式发行,存在一定的手续费,部分国家的法定数字货币需要关联银行账户和手机号码,塞内加尔发行的 e-CFA 计划支持多国间跨境使用。

综合这些国家的实践情况,CBDC 从发行到成熟使用仍有较长的过渡期,大部分新兴市场国家没有具体的发行时间表,其中乌拉圭的 e-Peso 在六个月的试点后宣布取消,厄瓜多尔的 Dinero Electronico 在不到三年的运行之后宣告失败,成为首个法定数字货币发行失败的国家。

(二)部分发达经济体谨慎稳步推进法定数字货币研发和测试

一些发达经济体(如英国、新加坡、加拿大、瑞典等)较早出台了各自的央行数字货币研发项目和相关白皮书,但大部分仍处于研发和测试阶段。这些国家经济体量较大,通胀率在 3% 左右的稳定水平,利率水平都接近或处于零,除瑞典外政府债务占 GDP 比重高于 90%,流通中现金比例很低(瑞典已经停止新发纸币,处于"无现金社会")。

与部分新兴市场国家的法定数字货币基于实物或去中心化不同,上述发达经济体的法定数字货币均以本国信用为基础发行,由央行统筹进行中心化发行。

从发行动机看,由于自身金融设施较为完备,原有支付体系运行顺畅,这些国家发行法定数字货币主要是为了在未来现金支付减少的情况下提供一种新的支付工具以及应对私有数字货币的冲击,必要时也可成为一种新的货币政策工具,克服零利率下限,促进经济增长,服务经济金融发展。部分国家还开展了跨境法定数字货币项目的试点工作,为未来数字货币情景下多货币支付系统的搭建奠定基础。

从技术路线看,这些国家倾向于使用区块链技术,借助分布式账本建立高效的双层投放的支付系统。除了新加坡的 Ubin 聚焦批发型 CBDC,其他国家均侧重零售型 CBDC 的开发。瑞典的 e-Krona 侧重对现金的替代,不计付利息,有些国家的法定数字货币在未来可能支持计付利息。

从这些发达经济体的实践看,它们的法定数字货币项目起步较早,而且有详细的白皮书说明,已完成部分试点阶段的技术测试,各试点阶段和未来试点的目标更加清晰,在发行方式和配套监管层面也有更深入的安排,试点步伐更加稳妥。此外,它们积极开展国际合作,与其他相关国家和国际组织共同探索可跨境使用的法定数字货币。

(三)美国、欧盟、日本等发达经济体态度转变,加速推进法定数字货币研发

美国、欧盟、日本等发达经济体由于本国支付体系较为发达,起初对发行法定数字货币的意愿并不强烈[1],甚至都曾公开表示没有发行法定数字货币的计划和必要,而且发行法定数字货币可能会带来一些风险[2]。

受到新冠疫情和新型货币竞争等因素影响,美欧日等全球主流央行一改之前对法定

---

[1] 欧洲央行和日本央行双方在 2016 年 12 月启动了一项名为"Stella"的联合研究项目,该项目旨在研究分布式账本技术(distributed ledger technology, DLT)在金融市场基础设施中的应用,但彼时不看好央行数字货币的发展前景。

[2] 2019 年 11 月 20 日,美国联邦储备委员会主席杰罗姆·鲍威尔(Jerome Powell)重申美国目前没有发行央行数字货币的计划和必要。2018 年 9 月,时任欧洲中央银行行长马里奥·德拉吉(Mario Draghi)表示,由于基础技术缺乏稳健性,欧洲央行和欧元体系没有发行央行数字货币的计划。日本央行副行长雨宫正佳在 2018 年 4 月和 10 月两次公开表示,由于央行数字货币对现有金融体系可能产生冲击,而且无法解决零利率下限问题(因为日本不能取消现金),日本央行不会在近期发行央行数字货币。

数字货币反对、中立、迟疑的态度,正从审慎保守转向积极进取,目前均发布了较为详细的法定数字货币报告,加速研发测试美元、欧元①、日元等主流国际货币的数字化。

美欧日经济体量大,面临零利率困境,政府债务占 GDP 比重超过 100%,现金流通比例较低,金融基础设施较为发达。数字美元、数字欧元、数字日元等全球主流货币的入局必将对全球法定数字货币格局产生深远影响。

从发行动机看,尽管现金依然是美欧日国家的主流支付方式,银行卡等支付系统较为完善,但其央行希望法定数字货币可以作为后备支付系统,进一步提高支付清算效率。发行法定数字货币也可为央行带来新的货币政策工具,提升货币政策有效性。此外,它们也希望通过发行数字货币应对国际货币竞争,巩固其原有货币在国际货币体系中的地位。

从技术路线看,都拟采用中心化发行方式,非常关注区块链技术和可编程性在法定数字货币中的应用前景。它们都聚焦于发行零售型 CBDC,在设计层面都计付利息。数字美元和数字日元都倾向于采取双层投放模式,而数字欧元对单层投放与双层投放皆可接受,集中模式与分散模式并存。

综合美欧日的法定数字货币实践,尽管它们已经公布了相关白皮书,但设计上的相关细节还未明确,没有确定未来发行的时间表,推行步伐相较于其他国家更为谨慎。

(四) 中国高度重视数字人民币研发,已经多轮试点,具有先发优势

中国人民银行 2014 年成立的法定数字货币研究小组持续推进法定数字货币项目 DC/EP(digital currency/electronic payment),到 2019 年底,已完成了法定数字货币的顶层设计、标准制定、功能研发、联调测试等工作。2020 年 4 月起,先行在深圳、苏州、雄安新区和成都进行内部封闭试点测试。2020 年 10 月,深圳第一个开启"礼享罗湖数字人民币红包"活动,数字人民币正式走向大众生活。2021 年 7 月 16 日,央行数字人民币研发工作组发布《数字人民币研发进展白皮书》②。

除了中国人民银行之外,中国香港特别行政区也于 2017 年开展法定数字货币的研究工作,由香港金融管理局率领众港市发钞银行启动批发型 CBDC 即 LionRock 项目,并和中国人民银行数字货币研究所开展了使用数字人民币进行跨境支付的技术测试,也和多国央行共同开展 mBridge 研究项目。基于对批发型 CBDC 的经验,香港金管局于 2021 年 6 月启动了 e-HKD 项目,这是一个零售型 CBDC 项目,旨在研究发行 e-HKD 的可行性,并于 2021 年 10 月发布了 e-HKD 的白皮书。此外,香港金管局还与国际清算银行开展了 Aurum 项目,以探索中间型 CBDC 和 CBDC 支持的电子货币这两种架构的技术可行性。

中国在法定数字货币研发方面已经走在了世界前列,具有先发优势。从发行动机看,数字人民币主要侧重于满足国内市场需求,立足国内支付系统的现代化。在发行设计上,数字人民币是人民币的数字化形式,定位于 M0 的替代,不计付利息。从技术路线看,数

---

① 近期欧洲各国也表达了对央行数字货币的支持,荷兰央行表示看好央行数字货币,希望成为欧洲央行数字货币研发中心,推出 DNB Coin;奥地利中央合作银行正在与金融科技公司 Billon 合作研究央行数字货币;意大利于 2020 年 6 月推出数字欧元的官方指南,准备测试数字欧元。2021 年 1 月,法兰西银行宣布成功进行了一场 CBDC 测试。

② 指出数字人民币是中国人民银行发行的数字形式的法定货币,由指定运营机构参与运营,以广义账户体系为基础,支持银行账户松耦合功能,与实物人民币等价,具有价值特征和法偿性。

字人民币不预设技术路线,不局限于区块链技术的应用,而特有的"双离线"等功能的使用可以补齐现有支付体系短板,打破交易壁垒,满足多样化的支付需求。可控匿名性有助于保护用户隐私,同时更好开展反洗钱、反恐、反毒品和反跨境赌博活动。

从中国法定数字货币的实践可以看出,经过多轮试点,数字人民币的技术可行性和操作稳定性已经得到了很好的论证,相关功能得到了较好的应用,使用者也感受到了数字人民币的优势,可以说中国的法定数字货币研发已取得实质性进展,"呼之欲出"。香港金管局的 LionRock 项目以及数字货币研究所和其他央行展开的合作项目,也开启了中国探索法定数字货币跨境使用的步伐。

(五)法定数字货币必成大势,国际货币竞争开启新格局

从 2009 年比特币问世以来,数字货币就成为全球关注的热点,跟随比特币而来的是一万余种各类私有数字货币,但由于它们大都没有信用背书,价格因市场操作而波动剧烈,而且发行机构鱼龙混杂,甚至部分"空气币"沦为庞氏骗局,因而大部分都不具备货币的属性,不是真正的数字货币。法定数字货币因其法定性、稳定性、锚定性等特点,是数字货币未来的必然发展方向。

从世界各国竞相研发和测试法定数字货币的实践看,大家对法定数字货币产生的必然性、发展的必要性已经达成共识。比较各国央行已发行或计划发行的法定数字货币不难发现,尽管发达经济体和新兴市场国家的发行动机不尽相同,但各国央行都希望法定数字货币可以提升支付体系的效率,服务经济社会发展。各国央行普遍认为法定数字货币是中央银行的直接负债,绝大部分央行的法定数字货币与原有货币等价,并采取中心化的发行机制。在技术路线上,各国央行采取不同策略,有的采用区块链的分布式技术,也有不预设路线的。在发行模式上有直接运营体系,也有双层运营体系。更多央行聚焦零售型 CBDC,也有央行开展了批发型 CBDC 的研发,如表 7.3 所示。

表 7.3　各国法定数字货币实践总结

发行国家	发行动机	发行机制	技术路线
小型新兴市场国家	(1) 解决国内问题 (2) 实现金融普惠 (3) "去美元化"	(1) 大部分国家中心化发行,与原货币等价 (2) 未明确是否计付利息	(1) 主要采取区块链技术 (2) 大部分国家无明确白皮书和时间表,部分国家开展试点
部分发达经济体(英国、新加坡、加拿大、瑞典)	(1) 现金的替代支付方案 (2) 减少私有货币冲击 (3) 新货币政策工具	(1) 中心化发行,与原货币等价 (2) 计付利息 (3) 双层投放体系 (4) 除新加坡为批发型 CBDC,其他均聚焦零售型 CBDC	(1) 主要采取区块链技术 (2) 有明确的白皮书,开展了部分试点
美国、欧盟、日本等发达经济体	(1) 后备支付系统 (2) 突破零利率下限 (3) 巩固原有货币国际地位	(1) 中心化发行,与原货币等价 (2) 计付利息 (3) 数字欧元单层投放与双层投放皆可,数字美元与数字日元双层投放体系 (4) 零售型 CBDC	(1) 主要采取区块链技术 (2) 有明确的白皮书,但暂无时间表

（续表）

发行国家	发行动机	发行机制	技术路线
中国	(1) 立足国内支付系统现代化 (2) 服务数字经济发展 (3) 提高跨境使用便利性	(1) 中心化发行，与原货币等价 (2) 不计付利息 (3) 双层投放体系 (4) 零售型 CBDC	(1) 不预设技术路线 (2) 有明确的白皮书，开展了部分试点

多国央行正在开展的跨境数字货币的研发和合作，随着数字美元、数字欧元、数字日元等全球主流货币的入局，势必将进一步加速全球法定数字货币的研发，推动法定数字货币时代的加速到来，从而形成国际货币竞争的新格局。

二、央行数字货币典型案例

（一）厄瓜多尔 Dinero Electronico(DE)——第一个失败的法定数字货币

厄瓜多尔早在 2014 年 12 月就宣布发行自己的电子货币 Dinero Electronico(DE)，于 2015 年 2 月正式运行，以琥珀蜜蜡为价值载体。

根据厄瓜多尔央行的相关决议，发行国家电子货币的目的是"增强支付系统效率，促进国家的经济稳定性"。

更重要的是，厄瓜多尔采用 DE 是该国"去美元化"的重要举措之一，厄瓜多尔在 2000 年废弃了本国货币，希望通过美元摆脱经济危机。2014 年，厄瓜多尔禁止比特币，并提出电子货币，也是为了削弱美元在其经济体系中的地位。到 2015 年，DE 已成为一种支付手段，允许符合条件用户通过移动应用转账。

2018 年 3 月 26 日，当地报纸《国家报》称，厄瓜多尔数字货币系统将于 3 月 31 日完全停用，并关闭所有账户。

该计划失败的主要原因是无法吸引到足够多的用户——系统总共注册了 402 515 个账户，71% 的账户一直处于闲置状态，因为人们不愿意接受另一种用美元计价的货币，也不相信厄瓜多尔央行。

（二）乌拉圭 e-Peso——第一个试点后取消的法定数字货币

乌拉圭央行(Central Bank of Uruguay，BCU)于 2017 年 11 月 3 日宣布正式推出乌拉圭比索的开创性数字化项目，包括对乌拉圭电信(ANTEL)1 万名移动用户进行测试，该试点项目将持续六个月的时间，并面向全球。

发行的数字货币并不属于新兴货币，也不同于比特币等加密货币，而是一种仍由 BCU 负责发行并管理的货币，只不过是以技术支持取代传统实体支持的乌拉圭比索。

该央行行长马里奥·伯加拉(Mario Bergara)强调："印刷纸钞、在全国范围内分发和运输的安全性，都会产生十分高昂的成本，同时实物纸钞存在一定的不透明性。"该国还面临着区域性经济衰退的情况，并造成现金短缺、通货膨胀问题严重、银行挤兑以及 ATM 机被取缔的现象。

可惜的是，在六个月的比索数字化试点之后，决定不再继续发行，并取消了所有已发行的 e-Peso。

（三）塞内加尔 e-CFA——第一个多国应用的法定数字货币

2017 年，塞内加尔成为全球第二个引进国家数字货币的国家。这种基于区块链技术的数字货币 e-CFA（电子非洲金融共同体法郎）将和其当前货币非洲金融共同体法郎（CFA Franc）具有同样的法律效力。非洲金融共同体法郎由西非和中非的 14 个国家共同使用，其价值由法国政府保证。

塞内加尔的国家数字货币 e-CFA 由区域市场银行（Banque Régionale de Marchés，BRM）和电子货币铸造有限公司（eCurrency Mint Limited）共同开发。区域市场银行将根据西非国家中央银行（Banque Centrale des États de l'Afrique de l'Ouest，BCEAO）及西非经济和货币联盟央行（West African Economic and Monetary Union，WAEMU）的要求，发行这款数字货币 e-CFA。

e-CFA 通过了 WAEMU 的认可，也就意味着 e-CFA 将不仅在塞内加尔实施，还会扩展到科特迪瓦、贝宁、布基纳法索、马里、尼日尔、多哥和几内亚比绍。

e-CFA 完全依赖央行银行系统，并且只能由授权金融机构发行。两家合作伙伴在一份声明中说："e-CFA 是一种高安全性数字工具，可以容纳在所有移动货币和电子货币钱包中。它将确保普遍的流动性，实现互操作性，并为 WAEMU 中的整个数字生态系统提供透明度。"[1]

e-CFA 在设计之初，就与西非国家现行的移动支付平台相匹配。对于数百万没有银行账户的非洲人民而言，电子账户与电子支付网络直接帮助他们跳过实体银行网点的时代，为跑步进入互联网金融时代提供可能。

（四）委内瑞拉石油币 Petro——第一个政府资产背书的法定数字货币

2018 年 2 月 20 日，委内瑞拉总统马杜罗宣布，石油币正式开始预售，拟发行总量约 1 亿枚，预售 3 840 万枚，其中 44％将通过首次代币发行，38.4％通过非公开预售，17.6％由委内瑞拉货币和相关业务监管局持有。

石油币与委内瑞拉的石油资源锚定，理论上，每一枚石油币以委内瑞拉的一桶石油储备为背书。

委内瑞拉是世界上原油储备量最大的国家，也是对石油收入依赖很严重的国家之一，石油收入占出口总收入的 95％以上。

委内瑞拉凭借丰富的石油资源一度非常富裕，但是由于美国和欧盟不断对委内瑞拉进行经济制裁，加上委内瑞拉政府激进的执政手段，该国已深陷经济危机，出现了恶性通货膨胀，原有的法定货币体系早已崩溃，同时还面临着严重的食物短缺、民众的基本生活得不到保障等问题。为了打破美国的金融封锁，马杜罗政府才寄希望于石油币，希望以此缓解危机，打破美国实施的金融封锁，重塑国内经济秩序和货币体系。

在石油币发布之后，美国总统特朗普于 2018 年 3 月禁止美国公民购买石油币。

---

① Reboot. Senegal to use national digital currency based on blockchain [EB/OL]. (2025-05-13)[2025-08-17]. https://thebossmagazine.com/senegal-blockchain-national-digitalcurrency/.

由于委内瑞拉政府的信誉问题,公众对石油币的信任度不高①。石油币并未能有效改善委内瑞拉的经济状况,反而可能加剧了经济波动。

(五) 巴哈马 Sand Dollar——首个获得国际认可的央行数字货币

巴哈马 Sand Dollar 项目是全球首个获得国际认可的央行数字货币,旨在提高金融包容性、打击洗钱或非法经济活动,并提升支付系统的效率。

Sand Dollar 是基于区块链技术的数字货币,通过移动数字钱包发行,支持离线支付,但并不完全匿名。它采用双层运营框架,与巴哈马元挂钩,由巴哈马央行发行和管理。Sand Dollar 项目的主要动机包括提高金融包容性、打击洗钱或非法经济活动,并提升支付系统的效率。巴哈马央行选择了交易提供商 NIA.io 作为其推出数字货币的技术解决方案提供商。

Sand Dollar 在巴哈马全国范围内推广使用,允许公民和居民用于日常交易、税收支付和其他公共支付,而且不收取费用,但不能用于境外支付。非本地居民在巴哈马境内期间可以通过注册 Sand Dollar 钱包,持有和交易 Sand Dollar,但有最高限额和月交易额度。然而,Sand Dollar 的用户采纳率并未达到预期,这可能与其在软件透明度、市场推广等方面的不足以及新冠疫情相关的限制有关。

(六) 数字泰铢

数字泰铢是泰国正在开发的央行数字货币,目的是作为现金的补充形式,用于促进经济活动和提高支付系统的效率。由泰国银行发行,可以用于偿还债务并支付商品和服务。它通过在线渠道或手机应用程序进行交易,而且不需要手续费。数字泰铢的设计允许在所有银行账户和非银行金融机构的电子钱包之间无限制地转账,这有助于消费者更方便地进行转账或支付商品和服务。

泰国银行(Bank of Thailand,BOT)发布了关于其零售 CBDC 试点项目的报告,该项目使用"Giesecke+Devrient(G+D)"的技术解决方案进行。该项目测试了泰铢的数字版本及其金融创新潜力,提供了关于 CBDC 在支持多种在线和线下零售支付用例方面的能力的重要经验教训。虽然没有正式发行零售 CBDC 的具体计划,但泰国银行将利用这些发现进行未来的研究,以增强支付系统。

此外,泰国政府在 2024 年 8 月推出"10 000 泰铢数字钱包"政策,向符合条件的公民发放 10 000 泰铢,以刺激消费和经济增长。仅 1 小时,通过政府 APP 申请到该项权益的民众就超 230 万人。

(七) 新加坡 Ubin 项目

新加坡的 Ubin 项目是一个由新加坡金融管理局发起的区块链项目,旨在探索分布式账本技术在金融领域的应用。

Ubin 项目通过多个阶段实施,涉及将新加坡元(Singapore Dollar,SGD)数字化,并

---

① 石油币的价格与每桶委内瑞拉石油价格相挂钩,并且以一个名为阿亚库乔(Ayacucho)的 380 平方千米地区的石油储备作为支撑,委内瑞拉政府声称此地区拥有 53 亿桶石油。要想开采这个地区的石油都需要对基础设施进行大量投资,而现任委内瑞拉政府显然无法实现这一目标。在位于该地区的阿塔瓦里雷镇,只发现了破败的道路、废弃的旧油泵和怨声载道的居民。现在流亡国外的前石油部长拉斐尔·拉米雷斯最近估计,要花费至少 200 亿美元才能获得政府承诺的 53 亿桶石油。

在银行间进行支付和结算。项目利用区块链技术,特别是智能合约,以提高交易效率和透明度。在 Ubin 项目中,参与银行将现金抵押到新加坡金融管理局在央行的托管账户中,新加坡金融管理局随后在分布式账本中创建等价的数字化 SGD,并分配给相应的银行。这样,银行之间可以自由地进行转账或与央行之间的汇款。

Ubin 项目的动机包括:利用区块链技术提高支付系统的效率和安全性;探索 CBDC 的潜力和应用;通过分布式账本技术降低交易成本,提高金融包容性;与国际合作伙伴共同研究和开发,推动跨境支付解决方案。

Ubin 项目分为六个阶段,目前进展到第五阶段,专注于证明区块链技术的应用价值。项目已经成功实现了跨境(加拿大和新加坡)、跨币种(加元 CAD 和新加坡元 SGD)和跨平台(Corda 和 Quorum)的原子交易。此外,项目还探讨了哈希时间锁(hashed time-locked contract,HTLC)的使用,以实现两个分布式账本技术平台之间的原子交易,确保交易的安全性和可靠性。

(八) 瑞典 e-Krona

瑞典是一个高度数字化的经济体,2010—2020 年,瑞典居民现金使用率大幅下降,2020 年瑞典居民现金使用率为 9%。在电子商务与移动支付成为常态的背景下,苹果支付(Apple Pay)与谷歌支付(Google Pay)已成为瑞典较为流行的支付应用,根据瑞典央行数据,18~25 岁瑞典居民中,使用 Swish 的比例达 95%。随着瑞典变成一个无现金的社会,瑞典央行认为,对于那些希望获得数字货币以满足任何需求的人来说,应该有一种替代方案。瑞典央行已经计划将 e-Krona 作为相当于该国常规货币的数字货币,用于消费者、公司和政府机构之间的小额交易。

瑞典央行于 2017 年开始 e-Krona 项目。2020 年,瑞典央行与埃森哲咨询公司合作,启动了 e-Krona 试点项目,构建可能的技术平台。试点项目的目的是让瑞典央行更深入地了解技术解决方案的运作方式。技术试点项目于 2023 年完成。此外,瑞典央行还提出了成立专门委员会的提议,审查法定货币的概念、政府在数字化经济中的支付作用,以及国有和私营部门在支付市场的职责。

瑞典央行发行 e-Krona 的主要动机包括:应对现金使用量的急剧下降,确保公众能够继续使用央行货币;降低瑞典克朗被竞争性私人货币削弱的风险;加强支付市场的韧性,提供私人部门供应的货币和支付服务的补充;促进支付市场的更新,允许非银行代理直接访问支付基础设施,推动创新解决方案和产品的发展;允许国家更积极地为目前被排除在外的人提供支付服务,加强金融包容性等。

瑞典央行在 2024 年 3 月发布了 e-Krona 试点项目的最终报告,还探讨了安全问题、支付卡的同步以及对卡的交易量和数量的限制。尽管存在障碍,瑞典央行仍将继续对 CBDC 进一步研究。

(九) 加拿大 Jasper 项目

Jasper 项目是加拿大的 CBDC 项目,是由加拿大银行与私营部门合作于 2016 年共同发起的计划。

Jasper 项目主要技术路线为分布式账本技术,定位为批发型数字货币,主要用于中央银行以及商业银行之间的交易。该项目目前已经进入第四阶段,与新加坡金融管理局和英格兰银行合作进行跨境货币清算实验。

加拿大央行考虑发行 CBDC 的动机主要包括现金使用的减少或被淘汰、私人加密货币或稳定币成为主要支付手段、提升国内支付效率、推动普惠金融等。

Jasper 项目已经进行了多次基于分布式账本技术的概念验证，指出分布式账本技术并非必须，未来将对多种技术进行考虑并择优采用。用户验证方面，同时考虑账户验证和数字令牌两种方式，分别用于大额和小额支付。跨境支付方面，尽管 CBDC 主要面向国内，但数字令牌的内在特点使外国游客等可进行小额支付。CBDC 还与大额资金划拨系统直接关联，从而可开展批发业务跨境支付。

（十）数字日元

数字日元（digital Yen）是日本中央银行（Bank of Japan，BOJ）正在研究和开发的央行数字货币。

2020 年 10 月，日本央行发布数字日元报告[①]，探讨了数字日元发行的原因、潜在场景及影响。数字日元的发行机制尚未最终确定，但日本央行正在考虑采用分布式账本技术来发行和管理这种数字货币。BOJ 计划沿用现金的发行模式发行 CBDC，维持现有的"中央银行—商业银行"双层运营框架不变，由日本央行发行 CBDC 并通过商业银行等金融中介将其发放给社会公众。这意味着商业银行体系不参与 CBDC 的创造环节，而主要负责实际业务的运营管理。

日本央行发行数字日元的主要动机包括：提高支付系统的效率和安全性；应对现金使用的减少和数字化经济的需求；增强金融包容性，确保所有公民都能访问中央银行货币；探索区块链技术在金融领域的应用，以保持日本在全球金融科技竞争中的领先地位。

2023 年 11 月，日本央行宣布将联合三菱 UFJ 银行、三井住友银行、瑞穗银行等三大商业银行以及各地方性银行合作进行数字日元发行试点。这标志着日本 CBDC 试验计划的第三阶段，预计将持续两年，此后日本央行将决定是否发行数字日元。

（十一）数字欧元

2020 年 10 月，欧洲央行发布《数字欧元报告》[②]，总结了数字欧元发行工作的整体计划、方案、功能、原则、技术及后续工作的详细情况。数字欧元将作为欧元体系的数字形式，用于零售交易，补充现金和中央银行存款。它将通过受监管的中介机构（如银行）向公众和企业广泛提供。数字欧元的设计考虑了隐私保护，允许用户在线和离线进行支付，并且提供即时结算。

欧洲央行发行数字欧元的主要动机包括支持数字化经济并增强欧盟的战略独立性、应对现金作为支付手段的显著下降、防止外国 CBDC 或私人数字支付在欧元区广泛使用、作为新的货币政策传导渠道、降低支付服务提供的风险、提升欧元的国际地位、支持支付系统整体成本和生态足迹的改进。

欧洲央行倾向于开发批发型 CBDC，因为欧元区内已经有一个高效的支付系统。批

---

① Bank of Japan. The Bank of Japan's approach to central bank digital currency[R]. 2020.
② European Central Bank. Report on a digital Euro[R/OL]. (2020.10)[2025.6.22]. https://www.ecb.europa.eu/pub/pdf/other/Report_on_a_digital_euro~4d7268b458.en.pdf?40bb7a2e2497a9c0a0a71a510e87440c.

发型 CBDC 主要用于银行间交易,而不是直接面向消费者。

(十二) 数字美元

美国在 CBDC 领域的进展相对缓慢,部分原因是对发行数字美元持谨慎态度,同时也在考虑如何确保数字美元的安全性、稳定性以及对现有金融体系的影响。

2020 年 5 月发布数字美元白皮书①,详细介绍了 CBDC 的潜在应用及其未来推动数字美元发展的工作。在数字美元的架构设计上,白皮书提议采用"双层架构"的实物现金分配模型,商业银行和其他机构充当美联储和零售客户之间的桥梁。具体而言,美联储生产数字美元并将其分配给商业银行等中间金融机构,再由中间金融机构将其发送给个人和企业。

美国推出数字美元的主要动机包括:应对现金使用的减少和数字化经济的需求;维护美元在全球金融体系中的主导地位;提高支付系统的效率和安全性;作为政府转移支付的工具,快速响应经济危机;促进经济增长和稳定,防范网络和运营风险,保护敏感数据隐私。

2020 年 3 月,美联储发布数字美元报告,全面探讨 CBDC 利弊,并公开征求意见。2021 年 11 月,纽约联储正式启动纽约创新中心(New York Innovation Center, NYIC),重点关注"货币的未来",与 BIS 创新中心开展战略合作,加强对 CBDC 等数字货币的研究。2024 年 5 月 23 日,美国众议院通过《反央行数字货币(CBDC)监控国家法案》,该法案禁止美联储发行 CBDC,这降低了美国发行数字美元的可能性。

三、数字人民币发行情况

(一) 数字人民币概述

我国高度重视法定数字货币的研发,早在 2014 年就开始了对法定数字货币的研究,一直处于领先地位。2019 年央行就基本完成了法定数字货币顶层设计、标准制定、功能研发和联调测试等工作。2020 年 4 月,央行数字研究所开始在深圳、苏州、雄安新区、成都及冬奥场景进行数字人民币的封闭试点测试。2020 年 10 月,数字人民币第一次以红包的形式在深圳发放,正式走向普通大众的生活。2021 年 7 月,央行数字人民币研发工作组发布《中国数字人民币的研发进展白皮书》,全面阐释数字人民币体系的研发背景、目标愿景、设计框架及相关政策考虑。《中共中央关于制定国民经济和社会发展第十四个五年规划和二〇三五年远景目标的建议》也强调"完善货币供应调控机制,稳妥推进数字货币研发"。

数字人民币试点以来,至 2023 年初已形成覆盖 17 个省区市的 26 个试点地区②,

---

① Digital Dollar Foundation and Accenture. The digital dollar project: Exploring a US CBDC[R]. https://digitaldollarproject.org/exploring-a-us-cbdc/.

② 2019 年末以来,央行在深圳、苏州、雄安、成都及 2022 年北京冬奥会场景开展数字人民币试点测试。2020 年 11 月份开始,又增加了上海、海南、长沙、西安、青岛、大连六个新的试点地区,形成了"10+1"个试点地区。2022 年 4 月公布新增的第三批试点城市,增加天津市、重庆市、广东省广州市、福建省福州市和厦门市、浙江省承办亚运会的六个城市作为试点地区,北京市和河北省张家口市在 2022 年北京冬奥会、冬残奥会场景试点结束后转为试点地区。2022 年 12 月增加济南市、南宁市、防城港市、昆明市和西双版纳傣族自治州。河北、江苏、广东、四川、海南、上海、天津、重庆、北京等全省(市)试点。

10 家运营机构参与"双层运营体系"①。截至 2024 年 7 月末,数字人民币 APP 累计开立个人钱包达到 1.8 亿个,试点地区累计交易金额达到 7.3 万亿元。数字人民币的应用场景已经从个人消费场景扩展到薪资发放、普惠贷款、绿色金融等对公企业服务,以及财政、税收、公用事业、电子政务、助农扶贫等政务服务场景。此外,数字人民币也在跨境支付业务中得到应用。

中国人民银行出于以下四点背景研发数字人民币:①数字经济发展需要建设适应时代要求、安全普惠的新型零售支付基础设施;②现金的功能和使用环境正在发生深刻变化;③加密货币特别是全球性稳定币发展迅速;④国际社会高度关注并开展央行数字货币研发。

《中国数字人民币的研发进展白皮书》明确表示,数字人民币是中国人民银行发行的数字形式的法定货币,由指定运营机构参与运营,以广义账户体系为基础,支持银行账户松耦合功能,与实物人民币等价,具有价值特征和法偿性。

第一,数字人民币是央行发行的法定货币。一是数字人民币具备货币的价值尺度、交易媒介、价值贮藏等基本功能,与实物人民币一样是法定货币。二是数字人民币是法定货币的数字形式。从货币发展和改革历程看,货币形态随着科技进步、经济活动发展不断演变,实物、金属铸币、纸币均是相应历史时期发展进步的产物。数字人民币发行、流通管理机制与实物人民币一致,但以数字形式实现价值转移。三是数字人民币是央行对公众的负债,以国家信用为支撑,具有法偿性。

第二,数字人民币采取中心化管理、双层运营。数字人民币发行权属于国家,中国人民银行在数字人民币运营体系中处于中心地位,负责向作为指定运营机构的商业银行发行数字人民币并进行全生命周期管理,指定运营机构及相关商业机构负责向社会公众提供数字人民币兑换和流通服务。

第三,数字人民币主要定位于现金类支付凭证(M0),将与实物人民币长期并存。数字人民币与实物人民币都是央行对公众的负债,具有同等法律地位和经济价值。数字人民币将与实物人民币并行发行,中国人民银行会对二者共同统计、协同分析、统筹管理。国际经验表明,支付手段多样化是成熟经济体的基本特征和内在需要。中国作为地域广阔、人口众多、多民族融合、区域发展差异大的大国,社会环境以及居民的支付习惯、年龄结构、安全性需求等因素决定了实物人民币具有其他支付手段不可替代的优势。只要存在对实物人民币的需求,中国人民银行就不会停止实物人民币供应或以行政命令对其进行替换。

第四,数字人民币是一种零售型央行数字货币,主要用于满足国内零售支付需求。央行数字货币根据用户和用途不同可分为两类:一种是批发型央行数字货币,主要面向商业银行等机构类主体发行,多用于大额结算;另一种是零售型央行数字货币,面向公众发行并用于日常交易。各主要国家或经济体研发央行数字货币的重点各有不同,有的侧重批发交易,有的侧重零售系统效能的提高。数字人民币是一种面向社会公众发行的零售型央行数字货币,其推出将立足国内支付系统的现代化,充分满足公众日常支付需要,进一步提高零售支付系统效能,降低全社会零售支付成本。

---

① 中国工商银行、中国农业银行、中国银行、中国建设银行、交通银行、中国邮政储蓄银行、招商银行、兴业银行、网商银行(支付宝)、微众银行(微信支付)等十家运营机构参与。

第五,在未来的数字化零售支付体系中,数字人民币和指定运营机构的电子账户资金具有通用性,共同构成现金类支付工具。商业银行和持牌非银行支付机构在全面持续遵守合规(包括反洗钱、反恐怖融资)及风险监管要求且获央行认可支持的情况下,可以参与数字人民币支付服务体系,并充分发挥现有支付等基础设施作用,为客户提供数字化零售支付服务。

(二) 数字人民币的发行机制

1. 数字人民币的特性

数字人民币设计兼顾实物人民币和电子支付工具的优势,既具有实物人民币的支付即结算、匿名性等特点,又具有电子支付工具成本低、便携性强、效率高、不易伪造等特点。主要考虑以下七个特性。

(1) 兼具账户和价值特征。数字人民币兼容基于账户(account-based)、基于准账户(quasi-account-based)和基于价值(value-based)三种方式,采用可变面额设计,以加密币串形式实现价值转移。

(2) 不计付利息。数字人民币定位于 M0,与同属 M0 范畴的实物人民币一致,不对其计付利息。

(3) 低成本。与实物人民币管理方式一致,中国人民银行不向指定运营机构收取兑换流通服务费用,指定运营机构也不向个人客户收取数字人民币的兑出、兑回服务费。

(4) 支付即结算。从结算最终性的角度看,数字人民币与银行账户松耦合,基于数字人民币钱包进行资金转移,可实现支付即结算。

(5) 匿名性(可控匿名)。数字人民币遵循"小额匿名、大额依法可溯"的原则,高度重视个人信息与隐私保护,充分考虑现有电子支付体系下业务风险特征及信息处理逻辑,满足公众对小额匿名支付服务需求。同时,防范数字人民币被用于电信诈骗、网络赌博、洗钱、逃税等违法犯罪行为,确保相关交易遵守反洗钱、反恐怖融资等要求。数字人民币体系收集的交易信息少于传统电子支付模式,除法律法规有明确规定外,不提供给第三方或其他政府部门。中国人民银行内部对数字人民币相关信息设置"防火墙",通过专人管理、业务隔离、分级授权、岗位制衡、内部审计等制度安排,严格落实信息安全及隐私保护管理,禁止任意查询、使用。

(6) 安全性。数字人民币综合使用数字证书体系、数字签名、安全加密存储等技术,实现不可重复花费、不可非法复制伪造、交易不可篡改及抗抵赖等特性,并已初步建成多层次安全防护体系,保障数字人民币全生命周期安全和风险可控。

(7) 可编程性。数字人民币通过加载不影响货币功能的智能合约实现可编程性,使数字人民币在确保安全与合规的前提下,可根据交易双方商定的条件、规则进行自动支付交易,促进业务模式创新

2. 数字人民币的双层运营模式

根据中央银行承担的不同职责,法定数字货币运营模式有两种选择(见图 7.17):一是单层运营,即由中央银行直接面向全社会提供法定数字货币的发行、流通、维护服务;二是双层运营,即由中央银行向指定运营机构发行法定数字货币,指定运营机构负责兑换和流通交易。

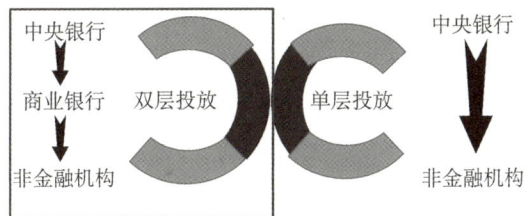

图 7.17 央行数字货币的投放模式示意图

数字人民币采用的是双层运营模式。中国人民银行负责数字人民币发行、注销、跨机构互联互通和钱包生态管理,同时审慎选择在资本和技术等方面具备一定条件的商业银行作为指定运营机构,牵头提供数字人民币兑换服务。在中国人民银行中心化管理的前提下,充分发挥其他商业银行及机构的创新能力,共同提供数字人民币的流通服务。具体来说,指定运营机构在中国人民银行的额度管理下,根据客户身份识别强度为其开立不同类别的数字人民币钱包,进行数字人民币兑出兑回服务。同时,指定运营机构与相关商业机构一起承担数字人民币的流通服务并负责零售环节管理,实现数字人民币安全高效运行,包括支付产品设计创新、系统开发、场景拓展、市场推广、业务处理及运维等服务。在此过程中,中国人民银行将努力保持公平的竞争环境,确保由市场发挥资源配置的决定性作用,以充分调动参与各方的积极性和创造性,维护金融体系稳定。双层运营模式可充分利用指定运营机构资源、人才、技术等优势,实现市场驱动、促进创新、竞争选优。同时,由于公众已习惯通过商业银行等机构处理金融业务,双层运营模式也有利于提升社会对数字人民币的接受度。

3. 数字人民币的技术路线

数字人民币的技术路线选择是一个长期演进、持续迭代、动态升级的过程,以市场需求为导向定期开展评估,持续进行优化改进。指定运营机构可根据自身实际需求及技术优势自行选取技术路线,充分保持对未来技术的洞察力和前瞻性。

数字人民币系统采用分布式、平台化设计,增强系统韧性和可扩展性,支持数字人民币支付交易量的快速增长;综合应用可信计算、软硬件一体化专用加密等技术,确保系统可靠性和稳健性;开展多层次安全体系建设,设计多点多活数据中心解决方案,保障城市级容灾能力和业务连续性,提供 7×24 小时连续服务。

数字人民币体系综合集中式与分布式架构特点,形成稳态与敏态双模共存、集中式与分布式融合发展的混合技术架构。

(三) 数字人民币的 PEST-SWOT 分析

中国在发行法定数字货币方面具备多重优势。后疫情时代,数字人民币迎来了前所未有的机遇。当然,在全球数字货币竞争和世界百年未有之大变局之下,数字人民币的发行和推广也面临着诸多挑战。以下运用 PEST-SWOT 分析矩阵,以全球视野分析数字人民币的政治(politics)、经济(economy)、社会(society)、技术(technology)四个宏观环境方面的优势(strengths)、劣势(weaknesses)、机遇(opportunities)和挑战(threats)。

1. 数字人民币优势分析

(1)政治方面。

① 政治大局稳定。在中国共产党的全面领导下,中国坚持党的领导、人民当家作主、

依法治国有机统一,政治稳定,安定团结,成功走出中国式现代化道路,国家治理体系和治理能力现代化水平不断提高,这为发行数字人民币奠定了牢固的政治基础。

② 制度优势显著。中国特色社会主义制度具有显著优势,社会主义制度和市场经济有机结合,经济体制改革稳步推进,宏观经济政策稳定,货币政策工具行之有效,为发行数字人民币奠定了稳定的制度基础。

③ 国家信用强大。货币是国家的"名片",数字人民币由国家信用背书,与实物人民币等价,币值稳定。中国综合国力逐步提升,为数字人民币提供了强大的信用背书,也有利于发行跨境使用的数字人民币。

④ 政策支持有力。国家高度重视数字人民币研发,中国具备集中力量办大事的能力,且较早着手法定数字货币研发,已具备先发优势,能够在国际数字货币竞争中赢得先机。

(2) 经济方面。

① 世界第二大经济体。2023 年,中国 GDP 达 126 万亿人民币,占世界 GDP 比重超过 18%;社会消费品零售总额 47 万亿元;货物进出口总额 41.7 万亿元,年末国家外汇储备 3.23 万亿美元。流通中货币(M0)余额 11.34 万亿元,通货膨胀率低于 1%。经济发展需要更加稳定、安全、智能的支付工具,数字人民币应运而生。

② 数字经济发展迅速。截至 2023 年,中国数字经济规模持续快速增长,达到 45.5 万亿元人民币,占国内生产总值的比重达到 39.8%,数字经济已经成为推动中国经济增长的主要引擎之一。数字经济发展需要建设适应时代要求、安全普惠的新型零售支付基础设施。数字经济呼唤数字金融,数字金融急需数字货币。

③ 金融基础设施完善。中国有完善的金融体系,支付体系先进。借助数字化技术,数字人民币将打破时空界限,使得更多偏远地区和原先没有被传统金融系统覆盖的消费者更容易、更便捷地获得金融服务,提升金融普惠性。

④ 管理成本低。数字人民币没有纸币和硬币的印制和铸造成本,也不存在假钞、物理形态容易破损等问题,有助于提高支付清算效率和安全性。借助大数据等技术的应用,数字人民币能更准确地对客户信用水平进行评估,降低中小企业的融资成本。

(3) 社会方面。

① 社会长期稳定。中国人民安居乐业,社会长治久安。中国成为世界上最安全的国家之一,刑事案件和治安案件一直呈下降趋势。这为数字人民币的推广使用创造了良好的社会条件。

② 用户基础庞大。2023 年中国的互联网上网人数达 10.92 亿人,其中手机上网人数有 10.91 亿人,互联网普及率超过 77.5%,形成了全球规模最大的数字社会,具有庞大的数字人民币的用户基础。

③ 移动支付超前。中国移动支付走在世界前列,网络支付用户规模达到 9.54 亿,消费者已然养成手机支付习惯,无论是移动支付用户的规模与交易规模,还是渗透率,都处于比较领先的地位。

④ 应用场景丰富。新消费时代来临,电子商务、电商直播、线上线下融合等新商业模

式催生出更多应用场景,基于社交网络和新媒介的新消费关系,更有利于未来推广数字人民币。

（4）技术方面。

① 技术先进性。数字人民币由中国人民银行中心化发行,综合使用数字证书体系、数字签名、安全加密存储等技术,实现了不可重复花费、不可伪造、交易不可篡改等特性[1]。数字人民币运营系统满足高安全性、高可用性、高可扩展性、高并发性、业务连续性要求。

② 使用安全性。数字人民币是安全等级最高的国家法定货币,先进的加密技术确保其安全性。数字人民币的"双层运营模式"和"替代M0"的不计息特性,和其他国家设计的计息法定数字货币相比,对现有金融体系冲击更小。

③ 可控匿名性。数字人民币的可控匿名性等特点有助于协助政府打击洗钱、逃税、电信网络诈骗等违法犯罪行为。在满足必要监管要求的前提下,更加注重用户隐私的保护。

④ 供应链完整性。数字人民币顶层设计完善,技术路线清晰,申请的专利涵盖数字货币的发行、流通、应用的全流程,已经形成了完整的供应链,而且已完成多轮试点,可操作性和技术可行性得到了较好的验证。

2. 数字人民币劣势分析

（1）政治方面。

① 最大发展中国家。2023年中国人均GDP刚超过1.27万美元,中国仍处于并将长期处于社会主义初级阶段的基本国情没有变,生产力水平仍然落后于许多发达国家,人均资源禀赋处于世界较低水平,许多方面还处于相对劣势,这给未来数字人民币的境外发行吸引力带来一定难度。

② 人民币国际化程度低。目前人民币的国际化程度较低,在国际支付清算体系中比例不高,作为支付货币占比仅2.7%,作为贸易货币占比仅1.3%,远低于美元、欧元和英镑(前三者比例总和超过80%)。要让其他国家接受使用数字人民币支付,除了利用数字人民币技术上的优势,还需要进一步提升人民币的国际地位。

③ 受到霸权阻碍遏制。目前国际大宗商品、国际贸易等多以美元结算,研发数字人民币很容易被视为挑战美元霸权。国际霸权为维护美元主导的支付体系和跨境结算SWIFT系统,将阻碍甚至遏制数字人民币国际化。

（2）经济方面。

① 发展不平衡不充分。人民日益增长的美好生活需要和不平衡不充分的发展之间的矛盾成为新时代中国社会主要矛盾,区域发展、城乡发展、收入分配等方面存在不平衡,在市场竞争、有效供给、动力转换、制度创新等方面存在不充分,这也会影响数字人民币的大范围推广和使用。

② 经济面临下行压力。受国内外多种因素共同影响,近年来中国经济增长速度有所下降成为"新常态"。发行数字人民币可以增强货币乘数,并通过其支付即结算的特性提

---

[1]　中国人民银行数字货币研究所. 中国数字人民币的研发进展白皮书[R]. 2021.

高资金周转效率。

③ 数字人民币不计息。这可能会降低数字人民币的吸引力,因为人们可能要放弃现在第三方平台带来的利息收益,存在额外的机会成本。

（3）社会方面。

① 城乡区域发展差距较大。中国幅员辽阔,地区发展存在差异,收入分配差距较大,全面普及数字人民币存在一定难度。考虑到受理环境的不同,未来推广时需要因地制宜。

② 部分人群不便使用。虽然移动支付已经较为普及,但对于部分偏远地区居民和老年人群体,不同于现金使用的无须门槛,数字人民币支付要依靠智能设备和智能软件,不熟悉智能化技术增大了他们使用数字人民币的难度。

③ 对数字人民币认识不深。相较于现金,目前数字人民币的受众群体较少,而且大部分民众对数字人民币的认识不深,存在一定的误读,这增加了其使用数字人民币的顾虑。

（4）技术方面。

① 依赖电力和支付设备。尽管数字人民币的"双离线"功能允许用户在没有网络的情况下完成支付,但数字人民币的正常使用仍需要依赖电力和支付设备的完好,在断电情况下无法使用,在遇到自然灾害时现金使用更有优势。

② 技术迭代升级迅速。现代信息技术发展日新月异,技术路线选择必须长期演进、持续迭代、动态升级、定期评估,持续优化,否则很容易落后。数字人民币不预设技术路线,可以更快适应支付使用中遇到的新问题新局面。

3. 数字人民币机遇分析

（1）政治方面。

① 仍然处于重要战略机遇期。和平与发展仍然是时代主题,中国发展仍然处于重要战略机遇期,这为数字人民币的研发提供了和平的国内外环境。

② 中国日益走近世界舞台中央。中国不断推进高水平对外开放,国内国际双循环相互促进,跨境贸易持续增长,对跨境使用的支付工具的需求也日益显现。目前跨境支付成本高、速度慢、透明度低且难以广泛使用,数字人民币的各种特点或可成为解决跨境支付痛点的机会。

③ 人民币国际化趋势。随着中国国际地位的不断提高,人民币全球支付排名已经跃升至第四位,人民币的国际化速度必将加快。目前数字货币研究所已与多国央行合作探索跨境支付以及用数字人民币支付清算,为人民币国际化拓宽新路径,有助于实现"弯道超车"。

（2）经济方面。

① 高质量发展需要。中国经济由高速增长阶段转向高质量发展阶段,在新发展理念指导下,构建新发展格局,建设现代化经济体系,以深化供给侧结构性改革为主线,质量变革、效率变革、动力变革迫切需要通过发行数字人民币来赋能。

② 扩大国内消费需求。中国是全球最大和最有增长潜力的消费市场,14 亿人口,四亿中等收入群体,这为数字人民币实际应用提供坚实基础。扩大的国内需求和深度挖掘的需求潜力将为数字人民币创造更大需求空间。

③ 经济全球化需要。经济全球化依然是当代世界经济发展的重要特征和长期趋势，只有全球化才能实现资源和生产要素的全球合理配置、资本和商品的全球性流动和科技的全球性创新。数字人民币以国内循环为基础，逐步探索扩大在国际循环中的应用。

④ 补齐现有支付体系短板需要。目前广为大众接受的第三方支付，虽然支付效率较高，但没有对公支付，存在一定的提现手续费和设备安装成本，而且平台间存在交易壁垒，还存在盗号、欺诈等潜在风险。数字人民币已经开启公司企业部门与政府部门的数字支付，数字支付的对公场景能弥补目前第三方支付的空白。

（3）社会方面。

① 电子商务快速发展。中国 2021 年的电子商务交易额达 42.3 万亿元，网络购物用户规模占网民整体的八成，网上外卖用户规模占网民整体的 49% 以上。电子商务的快速发展呼唤数字人民币这样更加安全、稳定、快捷的支付方式的诞生。

② "非接触式"支付需求。新冠疫情使得人们对现金是否会携带病毒和增加传播风险产生疑虑，而更加倾向于"非接触式"的交易模式，这都将提高公众对数字人民币的认知与接受程度。

③ "无现金社会"大势所趋。目前银行卡和第三方支付对现金的替代效应日趋明显，正在大大加速"无现金社会"的到来。数字人民币的发行顺应经济社会发展大势和货币自身发展趋势。

（4）技术方面。

① 数字科技迅猛发展。2023 年中国研发经费投入总量突破了 3.3 万亿元人民币，同比增长 8.4%，数字经济推动数字科技飞速发展。数字人民币在设计上接纳各种利于数字人民币支付结算的技术，未来数字科技将赋能数字人民币，借助人工智能技术，通过搭载智能合约实现更多传统货币不能实现的功能。

② 金融基础设施数字化升级。中国已经建成全球最大的光纤和 4G 网络，在 5G 和人工智能领域的发展也处于世界领先地位，数量众多的"5G＋工业互联网"的应用场景加速落地。未来数字人民币可以和 5G 技术、物联网等数字科技结合，促进金融基础设施数字化升级，更好服务数字经济各领域。

③ 货币发展趋势。从货币发展和改革历程看，货币形态随着科技进步、经济活动发展不断演变，实物、金属铸币、纸币均是相应历史时期发展进步的产物。法定数字货币是货币未来发展的必然趋势，人民币也必然要顺应时代发展的大势实现数字化。

4. 数字人民币挑战分析

（1）政治方面。

① 世界百年未有之大变局。世界进入动荡变革期，国际环境更趋复杂，不仅停留在经济层面，还会影响国际规则制定、国别竞争等政治层面，这会给数字人民币的发行尤其是跨境使用带来一定的挑战。

② 货币竞争加剧。全球央行法定数字货币竞相发行的趋势已初见端倪。部分西方国家担心数字人民币会成为全球第一个推动法定数字货币广泛使用的技术平台，担心中国会影响以后数字货币方案设计和标准的制定。一些国家可能通过设置支付壁垒、提取

高额手续费等给数字人民币跨境使用带来阻碍。

（2）经济方面。

① 世界经济陷入低迷期。全球经济面临较大的下行压力，帮助经济尽快走出疫情阴霾、走上复苏道路已成为各国央行的重要任务。数字人民币的智能设计可以实时采集货币创造、记账、流动等数据，通过大数据等技术手段进行深入分析，能为货币投放、货币政策制定与实施提供更多参考，使货币政策更有效，更快走出经济低迷。

② 私有数字货币挑战。目前各类私人发行数字货币鱼龙混杂，根据加密货币行情网站 CoinMarketCap 的最新统计数据，各类数字货币数量达 10 000 余种，市值超过了 2 万亿美元，它们与数字人民币等法定数字货币存在一定的竞争关系，部分私有数字货币的包装和炒作给现行货币体系带来挑战。

（3）社会方面。

① 人口增长放缓。中国的新出生人口数量自 2018 年起就呈现出连续下降态势，2022 年人口自然增长率为 -0.60‰，这是自 1962 年以来中国人口首次出现负增长，2023 年人口自然增长率为 -1.48‰，进一步下降。人口老龄化、少子化是当前中国面临的重大挑战。数字人民币在未来推广普及的过程中也需要考虑覆盖全年龄段人群的使用需求，满足不同人群的支付便利。

② 存在数字鸿沟。目前中国网民规模中 50 岁及以上占比达 28%，中国不同区域之间发展不平衡不充分问题仍然存在，未来在推广数字人民币的过程中要弥合城乡之间、老少之间的数字鸿沟，采取不同的支付设备，因地因人制定不同的支付解决方案。

③ 相关法律需要完善。虽然《中华人民共和国中国人民银行法（修订草案征求意见稿）》增加"人民币包括实物形式和数字形式"，或将明确数字人民币属于人民币的法定形式，提供数字人民币发行的法律依据，但涉及数字人民币的具体法律法规尚不完善，需要进一步设立单独的监管措施和管理办法，明确发行和监管框架。

（4）技术方面。

① 高并发挑战。数字人民币前期发行试点运行顺利，但未来大范围普及时，交易量巨大，势必面临瞬时高并发要求，需要有充分预案防范系统崩溃的风险。

② 网络攻击挑战。由于依托电子支付系统，数字人民币不可避免有网络攻击、服务器崩溃等技术风险，也很容易成为黑客的攻击目标。技术上需要在加密算法、信息安全、数据安全等各方面确保系统的安全稳定性。

（四）数字人民币 PEST-SWOT 矩阵

综上所述，数字人民币的 PEST-SWOT 矩阵如表 7.4 所示。

表 7.4　数字人民币 PEST-SWOT 矩阵

	政治（P）	经济（E）	社会（S）	技术（T）
优势（S）	（1）政治大局稳定 （2）制度优势显著 （3）国家信用强大 （4）政策支持有力	（1）世界第二大经济体 （2）数字经济发展迅速 （3）金融基础设施完善 （4）管理成本低	（1）社会长期稳定 （2）用户基础庞大 （3）移动支付超前 （4）应用场景丰富	（1）技术先进性 （2）使用安全性 （3）可控匿名性 （4）供应链完整性

（续表）

	政治(P)	经济(E)	社会(S)	技术(T)
劣势(W)	(1) 最大发展中国家 (2) 人民币国际化程度低 (3) 受到霸权阻碍遏制	(1) 发展不平衡不充分 (2) 经济面临下行压力 (3) 数字人民币不计息	(1) 城乡区域发展差距较大 (2) 部分人群不便使用 (3) 对数字人民币认识不深	(1) 依赖电力和支付设备 (2) 技术迭代升级迅速
机遇(O)	(1) 仍然处于重要战略机遇期 (2) 中国日益走近世界舞台中央 (3) 人民币国际化趋势	(1) 高质量发展需要 (2) 扩大国内消费需要 (3) 经济全球化需要 (4) 补齐现有支付体系短板需要	(1) 电子商务快速发展 (2) "非接触式"支付需求 (3) "无现金社会"大势所趋	(1) 数字科技迅猛发展 (2) 金融基础设施数字化升级 (3) 货币发展趋势
挑战(T)	(1) 世界百年未有之大变局 (2) 货币竞争加剧	(1) 世界经济陷入低迷期 (2) 私有数字货币挑战	(1) 人口增长放缓 (2) 存在数字鸿沟 (3) 相关法律需要完善	(1) 高并发挑战 (2) 网络攻击挑战

本章小结

　　本章深入探讨了数字货币的兴起及其在全球金融体系中的潜在作用。从数字货币的基本概念、特征到其发展历程，本章详细分析了私营数字货币如比特币和以太坊的发行机制、存在的问题以及 CBDC 的发行与流通。特别关注数字人民币的发展，展示了中国在数字货币领域的积极探索和创新。随着技术进步和监管环境的成熟，数字货币有望成为传统货币的重要补充，推动金融科技的创新和经济格局的变革。

基 本 概 念

数字货币　加密技术　区块链　去中心化　比特币　央行数字货币

思考与练习

1. 数字货币的关键特征包括哪些方面？
2. CBDC 与私有数字货币在发行机制上有哪些主要区别？
3. 数字人民币在设计上考虑了哪些关键因素以适应其目标用途？

参考文献

1. 杨洁萌. Libra 乌托邦与中国法定数字货币的机遇[J]. 新金融, 2019(12):40-47.

2. 周光友,杨洁萌. 全球视野下数字人民币 PEST-SWOT 分析[J]. 金融发展研究,2022(12):3-12.

3. 中国人民银行数字货币研究项目组. 法定数字货币的中国之路[J]. 中国金融,2016(17):45-46.

4. 中国人民银行数字货币研究所. 中国数字人民币的研发进展白皮书[R]. 2021.

5. AUER R, CORNELLI G, FROST J. Rise of the central bank digital currencies: Drivers, approaches and technologies[J]. BIS Working Papers, 2020, No. 880.

6. BECH M L, GARRATT R. Central bank cryptocurrencies[J]. BIS Quarterly Review, 2017: 55-70.

7. DI IORIO A, KOSSE A, MATTEI I. Embracing diversity, advancing together-results of the 2023 BIS survey on central bank digital currencies and crypto[R]. Bank for International Settlements, 2024.

8. LI S, HUANG Y. The genesis, design and implications of China's central bank digital currency[J]. China Economic Journal, 2021, 14(1): 1-11.

第八章

数字货币的影响

学习要求

1. 分析私有数字货币对货币政策的影响。
2. 评估私有数字货币对金融稳定性的挑战。
3. 掌握法定数字货币对货币需求的影响。
4. 分析法定数字货币对货币供给的影响。
5. 理解法定数字货币对货币政策传导机制的影响。
6. 探讨法定数字货币的跨境使用。
7. 研究数字人民币国际化的机制与实施策略。

本章导读

在信息技术飞速发展的今天，货币的形态和功能正在经历一场革命性的变革。这场变革的核心是数字货币，它们以其独特的技术特性和运作机制，对传统金融体系构成了前所未有的挑战。本章将深入探讨数字货币对经济金融方面的影响，特别是它们如何重塑货币政策框架和金融稳定性，以及在全球经济中的潜在作用。

本章内容分为三个主要部分，旨在为读者提供一个全面的数字货币知识框架，帮助读者理解数字货币的复杂性及其对现有金融秩序的挑战和机遇。首先，我们将分析私有数字货币（尤其是比特币）对货币政策的影响，探讨它们如何削弱货币政策的有效性，对货币政策传导机制构成挑战，以及给金融稳定性带来风险。其次，我们将探讨法定数字货币，特别是中国的数字人民币（e-CNY）对货币政策的影响，包括货币需求、货币供给和货币政策传导机制。我们将研究数字人民币如何改变货币需求结构，影响货币供给和乘数，以及优化货币政策工具和增强政策的传导效果。最后，本章将讨论法定数字货币的跨境使用与人民币国际化，重点关注多边央行数字货币桥（mBridge）项目和数字人民币的国际化。我们将分析 mBridge 项目如何促进跨境支付的现代化和便利化，以及数字人民币在国际货币体系中的潜在角色。通过这些讨论，本章将揭示数字货币在全球范围内的发展趋势，以及它们如何影响国际金融体系的稳定性和效率。

第一节 私有数字货币的影响

一、私有数字货币对货币政策的影响

以比特币为代表的私有数字货币具有一些优点,所以很快在全球范围内受到追捧。区块链、加密等技术的进步使得制约虚拟货币发展的安全问题和信任问题得到较好的解决,交易双方不需要相互信任就可以完成交易。比特币在一定程度上打破了现实世界中或多或少存在的货币兑换限制和支付的寡头垄断,而且成本很低,满足了公众低成本进行跨国界支付和交易的需求。2008年国际金融危机之后,一些央行采取大规模量化宽松政策,招致滥发货币的质疑。比特币不由任何单一机构发行,而是由"矿工挖矿"产生,其发行速度和规模由技术规则预先设定,并设有一个上限,消除了使用者对货币滥发的担心。此外,比特币的匿名特征也迎合了信息时代一些人个人隐私保护的需要。

但是,这并不意味着虚拟货币没有风险。一是缺乏透明度。对于大多数使用者来说,复杂的技术难以理解,使得使用者易于遭受欺诈。二是缺乏法律认可和监管,对于因欺诈、被盗、实体破产而遭受的损失也缺乏赔偿机制。三是存在技术安全问题。尽管破坏比特币这样的区块链系统难度较高,需要攻击51%以上的节点,但攻击者可能转而攻击使用的个人或相关平台。四是解决问题的代价可能很高。比如,因遭受黑客攻击而产生可疑交易时,由于区块链不可篡改、不可逆转的性质,这些交易不能轻易地撤销,而要发动整个社区的"矿工"或者控制多数算力,这需要付出巨大的成本。

比特币等私有数字货币对货币政策的影响主要体现在七个方面。

(1)货币政策有效性的削弱。私有数字货币如比特币的流通不经过传统的商业银行体系,如果达到一定规模,可能会削弱中央银行对货币发行的垄断,从而影响货币政策的有效性。中央银行缺乏调控这些虚拟货币数量、价格的能力,只能通过调控法币流动性和价格来施加间接影响[①]。

(2)货币政策传导机制的挑战。私有数字货币可能会对货币政策的传导机制产生影响,在货币不稳定、货币框架薄弱的新兴市场尤其如此。与比特币等波动性较大的加密货币相比,与外币挂钩的稳定币更有可能发生货币替代,因为它们为本国货币提供了波动性较小的替代品[②]。

(3)货币政策工具的挑战。私有数字货币的发展导致货币需求的不稳定性,各层次货币供应量的可测性和可控性下降,对货币乘数的影响也存在不确定性,这侵蚀了数量型调控的基础,削弱了数量型调控的有效性[③]。

---

① KANG K Y, LEE S. Money, cryptocurrency, and monetary policy[J]. Social Science Electronic Publishing [2024-11-22]. DOI:10.2139/ssrn.3303595.

② BÖHME R, CHRISTIN N, EDELMAN B, et al. Bitcoin: Economics, technology, and governance[J]. Journal of Economic Perspectives, 2015, 29(2):213-238.

③ 温信祥,张蓓. 数字货币对货币政策的影响[J]. 中国金融,2016(17):24-26.

（4）货币政策的再分配特性。通过购买政府债券和抵押贷款支持证券等资产,量化宽松政策往往会推高资产价格,使已经拥有这些资产的人受益,这产生了与欧洲央行批评比特币时所说的类似的再分配效应:财富从一个群体转移到另一个群体,而不一定创造新的经济价值。

（5）对货币政策的直接影响。比特币市场对货币政策变化反应强烈,尤其是联邦公开市场委员会(Federal Open Market Committee, FOMC)会议。比特币价格对意外的货币政策紧缩有显著的短期反应,这种即时效应与黄金价格的总效应相当,是股票价格总效应的两倍。

（6）货币政策的非线性影响。货币政策对比特币价格的非线性影响在更高的分位数上更为显著,表明在牛市中,货币政策的意外对比特币价格的影响更大。

（7）货币政策的持久性影响。货币政策对比特币价格的冲击效应非常持久,与黄金和股票价格相比,对后者的影响消退得较快。

二、私有数字货币对金融稳定性的影响

本节将深入探讨私有数字货币对金融市场稳定性的多维度影响,包括市场波动性、监管挑战、金融脱媒风险、资本流动管理影响等。

（1）市场规模和结构性脆弱性。随着比特币等加密货币市场的快速演变,如果私有数字货币达到一定的规模,可能会因为其结构性脆弱性和与传统金融体系日益紧密的相互联系而对全球金融稳定构成威胁[①]。

（2）去中心化特性。比特币等加密货币的去中心化特性既带来了机会也带来了风险。这种去中心化特性减少了对中介机构的依赖,提高了透明度,但同时也带来了监管上的挑战,在防止欺诈活动、维护市场完整性和保护消费者方面尤其如此[②]。

（3）金融创新和波动性。鉴于加密货币市场的快速增长、高波动性以及金融创新,理解加密货币可能对金融稳定构成的风险尤为重要。系统性风险随着加密货币与传统金融部门之间的相互联系、杠杆使用和借贷活动的增加而增加[③]。

（4）金融稳定性风险。尽管加密货币市场目前占全球金融系统资产的比例较小,但它们自 2020 年底以来增长显著。如果当前的增长趋势和市场整合趋势持续下去,那么加密货币将对金融稳定构成风险。

（5）杠杆和借贷活动。加密货币市场中杠杆的使用可能会放大金融稳定性风险。一些加密货币交易所提供的杠杆代币、期货合约和期权等产品允许投资者增加对加密货币回报(和风险)的敞口。

（6）信息和数据短缺。目前存在显著的信息和数据短缺,这阻碍了对金融稳定性风险的适当评估。这些短缺不仅包括定量问题,还包括数据的可靠性和一致性,以及大量活

---

① Assessment of risks to financial stability from crypto-assets [EB/OL]. (2022-2-16)[2025-6-22]. https://www.fsb.org/2022/02/assessment-of-risks-to-financial-stability-from-crypto-assets/.

② NEGI N. The impact of cryptocurrency on the global financial system: A quantitative investigation[J].

③ HERMANS L, IANIRO A, KOCHANSKA U, et al. Decrypting financial stability risks in crypto-asset markets[J]. Financial Stability Review, 2022(1).

动发生在监管范围之外的事实。

（7）监管和政策响应。金融稳定性风险的迅速升级凸显了及时和先发制人的政策响应的必要性。如果当前加密货币增长的轨迹继续，并且金融机构越来越多地参与加密货币，那么加密货币将对金融稳定构成风险[1]。

综上所述，比特币等私有数字货币对金融市场稳定的影响是复杂且多维的，涉及市场规模、结构性脆弱性、去中心化特性、金融创新、波动性、杠杆和借贷活动、信息和数据短缺以及监管和政策响应等多个方面。随着加密货币市场的不断发展和变化，这些影响可能进一步演变，需要监管机构和政策制定者持续关注和适时应对。

第二节　法定数字货币对货币政策的影响[2]

一、法定数字货币对货币需求的影响

本节将法定数字货币引入货币政策的分析框架，分别从数字人民币（e-CNY）对货币需求、货币供给和货币政策传导机制等方面的影响研究数字人民币对央行货币政策影响机理。

数字人民币替代的主要目标是现金（M0），因此，参照流动性的标准，数字人民币也应属于 M0 的层次，根据目前试点情况，数字人民币的发行兑换分为四种渠道（见图 8.1）：一是用户使用传统人民币直接兑换数字人民币；二是用户主动通过商业银行作为运营机构的数字人民币钱包兑换数字人民币；三是通过工资和红包补贴等方式，经过商业银行渠道向用户的数字人民币钱包发放，但中央银行不直接向个人发放数字人民币；四是数字人民币钱包之间的转账。这四种发行兑换渠道对中国的货币结构会产生不同的影响。

（一）数字人民币替代大部分纸质人民币，M0 需求总量会先增后减

数字人民币具有坚实的信用背书、庞大的用户基础、牢固的用户习惯、领先的理论框架等优势，而且与纸币、硬币等传统人民币的高流通成本相比，使用更加便捷，具有"双离线"、无手续费、可控匿名性等优势，只需要安装"数字人民币"APP 即可使用，不必和银行账户"紧耦合"，可以补齐现有支付体系短板，更好满足多元化支付需求，未来必将替代大部分纸质人民币。

在数字人民币时代，传统人民币、数字人民币和未来包含两者的流通中的现金 M0 总量将呈现出如图 8.2 所示的变动路径。

数字人民币在公开试点之初，商家和消费者的参与热情高涨，可以预见，随着数字人民币的正式发行（t_0），起初公众出于交易性动机，会将一部分现金转换为数字人民币（渠道 1），

---

[1] World Economic Forum. Understanding the macroeconomic impact of cryptocurrency and stablecoin economics [EB/OL]. https://www.weforum.org/stories/2022/11/the-macroeconomic-impact-of-cryptocurrency-and-stablecoin-economics/.

[2] YANG J, ZHOU G. A study on the influence mechanism of CBDC on monetary policy：An analysis based on e-CNY[J]. PLoS ONE，2022，17(7)：e0268471.

```
┌─────────────────┐  兑换   ┌─────────┐  自动存入  ┌─────────────┐
│ 纸币、硬币等     │ ─────→ │ 数字人民币│ ─────────→ │ 数字人民币钱包│
│ 传统人民币       │ ←───── │          │            │             │
└─────────────────┘  兑换   └─────────┘            └─────────────┘
       M0                      M0
```

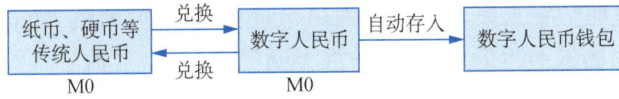

1-1 传统人民币直接兑换数字人民币

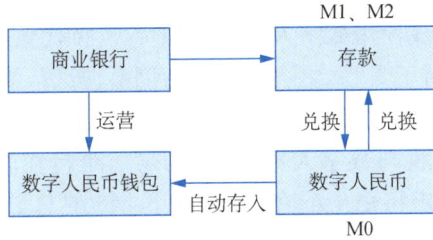

```
                              M1、M2
┌─────────┐              ┌─────────┐
│ 商业银行 │ ───────────→ │  存款    │
└─────────┘              └─────────┘
    │ 运营                 兑换│  ↑兑换
    ↓                         ↓  │
┌─────────────┐  自动存入  ┌─────────┐
│ 数字人民币钱包│ ←──────── │ 数字人民币│
└─────────────┘           └─────────┘
                              M0
```

1-2 用户主动通过数字人民币钱包兑换数字人民币

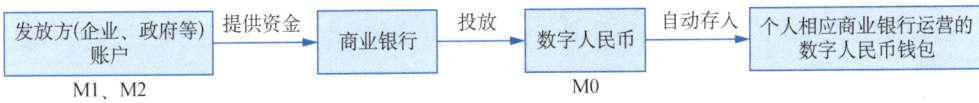

```
┌──────────────────┐ 提供资金 ┌─────────┐ 投放 ┌─────────┐ 自动存入 ┌──────────────────┐
│ 发放方(企业、政府等)│ ──────→ │ 商业银行 │ ───→ │ 数字人民币│ ───────→ │ 个人相应商业银行运营的│
│ 账户             │          └─────────┘      └─────────┘          │ 数字人民币钱包      │
└──────────────────┘                               M0               └──────────────────┘
      M1、M2
```

1-3 通过工资、红包补贴等方式，向用户的数字人民币钱包发放数字人民币

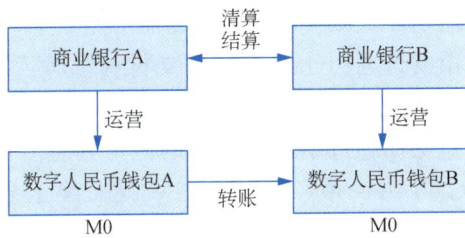

```
┌───────────┐  清算   ┌───────────┐
│ 商业银行A  │ ←结算─→ │ 商业银行B  │
└───────────┘         └───────────┘
    │ 运营                │ 运营
    ↓                     ↓
┌─────────────┐  转账  ┌─────────────┐
│ 数字人民币钱包A│ ────→ │ 数字人民币钱包B│
└─────────────┘        └─────────────┘
      M0                     M0
```

1-4 数字人民币钱包之间的转账

图 8.1 数字人民币的四种发行兑换渠道

资料来源：YANG J，ZHOU G. A study on the influence mechanism of CBDC on monetary policy：An analysis based on e-CNY [J]. PLoS ONE，2022，17(7)：e0268471.

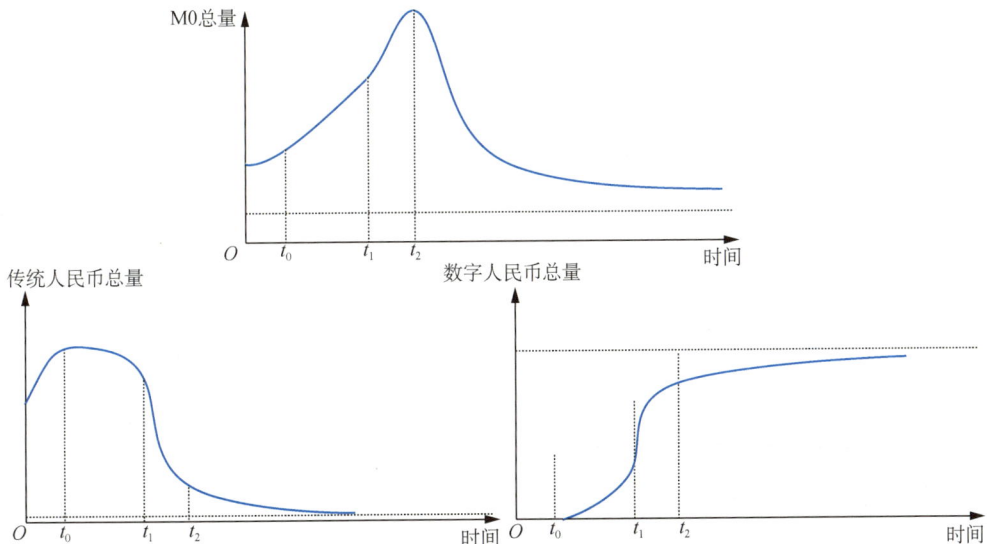

图 8.2 数字人民币发行后 M0 路径变化

资料来源：YANG J，ZHOU G. A study on the influence mechanism of CBDC on monetary policy：An analysis based on e-CNY [J]. PLoS ONE，2022，17(7)：e0268471.

225

进行试验性交易,此时数字人民币对传统人民币进行缓慢的替代。随着对数字人民币的宣传不断加强,使用场景不断扩大,用户黏性不断提高,公众对数字人民币的优势和便利性的认知越来越强,此时(t_1)其对传统人民币的交易性需求和预防性需求下降,越来越多的公众选择将传统人民币转换为数字人民币,数字人民币的替代效应更加显著。当数字人民币大范围普及,人们形成使用数字人民币共识(t_2),替代效应会逐步放缓。因为数字人民币的流动性较其他支付工具高,更容易转换为储蓄、投资、消费等,对数字人民币的交易性需求渐渐稳定,数字人民币的总量将趋于平稳。为了满足老年人等不适应智能手段的群体的需求,传统人民币将与数字人民币长期共存,维持在较低的发行水平。总体来看,未来流通中现金 M0 需求将稳步下降,新稳态下 M0 的总量将低于原先水平,达到一个新的均衡。

(二) 货币需求结构改变,M0、M1、M2 之间转换更频繁

随着数字人民币的发行,货币需求结构将发生变化,各层次货币之间的转换将更加频繁。

1. 对活期存款存在一定挤压

人们通常持有一定的活期存款以应对日常交易需求。数字人民币发行对其的影响如图 8.3 所示。在数字人民币发行之初(t_0),因为不支付利息,其对活期存款的替代效应不显著,活期存款还将照目前趋势稳步增长,但增速放缓。当人们对数字人民币所带来的安全性、便利性、高效性的有益感知超过了活期存款的微薄利息时(t_1),人们会更有意愿主动将部分活期存款转换为数字人民币(渠道 2),在一定程度上会对活期存款造成挤压。加上未来工资、红包补贴等使用数字人民币发放的日常场景(渠道 3)越来越多(t_2),虽然没有交易手续费,但在账户之间进行提现转账等操作会给用户带来时间成本,为了减少转换的时间成本,人们也会愿意持有一定数量的数字人民币。

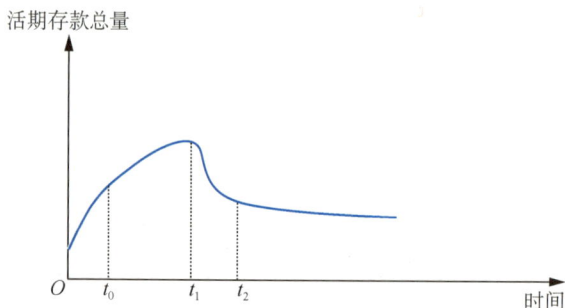

图 8.3　数字人民币发行后活期存款路径变化

资料来源:YANG J, ZHOU G. A study on the influence mechanism of CBDC on monetary policy: An analysis based on e-CNY [J]. PLoS ONE, 2022, 17(7): e0268471.

2. 对定期存款无明显替代效应,对货币市场基金可能有所冲击

中国的 M2 主要包括 M0、企业存款、居民存款、非金融部门存款(如证券公司用户保证金存款、保险存款等)和非存款机构部门持有的货币市场基金。设计中不支付利息的数字人民币的发行对于支付利息较高的定期存款的影响不大,因为收益性和流动性不可兼得,定期存款的持有人在选择获得较高利息回报之时,也必须放弃对资金流动性的需求。

数字人民币的设计与发行是为了更好地满足流动性的需求,因而对定期存款不会产生过多的挤压。由于数字人民币的高流动性和电子化特性,其转化为其他金融工具的能力较传统人民币更强,因而可能会推动非金融部门存款的增加。对于余额宝等货币市场基金,其收益率已经比出现之初有了大幅的下降,从最高时年化超过 7% 下降到目前的 2% 左右。尽管这些货币市场基金可以满足用户流动性和收益性两方面的要求,但当遇到较大市场波动时,部分用户会出于安全性考虑,倾向于持有无风险的数字人民币避险,此时部分 M2 转化为 M0。

3. 货币流通速度更快,流转效率提高

根据费雪交易方程式 $MV=PY$,发行数字人民币之后,货币流通速度将遵循:

$$M^cV^c + M^eV^e = PY \tag{8.1}$$

其中,M^c 为传统人民币数量,V^c 为传统人民币流通速度,M^e 为数字人民币数量,V^e 为数字人民币的流通速度。如前所述,数字人民币对传统人民币的替代效应会使得 M^c 减少,相应地,V^c 也会趋向下降。在数字人民币初期(t_0),由于传统人民币仍占很大比例,货币流通速度将会以 V^c 为主,呈下降趋势。随着数字人民币不断普及(t_1),M^e 会增大,由于数字人民币的流动性更强,更易转换为其他货币形态,其流通速度 V^e 快于传统人民币的流通速度 V^c。随着数字人民币的大范围应用,整体货币流通速度将会以 V^e 为主呈现上升的趋势。因此,总体货币流通速度将会随着数字人民币的发展呈现 V 字型走势,最终趋于平稳,如图 8.4 所示。

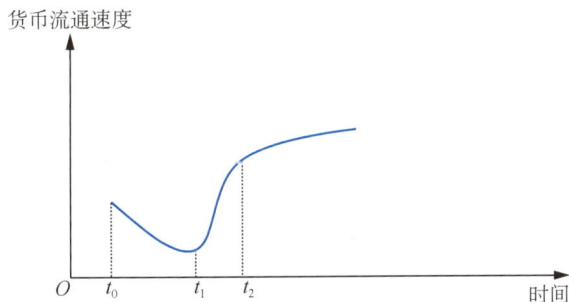

图 8.4　数字人民币发行后货币流通速度路径变化

资料来源:YANG J, ZHOU G. A study on the influence mechanism of CBDC on monetary policy：An analysis based on e-CNY [J]. PLoS ONE, 2022, 17(7)：e0268471.

二、法定数字货币对货币供给的影响

随着数字人民币的发行,货币供应量和货币乘数可能会发生改变,中国的货币供给将产生多方面的变化。

(一) 数字人民币对货币总量的影响

1. 央行准备金更可控,存款准备金减少,准备金总量增加

央行实行存款准备金制度以保证商业银行等存款货币机构资金的流动性,是防范挤兑风险的重要工具。目前中国的存款准备金由法定存款准备金、超额存款准备金两个部分组成,未来数字人民币准备金也将成为商业银行存放在央行的准备金。数字人民币的

发行将使得央行的准备金更可控。

首先,如前所述,数字人民币将对传统人民币进行替代,数字人民币要求商业银行账户等额兑换,可视为100%全额缴纳数字人民币准备金,这将使央行的准备金数量增加。基于数字人民币发行的智能化和数字化的特点,这一部分的准备金是可控的。其次,数字人民币将对部分活期存款产生挤出效应,相应地使得商业银行的活期存款准备金数量下降。数字人民币准备金为全额缴纳,准备金率高于活期存款的法定存款准备金率,因此,活期存款准备金数量的下降是远低于数字人民币准备金的数量的。最后,超额准备金方面,数字人民币发行后,大数据等技术的应用使得货币资源的配置能力增强,商业银行对流动性风险的把控能力也有所提高,超额准备金的数量会出现一定的减少。

综合以上三个方面,数字人民币的投放总体将对准备金数量起到促进作用,路径变化如图8.5所示。随着数字人民币的正式发行(t_0),数字人民币准备金不断增加,随着数字人民币对活期存款的部分挤出(t_1),活期存款准备金有所下降,但下降幅度低于数字人民币准备金增长幅度。当数字人民币大范围普及(t_2),准备金的增速将逐步放缓趋于稳定。

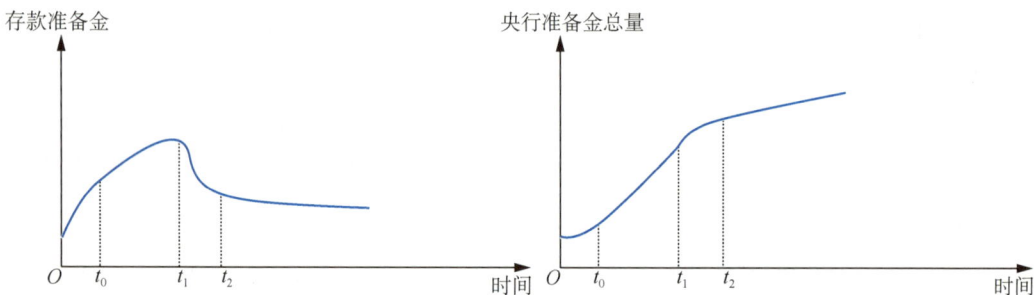

图8.5　数字人民币发行后央行准备金路径变化

资料来源:YANG J, ZHOU G. A study on the influence mechanism of CBDC on monetary policy:An analysis based on e-CNY[J]. PLoS ONE, 2022, 17(7):e0268471.

2. 基础货币投放下降,库存现金需求下降

基础货币由居民部门持有的通货、法定存款准备金、超额存款准备金和商业银行库存现金四个部分组成。基于前文分析,由于数字人民币发行和回笼更智能,能更好地根据经济情况投放货币,通货数量将较数字人民币发行前有所下降。由于替代效应和挤出效应,法定存款准备金和超额存款准备金也会相应下降。库存现金方面,数字人民币的发行使得货币需求的管理效率不断提升,对库存现金的需求也会越来越少。

因此,基础货币投放数量将稳步下降,路径如图8.6所示。随着数字人民币的正式发行(t_0),基础货币数量缓慢下降,随着数字人民币对传统人民币和活期存款的替代越发显著(t_1),基础货币下降速度增加。当数字人民币大范围普及(t_2),基础货币将逐步放缓趋于稳定。

(二)数字人民币对货币乘数的影响

1. 货币乘数表达式的变化

数字人民币的发行对货币供给和基础货币的总量产生了影响,货币乘数也将受到数字人民币发行的影响。

在传统人民币时代,基础货币可以表达如下:

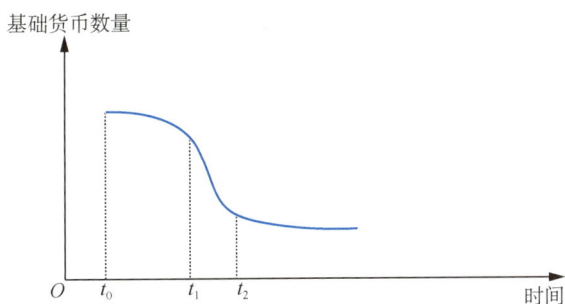

图 8.6 数字人民币发行后基础货币路径变化

资料来源：YANG J，ZHOU G. A study on the influence mechanism of CBDC on monetary policy：An analysis based on e-CNY [J]. PLoS ONE, 2022，17(7)：e0268471.

$$B = C + RR + ER = C_c + RR + ER + C_B \tag{8.2}$$

其中，C 为通货，即流通中现金，由公众持有的通货 C_c 和商业银行持有的库存现金 C_B 构成。RR 为法定存款准备金，ER 为超额准备金。具体而言：

$$B = C + RR + ER = C + D \times r_d + T \times r_d + E \times r_e \tag{8.3}$$

其中，D、T、E 分别为活期存款、定期存款和超额准备金规模，r_d、r_e 分别为法定存款准备金和超额准备金的利率，$r_e < r_d$。

假设现金漏损率 $k = \dfrac{C}{D}$，定期存款与活期存款之比 $t = \dfrac{T}{D}$，超额准备金与活期存款之比 $e = \dfrac{E}{D}$。

此时，狭义货币乘数如下：

$$m_1 = \frac{C + D}{C + RR + ER} = \frac{1 + k}{k + (1 + t)r_d + er_e} \tag{8.4}$$

广义货币乘数如下：

$$m_2 = \frac{C + D + T}{C + RR + ER} = \frac{1 + k + t}{k + (1 + t)r_d + er_e} \tag{8.5}$$

数字人民币发行之后，其将替代公众手中的部分人民币纸币现金，而且对存款产生一定的挤压，超额准备金规模会减少，商业银行的库存现金也将减少。

假定数字人民币数量为 P，数字人民币大规模发行，现金通货总量由 C 缩减为 C^*，活期存款由 D 缩减为 D^*，部分定期存款由 T 缩减为 T^*，超额准备金由 E 缩减为 E^*。

假定数字人民币发行后，现金漏损率为传统人民币和数字人民币之和与存款的比值 $k^* = \dfrac{C^* + P}{D^*}$，定期存款与活期存款之比 $t^* = \dfrac{T^*}{D^*}$，超额准备金与活期存款之比 $e^* = \dfrac{E^*}{D^*}$。

那么，数字人民币发行之后，新的狭义和广义货币乘数分别如下：

$$m_1^* = \frac{1 + k^*}{k^* + (1 + t^*)r_d + e^* r_e} \tag{8.6}$$

$$m_2^* = \frac{1+k^*+t^*}{k^*+(1+t^*)r_d+e^*r_e} \tag{8.7}$$

2. 现金漏损率 k^* 先增后降，增加货币乘数波动和扩张效应

对式(8.6)和式(8.7)中现金漏损率 k^* 求导，得到式(8.8)和式(8.9)：

$$\frac{\partial m_1^*}{\partial k^*} = \frac{(1+t^*)r_d+e^*r_e-1}{[k^*+(1+t^*)r_d+e^*r_e]^2} \tag{8.8}$$

$$\frac{\partial m_2^*}{\partial k^*} = \frac{(1+t^*)(r_d-1)+e^*r_e}{[k^*+(1+t^*)r_d+e^*r_e]^2} < 0 \tag{8.9}$$

式(8.8)中，参照目前金融机构加权平均存款准备金率为 8.9%，超额准备金率为 0.35%，根据中国人民银行最新数据，2020 年上半年定期存款与活期存款之比为 5 左右（通常保持在 2~5），代入式(8.8)可以发现，$\frac{\partial m_1^*}{\partial k^*} < 0$，现金漏损率与狭义货币乘数负相关。由于式(8.9)中 $r_d < 1$，$\frac{\partial m_2^*}{\partial k^*} < 0$，现金漏损率与广义货币乘数负相关。

考察发行数字人民币后的现金漏损率 k^* 的变化路径。在数字人民币发行之初（t_0），其对活期存款的替代效应不显著。随着对数字人民币认可程度越来越高，使用场景越来越多（t_1），人们会将部分活期存款转换为数字人民币，此时 k^* 将有所增加。数字人民币能充分满足人民流动性需求之后（t_2），k^* 将缓慢趋于平稳，总体低于数字人民币发行之前，路径如图 8.7 所示。

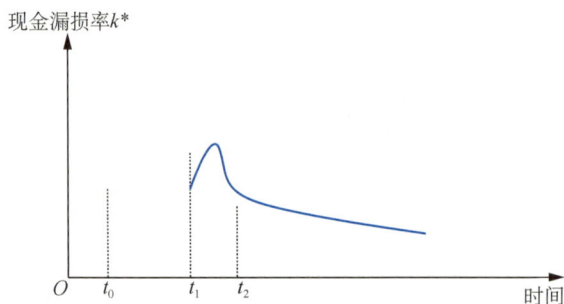

图 8.7 数字人民币发行后现金漏损率路径变化

资料来源：YANG J, ZHOU G. A study on the influence mechanism of CBDC on monetary policy: An analysis based on e-CNY [J]. PLoS ONE, 2022, 17(7): e0268471.

由于现金漏损率和狭义广义货币乘数的负相关性，数字人民币的发行在短期内将对货币乘数产生收缩效应，长期内将使货币乘数有所波动，并呈现扩大趋势。

3. 定期存款比率 t^* 逐步增加，狭义货币乘数收缩，广义货币乘数扩张

对式(8.6)和式(8.7)中定期存款比率 t^* 求导，得到式(8.10)式(8.11)：

$$\frac{\partial m_1^*}{\partial t^*} = \frac{-(1+k^*)r_d}{[k^*+(1+t^*)r_d+e^*r_e]^2} < 0 \tag{8.10}$$

$$\frac{\partial m_2^*}{\partial t^*} = \frac{k^*(1-r_d) + e^* r_e}{[k^* + (1+t^*)r_d + e^* r_e]^2} > 0 \tag{8.11}$$

由式(8.10)和式(8.11)可知,定期存款比率对狭义货币乘数具有反向作用,对广义货币乘数具有正向作用。

如前所述,不计息的数字人民币对利息收益较高的定期存款的影响有限,在数字人民币接受程度越来越高后(t_1),对利息收益较低的活期存款存在一定的挤压。因此,短期内定期存款比率 t^* 不会发生太大变化,中长期 t^* 将上升,如图8.8所示。

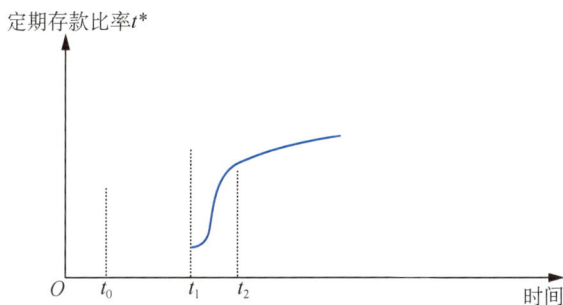

图 8.8　数字人民币发行后定期存款比率路径变化

资料来源:YANG J, ZHOU G. A study on the influence mechanism of CBDC on monetary policy: An analysis based on e-CNY [J]. PLoS ONE, 2022, 17(7):e0268471.

由式(8.10)和式(8.11)可知,数字人民币的发行将在中长期使得狭义货币乘数收缩,广义货币乘数扩张。

4. 超额准备金比率 e^* 逐步下降,货币乘数逐步扩张

对式(8.6)和式(8.7)中超额准备金比率 e^* 求导,得到式(8.12)和式(8.13):

$$\frac{\partial m_1^*}{\partial e^*} = \frac{-(1+k^*)r_e}{[k^* + (1+t^*)r_d + e^* r_e]^2} < 0 \tag{8.12}$$

$$\frac{\partial m_2^*}{\partial e^*} = \frac{-(1+k^*+t^*)r_e}{[k^* + (1+t^*)r_d + e^* r_e]^2} < 0 \tag{8.13}$$

由式(8.12)和式(8.13)可知,超额准备金比率对狭义和广义货币乘数均具有反向作用。数字人民币发行后(t_0),由于货币投放更加智能化,商业银行的资金管理效率进一步提高,超额准备金的数量会出现一定的减少,超额准备金比率下降,如图8.9所示。数字人民币投放之后,货币乘数将持续上升,并最终趋于稳定。

综上所述,数字人民币的投放对货币乘数的影响是复杂且多方面的,总体来说将加大狭义和广义货币乘数的波动性,对货币乘数整体具有扩张效应。

三、法定数字货币对货币政策传导机制的影响

数字人民币的发行将从货币政策工具、中间目标、最终目标等方面提升现有货币政策的传导机制,如图8.10所示。

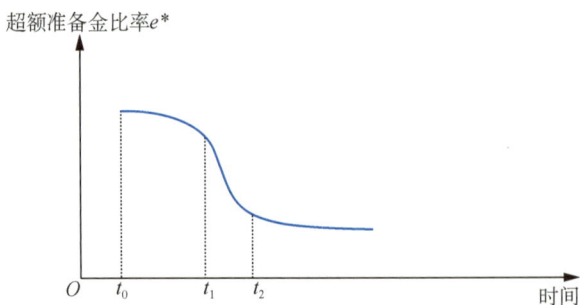

图 8.9 数字人民币发行后超额准备金比率路径变化

资料来源：YANG J，ZHOU G. A study on the influence mechanism of CBDC on monetary policy：An analysis based on e-CNY [J]. PLoS ONE，2022，17(7)：e0268471.

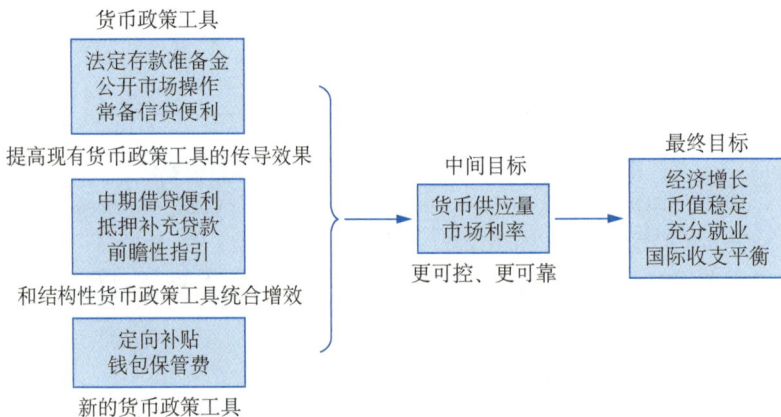

图 8.10 数字人民币对货币政策传导机制影响示意图

资料来源：YANG J，ZHOU G. A study on the influence mechanism of CBDC on monetary policy：An analysis based on e-CNY [J]. PLoS ONE，2022，17(7)：e0268471.

（一）数字人民币对货币政策中间目标的影响

1. 数字人民币对货币总供应量的影响

虽然数字人民币的发行使得货币乘数的扩张效应增强，对基础货币的供给量也产生影响，增加了货币总供应量的波动性，但依托其特有的发行技术，可以更好地控制数字人民币的额度投放和回收。此外，数字人民币还可以做到可控匿名，实时追踪款项去向，能够解决资金付款方跨主体、层层追踪资金流向的问题，在发起方管理范围内进行资金流向追踪，保护用户隐私，并且支持货币流向的定制追踪。这些新技术的应用将提高央行对货币供应量的总体管控能力。

2. 数字人民币对存管账户沉淀资金的影响

目前，存管账户在筹资过程中会沉淀大量在途资金，虽然银行对存管账户进行监管，但依然无法杜绝平台虚假挪用的风险、平台主体自身的操作风险和安全风险。信息不对称现象严重，整个交易和合同的执行过程都由平台主导控制，缺乏监督和保障，因而存在平台可能造假的操作漏洞。数字人民币提供了投资筹资的交易方法，可以利用数字货币为平台提供投融资资金划拨的支付结算,实现货币直接转移,解决存管账户沉淀资金风险,降低存管账户模式下资金路径的不透明性,从而解决操作风险和平台主体风险。此外,实时监测体系还可以加强对地下经济活动的监管。

3. 数字人民币对利率传导时滞的影响

数字人民币的发行还将降低利率渠道的时滞性,更好发挥金融服务实体经济的作用。大数据分析的应用将使央行通过货币政策工具引导市场利率的能力增强,掌握的信息更多更实时,从而使得利率调整更加敏感,更符合当下市场条件。通过基于贷款利率条件触发的管理方法,能够使基准利率实时有效传导至贷款利率,解决失去对货币的掌控导致的货币政策传导滞后等问题。通过基于时点条件触发的管理方法,能够有效解决现有货币政策操作的问题,使货币生效的时点不局限于货币发行的当下,而是延展到未来符合政策目标的某一时点,避免货币空转,进而减少货币政策传导时滞。

(二) 数字人民币对货币政策工具传导效果的影响

1. 优化法定存款准备金政策

中央银行通过调整法定存款准备金率控制商业银行的信贷规模,通过降低法定存款准备金释放流动性,增加货币供给。数字人民币发行之后,由于商业银行全额缴纳数字人民币准备金,尽管对活期存款有部分挤出效应,但央行的准备金总量将上升,这将增加基础货币的规模。与此同时,由于数字人民币带来的货币乘数扩张效应,当央行下调存款准备金率,货币政策的宽松效果将更加显著,释放更多流动性,强化央行对信贷规模的调控能力。加上大数据等优势,央行可以更好、更及时地对准备金率进行调整,从而影响商业银行的信贷结构,推动货币政策更好落地。

2. 提高公开市场操作灵活性

由于数字人民币具有智能化的特点,其发行将缩短公开市场操作的时间,给予央行实时的反馈能力,及时控制公开市场操作的体量。此外,数字人民币还支持基于经济状态条件触发的管理方法,能够根据回收时点的经济信息逆周期调整金融机构对数字货币发行单位的资金归还利率,从而减少金融机构风险特征及其贷款行为的顺周期性,避免"流动性陷阱",实现经济的逆周期调控。数字人民币将在一定程度上提高公开市场操作的灵活性和有效性,更有利于稳定市场预期和有效防范金融风险。

3. 更好发挥常备借贷便利利率走廊优势

数字人民币的发行将提升货币流通总量和速度,提高商业银行获取紧急资金的补给能力,也使得央行能更好地了解各金融机构的流动性需求,提供针对性更强的点对点信贷支持,更好发挥利率走廊上限的作用,熨平利率波动,维护货币市场利率平稳运行,为市场提供合适的流动性。同时,由于数字人民币将提高货币政策的透明度和货币的流动性,这也有利于市场化利率的形成,更好地构建利率走廊机制。

(三) 数字人民币对结构性货币政策工具的影响

1. 精准货币投放,更好实施中期借贷便利、定向中期借贷便利

中期借贷便利如果结合数字人民币的基于流向主体条件触发的数字货币管理方法,能够精准定向货币投放,通过调节向金融机构中期融资的成本对金融机构的资产负债表和市场预期产生影响,引导其向符合国家政策导向的实体经济部门提供低成本资金,更好

实施结构性货币政策,减少货币空转,进一步提高宏观调控的灵活性、针对性和有效性,提高金融服务实体经济能力。

2. 精准落实抵押补充贷款,服务国民经济重点领域

抵押补充贷款是为了支持国民经济重点领域、薄弱环节和社会事业发展而为金融机构提供长期稳定、成本适当的资金来源和期限较长的大额融资。若结合数字人民币的定向使用,可以确保资金经验证满足用途规则才会发生转移,定向限定数字人民币的用途,进而确保抵押补充贷款落实的精准性,更好地服务经济发展。

3. 强化前瞻性指引,更好引导市场预期

前瞻性指引能够有效引导市场预期,在危机期间对增强利率调控作用以及维护金融稳定起到了积极作用。发行数字人民币可以增强中国货币政策的前瞻性,实现对物价水平、利率水平等指标的实时监测,引导家庭和企业相应调整当期的消费、储蓄和投资,更有效地平滑市场波动,化解短期市场波动过大风险。

(四) 数字人民币可能带来新的货币政策工具

1. 通过定向补贴等手段精准实施经济刺激政策

从目前数字人民币的试点可以看出,用于消费的数字人民币红包搭载了智能合约,可以限定资金的定向使用,达到刺激消费的作用。未来,借助数字人民币的定向使用功能,可以实现扶贫资金定向使用,如银行流动资金贷款仅能用于采购原材料和设备,投资资金仅能用于投向指定企业等,从而解决现有资金用途限定方案只能限定目标账户,无法灵活指定用途的问题(如特定人群、特定行业、满足特定规则条件等)。数字人民币的使用能降低信息不对称风险,同时实现穿透式管理,有效防止资金挪用,保证资金有效使用,精准实施定向补贴等经济刺激政策。

2. 通过钱包保管费等手段打破零利率下限

虽然中国央行目前没有面临负利率政策的困境,但一些国家面临经济下滑的困境,为了刺激经济复苏和抵抗通缩,不得不下调基准利率甚至逼近于零,而存款利率下限也阻碍了货币政策传导的效果。央行通过对法定数字货币征收钱包保管费或调整央行数字货币的利率等手段,可以打破零利率下限约束,扩大货币政策空间。

(五) 数字人民币对货币政策最终目标产生积极影响

《中华人民共和国中国人民银行法》第三条规定,中国货币政策目标是保持货币币值稳定,并以此促进经济增长。具体细分,中国货币政策有促进经济增长、稳定价格、促进就业和保持国际收支大体平衡四大目标。数字人民币的发行将对中国货币政策的四大目标产生积极的影响。

数字经济正成为中国经济发展的新蓝海和新动力。数字人民币的便捷性、安全性、稳定性也与数字经济追求的快捷性、高效性一致,将推动中国数字经济的快速发展;数字人民币便捷的网上结算、极低的支付成本和时尚的支付体验能够促进消费冲动,从而拉动经济增长;数字人民币还可以通过发挥其信息和技术优势,为企业和个人提供门槛更低、成本更低、更加灵活的融资服务,进而更好服务经济发展。此外,数字人民币的发行可以防范金融系统性风险,降低商业银行、非银行支付机构等私营机构的道德风险,大幅缩小不法活动的空间,让经济发展更加稳定。

尽管数字人民币的发行会带来货币流通速度的提高和货币乘数的扩大,但借助大数据和人工智能等技术,央行可以实现对物价水平的实时监测,借助信息优势调节货币供给速度,及时调整货币投放,缓解流动性过剩,维持物价的平稳。

根据菲利普斯曲线,短期内通胀水平和失业之间存在替代关系。数字人民币的发行不会带来过多通胀压力,而且长期来看菲利普斯曲线趋于垂直,通胀和失业率之间的替代关系不再存在。此外,数字人民币的发行需要运营商、硬件制造商、网络维护部门等多方参与,也会给社会带来新的岗位。因此,数字人民币的发行将不会过多影响充分就业的目标。

数字人民币发行后,可以实现对资金流向的追踪,便于了解人民币外溢的规模,进而减少利用人民币进行资本抽逃的行为,增强汇率的稳定性。此外,数字人民币也有利于提高反洗钱、反恐怖融资、反逃税水平,扩大金融业双向开放。数字人民币高效的清算结算方式也将降低交易成本,提高支付效率,更有利于跨境支付体系的运行。数字人民币与人民币1∶1自由兑换,可以对接国际上各主权国家现有的货币体系,通过跨境支付可以进一步推动人民币国际化进程。

第三节　法定数字货币与人民币国际化

一、多边央行数字货币桥

如前所述,CBDC作为法定数字货币有望弥补传统跨境支付体系在现代化和便利性方面的不足,实现跨境支付体系的重构。CBDC能够降低跨境支付交易成本,提升全球链条的运转效率。通过点对点直接支付,降低支付链条的复杂性,并实现自动完成与瞬时到账。

许多央行数字货币的项目和试点工作虽然着眼于国内,但已经显示出将CBDC用于跨境支付的潜力。全球主要央行已开始探索多种法定数字货币的互联互通项目,多边央行数字货币桥(mBridge)就是最典型的案例之一。

(一) 跨境支付中的痛点难点

1. 目前跨境支付面临的障碍

目前跨境场景下,两个金融机构(如银行)之间的互联互通主要有两个障碍[①]。

(1) 司法管辖区。司法管辖区里的法律、制度、安排最后都会体现在实时全额支付系统(real time gross settlement, RTGS)上,为了简化模型,就称这个因素为"网络",在同一个清算网络中的两个金融机构的互联互通是比较成熟的。

(2) 币种。跨境场景下,交收的币种可能是相同的,也可能是不同的。

机构互联互通面临的情况如图8.11所示。

从第一象限到第四象限,互联互通的难度和复杂度依次增加。

第一象限的模型是最容易也最成熟的,如各个国家内部的清算体系、欧元区清算系统等。

---

① 深度科普:mBridge 是什么? ［EB/OL］. (2021-11-17)［2025-6-22］. https://zhuanlan.zhihu.com/p/434403971.

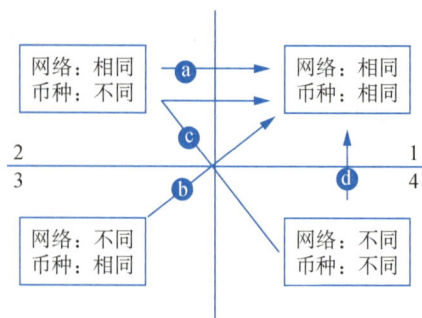

图 8.11　机构间互联互通面临的情况象限图

资料来源：深度科普：mBridge 是什么？〔EB/OL〕.（2021-11-17）〔2025-6-22〕. https://zhuanlan. zhihu. com/p/434403971.

第二象限稍微复杂一点，但是币种的问题是比较容易解决的，如引入做市商或者干脆让网络本身就支持多币种清算。因此，可以通过引入一些新角色/新功能，将其转化成第一象限的模型，如图中路径 a。

第三象限更复杂一些，网络不通是最麻烦的，但是它依然可以转化成第一象限的模型。比如，引入代理行作桥接可以达到"类似同网络"的效果，或者再进一步干脆开放网络的访问，让另一个网络中的银行可以直接参与本网络，如图中路径 b。

第四象限是最复杂的，也是跨境支付最典型的场景，它需要引入更多的新角色/新功能，如通过引入代理行（或者新建网络）先把 4 先变成 2，再通过引入做市商等手段最终变成 1，如图中路径 c。

以下列举几个不同路径的典型例子。

路径 a：最典型的如香港的结算所自动转账系统（Clearing House Automated Transfer System，CHATS），同时支持港元、美元、欧元等。

路径 b：这通常适用于一些国际化的币种清算，如人民币跨境支付系统（Cross-border Interbank Payment System，CIPS）、美元的清算所银行同业支付系统（Clearing House Interbank Payments System，CHIPS）、英镑的清算所自动支付系统（Clearing House Automated Payment System，CHAPS）、欧元的泛欧实时全额自动清算快速转账系统（Trans-European Automated Real-time Gross Settlement Express Transfer System，TARGET）。

路径 c：比如墨西哥的"Directo a México"（直译为"直达墨西哥"），墨西哥央行其实就在美国联邦储备自动清算所（FedACH）至墨西哥银行间电子支付系统（Sistema de Pagos Electrónicos Interbancarios，SEPI）这条汇路上充当了代理行的角色，通过代理行的桥接，两个原本不相干的网络就被连通了；再如持续联结清算系统（Continuous Linked Settlement，CLS）。

路径 d：这个路径最短也最理想，一些科技公司试图进行这方面的探索，如 Libra 等，但是实际上很难实现，除非出现"全球统一货币＋全球统一清算系统"，这也意味着各国央行放弃铸币权，是几乎不可能实现的。

2. mBridge 的经济学意义①

传统跨境支付体系具有较长的交易链条和较高的交易成本、较高的交易风险与监管要求、较高的参与门槛,而 mBridge 表现出更强的经济效应、安全稳定效应和普惠效应。同时,随着越来越多的央行因为 mBridge 的优势加入 mBridge 的行列,每家央行将从 mBridge 这个公共产品中获得更多的收益和价值,使得 mBridge 也具有越来越大的网络效应。

(1)经济效应。第一,mBridge 相较于传统跨境支付体系大幅节约了交易成本。mBridge 通过建立一个高效、低成本、通用的多边 CBDC 平台,使用分布式账本技术,为各国中央银行、商业银行和商业参与者提供一个直接连接的网络。该模式具有去中心化的治理结构,在交易中省去了传统模式中代理银行的中间环节,可大大降低交易成本。第二,mBridge 相较于传统跨境支付体系大幅减少了合规成本。在 mBridge 体系下,各国的贸易企业通过本国的商业银行上桥直接进行跨境支付,不再使用代理行,大幅减少了外汇管理的次数,显著降低了跨境支付的合规成本。第三,mBridge 相较于传统跨境支付体系大幅缩短了交易时间。使用 mBridge 进行跨境支付,不仅能够节约交易费用和简化交易流程,还能将跨境交易时间缩短至 2~10 秒。由于不需要在代理行存放资金,加上资金在途占用时间大幅缩短,交易双方还能获得更多的经济收益。

(2)安全稳定效应。第一,各国央行在桥上给商业银行提供信用背书。mBridge 基于区块链技术对信息和隐私的保护,用技术支撑实现各国央行在桥上为其商业银行提供信用背书的功能,并由各国央行在桥上承担本国货币信用中心点的责任和义务,有效地降低传统交易中商业银行的信用风险和流动性风险。第二,运用区块链技术实现去中心化的组织架构设计。mBridge 构建了完全没有中心化节点的组织架构体系,解决了信息过度集中问题,将节点分为两个层次:央行的节点在央行端,商业银行的节点在商业银行端,独立管理,既减少了资金和信息传递对第三方的依赖,又实现了资金流与信息流的合二为一。第三,通过假名系统对核心交易数据实施隐私控制。mBridge 系统建立了二层架构,其设计都有助于保护数据机密性,提高反黑客攻击的能力。

(3)普惠效应。第一,mBridge 通过将规范的跨境支付服务扩展到没有银行账户的客户,提高了全球金融的普惠性。第二,mBridge 提供了跨境支付基础设施,使经济基本面较弱、金融欠发达的小国受益更多。BIS 报告提出 mBridge 有三个原则:无损、合规和互通。其制度设计为金融欠发达的国家公平地参与国际贸易、享受高效金融基础设施提供了现实途径。

(4)网络效应。第一,mBridge 明确的经营原则(无损、合规和互通)维护了所有国家的核心利益,吸引了越来越多的央行。第二,灵活的模块化设计满足不同国家的监管和合规需求,吸引了越来越多央行的参与。mBridge 具有数字经济时代公共产品属性,具有前瞻性和先进性,可以更广泛地改善全球跨境支付体系。截至 2023 年 12 月,已有包括多个发达国家在内的 29 个观察员加入该项目,随着一些主要经济体的加入,mBridge 必然会发挥更大的网络效应。

---

① 涂永红,张畅,刘嘉玮,等. mBridge:数字经济时代的国际支付体系创新[J]. 国际金融研究,2024(1):73-85.

（二）多边央行数字货币桥的运行机制

mBridge 的主要目标包括：解决跨境支付的关键痛点，如高成本、结算风险和低速度；在央行数字货币中推进跨境结算；支持在跨境交易中使用本地货币；创造新的和创新的支付产品和服务的机会；保护每个参与管辖区的货币主权和货币金融稳定等。mBridge 技术上有以下特点：①mBridge 账本（mBridge Ledger，mBL）。定制的许可分布式账本技术支持即时点对点和原子跨境支付和外汇交易。②EVM 兼容性（区块链与以太坊虚拟机集成的能力）。能够处理基于智能合约代码的交易。③智能合约。使用 Solidity 编程语言编写，实现 CBDC 的发行、赎回和支付。④大圣（Dashing）共识算法。一种拜占庭容错共识协议，提高协议性能。⑤隐私和保密性。使用伪匿名地址和加密支付元数据有效载荷。⑥API 和 ISO 20022。基于全球 ISO 20022 金融信息消息标准的 API，支持与现有金融基础设施的互操作性。基于以上技术特点，mBridge 通过六大机制保障其跨境支付的顺利运行。

1. 五方协商共治的治理机制

mBridge 由五个发起方共同治理，包括 BIS 创新中心香港中心、中国人民银行数字货币研究所、香港金管局、泰国央行和阿联酋央行。五个发起方职能详见图 8.12。

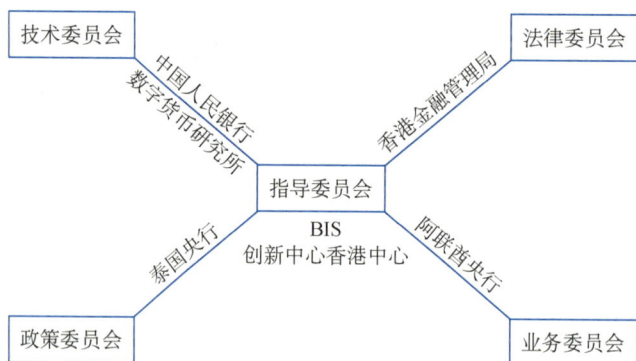

图 8.12　mBridge 的治理机制

资料来源：涂永红，张畅，刘嘉玮，等. mBridge：数字经济时代的国际支付体系创新［J］. 国际金融研究，2024（1）：73-85.

BIS 长期为各国央行提供清算服务，是国际银行业监管标准和规则的制定者。由 BIS 作为 mBridge 的领导者，能够充分发挥其协调和认证作用，有助于 mBridge 被其他国家认可并被推广成为全球跨境支付领域的公共产品。在 mBridge 平台上，关于国际法律、支付规则、货币政策和算法代码等任何规则的制定都需要经过 BIS 审查和批准，并获得其他四个发起方的认可。以算法代码为例，中国人民银行数字货币研究所担任技术委员会主席，负责提供 mBridge 算法代码。为了确保公正透明，BIS 委任埃森哲咨询公司、金杜律师事务所等外部公司对代码进行审查，确保代码符合相关法律要求。同时，法律委员会也会对代码进行审查，直到平台上各发起方全票通过后，技术委员会搭建的算法代码才会被应用于 mBridge。

2. 上桥下桥灵活衔接的支付机制

不同司法管辖区的商业银行可以通过 mBridge 进行点对点的跨境支付。考虑到目前只有中国发行了 CBDC,mBridge 在设计时兼顾了没有发行 CBDC 的辖区,确保各司法管辖区能平等参与。一笔跨境支付可以拆分为桥上和桥下两个部分。桥上即在 mBridge 系统上,只能运行 CBDC;桥下即在 CBDC 交易系统或者传统支付系统上,运行 CBDC 或者传统货币(即非数字货币)。上桥是指各司法管辖区 CBDC 交易系统或者传统支付系统与 mBridge 对接,同时把传统货币兑换成 CBDC 的过程。下桥则相反。

可见,mBridge 的支付机制相较于现有的代理行支付体系有着明显的优势。第一,点对点支付能够有效提高交易效率和降低交易成本。如图 8.13 所示,一旦某国央行或货币当局加入 mBridge 项目,该国的商业银行就可以通过 mBridge 与其他司法管辖区的银行进行点对点交易,不必通过多家代理行来完成交易。第二,支付系统交互可以防止市场分裂。参与 mBridge 项目的国家或地区不必一定要有 CBDC,mBridge 能够灵活地与传统支付系统对接。第三,支持本币支付有助于促进货币平等。在 mBridge 构架中,参与交易的双方可以直接用本币交易,不必使用第三方货币。这有助于培育交易双方货币的离岸市场,为小币种提供发展机会。

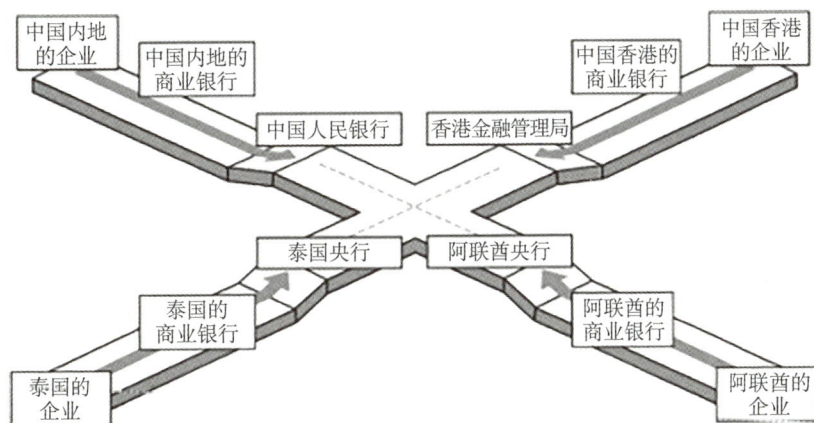

图 8.13 mBridge 的支付机制

资料来源:涂永红,张畅,刘嘉玮,等. mBridge:数字经济时代的国际支付体系创新[J]. 国际金融研究,2024(1):73-85.

3. 央行承担中心点的信用机制

mBridge 用央行信用代替商业信用,缩短交易链条,降低交易风险。在各国国内的清算网络中,本国央行给本国银行开设备付金账户,为受管辖的银行提供信用背书,方便国内各家银行进行资金清算。mBridge 创造了一个新的网络,使得各国央行在桥上成为本国货币的信用中心点,为本国商业银行和外国银行使用本国货币进行的交易提供信用背书,解决了现行跨境清算网络中缺少信用中心点的问题。

4. 高效包容的监管机制

mBridge 通过增加交易透明度,提高央行监管效率。在 mBridge 平台上,每家参与的央行都被分配了一个验证节点,能够查阅本国商业银行与外国商业银行在 mBridge 上的交易数据,以及两家使用本国 CBDC 进行交易的外国商业银行的数据,有效降低了监管机构的监管成本。mBridge 通过"乐高模块"设计,根据用户的需求添加不同的监管规则,具有较强的包容性。如果两家商业银行面临不同的外汇管理和反洗钱等监管规定,那么在上桥交易时可以根据自身需求添加不同的监管模块。

5. 去中心化稳健的技术机制

mBridge 使用 HotStuff Plus 共识机制,提高跨境交易平台的稳健性。共识机制是确保每笔交易被正确记录到分布式账本上的关键。在 mBridge 平台上,每个央行被分配一个验证节点,每个商业银行参与者被分配一个标准节点。mBridge 交易的结算最终性是通过 HotStuff Plus 共识协议实现的。使用这种共识协议,验证节点通过将已经完成的交易发布到区块链上,为网络中的参与者提供结算终局性。这就意味着,只有参与 mBridge 的央行才能运行共识机制,提供结算的终局性,商业银行是不能运行共识机制的。

6. 侧重支付的市场机制

mBridge 目前定位为侧重支付的跨境清算网络,并将跨境支付涉及的汇兑、定价等问题交给市场和其他平台解决。跨境清算涉及信息传递、资金流通、外汇兑换等多个环节,难以通过一个跨境清算网络统筹兼顾。mBridge 的核心功能是实现资金在全球安全、快捷的流通,信息的标准化传递,以及信息流和资金流的统一。mBridge 特别强调市场机制,发起方和央行不直接参与市场交易,只提供上下桥的渠道和传递信息的标准,监督交易的合规性。

(三)多边央行数字货币桥的优势[①]

来自中国内地、中国香港、泰国以及阿联酋四个司法管辖区的 22 个私营部门参与者,通过 mBridge 项目平台测试了 15 项潜在的商业用例。总体而言,mBridge 系统基于分布式账本、智能合约以及电子钱包等技术,能够突破传统跨境结算生态的部分技术瓶颈,提高交易效率。其主要具有以下优势。

一是实时额度监控。mBridge 架构使中央银行能够实时透明地使用适用的配额,有助于在闭环系统或跨境应用中迅速执行配额操作。这也简化了管理工作,减少了利益相关者提交报告的潜在错误,从而有利于央行对风险的监控。

二是减少对贸易中介、代理的需求。通过使用智能合约技术,部分受监管的活动(如CBDC 的发行、赎回和转让等)可以由获授权的密钥拥有者直接管理和执行。这些密钥往往控制不同功能,而且可以由不同的受监管实体代表最终客户进行管理。其允许终端客户与包括资产管理公司、证券公司等在内的金融服务提供商建立更直接的关系,而不需要额外的中介、代理和服务提供商,从而降低交易成本、提高交易效率。

三是定制化服务。mBridge 架构提供了部署智能合约的可能性。智能合约可以通过编程设置风险调整和定制配额,并根据不同客户的风险偏好与资产情况定制不同的服务,在客户级别指定允许的产品范围,分别针对零售客户、高净值客户、专业客户等定制不同的服务。

四是全天候实时跨境结算。在 mBridge 架构中,只有单一支付网络通过各司法管辖区实时总结算系统连接相应的商业银行。这种模式解决了不同银行代理网络处于不同时区的问题,能够实现金融供应商及其客户点对点、全天候的交易。

---

① 王剑,尹轶帆.多边央行数字货币桥:发展进程及其影响[J].国际金融,2023(1):32-37.

五是大幅提升跨境结算效率。不同于传统依托代理行网络的代理行跨境支付模式,mBrideg 系统提供统一的多辖区 CBDC 网络,使各个辖区交易方能够直接在走廊网络中进行点对点的交易,省去了其他中间环节。传统跨境支付模式下需要数天才能完成的交易,现在可以在几秒内完成。

(四) 多边央行数字货币桥的运行进展与未来展望

2022 年 8 月 15 日—9 月 23 日,mBridge 挑选一些典型的国际贸易场景进行试点。在为期六周的试点时间内,来自中国香港、中国内地、阿联酋和泰国的 20 家商业银行以及各自的央行或货币当局参与了试点。在 mBridge 平台上,央行共发行了超过 1 200 万美元的 CBDC,商业银行累计完成了 164 笔、2 200 多万美元的跨境支付交易,完成了迄今为止规模最大的基于真实交易场景的 CBDC 试点测试,验证了货币桥在国际贸易结算场景下进行跨境支付的可行性,证明了货币桥可有效提升跨境支付效率、降低支付成本、提升交易透明度。

试点成功后,国际社会对这一创新跨境支付平台反响热烈。截至 2023 年 12 月,已有包括多个发达国家在内的 29 个观察员加入该项目,申请以试点、直接做正式交易等形式加入 mBridge 的银行接近 20 家,mBridge 的网络效应进一步扩大。

mBridge 项目在 2024 年达到了最小可行产品(minimum viable product,MVP)阶段。这意味着项目已经开发出一个基本版本的产品,包含足够的功能以供早期采用者使用,并为进一步的迭代增强提供持续反馈。项目指导委员会创建了一套定制的治理和法律框架,包括规则手册,以适应平台独特的去中心化特性。MVP 平台能够进行实际价值的交易(取决于司法管辖区的准备情况),并且与以太坊虚拟机兼容,使其可以作为附加技术解决方案、新用例和与其他平台互操作性的测试平台。

随着项目进入 MVP 阶段后,未来私营部门公司可以连接到 mBridge MVP 平台的增值解决方案。项目通过 mBridge MVP 法律框架,邀请更多的中央银行和商业银行加入平台,并在平台上进行实际交易。

项目已经拥有广泛的地理代表性,观察员来自几乎每个大陆。随着项目达到 MVP 阶段,预计会有更多对项目感兴趣的中央银行和商业银行接近项目团队以获取更多信息。

随着全球范围内 CBDC 的不断发展,超过半数的中央银行正在开发或运行试点项目,预计未来会有更多地区尝试建立类似 mBridge 的平台,并实现彼此的互操作性,mBridge 将成为一个高效、低成本、安全的跨境支付解决方案。

二、数字人民币的跨境使用与人民币国际化

(一) 数字人民币助力人民币国际化

虽然现阶段数字人民币尚未打算涉及跨境支付,但是随着数字货币技术逐渐成熟、应用更加广泛,这种点对点的传输模式在跨境支付领域中的巨大潜力也将得以释放。

中国综合国力日益增强,国际地位逐步提高,为中国发行支持跨境流通的法定数字货币提供了强大的信用背书。然而,截至 2025 年 2 月,人民币国际支付占比为 4.33%,稳定保持全球第四大支付货币地位,但相比美元(48.95%)、欧元(22.25%)和英镑(6.89%)仍有显著差距。

对比各国货币支付国际占比和 GDP 全球占比,欧元区以 2.43 位列第一,即欧元货币支付占比为其 GDP 全球占比的 2.43 倍,是真正的"世界货币",这得益于欧元币值的相对稳定和使用国家数量多。新加坡元以 2.30 位居第二,英镑以 1.78 列第三,美元以 1.69 列第四。瑞典克朗为 1.15,瑞士法郎为 0.88,加拿大元为 0.79、澳大利亚元为 0.79,日元为 0.5。虽然近些年人民币支付国际占比有所提高,但是人民币支付国际占比与中国 GDP 全球占比的比率仅 0.15,可见人民币的国际化差距巨大、任重道远。

目前以美元为主导的国际货币体系仍存在许多瑕疵,超发的美元给世界上其他国家尤其是发展中国家带来了负外部性。当前全球跨境支付系统主要以环球银行金融电信协会(SWIFT)和纽约清算所银行同业支付系统(CHIPS)为核心。在这个以发达国家为主导的支付体系中,发展中国家几乎没有话语权,一旦被排除在交易体制外,将大幅限制其跨境商贸活动。SWIFT 更常常被发达国家作为金融制裁的手段,向别国政府施压。历史上,美国通过切断 SWIFT 支付结算通道对朝鲜、俄罗斯、伊朗等国实施金融制裁,隔断它们与外界银行的金融往来。随着中美争端升级,美国将中国排除出 SWIFT 支付系统作为金融制裁的潜在威胁也一度引发市场担忧。

中国有必要也有能力建立一套新的支付系统网络(如现有的人民币跨境支付系统 CIPS 等),打破美元垄断地位,而数字人民币将是人民币国际化弯道超车的重要手段,有必要研究数字货币时代人民币国际化的实现路径,如多边数字货币桥、"一带一路"倡议、跨境电商支付、大宗商品结算等,探索发行中国主导的可跨境使用的全球数字货币的可行性。

数字人民币可通过国际贸易、对外投资、储备积累等路径以及人民币的回流效应,实现数字人民币的贸易畅通、资金融通、储备积累,发挥其价格尺度、流通手段、支付手段、价值储藏和世界货币(人民币国际化)的五大职能。借助数字人民币的法定性、稳定性、安全性、便利性、数字化、低成本、普惠性、可编程性等优势特点,推动人民币逐步成为结算货币、投资货币和储备货币,推动人民币国际化进程(见图 8.14)。

(二)数字人民币国际化的机制与实施策略[①]

1. 计价货币维度:贸易结算促进数字人民币国际化

借鉴美元与欧元国际化经验可知,推动人民币国际化首先需要克服当前的历史惯性,注重构建贸易结算的根基。在支付体系建设层面,现有的人民币跨境结算高度依赖美国的 SWIFT 和 CHIPS,进一步加快 CIPS 等金融基础设施的建设将大力推进支付体系的独立自主。根据中国人民银行发布的《2023 年人民币国际化报告》,自 2015 年投产以来,CIPS 日均交易量和人民币跨境日均结算额均加速持续上升。2021 年 CIPS 累计处理跨境人民币业务 334.16 万笔,金额 79.60 万亿元,其对于提高跨境清算效率、满足各时区的人民币业务需要、提高交易的安全性、构建公平的市场竞争环境等具有无可替代的作用。如图 8.14 所示,截至 2023 年 8 月,CIPS 共有 89 家直接参与者、1 363 家间接参与者,CIPS 正推动进一步整合现有人民币跨境支付结算渠道和资源,并形成系统完备的人民币全球化支付体系。在贸易合作模式层面,贸易与市场利益是跨国经济合作的基础,我国与

---

① 周光友.数字人民币国际化的机制与实施策略[J].人民论坛,2023(22):32-35.

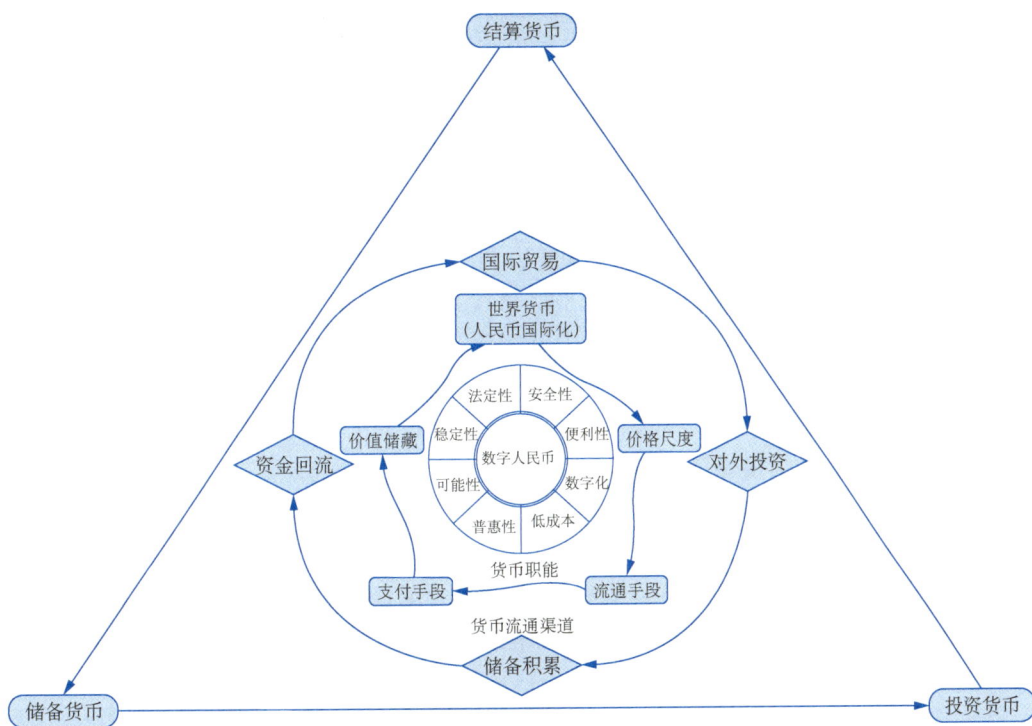

图 8.14　数字人民币推动人民币国际化路径

各国之间的贸易关系发展和市场利益共享是双边和多边合作的基础,更是构建人类命运共同体的贸易与市场条件。

主权数字货币是金融科技创新发展的产物,与数字人民币相关的研究成果主要包括金融科技对数字货币的技术支撑、金融科技带来的积极影响等。

一方面,金融科技创新是数字货币构建的技术基础和推动力量,更是主权数字货币构建金融基础设施的重要组成部分。一是主权国家的征税权、强制力和国家安全保卫能力构成主权数字货币的信用来源和信用基础,不同信用类型国家发行的数字货币的信用来源及信用基础表现出显著的差异性,其他数字货币的非国家性和非政府性特征更为显著;二是分布式数据存储与中心化信用担保共同构建主权数字货币的数字与信用分布特征,分散化、网络化、扁平化的分布式数据网络构成数字货币发行与流通的数据基础。

另一方面,数字货币亦会反哺金融科技的发展,数字货币是推动金融科技、互联网金融发展的重要因素,它的产生促进了电子商务、网络经济的快速发展及互联网金融模式的创新。学界对金融科技创新影响的评价也颇为积极,金融科技创新能够通过发挥普惠效应形成普惠价值,服务企业融资,推动金融生态逐渐呈现出分布式、网络化的结构,使得交易成本更低、参与主体更加多元。总体而言,金融科技创新为主权数字货币构建提供了技术支持,金融科技创新的驱动力量在于提高金融市场的资源配置效率、降低金融市场运行成本、提高金融产品满足客户需求的程度。

2. 投融资货币维度:投融资促进数字人民币国际化

一是对外直接投资(overseas direct investment,ODI)与人民币国际化。就 ODI 推

动人民币国际化的直接效应而言,其一方面通过资金筹集、使用和货币兑换提高人民币与其他货币的交易规模,另一方面扩大了人民币和数字人民币在跨境结算中的使用范围和应用场景。ODI 亦存在中介效应,人民币国际化受多方面因素影响,ODI 能够对这些因素产生影响,进而间接推动人民币国际化。在经济增长层面,ODI 能够提升本国的经济发展质量,通过逆向技术溢出效应增加技术创新成果,通过竞争效应带动研发经费增加进而促进经济增长,减少贸易壁垒、贸易运输成本、国际货币结算兑换成本,并能较大程度促进贸易结构升级。在金融市场发展层面,ODI 有利于发挥金融市场发展对货币国际化的促进作用,能够增加银行业规模并对金融业就业具有补充效应。同时,有学者指出金融深化、金融结构优化、经济开放程度与对外直接投资之间存在长期的稳定关系。在科技水平层面,国家科技实力会影响计价货币谈判中的话语权,具有技术优势的国家在计价货币的谈判中拥有更大的话语权,能够主动选择对自己更有利的货币作为计价货币,科学技术水平欠缺的国家只能被动接受计价货币。

二是资本账户开放推动人民币国际化。从以往发达国家货币国际化的进程来看,经济实力已经不是货币国际化的主要决定因素,而金融市场的发展以及金融开放的程度逐渐成为货币国际化的关键因素。学界大量研究佐证了金融开放尤其是资本账户的开放对于主权国家货币国际化的重要意义,金融抑制将限制一国货币在国际交易中的使用,我国只有实现充分的金融开放,人民币才能成为区域经济的主要计价货币。

3. 储备货币维度:储备货币与数字人民币国际化

在 2016 年人民币加入国际货币基金组织的特别提款权货币篮子之后,人民币的国际地位和储备货币功能获得很大的提升和认可。影响一国储备货币选择和需求的因素主要包括制度安排、经济金融等。在制度安排影响因素方面,决定储备币种结构的主要因素有货币地位、支付结构、金融安全、汇率安排等,货币使用惯性和政策信誉对储备货币的选择影响非常明显。发行非国际货币的发展中国家所选择的汇率制度可被称为"储备型汇率制度",该制度也是当前发展中国家的最优选择。在经济金融影响因素方面,人民币储备需求的影响因素与中国经济基本面紧密相关。越来越多的学者认为,人民币将很快在全球储备体系中扮演重要角色。很多学者使用官方外汇储备货币构成数据进行经验研究,证实了经济体的 GDP 规模、贸易份额和宏观经济稳定性是影响其货币成为国际储备货币的重要因素。交易性外汇储备需求又可划分为商品交易需求和金融交易需求两个层次,并且商品交易需求取决于对外贸易需求,而金融交易需求则由外债支付需求、外商直接投资支付需求、预防性审慎需求及汇率稳定需求共同决定。

未来国际法定数字货币竞争将进一步加剧,最终国际储备货币具备向一种或少数几种货币集中的趋势。在全球新型金融危机背景下,外汇储备管理的战略应该向人民币国际化这一方向调整。从外汇储备管理的货币机制出发,我国高额外汇储备对数字人民币国际化的支持和安全起重要保障作用,数字人民币国际化反过来为我国高额外汇储备带来风险缓释,二者存在良性互动和战略协调机制。从外汇储备管理的贸易机制出发,区域经济互动推升贸易伙伴国对人民币资产的储备需求,进一步推动数字人民币的储备需求和应用场景扩张,货币使用惯性和路径依赖促使贸易伙伴国加速锚定数字人民币储备,并进一步拓宽人民币回流渠道。从外汇风险管理角度出发,随着我国外汇储备规模的不断扩大,外汇储备风险也被持续放大,因而有必要减少对美元资产的依赖,通过推广数字人民币增强人民币的吸引力。从国际货币层面来讲,数字人民币国际化对于解决国际储备货币供给难题、维持国际储备货币偿付能力和币值稳定、维系国际货币体系稳定等都具有重要意义。如果数字人民币能够在未来全球的储备货币中占据主导地位,那么其不仅将保持人民币汇率稳定,形成数字人民币使用惯性,增加数字人民币在区域经济贸易和投融资合作中的使用频次,还能帮助我国更好地抵御全球经济波动带来的冲击并增强外汇储备管理的灵活性。

4. 回流机制视角:跨境动态循环与数字人民币国际化

数字人民币回流是数字人民币在境外顺畅流通、循环和实现国际化的重要环节,主要包括数字人民币的贸易回流、投融资回流、储备回流及总体投放和回流四个层面。在数字人民币尚未实现境外流通的情况下,研究其回流机制有较大难度,需要注意三点。一是分析人民币回流的影响因素,以及探索疏通数字人民币回流的路径或渠道等。二是构建具有反馈调节机制的投融资循环体系并保证其顺利运行,进而推动数字人民币国际化进程。首先,依托投融资推动数字人民币国际化依赖完善的人民币"流出—回流"循环体系,鉴于世界各国发展不均衡的现状,构建时会面临投融资循环体系组成因素的辨识和各组成因素相互作用的机理分析两个难题。其次,保证投融资循环体系的顺利运行,需要分析资本账户开放、人民币汇率等因素对投融资循环体系的作用机制,以及如何对投融资循环体系进行风险管理。最后,构建反馈调节机制的核心难点是进行人民币国际化程度的度量。三是构建多层次的数字人民币跨境动态循环体系。可以尝试以数字人民币投放为出发点,中外央行、中外商业银行、中外企业、全球资产管理中心、主权财富基金等多机构参与全球金融市场,进行投融资和资产风险管理活动,促使数字人民币回流中国,形成多层次的跨境动态循环体系,并进行不断的升级和完善。

人民币国际化的过程也是人民币在境外流通、使用、储备和回流的过程,要实现人民币国际化必须有畅通无阻的回流渠道支持。因此,数字人民币通过替代传统纸币(替代效应)和增加在国际贸易和投融资中的使用规模(放大效应),会派生出更多数字人民币,并通过至少三种渠道回流到国内。一是国际贸易回流(经常项下),即在开展国际贸易的过程中通过数字人民币进行支付结算,从而回流到我国经常项下的数字人民币。二是国际投融资回流(资本金融项下),包括中国投资的利润回流、其他国家和地区对中国的外商直接投资、偿还中国的外债本息等,这些选择数字人民币作为交易货币的项目都将回流到中国资本金融项下的数字人民币账户。三是外汇储备投资回流(资本金融项下),即其他国家中央银行将储备的数字人民币在离岸人民币市场上和在我国金融市场上进行投资而形成的数字人民币回流,从而最终实现数字人民币投放与回流的良性循环和动态均衡,进而推进数字人民币国际化。

5. 数字人民币国际化的实施路径

一是在经贸往来上,我国应继续提高人民币在双边贸易结算中的比重,积极推动和完善石油及其他大宗商品的人民币定价结算规则,加快实现法定数字人民币的支付清算渠道,扩展人民币和数字人民币的输出渠道。二是在投融资合作中,我国应在产能合作、基础设施投资等项目中积极推广人民币和数字人民币融资贷款。三是加强金融基础设施建设,继续吸纳 CIPS 参与者,发挥 CIPS 作为人民币结算主渠道作用;稳步推进第二代人民币跨境收付信息管理系统建设,充分发挥其更开放、灵活、高效的特点,不断完善监测预警等相关功能,为数字人民币推广和跨境资金流动提供更有力支撑;继续提升中资金融机构和人民币业务的覆盖范围,建立一套适用法定数字人民币的金融基础设施系统。四是继续推动金融市场双向开放,建立成熟的人民币离岸金融中心,满足人民币持有者对人民币交易、投资、风险管理等方面的需求,同时进一步拓展国内投资者在国际金融市场配置资产的空间,构建人民币和数字人民币双向流动路径。五是加强顶层设计,与各国政府和中央银行积极协商,推进双边本币结算,签署双边本币合作协议或者制定本币结算合作框架;积极推动双边本币互换协议,有效降低汇率风险;继续扩大外国政府和央行人民币外汇储备,降低推广人民币和数字人民币的制度壁垒等。

推动数字人民币国际化的应对策略。在推动数字人民币国际化的进程中,我国将会面对成因和形成机制不同的各类风险,应建立一套行之有效的风险应对策略。一是建立相应的国际合作组织,协调各方的利益,化解各个国家和地区之间的贸易和投资摩擦。二是建立风险预警机制,深入了解各国政治、经济、文化等发展状况,跟踪洞察各国社会舆情变化,对潜在风险做到未雨绸缪、有备无患。三是制定完善的数字人民币规则标准和法律法规,规范数字人民币发行、流通、交易、支付等各个环节,提升支付安全性和加强法律保障。四是完善"走出去"战略的适配性政策法规,加强企业"走出去"的主动激励和竞争实力。五是鼓励我国海外企业与当地主体开展文化交流,深入了解东道主国家的社会背景,并和当地政府、企业、社会团体等建立互惠协作的友好关系。六是充分发挥"一带一路"倡议合作模式的先导作用,充分借鉴吸纳人民币和数字人民币在以往推广过程中的经验。七是推动构建竞争性的国际金融市场,提高人民币和数字人民币在国际金融市场上的话语权和影响力。八是警惕并应对一些西方国家的民粹主义、极端恐怖势力对我国推广数字人民币的诬蔑、阻挠及其他敌对行为。

本 章 小 结

本章深入探讨数字货币对经济金融领域的多维度影响,揭示了数字货币的复杂性和对现有金融秩序的挑战。首先,分析私有数字货币(如比特币)对货币政策和金融稳定性的影响,包括货币政策有效性的削弱和金融稳定性风险的增加。其次,探讨法定数字货币(特别是中国的数字人民币 e-CNY)对货币政策的影响,涉及货币需求、供给和传导机制的变革。最后,讨论法定数字货币的跨境使用,重点关注多边央行数字货币桥 mBridge 项目和数字人民币的国际化。本章强调了数字货币对货币政策工具、金融稳定性和全球金融体系的深远影响,提供了一个全面的数字货币知识框架,以理解数字货币的发展趋势和对金融政策的潜在影响。

基 本 概 念

私有数字货币　法定数字货币　多边数字货币桥　数字人民币国际化

思考与练习

1. 数字货币如何影响传统的货币政策工具的有效性？
2. 数字货币的跨境使用可能给全球金融稳定性带来哪些挑战？
3. 数字人民币(e-CNY)的推出对中国货币政策和金融体系可能产生哪些长远影响？

· 第四篇 ·

金融业数字化转型

经过前三篇对数字金融的基本概念、技术应用以及数字货币的介绍,本篇详细介绍金融业的数字化转型,具体包括商业银行、证券和保险三类关键金融机构。第九章对商业银行的数字化转型进行详细说明,介绍商业银行数字化转型的背景和动因,并在此基础上进一步对商业银行数字化转型的核心技术、路径策略进行详细的介绍。第十章针对证券业数字化转型展开探讨,首先明确证券业数字化转型的背景和动因、发展路径以及核心技术,接着对这些技术的具体应用进行详述,最后多维度评析证券公司的数字化转型。第十一章分析保险业数字化转型的背景、动因和核心技术,并进一步介绍数字化创新的保险产品与服务,以及保险业运营模式的数字化变革。

第九章

商业银行数字化转型

学习要求

1. 掌握商业银行数字化转型的现实背景与驱动因素。
2. 掌握商业银行数字化转型的基本特征与实现路径。
3. 掌握商业银行数字化转型的难点挑战与应对策略。
4. 了解商业银行数字化转型的核心金融科技以及应用场景。

本章导读

随着大数据、人工智能等颠覆性的数字技术在金融场景中的应用不断深化与广化，中国的数字金融得以飞速发展，给传统金融机构带来了机遇与挑战。商业银行作为中国金融体系的核心，承担着金融服务实体经济、赋能高质量发展的重任，其数字化转型不仅顺应数字经济发展的客观规律，更是做好数字金融这篇"大文章"的关键。通过对商业银行数字化转型的系统性梳理，本章旨在全面介绍商业银行数字化转型的内涵、背景、动因、现状、底层技术、实现路径、潜在风险以及应对策略，助力读者未来的研究与实践。本章分为五节。第一节介绍商业银行数字化转型的基本概念、现实背景、驱动因素以及发展现状。商业银行数字化的内涵是指将数字技术应用于商业银行的商业模式、经营理念、组织架构和技术体系，使得经营活动发生数字化变革的过程。第二节主要介绍商业银行数字化转型所应用的核心技术及其应用于银行业务的具体场景，如大数据、云计算、人工智能、区块链等数字技术在智慧网点、智能风控、开放银行等场景的应用。第三节主要介绍商业银行数字化转型的实现路径，指出商业银行数字化转型面临的挑战以及相应的对策。第四节提供商业银行数字化转型的案例分析。第五节对未来商业银行数字化转型的趋势进行展望。

第一节　商业银行数字化的背景与动因

一、商业银行数字化的基本内涵

进入数字时代，数据要素的潜能得以激活，被深入应用于经济社会、商业活动与日常生活，成为一种新型的生产资料并改变了生产关系的特征。作为实现储蓄-投资转化过程的枢纽，商业银行在中国金融体系结构中处于核心地位，其业务特征天然地形成了数据要素的资源优势，内生地激发了商业银行使用数字技术提升业务效率的需求，使其成为传统金融机构中数字化发展的先行者。综合政策文件、学术研究和业界报告对数字化的概念定义，考虑金融业的独有特征，可以明确商业银行数字化的内涵，即商业银行数字化是指以数据要素为基础，将数字技术应用于商业银行的商业模式、经营理念、组织架构和技术体系，使得其经营活动发生数字化变革的过程。

二、商业银行数字化的现实背景

商业银行数字化不仅是数字经济时代的大势所趋，也是国家数字化发展顶层设计对金融行业的具体要求，以及深化金融供给侧结构性改革、做好数字金融大文章的重要途径。商业银行的现实背景主要分为技术背景、政策背景和市场背景三个方面。

（一）商业银行数字化的技术背景

现代金融中介创新理论认为，应当将以商业银行为代表的金融中介视作金融产品的生产者与创新者。而且，不同于一般性厂商的创新过程，商业银行的金融产品创新受到来自计算机与信息技术行业技术进步的影响尤为明显。随着人工智能、大数据、云计算、区块链等数字技术的加速突破与广泛应用，科技与金融交叉渗透并深度融合，使得商业银行具备了数字化所需的技术条件。随着数字经济发展战略的深入实施，中国的信息基础设施领先全球，也为商业银行数字化营造了良好的外部技术环境。

（二）商业银行数字化的政策背景

考虑到商业银行在中国金融体系中所处的核心地位，其数字化转型不仅是建设数字中国的关键环节，也是金融服务实体经济的有效举措。在"十四五"规划提出"以数字化转型整体驱动生产方式、生活方式和治理方式变革"以及推进产业数字化转型的顶层设计下，2022年发布了《中国银保监会办公厅关于银行业保险业数字化转型的指导意见》，提出"到2025年，银行业保险业数字化转型取得明显成效。数字化金融产品和服务方式广泛普及，基于数据资产和数字化技术的金融创新有序实践，……金融服务质量和效率显著提高"的工作目标。中国人民银行在2019年和2022年陆续印发了《金融科技（FinTech）发展规划（2019—2021年）》《金融科技发展规划（2022—2025年）》，对商业银行提出了深化数字化转型、充分释放数据要素潜能以及提升金融服务质效、高效赋能实体经济的要求。另外，《"十四五"数字经济发展规划》提出"鼓励银行业金融机构创新产品和服务，加大对数字经济核心产业的支持力度"。可见，对于商业银行而言，无论是考虑到其作为金融行业成员的身份，还是考虑到其支持实体经济的重要责任，国家数字化转型的系列政策均对其提出了数字化转型的要求以及相应的支持措施。

（三）商业银行数字化的市场背景

随着利率市场化改革的深化，传统商业银行的利差收益下降，机构和业务明显下沉，同业竞争也呈现加强的趋势。更重要的是，来自互联网金融以及金融科技企业的新业态和新模式对传统商业银行业务造成了强烈的冲击。例如，自2013年余额宝诞生以来，互联网理财产品因其市场化的利率以及便捷的操作受到了中国居民的青睐。由于余额宝等互联网理财产品的大部分资金都会投向银行间市场，这相当于引导居民资金由传统的银行存款向银行间市场转移，使得银行从传统存款市场渠道获得资金更为困难，改变了商业银行的负债端结构，乃至对银行资产端的行为产生影响（见图9.1）。此外，全球性的突发公共卫生事件也在一定程度上改变了居民的金融业务办理习惯，使得线上渠道的金融服务更受欢迎，再结合金融科技企业所提供的便利性，银行网点出现"关停潮"的现象。

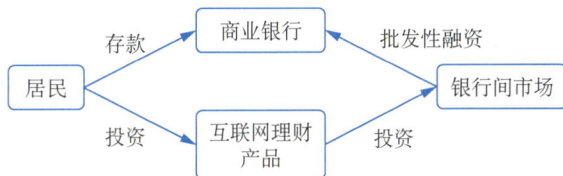

图 9.1 互联网理财产品与银行存款关系示意图

总体来看，数字时代信息技术的不断进步深刻改变了居民的社会行为以及相应的商业模式，全新的客户需求以及金融科技企业进入造成的竞争压力使得商业银行面临巨大挑战。此时，数字化转型成为商业银行转变发展理念、适应时代变革、突破发展瓶颈、把握创新机遇的关键。在传统金融业务对利润贡献度下滑的市场背景下，商业银行迫切地需要进行数字化转型，方能应对内外部竞争压力。

三、商业银行数字化的驱动因素

在上述技术支持、政策鼓励以及市场竞争的背景下，数字化转型能够为商业银行带来诸多方面的优势与效益，由此形成了商业银行开展数字化转型的驱动因素。

第一，数字化转型能够帮助商业银行降低经营成本、提升经营效率。不仅能够提升自身的盈利能力，还能有效降低网点的布局成本和运营成本，并且有助于商业银行进一步拓展业务，从而抢占数字经济时代的竞争先机。

第二，数字化转型有助于实现商业银行治理模式的革新，通过工作流程数字化、组建金融科技组织架构、打破前端业务部门与后端科技部门的壁垒等方式，使得商业银行形成高效、灵活且敏捷的管理体系。

第三，数字化转型能够优化商业银行的劳动力结构，形成"创造性破坏"的作用。在数字化转型带来的劳动力结构性调整中，传统分支机构和营业网点的业务人员被技术人员取代，形成商业银行的人力资本升级。对数字化人才和高技术人才的聘用也将进一步帮助商业银行占据技术优势，提升竞争能力。

第四，数字化转型使得商业银行能够提升风险管理能力。历史经验表明，风险管理能力是商业银行长期存续、抵御金融危机等突发事件冲击的关键。数字技术能够有效提高对贷款风险的识别能力以及风险评估模型的精确度,高效、充分地利用海量数据识别并监控风险。

总体而言,在数字技术飞速发展、政府政策大力支持、金融业内外部竞争压力倒逼的背景下,数字化转型能够帮助商业银行降本增效、改善治理模式、优化劳动力结构、提升风险管理能力,使其保持竞争力,实现顺应数字时代潮流的长远发展。这驱使着商业银行积极开展数字化转型。

四、商业银行数字化的发展现状

(一)商业银行数字化的发展历程

全球首家移动创新银行的创始人布莱特·金(Brett King)基于客户视角将商业银行的数字化发展历程分为四个阶段,各阶段之间的跨越意味着摩擦程度的下降以及银行业务模式的变革。在第一阶段,商业银行通过分支机构服务各个地区的居民,居民也必须通过前往分支机构的方式办理相关业务。进入第二阶段,银行业务逐渐通过电子化方式进行,互联网、自助取款机和网络银行成为居民办理银行业务的主流模式,但依托分支机构运行的业务模式仍未发生改变。迈入第三阶段后,银行网点的概念被淡化,居民完全依赖手机银行获得金融服务,银行也更加着眼于居民的习惯与偏好,转向以客户为中心的业务模式。进入第四阶段后,商业银行也不再局限于金融产品提供者的身份,而是全面嵌入居民的日常生活情境。

(二)商业银行数字化的评价方法

对商业银行发展现状的定量分析首先依赖于商业银行数字化的评价方法。各数字化转型评价体系从多维度测度、评判了中国商业银行的数字化水平。例如,中国银行业协会与中国信通院于2021年推出了RIVER指数模型,从社会责任、竞争及创新力、价值创造、发展潜力、风险和安全五大领域选取四十五项评价指标定量描述银行数字化转型的成效。2022年,中国信通院联合多家银行机构共同编制了银行数字化能力和运营效果成熟度模型标准(IOMM-Bank)标准,紧扣《中国银保监会办公厅关于银行业保险业数字化转型指导意见》的总体要求,选取治理战略化、运营数智化、数据资产化、平台云智化、管技融合化和风控合规化六大能力,以及品牌体现、运营升级、业务创新、成本节约、效益提升和风控最优六大价值,检验了商业银行数字化转型的成熟程度。

本节使用北京大学数字金融研究中心课题组编制的"中国商业银行数字化转型指数"展示中国商业银行数字化发展的情况。该指数从战略数字化、业务数字化、管理数字化三重维度构建指标体系,全面、客观地衡量了中国商业银行的数字化转型情况和发展趋势。其中,战略数字化体现了银行在整体战略层面对数字技术的关注程度,通过对银行年报文本中数字技术相关关键词的计数构建;业务数字化衡量了银行将数字技术融合于自身提供金融服务的程度,包括数字化渠道、数字化产品和数字化研发三个方面;管理数字化则关注银行将数字技术融合于自身治理结构和组织管理的程度,包括数字化架构、数字化人才和数字化合作三个维度(见图9.2)。

图9.3展示了2010—2021年中国商业银行数字化转型的发展情况。可以看出,中国商业银行数字化呈逐年上升趋势,但增速逐渐趋于平缓。2010—2012年,数字化总

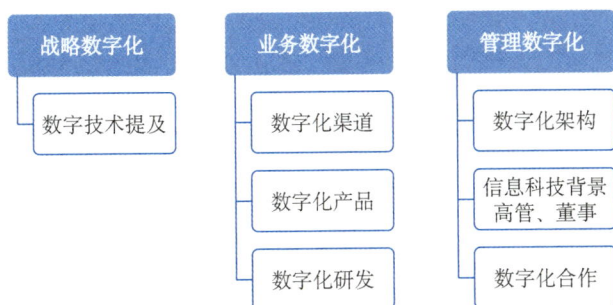

图 9.2 中国商业银行数字化转型指数评价体系

资料来源:北京大学中国商业银行数字化转型指数。

指数变化不大,各商业银行尚处于数字化转型的探索阶段;但 2013—2015 年,银行数字化转型程度有了较大提升,这是由于 2013 年余额宝的诞生激发互联网金融的热潮,推动了互联网金融语境下的银行数字化转型。2016—2018 年,银行数字化转型的进程重新趋于平缓,但于 2019 年再度出现提速。此时,银行数字化转型的主题已经转为金融科技。

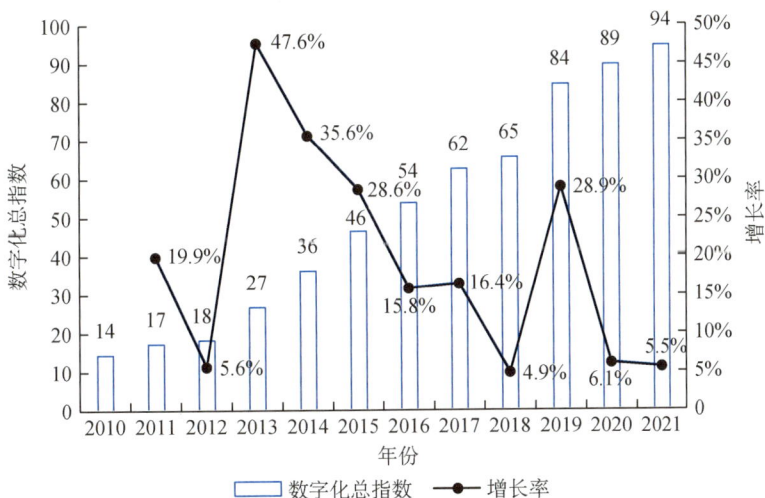

图 9.3 2010—2021 年中国商业银行数字化转型情况

资料来源:北京大学中国商业银行数字化转型指数。

(三) 商业银行数字化的现状点评

总体来看,中国商业银行的数字化转型已经取得了长足的进步。尽管如此,各商业银行的数字化程度仍呈现分化的现象,而且面临一定的痛点。此外,在商业银行积极开展数字化转型的同时,数字金融的业态和模式仍在飞速发展。当前商业银行面临的威胁已经不再是单纯的互联网金融或 P2P 平台导致的存款挤出,而是能否与时俱进地把握数字金融的发展脉络,避免因无法跟上金融服务业态的更迭而被淘汰。

第二节　商业银行数字化转型的核心技术

一、商业银行数字化转型中的大数据技术

（一）大数据技术应用于银行数字化的基本特征

作为吸纳储蓄并将其转化为投资的枢纽，商业银行运营的每时每刻都会获得大量的数据，包括个人的账户、交易、投资、信贷数据以及企业的资产负债数据、经营数据等。此外，还有储户语音、文字，企业经营的照片等各种非结构化数据。可以认为，商业银行营业过程中生成、存储的海量数据使其具备了应用大数据技术的先决条件。

（二）大数据技术应用于银行数字化的具体实践

在商业银行的业务模式中，大数据作为基础设施为上层应用提供服务，数据体系因此受上层应用的用户需求驱动。以工商银行为例，为加强数据沉淀、构建完整的数据视图，支撑上层集中式的报表和指标等服务，从整体视角对中国工商银行源数据进行跨域融合，中国工商银行从 2010 年起启动了企业级数据体系的建设并构建了统一的数据仓库，形成了基于范式模型的数据体系。借助美国天睿公司（Teradata）的 FS-LDM 十大主题模型，该数据体系覆盖集团分析挖掘基础数据，提供了主题数据、知识数据等共享数据资产，能够保证数据及时、可用、准确供给。随着移动互联时代的到来，数据类型不再局限于结构化，移动支付、供应链金融、互联网理财等新业务不断涌现。中国工商银行便启动了基于 Hadoop 技术栈的数据中台体系建设，着力打造高效、智慧、开放、共享的数据服务体系。以贴源方式存储来自各产品层应用的源生数据，基于主题聚合将分散的信息重新排列组合并归集汇总，最终萃取后提供通用领域数据服务和专业领域数据服务。

（三）大数据技术应用于银行数字化的发展前景

作为数字技术的应用基础，大数据技术在银行数字化转型中具备广泛的应用场景，其中较为突出的是客户画像、优化运营和反欺诈分析三个方面。客户画像是指根据客户的社会属性、生活行为习惯、金融消费投资习惯等信息抽象出标签化的客户特征。例如，在智能银行网点的服务过程中，大数据技术能够帮助商业银行迅速整合客户在社交平台和电商网站上的数据信息，构建客户画像并以此为基础提供定制化、个性化的金融服务。优化运营则是指商业银行可以利用大数据技术优化内部流程，提升内部数据的处理速度。例如，中国光大银行的"滤镜"数据产品能够利用大数据技术过滤企业客户，生成高信用违约倾向的企业名单，从而为风险管理决策者提供精准支持，并提升风险决策的时效性。反欺诈分析是指运用大数据和人工智能技术识别、应对欺诈手段，从而提升银行业务的安全性与客户体验。例如，华夏银行推出的手机银行反欺诈机器学习模型与信用识别模型借助大数据技术收集了用户信息、登录数据、交易数据、涉诈类名单数据等，通过统计用户交易记录提取分析行为习惯，从而区别正常用户与诈骗用户的行为模式，再借助自然语言处理、层次分析技术等实现欺诈交易识别。

二、商业银行数字化转型中的云计算技术

（一）云计算技术应用于银行数字化的基本特征

云计算是一种基于互联网的计算模式，将计算资源和服务集中在云端，用户则通过终端获取网络上的强大计算服务，最终实现资源的共享与高效利用。在数字化转型的过程中，商业银行面临着较高的数据处理需求。此时，云计算的资源池化特征使得商业银行在面对巨量计算和存储资源需求时能够从统一的资源池获得服务，避免自主部署算力的高额成本，保证较高的资源利用效率，同时实现不同分支机构和业务之间的数据隔离以提高数据安全性。云计算的按需服务和快速弹性特征使得商业银行能够在需要算力的高峰期快速调用计算资源，在需求的低谷期则释放资源，从而极大降低商业银行的运营成本。

（二）云计算技术应用于银行数字化的具体实践

作为基础性的数据和算力设施，云计算能够为商业银行各类数字化业务提供广泛的支持。通过搭建私有云、租用行业云或使用公共云，商业银行能够高速、弹性地在虚拟的网络中分配计算、存储等资源，进而实现基于云的IT解决方案，降低营运开支并提升资源与业务规模适配的灵活性。在此基础上，云平台的搭建以及云计算技术与其他数字技术的深度融合还使得商业银行能够为其他企业或银行提供金融云服务，进而拓展商业银行的金融服务范畴与能力。

早期云计算技术应用于银行数字化转型的目的是提升数据存储和运用的效率。2008年，荷兰国际集团出于更换过时且低效的数据中心管理方式的目的，开启了云计算项目，废除了13家数据中心并对6 000多台服务器和350多个应用进行了虚拟化，于2011建成了连接六个数据中心的私有云。西班牙对外银行则直接使用谷歌云提高自身生产效率，通过云服务实现全球员工的沟通协作。

2016年，原中国银监会发布的《中国银行业信息科技"十三五"发展规划监管指导意见（征求意见稿）》指出，银行业应"稳步开展云计算应用，主动实施架构转型"，中国银行业的云计算架构、标准体系以及行业云平台的发展进一步深化。云计算也不再局限于商业银行提升数据存储和运算效率、节约运营成本的技术手段，而是成为全面推动商业银行的数字化转型过程、拓展商业银行业务模式与边界的关键方法。例如，光大集团于2016年成立全资子公司光大科技有限公司，不仅作为光大集团的科技创新基础平台，而且负责投资成立光大云缴费科技有限公司，与中国光大银行形成双平台，构建"金融＋生活＋服务"的普惠生态系统。光大科技建设并运营的"光大云"重点打造"金融＋实业"的模式，不仅是光大集团实现数字化转型的重要基石，而且能够为全行业提供基础设施服务（IaaS）、通用平台服务（PaaS）、软件应用服务（SaaS）全栈式云服务。在构建完备的云计算基础架构和运营体系的基础上，"光大云"能够与人工智能、大数据、物联网、区块链、边缘计算等先进数字技术融合，提供全栈输出、符合金融监管要求的企业级金融云服务。中国建设银行则于2018年在金融科技战略拓维升级的过程中建设了具备新金融共享特征的行业云"建行云"，全面支持智慧金融和智慧生态业务的发展，为行业云数字化转型提供一站式解决方案。"建行云"不仅满足了中国建设银行运用数字技术提升自身运营效率的要求，也将基于云计算的多项产品和服务输出给缺乏数字化转型能力的中小银行，形成一种新的商

业模式并实现对行业的赋能。

（三）云计算技术应用于银行数字化的发展前景

随着数字技术的不断发展以及银行业务需求的不断变化,云计算在商业银行数字化的过程中具有广阔的发展前景。云计算将加速商业银行的业务创新过程、提升数据安全性、实现更高效的成本控制、强化灾备能力,并支持商业银行的全球化业务。未来,单一的私有云或公有云难以全面满足银行的数据隐私性和敏感性需求,混合云模式将能够提升商业银行的数据安全性与系统的韧性,兼顾成本效益与安全性。边缘计算、人工智能等数字技术与云计算的深度融合将进一步提升商业银行的服务效率,拓展业务模式。边缘计算能够帮助银行在更接近客户的位置处理数据,提升响应速度与客户体验,如在 ATM 等边缘设备部署数据分析;人工智能与云计算的融合还能够帮助商业银行实现精确客户画像、智能反欺诈检测等业务。此外,低能耗的云计算数据中心也将有助于商业银行获取绿色环保的计算资源,实现可持续发展。

三、商业银行数字化转型中的人工智能技术

（一）人工智能技术应用于银行数字化的基本特征

商业银行不仅满足了应用人工智能技术的先决条件,而且非常适配于人工智能技术的功能特征。一方面,人工智能技术具有数据驱动的特征,依赖大量数据进行学习、训练与预测,需要借助数据优化模型。商业银行存储的大量客户数据与交易数据能够为人工智能技术提供充实的数据基础。另一方面,人工智能技术的信息提取和预测分析功能能够广泛地适用于商业银行的各类业务模式,并通过与传统业务的深度融合催生新业态的形成。

（二）人工智能技术应用于银行数字化的具体实践

人工智能在银行数字化过程中的应用非常广泛,为了梳理具备代表性的应用场景,根据国务院 2017 年颁布的《新一代人工智能发展规划》所提出的智能金融概念,接下来着重介绍人工智能与商业银行业务深度融合形成的智能金融产品与服务。

智能支付是指商业银行利用人工智能技术,为客户提供便利、安全且个性化的支付体验的业务模式。智能支付依赖人工智能技术的深度参与,涵盖移动支付、无卡支付等多个领域。其中,移动支付是指客户通过银行 APP 或其他移动端应用快速完成消费、转账、缴费等支付活动。移动支付依赖生物识别、机器学习、自然语言处理等人工智能技术,实现身份验证以及接受语音指令。无卡支付则是指客户凭借手机或其他智能设备完成支付的过程,同样依赖图形识别、生物识别等人工智能方法。在此基础上,基于机器学习和深度学习的行为分析能够根据客户的交易习惯和支付行为识别异常并发出警报,从而实现反欺诈和风险控制,提升支付的安全性。基于支付数据的推荐算法还可以为客户提供个性化的支付推荐,从而提升客户的支付体验。

智能风控是指商业银行利用人工智能技术进行风险管理,从而提高风险识别、评估和响应的效率与准确性的风控方式。智能风控能够有效帮助商业银行降低信贷风险、市场风险和操作风险。就信贷风险管理而言,通过数据挖掘与机器学习的应用,商业银行能够在传统财务数据的基础上进一步发掘并利用非结构化数据,丰富评估借款人还

款能力和意愿的信息来源，进而训练信用评分模型，预测借款人的还款行为，从而提升信贷效率、降低不良贷款率、优化信贷风险管理。市场风险管理方面，通过综合自然语言处理和机器学习方法，商业银行能够分析市场数据和新闻信息，建立市场风险预测模型以评估潜在的市场风险，并进一步进行压力测试和情境分析，模拟不同市场条件下的情况并识别风险点。操作风险管理方面，人工智能支持的流程监控和合规监控能够帮助商业银行避免内部流程、系统故障或人为失误造成的损失。此外，人工智能技术能够在商业银行的反欺诈、反洗钱监控方面发挥关键作用。例如，基于图谱的复杂网络技术能够帮助商业银行建立反欺诈模型，实时识别并阻止欺诈行为，保障客户资产安全。

智能资产管理是指商业银行利用人工智能技术优化资产配置、提高投资决策效率、降低管理成本的资产管理方式。智能资产管理能够为客户提供更加精准高效且个性化的投资组合建议，提升客户的投资回报与体验。人工智能可以用于分析客户的历史投资行为和财务状况，从而建立全面的客户画像，识别客户的投资偏好、风险承受能力，并根据客户的投资目标提供个性化的产品推荐和投资建议。在此基础上，机器学习模型能够快速分析各类市场数据、预测未来市场趋势，帮助客户优化投资组合，降低投资风险并提升投资收益，从而帮助客户实现保值增值。

智能营销是指商业银行利用人工智能技术优化市场营销策略、提升客户体验，从而提高营销效率的营销模式。通过智能营销，商业银行能够精准识别目标客户并提升客户的满意度和转化率。智能营销首先依赖数据挖掘与分析方法，通过社交、消费、信用、金融交易等海量客户行为数据的处理，借助聚类算法等划分客户类别，并进一步生成个性化的客户画像。以此为基础，协同过滤和内容推荐算法能够准确地为客户推荐适合其需求的贷款、信用卡和理财产品等金融产品，并根据客户的实时行为和反馈动态调整，提升推荐的有效性和相关性，甚至能够基于对客户未来需求的预测提前推送相关产品与服务。此外，还可基于人工智能建立智能营销解决方案、构建智能营销系统，执行 A/B 测试以比较不同营销方案效果，并且优化营销资源的分配。

智能网点和智能客服是指商业银行借助人工智能技术提升服务质量和客户体验的业务模式。其中，智能网点是指结合人工智能和物联网等其他数字技术实现智能化服务和管理的银行网点，能够高效、便捷地满足客户的金融服务需求。在智能网点中，内嵌自然语言处理和机器学习技术的自助服务设备和智能顾问能够提高业务办理的便利性，提高网点运营效率。智能客服则是指通过聊天机器人和语音助手等方式提供的客户服务，能够全天候快速响应客户的需求。例如，基于自然语言处理技术的客服机器人能够与客户进行实时交流，处理常见的咨询问题，并根据客户数据提供个性化的推荐，甚至能够根据客户的反馈进行情感分析，调整服务策略。

（三）人工智能技术应用于银行数字化的发展前景

随着技术的不断发展，商业银行对人工智能的应用也将更加深化。2022 年，由 OpenAI 公司推出、搭载 GPT3.5 的 ChatGPT 横空出世，凭借强大的自然语言交互与多场景内容生成能力颠覆了人工智能领域的发展，使得具有大规模参数和复杂计算结构、由深度神经网络构建而成的大模型成为当今人工智能技术的主流。作为典型的知识密集型行业,银行业与大模型高度适配。大模型的广泛应用也将为商业银行创造显著的商业价值,拓展商业银行产品和服务边界(见图9.4)。目前,大模型已经在商业银行的产品服务、数据决策、风险管理、代码研发、办公管理、营销管理、渠道管理等多个业务场景实现落地应用。各商业银行也逐渐推出自主打造的大模型,如中国农业银行的 ChatABC、交通银行的交心大模型、平安银行的 BankGPT 等。随着数据安全瓶颈的突破以及对应用模式的探索,未来金融大模型将成为商业银行打造科技硬实力、强化生产力、实现价值创造和范式变革的关键。

图9.4 大模型在商业银行的应用示意图

四、商业银行数字化转型中的区块链技术

(一)区块链技术应用于银行数字化的基本特征

区块链是一种去中心化的分布式账本技术,能够安全、透明地记录并存储数据,实现财富价值的安全转移以及点对点交易。区块链通过加密技术确保数据的安全性与完整性,具有不可篡改性和透明性,广泛适用于商业银行数据结算、交易记录、数据共享等相关业务。区块链具有创建大型且低成本网络的能力,能够简化原有金融服务流程并缩短交易时间、降低交易成本,因而能够成为优化商业银行后台和构架的关键工具,以及金融产品和服务创新的基础。例如,图9.5展示了区块链在转账中的工作流程。

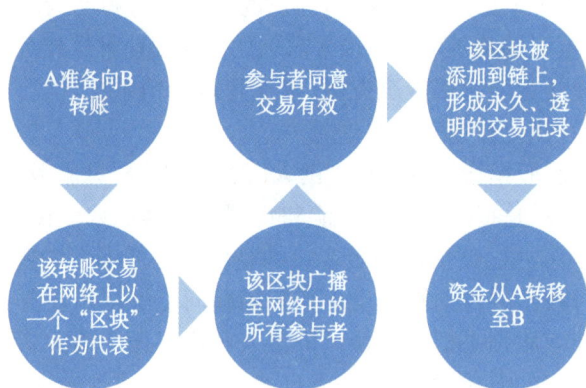

图9.5 区块链在转账中的工作流程

(二)区块链技术应用于银行数字化的具体实践

作为一种分布式记账方法,区块链技术在商业银行业务中的直接应用即支付和结算业务。例如,在传统跨境支付过程中,银行和清算机构等多个中介涉及其中,不仅存在较长的时间延迟,而且增加了所需的成本。此时,区块链的应用能够实现即时结算、减少中介以降低交易费用,并且能够追溯交易记录、跟踪交易状态。在此基础上,智能合约的设

计能够使得支付与清算在满足特定条件时自动执行,从而减少人为的错误或延误。以此为基础,区块链在银行业务的应用集中分布于贸易融资、供应链金融、跨境金融等场景。例如,中信银行、中国银行和中国民生银行等设计开发了区块链福费廷交易(blockchain for faiting transaction,BCFT)平台,作为银行业区块链贸易金融交易平台重塑银行间资产交易流程,提升了资产交易的效率和安全性。中国工商银行推出的"工银e信"网络融资金融服务平台提供了数字供应链融资服务,使得中国工商银行与核心企业通过平台、银企互联、网银等渠道进行电子化交易信息交互,为供应链上下游客户提供在线融资业务。此外,区块链还可以与资产证券化、智能证券等业务结合。例如,交通银行于2018年推出的区块链资产证券化平台"聚财链"实现了资产证券化项目信息与资产信息的双上链,重塑资产证券化业务的操作流程,有效提高了资产证券化产品运营的透明化、规范化和标准化程度,缓解了资产证券化业务在信息不对称、定价风险不匹配等方面的痛点,降低融资成本并提升了项目的运营效率。

(三)区块链技术应用于银行数字化的发展前景

区块链技术在商业银行数字化转型过程中的应用仍具有广阔前景。借助区块链的链式系统,资产托管、信贷等业务的效率、可靠性、实时性和自动性能够得到广泛提升。随着数字人民币的进一步推广,商业银行作为第二层的运营机构将承担数字人民币的流通和兑换服务。由于数字人民币的价值模式和智能合约功能等依赖区块链技术,商业银行对区块链技术的深入研发能够进一步强化其提供数字人民币相关服务的能力。

第三节　商业银行数字化转型的路径与策略

[专栏9-1]
商业银行数字化转型经济影响的有关研究

一、商业银行数字化的实现路径

商业银行的数字化转型是一个系统化的动态过程,从顶层设计的数字化战略出发,经过系统性重塑、数字化生态建设、业务技术融合、基础设施升级以及机制体制变革的探索与实践,逐步落实为数字化能力建设,进而实现业务经营模式的变革。在此过程中,商业银行需要因地制宜,根据自身经营特点和资源禀赋,结合产业政策与市场环境,选择合适的数字化转型路径。

根据2022年发布的《中国银保监会办公厅关于银行业保险业数字化转型的指导意见》,商业银行数字化转型的实现路径分为自上而下的三个层次:第一,战略规划与组织流程建设,包括数字化转型的战略制定、统筹推进以及组织架构和机制流程的改善;第二,业务经营管理的数字化实践,包括产业数字金融、个人数字服务数字化、金融市场交易业务的数字化、服务运营体系数字化等;第三,数据能力和科技能力建设,包括数据治理、管理、质控和应用,以及科技架构、科技管理和新技术的应用与自主可控。

(一)商业银行数字化转型的战略规划和组织流程建设

战略规划和组织流程建设是商业银行数字化转型的顶层设计,负责指引商业银行数字化转型的宏观方向。数字化转型并不是简单地将商业银行金融产品数字化,也不是单纯地对后台的信息技术更新换代,而是将数字技术和数据等新型经营要素与传统经营要素统筹融合并合理配置,需要调整原有的业务流程、组织架构和生产关系,从战略上实现数据和技术的应用由"支持赋能"向"价值赋能"的理念演变。因此,为实现数字化转型,商业银行的管理层首先需要认清数字经济与实体经济深度融合的发展趋势,理解数字中国建设的整体布局规划,把握商业银行在做好"数字金融"大文章中的重要地位,进而在战略层面塑造数字化的价值观。商业银行的决策层需要统筹规划并着力推动,数字化的执行层在明确的目标和规划下进行参与和共建,同时依赖保障层的协同调度和资源供给。数字化战略因而需要融入商业银行的整体发展战略规划,成为全行战略的有机组成成分,最终形成战略共识、全员共识。事实上,许多商业银行已经将数字化提升至战略高度。例如,中国工商银行着力打造"数字工行",实施"数字生态、数字资产、数字技术、数字基建、数字基因"五维布局。中国农业银行则制定了"推进数字化转型再造一个农业银行"的战略构想,力求以金融科技和业务创新驱动推进全面数字化转型。

为统筹推进数字化转型,商业银行的高级管理层需要建立数字化战略委员会或领导小组,形成专职或牵头部门,开展整体架构与设计。例如,中国工商银行在高级管理层中设立了金融科技与数字化发展委员会,与资产负债管理委员会、风险管理委员会等核心业务的负责部门并列;上海银行则在高级管理层中设立了金融科技管理委员会、金融科技部、数据管理与应用部等结构。可见,考虑到数字化转型对商业银行跨领域、跨部门、跨职能横向协作和扁平化管理的要求,传统商业银行灵活性较低的组织管理模式需要提升敏捷性,通过打破部门壁垒和数据孤岛的新型组织模式,实现组织变革,全方位调动、引领商业银行的数字化转型,加速数字化转型有效落地。

在提升战略高度、革新组织流程之余,引进和培养数字化人才同样是商业银行在顶层设计层面推动数字化转型的重点。商业银行不仅应当选聘具有科技背景的专业人才进入董事会和高级管理层,而且需要形成配套数字化转型的人力资源体系结构,重点选用掌握数据治理、模型算法、大数据、人工智能等专业领域知识并且了解金融业务的复合型人才。在加大科技人员引进力度的同时,还需要提高全体员工的数字化能力,通过工作人员的数字化转型实现金融业务与数字科技的深度融合。

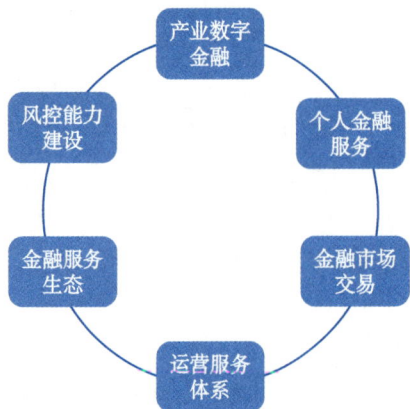

图 9.6 商业银行数字化转型在业务经营层面的六大方向

(二)商业银行数字化转型的业务经营管理

1. 产业数字金融

商业银行数字化转型的业务经营管理主要分为产业数字金融、个人金融服务、金融市场交易、运营服务体系、金融服务生态和风控能力建设六个方面,如图 9.6 所示。

立足于服务实体经济的重要使命,商业银行数字化转型需要积极发展产业数字金融,从而支持国家重大区域战略、战略性新兴产业、先进制造业和新型基础设施建设。为实现上述目标,商业银行需要打造数字化的产业金融服务平台,为重点项目、企业和产业链提供"一站式"的金融服务。

对公业务的数字化转型是商业银行数字化转型的重点与难点。在打造服务实体、产融一体化的数字公司银行的过程中,商业银行需要审视客户的关键需求点,借助数字化手段丰富自身供给能力,由功能单一的资金提供者转型为功能全面的资金整合者,形成以供应链金融和产业链设计一体化为特征的金融服务模式。其中,供应链金融的特征是从供应链各方需求出发有效整合信息和资源,设计紧贴企业需要的金融产品,并实现授信个体以及供应链整体的信用风险可控,这就依赖大数据、区块链、物联网和云平台技术的综合运用,通过数字化实现数据和资金的高效流转。例如,通过对线上关键业务数据的建模分析,全面刻画融资企业的主体信用、交易信用,高效识别融资客户,降低业务办理的难度与成本,加速贷款的审批流程,及时满足企业的融资需求。在此基础上,通过整合企业之间的物流、商流、信息流和资金流,实现贷款资金去向的把控以及贷后质押物的管理,透明、可视化地监控交易过程。同时,借助区块链技术,将债权凭证、合同、发票、付款信息等关键数字上链,为各参与方提供共享的区块链数字凭证,节省商业银行的尽职调查和审核成本,节约业务边际成本,提升贷款效率。贷后还款方面,区块链提供的智能合约技术还有助于自动化的资金清分,帮助商业银行追踪资金流向,监督企业按约还款。

以中国银行江苏省分行在产业数字金融方面的数字化转型为例。"十四五"期间,江苏省提出重点打造 16 个先进制造业集群、50 条重点产业链。为此,中国银行江苏省分行启动了"1650"产业链项目,通过数字化转型实现跨部门、跨层级的数据信息共享和流程互联互通,从授信、国内结算等多个角度挖掘客户需求,并协助基层机构进行精准营销、客户洞察、产品推荐和权益管理。当产业链上某企业面临加急的跨境履约保函业务需求时,银行数字化转型通过多渠道与机构的快速联动完成了保函开立。

2. 个人金融服务

进入数字社会,传统银行线下网点提供金融服务的模式已经无法满足居民的需求。商业银行需要利用科技手段开展个人金融产品的营销和服务,拓展线上渠道,丰富服务场景,提升客户体验,实现对客户需求的洞察,推动弥合数字鸿沟。

零售银行经营理念的核心是以客户为中心,要求商业银行通过数字化技术实现营销能力升级、渠道开放融合、财富管理智能化以及对消费金融场景的覆盖(见图 9.7)。面对数字化背景下愈加多样化的客户需求,商业银行需要提高服务质量以实现获客、活客,这就依赖数字化营销模式的创新。通过基于大数据和人工智能的精准营销方案,商业银行能够实现客户群体的细分以及产品推荐的精确匹配,从而实现对客户的有效触达、识别、交互以及反馈。为实现精准营销,商业银行需要打破固有的传统经营思维,将经营模式由产品和账户为中心向场景和客户为中心转变。通过对客户数据的管理和分析,联通各部门各领域的数据资源与技术资源,提升客户洞察能力,并将其向应用场景转化。同时,通过建立裂变驱动的获客模

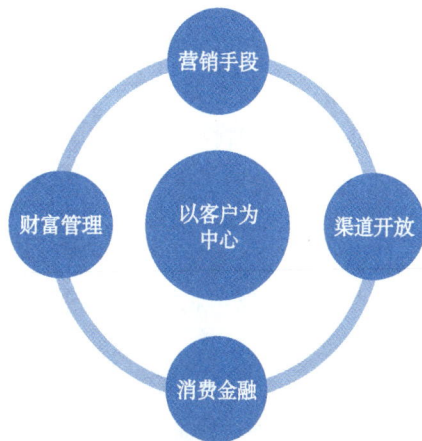

图 9.7　商业银行打造数字零售银行的四个要点

型，打造裂变营销模式，提升垂直客群的活跃度，提升客户触达量。还可以开展全域营销，基于数据智能打造全渠道、全链路、全媒体的营销技术，以客户需求为中心进行渠道体系建设，线上线下并举，构建一站式的服务开放平台。

在金融科技企业的冲击下，商业银行也无法避免地需要面对场景渠道的开放。拓展开放渠道不仅是商业银行实现供给侧结构性改革的关键，也是组织管理变革和业务发展的抓手，开放银行就是最突出的实例之一。开放银行是指商业银行打破原有封闭的渠道与生态，通过积极与各平台开展合作，实现产品和服务的广泛嵌入，从而将自身金融服务融合于各种场景。此时，零售银行业务不再是简单的存款、贷款、汇款服务，而是全面渗透于客户生活场景的广泛服务。银行也不再局限于提供金融服务的实体机构，而是成为嵌入各种场景和渠道的金融服务提供商，即"无处不在的银行"。进入渠道开放的时代后，商业银行竞争的不再是线下网点的服务质量，而是数字化的服务场景。能够提供更加丰富的应用场景、更加优质的客户体验的商业银行就能够占据市场优势，跨业态构建场景化生态也就成为银行业的全新竞争点。为此，通过 API、软件开发工具包（software development kit，SDK）等技术手段实现商业银行与外部平台的数据共享，能够打破商业银行原有的服务边界，提升金融服务能力的开放性，融入客户生活交易场景并拓展自身的获客渠道与用户黏性。目前，商业银行的开放模式更多体现为由商业银行提供开放银行的平台以及相应的解决方案与开放服务，将银行的产品、服务乃至技术输出至第三方平台，实现对合作伙伴的金融赋能。商业银行实现渠道开放和场景金融的另一个例子是手机银行 APP。随着商业银行数字化转型程度的逐渐提升，其手机 APP 也不再局限于线下网点业务的线上延伸，而是由数据和技术驱动，兼具用户行为分析、智能营销等功能，能够全面服务移动支付、个人金融、生活服务、电子商务乃至社交属性等多种功能的超级 APP。通过对手机 APP 定位的转变与突破，商业银行能够进一步实现个人金融服务在渠道开放方面的数字化转型。

消费金融是指为居民个人提供消费贷款的金融服务，也是助力提振消费、践行金融服务实体经济的重要内容。在利率市场化和净息差收窄的背景下，消费金融在商业银行业务版图中也占据了重要的地位。在传统模式下，商业银行与金融科技企业各自存在弊端。商业银行拥有客户信息但留存效果不佳，金融科技企业则缺乏稳定的资金支持。受益于大数据和人工智能支持的信用评级和风控体系，商业银行与金融科技企业在消费金融领域的跨业态合作成为可能。二者可以通过互通客户、资金和风控技术等多种形式展开合作。其中，客户合作模式是指金融科技企业可以基于自身的客户和数据资源为商业银行推荐潜在客户，商业银行则为客户提供消费金融服务，并向金融科技企业支付营销和获客费用；资金合作模式则是指金融科技企业在持有消费金融公司牌照的前提下与商业银行进行联合授信与放贷，约定出资比例和风险分担方式，解决资金不足的短板；风控合作模式是指金融科技企业凭借自身技术优势为商业银行提供数据分析、风险建模、贷后管理等风控服务。

财富管理是指根据客户的财务状况、风险偏好和投资需求为客户提供现金、信用、保险、投资建议等系列金融服务，帮助客户实现自身财富的保值和增值。自 2013 年余额宝推出以来，互联网理财产品已经极大地改变了居民理财的习惯，驱使居民理财需求朝线上化转移。因此，商业银行也必须改变原有财富管理的线下服务模式，通过运用大数据、人工智能等数字技术实现财富管理服务的智能化与个性化，主要包括智能投顾和智慧服务两个方面。其中，智能投顾是指基于客户的风险偏好、投资期限、预期收益等偏好特征，结合理财产品池中不同资产的特点形成投资组合，实现定制化的资金管理和投资建议服务。智能投顾的核心逻辑即通过智能技术将客户需求与产品特征匹配。智能投顾内嵌的数字技术降低了投顾服务的成本，相较于传统投资顾问提供的服务门槛更低，覆盖面更广，服务的获得也更加便利，这使得财富管理服务不再是高净值客户的专享。智慧服务则是指数字技术对商业银行服务功能的赋能。例如，基于自然语言处理技术的智能语音系统能够承接用户客服功能，满足商业银行的用户咨询、电话推销等业务需求。智能语音机器人能够取代原有高成本、难以实现全天候的人工客服，不受工作场所和工作环境的限制，提升客服的效率和稳定性。

3. 金融市场交易

为实现金融市场交易业务的数字化，商业银行需要强化线上交易平台的建设，建立前、中、后台协同的数字化交易管理体系，提升投资交易的效率和风险管理的水平。在近年宏观经济环境和金融科技企业进入的背景下，商业银行的客户竞争加剧，净息差持续收窄，交易银行业务成为商业银行的突破口与增长点。

交易银行泛指商业银行围绕客户交易行为开展的一系列金融服务，包括资金结算、现金管理、贸易融资、供应链金融等。交易银行业务的数字化转型则依赖于针对大量交易数据的集中统一管理，通过数字技术实现对交易数据的识别、整合以及监控。与此同时，还需要进行交易银行业务的数字化渠道建设，通过企业网上银行、企业手机银行等提升客户的服务体验，为企业客户提供轻量、便利、高效、一体化的金融服务。

交易银行的数字化转型主要包括打造产品工厂和构筑圈链金融模式两种发展方向。为了避免同质化竞争，满足企业客户对金融产品的灵活性、操作便利性和体验感的要求，商业银行在交易银行业务方面提出产品工厂的概念。产品工厂是指对金融产品的各类条件和规则进行参数化定义，然后按照特定的功能进行模块化封装，最终根据客户的具体需求进行实际配置的创新模式。借鉴工厂生产产品的逻辑，商业银行通过产品建模，从银行视角设定产品的分类结构、产品组件和产品条件。以交通银行的产品工厂为例，其产品工厂包括七个层级。第一，产品线是银行的业务线，它独立于组织结构、客户细分和渠道。第二，产品组是对每个产品线下业务性质类似的基础产品的分组。第三，基础产品由一组具有相似服务功能和业务处理规则的可售产品聚类而成，包含聚类可售产品所有可能的特征。基础产品可实例化为产品模板、可售产品或能力模块。第四，产品模板是基础产品的部分产品组件和产品条件的集合，以对基础产品进行更加精细化和差异化管理。第五，产品组件是产品特征相同或相似的产品条件的分组。第六，产品条件表达产品对金额、利（费）率、期限、数量等业务特征的限制规则。第七，可售产品是银行独立对外进行销售和经营，能够创造收益的金融产品或服务，可售产品为基础产品的实例化。产品工厂的逻辑架构则自下而上分别为数据层、应用层与渠道层。数据层负责将数据模型与各类基础数据、权限数据持久化保存，引入缓存机制，存储高频查询数据；应用层则基于命令查询职责分离（command query responsibility segregation，CQRS）模式，区分可售产品的配置态与运行态，对外服务由网关或中继统一管理；最终渠道层接入行内桌面端与移动端，直接服务企架项目业务系统。同时拓展第三方渠道。产品工厂为产品创新提供端到端、一体化的解决方案,丰富了前线展业人员的工具箱,提升了商业银行快速响应客户差异化需求的能力。图9.8展示了交通银行烟台分行的产品工厂流程。圈链金融则是指商业银行不再局限于对企业、个人或政府的一对一合作,而是形成链与块合并的网状金融生态。通过打造共享平台,构建金融服务生态圈,为客户提供一站式服务。在此基础上,通过数据交流、共享与合作方共同发掘数据价值,进一步实现风控和科技的合作互通。

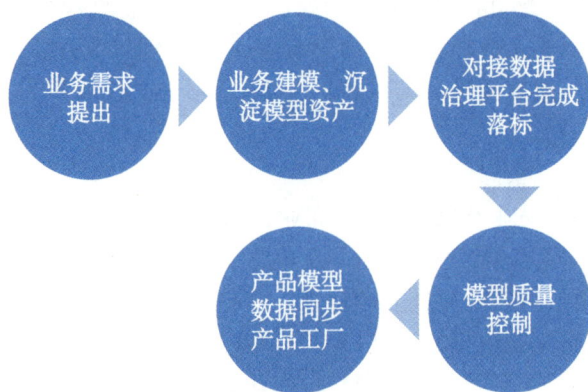

图9.8 交通银行烟台分行产品工厂的流程

4. 运营服务体系

构建数字化的运营服务体系是指立足于中台的视角,提升商业银行服务内容运营、市场活动运营和产品运营的水平,促进场景开发、客户服务与业务流程适配融合,加强业务流程标准化建设,提高商业银行数字化经营服务能力。

线上运营是维持用户流量、实现利润转化的关键。借鉴互联网金融的运营模式,通过建设数字化的运营服务体系,商业银行能够实现流量资产、数据资产和品牌资产的融合建设。以手机APP作为核心阵地,完成从获客、活客向价值的转化。数据在商业银行的数字化运营中发挥了关键的作用。打造数字化运营服务体系提出了全面、高效、智能和便捷的用数需求,商业银行因此需要构建开放共享的智慧数据体系。在客户洞察的基础之上,通过客户数据标签进行客服分群分类,进而围绕客户的全生命周期管理,为不同阶段和不同特点的客户匹配不同的运营策略。例如,中国工商银行围绕感知、目标、成本、决策、执行和反馈六个阶段实现运营的全流程闭环管理,打造了企业级的数字化运营平台,支持运营人员通过统一的工作台入口开展各业务线条的运营工作。广发银行则构建了包括"看、用、评、治"四个环节迭代循环的数据运营体系,实现数据价值的循环。

5. 金融服务生态

作为金融市场的核心支柱,商业银行肩负着构建安全高效、合作共赢的金融服务生态的使命,不仅需要创新服务场景、丰富金融服务产品与渠道,还要建立面向开放平台的技术架构体系和平台管理机制,对金融服务价值链中的关键活动进行有效协调与管理。

商业银行通过数字化转型打造金融服务生态的具体业务前文已经介绍过,下面主要强调场景金融服务和金融服务生态的理念。场景金融是指将金融服务融入各类生活场景,实现金融服务的场景化定制。其核心特征是保证金融服务直接、准确地对接客户的需求。金融服务生态则是商业银行与第三方企业合作,全方位提供金融产品服务的模式。商业银行以服务国家重点战略规划、产业升级和社会民生作为转型的出发点,以金融服务为核心,以场景生态为切入点,打造开放银行体系,推进金融服务生态各参与方的优势叠加与互相赋能。

API 输出是商业银行金融服务数字化转型、实现生态开放的初始形态。商业银行将资金结算、商户运营、收单等金融产品通过建设 API 开放平台的方式实现与场景的快速连接,进而构建无界融合、优势互补、开放共赢的金融生态,全面覆盖社交、财务、生活、出行、电商等生产生活场景,即金融业务的场景化融入。针对合作方数字能力不足的情况,商业银行还可以依靠 SaaS 场景引入,发挥自身技术能力优势,围绕农业、教育、政务等领域搭建数字化场景共建的金融云平台,联合合作机构实现开放、合作、共赢的金融生态圈。在 SaaS 引入场景方式下,由商业银行主导场景和生态建设,有利于商业银行实现较高的业务掌控能力。对于数字化能力较强的大型商业银行而言,可以采用 API 输出与 SaaS 引入相结合的模式:一方面,结合自身客群和业务特点在特定细分领域构建场景平台,引入其他合作伙伴,共建服务客户的丰富金融生态;另一方面,可以搭建银行共建、银企共建的技术平台,实现更加广泛生态场景的链接,进一步扩大服务范围。

6. 风控能力建设

数字化技术能够极大地提升商业银行的风险管理能力。通过建设与数字化转型相匹配的风险控制体系,搭建企业级风险管理平台,优化风险管理系统,并将数字化风控工具嵌入业务流程,有助于商业银行提升风险管理和监测能力。

商业银行需要围绕金融的本源,把握风险的本质,借助数字技术统筹推进数字化风控体系的建设。随着经济运行机制日趋复杂、各类风险的传染更加迅速且隐蔽,商业银行风险管理的精准性和敏捷性均面临着较高的要求。此时,通过数字技术在商业银行风险管理过程中的应用,能够实现风控的数字化和智能化,不仅在表层强化数据应用和系统建设,还能够深刻实现商业银行风险管理模式的变革。数字化风控体系的建设依赖风控理念、数据资源、科学决策、智能驱动和生态协同五个要点。第一,商业银行需要确立数字化风控的理念,明确客户思维、数字思维、敏捷思维、创新思维和生态思维。第二,商业银行需要以数据为本,高度重视数据在数字化风控中的基础作用,夯实数据基础,优化系统建设并强化数据赋能。第三,商业银行需要建立科学决策的风控机制,促进风险管理与数据的深度融合,统筹客户生命周期管理,把控信贷结构导向,强化关键管理要素的精确调节。第四,数字化风控能力的建设需要依赖智能驱动,推进模型和技术对各类风控场景的全面赋能,并不断推进新技术的交互与应用。第五,商业银行的数字化风控建设还需要实现生态协同,建立敏捷、交互、共享的数字化风控体系,不仅要对内实现敏捷型的风控组织变革,构建跨部门、跨条线的统一风控系统,还要对外实现与政府部门和监管机构的沟通协调。

数字化技术虽然能够极大地提升商业银行的风控能力,但不能独立保证商业银行的风险管理。商业银行在经营的过程中,同时承受着来自微观企业、中观行业和宏观经济三个层面的风险。数字化的风控体系能够提高商业银行对风险的反应和应对能力,但不能消除风险的根源。因此,商业银行数字化风险管理体系的建设也不应当忽视传统的风险管理观念与方法,还需要搭配合适的内部控制制度,形成综合、全面的风险管理体系。

（三）商业银行数字化转型的数据和科技能力建设

商业银行的数字化转型不仅是战略思维和具体业务层面的转型，也离不开数据能力和科技能力建设的基础支持。商业银行不仅需要健全的数据治理体系，提升数据管理、质控和应用的能力，还需要完备的科技架构和敏捷的科技管理体系，以及新技术应用和自主可控的能力。笔者将其概括为数字技术支撑体系，包括数字基础设施和组织架构两个方面。

商业银行数字技术支撑体系的基础设施是对数字技术能力的硬要求。商业银行的数字基础设施面向前台、中台和后台三个维度，需要实现前台业务的快速响应、中台业务的整合架构以及后台业务系统的开发运行。随着金融与数字科技融合的逐渐深化，商业银行的数字基础设施建设已经不再局限于传统的数据存储设施更新或计算机软硬件的升级，还包括全面上云以及分布式核心系统的建设。云平台的建设使得商业银行数据处理能力和业务运行的敏捷性进一步提升，而且强化了银行数字基础设施的系统可扩展性与稳定性，在数据与科技能力建设方面成为商业银行数字化转型的底座。从传统科技架构向云架构转化的过程能够打破系统与系统之间的壁垒，实现新业务和新想法的快速组装与验证。在金融生态化的理念下，随着开放互联与跨界合作成为银行业务发展的主流趋势，云平台的建设不仅满足了商业银行自身的需求，还能够为外部金融机构和企业提供金融解决方案。通过对 IaaS、PaaS、SaaS 等智能架构体系的整合与构建，能实现行业性质的数字基础设施打造。

商业银行数字技术支撑体系的组织架构是对数字人才运用的软要求。商业银行数据与科技能力的建设离不开能够有效发挥数字化人才作用的组织架构。根据自身禀赋条件，商业银行可以考虑设立金融科技子公司，作为整体集团或银行数字化转型的先锋。例如，兴业银行于 2015 年成立金融信息服务公司"兴业数金"，在发展金融行业云服务的同时为兴业银行提供信息科技支持。相似定位与功能的金融科技子公司还包括招商银行的"招银云创"、光大银行的"光大科技"、中国建设银行的"建信金科"、中国民生银行的"民生科技"、北京银行的"北银科技"、中国工商银行的"工银科技"以及中国银行的"中银金科"等。上述金融科技子公司的业务定位各有侧重，但都致力于服务母公司的数字化转型。商业银行还可以在治理结构中成立独立于其他业务线条的数字化转型组织，作为敏捷组织发挥数字化人才团队的作用，积极开展金融科技创新业务，并推进其他业务线条的数字化转型。从数字化人才的视角来看，兼具科技和金融能力的复合背景人才队伍对商业银行的数字化转型至关重要。通过建立扁平化的组织架构，提升团队协作的灵活性，能够更加有效地提升数字化转型的效率。

二、商业银行数字化的难点挑战

在进行数字化转型的过程中，各商业银行面临着一般性的或因禀赋不同而异质性的难点与挑战。商业银行面临的一般性的难点与挑战主要包括数字化转型理念是否先进以及数字化转型带来的新型风险。回顾商业银行数字化转型的行业背景，数字革命正驱动着金融行业组织形态和经营模式的变革。数字技术以及平台经济的发展使得经济关系通过虚拟空间高效连接，挑战了传统商业银行的实体组织形态。与此同时，区块链等技术发展催生的去中心化金融直接冲击了商业银行固有的中心化经营模式。去中心化金融拥有去中心化、使用便捷、高效、互操作性和开放透明五个方面的显著优势，代表着未来金融体系发展的一种可能性。在此背景下，商业银行数字化转型的战略必须具备一定的前瞻性，从更长远的角度考虑未来的发展前景，基于对未来行业发展方向的把握建立数字化转型的理念，而不是作为跟随者单纯地应用金融科技。数字化转型也给商业银行带来了新型风险。操作风险方面，随着开放银行模式下商业银行与金融科技企业合作的深度关联交互，来自合作方的操作风险容易传导至商业银行，需要建立相应的隔离机制。市场风险方面，由于智能风控体系下的风险模型依赖复杂的人工智能和大数据技术，模型验证的难度以及复杂性大幅提升，使得风控模型应用的不确定性上升。信用风险方面，金融科技导致的业务效率和模式变化可能使得商业银行忽视信贷市场中授信与监督环节的重要性，转向单纯的资金提供方，因而弱化了针对信贷的风险管理。技术风险方面，数字技术尤其是网络技术的应用渗透至商业银行业务的各个场景，带来了网络威胁、数据安全与隐私保护方面的隐患。

由于禀赋不同，大型商业银行与中小商业银行面临差异化的数字化转型难点。大型国有银行资金实力雄厚，科技实力强劲，在数字化转型的战略布局方面占据先机。然而，庞大的组织架构也给大型商业银行的数字化转型带来了运行机制不顺的问题。一方面，大型商业银行的数据与科技建设难以实现敏捷化，存在着大量的沉睡数据以及技术的断层或重合，形成数据孤岛以及业务重叠。另一方面，大型商业银行缺乏足够市场化的激励约束机制，原有考核机制具有层级化以及"论资排辈"的特点，这与数字化转型对效率的强调以及对创新的关注存在一定冲突。对于城市商业银行与农村商业银行等中小银行而言，其在资金、产品、客户、人才等方面的储备均不及大型银行。例如，受限于平台开发能力的限制，中小银行通常仅能够侧重手机银行的建设。在技术升级方面，也无法使用大型商业银行自研金融科技的模式，需要依赖金融科技企业的外包或者依托大型商业银行的开放平台，在组织架构上也无法像大型商业银行那样设立金融科技子公司。上述缺陷进一步体现为较弱的数据治理能力、风险防控能力和公共数据获取能力，使得中小银行面对行业的外部竞争压力时处于劣势地位。

三、商业银行数字化的应对策略

面对数字化转型的共性挑战，尤其是数字金融掀起的金融行业的业态模式变革，商业银行需要把握战略的制高点，跳出传统金融行业经营思维的窠臼，在理念上实现向未来银行的转变。与此同时，商业银行还需要格外注重数字化转型过程中的潜在风险。无论业务形式如何变革，商业银行的运行仍围绕着金融的本质，即信用、杠杆和风险。数字技术无法完全消弭金融风险，而是更有可能引发新型风险。因此，不应对技术的应用过分迷信，需要同时建立相应的风险防范措施。

面对数字化转型的异质性挑战，各商业银行需要因地制宜，发挥自身比较优势。大型商业银行拥有充足的资源禀赋与广阔的线下渠道，可以通过线上运营与线下布局相结合的方式，使得银行网点成为其数字化竞争的优势而非拖累，抢占线上线下一体化的先机。与此同时，可以凭借自身强大的资源整合和研发能力着力于行业级的业态创新与平台建设,实现行业层面而非个体层面的颠覆式创新,重新定义行业竞争的格局。这也是大型商业银行需要承担的使命与责任。与此相对,中小银行需要根据自身特征进行差异化发展。城市商业银行可能业务单一,所服务的领域相对局限,但这恰好有助于其针对细分领域进行业务创新与突破。农村商业银行则天然地具备数字普惠的特点,与当地中小企业紧密关联。可以聚焦普惠金融、乡村金融,致力于服务中小企业、村镇企业和当地居民,实现与其他银行的错位竞争,打造支持地方经济发展的金融服务体系,针对客户的需求实现小而美的金融服务方案。

第四节　商业银行数字化转型的案例分析

中国工商银行成立于1984年,致力于建设中国特色世界一流现代金融企业,拥有优质的客户基础、多元的业务结构,以及强劲的创新能力和市场竞争力。中国工商银行积极发展金融科技,加快数字化转型。通过紧密围绕国家战略和社会经济需求,切实发挥金融科技国家队的作用,积极打造领先的数字金融产品服务体系,为数字经济的发展贡献力量。本节介绍中国工商银行数字化转型的历程、策略以及特征等,作为大型国有商业银行的数字化转型的案例分析。

图9.9展示了中国工商银行的数字化转型发展历程。早在21世纪之初,中国工商银行就积极开展了信息科技的应用,主要体现为数据中心建设、综合业务系统推广以及ATM和POS机等自助设备为代表的电子化建设。2002年,中国工商银行完成数据集中工程,实现了中国金融系统数据集中的创举。通过将原有的36个数据处理中心集中为两个现代化的大型数据中心,实现了所有网点业务信息的标准化、规范化集中处理,有效提高了数据处理能力和运行的安全性。2003年,中国工商银行启动了安全生产运行工程以实施总控中心建设、数据中心灾备和海外分行数据集中,投产了功能银行系统,从而实现业务数据实时共享、实时异地交易处理等功能,并且陆续推出了现代化支付、外汇汇款、国际结算等电子银行系统。该阶段的数字化建设主要围绕信息科技体系建设、应用产品创新、信息化管理和信息系统安全建设等方面进行。自2006年开始,除上述信息科技建设外,电子银行、网上银行和手机银行逐渐成为中国工商银行数字化的重点关键词。2009年,中国工商银行的电子银行业务笔数首次超过全行业务笔数的50%。2013年以来,随着互联网金融的蓬勃发展,工商银行紧跟行业步伐,构建集支付、融资、交易、商务、信息五大功能于一体、线上线下互动的互联网金融体系,以"融e行"开放式网银平台、"融e购"电商平台、"融e联"即时通信平台和网络融资中心为主体,力求在互联网金融格局中刻下"e-ICBC"的互联网品牌。进入2016年,中国工商银行敏锐地认识到金融科技创新对银行经营发展和市场竞争格局的重要性,继续深化大数据和信息化战略,加快推动科技与业务的融合创新。2017年,中国工商银行积极探索区块链、人工智能、物联网、云计算等应用产品,组建创新实验室并推动IT架构转型。2018年,中国工商银行于高级管理层设立金融科技发展委员会,并将支持保障部门中的信息科技部更名为金融科技部。在2019年中国人民银行推出《金融科技(FinTech)发展规划(2019—2021)》后,中国工商银

行立即制定了自身的金融科技发展规划,成立金融科技子公司"工银科技",形成了总行金融科技部、业务研发中心、数据中心、软件开发中心、工银科技有限公司、金融科技研究院为核心的金融科技布局。同年,中国工商银行发布智慧银行生态系统 ECOS,构建了开放融合的跨界生态,成为国内最大的综合金融服务供应商。到 2023 年,数字工行建设加快推进,基本形成具有工行特色的数字金融服务窗口。中国工商银行数字化转型发展历程如图 9.9 所示。

图 9.9　中国工商银行数字化转型发展历程

资料来源:中国工商银行历年年报。

接下来以数字工行的品牌建设(见图 9.10)为例分析中国工商银行的数字化转型战略。数字工行(D-ICBC)中的字母 D 代表数字化的五个维度,分别是数字生态、数字资产、数字技术、数字基建和数字基因。截至 2023 年末,数字工行已经在客户服务、经营管理模式、业务支撑和数据支撑四个方面取得了卓越的成就。通过打造围绕数字民生、数字乡村、数字产业等重点场景的开放银行,数字工行的金融服务输出能力持续提升,开放银行

图 9.10　中国工商银行数字工行建设情况

资料来源:中国工商银行 2023 年年报(A 股)。

交易额突破 313 万亿元,手机银行月活跃客户达到 2.29 亿户,而且与头部平台跨界合作打造了八大生态、三大生活圈,为客户提供了沉浸式服务体验。经营管理模式方面,数字工行实现了柜面通主体功能搭建,研发了数字化的新型服务终端,提供网点业务远程现场一体化服务,推动网点向轻型运营发展,并推出了智慧办公平台以提升员工效率。业务支撑方面,数字工行的数字化产品日益丰富,着力提升企业财资管理一站式、综合化、数字化服务,面向大型集团、中小微企业、个体工商户、农户等不同客群提供多种数字化服务,部署大量数字化运营策略并推进风险管理智能化。数据和技术支撑体系方面,数字工行积极强化企业级中台数据建设,合规引用外部数据,凭借更加丰富的数据要素和数据服务模式驱动业务变革,同时推进技术架构转型和灾备保障体系的完善,深化数字员工建设。

[专栏 9-2]
工商银行基于人工智能技术驱动构建智慧运营体系

最后,选用中国上市公司协会《上市公司数字化转型典型案例》中的案例详细介绍中国工商银行在数字化转型过程中对人工智能技术的具体应用。

第五节　商业银行数字化转型的未来展望

在当前经济和社会发展运行方式因数字化而发生深刻变革的背景下,商业银行亟须对自己的角色和定位重新定义,借助金融科技实现业务模式的重塑,成为未来银行。未来银行将在形态、服务与技术三个方面与当前银行存在差异。

第一,未来银行将在形态上呈现无形化特征。通过先进金融科技以及对客户需求的深度洞察,未来银行不再以网点的实体形式存在,甚至手机银行或银行品牌的概念都将弱化,而以无摩擦、无所不在的嵌入式服务呈现于客户产生金融服务需求的任何时刻。

第二,未来银行的服务模式将以满足客户需求为核心目的。随着金融服务业态的变革,获得客户信任是商业银行借助数据实现价值创造的首要条件。通过围绕居民数字金融生活建立身份认同与场景延拓,商业银行能够与消费者建立互利互惠关系。在此背景下,消费者将更加青睐与其价值观一致的商业银行。例如,随着"Z 世代"逐渐成为银行的目标客户,对其个性鲜明的金融需求实现深入洞察的商业银行将更加能够吸引客户。

第三,未来银行的发展将以数字技术为核心驱动。金融行业的发展与变革往往与经济社会的科技进步共同演进。技术以及金融业态的演化日新月异、难以预测,但时刻把握科技的制高点能够帮助商业银行实现"以不变应万变"。

本 章 小 结

本章主要介绍了商业银行数字化转型的背景与动因、核心技术、路径与策略以及具体实践。背景与动因部分介绍了商业银行数字化转型的基本内涵、现实背景、驱动因素以及发展现状。核心技术部分详细介绍了大数据、云计算、人工智能以及区块链在商业银行业务实践当中的应用。路径与策略部分介绍了商业银行数字化的实现路径、面临的难点挑战以及相应的应对策略。案例分析部分介绍了中国工商银行数字化转型的历程，并介绍了其智慧运营体系的详细情况。未来展望部分展望了商业银行数字化转型的发展。

基 本 概 念

商业银行数字化转型　金融业态　场景金融　开放银行　零售银行　交易银行　智能风控
智能支付　智能投顾　智能营销　智慧网点

思 考 与 练 习

1. 商业银行数字化转型具有哪些现实意义？

2. 商业银行数字化转型的实现路径是什么？

3. 商业银行数字化转型的核心技术包括哪些？

4. 商业银行数字化转型主要体现在哪些业务或场景？

5. 商业银行数字化转型面临着哪些难点与挑战？

6. 商业银行如何通过数字化转型在未来的数字金融发展中占据先机？

7. 结合中国工商银行数字化转型的案例，总结商业银行数字化转型的具体思路，并谈谈你的看法。

8. 结合数字货币的相关概念，分析数字货币的使用如何影响商业银行的运营效率。

9. 分析中央银行在商业银行数字化生态建设以及监管方面的潜在功能及相关措施。

参 考 文 献

1. 蔡卫星,林航宇,张勋,等.芳林新叶催陈叶:数字金融发展与银行网点退出[J].经济学(季刊),2024,24(4):1191-1207.

2. 丁鑫,周晔.数字化转型与银行信贷配置——基于银行贷款投向实体经济的视角[J].数量经济技术经济研究,2024,41(3):193-216.

3. 邱晗,黄益平,纪洋.金融科技对传统银行行为的影响——基于互联网理财的视角[J].金融研究,2018(11):17-29.

4. 王义中,等.数字金融:改变与重构[M].杭州:浙江大学出版社,2024.

5. 谢绚丽,王诗卉.中国商业银行数字化转型:测度、进程及影响[J].经济学(季刊),2022,22(6):1937-1956.

6. 杨农,王建平,刘绪光.商业银行数字化转型:实践与策略[M].北京:清华大学出版社,2022.

7. 余明桂,马林,王空.商业银行数字化转型与劳动力需求:创造还是破坏?[J].管理世界,2022,38(10):212-230.

8. 赵家琪,江弘毅,胡诗云,等.数字普惠金融下的小微信贷与风险——基于银行数字化转型的视角[J].经济学(季刊),2023,23(5):1686-1703.

9. 中国上市公司协会.上市公司数字化转型典型案例[EB/OL].(2022-08)[2025-04-06].https://www.capco.org.cn/pub/zgssgsxh/hyzl/szhzxal/index.html.

第十章

证券业数字化转型

学习要求

1. 了解证券业数字化转型的背景和动因。
2. 了解证券业数字化转型的目标、发展路径和核心技术。
3. 了解和掌握证券业数字化转型的维度及其内涵。
4. 了解证券公司在各个维度的数字化转型方向与实践。

本章导读

数字经济已成为中国经济增长的重要驱动力,大数据、人工智能、区块链、云计算等技术加速创新,深度融合于金融领域。证券业作为金融市场的重要主体,亟须跟进技术创新提升优化证券服务能力,推动数字化转型逐渐成为证券业高质量发展的着力点。本章将梳理证券业数字化转型的背景、动因、发展路径及核心技术,具体展示证券业数字化转型的维度,旨在为读者提供全面视角,以对证券业数字化转型有基本的认识,并在未来的研究和实践中有效应对相应的机遇与挑战。本章共分为五节。第一节主要介绍证券业的发展背景、证券业数字化转型的提出及其内涵。中国的证券行业起步较晚但发展很快,市场、业务、主体都经历了迅速的变化,证券业长期粗放经营,行业竞争加剧,出于高质量发展的需要,在党和政府的引导下,证券业开始了全面的数字化转型。第二节主要介绍证券业数字化转型的目标、路径和核心技术。证券业明确"融入产业、走进客户,提供精准、高效、便捷服务,实现集约化、平台化、数字化运营"的总体目标,立足由战略规划到应用、技术、数据、生态多层面的发展路径,借助大数据、云计算、人工智能等技术开展数字化转型。第三节和第四节聚焦证券业数字化转型的九个维度。其中,第三节介绍数字化技术在证券业的证券交易业务、财富管理业务、投行业务与资管业务中的应用,第四节介绍证券业在数字化治理、数据管理、数字化基础设施建设、网络和信息安全、经营管理数字化、产品和服务数字化、内控体系数字化以及可持续化发展基础维度的发展方向和实践。第五节是案例分析,供读者学习讨论。

第一节　证券业数字化转型的背景与动因

一、中国证券业发展历程

证券是指各类记载并代表一定权利的法律凭证,按其所代表的权利有股票、债券、投资基金等分类。证券业则是为证券投资活动服务的专门行业,中国证券业的组成部分有:①证券经营机构,包括证券公司、证券投资基金管理公司等,从事证券经纪、证券保管与承销、证券自营、证券管理等业务;②证券交易所,为证券集中交易提供场所和设施;③证券登记结算公司,为证券交易双方提供股票过户、资金清算服务;④作为主管部门的中国证券监督管理委员会。

(一) 萌芽阶段(1980—1991 年)

1978 年党的十一届三中全会作出改革开放的决策以来,证券业伴随经济金融体制改革获得了前所未有的发展。1981—1985 年,国债、股票和企业债券相继开始发行。为了推动证券市场的发展,中国人民银行决定成立一批证券公司,负责经营国债、企业债券和股票等证券。1987 年,全国第一家证券公司深圳经济特区证券公司成立;1988 年,在中国人民银行牵头下,各省(区、市)证券公司纷纷成立。证券交易场所方面,上海证券交易所和深圳证券交易所于 1990 年 11 月和 12 月先后成立。

(二) 起步阶段(1992—1998 年)

1992 年初,邓小平提出市场经济改革发展方向,肯定了"证券""股市",提出"坚决地试",为中国证券业发展奠定了理论和政策基础。同年 12 月,出台《国务院关于进一步加强证券市场宏观管理的通知》,这是证券市场管理和发展的第一个系统性指导文件。

在这一阶段,以上海、深圳证券交易所为基础,股票市场的发行审批、交易、托管等制度设计快速完善,全国证券交易自动报价系统(Securities Trading Automated Quotations System,STAQ)、全国电子交易系统(National Electronic Trading System,NET)等场外交易场所受到了集中整顿。债券市场方面,中央国债登记结算有限责任公司(简称中央结算公司)于 1996 年设立,承担国债和国内其他债券的统一登记、托管和结算职能,改善了债券市场秩序。1997 年 6 月,中国人民银行要求各商业银行撤出交易所债券市场,所持债券由中央结算公司负责登记托管结算,银行间债券市场自此成立。监管方面,1992—1998 年,逐步确立了中国证监会对全国证券和期货市场的监管职能。

证券从业机构方面,1992 年国泰证券、华夏证券和南方证券三大证券公司的成立标志着全国性证券公司开始兴起;1998 年 3 月 23 日,首批规范后的证券投资基金面世。截至 1998 年底,全国有证券公司 90 家,营业部 2 412 个,证券投资基金公司 6 家。在这一时期,证券公司的业务集中于经纪业务,业务规模也较小,客户集中程度较高,高收入群体占据很大一部分比重,高额的固定费率和高佣金成为证券公司最主要的收入来源。

(三) 快速发展阶段(1999—2013年)

1999年7月1日,《中华人民共和国证券法》(以下简称《证券法》)正式实施,中国证券业开启法治化进程。随着中国经济进入高速增长阶段,证券业也迎来了空前的发展机遇。2004年先后出台《国务院关于推进资本市场改革开放和稳定发展的若干意见》("国九条")和《国务院关于进一步促进资本市场健康发展的若干意见》("新国九条"),为资本市场发展明确了方向,奠定了制度基础。

股票市场方面,2005的股权分置改革解决了可流通股和非流通股的制度性矛盾,中国股票市场进入全流通时代。2009年10月,中国的创业板市场在深圳证券交易所正式启动。2012年7月,国务院批准设立全国中小企业股份转让系统("新三板")并开展试点,2013年1月正式揭牌运营。债券市场方面,2003年以后,随着政策性金融债、金融机构债、短期融资券、中期票据、企业债等快速发展,银行间债券市场已经成为中国债券市场的核心构成部门。由此,中国债券市场形成了由银行间市场、交易所市场和商业银行柜台市场共同构成的市场体系。

在这一时期,随着资本市场架构的快速完善,证券经纪业务的服务类型、服务对象也得到了很大扩充,证券公司的业务范围不断扩展,在传统经纪业务、股票承销和证券自营等业务的基础上,证券公司还可以开展回购、私募股权投资、融资融券等业务。同时,由于证券市场统一监管体制的基本形成,以及《关于调整证券交易佣金收取标准的通知》《关于进一步规范证券营业网点的规定》《证券经纪人暂行管理规定》等相关规范性文件的下达,证券从业机构开始重视风险管理和合规经营,业务逐渐规范化。

(四) 改革创新发展阶段(2013年以后)

这一时期的重要工作包括两大方面。

第一,进一步推进证券市场对外开放。"沪港通"和"深港通"于2014年和2016年先后启动,境外投资者参与中国股票市场的条件和门槛进一步放宽。2017年,"债券通"启动,境外投资者可以借助香港金融基础设施互联互通直接参与中国银行间债券市场,在此背景下,自2018年起,中国A股公司开始被分批纳入摩根士丹利资本国际公司(Morgan Stanley Capital International,MSCI)中国指数及新兴市场指数;2019年以后,中国债券(主要是国债和政策性银行债)陆续被纳入彭博巴克莱、摩根大通和富时罗素三大国际债券指数,这标志着证券市场的开放程度和国际影响力显著增强。

第二,同步推进股票市场结构完善和注册制改革。2015年12月,全国人大授权国务院进行注册制改革,注册制改革有了明确的法律依据。2019年3月,上海证券交易所设立科创板并试点注册制,同年7月上海证券交易所科创板开市,首批25只股票上市交易。2020年8月,深圳证券交易所创业板改革并试点注册制。2021年9月,为支持中小企业创新发展,深化新三板改革,北京证券交易所设立并试点注册制,同年11月,北京证券交易所开市,新三板精选层71家挂牌公司平移至北京证券交易所。北京证券交易所上市公司由创新层公司产生,形成新三板基础层、创新层与北京证券交易所"层层递进"的市场结构。2023年2月17日,中国证监会发布并实施"全面实行股票发行注册制相关制度规则",证券交易所、全国股转公司、中国结算、中证金融、证券业协会配套制度规则同步发布实施,标志着注册制的制度安排基本定型,在中国股票市场改革发展进程中具有里程碑意义。

随着经济水平的持续增长和证券市场的成熟完善,证券业作为社会资源配置的重要领域已经取得了显著的发展成果。截至 2024 年 10 月 22 日,中国沪深交易所上市股票共 5 184 只,总市值超 83.9 万亿元人民币①;截至 2024 年 8 月,中国债券市场托管余额 167.9 万亿元人民币,其中银行间市场托管余额 147.3 万亿元人民币,交易所市场托管余额 20.6 万亿元人民币②;截至 2024 年 6 月 30 日,中国证券公司数量为 147 家,总资产 11.75 万亿元人民币,受托管理资金本金总额 9.27 万亿元人民币,2024 年上半年总营业收入 2 033.16 亿元,主营业务收入主要来自证券投资收益(826.20 亿元)、代理买卖证券业务净收入(464.45 亿元)和利息净收入(212.15 亿元)③。

中国经济进入高质量发展阶段以来,实体经济发展逐渐从量的扩张转向质的升级,从要素驱动转向创新驱动,证券业基于牌照、资本和渠道的粗放经营模式已无法满足高质量持续发展的需要。随着我国金融市场的进一步开放、投资者规模的扩大、证券公司的增多和新型金融产品的出现,我国的证券经纪业务不断受到多重外部和内部因素的冲击,行业间经纪业务同质化严重、佣金率不断下降、客户流失等一系列问题频繁出现,行业内部竞争逐渐白热化,证券公司亟须跟进技术创新优化业务模式、提升服务能力、加强风险管理。在这个背景下,依托人工智能、大数据、云计算、区块链等金融科技的数字化转型逐渐成为行业内部的着力点。

二、证券业数字化转型的提出

党的二十大报告提出,加快发展数字经济,促进数字经济和实体经济深度融合,打造具有国际竞争力的数字产业集群。"十四五"规划提出加快建设数字经济、数字社会、数字政府,以数字化转型整体驱动生产方式、生活方式和治理方式变革。数字技术成为新的发展引擎,数字经济成为中国经济增长的新动能,以数据和技术为要素的新型数字化模式越来越成为推动经济高质量发展的驱动力。

数字金融是数字经济的重要组成部分。大数据、人工智能、区块链、云计算等技术在证券行业应用成效显著,高效赋能实体经济。全面推动行业机构数字化转型既是助力证券行业高质量发展的内在引擎,也是更好服务实体经济和满足人民群众需求的重要举措。数字化转型对证券公司的经营方式、服务业态和商业模式进行全方位的科技赋能,在降低服务成本和提升行业效率的同时催化出更多数字化、智能化的新业态。近年来推进行业数字化转型的政策不断深化和落地,为行业数字化转型指明了方向。主要政策参考表 10.1。其中,2019 年中国人民银行发布的《金融科技(FinTech)发展规划(2019—2021 年)》首次从宏观层面对我国发展金融科技进行顶层设计和统筹规划,明确了金融科技发展方向任务和路径。2020 年,中国证券业协会发布《关于推进证券行业数字化转型发展的研究报告》,指出要加快出台行业标准,促进金融科技应用融合。2021 年,中国证监会发布《证券期货业科技发展"十四五"规划》,明确了"十四五"期间证券期货业数字化转型的基本思路和重点建设任务,是证券业数字化转型的纲领性文件。2022 年,中国人民银

---

① 数据来源:上海证券交易所、深圳证券交易所。
② 数据来源:中国人民银行。
③ 数据来源:中国证券业协会。

行在《金融科技(FinTech)发展规划(2019—2021年)》的基础上,印发《金融科技发展规划(2022—2025年)》,提出新时期金融科技发展指导意见,明确金融数字化转型的总体思路、发展目标、重点任务和实施保障。

表 10.1　数字化转型支持政策一览

时间	政策、文件	重点内容
2016 年 12 月	大数据产业发展规划(2016—2020 年)	支持电信、互联网、金融等信息化基础好的领域率先开展跨领域、跨行业的大数据应用
2017 年 6 月	中国金融业信息技术"十三五"发展规划	推动新技术应用,促进金融创新发展;深化金融标准化战略,支持金融业健康发展
2019 年 8 月	金融科技(FinTech)发展规划(2019—2021 年)	建立健全我国金融科技发展的"四梁八柱",进一步增强金融业科技应用能力,实现金融与科技深度融合,确定了六方面重点任务
2020 年 2 月	关于进一步加快推进上海国际金融中心建设和金融支持长三角一体化发展的意见	建立健全金融监管协调机制,完善金融风险防控体系,加强金融科技在监管领域的应用,牢牢守住不发生系统性金融风险的底线
2020 年 5 月	关于金融支持粤港澳大湾区建设的意见	支持粤港澳大湾区内地研究区块链、大数据、人工智能等创新技术及其成熟应用在客户营销、风险防范和金融监管等方面的推广
2020 年 5 月	关于加强科技金融合作有关工作的通知	加快实施创新驱动发展战略部署,完善科技创新投入和科技金融政策,进一步推动科技和金融深度结合,加强相关领域的科技金融合作
2020 年 8 月	关于推进证券行业数字化转型发展的研究报告	加快出台行业标准,促进金融科技应用融合。逐步建立完善人工智能、区块链、云计算、大数据等数字技术在证券行业的应用标准和技术规范,鼓励证券公司在人工智能、区块链、云计算、大数据等领域加大投入,促进信息技术与证券业务深度融合,推动业务及管理模式数字化应用水平提升
2020 年 11 月	中共中央关于制定"十四五"规划和二零三五远景目标的建议	构建金融有效支持实体经济的体制机制,提升金融科技水平,增强金融普惠性
2021 年 3 月	关于落实《政府工作报告》重点工作分工的意见	强化金融控股公司和金融科技监管,确保金融创新在审慎监管的前提下进行
2021 年 10 月	证券期货业科技发展"十四五"规划	阐明"十四五"时期证券期货业数字化转型和科技监管工作的指导思想、工作原则及工作重点,提出一批具有标志性、前瞻性、全局性、基础性和针对性的重大战略举措,为新发展阶段证券期货业数字化转型发展提供纲领性指南
2022 年 1 月	金融科技发展规划(2022—2025 年)	以加快金融机构数字化转型、强化金融科技审慎监管为主线,将数字元素注入金融服务全流程,将数字思维贯穿业务运营全链条,注重金融创新的科技驱动和数据赋能

（续表）

时间	政策、文件	重点内容
2023 年 6 月	证券公司网络和信息安全三年提升计划（2023—2025）	阐明 2023—2025 年全面提升证券公司网络和信息安全的指导思想、基本原则、总体目标、主要任务及实施路径。围绕国家关于网络和信息安全的具体要求，聚焦提升行业科技治理和信息系统架构掌控能力，聚焦防范网络和信息安全风险，明确六类 31 项主要任务要求，形成 32 项具体任务清单

三、证券业数字化转型的内涵

数字化转型的本质是借助大数据、云计算、人工智能、区块链等新兴技术，在数字环境中实现人员、组织、场景、事物的有效组织和协同，充分利用数据要素和智能生产力，提高企业竞争力。具体到证券公司数字化转型，其内涵包括以下方面：①构建全面的数字化业务能力。从传统线下为主的服务模式向多元场景、多元渠道的服务生态转变，借助数字化拓展服务边界、延伸服务半径，构筑客户综合服务生态圈。②聚焦经营管理，借助数字化手段实现中后台各领域流程互通、数字管理、智能运营等整体模式优化，敏锐捕捉市场和经营环境的变化，实现公司管理动态化、灵活化，充分释放中后台数字化价值与能力，快速响应新时代改革创新业务机遇，应对不确定性因素，提高市场竞争力。③进一步深化客户认知和协同服务。证券业以客户为中心的服务模式依赖对客户需求的深度挖掘和洞察，证券公司借助数字化手段，整合服务、营销、渠道等多要素，实现多线系统数据流通、线上线下断点打通，为客户提供精准化、个性化、全面化的服务。

第二节　证券业数字化转型的发展路径和核心技术

一、证券业数字化转型的目标

中国证券业协会发布的《证券公司数字化转型实践报告及案例汇编（2022）》指出证券公司数字化转型的总体目标是"融入产业、走进客户，提供精准、高效、便捷服务，实现集约化、平台化、数字化运营"，具体包括五个方面。

一是综合金融服务能力进一步提高。坚持"以客户为中心"，持续推动各项金融业务从线下转向线上，构建一站式金融服务生态，优化客户服务流程，改善客户体验，初步形成数字技术驱动的服务、运营和管理新模式，提升金融服务的灵活性和敏捷性，快速响应客户需求，增强服务实体经济能力。

二是客户个性化、数字化服务水平持续提升。坚定贯彻落实新发展理念，走专业化发展之路，优化客户触点，推动智慧网点转型，打造线上到线下（online to offline，O2O）的贯通服务，融合运用大数据、人工智能等新一代数字技术，构建精细化的客户画像，实现客户的精准识别与有效分类，为客户提供更优质的个性化和差异化服务。在投资者适当性管理、内容推送、产品推介、投资者教育和服务等方面实现"千人千面"。

三是行业集约化运作与全面风控水平显著提升。建立集约化运作观念，借助数字化手段优化业务结构、提高服务效率和强化风险管理，从而实现资本使用效率的提升。加强账户、清结算等基础设施建设，注重客户分层管理，持续强化风控能力和合规意识，显著提升智能风控、并表管理、智能决策等集团化全面风险管理能力。

四是内外部开放合作生态建设取得突破。在公司内部强化数字化治理，推进数字化组织保障、数字文化建设和业务管理部门应用与创新数字化工具和技术，建立统一的数据融合应用体系。行业间初步共建共享数据治理体系，推动建设行业生态开放的基础设施和公共服务平台，实现各领域专业能力开放合作，共同开展创新课题研究。

五是核心技术掌控和网络安全防护能力全面加强。各机构自主研发能力显著提升，基础设施、数据中台、交易技术等核心架构实现升级。坚持创新发展与合规风控并重，落实网络安全等级保护制度，持续完善信息安全体系建设，包括信息安全管理顶层设计、制度规范、组织机制等，探索构建行业共享的威胁情报中心、态势感知平台，全面提升网络安全的动态防御和主动防御能力。

二、证券业数字化转型的发展路径

数字化转型不仅是技术工作，还应当是技术与商业模式的深度融合，是一种迭代式、体系化、全面变革的过程。既要自上而下，以客户为中心，依托组织变革和文化建设，引导业务技术、管理能力提升，实现经营管理模式创新驱动业务模式革新；又要自下而上，以技术赋能为支撑，回归业务的本质进行优化与变革，构建数字协同生态，创造新价值。

一是制定公司级数字化转型愿景、目标及高阶蓝图。战略先行，谋定而动。清晰的战略规划是公司数字化转型取得持久成效的基础，包含转型愿景、战略目标、实施路径等内容。通过战略规划指明公司数字化转型的目标和方向，有助于公司各层面明确了解企业数字化转型方面的愿景、方向和目标，增强凝聚力，促进数字化转型目标的达成。战略核心目标建议专注于业务目标和组织能力提升。在设定业务目标时，建议在传统业务做强做大的基础上，要求注重新业务拓展，同时兼顾员工效能和成本收入比；组织能力提升方面，通过增加数字化人才和科技投入，全面打造决策层、推进层、执行层全面贯通的数字化组织体系，为数字化转型提供组织保障和技术支撑。

二是结合战略规划，聚焦应用、技术、数据、生态多个层面分阶段实施。为实现公司数字化转型的战略目标，需要聚焦重点项目工程，循序渐进，结合转型项目规划设计，在此基础上进行主体建设并展开常态化推动，将转型项目目标层层分解，分阶段、分职能确定行动计划，分批次施工，确保实施成效。

应用层面，证券公司实现数字化转型需要和互联网技术行业合作，以客户为中心，通过全面的数字化转型变革业务流程，优化客户体验，提升以客户为中心的营销和服务能力，包括实现综合化、一站式、体验佳的综合财富管理业务转型，推动人机结合、综合化、专业化的机构与交易服务能力重塑，构建数字化的投资管理能力。

技术层面，重点提升核心技术的自主掌控能力，实现核心系统升级和架构转型，主动深入信创技术研究，把握业务发展与创新的先发机遇，积极研究前沿技术，打造高质量数字化研发技术底座，强化核心能力中台，加大力度推动新型行业公共服务基础设施建设与应用,持续完善信息安全体系建设,全面提升网络安全防护水平,为建设数字化的业务模式提供强有力平台支撑。

数据层面,深入数据治理,提升多维度数据分析和应用能力。完善数据治理体系,包括健全数据治理制度、流程、工具,建立数据标准立标、贯标流程及规范,提升数据标准化管理及应用能力,建设数据质量监控及评价系统,构建数据全生命周期管理体系,健全数据运营和管控机制;强化数据分析能力,建设一体化、实时化、平民化数据分析平台,提供多层次、多形态数据自助式分析服务能力;加强数据安全防护,构建多层次的数据安全体系,明确数据采集、存储、计算、传输、应用、销毁各环节责任主体,完善数据使用权限管理机制,建立数据安全风险评估及突发应对流程。

生态层面,拓展内外部生态合作,获取持续竞争力和新业务增长点,实现高质量发展。推动各业务板块和中后台部门积极探索开放的举措,创设新产品,包装新服务,拓展新客群实现增量大幅创新;携手行业机构、金融同业、科技公司等持续开展行业内外的业务场景融合数据价值共享、技术能力互补等合作。

三是落实组织、人才、投入、工作机制等转型保障措施。组织与人才相辅相成,组织架构决定人才分工与协作,人才素质影响组织效率和发展。从数字化领导组织、推进组织、业务与技术融合团队、数字化转型关键人才等方面出发,使团队的协作更加系统化、规范化。科技能力是数字化转型的关键,是公司的核心竞争力,证券公司需要加大科技投入力度,以科技为桥梁实现公司能力的对外输出,切实做到业务数据化、数据资产化、资产价值化。同时配备高效的工作机制,进一步提升团队的工作效率;完备的转型项目沟通机制确保转型项目高效有序推进;追踪机制跟踪数字化转型项目执行进度、成果、问题和计划,并及时发现风险解决问题;考核机制紧扣公司转型方向,根据数字化项目的不同阶段,设定项目考核指标,并定期对项目进行考核。

中国证券业协会 2024 年 10 月发布的《证券公司数字化能力成熟度指引》总结和明确了证券公司数字化能力的建设方向,包括数字化治理、数据管理、数字化技术应用、数字化基础设施建设、网络和信息安全、经营管理数字化、产品和服务数字化、内控体系数字化以及可持续化发展基础九个维度。后文将从这九个维度介绍证券业数字化转型的方向与实践。具体地,第三节重点介绍证券公司业务中的数字化技术应用,第四节则集中介绍其余八个维度。

三、证券业数字化转型的核心技术

(一)大数据

证券公司业务涉及证券交易、资产管理、投资银行等多个领域,这些业务本身伴随着大量的交易数据、客户信息、市场数据等,为证券公司使用大数据技术提供了先决条件。大数据技术可以处理海量的数据,通过高效的数据收集和处理系统迅速提取有价值的信息,支持实时分析和计算,这对于需要快速响应的金融市场环境来说至关重要。目前证券公司对大数据技术的应用集中于证券投资分析。例如,证券公司可以应用大数据对海量个人投资者样本进行持续性跟踪监测,对投资收益率、持仓率、资金流动情况等一系列指标进行统计、加权汇总,了解个人投资者交易行为的变化、投资信心的状态与发展趋势、对市场的预期以及当前的风险偏好等,从而对市场行情进行预测。此外,大数据技术作为基础性技术,常与人工智能技术结合,被广泛用于财富管理、合规风控等领域。大数据技术被广泛应用的同时也对证券公司的数据管理能力提出了考验。

(二) 云计算

云计算是分布式计算的一种,指的是通过网络云将巨大的数据计算处理程序分解成无数个小程序,然后通过多部服务器组成的系统进行处理和分析,得到结果并返回给用户。证券公司主要利用云计算技术,构建覆盖公司全业务的数字化基础设施,包括数据中心、云平台、运维网络等。数据中心方面,出于业务连续性、容灾能力、访问速度等考虑,证券公司往往需要建立多个数据中心,而云计算技术能够帮助证券公司优化数据中心建设布局,实现“两地三中心”乃至“多地多中心”的数据层灾备管理,包括实时备份、异地备份、故障切换等功能,确保数据安全可用,同时还可以充分利用各地区差异化资源优化中心功能布局,整体上形成敏捷高效的数据中心资源架构。另外,基于云技术的云平台受到证券公司的青睐,通过不断提高信息系统设施云化率,推进云平台服务能力、资源弹性伸缩的升级,可以实现资源高效灵活管理,为构建灵活智能的中台、协同高效的云上办公以及金融场景创新等业务场景提供稳定高效的云底座。

(三) 人工智能

人工智能是证券公司赋能业务转型的核心技术,在证券投资、财富管理,合规风控、客户营销管理、日常运营等领域都得到了大量的应用。人工智能技术在证券投资领域的应用主要包括客户身份识别、量化交易、高频交易、市场参与者的情感分析、行业研究、自动化报告生成等;在财富管理方面则被广泛用于智能投顾,即利用人工智能算法,根据投资者风险承受水平、预期收益目标、投资风格偏好等需求,为投资者提供个性化的投资建议和资产配置方案;在合规风控方面,人工智能技术可用于客户交易行为监控、反洗钱管理等业务,防范客户异常交易行为的发生,提供更加快速、准确的合规管理;客户营销管理方面,证券公司可以借助人工智能技术实现客户画像,全流程开展精准营销和智能匹配,提供智能化、人性化营销服务,具备精细化、智能化客户关系管理能力;日常运营方面,机器人流程自动化(robotic process automation,RPA)技术得到了广泛应用,RPA 是一种基于软件的自动化技术,可以模拟人类操作计算机的行为,完成一些重复性高、规则性强的工作。证券公司基于 RPA 技术对重复性工作进行减负,大幅提高了工作效率,主要涉及智慧审计、财务对账、基础报表处理、数据稽核等方面。

第三节　证券公司业务数字化技术应用

一、证券交易业务

(一) 证券交易系统转型升级

中国的证券交易系统发展主要经历了三个阶段。

一是营业部分散柜台阶段。20 世纪 90 年代初,证券经纪业务以营业部为单位开展,每家营业部都有自己的证券交易系统,单独保存自己的业务数据。客户和柜员一般使用 DOS 无盘工作站访问后台 Novell 服务器上的 Foxbase 等小型数据库。粗放的管理模式导致修改客户结算数据、挪用客户保证金、伪造客户交易指令等风险事件。

二是大集中交易阶段。随着资本市场发展，原有营业部交易模式已经不能满足市场需求。2004 年左右，证券公司开始建设集中式证券交易系统，实现了交易的集中管理和控制。这一变革大大提高了交易效率，降低了运营成本，并有效减少了风险。交易系统开始分层，包括渠道层、通信层、应用层及数据层，系统架构上进行了一定程度的模块解耦，为下一阶段转型奠定了基础。

三是分布式交易系统阶段。随着证券公司业务品种日益丰富，交易量和交易频率大幅提升。传统核心交易系统已难以满足当前业务发展需求，构建适应全品种业务、高性能、高可用、安全可靠的新一代核心交易系统，已成为证券公司数字化转型和竞争力提升的关键。从 2018 年开始，集中交易系统逐步向具备分布式、内存化、低时延架构特性的交易系统转型，技术架构上也开始进一步解耦，交易系统进一步被拆分为交易、结算、资金、账户、运营、总线、运维等多个模块。原有集中交易系统基于传统的关系型数据库，交易延迟较高，在交易量不断攀升的情况下有并发限制。相较而言，分布式交易系统能够不断弹性扩容，更好地解决这些问题。

在分布式交易系统的基础上，关于新一代核心交易系统的转型升级方向，中国证监会在 2021 年发布的《证券期货业科技发展"十四五"规划》中提出"稳步推进国产数据库、中间件等基础软件的研究、测试、验证和应用试点"，在 2023 年发布的《证券公司核心交易系统技术指标》中规定了证券公司核心交易系统的技术指标，包括性能、可靠性、安全性、兼容性、可移植性、可维护性和功能性指标等。在此基础上，2024 年中国信息通信研究院联合多家券商和服务商共同编制的《证券核心交易系统现代化建设水平度量模型》正式发布，该模型从易伸缩、易扩展、低时延、高可靠、强可控五大能力域出发构建了一套量化标准，指导证券公司对核心交易系统进行优化与升级（见图 10.1）。

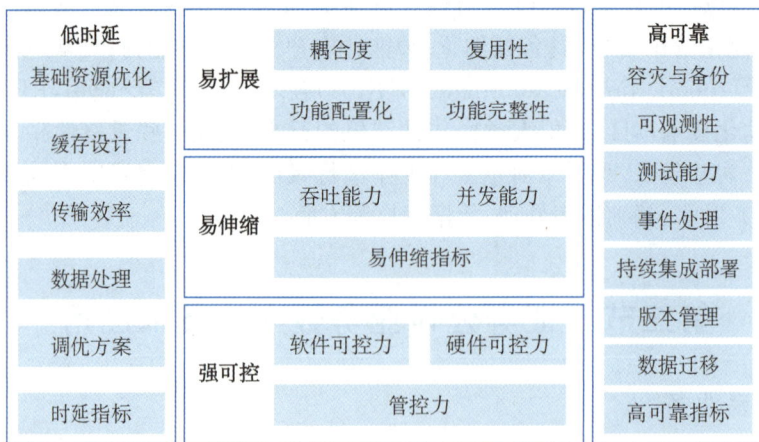

图 10.1　证券核心交易系统现代化建设水平度量模型

（二）面向机构的创新平台

针对公募基金、私募基金、保险、信托等机构投资者的不同投资需求，中国证券业协会在《证券公司网络和信息安全三年提升计划(2023—2025)》中提出,鼓励有条件的公司根据不同客户群开展核心系统技术架构的转型升级工作。目前已有证券公司针对不同类型的机构投资者建立相应的算法交易平台、融券交易平台、机构客户平台等。

智能交易平台在保证交易速度的基础上,通过建设算法交易因子库支持算法开发,为专业投资者提供功能强大、支撑有力、应用灵活的集中式算法交易服务,助力交易者降低交易成本、提高交易效率。例如,国泰君安基于自主研发分布式低延时核心交易系统开展智能算法交易平台建设,由超过百个因子的因子库支持算法开发,有效降低交易成本、提高交易效率并增厚收益。

融券交易平台为券源供需双方提供统一的线上平台,实现透明市场、智能撮合、券池管理和内外资源整合,针对上游询券难、买卖方信息不对称、人工撮合效率低下、券池管理困难、内外部资源整合难等提出了一系列解决方案。例如,华泰证券打造"融券通"平台,基于金融科技构建了实时、线上融券交易新体验,支持多种交易模式、定价模式、报单模式为参与主体提供便捷的实时数字化交易手段,开创了融券业务的新模式;海通证券上线统一券源管理系统"e海通券",为券源供需双方提供统一的线上平台,有效应对了业务人员线下沟通繁杂、手动撮合低效、券源来源受限等难题。

[专栏10-1] 华泰证券"融券通"平台

在机构客户服务平台方面,部分头部证券公司已构建统一的机构客户服务平台,整合集团业务资源和服务,为客户提供全面、快捷、个性化的一站式综合金融服务,为机构客户提供综合金融解决方案,不断做大做深金融机构与企业客户生态圈。国泰君安建成业内首个面向全类型机构客户,集交易、产品、研究、服务和数据于一体的综合金融服务平台,在此基础上建设业内首发企业间电子商务(business-to-business,B2B)一站式金融产品交易服务平台"道合销售通",率先实现资金端与资产端的高效衔接;海通证券建设统一机构客户服务平台"e海通达",整合集团业务链资源及服务优势,围绕机构客户研究、投行、信用、托管等业务需求,提供全面、快捷、个性化的一站式综合金融服务。

二、财富管理业务

财富管理业务是指证券公司为投资者提供的财富规划和投资管理服务,包括资产配置、理财咨询、投资策略制定、金融产品销售等。随着中国资本市场的不断完善和证券公司佣金收入的下降,财富管理业务已成为证券公司业务转型的重要方向,应用大数据、人工智能等数字化技术成为推进财富管理业务发展的重要手段,相关实践主要围绕丰富线上运营模式、推进智能化技术与业务融合和统筹打造一体化财富管理解决方案展开。

(一)持续深化建设一站式综合理财服务

一站式综合理财即通过互联网平台直接为理财用户提供综合型的理财产品和服务,这种服务模式不仅提供多种理财产品,而且通过统一账户进行管理,方便用户进行各种金融操作。这要求证券公司整合线上资源,提供平台支撑,提供多品类、多层次的理财产品,优化客户的交易效率和体验,不断提高用户活跃度及用户黏性。例如,国泰君安综合理财平台行业内首次实现松耦合面向服务架构(service-oriented architecture,SOA)的证券金融集团公司的全账户、全业务、全产品的综合业务办理和交易,持续深化打造综合理财统一账户体系,实现客户在不同业务下资金的直接互转,大幅提升客户资金操作的效率和体验,使公司获批成为综合账户功能首批试点单位;华泰证券构建了线上线下、境内境外联动互通的服务模式,依托数字化平台实现以短视频和直播等为载体的内容运营、基于客户画像的千人千面服务和基于平台的专业化资产配置服务,提升客户服务能力和服务体验;海通证券自研的一站式互联网金融综合理财服务平台("e海通财")为用户打造高品质的专业资讯、行情指标、策略选股等增值服务,打造一体化智能交易平台"e海方舟",整合极速交易和极速行情,持续提升高净值客户和专业交易投资者的交易服务能力。

(二)积极实践数字化赋能投顾业务

证券公司利用大数据分析、量化金融模型和智能算法赋能投顾业务,根据投资者风险承受水平、预期收益目标、投资风格偏好等需求,为投资者提供个性化的投资建议和资产配置方案。由于摆脱了传统财富管理方案对投资经理的人力成本的依赖和实现了自动化的投资管理模式,智能投顾业务具备低成本和高效率的优势。同时,智能投顾平台的投资结构透明,投资者可以清晰了解自己的投资情况和相关费用。智能投顾的核心功能涵盖三个方面:①风险评估和投资组合配置,根据用户风险特征量身定制投资组合,一般由股票、债券、交易所交易基金等多种资产构成,以实现多元化和风险分散;②自动调仓与再平衡,市场波动可能导致投资组合的资产配置发生偏离,智能投顾系统会定期对投资组合进行自动调仓以确保资产配置与原定的风险水平一致,再平衡的目的是保持投资组合的稳定性,应对市场波动;③税收优化,一些智能投顾平台提供税收优化服务,通过"税收损失收割"策略帮助投资者在年度内实现税务上的最大利益,通过卖出亏损资产并用类似资产替代,可以抵销部分资本利得从而减少税负。

(三)打造一体化财富管理解决方案

证券公司运用金融科技对各类流程、体系、管理模式进行重构,提升服务质效,基于财富中台技术底座,以科技赋能为技术驱动,以资产配置为业务核心,围绕产品、投顾、客户,建设产品交易、数据治理、智能投研、智能投顾、智能运营等核心能力,打造集业务管理、展业终端、客户服务、中台支持于一体的财富管理数字化解决方案,以数字化手段重塑财富管理业务。国泰君安行业首创的数字型财富中心建设落地,构建"君弘智投"智能投顾业务模式,着力实现海量基础客群的有效覆盖及优质服务,系统性输出"e网通办"、"e网统管"、企业微信、企业级财富管理数据中台、产品中收平台、私客专家服务平台等赋能财富管理业务的数字化成果。

[专栏10-2]
国联证券推动公募基金投顾业务数字化综合服务

三、大投行业务

(一)打造一体化智能投行平台

证券公司探索依托人工智能、大数据、自动机器人、区块链等前沿数字化技术打造一体化智能投行平台,包含智能尽调、智能分析、底稿审核、银行流水审核、电子印章等功能,覆盖股权融资、并购重组债券融资、资产证券化、新三板、一般财务顾问等全投行业务品种,实现承揽、承做、承销持续督导的项目全生命周期线上化管理。通过平台的建设支撑投行项目的高质量执行、精细化管理以及风险监控能力,降低业务合规风险,减轻业务人员工作负荷,有效提升投行员工工作效率及审核质量,提高投行执业质量。中金公司的新一代投行业务平台将监管合规要求固化于境内外所有项目流程、底稿任务中,融入自然语言处理、光学字符识别（optical character recognition，OCR）等金融科技，使得执业过程全程线上化留痕、可追溯，实现了全生命周期业务流程一体化贯通、员工执业一站式服务和内外部数据全方位互通。

（二）建设投行全生命周期协同工作平台

国泰君安首创以日常工作指引为导向的全生命周期项目工作室，提升投行用户日常项目推进的规范性和及时性，通过云协作办公服务平台（"融易连"），打造"投行＋生态圈"，提高沟通便捷性与数据安全性；华泰证券打造一体化的投行云平台，聚焦尽调审核、项目管理、营销协同等方向，保障高效的项目管理和业务管理，实现投行业务和机构客户服务平台的联动，为客户提供优质的服务；海通证券打造了国内证券期货业首个基于语义分析的金融文本智能处理平台，涵盖写、读、查、审等文档处理全生命周期和生态全链，全面支撑各类金融文档智能处理，大幅度提升了投行信息披露相关烦琐事务的工作效率，并有效防范金融合规风险。

（三）深耕投行业务细分领域

针对投行业务执行过程中的痛点问题，证券公司利用数字化技术进行深入研究，取得了优异成果。中信证券针对投行债券类业务场景，利用技术结合办公自动化（OA）流程，实现自动化信息获取，一站式完成全部网站遍历、信息下载及截图打包上传至项目对应空间以及邮件通知项目人员核查完成等，有效为业务部门节省工作量，提高工作效率。

四、资管业务

证券公司资管业务的数字化转型工作主要围绕资管产品营销服务、投研、数据、运营等方面展开。

在营销服务方面，通过数字化技术实现线上业务的开展，搭建资管产品营销服务平台。例如，中信建投证券依托资管业务平台将资管直销客户服务、产品生命周期管理、投资绩效分析、监管报送等业务环节合理整合，运用 OCR 图像识别、RPA 数字机器人、数字签名等技术实现 50 余个业务场景线上流转，显著提高了资管业务处理效率，有效提升直销客户的体验。

在投研方面，证券公司积极推进投研一体化平台建设，提供覆盖多业务品种的研究决策支持。广发证券研发的"战心"投研系统通过整合研究分析、投资管理、交易管理、风险预警等功能板块，赋能资管投研从数据到绩效的全链条研究节点；华泰证券不断完善一体化资产管理业务平台，建立多维度的研究指标体系和宏观/行业/公司研究模型，实现研究过程线上化；中国银河证券建设投研一体化平台，将投研信评系统、风控绩效系统、交易系统等串联起来，实现资管业务线上化，降低协调成本和信息流转中的差错率，提升管理效率。

在数据方面，构建资管数据集市，打造数据中台为资管业务提供坚实的数据底座。国泰君安建设资管综合业务管理平台，设立线上流程管理的统一标准，进行数据整合和流程管理实现各类业务流程和数据贯通、业务功能整合；国信证券自研数据集市，整合各类系统数据形成契合业务前中后台应用的五大类基础数据湖，建设数据中台实现资管业务的数据治理和数据资产化，赋能资管业务产品统一智能化运营等业务场景，形成资管业务管理数字化转型的生态。

在运营方面,围绕产品创设到清盘的全生命周期管理,利用 RPA 等智能技术,将重复性高、人工介入少的操作转化为自动化、标准化的工作流程,通过业务运营管控降低业务风险,提高产品运营的协同效率。海通证券着手运营一体化平台建设,目标是实现系统一体化、业务纵向深度与横向广度扩展一体化,提升业务体验;申万宏源证券持续强化统一运营平台,实现产品设计、发行、成立、存续、终止、清盘的全生命周期管理。此外,证券公司不断完善风险管理体系。例如,华泰证券构建了针对市场、信用、流动性风险等的量化风险管理体系,实现风险的穿透核查与实时预警,做实三道防线职能。

第四节　证券公司数字化转型的其他维度

一、数字化治理

数字化治理包括战略规划和组织保障两个方面。战略规划方面要求证券公司制定和发布全面覆盖生产、经营、管理各方面的数字化发展战略,能够根据规划执行情况和行业发展情况适时优化调整规划目标和重点建设任务,并能够将战略目标转化为实施运行、考核评价和改进完善的工作机制。组织保障方面则要求证券公司设立数字化工作领导组织和专门数字化工作组织;在公司内部开展数字文化建设活动,推进业务管理部门应用数字化工具和技术;增加 IT 投入;完善数字化人才引进、培养、激励制度。

(一)战略规划

数字化转型的战略规划是结合公司战略,通过现状评估和差距分析,明确转型方案,一般涵盖数字化转型的愿景、目标、业务场景蓝图(新的商业模式、业务模式和管理模式)、战略举措、实施路径等方面。2021 年中国证券业协会专项调查结果显示,71% 的证券公司将数字化转型列为公司战略任务,大中型证券公司普遍制定了数字化转型专项战略规划,围绕现有业务转型、新业务模式探索和数字化基础能力三大维度持续发力。

(二)组织保障

1. 数字化组织架构变革

(1)决策层组织。公司层面设置数字化转型的领导和决策组织,主要职责是确定数字化转型工作策略、目标、工作方案、体制机制等重大事项,组织领导和督促指导公司各条线的数字化转型落实工作。在决策层组织的设计上,一般有三种模式。一是设置专门的数字化转型工作领导组织,如招商证券设立了数字化转型委员会,中泰证券设立了数字化转型与流程优化领导小组,安信证券设立董事长挂帅的数字化转型领导小组等。二是将数字化转型工作领导决策职能赋予现有领导组织,如中信证券的信息技术治理委员会、国泰君安的公司综合改革领导小组等。三是对现有领导组织进行变革,加强其对数字化转型工作的领导,如国信证券将原来的 IT 规划与治理委员会升级为董事长担任主任的金融科技委员会,全面领导公司的数字化转型。

(2)推进层组织。在公司设立数字化转型的推进层组织,主要职责是负责公司数字化转型战略落实和工作规划,协同公司各业务与管理部门,统筹推进数字化转型工作。在推进组织的设置上,一般有三种模式。一是设置专门的数字化转型工作部门,专职推进数字化转型工作。例如,中金公司、国泰君安、安信证券、西部证券等设立了数字化转型办公室,广发证券、中泰证券、国元证券、中原证券等成立了数字化转型工作组,中国银河组建了数字金融中心,兴业证券组建了数智金融部。二是将数字化转型工作的推进职能赋予现有部门,扩大现有部门的工作范围。例如,国信证券将数字化转型的推进工作赋予战略发展部和金融科技总部,东吴证券数字化转型推进主体为信息技术总部和运营中心数字支撑部。三是采用跨职能扁平化的敏捷组织,即部落制组织,加强业务与技术的融合,加速数字化转型。例如,中金财富、华林证券等将按职能设立的部门全面转型为新型的部落组织。

（3）执行层组织。数字化转型工作涉及各个业务与管理部门,需要公司上下全面协同参与。在执行层的安排上,各证券公司根据各自的情况进行了积极探索,各具特色。一是在业务和管理部门设立数字化转型工作岗或工作小组,统筹推进各部门相关的数字化转型重点工作。例如,华泰证券、国信证券、中信建投等设立数字化转型工作小组或工作岗,招商证券建立产品经理制。二是建立业务与技术融合的部落制组织。中金财富落地全敏捷组织架构,打破传统以职能分裂的多层级组织架构,形成"三部落两中心一信息技术部"部落制组织,设有 31 个敏捷团队,实现业务和 IT 人员全面内嵌,释放金融科技价值。华林证券构建敏捷化、扁平化的组织架构,打造全特性敏捷交付团队,在部落内形成产品、研发、运营、经营的完整闭环。

2. 建设数字化人才队伍

（1）证券业信息技术人力投入情况。2021 年,证券公司 IT 人员总数为 30 952 人,同比增长 19.7%。其中,证券公司总部 IT 员工 14 862 人,同比增长 21.38%;常驻外包 IT 人员 114 04 人,同比增长 35.39%。分支机构 IT 员工 4 686 人,同比减少 9.71%。从证券行业 IT 人员构成方面看,正式员工(总部 IT 员工与分支机构 IT 员工)数量持续增长,2021 年同比增长 12.13%,外包人员大幅增长,2021 年同比增长 35.39%。2021 年,正式员工 19 548 人,占比为 63.16%,占比连续三年减少;外包人员 11 404 人,占比为 35.39%,占比连续三年增长。这显示证券公司对外部科技人才的巨大需求(见表 10.2)。2019—2021 年证券行业外包员工与正式员工的比例分别为 0.40、0.48、0.58,呈较快上升趋势,显示对外部技术人力资源的依赖有所提升。

表 10.2　2019—2021 年证券行业 IT 人员情况

类别	2019 年		2020 年			2021 年		
	人数（人）	占比（%）	人数（人）	占比（%）	增长（%）	人数（人）	占比（%）	增长（%）
总部 IT 员工	10 776	47.09	12 244	47.36	13.62	14 682	48.02	21.38
常驻外包 IT 员工	6 514	28.47	8 423	32.58	29.20	11 404	36.84	35.39
分支机构 IT 员工	5 594	24.45	5 190	20.07	−7.22	4 686	15.14	−9.71
合计	22 884	100.00	25 857	100.00	12.99	30 952	100.00	19.70

资料来源:中国证券业协会.中国证券业发展报告(2022)[M].中国财政经济出版社,2022.

（2）数字化人才培养体系。证券公司普遍明确未来3～5年的人才发展规划,优化招募、培养、考核的系列配套机制,制定人才梯队建设蓝图。在规划指引下,证券公司金融科技人才数量、质量增长较快。通过"外引＋内培"的方式提升数字化人才密度,积极引入既懂业务又懂技术的综合性领军式高端人才。吸引不少曾服务于国际著名投行、交易所、互联网公司的优秀人才加盟国内证券公司,担任证券公司首席信息官、首席数字官等,领导证券公司的数字化转型。例如,招商证券的首席数字官来自蚂蚁金服,兴业证券首席信息官曾在美国芝加哥商品交易所集团、郑州商品交易所、香港交易及结算所有限公司等机构工作。

在自主培养方面,证券公司坚持"引进来"与"走出去"相结合的人才培养方针,聚焦数字化思维与数字应用能力提升,围绕数字化规划制定、行业典型案例分享与交流、产品经理实战训练等主题引进外部优质培训资源,深挖公司内部代表性技术应用项目和典型数字化转型实践案例,树典型、立标杆,激发员工投入数字化建设的热情。

证券公司进一步完善人才发展机制,建立职级晋升通道,营造金融科技创新文化氛围。一是人才发展方面,行业证券公司着力培养和引进业务技术融合型人才,让技术人才发展业务能力,让业务人员提高技术素养,打造IT型人才队伍。二是晋升通道方面,完善人才职业晋升跑道,让热爱技术工作的人才能将其专业工作作为终身职业,增设了数字化转型急需的发展通道。例如,国信证券在金融科技部门设立了一系列数字化转型需要的新型岗位,如数字产品经理、客户体验师、系统架构师、数据科学家、算法工程师等。组织岗位专业能力培训与认证,加强人岗匹配,优化考核方式,设计有竞争力的绩效考核、薪酬体系、激励机制等,留住具创新精神和能力的复合性高端人才,让掌握数字化技术和方法论、具备业务背景和创新意识的专业性和基础性人才能快速成长,全面提升队伍专业能力,构筑具有行业竞争优势的战略性人才体系,为高质量发展提供坚实的数字化人才保障。

3. 信息技术投入

证券公司普遍重视数字化转型,持续加大在金融科技领域的高水平投入。证券行业在信息技术方面的投入金额已经从2017年的115.9亿元显著增长至2023年的430.3亿元,2017—2023年,证券业累计投入信息技术领域的金额达1 718.47亿元。截至2023年10月,共42家证券公司披露了当年的信息技术投入情况,合计投入金额达284.89亿元,占行业总投入的66％。42家券商中,有12家的投入金额超过了10亿元(见表10.3),总计187.97亿元,同比增长7.22％,占行业总投入的44％,但与此同时,也有26家券商的投入金额不足5亿元,头部券商与其他券商在信息技术投入上的差距显著。

表 10. 3　2023 年头部券商信息技术投入情况

证券公司	2023 年信息技术投入(亿元)	同比增长(％)	占上一年度营业收入(％)
华泰证券	25.78	−5.36	8.05
海通证券	24.13	8.74	9.3
国泰君安	21.6	20.07	6.09
中金公司	17.29	−9.29	6.63
招商证券	15.54	7.54	8.09

（续表）

证券公司	2023 年信息技术投入（亿元）	同比增长（%）	占上一年度营业收入（%）
中信建投	14.6	11.43	5.30
广发证券	13.29	8.31	5.29
国信证券	12.09	17.95	7.62
中国银河	11.71	1.65	3.48
国投证券	10.91	8.99	11.37
申万宏源	10.85	25.95	6.87
兴业证券	10.17	18.12	9.54

资料来源：各券商 2023 年年报。

二、数据管理

数据管理主要包括数据治理体系、数据融合应用能力和数据安全三个方面。

（一）数据治理体系

建立数据治理体系首先要求证券公司在组织架构层面明确数据管理规范和流程，目前证券公司普遍采用"决策、推进、执行"三层自上而下的数据治理组织架构。决策层负责集团数据治理工作规划和决策，多数公司由信息技术治理委员会负责。由信息技术治理委员会下设的数据治理工作办公室或专门的数据治理小组负责推动、执行、落实公司数据治理相关工作，协同各业务部门及信息技术团队落实数据治理工作具体要求，以推进提升数据生产、加工过程的效率与质量。此外，证券公司还要建立详细的管理规范和执行标准等制度，推进数据分级分类管理和权限管控，制定或升级公司内部数据治理体系相关制度，如《数据治理管理办法》《数据资产管理办法》《数据标准管理实施细则》《数据分类分级管理办法》等数据治理制度规范，覆盖数据需求、元数据、数据质量、数据分类分级等专项领域。最终目标是打造完善的数据治理体系，能够落地应用并显著提升数据使用过程中的准确性、有效性和易用性。

（二）数据融合应用能力

数据融合应用能力包括数据架构、数据规范、数据质量、数据应用和数据共享五个维度。

（1）在数据架构方面，证券公司应建立成熟的企业数据模型、企业级数据资源目录以及企业级数据资产目录，实现数据资源统一管理；能够通过数据分布关系梳理持续优化数据的存储和集成关系；建设实时数据采集与计算平台，在企业内部支持实时数据使用。

（2）在数据规范方面，证券公司应建立覆盖数据元、主数据、参考数据、指标数据等的完善的企业数据标准体系，数据标准涵盖投研、销售、运营、监管报送等主要业务领域；能定期分析标准规范执行情况，不断优化完善。

（3）在数据质量方面，证券公司应建立覆盖数据全周期的数据质量管理体系，设立数据质量管理岗位，利用技术工具实现对数据质量的管理和监控；建立数据质量分级标准、数据质量分析知识库、案例库，数据质量管理体系在组织建设、制度流程等方面持续完善；形成数据质量评价指标体系，衡量并改进数据质量管理体系和技术工具。

（4）在数据应用方面，证券公司应建立企业统一的数据分析管理平台，数据分析结果能在各个部门之间复用，分析口径定义明确，分析数据统一管理、按需调用；编制并发布统一的数据服务目录，相关的数据分析结果能够在风险管理、业务经营与内部控制中得到应用，实现数据驱动；建立数据分析模型库，支持业务人员进行数据分析处理和业务创新，能够运用数据仓库、数据挖掘机器学习、数据可视化等技术方法开展数据分析；建立较全面的数据产品体系，能够利用数据支持产品创新。

（5）在数据共享方面，证券公司应建立企业级数据共享机制、数据共享平台、数据共享目录和分级共享体系，覆盖主要业务场景。

（三）数据安全

数据安全要求证券公司从制度层面加强数据安全管理，建立数据安全管控流程、数据分类分级管理、敏感数据的技术管控等体系，规范数据处理活动，促进数据资源合规开发利用，实现数据治理和数据全生命周期安全管理，构建数据全资产地图，通过高强度算法与轻量级密码应用相结合的方式实现个人信息及隐私保护，保护客户隐私数据安全，提升数据安全管理水平。

围绕数据采集、传输、存储、处理、交换和销毁全生命周期建立相应的安全防护策略，推进零信任安全管理平台、数据管理平台、数据加密、数据脱敏、数据防泄漏、数据库审计等系统和工具建设，建立数据定期备份和备份可用性验证策略，研究数据风险监控指标，基于漏洞挖掘和渗透测试方法，通过研究协议漏洞、系统入侵、侧信道攻击等方式对数据安全隐患进行探查，主动发现数据采集、汇聚、存储、处理、分析、共享、使用等各个环节存在的安全隐患，保障数字化转型过程中公司的数据安全，促进数据在公司内的安全合规共享，实现数据资产价值的最大化。

[专栏 10-3]
东吴证券的
数据管理工
作

三、数字化基础设施建设

（一）数据中心

证券公司应优化数据中心建设布局，充分利用各地区差异化资源优化中心功能布局，整体上形成敏捷高效的数据中心资源架构，推进基础设施能效提升。对数据中心进行优化改造，在网络设备存储、负载均衡、虚拟化、云计算技术等基础设施层面采用信创技术产品，提高自主可控能力。例如，国泰君安建成行业首个 Uptime-Tier4 高等级、大容量、园区型数据中心，持续升级优化完成"两地三中心"灾备环境建设，使用云计算和多活数据中心技术开展系统多活架构改造；光大证券建成"3＋4＋N"模式布局的数据中心，在"两地三中心"数据中心的基础上，覆盖全国的用户就近访问需求；华泰证券形成了宁沪深多地多中心多活布局，多地多中心架构基本成型。

（二）云平台

证券公司加快云化新型基础设施建设，不断推进云平台服务能力、资源弹性伸缩的升级，不断提高信息系统设施云化率，实现资源高效灵活管理。按照云化部署能力，云平台的成熟度可以分为四档（见表 10.4）。目前，证券公司构建了各具特色的混合云基础设施。国泰君安重点建设了生产云、开发测试云、集团协作云、开放生态云四朵云，利用异构资源池技术，承载 VMware、Openstack、超融合、容器等多种云资源方案，并构建统一的云管理平台、统一云服务和资源调度,为构建灵活共享的业务中台、融合智能的数据中台、协同高效的云上办公以及金融场景创新等业务场景提供稳定、高效、易用的云底座,实现从基于云到云原生的云平台数字化转型;海通证券打造了企业级混合云架构的基础设施平台"e海智云",建立起桌面云、研发测试云、生产云、灾备云、托管云的多层次服务体系,实现对多种类型资源的统一管理。此外,证券公司还致力于打造一云多芯的信创云解决方案,如国海证券完成金融级私有云平台的建设,真正实现了IT资源的云化管理,按需获取,闲置资源共享,根据业务压力实现在线弹性扩展。

表 10.4 证券公司云平台能力分级

1档	2档	3档	4档
具备虚拟化资源池、自动化部署、高可靠、云管理平台等服务能力,在少量人工配合下可做到资源基本弹性伸缩	支持容灾、数据备份、多云架构、云安全等能力,可以做到资源自动化弹性伸缩,无须人工干预	支持容器化运行、基础中间件服务化、数据库服务化、中间件集成、日志和监控服务、一云多芯、云网协同等能力,可以做到资源在线弹性伸缩,伸缩过程对业务无影响	支持开发运维一体化敏捷开发与运营能力、一体化运维运营能力,可以做到资源自动化弹性伸缩,伸缩模式丰富,支持不同的模式、策略定义基础资源的伸缩,伸缩过程对业务无影响

资料来源:证券公司数字化能力成熟度指引[EB/OL].(2024-10-11). https://www.sac.net.cn/tzgg/202410/t20241011_65842.html.

(三)运维网络

能够应用各种技术手段,实现网络资源池化、流量调度智能化,构建数据中心网络、广域网、互联网等区域弹性承载能力,形成一体化大运维体系,提升业务运营保障能力。在监测预警、运营分析、指挥调度三大领域,通过建立全面的指标体系和分析能力,实现核心业务运行态势全方位、全时段、全业务的感知、运营分析和全局指挥调度。例如,华泰证券建设并运营了"数字华泰"运营指挥中心,全面保障业务连续性,持续巩固运营保障能力。

四、网络和信息安全

证券公司应明确网络安全主体责任和组织分工及落实工作实施要求,确定建立定期评测和网络安全督查检查等机制,布局威胁情报、大数据安全分析、网络安全靶场、欺骗防御自动化编排与响应、态势感知、全流量安全分析等前沿技术,在内外网、多区域构建基于海量数据采集、智能分析和自动化响应的主动防御能力,搭建跨行业、跨机构、跨区域多源共享威胁情报中心实现情报数据互通联动,加强网络安全防护、主机安全防护、应用安全防护、容器安全防护、数据安全防护等体系建设,加强网络安全防护与网络安全预警监控,提升动态防御和主动防御能力,构建多层防线的纵深防御体系和建立安全有效性验证能力,持续提升安全运营水平。实现应急预案和应急演练标准化、线上化、集中化管理,组织并开展实战攻防演练,进一步强化对网络攻击的检测和处置能力,提升信息安全防护能力。

[专栏10-4]长江证券的智能安全画像与预警

五、经营管理数字化

(一)数字化办公

数字化办公的内涵包括两个方面。

一是以自动化、线上化的办公系统为基础,逐渐打通流程、数据和信息,融入大数据分析、AI大模型等技术,基于多元化办公场景为员工提供智能助手,与智能化办公硬件设备融合,支持智能人机交互,为员工提供更加便捷、高效、协同的办公体验。例如,国泰君安通过搭建涵盖各类数据、业务运营、服务的数字化底座,实现金融服务资源的上下打通,结合员工不同岗位角色的工作特点、差异化办公需求以及各类办公场景和多变的业务场景,利用OCR、RPA等一系列数字化技术实现办公全流程数字化管理,形成高效协同的数字职场,赋能员工办公及展业,提升员工办公效率;光大证券上线协同平台2.0,持续开展公文标准化、公文流转流程整合优化,加深智能审核、智能质检、智能外呼等场景应用,在提升业务或管理类流程标准化、自动化程度的同时,降低运营服务成本。

二是经营管理模式从管理人员根据经验决策的经验驱动型逐渐转化为数据驱动型乃至智能驱动型,升级管理驾驶舱,实现数据权威、决策优化、会议提效,分层次、多角度图形化展示,赋能集团绩效考核和经营分析,满足全面、深度、实时的经营管理需求,覆盖集团各部门,支持指标事前预警和业绩变动归因溯源,打通业财数据,指标实时展示,赋能更高效、智能的经营管理决策。例如,国泰君安落地实现集团各单元的管理驾驶舱,整合集团绩效考核指标及各单元重点指标、分支重点指标,提供多元化数据展示和交互方式,有效提升用户活跃度、用户黏性、数据质量,以及重点问题预警能力,实现数据权威、决策优化、会议提效,赋能集团绩效考核和经营分析。

(二) 数字化营销

数字化营销要求证券公司建成智能化营销平台,具备规模化、低成本的获客能力,赋能公司经营获客决策;基于客户体验全流程开展精准营销和智能匹配,提供智能化、人性化营销服务;建立客户全生命周期管理体系,具备精细化、智能化客户关系管理能力,客户黏性较强。例如,中信证券持续建设经纪业务、证券金融大宗经纪业务(prime brokerage, PB)的数字化智能营销等系统,通过数字化转型,在管理、营销、绩效/经营诊断领域,实现经营管理效率提升;东方证券依托数据中台,通过构建量化投研平台、衍生品业务管理系统、两融客户服务平台、债券精准营销系统等业务管理平台,提高公司经营管理数字化水平。

六、产品和服务数字化

(一) 渠道创新

渠道创新要求证券公司丰富线上服务渠道,推进产品和服务的线上办理,建立线上渠道综合金融服务平台,探索云网点、云工作室等创新渠道。线下网点智能化转型升级,探索新技术与网点融合,引入智能终端设备、5G网点等高科技元素,全面提升公司营业网点的智能化水平,吸引客户,提升竞争力,重塑证券行业网点分布格局。例如,国泰君安实现行业内首家全国性部署远程视频柜员机(video teller machine或virtual teller machine, VTM),并运用"5G+SDWAN+云桌面"技术,部署可组装式智慧网点环境,助力快速部署轻型网点。

(二) 流程重塑

流程重塑要求业务流程实现线上化、使用人工智能技术构建业务智能化,实现业务流程各环节无缝对接、信息实时交互、资源高效协同,推动业务模式创新。例如,国泰君安、海通证券、国信证券、广发证券等多家证券公司将 RPA 机器人作为虚拟员工进行管理,自动处理大量重复性、规则性、跨系统的营运任务,实现员工与机器人协同运营,提升效能、降低风险,有效赋能业务运营的数字化和智能化。

利用语音识别、自然语言处理、人脸识别、OCR 识别、大数据分析等数字化技术打造智能运营平台。华泰证券以数字化赋能精细化和智能化运营,推进系统整合和运营集中,实现运营作业的自动化,将人力资源从繁重的工作中释放出来,使员工有更多精力投入业务创新等更高价值的工作,进一步提升服务质效。

(三) 业务架构融合

建成企业级业务模型,搭建具备面向业务场景的可复用服务组件的业务架构,实现应用功能敏捷开发、业务模板和业务流程灵活配置,基本实现业务架构驱动企业级 IT 架构设计。例如,国信证券通过构建企业级产品中台系统,实现全品类金融产品标准化、集中化、全流程管理,提高金融产品管理效率、金融产品服务能力以及客户需求与产品供给对接效率,支持财富管理业务发展。海通证券自研一站式场外衍生品业务平台"e 海通衍",集管理、估值、交易、清算、报送于一体,为客户提供丰富的场外衍生品业务服务。中国银河证券推进售后服务标准化体系建设,构建金融知识图谱和产品知识图谱实时跟踪公司代销产品的业绩走势,监控相应风险,提高客户服务的专业性和效率。

七、合规风控数字化

(一) 合规管理

合规管理要求证券公司建立完备的信息收集机制,能够对各类合规相关数据提取量化指标,建立合规数据分析模型,对业务等数据进行全方位分析;进一步地,能够基于规则数据库建立监管规则知识图谱,能够运用大数据、人工智能等技术,对客户交易行为监控、反洗钱管理等业务提供更加快速、准确的合规管理。例如,国泰君安搭建了全流程客户交易行为管控体系,从事前拦截、报盘镜像旁路监控、交易系统数据推送旁路监控、预警客户提示助手等各个环节防范客户异常交易行为的发生,从数据中挖掘问题,助力合规检查;中信证券自主研发反洗钱系统,引入知识图谱技术,对客户固有信息、交易行为信息进行更加准确的穿透监控,在客户统一认证、识别涉嫌关联人和同源委托等方面取得了显著效果,有效提高了公司反洗钱工作上的分析、认证能力。

(二) 风险管理

风险管理数字化包括两方面内涵:一是新技术风险管理,要求证券公司能够对新技术底层机理和风险形成原理开展研究,并通过综合运用数字化手段,化解依靠单一信息系统、单一风控技术无法有效应对的风险;二是风险体系数字化,要求证券公司构建全面风控管理数字化平台,实现对客户、业务等各类风险的全面动态监测、智能研判预警,风险预警的覆盖率和有效率得到大幅提升。例如,海通证券建立以客户为中心的全面风险管理体系,形成按客户集中统一管理数据的高效协调管理机制,结合内部评级模型和客户画像,对客户信用风险进行动态监测,实现同一客户统一管理;平安证券构建一站式智能全面风险管理平台,在统一的风险数据集市基础之上,整合单风险系统,构建打通客户、打通风险、打通业务的一站式全面风险管理服务平台。

八、可持续化发展基础

（一）数字化科研

证券公司应与科技公司及高校深化融合。证券公司深化与科技公司合作，采用共建联合创新实验室、联合成立金融科技子公司、战投并孵化金融科技公司等多种深度合作的方式，开展跨行业的业务场景融合、数据价值共享、技术能力互补等合作相互赋能，打造多方共赢的全新生态。通过开展校企合作，成立联合实验室，以课程、课题、竞赛等形式，实现产教深度融合，优势互补，共同打造金融科技创新人才生态。

（二）数字化生态建设

证券业应共建数字化服务生态。《证券期货业科技发展"十四五"规划》在数字化转型的基本思路中指出，建设一体化行业基础设施，明确要加大力度开展云、网、库、链"一体化建设，推进行业数据中心建设，推动公共服务平台建设。证券公司积极参与行业基础设施建设，开展元宇宙、量子计算、区块链应用、隐私计算、数字人民币等众多领域创新课题研究。2021年，在中国证监会科技监管局指导下，上交所、深交所牵头推出中国证券期货业区块链联盟，多家证券公司参与其中，探索基于区块链技术的科技监管和科技赋能。

第五节　证券业数字化转型的案例分析

一、新一代核心交易系统

国信证券积极响应数字金融发展趋势，深入探索数字金融应用，携手华为、华锐技术、金证科技，共同研发新一代核心交易系统。

证券核心交易系统区别于其他行业生产系统，有其显著的特点，如流量洪峰不可预测、竞价交易超高时效性、开市期间强业务连续性、性能抖动零容忍等。因此，分布式解耦后，要求整套交易系统（包含应用和基础软硬件）具备高可靠、高性能、高安全、易运维的能力。

为了保障证券新一代核心交易系统满足以上需求，国信证券立足交易场景中的业务能力，携手华为信息和通信技术（Information and Communications Technology，ICT）多产品的协同优势，联合华锐技术、金证科技，基于高性能 ICT 基础设施，完成了核心交易全场景应用的集成适配和优化，结合国信证券面向交易场景的业务能力，共同打造了新一代证券核心交易解决方案，实现了多项性能提升。

（1）全新业务底座，赋能全业务财富管理。全面重塑业务流程，显著提升客户体验与业务管理水平。支持全市场、全业务、全品种交易，并具备 7×24 小时交易能力。

（2）全新交易生态，全链路灵活高效扩展。全面解耦交易、清算、账户运营三大体系，敏稳态业务全面分离，支持业务插件式装载，赋能业务快速拓展与模式创新。

（3）行业领先核心架构，打造核心交易新范式。突破上一代交易系统在业务处理容量、响应速度、并发处理等方面的瓶颈，设计了低时延、大容量、可视化运维的组播交换网络，交易时延小于 500 微秒，轻松承载百万级并发落库和千万级并发查询，并发处理能力提升百倍。

（4）全方位交易安全，护航业务平稳运行。全系统无单点故障风险，中心内支持秒级自动切换；灾备中心支持分钟级切换。此外，系统还创新性引入了核心组件守护实例，解决内存交易系统行业难题，为交易安全再添一层保障。

2024年10月21日，国信证券新一代核心交易系统正式上线，首日运行安全平稳落地。新系统首日表现亮眼，新系统的交易、清算、账户运营全面解耦，支持全业务财富管理；新系统突破性能瓶颈，交易时延小于500微秒，首次进入微秒时代，给客户带来更为流畅、高效的交易体验。华为数字金融军团、华为深圳代表处和华为数据库等产品线一直保持着在国信新一代核心交易项目建设上的深度投入，新系统的上线表明华为自主创新的全栈技术底座能够支撑交易系统更稳健卓越地完成升级替换，标志着证券核心交易解决方案从试点走向大规模生产实践。

二、交易实时智能风控平台

随着证券市场迅速发展，投资者数量、交易量、投资品种日益扩大，传统的交易监控方式数据处理能力不足、预警准确性低、时延高、无法应对复杂场景等短板日益凸显。国信证券以分布式低时延技术架构、人工智能为基础，结合风控总线、流计算等技术，克服了异常交易区间定位、关联账户组识别、委托成交及行情数据保序等难题，推出行业首家全业务、阻断式、百微秒级证券交易智能风控平台，具有全流程一体化、高可靠、扩展性强等特性，实现了复杂异常交易场景的精准识别。平台建设自2018年正式启动，2019年正式投产，此后持续迭代更新，取得了良好的运行成果。

依托于国际领先的分布式低时延基础架构，平台支撑200多个分支机构高达2 200万个投资者所有交易订单实时风控计算，每交易日处理数据超过25亿条，包括2亿笔实时行情数据、3亿笔实时计算数据和20亿笔分析数据，实时交易流量达4 Gb/s。结合测试接入点（test access point，TAP）网络镜像技术、内存流计算、可靠组播等低时延技术，创新性实现了交易系统零改造下客户交易风险可控的新模式，将风控整体时延控制在微秒级水平。

基于强大的底层技术架构，平台实现了逐笔保序计算算法、平滑风险指数模型，能够精准对每一笔交易进行风险计量，克服了传统分级模式下跳跃式变动告警的缺点，可以清晰看到每一笔交易产生的风险，其风险变化的过程连续，有利于对异常交易风险进行精确评估，也能防范客户恶意规避监控的风险。

为进一步精准识别客户的异常交易行为，国信证券对极其隐蔽的账户关系及非法配资行为进行深度挖掘。

一方面是关联账户的识别。根据对中国证监会公开市场操纵的案例，大多数都是多账户操作。多账户操作极其隐蔽，存在跨市场、跨地域等特点，极难识别。对此，平台采用知识图谱和数据挖掘两类大数据技术分析方法解决，区分固有关联和行为关联两类情形：前者主要基于知识图谱通过穿透式关联进行识别，如亲属关系、一致行动人等；行为关联则是借助无监督学习方法，自动对账户级交易特征进行分类，进而通过数据挖掘的关联分析方法，确定疑似关联账户集。基于关联账户集，风险计量模型才能对账户集中统一监控,可在一定程度上解决通过分账户规避交易监管的问题。

另一方面是场外配资的识别。长期以来,因为客户资金端对于券商是不可见的,证券公司主要还是通过交易特征来进行监控和分析。本平台借助神经网络分析方法,对交易特征提取、模型分析、风险值输出进行优化,同时融入专家经验,提供了可操作、可执行的场外配资管理基础。

平台的强大功能在事前、事中、事后三个环节对客户交易行为管理工作实现了赋能。事前防范主要从客户身份识别、客户分类、投资者教育与风险揭示、重点客户不定期回访、开展合规培训等五个方面做好相关工作,是提高客户交易行为管理工作有效性的基础。事中加强分级监控实现分类管理,从账户、标的、模型、时间等维度建立起多层次差异化的监控体系:①监控指标模型分类,一是单账户异常交易的监控,二是对疑似关联账户交易的监控,根据不同类型特点制定相应的监控模型;②对客户交易行为进行分级预警,根据不同的行为分类,实现重点账户、重点行为、重点证券、重点时期的重点监控;③关于预警行为的识别和处置,区分为事前和事后处置,事前主要以系统自动阻断客户交易为主,事后则强调人工识别和分析,重点依据分析结果的严重程度采取口头警示、限制账户交易、终止与客户证券交易委托代理关系等递进式管控措施。事后建立分析报告制度,及时发现和报告可疑交易。定期进行客户异常交易行为数据回溯分析报告及监测日报等事项。

基于此,国信证券建立起了"事前防范、事中监控、事后报告"的全方位客户交易行为管理闭环,帮助业务部门有效降低风控成本,全面提升风控、运营效率和客户满意度,满足监管机构、交易所及证券公司对客户交易行为管理的要求。

依托证券交易实时智能风控平台,国信证券实现了客户交易行为一站式分析及管理,实现了从单一被动监管协同向精准预警、主动管理模式的转型,整体管理水平和有效性明显提升。该平台每日对百亿级交易资金进行实时全量逐笔监控,全面覆盖客户账户及资金、交易策略、证券异动等各种场景,预警准确性高达97%,业务人员工作量比以前减少90%,管理效率提升10倍;该平台真正将异常交易行为管理落到实处,为证券交易市场的稳定保驾护航。

三、资管数智化运营

国信证券主要围绕"一个基础,三大平台",有效推动资管运营业务数字化、智能化转型升级,提升业务整体效能。

"一个基础"是指自研建设资管数据集市,解决资管行业普遍存在的数据孤岛化和数据质量不高的问题。采集、整理和加工过户登记(transfer agent,TA)系统、估值系统、恒生O32投资交易系统等资管业务系统产生的内部数据,同时整合万得、财汇、聚源等供应商提供的外部数据,形成销售、资产、风险、运营和信披五大类资管基础数据。引入流批一体化技术,根据业务数据使用的时效性要求,提供实时、准实时和批量数据服务,灵活资管展业过程中的各种数据场景。

"三大平台"包括资管报表分析平台、资管运营管理平台和资管投研一体化平台。资管报表分析平台为资管业务各个团队提供驾驶舱、市场营销、运营管理、风险合规、综合管理等全视角的数据展现,实现表格、钻取、Word、实时数据大屏、移动 APP 等各类展示形式,数字化手段全面赋能资管运营业务。资管运营管理平台整体纳管资管产品全生命周期,以资管产品为中心,扩展管理与产品相关的流程、文档、关系人等不同维度的信息,构建总览全局的产品管理中心;强化资管业务流程管控,通过流程中心串联运营过程涉及的OA、TA、估值等系统,提供流程定制化、一体化能力;逐步完善资管运营任务管理,实现事项提醒、数据稽核、产品运作等一系列运营任务的自动化处理,为国信证券资管业务的日常运营管理提供自动化赋能。资管投研一体化平台践行数智化投研创造价值的理念。投研基础底座层面,利用大规模并行处理、实时消息队列等技术整合行情、因子与数据,建成10 个大类、60 个小类、1 000＋的投研指标体系;投研计算引擎层面,从投资提醒、组合盯盘、组合分析、风险计量四个环节,助力投资经理盘前把握投资机会、盘中执行投资决策、盘后进行投资分析;投研服务应用方面,灵活支持多投资品种、不同分析框架与投研成果,涵盖资管产品变现分析、未来现金流分析、利率敏感性、关键年久期、情景压力分析、业绩表现、归因分析等投研应用场景。资管投研一体化平台积极探索各类创新技术,助力国信证券投研智能化转型。

国信证券已初步建成资管数据集市,加强资管数据治理能力,累计纳管超过 500 张数据表、超过 20 亿行数据,形成五大基础数据湖,打通数据孤岛,数据复用能力极大提高;通过资管报表分析平台实现六大类超过 140 张报表,手机电脑两端联动,提供实时和批量处理能力,全面提升数据分析和可视化能力,全面掌控资管数据资产;资管产品管理和运营能力持续强化,通过资管运营管理平台的产品中心、流程中心、任务中心、文档中心贯通产品生命周期,有效打通 TA、估值、OA 等各类系统,串联产品运营全流程,助力资管运营业务提质增效;资管投研一体化平台已经接入全部资管产品,覆盖率 100％。系统用户包括所有资管投研、投资和风控人员,目前已经创建 30 | 个性化分析视图。

四、大投行业务执业过程数智化

在注册制改革背景下,国信证券大投行业务利用科技手段赋能业务展开。围绕"精细化业务管理、智能化风险监控、自动化生产力工具、一体化客户服务"的目标,利用人工智能、大数据、RPA、区块链技术整合处理公司内部、行业、市场的海量数据,实现全业务全流程的数字化管理,加强内控保障,夯实投行执业质量水平;强化价值发现能力,完善专业能力建设,持续提升业务管理精细化、数字化、智能化水平,提升项目质量,提高展业效率,降低业务风险。

大投行业务执业过程数智化围绕"全面数字化、深度智能化"两个方向展开。

全面数字化依托一个框架、四大子系统实现。国信自研的微服务框架 ZEBRA 有效支撑核心业务功能自研,同时在保障系统运行稳定的同时兼容更多数据源和服务。四大子系统包含项目管理、发行管理、底稿管理和函证管理。项目管理子系统涵盖大投行业务11 大类型,每个类型分 1~8 个阶段,由流程引擎和任务引擎双驱动。流程引擎串联项目所有环节(从承揽、尽调、发行到存续),项目阶段由系统自动或半自动推进。任务引擎监控平台数据,生成任务提醒,驱动项目进度。发行管理子系统围绕发行这一个主题,合规和业务两个方向,投资者、承销商和发行人三个维度,实现多板块一体化数字发行。系统功能严格按照发行承销制度设计,促进标准化作业;打造了完整的发行配售环节,实现流程化运作;在询价、定价、比对、测算环节,实现了精细化管理;通过智能报价分析、智能定价决策以及数字化配售,实现了智能化发行。底稿管理子系统遵照监管制度要求建设,实现工作底稿全过程线上化管理,应用区块链技术保障底稿数据真实、完整、安全。同时提供底稿目录自动更新、底稿文件自动归集、手机查看底稿审批等便捷功能,确保底稿管理及时准确高效。函证管理子系统通过大数据监测函证核查过程,支持函证批量生成及管理,对接顺丰一键下单,提升函证管理效率。相关收发函记录、分析报告可直接保存作为底稿文件,确保函证程序客观、真实、可靠。

深度智能化依托三大中台、五大模型实现。三大中台是指资讯中台、风控中台和文档中台。资讯中台引入海量数据计算引擎,融合、清洗、存储投行数据,形成投行专有的实体库和标签库。风控中台实现了同一客户识别、关联关系和风险推导算法,支持八大风险维度、16 类关联方、700＋风险细项。基于两大中台构建的多因子智能分级分类模型综合来源、可信度、业务种类等十数种因子进行建模,与投行业务深度融合,定制个性化风险策略,对风险事件进行自动化、智能化分类分级识别及预警,实时监控发行人风险。全息画像模型从产业链、细分行业、区域、资本市场、投资价值、企业亮点、负面信息等维度汇集客户属性,实现对企业的全息画像,辅助客户挖掘。文档中台实现了 OCR 识别、债券业务推理、文本理解与核查三大模型。OCR 识别模型将所有底稿文件识别成双层 PDF,便于全文检索。在银行流水文字识别、表格还原、字段抽取等任务中,该模型通过从大量数据样本学习流水单图像版面、文字字形、文字字段语言等特征信息,实现了对流水单的识别与抽取,识别准确率在 85％～99％。

国信证券已实现投行固收业务全流程电子管理,内控质量提升。平台基本实现质控督导电子化、合规监控智能化、内核审核精细化、发行指导自动化和存续管理动态化。平台各项功能基本覆盖了从承揽到尽调、发行、存续全过程所有业务环节;固收项目申报环节,从数百个项目人员排队使用一把密钥到 RPA 自动协助申报,工作效率提升 100 倍。智能文档审核节约审核人员 30％的工作。固收文档智能撰写自动填充 70％～95％的数据,节省业务人员 70％的工作量。发行人风险实时监控及提醒使业务人员花在数据整理和风险监控上的工作量减少 30％。银行流水识别合并清洗流水数据每分钟 1 万行,将银行流水分析效率从"天"提高到"秒"。

五、数字化赋能全方位买方投顾服务体系

国信证券买方投顾体系的构建主要围绕"全面服务、能力建设、总分联动"三个方面展开,通过整合国信内部专业投顾与投研力量资源,不断丰富投顾服务内容要素,建立起了一流的财富管理及投顾服务品牌"鑫投顾",为投资者提供了集资讯、观点、决策和诊断等于一体的全方位综合投资顾问服务。

"鑫投顾"作为国信证券的投顾服务品牌,聚合了公司内部的精英投顾、金融科技等资源优势和技术能力,围绕客户账户提供账户诊断、资讯干货、决策工具、AI 问股、专属投顾、资产配置等投资辅助工具赋能线上服务,并结合短视频和直播服务模式建设 AI 短视频和全天候数字人直播,综合提供全场景、全方位的买方投资顾问服务。"鑫投顾"支持按

照单笔交易计费、盈利部分计提、服务期限收费等方式计算的灵活收费模式,充分迎合不同投资者的使用习惯。在通过智能选股(策略锦囊)、智能择时(技术看盘)、智能资讯(热点洞察)等 AI 投资工具结合专业投顾的人工服务为客户提供优质标的服务与精准投资时机的同时,"鑫投顾"同样高度重视风险预警和监控服务,通过 AI 智能监控,力求帮助客户及时预知与度量潜在风险,保证客户的资金安全。

(一) 全方位投顾服务

设立账户服务、内参资讯、投资工具、特色服务等多种产品及服务形式,借助大数据 AI 等科学技术,以图文、音视频等作为载体,为不同需求的投资客群提供个性化的投顾服务。在服务内容上,充分考虑不同投资者的功能需求,涵盖全天候行情、多渠道资讯(机构研报、政策、市场、公司公告等)、投顾点评、AI 投资工具、模拟组合产品等丰富的投顾服务内容要素。在"鑫投顾"服务的产品交互设计阶段,也充分考虑各类投资群体的用户使用习惯,从产品功能(资讯/工具/报告)、内容类型(图文/视频)、推送频率(日内/每日/每周)、内容生成方式(AI/人工)等方面尽可能满足不同客群的使用需求。

(二) 专业能力保障优质服务

为打造优质的投顾服务与产品,必须以深度的市场研究和金融科技作为专业支持。国信证券整合公司宏观与大类资产配置研究、量化投资研究、基金投资研究、行业与个股研究、智能算法开发等投研和技术资源,组建核心投研和技术团队提供专业支撑。目前,基于宏观大类资产配置研究能力、市场优质产品筛选能力、严谨的产品配置服务体系,国信证券已实现投前、投中、投后全生命周期的实时跟踪与服务,为客户的资产保值增值保驾护航。

(三) 总分联动共铸高品质服务

为保障投顾服务内容的数量与质量,国信证券总分联动,打造全新版线上线下结合的数字化"鑫投顾"平台,由总部对分支投顾力量进行系统化管理,充分调动分支力量,推进优秀投顾人才选拔、推动优质投顾产品采纳,新版"鑫投顾"平台支持"一个大框架、分布式自定义服务"的模式,充分整合总部与分支的投顾力量与产品资源。在一个大框架中,总部负责指定服务模式的主体结构,并提供标准版产品,同时对由分支自定义的内容进行统一品控与持续监管;在分散式运营服务模式中,各个分支充分发挥主观能动性,因地制宜、因时制宜、因人制宜,积极打造自定义的投顾服务内容。

六、数字化推动信用业务智能化风控

国信证券企业级智能化信用风险管理平台是公司面对信用风险管理跨地域、跨业务、跨组织、跨系统的特点,解决信用壁垒疏通难、管理木桶效应显著、风险信息泛滥、违约度量精准性差、时效滞后等难题提出的企业级综合性解决方案。

项目践行"risk as a service"(将风险管理服务作为一项可订阅的服务)理念,借助知识图谱、机器学习等技术手段,通过对集团内部信用壁垒的疏通探索,构建了覆盖客户业务、实时风险事件三大中心的信用数据库,并以此为基础,完成客户、业务、风险全景交叉图谱的构建及债券违约的智能化预测,最后通过风控中台输出可信稳定的风险应用程序接口(risk application programming interface, riskAPI)服务体系,有力地提升了信用风险管理的精准性、时效性和集团整体信用风险管理水平,为行业及社会信用壁垒的疏通及管理体系的构建提供参考。

(一)创新性推出客户、业务、风险全景交叉图谱,提升客户认知全面性

项目创新性完成内外部覆盖境内外 100＋个来源的数据深度融合,完成组织架构(500＋)、账户(6 亿＋)、同一客户(2.7 亿＋)、同一客户组(130 万＋)、业务(70＋)、行为(20＋)、风险事件(700＋)等数十种类型 9 亿＋实体的梳理,在管理体系和剪枝等算法上进行创新,突破了业务关键环节风险遗漏、传统股权关联以"挖掘层数"来降低算法复杂度等管理及技术上的困境,形成账户、同一客户、同一客户组和其他关联方四层客户管理体系,以行为为核心的业务环节风险拆解体系,以及覆盖融资类、投资与交易类、投资银行类等各类型业务场景的风险事件三大核心体系。同时,以客户、业务、风险的深入挖掘为基础,完成融合集团内外部、跨业务、跨组织、跨系统信用数据库的构建,通过任意两类型实体的关联分析,项目构建起形式、场景多样的全景交叉分析图谱,完成对客户业务风险、风险影响分析、同一客户组授信等场景的支撑,实现了任一点出发纵观全局的管理目标。

(二)流计算加速风险信息及时、精准、主动触达,预警由小时级提升到分钟级

通过在全面覆盖、个性化定制和及时主动多渠道告警三个点进行聚焦,解决地市级处罚信息难以获取、风险监控预警不全不精确等难题,项目构建起实时风险事件中心和策略定制中心,完成了对 3 000＋精选来源、5 年以上、40 亿＋风险事件、日增 600 万的自身和关联风险的传导计量,以微信、短信等各类型渠道的一键主动触达,整个处理流程由小时级别提升至分钟级,为突发风险事件的处置抢占市场先机。

(三)AI 助力债券违约智能预警,提升时效性和准确性

项目认为,市场总会有先知,创新性引入交易、行情、估值等市场导向指标,解决传统依赖财务数据、辅以舆情进行违约建模带来的时效性、准确性不足的问题,通过改进的随机样本增强算法来应对样本不足的情况,实现债券违约的准确预测,并将预警的时效性由 T＋90 提升到 T＋1,业界前沿算法的引入为构建模型可解释性可视化体系提供了强大的支撑,实现决策路径一目了然,对超过 1 年的市场持续跟踪与检验,预测准确性高达 98.37％。

(四)riskAPI 实现跨业务、跨系统一体化管理,数据、流程、场景联动

以一个数据中台、三大风控中台的构建为基础,构建组件/界面/数据可插拔的统一处理架构体系,实现数据和口径的一致,为应用层跨市场、跨业务、跨系统、跨部门的数据、流程、场景联动提供统一的支撑,目前已经发布涵盖 API、消息主题等各类型 450＋服务,支撑集中交易等交易及业务管理类应用。一方面,在自动沉淀各个使用方管理经验的同时对体系进行不断优化,再反向提供更加精准有效的服务,提升集团整体管理水平;另一方面,通过构建数据记录级的数据属主加密体系实现数据及经验的有限共享,满足合规、业务竞争等方面的隔离要求。

七、算法交易中心助力交易智能化

伴随着财富管理的转型和机构经纪占比的快速增长,作为主阵地的量化交易服务成为业务和收入增长的决胜关键,高换手率的特点让交易执行成本变得尤为重要。据不完全统计,现阶段多数基金管理人换仓交易的隐性成本年化高达 5％～10％。机构投资者

在降低隐性交易成本时面临很多问题,普遍希望利用算法交易手段解决以上问题,随着机构客户对算法交易的需求持续增长,国信证券统一规划、建设了国信智能算法交易中心,在自研算法的基础上,通过算法交易总线技术,博采众长,引入市场主流的算法交易厂商为机构投资提供更多的灵活选择。

(一) 算法种类丰富,覆盖全业务品种

国信智能算法交易中心提供目前市场上全部的主流算法,包括被动算法、主动算法、日内策略和智能场景化算法,可满足客户在超额收益增强、主观投资、大宗交易、退出减持等场景的算法交易需求。被动算法可以帮助客户降低人工成本,减少市场冲击,获取接近市场均价的交易均价;主动算法成交均价优于市场均价 2~5 个基点;基于人工智能算法的日内策略在保证客户日内持仓数量不变的情况下,捕捉趋势低点买进、高点卖出,为客户获取超额收益;智能场景化算法不需要客户逐个设置目标仓位,通过一篮子的整体操作直接完成用户目标,如智能调仓、两融对冲市值打新等。

算法交易覆盖沪深全部股票、债券和基金品种,算法种类丰富,投资者可以灵活选择算法引擎,通过分析海量历史数据建立算法模型,实时处理行情数据,做出趋势预测,指导算法执行,能够获得更加优异的算法绩效。算法还可以学会在交易多个账户和策略时,轻松预测未来市场,分散风险,拒绝或接受实时报价。算法引擎性能高效,可同时处理100 万笔以上算法策略,每小时可拆分 500 万笔以上算法子单。

(二) 提供算法交易总线一体化方案

算法交易总线引入市场主流算法厂商的算法策略,客户可以根据自己的意愿挑选、混合搭配各厂商的算法进行交易,甚至可以在盘中自由切换算法。总线利用国信自研的高性能、分布式技术框架,提供统一 API 标准,方便各家算法厂商进行系统对接和测试,支持跨平台、高可用、高并发。总线提供一体化解决方案,包括从接入、回测、仿真到算法开发、评价、订单路由、运维监控的每个环节,解决客户全生命周期的数智化交易需求。算法集成引擎采用主备双节点部署,盘中数据实时写入内存数据库,主备节点实时同步,主节点宕机时备节点自动接管,确保算法策略拆单正常。同时,极速行情也支持高可用,确保行情数据准确完整。

(三) 全面算法绩效评价体系

算法交易在实际运行中,衡量隐性交易成本或算法绩效时,需要在母单、子单、策略启动时间、不同买卖方向的量价计算方式、执行完成度等诸多细节上制定统一、公平的标准,才能客观地衡量各种算法的绩效基准。国信智能算法交易中心制定了全面的算法评价标准,包括收益、风险敞口、单笔最大亏损成交均价与当日成交量加权平均价比率、算法执行完成率等。从单个订单、篮子订单等多维度分析算法绩效,通过高保真的实时仿真交易系统,对每一种算法进行全品种的覆盖评价,在盘中实时计算,提供更客观的评价基准。

(四) 智能推荐算法

随着算法种类的增多,客户选择合适算法的难度也增大。国信智能算法交易中心基于全面的算法绩效评价体系,以客户交易场景为训练样本,运用人工智能技术,持续学习迭代,从多个维度的绩效指标为客户的算法选择提供参考指导,大幅提高客户交易员学习效率,降低人工成本,同时也可以带给客户更优异的绩效表现。

八、智慧化运营平台

国信证券基于对未来业务发展的整体规划和展望,结合证券行业对互联网金融的探寻,全力构建智慧化运营平台,全面提高公司业务运营全流程的智能化和自动化水平。智慧化运营平台建设主要从三个方面展开:一是借助金融科技手段全面提升业务运营全流程的智能化水平,提高运营效率,提升客户体验;二是以合规运营为准则,强化运营风险管控,降低操作风险和运营风险;三是构建公司级数字员工管理中心,大力推进数字员工建设,有效为员工赋能,解放生产力,使员工价值最大化。

(一) 全面提升业务运营全流程的智能化水平

通过将人脸识别、活体检测、智能语音、OCR 文字识别等金融科技全面深入应用于业务全流程,重构与再造业务流程,提高运营效率,提升客户体验。通过引入智能调度,实现智能抢单及智能派单,通过支持 7×24 小时的业务受理与办理服务,全面提升业务受理和审核的智能化水平,打造全天候业务运营能力。在机构客户服务方面,通过在开户流程中引入权威工商数据鉴权智能核查、智能文档、智能见证等技术,支持客户"全自助""非现场受理""客户预约+临柜续办受理"多种模式自由切换,打造机构及产品客户智能开户。在行业内率先实现了机构及产品客户一站式智能开户,开户时间由三小时缩减为 30 分钟,极大提升了客户服务体验。

(二) 多维度实时运营监控,有效控制业务风险

在运营风险管控方面,全面监控日常业务运营情况,支持实时动态跟踪公司全体账户规范性及反洗钱的监控核查,实现运营业务预警阀值、交易异常规则、核查抽样策略、核查模型等监控核查动态配置,支持管理者在权限范围内查询各分支机构的业务及在线人员情况。同时,平台支持及时预警和干预,并实现账户规范自动核查,通过多维度实时监控客户账户情况和业务办理异常情况,加强各项业务的风险控制。

通过构建客户账户规范监控,自动回溯核查全体客户账户,做到风险早发现、早规范,并结合目前详尽的业务制度、智能的系统流程控制等事前、事中控制手段,打造账户规范闭环,进一步控制业务风险。

(三) 推进数字员工建设,为员工赋能,实现员工价值最大化

国信证券自 2016 年开始探索引入 RPA 技术,最初落地在 IT 运维自动化场景。在运维自动化方面,目前有 6 000 多个 RPA 流程在线上运行;清算自动化方面,重构了 400 多个清算流程。为了进一步拓宽 RPA 的应用范围、提升 RPA 的应用效果,通过构建公司级数字员工管理中心,将 RPA 升级为数字员工,更有效地嵌入、融合进公司业务运营,切实促进科技赋能业务、科技赋能员工,解放生产力,使员工价值最大化,助力公司数字化转型。

经过持续推进数字员工建设,目前已在公司业务部门推广了 200 多个业务场景的落地业务领域,涵盖经纪、投行、资管、财务、清算、估值、报送、日常管理等业务场景,有效解放生产力,提升了运营自动化水平,达到了降本增效、防范操作风险的目标。

本 章 小 结

　　本章主要介绍了证券业数字化转型的背景与动因、发展路径和核心技术、维度及证券公司的相应实践。背景与动因部分介绍了证券业务的发展历程、证券业数字化转型的提出及其内涵。发展路径和核心技术部分介绍了证券业数字化转型的总体目标以及具体发展路径,并介绍了数字化转型主要依赖的核心技术与应用领域。在此基础上,本章具体介绍了证券业数字化转型的维度,包括数字化技术应用、数字化治理、数据管理、数字化基础设施建设、网络和信息安全、经营管理数字化、产品和服务数字化、合规风控数字化和可持续化发展基础九大维度,并展示了各证券公司的相应实践。最后,本章提供了国信证券数字化转型举措作为案例供读者学习讨论。

基 本 概 念

数字化技术应用　数字化治理　数据管理　数字化基础设施建设　网络和信息安全
经营管理数字化　产品和服务数字化　合规风控数字化　可持续化发展基础

思 考 与 练 习

1. 证券业数字化转型提出的背景是怎样的?
2. 证券业数字化转型的内涵是什么?
3. 证券业数字化转型的目标是什么?
4. 证券业数字化转型的发展路径是什么?
5. 证券业数字化转型的核心技术有哪些? 它们有怎样的应用场景?
6. 证券业数字化转型有哪些维度? 每个维度又有哪些内涵?
7. 国信证券的多项数字化转型实践涉及哪些维度(数字化治理除外),具体内涵是什么?
8. 国信证券数字化转型实践的深度如何? 有哪些不足和改进空间?
9. 结合国信证券的实践,总结证券公司数字化转型的实践思路,并谈谈你的看法。

参 考 文 献

1. 刘永彪.数字金融概论[M].北京:中国金融出版社,2024.
2. 中国证券业协会.证券公司数字化转型实践报告及案例汇编(2022)[EB/OL].(2022-11-22)[2025-05-13].https://www.sac.net.cn/ljxh/xhgzdt/202211/t20221122_49765.html.

第十一章

保险业数字化转型

学习要求

1. 掌握保险业数字化转型的内涵、发展背景与动因。
2. 掌握保险业数字化转型涉及核心技术的概念与用途。
3. 了解保险业产品与服务数字化转型的发展前景。
4. 了解保险业运营管理模式数字化转型的发展前景。
5. 了解保险业数字化转型的典型案例。

本章导读

    随着数字化技术的迅猛发展,数字化转型已成为各个行业的重要趋势,保险业也不例外。本章将理论与实践案例结合,详细探讨了保险业数字化转型的背景、动因和核心技术,保险产品与服务的数字化创新,保险业运营模式的变革,以及具体案例分析。保险业数字化转型不仅涉及技术的更新换代,更是产品与服务、战略规划与运营管理模式的全面革新。本章分为五节。第一节详细阐述保险业数字化转型的背景与动因。数字化转型不仅受保险科技影响,还受到行业发展环境的变化与政策的推动的影响。消费者需求升级、数字化技术浪潮以及新冠疫情的催化,共同促使保险业迎来变革的机遇。第二节详细讨论保险业数字化转型涉及的三种核心技术(高级分析、机器学习和物联网技术)的内涵与应用场景。第三节主要探讨保险公司借助数据科技、流程自动化等技术的融合创新,围绕保险产品设计、精准营销、核保承保、理赔给付等关键产品与服务环节进行数字化升级改造的发展前景。第四节主要介绍保险公司如何完善顶层战略规划推进保险业数字化转型,以及数字化技术在保险公司内部运营管理和渠道展业的应用前景。第五节通过中国太保和平安产险的数字化转型案例分析,具体展示了头部保险企业在数字化转型过程中取得的成就与发展前景,为其他保险公司数字化转型提供了借鉴。

第一节　保险业数字化转型的背景与动因

一、保险业数字化转型的内涵

保险业数字化转型可以理解为保险公司为适应数字经济时代的要求,运用大数据、云计算、区块链、人工智能等数字技术,结合自身优势和不足选择最适合自己的核心发展路线,建立包含数据、技术、组织、机制等的数字化转型支撑体系,促进保险公司全方位的数字化业务能力,最终实现外勤人员、内勤人员、决策者服务效率的整体提升以及客户、合作方体验效率的整体提升。

［专栏 11-1］
中国保险业
数字化发展
历程

二、保险业数字化转型的发展背景

（一）保险行业的发展现状

原中国银保监会公开数据显示,2015—2023 年我国保险原保费收入基本保持稳定增长态势,由 2015 年的 24 283 亿元增至 2023 年的 51 247 亿元(见图 11.1)。从全球保险行业的发展视角来看,我国目前已经成为全球第二大保险市场,并有望在 2030 年超越美国成为全球最大的保险市场,是世界保险市场的重要驱动力量;从国内保险行业的发展视角来看,2019 年我国人均保费金额仅为 2 966 元,与同期发达国家相比存在较大差距,这也反映了我国保险行业发展处于朝阳时期,存在较大发展空间亟待挖掘。

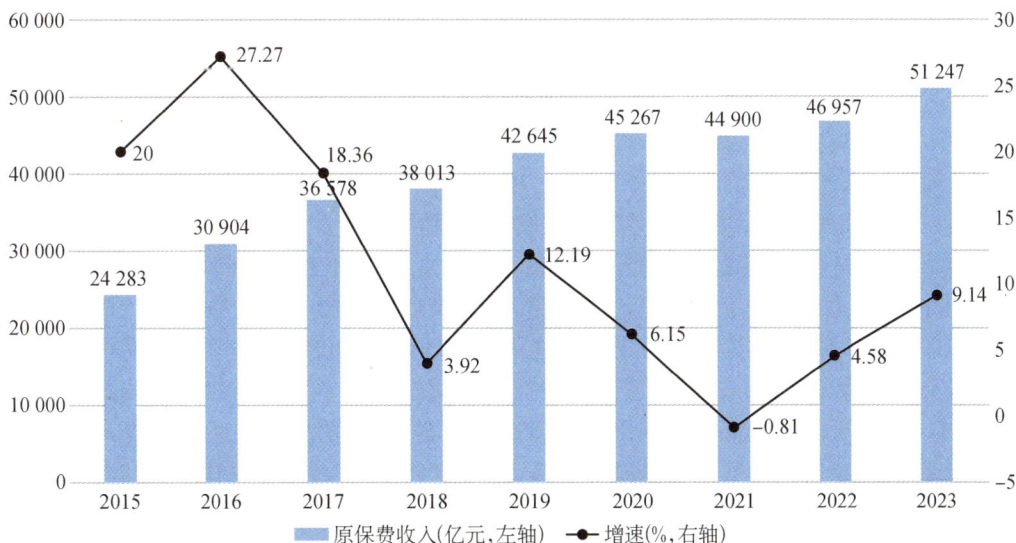

图 11.1　2015—2023 年中国保险原保费收入及增速情况

资料来源:国家统计局。

（二）保险科技的发展情况

保险科技是保险公司数字化转型的重要驱动力。庞大的市场需求为保险科技在我国的发展提供了有利条件。据《2020 年中国保险科技行业研究报告》和《中国保险科技发展白皮书(2019)》统计,2019 年我国保险机构的科技投入达 319 亿元,保险科技创业企业在一级资本市场融资额达 39.76 亿元,截至 2019 年上半年,国内已成立 238 家保险科技公司,说明保险科技已受到广泛的关注。国际方面,2015 年起,全球保险领域信息科技应用快速发展,助力保险行业不断成熟,其中北美、欧洲领跑全球。2020 年全球约有 75％的保险合同受到保险科技的影响。对比来看,北美、欧洲保险市场历史悠久、业务发展成熟,这保证了数量众多的保险科技服务商在不同的产品、场景内均有长足的深入空间。亚洲发展中国家保险市场发展虽尚处初期,信息科技应用有所局限,但随着技术应用不断扩大、助力保险市场加速发展,亚洲保险行业及保险数字化转型未来均有广泛增长空间。

(三) 保险业数字化转型的政策背景

近年来,支持保险行业数字化转型的力度逐年增大,并持续规范保险业数字化经营活动(见表 11.1)。

表 11.1　支持保险业数字化转型的政策文件

时间	相关政策文件
2021 年 12 月	《中国银保监会关于银行业保险业支持高水平科技自立自强的指导意见》
2021 年 12 月	《保险科技"十四五"发展规划》
2022 年 1 月	《中国银保监会办公厅关于银行业保险业数字化转型的指导意见》
2024 年 5 月	《国家金融监督管理总局关于银行业保险业做好金融"五篇大文章"的指导意见》
2024 年 8 月	《国家金融监督管理总局关于加强科技型企业全生命周期金融服务的通知》
2024 年 12 月	《银行保险机构数据安全管理办法》

2021 年 12 月,《中国银保监会关于银行业保险业支持高水平科技自立自强的指导意见》发布,支持创新科技金融产品,鼓励保险公司加大对保险科技的创新投入,推动科技保险服务和科技人才的创新创业服务。同月,中国保险行业协会发布《保险科技"十四五"发展规划》,全面规划了保险行业的数字科技发展,明确了未来发展的重点及预期目标。

2022 年 1 月,《中国银保监会办公厅关于银行业保险业数字化转型的指导意见》发布,要求保险公司科学制定数字化转型战略,大力推进业务经营管理数字化转型,建设数字化场景运营体系,并明确保险公司在加强风险管理体系建设时要特别关注网络安全,强化数据安全和隐私保护。这标志着保险行业数字化转型有了更为详尽的路线图。随后,各省(区、市)的金融监管部门相继出台具体工作方案,严格落实相关法律法规,强化数据安全管理责任,着力构建数据安全防护体系,建立健全客户信息保护制度与机制。加强数据安全风险监测和处置,将数据安全与客户信息保护纳入全面风险管理体系,严格落实国家有关数据出境安全评估和安全审查要求,强化第三方数据的安全评估,防范外部数据源的合规风险。

2024 年 5 月,《国家金融监督管理总局关于银行业保险业做好金融"五篇大文章"的指导意见》提出目标,未来五年,银行业保险业数字化转型成效明显,数字化经营管理体系基本建成,数字化服务广泛普及,为数字经济发展提供有效助力。数字化监管架构流程基本建成,监管数字化智能化水平大幅提升。2024 年 8 月,《国家金融监督管理总局关于加强科技型企业全生命周期金融服务的通知》要求,鼓励银行保险机构加大数字金融研发投入,依法合规运用新一代信息技术,推动科技型企业金融服务业务处理、经营管理和内部控制等关键环节向数字化、智能化转型发展,持续提高运营效率,优化内部资源配置,提升风险防范水平,更好满足科技型企业融资需求。2024 年 12 月,国家金融监督管理总局发布《银行保险机构数据安全管理办法》,明确数据分类分级管理要求,并建立覆盖数据全生命周期的安全保护机制,以保障金融数据安全,维护消费者权益和国家安全。该办法还特别强调个人信息保护,要求机构在数据处理中遵循"明确告知、授权同意"原则,并完善数据安全风险监测与应急处置机制,为保险业数字化转型提供坚实的政策保障。

总之,监管部门自 2021 年来频繁发布多项相关文件支持保险业数字化转型经营,涉及多个业务领域,不仅强调要利用现代科技改造和优化传统保险业务,而且对保险数字化经营提出了更高的要求,即要求保险业提高数字化转型的速度并保证转型质量,同时还应注意规范转型后的经营活动。

三、保险业数字化转型的发展动因

(一) 保险客户需求提升

数字化转型是以数据为资产、以新技术为手段、以人才为依托,突破企业发展瓶颈,解决行业发展痛点的转型升级,其核心仍是满足客户需求。"客户至上"的服务理念日益受到企业和消费者的重视,其内涵也不断演变。随着消费者对单一保险公司的忠诚度降低,保险行业已迈入客户主权时代。"客户至上"不再仅仅是提供优质服务和产品,而是真正从客户视角出发,深入理解他们的需求和痛点,并提供定制化的解决方案。目前,保险客户的需求和痛点主要体现在四个方面。

1. 客户偏好简化的产品

市场曾充斥着条款复杂的保险产品,这些产品将储蓄、保障和投资功能混合在一起,客户难以理解。即使经过代理人的大量解释,客户可能仍然一知半解。长期来看,这类产品将逐渐被市场淘汰,产品将趋向简化,如将保障和储蓄功能分开,使客户能够根据自身需求做出选择。

2. 客户要求更透明的信息和更高水平的服务

客户可能不太关心保险条款的细节,但现在他们对信息的获取量和透明度有了更高的要求。此外,客户对服务的期望也更高,对渠道商尤其如此,渠道商不仅要履行传统的产品分销职能,还需要通过提供增值服务来提高吸引和保留客户的能力。

3. 客户寻求整体解决方案

与过去单一的保险产品或服务相比,客户更加重视整体解决方案的提供。消费者对保险的需求实际上是他们对养老、健康和医疗需求的延伸。如果保险公司能够全面考虑消费者的需求并提供综合解决方案,就能构建独特的竞争优势。

4. 客户面临营销渠道转变

目前,企业大多采用以代理人和网点为核心的多渠道策略。但未来,多渠道的核心将发生变化,不再以代理人和网点为中心,直销渠道的重要性将日益增加。移动设备逐渐成为渠道的核心,客户对移动设备的依赖也在不断增强。

(二) 技术革新与数字化浪潮

技术革新和数字化发展浪潮对保险企业产生了多方面的影响。

1. 手机和社交媒体使用频率的增加

中国的手机和社交媒体渗透率位居世界第一,将成为未来客户与保险公司互动的主要渠道。如果企业与客户的沟通大量依赖第三方而非直接沟通,可能会失去与客户的互动,进而损失渠道利润。

2. 大数据的生产、存储和处理分析能力的提升

大数据有助于企业大幅降低营销成本,相比传统的扫街式营销,精准营销成本更低且成功率更高。各大银行、证券和保险机构都在利用大数据全力构建自己的客户关系管理系统,进行更精准的市场营销,提供个性化的客户服务。同时,大数据技术的使用成本也大幅降低,中小保险公司也能负担得起。例如,基于大数据技术的客户画像、定价、理赔营销、损失预测、客户挽留等关键模型已实现标准化和商品化。

3. 数字化"守门人"对终端客户形成价值链颠覆

数字化"守门人"指的是掌握流量入口的非传统保险企业,它们利用自身掌握的客户和数据优势,参与保险市场并与现有保险公司竞争。互联网公司、车企、医疗机构、电信公司甚至道路救援公司等掌握客户资源的企业未来都有可能成为保险行业的颠覆者,迫使保险企业加快数字化转型。

(三) 疫情加速数字化转型

2020 年以来,保险业发展呈现出三种趋势。一是客户线上化转移速度加快。受疫情影响,传统的线下营销加速向线上转移。二是产品不断创新化。风险的增加提高了客户的保险意识,推动保险产品的不断创新。三是数字化运营模式逐渐成熟。数字化运营模式的成熟已成为保险公司应对挑战的重要管理模式。疫情常态化对我国经济发展和社会进步产生了深远影响,各行业复工延期以及各地区严格的隔离管控等措施给保险业线下经营和销售业务带来严峻挑战,加快了保险行业对数字化转型的认识和实践。

新冠疫情对保险业数字化转型具有三个效应:供给升级效应、意愿改善效应和需求创造效应。在需求方面,疫情的暴发迫使保险公司改变意愿,进行大规模数字化转型。疫情的反复要求保险公司不断进行数字化转型以创造需求。在供给方面,新冠疫情促使我国数字经济基础设施的建设加快推进,数字化工具进行新一轮创新升级,从而更好地适应市场需求(见图 11.2)。

(四) 政策推动数据安全治理

国家金融监督管理总局于 2024 年 12 月发布《银行保险机构数据安全管理办法》,明确提出保险机构要建立覆盖数据全生命周期的安全管理体系,实施数据分类分级(核心数据、重要数据、一般数据),并采取差异化保护措施。例如,核心数据涉及国家安全和公共利益,须严格限制共享范围;敏感数据(如健康信息)须匿名化处理以降低泄露风险。

监管要求保险机构遵循合法、正当、必要原则收集数据,并需要向用户明确告知数据使用目的及保护措施。例如,乐山商业银行因 APP 隐私政策未清晰告知数据用途,被国家计算机病毒应急处理中心通报整改,凸显了合规风险对数字化转型的倒逼作用。

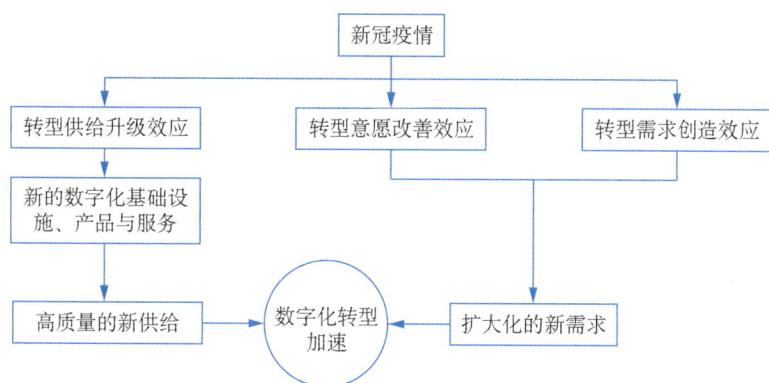

图 11.2　新冠疫情加速保险业数字化转型的经济学分析

资料来源：唐金成，刘钰聪. 我国保险业数字化经营转型发展：机遇、挑战与应对［J］. 南方金融，2022（9），77-89.

第二节　保险业数字化转型的核心技术

数字化技术是指将信息和数据转化为数字形式，以便在计算机系统中进行存储、处理和传输的一系列技术和方法。通过数字方式处理信息，有利于提高效率及可靠性，并创造新的商业和社会价值。美国贝恩咨询公司分析了 30 个技术用例对德国保险公司的收入与利润的影响，发现数字化技术对保险价值链产生的影响日益显著，其中，高级分析、机器学习和物联网技术带来了最颠覆性的影响（见图 11.3）。

技术	流程					
	产品研发	分销与营销	核保与新业务	保单管理	理赔管理	运营/IT
基础设施与生产力						
在线销售技术						
高级分析						
机器学习						
物联网						
区块链/数字账本						
虚拟现实						
相对影响程度	最低					最高

图 11.3　各种数字化技术对保险价值链的影响范围及程度

资料来源：NAUJOKS H, MUELLER F, KOTALAKIDIS N. Digitalization in insurance：The multibillion dollar opportunity［R］. Boston：Bain & Company, 2017.

一、高级分析

（一）高级分析的定义

高级分析指一系列主要用于预测目的的数据分析技术，如机器学习、预测模型、神经网络和人工智能。高级分析的目标是使企业能够做出数据驱动的决策、预测未来趋势并优化业务流程。通过使用先进的算法和计算能力，高级分析可以处理复杂的数据集并提供更深入的见解，促进创新并增加竞争优势。

（二）高级分析在保险业的应用

高级分析技术通过数据挖掘、统计建模和预测算法，从海量保险数据中提取有价值的信息，能帮助保险公司进行精准决策。下面举例说明高级分析在保险业的应用。

1. 风险评估

高级分析可用于实时风险分析，使保险公司能够快速做出决策。例如，在汽车保险方面，联网汽车会自动传输大量数据。这使保险公司能够获得汽车的速度和刹车模式等细节信息，从而利用高级分析模型来评估驾驶员发生事故的可能性，更准确计算保费。

2. 防止欺诈

高级分析技术使得通过预测分析检测欺诈活动、可疑索赔和行为模式变得更加容易。当系统检测到保险索赔由有欺诈历史的人提出时，可立即标记并建议调查该案件。预测模型可以帮助分析欺诈模式并筛查虚假索赔，可以在庞大的理赔数据中迅速发现异常行为，提前识别潜在的欺诈行为，从而降低经济损失。

3. 影响客户行为

保险公司可以使用高级分析来分析数据并影响客户行为。例如，健康保险公司可以使用健康追踪器等可穿戴设备捕获物联网设备生成的数据，并跟踪关键变量以评估个人的潜在健康风险。保险公司由此可以全面评估客户的健康状况，督促客户更好地照顾自己的健康，降低潜在健康风险。

4. 终身价值预测

基于客户行为的预测模型可广泛用于处理客户数据。保险公司可以使用客户行为数据预测客户生命周期价值，从而更加精准地确定客户将带来多少利润。通过客户生命周期价值获得的见解还可以预测客户在保单维护或退保方面的行为，从而在业务流程中有所准备。

5. 索赔预测

对保险公司而言，准确的索赔预测可以最大限度地降低风险并减少财务损失。保险公司可以利用高级分析，使用大量变量来增强构建财务模型所涉及的复杂流程，并将其用于预测未来索赔水平，从而改进定价模型，制定合理的保费。

二、机器学习

（一）机器学习的内涵

IBM 公司将机器学习定义为专注于使用数据和算法来模仿人类的学习方式，并逐步提高其准确性的技术，属于人工智能和计算机科学的子领域。机器学习可以帮助保险公司更好地开展业务运营,提高准确性并降低成本。

(二)机器学习在保险行业的应用

机器学习技术在保险行业数字化转型中发挥了重要作用,下面介绍机器学习提升保险行业服务效能的领域与案例。

1. 索赔处理

机器学习可从三个方面优化保险索赔处理。一是索赔登记。典型的索赔登记流程耗费大量时间和数据。机器学习可以为保险公司提供分析结论,提高运营效率。二是智能索赔分类。机器学习系统能够根据过去的经验学习,进行风险评分和分类,从而更快、更准确地对保险索赔进行优先排序。三是保费预测。机器学习系统可以更准确地确定保费,减少整体索赔结算时间并改善客户体验。例如,日本富国生命(Fukoku Mutual Life)保险公司利用人工智能和深度学习处理索赔数据,帮助保险公司自动查找和访问与案件相关的医疗文件并计算赔付金额,每年可节省约 100 万美元的成本。

2. 个性化营销

机器学习算法通过分析客户收入、年龄、性别和位置等重要数据,可以将客户分成不同的组别,还可以根据行为、个人偏好等更复杂的变量寻找行为模式。保险公司可以利用这些结论针对不同的客户群体制定并使用不同的营销策略。例如,大都会人寿(MetLife)保险公司在 2015 年开始采用数据驱动的方法进行客户细分,以机器学习为中心来推动其市场营销战略。机器学习算法帮助保险公司更好地了解客户的需求、行为和态度,从而最大限度地提高竞争优势。

3. 文本处理

保险从业人员需要浏览大量文本文件(如健康记录、财务报告、索赔历史等),这些单调乏味的任务需要很高的准确性,而机器学习算法可以在多个方面起到关键作用:一是文本检索,通过自动扫描文本,机器学习算法可以从非结构化的保险文件信息中检索核心单词和短语。算法还可以用于检索同义词或相关词,如在寻找关键词"狗"时,搜索"宠物"。二是文本识别,光学字符识别技术可以识别手写和印刷文本,有助于保险公司更快地处理文件并解决运营效率低下的问题。三是文本总结,通过自然语言处理算法生成文档的自动摘要,可以减轻保险公司和保险代理人的阅读负担。例如,日本东京海上(Tokio Marine)日动火灾保险公司使用基于机器学习的光学字符识别技术服务来处理索赔文件。该系统使其将人为错误减少了 80%,处理时间减少了 50%。

三、物联网

(一)物联网的定义

物联网是指通过信息传感设备,按约定的协议,将任何物体与网络连接,物体通过信息传播媒介进行信息交换和通信,以实现智能化识别、定位、跟踪、监管等功能。物联网是一种基于互联网、传统电信网等信息承载体,让所有能够被独立寻址的普通物理对象实现互联互通的网络。物联网具有普通对象设备化、自治终端互联化和普适服务智能化三个重要特征,具有非常广泛的应用场景。针对物联网应用领域的分析显示,在 2023 年国际消费类电子产品展览会参展的 240 个物联网相关企业中,智能家居领域企业最为常见

[专栏 11-2]
三种常用的机器学习模型

(31.6%),其次是增强现实与虚拟现实(8.7%)和医疗健康项目(8.7%)(见图11.4)。

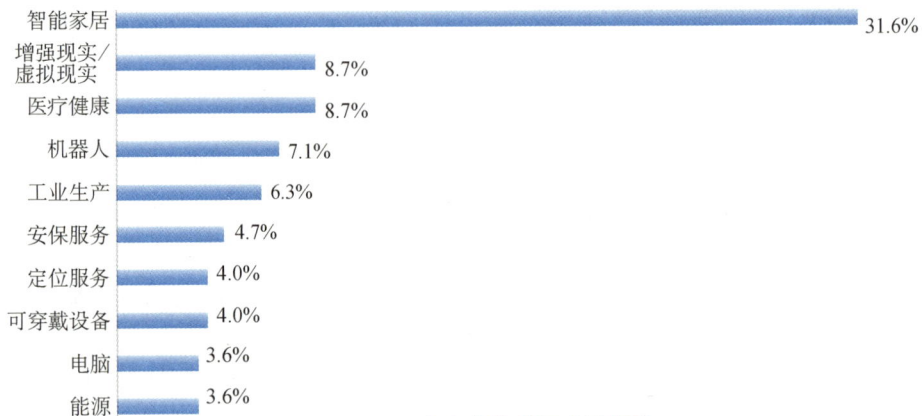

图 11.4　2023 年十大物联网应用领域

资料来源：SOUMEN M. Top 10 IoT announcements at CES 2023〔R〕. Hong Kong：Counterpoint Analysis, 2023.

(二) 物联网技术在保险行业的应用

1. 联网汽车

汽车上配备的传感器不仅可以监控驾驶行为和车辆使用情况,还可以收集其他车辆数据,包括油温、刹车磨损、轮胎压力等。基于这些数据的应用为联网汽车创造了一个全新的生态系统,涵盖汽车原始设备制造商、电信运营商、传感器和芯片制造商、优步(Uber)等数字平台运营商、研究机构、标准化中心和保险公司等。全球各地的多家保险公司已经与基于物联网的远程信息处理供应商、汽车维修店、电信公司以及引导司机找到免费停车位的系统运营商建立了合作伙伴关系,例如,美国保险前进(Progressive)公司与初创科技公司祖比(Zubie)车联网公司建立了合作伙伴关系,利用 Zubie 基于物联网技术开发的汽车驾驶水平检测器,使双方都共享有价值的传感器数据,为新的汽车保险模式奠定基础。

2. 智能家居

智能门铃和摄像头、智能火灾报警装置、湿度传感器等智能物联网设备可以在许多风险造成严重损害之前检测到它们,从而大大减少损失和保险索赔。实时物联网数据分析使保险公司能够确定个人风险状况并提供个性化的保险政策和折扣。此外,智能家居的应用为保险公司吸引了更多的年轻科技用户群体,推动了财产和意外险市场的创新与变革。例如,德国安联(Allianz)保险集团与谷歌 Nest 合作,提供集成产品和保险折扣,激励客户为家中安装智能设备,减少事故和损失风险,降低赔付成本。

第三节　保险产品与服务的数字化创新

保险公司正积极探索从产品到服务的全链路数字化转型。首先,精准营销与核保承保分别作为用户流量的入口与保险成单的第一道关卡,是保险公司长期聚焦、投入的重要实践环节。同时,产品研发也面临同质化竞争激烈、创新能力不足的发展困境,是保险公司亟须补齐的短板能力。其次，内外数据源补齐、智能模型应用、自动化能力执行已初步渗透至保险数字化的各项环节，基于复杂场景的融合应用将是保险公司下一阶段的突破方向。最后，综合既往实践产投回报，以理赔给付为代表的客户服务周期延伸与二次转化能力成为诸多保险公司决策者看好的发力方向。

本节主要探讨保险公司借助数据科技、流程自动化等技术的融合创新，围绕保险产品设计、精准营销、核保承保、理赔给付等关键产品与服务环节进行全链路数字化升级改造的发展前景。

一、产品研发

虽然产品研发环节数字化进程相比前述其他环节并不十分迫切，但产品研发环节的数字化升级可对其他环节数字化升级成果起到加成作用。随着保险业务链条上其他环节数字化水平深入，保险公司与客户之间的联系更加直接、紧密，产品研发环节效率提升能够帮助保险公司对洞察到的客户需求快速做出反应，抢占市场先机，避免因为开发周期过长而错过风险事件窗口期。

（一）产品研发系统技术建设

利用数字化技术，保险公司可以在产品研发环节，针对产品研发所涉及的关键业务系统进行升级改造。

1. 产品智能化配置工厂

依托光学字符识别、自然语言处理等技术，保险公司可以拆解分析产品基本属性、通用规则、费率算法、基础责任等关键参数内容，形成标准、通用的参数模块。例如，平安保险通过构建智能产品配置工厂，实现了产品模块的灵活组合，通过这一系统快速分析历史条款数据，自动生成符合新市场需求的模块化产品，缩短研发周期。

2. 产品测试沙箱系统

依托人工智能技术，保险公司可以构建自动化的测试沙箱，通过历史数据和模拟技术进行风险模拟与压力测试，评估产品费率设置合理性及产品稳定性。例如，法国安盛（AXA）保险公司在推出针对中小企业的商业保险时，使用基于人工智能的产品测试沙箱平台模拟了经济危机、自然灾害等极端情境下的赔付情况，从而优化定价策略，提升了产品的稳定性。

（二）业务流程改造

保险产品研发的开展流程主要涉及六步：需求发掘及评估、产品保障设计、精算定价、风险测试、条款编写和上线发行。保险公司可以利用数字化技术在两个方面对业务流程进行改造升级。

1. 需求发掘及评估

保险公司可以基于经营及市场调研数据，利用机器学习等技术挖掘用户需求。通过历史经营、行业数据等多方信息量化评估需求可行性，最后基于评估结果，梳理资源优势，设计产品形态。例如，柠檬（Lemonade）保险公司通过对客户的行为数据和市场信息进行大数据分析，精准定位年轻一代的保险需求，开发了更适合千禧一代的低成本、快速理赔的租户保险。

2. 精算定价及风险测试

精算师基于量化需求评估结果计算定价,初步设置保险条款、保障范围、除外责任、理赔条件等关键参数,代入测试沙箱进行评测,基于评测结果反复优化保障及定价策略。例如,瑞士再保险(Swiss Re)公司的再保险产品采用动态定价系统,根据全球气候变化的最新数据实时调整自然灾害保险的费率,以确保产品的持续盈利能力。该系统大大提高了精算师的效率,并显著减少了产品上市前的定价周期。

二、精准营销

据统计,约41%的保险公司已实现营销环节全链路的能力升级,并持续拓展数据采集、用户触达、效果反馈等关键环节的自动化执行能力。营销环节作为用户洞察与交互的前端入口,对于数据的维度与体量以及策略的精确性与时效性都有着更加迫切的需求。保险营销环节具备较为平衡的产投回报,伴随愈加激烈的市场竞争,营销数字化转型将长期作为保险公司的重点投入方向。

(一) 关键数据采集与分析

1. 全域数据采集及整合

利用数字化技术,保险公司可以全面采集来自各类渠道的数据,包括公众号、小程序、自有 APP 等私域数据,以及投放到第三方平台的公域数据。同时,通过无痕埋点技术获取用户的场景行为数据,如登录、浏览、点击和购买等行为。通过整合内部系统的经营数据、市场调研数据和多源用户数据,形成统一的用户视图,实现对用户的全方位感知。

2. 用户标签及画像构建

基于用户行为数据,保险公司能够利用机器学习等数字化技术,为用户打上多维标签,包括基础属性、购买能力、生命周期、营销偏好和价值等,同时可以根据实时数据生成自定义标签。通过这些标签叠加,构建动态或静态的用户画像,并通过周期性迭代优化。

(二) 营销策略制定与实施

1. 营销策略精准配置

保险公司可以依托智能算法,综合配置三种营销策略。一是用户策略。根据用户画像,制定不同阶段的运营策略,实现引流裂变、留存促活、成单转化的全过程管理,并通过关键意见消费者圈选、社群建设等深度运营手段进行精准推广。二是产品策略。根据产品特点,实现差异化定价与推广内容生成,并通过热点营销、联合营销等方式进行精准推送。三是渠道策略。根据不同渠道的流量分配规则与推送算法,进行优选渠道营销及多渠道营销,提高价值扩展影响力。

2. 营销策略有效实施

保险公司可以通过对关键指标的实时监测,及时调整并优化营销策略,不断提升整体营销效果。通过线上线下调研问卷、邮件等营销活动回顾机制,进一步追踪营销效果,并对高价值用户线索引入保顾或保险代理人进行一对一需求跟进。

(三) 营销效果验证与复盘

1. 营销效果验证及闭环

通过全域数据采集,保险公司可以构建全局视角的智能分析平台,实时监控各类营销反馈数据,并将其用于优化业务策略。通过引入 A/B 测试机制,可以精确验证营销策略的有效性,并形成不断优化的迭代闭环。

2. 营销效果复盘及优化

保险公司可以建立事件分析、漏斗分析、用户路径分析、间隔分析等模型,通过流程画布形式对各项营销指标达成情况进行实时或定期评估。此外,通过多触点量化归因,更加准确地发掘不同客群、渠道、行为等变量带来的增益效果并识别高收益策略组合,持续降低试错成本,并提升营销的精细化、精确化程度。

保险行业营销环节数字化转型的建设重心是夯实数据基础,这不仅要求保险公司内部数据源的有效采集,还包括实时数据源的高效转化及第三方大数据的维度补齐。在此基础之上,保险公司应推动更加精确的策略配置、实施与验证迭代机制。

三、核保承保

承保业务优化对降本、增收均有影响但不直接挂钩,因此,其数字化实践回报通常不即时、可视。但从回报周期来看,承保数字化效能发挥的平均周期接近两年,回报较快。同时,核保承保业务高质量发展对保险全链条风险减量、稳健经营尤为关键。为促进核保承保环节数字化,保险公司可以基于大数据技术构建风控大数据和智能核保规则引擎,提升承保能力。

(一)承保业务风控体系建设

1. 建立风控大数据系统

保险公司可以基于机器学习、集成学习等算法开发数字化风控模型,依托内外部多源数据,针对保单评估风险发生率,并输出风险评分。数据采集方面,应在内部联结本产品全链条业务数据,在外部融合大规模、可高频更新、多维覆盖的补充数据。模型开发方面,应协同核保专家共同验证算法逻辑正确性、标签阈值合理性。

2. 升级核保规则引擎

保险公司可以通过融合专业核保规则库,评估被保险人风险信息,输出承保决策。在构建规则模型时,应组建核保专家组基于各险种专业核保知识形成规范性核保规则库,集聚专家经验形成预测性模型,保持迭代。此外,还可以基于投保告知、核保问卷、外部渠道补充构建被保险人动态风险画像,赋能理赔、销售等其他业务场景。最后,基于风控大数据模型计算结果及风险画像,融合产品定价规则,智能生成或更新非标保单建议书,辅助风险保障下沉。

(二)承保业务模式改造升级

1. 投保核保信息收集

保险公司可以通过线上交互的方式收集用户基础信息,基于细分业务单元目标确定界面端口是置于渠道侧还是置于保司侧。保险公司可以通过核保问卷自动化收集用户数据及信息,设置不同数据信息分类收集入口,并予以样式清晰、条理分明的智能化指引,快速识别反馈申报材料的正确性,指导用户调整,降低用户材料收集的烦琐性。

2. 核保前后大数据风控

在预核保环节,基于收集数据通过风控大数据系统预测保单风险发生率,计算保单风险打分评级,输出后续环节保单进入简易、完整或有附加的核保流程的建议。在核保环节,除了依托智能核保规则引擎精准判断保单是否符合可保标准,还可以针对非标准可保单调整责任、定价,智能生成新的投保建议书。

(三)核保承保效能监测调整

保险公司进行完整数字化建设、实施、改造后,后续还需要建立完整的流程效能监测评价体系,同时建立全面的调优、迭代机制,保证大数据风控与智能核保规则两大重要系统能跟随风险场景更新持续完善。

1. 效能评价体系

需要关注数字化建设实施前后部分关键指标的提升效果,以及在之后的迭代优化中关键指标的变化,包括一定时期内的承保总金额、核保作业服务率及总业绩、核保作业时长及单天承接的投保件数、非标件承保率及承保通过率、承保风险识别率等。

2. 系统调优机制

主要针对大数据风控系统以及智能核保规则引擎两大重要业务系统保持与时俱进的更新完善。例如,大数据风控系统需要在基于承保风险识别率监测结果的基础上,周期性地更新外采数据源,丰富数据维度;智能核保规则引擎需要核保专家组持续扩容规则库,同时也需要有专业规则开发团队构建针对运营相关新场景的保障规则。

四、理赔给付

理赔给付作为重要的成本支出项,同时也是保司输出服务的重要切入点,其对数字化的重视程度较高。但受限于核赔场景的复杂度较高,部分流程仍高度依赖人力,因而保险公司普遍仅在部分关键节点开展数字化实践,数字化实践深度相对有限。在高质量数据沉淀及高效智能应用下,理赔给付数字化转型能够有效提升查勘专员作业效率,缩短理赔链路,实现快速、便捷的赔付流程(见图 11.5)。

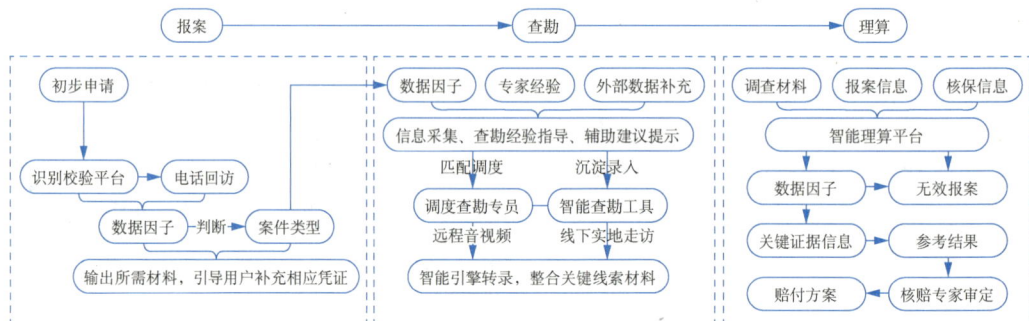

图 11.5 保险行业理赔数字化转型示意图

资料来源:艾瑞咨询 TMT 金融组. 中国保险业数字化转型研究报告:沉潜蓄势,厚积薄发[R]. 上海:艾瑞咨询,2023.

在构建理赔业务风险控制体系的过程中,保险公司可以采取三个方面的措施。

(一)理赔业务风控体系建设

保险公司可以利用随机森林、梯度提升决策树算法(XGBoost)、神经网络等先进算法,开发风险控制模型。这些模型将结合报案和核赔数据,评估案件的真实性和责任的合理性,并制定相应的控赔策略。在数据分析方面,可以利用报案信息和历史材料数据,结合大数据技术,识别虚假案件、伪造数据和欺诈意图,确保数据的完整性和可用性,并提供需要补充的佐证信息。在模型开发方面,应根据数据信息判断案件是否在保障责任范围内,是否存在资源的过度使用或恶意规避风险补救行为,并决定是否需要人工核赔定损,从而输出初步的控赔策略。

(二) 理赔业务模式改造升级

在完成底层系统建设后,保险公司可以基于数字化能力,对业务流程环节进行改造,使理赔业务流程由系统驱动。在理赔立案环节,可以建立线上报案入口,使用户能够快速便捷地一键报案并同步事故信息。在查勘调度环节,可以建立智能调度算法,自动化匹配合适的核赔专员,确保案件分派的高效性,避免核赔专员产能不均,提升整体案件处理效率。在查勘作业环节,可以构建智能查勘作业工具,为查勘专员提供详细的操作规范指引,明确各环节所需的调查内容、证据类型和采集标准,确保作业规范。同时,进一步完善专员监察和风控准入制度。

(三) 理赔给付效能监测调整

保险公司需要关注数字化建设实施前后,涉及理赔给付环节的关键指标提升效果,以及在后续迭代优化中关键指标的变化。这些指标主要包括赔付金额的下降幅度、赔付率的下降幅度、案件结案率的提升幅度、理赔案件作业流程时长、查勘专员人均效能提升幅度等。

第四节 保险业运营模式的数字化变革

保险业数字化转型并非单纯的业务线上化,而是组织架构、组织文化、业务模式、业务流程、技术应用的全方位变革。保险产品与服务的数字化创新侧重具体产品和服务的转型,如定制化产品、智能理赔,更多关注客户体验和产品设计方面的创新。保险业运营模式的数字化变革则着重于在战略规划指引下推动内部运营和管理的数字化,主要围绕如何提升运营效率、降低成本和增强管理能力。

本节主要介绍保险公司如何完善顶层战略规划,推进保险业全价值链的数字化转型以适应数字化变革浪潮,以及人工智能等数字化技术在保险公司内部运营管理和代理人展业等方面的潜在应用前景。

一、战略规划

具备强制力与约束力的顶层战略指引与分层战略指南,将给予保险公司明确的发展方向,并有助于构建自上而下的数字化统筹体系,为集团子公司资源互通、跨业务线资源协作奠定良好基础。同时,战略层面的数字生态协作也将带来创新能力孵化与长期业务增长。保险公司数字化转型战略规划的关键步骤主要有三点。

(一)构建宏观愿景与细分业务目标

1. 梳理评估与确定目标

保险公司首先需要评估其当前所处的数字化阶段,明确未来的多维度发展愿景,包括客户群体扩大、保费收入增加、赔付周期缩短以及客户满意度的提升等。在此环节中，公司可以利用多种数字化技术（如大数据和人工智能分析）梳理当前的运营数据，找出提升客户体验和业务效率的机会，通过自然语言处理分析客户反馈等。

一旦确立了愿景，公司便可根据这一愿景确定具体的细分业务目标。例如，将客户群体规模扩大一定比例，保费收入提升 5%～10%，赔付周期缩短 30%。同时，公司还需要关注保费损失的下降以及建立高效的精英服务队伍，从而在提升产品服务与客户满意度的同时实现成本控制。

2. 差距分析

在确定宏观愿景和具体业务目标之后，保险公司需要分析当前运营状况与目标之间的差距。通过引入实时监控系统和数据分析工具，公司可以量化其在客户获取、保费收入、赔付处理等方面的差距。例如，利用客户关系管理系统分析客户生命周期价值以及流失率，从而确定在获客和客户留存方面的潜在提升空间。

基于差距分析，公司可以制定阶段性的数字化转型计划。保险公司应明确哪些业务目标最为迫切，并结合实际情况制定分阶段的实施计划，包括逐步引入或升级自动化处理系统和客户服务平台，以优化理赔流程、提升客户服务体验等。

（二）明确数字化转型的发展与实施路径

保险业在数字化转型的过程中，其发展路径可以概括为加强数字化品牌推广、加强客户体验感、加强生态拓展、注重产品创新和加强成本优化。

为了具体实施上述发展路径，保险公司可以利用 SWOT 分析等方法分析自身情况，对比自建模式、外购模式和混合模式三种模式的优缺点并进行选择（见表 11.2）。

表 11.2　三种数字化转型实施模式的含义及比较分析

比较方面	自建模式	外购模式	混合模式
含义	利用自身的技术团队和基础设施，利用内部资源，自主开发和部署数字化系统与平台，从零开始数字化转型	购买或租用外部供应商的成熟数字化转型解决方案，包括软件即服务平台、第三方系统或技术工具	保险公司结合自建和外购两种方式，既自行开发核心的数字化系统，也采用外部供应商的解决方案补充不足
优点	满足公司自身特质性需求，服务稳定、可持续	方便快速，即买即用，资金成本低，应用成熟	比自建更经济快速，比外购更定制化，回报效果较好
缺点	长期大量资源投入；要求企业科技能力强、转型决心强	多为通用性工具包，完全一对一定制成本大	对企业系统建设的长期规划力要求高，避免未来纳管困难
策略	大型公司，数字化战略完整，有数字化专项的资金投入与人才引进	中小型公司，或仅侧重部分环节科技升级实践的企业	选择与企业自有系统契合、可补充应用、提供模块化解决方案的服务商

资料来源：艾瑞咨询 TMT 金融组. 中国保险业数字化转型研究报告：沉潜蓄势，厚积薄发［R］. 上海：艾瑞咨询，2023.

（三）构建数字化规划执行与监督组织

数字化转型需要从内部明晰组织架构定义、业务权责划分以及问题汇总接口，自下而上形成权责分明、良性反馈、及时调整的动态闭环。同时,复合型人才的引进、培养与激励也将成为决定数字化转型成果的关键因素。

1. 建立指标体系及监督机制

数字化转型需要明确的指标体系来指导和监测项目进展,确保目标的逐步实现。为了有效管理转型过程,保险公司需要建立专门的管理机构,并赋予其监督职能。监督管理机构通常由公司高层或董事会委派,负责监督项目的进展,协调跨部门合作,确保项目按计划推进。设立的监管小组将作为管理机构的执行单位,具体负责进程监督和风险管理。不同部门的主管和相关业务人员需要根据各自领域的职责分工,结合数字化转型的各个环节,设定各自的转型目标并进行定期评估,推动数字化转型顺利落地。

2. 构建与业务目标结合的指标体系

为了监测数字化转型的效果和进度,必须结合业务目标,分环节构建指标体系。各个环节都需要设立关键绩效指标,以便随时调整转型策略。应使技术目标与具体业务紧密结合。每个业务部门需要根据其数字化转型的具体目标,设立相应的监测指标。例如,客户服务部门可以以客户满意度和响应时间作为数字化进展的关键指标,而理赔部门则可以监测通过数字化工具加速理赔流程的效率和准确性。要通过定期的监测与反馈机制,确保数字化转型过程中的问题能及时解决,同时根据反馈动态调整转型策略,确保转型计划的灵活性和适应性。

二、运营管理

(一) 引进、培养与激励人才

在数字化转型过程中,复合型人才的引进、培养与激励是成功的关键因素。这类人才不仅需要掌握保险业务的专业知识,还需要具备对数字化技术的理解与应用能力,如数据分析、人工智能、区块链等前沿技术。公司可以通过与高校、技术公司或专业猎头机构合作,引进具备数字化技能的外部人才。同时,企业内部的人才培养也不可忽视。保险公司可以定期开展数字化技能培训,为现有员工提供从基础数据分析到高级人工智能应用的培训机会。为了激励员工积极参与数字化转型,企业可以引入绩效奖励、晋升机会等激励机制。将数字化转型的具体成果与员工的薪酬、绩效考核挂钩,可以有效提高员工的参与度和创新能力。

以数据应用落地实施场景为例,该场景要求业务人员体系化地描述自身业务需求,然后由数据翻译官将其翻译为数据应用需求,再由数据科学家、数据工程师与可视化分析师等专业人才负责落地实施。同时,为了与数字化执行组织架构设计相呼应,各业务部门也需要培养自身数据人才。在实际工作中,还要进一步明确业务(含业务侧数据团队)、公司数据团队与 IT 团队之间的协作关系,进一步提高效率(见图 11.6)。

(二) 财务管理数字化转型

《国际财务报告准则第 17 号》(IFRS 17)的实施要求保险公司从根本上改变其财务报告方式,尤其是数据的精细度和准确性。IFRS 17 旨在通过定义所有保险和再保险合同以及许多投资合同的确认、估值和会计原则来确保更大的透明度,并为保险合同、会计处理、估值方法以及企业资产和负债表建立统一的标准。因此,IFRS 17 将在流程、组织和

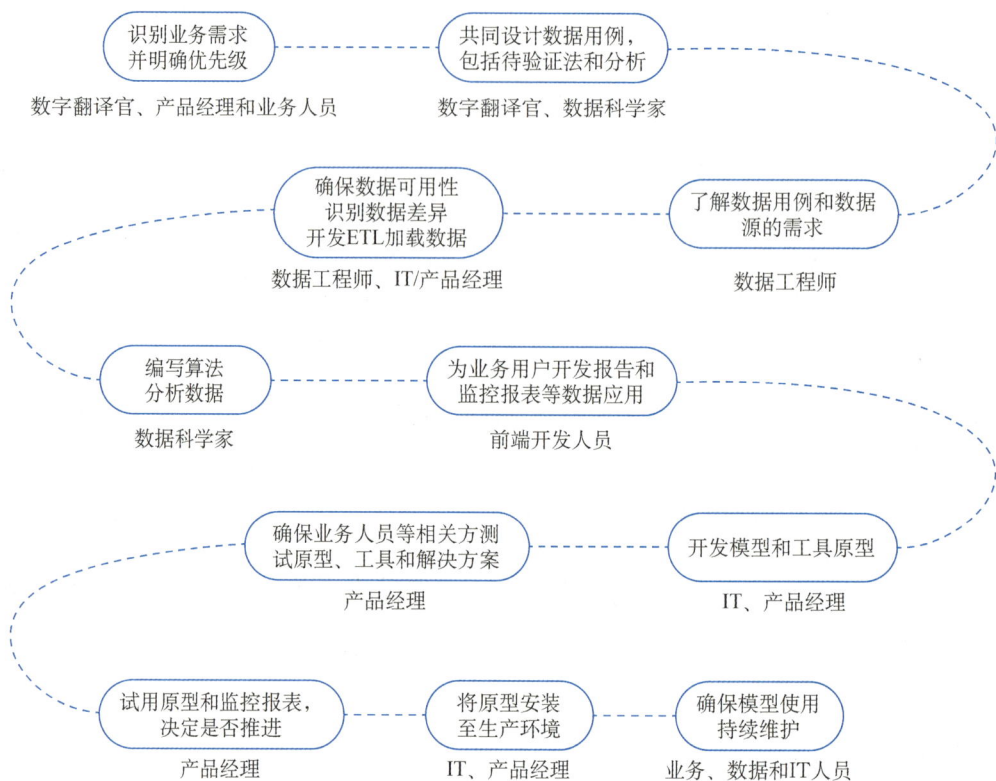

图 11.6 数字化人才培养与协同作业模式示意图

资料来源:麦肯锡. 行稳致远,打造中国数智化保险企业制胜策略[R/OL]. (2023-04-05)[2025-05-11]. https://www. djyanbao. com/report/detail?id=3495014&from=preview&aiStatus=undefined.

技术方面对收集的数据及其管理产生重大影响。

　　为了符合新的财务监管要求,保险公司需要重新评估其财务管理的各个方面,包括流程、控制和技术平台的升级。传统的会计系统和手工操作难以满足 IFRS 17 带来的高标准数据处理需求,这也推动了财务管理的数字化转型成为必然。为了应对 IFRS 17 会计准则变更的影响,保险公司可以采取两方面措施推进财务管理数字化转型。

1. 引入数字化财务系统

　　IFRS 17 要求更精细的数据处理和自动化,保险公司需要升级其技术架构。引入新一代财务系统可以整合不同业务线的数据,提供更加透明的财务控制和实时监控。数字化财务会计系统不仅能提高工作效率,还减少了财务数据在结算和审核过程中的延迟问题。

2. 财务数据治理与管理

　　IFRS 17 的实施强调数据质量和数据治理的重要性。全球知名数据科学家社区 Kaggle 开展的"数据科学与机器学习现状"研究表明,49.4% 的专业人士面临的主要问题之一是"脏数据"。然而,如果仅考虑保险行业的从业人员,这一比例将上升至 57.5%。随着 IFRS 17 的实施,数据质量以及数据控制和认证将成为保险公司的重中之重。保险公司必须确保其数据准确、可靠,并且能够进行有效的监控和追踪。在数字化转型中使用实时数据质量监

[专栏 11-4]
IFRS 17

控工具,可以帮助保险公司及时发现并解决数据问题,降低财务报告中的风险。

(三) 合规风控数字化转型

随着全球监管环境的不断演变,保险公司面临的合规压力日益增加,在反洗钱和打击恐怖融资等领域尤其如此。数字化转型已成为有效应对这些合规挑战的关键工具。现代化的监管技术能够帮助保险公司在复杂的合规环境中保持竞争力,防范运营管理中的相关风险,降低合规与风控成本。保险公司可以采取两个方面的措施推进合规风控方面的数字化转型。

[专栏 11-5]
脏数据

1. 引入自动化合规工具

自动化合规工具可以帮助保险公司实时监控交易和客户活动,快速识别潜在的风险行为。例如,自动化反洗钱系统可以分析大量交易数据,对可疑活动的检测、评分、预警和报告实现全方位支持,以遵守反洗钱规定,从而显著提高合规效率。这些系统通过利用机器学习算法不断优化,能够根据最新的监管动态调整规则,确保始终符合最新的合规要求。

2. 搭建风险管理数字化平台

通过采用大数据和 AI 技术,保险公司能够更好地预测和管理运营中的风险。AI 在风险管理中的应用为保险公司带来了更多的自动化和智能化优势。基于机器学习的算法能够自主学习并改进风险评估模型,在处理复杂数据时更具灵活性和准确性。此外,AI 工具还可以分析大量非结构化数据,如社交媒体、新闻和经济数据,帮助保险公司提前识别潜在的风险事件。这种风险管理的数字化能够帮助保险公司提前防范潜在的财务损失。

(四) 办公与客服数字化转型

随着远程办公和混合办公模式的普及,保险公司需要积极应用数字化技术来提高员工的工作效率和客户服务质量。智能办公系统和智能客服系统能够帮助保险公司在日常运营中更加高效地处理复杂事务,全面提高工作效能。

1. 采用智能办公平台

智能办公平台结合了云计算、协作工具和数据分析功能,能够为员工提供灵活的工作环境。例如,通过微软协作平台 Microsoft Teams 或 Slack 等协作工具,员工可以远程高效协作,确保工作流程无缝衔接。此外,通过集成 AI 技术,这些平台能够根据员工的工作习惯,针对流程瓶颈自动生成优化建议,帮助管理层提高整体业务效率。智能办公平台的云端存储功能确保了数据的实时共享和安全。

2. 引入智能客服系统

引入 AI 驱动的智能客服系统能够显著提升客户满意度。首先,智能客服可以在短时间内为客户提供个性化的解决方案,减少等待时间。例如,AI 聊天机器人可以在处理常见问题时迅速为客户提供解决方案,而复杂问题则会被自动转交给相应的专家。此外,智能客服还能为客户提供高效、灵活的个性化服务,如满足不同语言文化背景的客户的咨询需求等,提高客户忠诚度。最后,智能客服还有利于大数据分析客户的交互历史、投保记录、理赔数据等,主动为客户提供相关的服务建议或产品推荐。

三、渠道展业

保险公司在开展业务的全链路数字化转型,一方面可以推动代理人展业策略从"自驱动获客"转化为"集中式获客",另一方面也将极大推动代理人团队迈向专职化、精益化的管理变革之路。在数字化时代,依托先进技术手段,不仅能够提高代理人个人及团队的整体素质,还能通过数字化工具实现团队的精细化管理和高效运作。要实现保险代理人职能的全流程降本增效,保险机构可以在内训管理环节中推进渠道展业数字化。

(一) 塑造代理人专业形象

1. 品牌宣传素材数字化

通过构建多元、实时的素材工厂,代理人不仅能够快速获取行业资讯、产品信息,还能生成图文、短视频、直播等多形式的宣传材料。代理人可在素材工厂中挑选符合自己需求的专业素材,如行业知识、风险管理技巧等,并通过简单的定制生成适合朋友圈或客户推送的内容。这种素材的自定义生成和灵活运用,不仅提升了代理人自身的品牌影响力,也为客户带来了持续的专业信息供给。

2. 个人与团队 IP 形象建设

通过社交媒体、短视频平台等,代理人可以将个人形象与公司品牌深度融合,展示自己在某一领域的专业知识或服务理念。依托数字工具,团队可以统一塑造具有视觉一致性、服务标准化的 IP 形象。这不仅能够增强客户的信任感,还能在品牌建设中获得竞争优势。例如,利用 AI 生成的个性化形象,团队可以制作个人名片小程序或个性化推送,进一步提升用户的互动体验。

(二) 提升代理人专业能力

1. 在线课程与直播培训

通过搭建内部培训平台,代理人能够随时随地参与在线课程或直播课程。在线课程可以涵盖营销话术、沟通技巧、产品信息等内容,帮助代理人更好地了解市场需求并提升展业技巧;直播课程则可以实现实时互动,增强代理人与培训讲师之间的交流。

2. AI 人机对练与情景模拟

通过 AI 技术,可以模拟各种真实的销售情景,让代理人进行人机对练,锻炼其在不同场景下的应对能力。例如,AI 可以模拟不同类型的客户提出的问题,代理人则需要根据情况做出即时反应。这种互动式训练不仅可以帮助代理人巩固所学理论知识、营销技巧与法律规范,还能提高其在面对复杂客户时的应变能力,确保其在实际展业中能够更加自信、从容,提高工作效率。

3. 质检监测与合规管理

利用敏感词触发、AI 双录、人机结合等技术,代理人在展业过程中可以实现全流程的合规保障。质检系统会自动监测代理人与客户之间的沟通内容,一旦出现违规话术或敏感信息,系统将立即触发警报,确保展业的合规性。此外,AI 双录技术还可以记录代理人与客户的对话,形成可追溯的合规档案,进一步提升监管效果。

(三) 着力打造分工型团队

1. 能力分工与精准匹配

AI 评估与绩效管理系统等数字化技术可以对代理人进行全方位的能力评估,形成每位代理人的"能力画像",包括其在营销、产品知识、客户管理等方面的特长。基于这些数据,团队管理者可以合理分工,打造专长互补的代理人团队。通过精准的价值匹配,不同代理人可以针对特定的客户群体或业务需求进行定向增援,最大化团队的展业效能与业务服务质量。例如,擅长沟通的代理人可以主导前期的客户开发,而具备产品深度理解能力的代理人则负责后期的产品介绍和方案定制。

2. 团队管理与扁平化结构

传统的保险代理人团队管理通常依赖金字塔层级模式,代理人需要通过层层汇报和分润模式完成任务。然而,随着数字化技术的引入,团队可以实现扁平化管理,降低沟通成本并提升效率。通过数字化管理平台,团队成员可以直接参与业务决策和分工,展业利润也可以被更加公平地分配到一线代理人手中。扁平化的结构有利于增强团队凝聚力、提高代理人工作积极性。

第五节　保险业数字化转型的案例分析

一、中国太平洋保险集团数字化转型

(一) 数字化转型战略规划

中国太平洋保险集团(以下简称中国太保)早在 2011 年就启动了信息技术应用规划(Information Technology Application Plans, ITAP),实施客户数据和业务经营数据的治理工作。2019 年,公司发布《新一代信息技术规划(ITDP 2.0)2020—2022》,将大数据列为三大战略核心之一。2022 年,又发布了《集团数据治理三年规划(2022—2024)》,着力于提升数据管理能力、加强数据源头控制、整合数据价值链,激活数据资产的潜力。到 2023 年,公司发布了《数智太保科技规划(DiTP)(2023—2025)》,进一步强调深化和加速内部数据的管理与流通。

随着数字化转型的推进,科技子公司已成为保险行业竞争的新焦点。成立于 2022 年的太保科技是中国太保转型 2.0 战略中科技市场化的重要组成部分,将助力公司 DiTP2.0 科技规划落地,实现整体数字化转型。

(二) 数智化推动产品与服务创新

中国太保通过应用数字化技术,不断扩展保险保障的范围,聚焦风险源实施风险减量。例如,公司利用电梯运行数据开发了电梯健康度模型,这一模型相较于传统的人工定期检测方法,提供更及时、更准确的监测,有效降低了风险发生率和维护成本。该模型已在上海、无锡等多个城市进行试点。此外,中国太保还在智能网联车人机定责、灾害预警等新兴领域进行了创新探索。

在普惠型保险产品设计上,中国太保通过数据分析模型,使得保险能够覆盖常被保险产品忽视的各类患病人群,充分体现了普惠金融的理念。公司与医疗机构合作,获取脱敏的历史数据,分析特定疾病发展为癌症的概率,从而建立理赔模型。同时,基于疾病的治疗费用,形成定价模型。此外,中国太保还与医院合作,探索建立慢病管理工具,以更好地服务慢病人群。

(三) "大模型＋数字人"赋能运营管理

作为一个典型的知识密集型行业,保险业无疑是大模型技术的理想应用领域。保险

业的数字化和智能化转型给顾客带来了前所未有的便捷性和亲切感,同时也极大地提升了公司的运营效率。中国太保根据大模型技术的特点,提出了数字劳动力战略。该战略旨在通过模拟人类能力,构建具备岗位技能的智能体大模型应用,以此突破员工效率和能力的局限,实现成本结构的优化和客户体验的提升。

在大模型的应用方面,中国太保不断提升基础设施的稳定性和模型训练推理性能,为全集团研发人员提供大模型中台服务,为全体员工提供大模型访问服务。在保险经营价值链中,公司打造了一系列数字劳动力,形成具备复合型能力的"超级员工",优化了保险经营的成本,提升了保险客户的体验。目前,大模型数字劳动力应用建设所覆盖员工的劳动生产率已经有效提升了17.2%。

具体而言,中国太保已经完成了产险、寿险、健康险、资管、审计、财务、科技研发等业务条线对应数字劳动力的建设。一类作为助手辅助员工,已累计覆盖985名太保员工。例如,有辅助业务人员高效完成事故查勘的车险在线理赔数字劳动力,辅助审计人员完成风险核查及疑点初筛的审计数字员工(见图11.7)等。审计数字员工通过自然语言处理解析财务报告,结合RPA自动生成风险报告,单月处理效率较人工提升300%。另一类

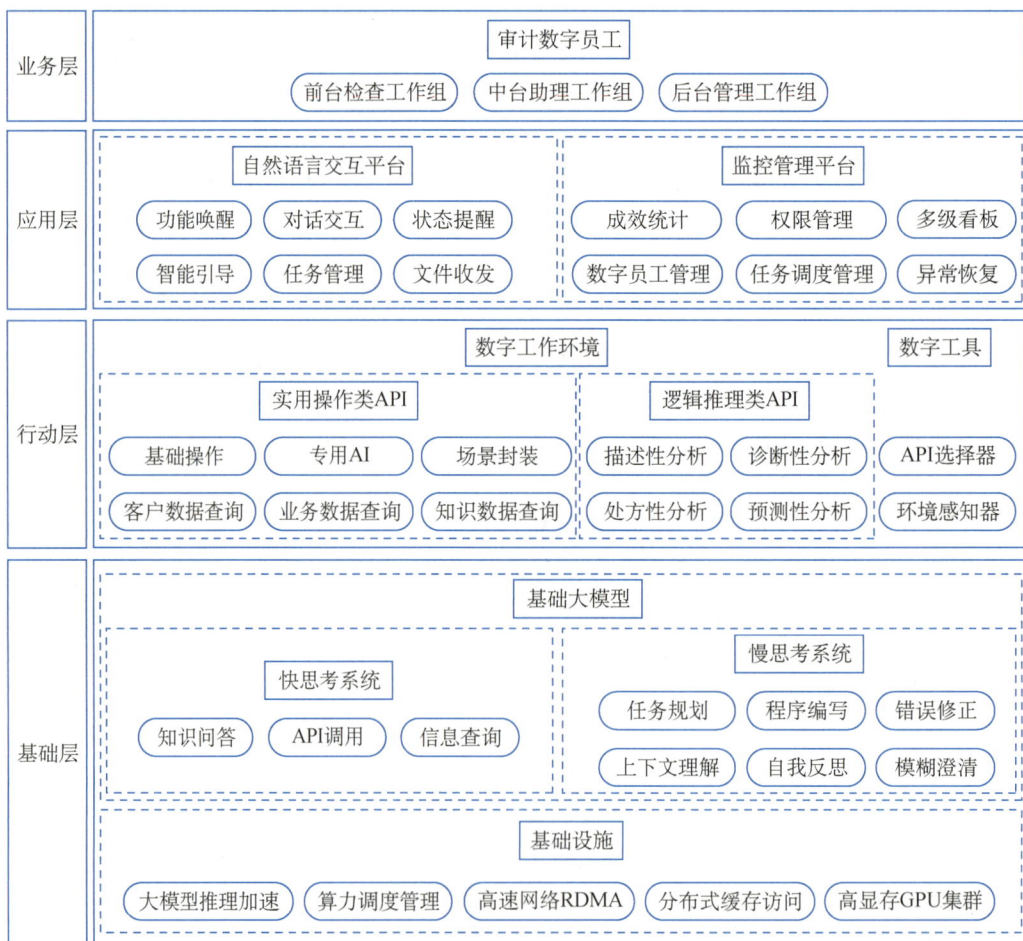

图11.7 中国太保审计数字员工结构图

资料来源:蒋洪浪,李宵欢,张凯.审计数字员工建设思路及实践[J].中国内部审计,2024(1):45-50.

完全替代员工完成某些工作,已等效替补 136 名员工。例如,有能够扮演真实客户与代理人进行陪练的寿险业务培训数字劳动力,能够独立准确完成理赔案件整案和明细审核的健康险理赔审核数字劳动力等。除了在集团中后台领域发挥着重要作用,数字劳动力在业务条线也取得了丰硕的成果。审计数字员工每月可完成 3 000 多件审计任务;健康险数字理赔审核员则可以根据医学知识和理赔规则,自主推理完成复杂案件判责,准确率达到 96%,每月可处理 1.2 万例案件。

除了数字员工的应用,中国太保在数字形象的应用上也取得了突破。2023 年底,太保科技推出了"AI 太主播赋能计划",通过人工智能生成内容技术定制代理人的数字人分身,提升了代理人形象的质感,同时应用平台提供的标准模板和话术进行视频合成,确保互联网保险营销内容的标准化和合规性。此外,平台能够根据指定名单快速精准地完成数字人视频推送,赋能保险营销客户交互场景,为客户提供全新的服务体验,同时为代理人提供全新的专业支撑。

思考

1. 为了提高保险服务普惠性,保险公司在数字化转型中应如何应对老年客户不熟悉、不适应高科技产品等技术鸿沟问题?

2. 保险公司在风险管理方面还会面临哪些挑战?如何利用数字技术有效应对挑战?

3. 结合图 11.7 和前面几节的介绍,分析数字员工如何提高审计工作效率。

二、平安产险数字化转型

(一) 数字化平台服务企业客户

2020 年,中国平安财产保险股份有限公司(以下简称平安产险)推出了平安企业宝平台,旨在为企业提供全面的保险解决方案,满足其多样化的保障需求。该平台不仅提供多样化和全面的保险产品,而且以专业和高效的服务支持企业的稳定发展。此外,平台的服务范围不仅限于保险领域,还涵盖一站式增值服务,包括绿色服务、风险控制、健康服务、财税咨询、法律顾问、融资贷款、企业援助、知识产权保护、车辆管理、员工服务等,为企业带来高效和全面的服务体验。

数字化赋能的平安企业宝平台在三个方面展现了其显著优势。

1. 高效率的服务

平安企业宝为客户提供了电子保单、保单批改、理赔服务、电子发票、一键续保、保险知识普及等线上自助服务。截至 2023 年,平台已处理超过 3 000 次的线上保单批改,累计为企业节省约 4 500 小时;同时,自助理赔服务已处理超过 1 200 次的线上报案,累计为企业节省约 20 000 小时。

2. 风险减量和降低成本服务

作为平台的一大特色,风控服务为客户提供了专业便捷的灾害预警、企业评估、隐患排查、智能巡检、事故预防等服务,帮助企业建立全面的风险防控体系。截至 2023 年,平安企业宝已提供超过 2 200 次的风险减量服务。

3. 增值服务

平安企业宝还为客户提供了全面的健康管理服务,包括在线诊疗、用药提醒、体检预约、健康课程等专业服务,致力于保护企业和员工的健康。此外,平台还提供年检代办、企业培训、法律服务、国际贸易支持等增值服务,帮助企业减轻负担,快速解决问题。财务解读、国家政策解读、合规建议、商机交流等服务则为客户提供最新的市场动态和国家政策深度解读,以及符合商机的合规建议。从投融资策略到公司异常处理,平安企业宝助力企业稳健发展;从商标注册到专利维权,平台守护企业的无形资产。最终,实现资源共享和共同盈利,推动企业实现可持续发展。

截至 2023 年,平安企业宝已为宁夏的企业发放了超过 1 000 张企业权益类卡券,并通过"老板帮手"线上课程平台模块共享了 800 多门线上课程,全力支持企业的经营和个人的成长。这些举措不仅增强了企业的管理能力和市场竞争力,也为地区的经济发展做出了积极贡献。

(二)AI+科技赋能农业保险服务

平安财险致力于通过科技手段提升农业保险服务能力,提供覆盖产前、产中、产后的全面解决方案,致力于打造兼具科技性和服务性的农业保险。公司通过引入远程验标查勘、智能点数、牛脸识别、鹰眼系统等智能服务,搭建了平安爱农宝平台,实现从智能验标到风险监测,再到智能赔付的全方位智能化管理,显著提高了农业保险的作业效率,将理赔时间从周缩短至天,作业效率提升了三倍以上。

1. 远程验标查勘

针对农村地区广阔的地域和分散的农田分布,平安财险在农业保险移动作业平台上集成了"千里眼"远程验标查勘系统。工作人员和客户可以通过远程视频连线进行定位、视频验标和理赔查勘,并通过移动作业平台完成保险出单和理赔流程,从而缩短业务受理时间,加快理赔款的支付速度。

2. 智能点数

为降低外来人员进入封闭式养殖场带来的疫病风险,平安财险开发了基于 AI 算法的智能点数系统,用于清点养殖保险标的数量。养殖户提供影像资料后,系统能够智能识别并清点标的物数量,提高查验的准确性,为养殖户提供了更安全、高效的保险服务。

3. 牛脸识别

通过应用程序,工作人员或农户可以拍摄标的物的面部特征并存储至数据库。大数据 AI 算法为每个标的物生成独特的身份信息,便于快速识别,不仅提高了理赔的精准性和效率,还帮助政府部门进行畜牧管理,监控养殖场规模,确保补贴资金的准确投放,为养殖户提供了更全面的保障。

[专栏 11-6]
AI 算法与
牛脸识别

4. 鹰眼系统

该系统包括:数字化风险地图,为农户提供风险识别和防灾减损的全面支持;精准灾害预警,提供精细化天气服务和自然灾害预报告警;巨灾概率计算,对地震、台风、暴雨等灾害进行概率计算模拟,实现实时监控;卫星影像平台,多维度支持农作物长势监测和灾前灾后取证。鹰眼系统能够全面掌握灾害趋势、提前预警防灾减损、合理判断灾损情况、指导查勘方向、合理分配查勘资源,是提升农业保险风险减量服务效率的有效工具。

5. 平安爱农宝 APP

为提升基层农业保险服务能力,平安财险推出了平安爱农宝 APP,旨在为农业保险客户提供一站式服务。该应用程序不仅提供保单查询、保险办理、投保确认、理赔报案、查询理赔、线上签字等基础服务,还增加了农课堂、农专家咨询、生产助手、健康管家、防灾预警等生活服务功能。农户还可以绑定个人农场,系统会根据农场的地理位置和种植养殖规模,每日推送生产服务信息,帮助农户提前做好准备,从容应对各种突发状况。

(三)理赔业务数字化转型

为了解决理赔流程复杂和响应缓慢的问题,平安产险推出了一系列创新措施,包括好车主 APP 报案、自助理赔新模式和数字化赋能理赔反欺诈。这些措施通过精确的预赔付、人工智能理赔技术的应用以及运营效率的优化,显著改善了客户的理赔体验。

1. 好车主 APP 报案

平安产险在理赔领域进行了多年的积极探索,利用科技手段加快了小额案件的理赔速度。通过持续优化报案受理流程,现在所有案件都可以通过好车主 APP 直接报案和理赔,极大地方便了客户。平安好车主服务涵盖车保险、车服务、车生活三大门类,逐渐成为客户"买、查、改、赔、用"全流程线上化,信息闭环保护,过程透明可视,订单全程可溯,咨诉线上流转快速响应的一站式线上车主服务平台。

2. 自助理赔新模式

针对学平险、津贴险及综合意外险等险种,这些险种的定责争议小、理赔手续少、定损差异小,平安产险探索了全流程全自动化的自助理赔新模式。利用理赔系统的科技优势,系统内植入了相应的核责、核损、核赔规则,实现了客户通过 APP 自助报案和上传理赔资料。系统通过 OCR 图片识别、语义识别等人工智能工具准确提取资料信息,并自动以系统中的理赔规则校验,通过后不需要人工介入即可自动结案。客户无须到门店交单或被动等待理赔员联系,极大地缩短了理赔时效,提升了客户服务体验。自系统上线以来,自动化覆盖率达到 71.01%,试点险种自动化率为 45.8%,成功率为 64.49%,万元以下案件的支付周期为 4.44 天,优于非自动化案件的 7.16 天。

3. 数字化赋能理赔反欺诈

平安产险宁夏分公司通过引入声纹识别、社交网络分析、天网平台等人工智能工具,以及在理赔系统中植入高风险欺诈规则、风险地图和特定欺诈场景规则,全面构建了数字化风控体系。通过不断迭代更新系统规则模型,提升了覆盖率、提调命中率和拒赔成功率,从而增强了风控管控能力。平台上线至今,已自动识别风险欺诈案件 805 笔,涉案金额达 4 342 万元。其中,车险欺诈案件 536 笔,涉案金额 2 708 万元;意健险欺诈案件 191 笔,涉案金额 876 万元;财产险欺诈案件 78 笔,涉案金额 755 万元。这些措施有效预防了保险欺诈风险的发生。

🔖 思考

1. 平安企业宝等提供全方位保险解决方案的平台还可以向哪些方向拓展以更好满足客户需求?

2. 结合专栏11-6,讨论在农业保险中引入数字科技对农业生产和风险管理的影响。

3. 在推行数字化理赔流程中,如何确保系统的安全性与用户体验?

本 章 小 结

　　本章主要介绍了保险业数字化转型的背景与动因、保险业数字化转型的核心技术、保险产品与服务的数字化创新、保险业运营模式的数字化变革和保险业数字化转型的案例分析。保险业数字化转型的背景与动因部分介绍了保险业数字化转型的内涵、数字化发展的行业背景与政策背景,以及数字化转型的动因。其次,保险业数字化转型的核心技术部分介绍了高级分析、机器学习、物联网等关键技术的定义及其在保险业中的应用场景。保险产品与服务的数字化创新部分介绍了产品研发、精准营销、核保承保与理赔给付环节的数字化技术应用前景。保险业运营模式的数字化变革部分介绍了如何通过战略规划推动保险业数字化转型,以及数字化技术在内部运营管理和渠道展业的应用前景。案例分析部分介绍和分析了中国太保和平安产险的数字化转型。

基 本 概 念

保险业数字化转型　保险科技　高级分析　机器学习　物联网　产品创新　服务创新
战略规划　运营管理

思考与练习

1. 保险业数字化转型的内涵是什么?

2. 保险业数字化转型有哪些发展动因?

3. 保险业数字化转型涉及哪几种关键技术? 其中影响力最大的三种分别是什么?

4. 机器学习和物联网技术在保险业有哪些应用前景?

5. 保险业数字化转型有哪些实施模式?

6. 保险公司在产品研发环节如何实现数字化转型?

7. 保险公司内部运营管理中如何实现数字化转型?

8. 保险业数字化转型是否会加剧行业分化?

9. 数字化技术是否会对保险从业者的就业结构产生负面影响?

10. 保险产品和服务的数字化转型是否会导致保险行业的"同质化竞争"?

11. 保险业数字化转型的核心驱动力是什么?

12. 保险业数字化转型过程中,如何应对数据隐私和安全风险?

参 考 文 献

1. 何大勇.应对变革,转型升级,即刻启动——保险业数字化转型[J].上海保险,2019(1):36-41.

2. 王勋,黄益平,苟琴,等.数字技术如何改变金融机构:中国经验与国际启示[J].国际经济评论,2022(1):70-85+6.

3. 张瑞纲,吴叶莹.数字经济背景下现代保险业发展研究[J].西南金融,2022(7):91-102.

4. 朱俊生.科技与保险业数字化转型[J].中国保险,2017(8):12-15.

5. 邓雄鹰.中国太保集团副总裁俞斌:数字化转型升级提速太保科技将构筑科技应用生态链[N].证券时报,2022-07-24(A05).

6. 中国平安.2023年度报告——周期中的稳定增长[EB/OL].(2024-03-15)[2025-05-14].https://group.pingan.com/resource/pingan/IR-Docs/2024/pingan-ar23-presentation.pdf.

7. 经济参考报."科技含量"不断提高,险企深入推进数字化变革[EB/OL].(2024-01-17)[2025-05-14].http://www.jjckb.cn/2024-01/17/c_1310760540.htm.

8. Chainlink.区块链保险:智能合约为保险带来的价值[EB/OL].(2023-10-30)[2025-05-14].https://blog.chain.link/blockchain-insurance-zh/♯%E6%99%BA%E8%83%BD%E5%90%88%E7%BA%A6%E4%B8%BA%E4%BF%9D%E9%99%A9%E5%B8%A6%E6%9D%A5%E7%9A%84%E4%BB%B7%E5%80%BC.

9. BEHM S, DEETJEN U, KANIYAR S, et al. Digital ecosystems for insurers: Opportunities through the Internet of Things[R]. New York: McKinsey & Company, 2019.

10. Exdion Insurance. 6 major use cases for advanced data analytics in insurance industry[EB/OL].(2023-10-12)[2025-05-14].https://www.exdioninsurance.com/blog/advanced-data-analytics-in-insurance/.

11. Google Cloud. What is artificial intelligence(AI)? [EB/OL].(2023 09 15)[2025 05 14].https://cloud.google.com/learn/what-is-artificial-intelligence.

12. IBM. What are smart contracts on blockchain? [EB/OL].(2023-08-18)[2025-05-14].https://www.ibm.com/think/topics/smart-contracts.

13. Intelliarts. 7 ML applications in insurance: Benefits & examples[EB/OL].(2023-11-20)[2025-05-14]. https://intelliarts.com/blog/applications-of-machine-learning-in-insurance/.

14. IoT Analytics. Top 10 IoT applications in 2020[EB/OL].(2020-07-08)[2025-05-14].https://iot-analytics.com/top-10-iot-applications-in-2020/.

15. KPMG. AI in insurance: A catalyst for change[EB/OL].(2023-09-25)[2025-05-14].https://kpmg.com/xx/en/our-insights/ai-and-technology/ai-in-insurance-a-catalyst-for-change.html.

16. Melissa. What is dirty data? [EB/OL].(2023-07-22)[2025-05-14].https://knowledge.melissa.com/en-gb/what-is-dirty-data.

17. McKinsey & Company. Digital ecosystems for insurers: Opportunities through the Internet of Things[R/OL].(2019-02-04)[2025-05-14].https://www.mckinsey.com/industries/financial-services/our-insights/digital-ecosystems-for-insurers-opportunities-through-the-internet-of-things/.

18. RTInsights. How IoT is disrupting commercial insurance[EB/OL].(2021-10-06)[2025-05-14].https://www.rtinsights.com/iot-disrupts-commercial-insurance/.

· 第五篇 ·

数字金融的风险与监管

本篇是数字金融教材的最后一篇,主要探究数字金融的风险与监管。随着大数据、云计算、区块链、人工智能等数字技术的快速发展,金融行业正经历深刻变革,在带来大量创新机会的同时,也引发了前所未有的风险与挑战,强化数字金融的监管具有重要的现实意义。第十二章分别就数字金融的技术风险、隐私与信息安全风险、市场与系统性风险、操作与法律风险的概念界定、分类、成因、特点以及相关的案例进行分析,旨在对数字金融的风险作全面认识与深入理解。第十三章在全球视野下,探究欧盟、美国、英国、新加坡、印度等国的数字金融监管框架,并探究了中国数字金融的监管机构、合规要求、法律规范、消费者保护和风险管理的合规要求以及中国数字金融法律合规要求的趋势。在此基础上,分析金融科技监管沙盒的起源、特征及其实践应用,并对此进行相关的案例分析。

第十二章

数字金融的风险

学习要求

1. 掌握数字金融风险的基本概念和风险类型。
2. 理解数字金融风险的构成及其特征。
3. 熟悉数字金融风险的主要来源。
4. 了解数字金融风险的监管体系和主要的风险控制方法。
5. 理解国际上关于数字金融风险管理的主要案例。
6. 能够分析并识别不同类型的数字金融风险情境。
7. 能够运用相关工具和方法对风险进行预测和管理。

本章导读

  数字金融的崛起加深了传统金融风险的复杂性,并产生了多种新型风险,给金融机构、监管部门、普通消费者等经济主体带来了不同程度的威胁和挑战。本章将深入探讨数字金融的风险构成与应对方法,旨在帮助读者理解在复杂的数字金融生态中如何识别、分析和应对风险,以保障金融体系的安全性和稳定性。本章分为五节。第一节主要分析数字金融服务中存在的技术风险,包括区块链、人工智能、大数据等新兴技术可能引发的网络安全隐患与系统故障风险。随着金融产品和服务对数字技术的依赖增强,技术故障、黑客攻击等问题日益增多,对金融机构和客户安全构成威胁。第二节主要探讨数字金融服务中存在的数据隐私保护和信息安全风险。数字金融的广泛数据应用有助于提升服务效率和用户体验,但也增加了信息泄露的可能性。尤其在跨平台数据共享的背景下,如何在数据使用和保护之间找到平衡成为当下关注的重点。第三节主要介绍数字金融的市场风险和系统性风险。数字金融产品的高流动性和跨地域性使市场风险传播更为迅速,可能导致金融市场的剧烈波动,甚至引发系统性金融危机。第四节聚焦操作性和法律合规风险。数字金融的操作风险通常来自交易延误、数据丢失等错误,可能导致服务中断和资金损失。因此,该节分析了数字金融操作与法律风险的特点,包括技术依存性、环境变化性、数据敏感性等,并为金融机构提供了相关应对措施及建议。第五节通过近年的数字金融风险事件,提供实际案例分析,帮助读者更直观地理解数字金融风险的种类、表现形式及其应对措施。该节案例将围绕金融科技平台的安全事件、数字支付平台风险等,助力学生将知识应用到实际情境中。通过本章的学习,学生将深入了解数字金融风险的构成、特征及应对方法,为进一步探索数字金融的安全与可持续发展奠定坚实基础。

第一节 数字金融的技术风险

一、数字金融技术风险的定义

数字金融的技术风险是指数字金融相关科技在其应用过程中,程序漏洞、系统缺陷、硬件失能等原因导致金融科技应用出现不稳定性或金融科技偏离原定目标结果的风险。此类风险在数字金融领域尤其常见。数字金融服务依赖复杂的计算机系统,包括多层次的硬件设施和软件应用。系统架构中的不合理设计、代码缺陷或运维中的错误配置可能导致系统故障。举例来说,如果服务器未进行负载平衡优化或出现硬件故障,可能造成交易中断、数据丢失等风险。这种故障不仅影响交易的连续性,还可能带来资产损失,尤其是在金融市场高频交易的环境中,稍微的系统延迟或崩溃就会造成显著的经济影响。

数字金融的技术风险不仅限于单一的系统或流程,而是贯穿整个金融业务生命周期。在现代金融体系中,数字技术被广泛应用于业务的方方面面,从数据收集与分析,到交易执行,再到用户数据保护和隐私管理,技术的复杂性使得风险呈现出多维特征。数字金融对于计算机、互联网、人工智能等金融科技具有高度依赖性,金融活动中的数据信息、交易操作等流程亦全部付诸软硬件设施,因此,技术风险是数字金融风险中最根本、造成潜在损失可能性最大的风险之一。

二、数字金融技术风险的分类及其成因

[专栏 12-1]
上海证券交易所"9·27"宕机事件

数字金融技术风险可以大致划分为性能风险、应用风险、伦理风险和算法风险四类。

(一) 性能风险

性能风险是指金融系统中的软硬件达到其性能或设计极限而造成的系统宕机、指令失效等恶性后果的风险,其成因可以被概括为技术本身的不完备性。尽管近年来金融业软硬件发展迅速,相关基础设施也不断完善,但是其本身仍然不可避免地存在固有缺陷。以区块链技术为例,虽然区块链技术在理论机制上几乎无懈可击,但是其面对庞大算力主体发起的算力进攻时同样只能甘拜下风。

(二) 应用风险

应用风险是指数字金融技术被不当或蓄意应用而导致金融安全受到严重影响和干扰的风险,其成因主要是监管不足和技术引导失位。以网络信息技术为例,网络不仅加快了金融业的资金流动速度,提高了买卖交易的便捷性,也为黑客提供了可乘之机。这些恶意攻击者会借助网络的安全漏洞发动垃圾邮件、恶意代码等蓄意攻击,导致普通投资者的财产和信息安全无法得到充分保障。例如,在以太坊 The DAO 事件中,黑客利用以太坊网络智能合约中的"重入攻击"漏洞盗取了价值约 6 000 万美元的以太币,直接对以太坊的

信誉造成严重打击,并导致以太币价格大跌①。

(三) 伦理风险

伦理风险是指大数据、人工智能等数字技术为金融业带来潜在负面效应的风险,其成因同样主要来源于技术本身的固有缺陷。以人工智能技术为例,基于大语言模型的人工智能在处理数据、分析信息时的流程被封装在"黑箱"中,程序员无法对其分析过程做到实时跟踪。在缺乏社会理性及时干预的情况下,仅依靠技术理性机械运行的人工智能可能最终提供突破人类法律、道德底线或无视人类情感属性的决策,进而导致社会出现人伦道德滑坡的可能性。

(四) 算法风险

算法风险是指在数字金融应用中,算法模型的设计缺陷、数据偏差、模型误用或不透明性等因素导致决策失误、用户歧视或系统性风险增加的潜在威胁。随着数字金融中机器学习、人工智能等技术的广泛应用,算法风险逐渐成为一种复杂且具有传染性的风险类型。尤其在依赖自动化决策和大数据分析的金融服务中,算法风险不仅影响金融机构的盈利能力,还可能导致用户信任危机和金融系统的整体不稳定性。

由于算法在数字金融领域的广泛应用,一旦算法失误将导致大量错误决策的产生,从而带来系统性金融风险。例如,若市场波动预测模型出现错误信号,可能导致大量金融机构在同一时点进行错误交易,造成市场的异常波动和稳定性下降。此外,算法间的共振效应,即多个金融机构的算法同时产生错误或偏差,将加剧金融系统的整体风险,产生连锁反应。

三、数字金融技术风险的特点

数字金融技术风险具有广泛传播性、融合放大性、强变异性、非平衡性等诸多特点。

(一) 广泛传播性

广泛传播性是指数字金融技术风险能够突破传统时间和空间的限制,具有极强的空间传染性和迅猛的传播速度。在数字金融时代,互联网平台将金融机构、消费者等各类主体和各类金融产品服务紧密连接起来,彼此没有物理隔断,也就打破了以往金融风险的跨界壁垒和范围限制。同时,数字技术具有传播速度快、反应迅速等特点,因此,一旦一个或部分节点产生风险事件,就能在短时间内影响同一平台上所有与之直接或间接相连的节点,从而可能触发"一点受损、全局受险"的现象。

技术风险的广泛传播性使其管理和控制变得更为困难。它不仅要求金融机构关注单个技术组件的稳定性,还要求其从整体上考虑整个金融生态体系的抗风险能力。因此,建立更为完善的风险预警防控机制,拓宽跨部门、跨系统的协调沟通渠道,提高对突发事件的响应速度和处理能力迫在眉睫。

(二) 融合放大性

融合放大性是指数字金融技术风险在传播的过程中产生的潜在影响会相互融合,使

---

① CoinDesk turns 10：2016-How the DAO hack changed Ethereum and Crypto [EB/OL]. (2023-05-09)[2024-05-15]. https://www. coindesk. com/consensus-magazine/2023/05/09/coindesk-turns-10-how-the-dao-hack-changed-ethereum-and-crypto.

得最终的风险能力出现"1＋1＞2"的结果。在数字金融领域,技术、数据、网络和用户行为等因素紧密交织,形成了一个高度内生的生态系统。当技术风险在这一系统中产生时,其产生的潜在影响并不是简单的线性叠加,而是可能通过各种反馈机制和连锁反应引发一系列自加强的效应。

技术风险的融合放大性意味着其对金融体系甚至全社会产生的破坏力可能超出以往。因此,各金融机构需要采取先进的风险管理措施,建立更健全、更先进的智能管理制度,加强从根源上对技术风险的跟踪监控,从而尽量将技术风险事件控制在最低程度。

（三）强变异性

强变异性是指数字金融技术风险会随着金融科技的持续迭代而不断发生自我演变,导致每次风险事件的表现形式都有所不同。数字金融底层技术的优化创新不仅会对金融模式、产品和生态产生影响,还会因此衍生出新的技术风险。例如在互联网时代,技术风险主要表现为金融系统受到各类网络攻击的可能性,而到了人工智能时代,技术风险则逐渐转变为人工智能系统的不稳定性。

技术风险的强变异性意味着任何风险监管框架都不能一劳永逸,金融机构及监管当局也不能墨守成规,而是要根据最新风险事件的变化不断更新或重塑风险管理模式。此外,相关机构也应加强监管科技的发展。

（四）非平衡性

非平衡性是指数字金融技术风险分布不均匀,并具有较为明显的头部集中特征。对于掌握较大市场份额和影响力的少数大型金融机构,它们的受险部位更为多元,在技术风险爆发时面临的潜在损失也更为严重。例如,大多数普通投资者所能接触到的数字金融技术局限于数字金融终端和数字化证券交易平台,他们所面临的技术风险主要在于系统崩溃造成的损失。利用计算机程序自动下撤单的对冲基金、量化科技公司则还可能暴露于算法失灵等更多元的技术风险之下,技术风险造成的潜在后果也更为严重。

技术风险的非平衡性为金融监管机构在监管力量有限时提供了"抓大放小"的监管选择。在必要时,金融监管机构可以优先监管大型金融机构,或根据资产管理规模、数字金融技术使用强度设立差异化的信息透明度标准和监管手段,从而使得金融监管的效用最大化。

第二节　数据隐私与信息安全风险

一、数据隐私与信息安全的定义

数据隐私是指个人或组织在处理、存储和使用数据时,对数据的访问和共享进行控制的能力,确保敏感数据不被未经授权的第三方获取或滥用。数据隐私主要关注谁可以访问信息,以及如何使用这些信息。数据隐私还涉及企业和组织的伦理责任。除了法律要求外,企业在处理用户数据时应尊重用户的隐私,避免滥用数据,增强用户信任。这种伦理责任有助于建立企业的良好形象,并增强用户对品牌的忠诚度。

数据隐私通常涉及三个方面。

（1）个人信息的收集和使用。企业或机构收集、存储和使用个人信息时，应遵守隐私保护法规，典型法规有欧洲的《通用数据保护条例》（General Data Protection Regulation，GDPR）、美国的《加州消费者隐私法案》（California Consumer Privacy Act，CCPA）等。这包括用户的知情同意、数据的使用目的等。从信息价值链的角度来看，在金融大数据价值链架构中，相关金融大数据平台面向金融大数据应用提供者、系统协调者及大数据框架提供者，核心活动在于从数据提供者处收集、处理、分析金融活动过程中的相关业务数据、用户信息、行为数据等，并结合金融业务特征支撑金融机构的各项活动和服务（见图 12.1）。

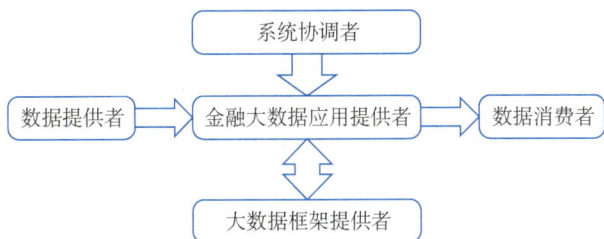

图 12.1　金融大数据价值链架构图

数据提供者为金融大数据平台提供数据或信息，包括数据源提供者、数据流通平台提供者和数据 API 提供者。

系统协调者在金融领域规范和协调各类所需的数据应用活动，包括系统的配置管理、作业调度、资源调度、运行监控等活动。

大数据应用提供者满足金融领域大数据服务需求，包括收集、预处理、分析、可视化和访问等活动。

大数据框架提供者为金融大数据应用提供者在创建具体应用时提供资源和服务。

数据消费者是金融大数据应用的最终使用者或其他系统。

（2）数据的匿名化和去标识化。为了保护个人隐私，某些数据需要进行匿名化或去标识化处理，以确保即便数据泄露，个人信息也不会被识别出来。

（3）数据共享和传输的合规性。在数据共享或跨境传输时，需要遵循相关的隐私规定，确保数据在转移过程中不被滥用或泄露。

信息安全指的是通过技术、管理和操作手段，保护信息系统中的数据免遭未经授权的访问、篡改、泄露、破坏或攻击的过程。信息安全的关键目标是防止数据和系统受到外部或内部威胁的攻击、篡改或破坏，确保信息系统和数据的稳定性与安全性。信息安全还包括风险管理，企业需要识别、评估和应对潜在的信息安全风险。这包括制定安全策略、进行安全审计、监测安全事件、响应安全事件等。有效的风险管理可以降低信息安全事件的发生概率，保障信息资产的安全。

二、数据隐私与信息安全的分类及其成因

数据隐私可以大致分为三类：个人数据隐私、行为数据隐私和企业数据隐私。

（一）个人数据隐私

个人数据隐私包括姓名、身份证号、手机号码、电子邮件地址等，以及生物识别信息

（指纹、面部识别）、健康信息、财务数据、社会保障号码等能够直接识别个人身份的信息。这类数据一旦泄露，可能导致身份盗窃、诈骗等风险。个人数据隐私问题的成因是数据收集过度。个人识别信息（如姓名、身份证号、电话等）在很多场景下都被要求提供。然而，部分企业或平台往往收集超出实际需求的数据，或者未明确告知将如何使用用户数据。这种过度的数据收集往往缺乏透明性，导致个人隐私信息被滥用或泄露。

（二）行为数据隐私

行为数据隐私包括浏览历史、搜索记录、社交媒体活动、购物习惯、实时位置、移动轨迹等数据。这类数据可用于个性化服务，但泄露后可能威胁用户的安全。行为数据隐私问题的成因可以概括为数据滥用。在线行为数据（如浏览记录、位置信息等）通常被用于定向广告和个性化服务，企业通过这些数据提升用户体验。然而，企业未经过用户明确同意便将这些数据用于其他目的或出售给第三方，会构成对用户隐私的侵犯。这种滥用行为增加了行为数据隐私风险。

（三）企业数据隐私

企业数据隐私包括企业的专利、市场策略、客户名单、财务信息等商业机密和敏感数据，属于企业隐私保护的重点。这些信息的泄露可能导致企业竞争力下降，甚至出现法律纠纷。企业数据问题的成因是数据存储和传输不当。在存储或传输过程中如果未对企业数据（如商业机密、客户信息等）采取足够的安全措施（如加密、权限控制），则数据容易被黑客攻击或被内部人员盗取，导致企业敏感数据泄露，影响其市场竞争力甚至法律合规性。

三、数据隐私与信息安全的特点

数据隐私与信息安全具有透明性、法律合规性、动态性等诸多特点。

（一）透明性

数据隐私的保护需要透明度，即企业应向用户清楚地说明其数据收集的目的、使用方式、数据保存期限以及可能的数据共享情况。这种透明性有助于增强用户对企业的信任，让用户了解其数据如何被使用，从而提升用户的参与感和满意度。透明的隐私政策还可以帮助企业在发生数据泄露时快速赢得用户的信任，减轻负面影响。透明性不仅涉及信息披露，还涉及用户教育。企业应通过宣传和教育，让用户了解数据隐私的重要性及其权利，包括如何访问、修改和删除个人信息。这种教育可以通过网站、社交媒体、电子邮件等多种渠道进行，以增强用户对数据隐私的意识。

建立有效的反馈机制也是透明性的重要组成部分。企业应鼓励用户对其隐私政策和数据处理方式提出反馈和建议，及时响应用户的疑问和关切。这种双向沟通有助于企业了解用户的需求和期望，从而改进隐私保护措施，增强用户信任。

（二）法律合规性

数据隐私受到各种法律法规的严格约束，如《中华人民共和国个人信息保护法》（以下简称《个人信息保护法》）、《通用数据保护条例》等。这些法律法规明确规定了企业在处理个人信息时必须遵循的原则，包括数据的收集、存储、使用和共享。企业需要确保在处理用户数据时获得用户的明确同意，并在数据处理的整个生命周期中遵守法律要求，避免法律风险和潜在的经济处罚。

为了确保法律合规性,许多企业任命数据保护官(Data Protection Officer,DPO)负责监督和管理公司的数据处理活动。数据保护官的职责包括确保公司遵守隐私法规、开展员工培训、处理用户的隐私请求,并在发生数据泄露时负责协调应对措施。具体来说,DPO 牵头组建的数据合规工作组分为领导小组、能力小组和实施小组三个不同组别,其架构如图 12.2 所示。

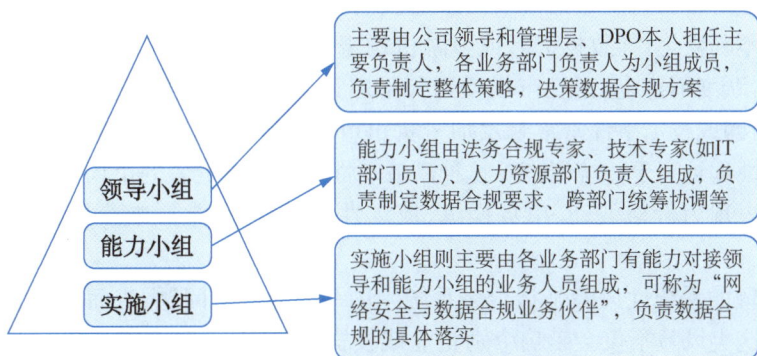

主要由公司领导和管理层、DPO本人担任主要负责人,各业务部门负责人为小组成员,负责制定整体策略,决策数据合规方案

能力小组由法务合规专家、技术专家(如IT部门员工)、人力资源部门负责人组成,负责制定数据合规要求、跨部门统筹协调等

实施小组则主要由各业务部门有能力对接领导和能力小组的业务人员组成,可称为"网络安全与数据合规业务伙伴",负责数据合规的具体落实

领导小组
能力小组
实施小组

图 12.2　DPO 数据合规工作组架构图

为应对网络数据安全事件等突发危机,可考虑在数据合规团队中遴选人员成立网络数据安全事件应对小组和危机管理小组:网络数据安全事件应对小组将主要负责统筹处理一般网络数据安全事件和网络数据安全事态;危机管理小组则需要负责重大网络数据安全事件的处理以及对外向监管部门的汇报工作。

法律合规性还要求企业定期进行审计和评估,以确保其数据处理活动符合相关法律法规。这包括评估数据收集和处理流程、隐私政策和安全措施的有效性。通过定期审计,企业可以识别潜在的合规风险,及时采取纠正措施,降低法律风险。

(三) 动态性

信息安全的动态性意味着安全威胁和攻击手段会随着技术的发展和环境的变化而不断演变。例如,随着云计算和物联网的普及,新的安全漏洞和攻击方式(如勒索软件、钓鱼攻击等)层出不穷。企业需要保持对这些新兴威胁的敏感性,及时更新安全策略和技术措施。

信息安全威胁和攻击手段不断演变,企业需要保持灵活性以应对新出现的安全威胁。黑客和攻击者采用各种新技术和方法进行攻击,企业必须不断更新和升级其安全策略和技术手段,以跟上安全形势的变化。为应对动态的安全威胁,企业需要建立快速响应机制。当发生安全事件时,企业应能够迅速启动应急预案,进行风险评估、损失控制和事件响应。这包括明确责任分工、制定详细的应急流程和进行定期演练,确保在面对新威胁时能够有效应对。

动态性还要求企业在安全管理中保持持续改进的态度。企业应不断收集和分析安全事件的数据和趋势,识别薄弱环节,并进行改进。这种学习机制可以通过引入新技术、更新安全策略和加强员工培训来实现,从而提高整体信息安全水平。

[专栏 12-2]《个人信息保护法》出台及其应用

第三节 数字金融的市场与系统性风险

一、数字金融的市场与系统性风险的定义

数字金融的市场风险是指市场因素的波动,如价格、利率、汇率或其他金融工具的市场价格发生不利变化,导致投资者或金融机构遭受经济损失的风险。数字资产市场规模较小,交易活跃度不稳定,而且市场受到外部因素(如政策、技术进展)的影响更为明显。例如,全球新闻或技术事件常常触发加密货币市场的剧烈波动。这使得数字金融中资产的价格波动性远远高于传统资产。这种高波动性加大了投资者的市场风险。市场风险在数字金融中表现为价格波动、市场操纵、流动性不足等,通常影响个别投资者和市场参与者。

数字金融的系统性风险是指金融系统中的一部分发生问题,进而扩散到整个金融系统的风险。这类风险不仅会影响个别企业或投资者,还会对整个市场或行业产生连锁反应,导致金融体系的不稳定。由于数字金融高度依赖技术,特别是区块链技术、智能合约、大数据等,技术的失灵、漏洞或被利用等情况的发生可能迅速导致整个系统的崩溃。系统性风险涉及金融系统整体的不稳定,特别是技术依赖、跨平台风险传染以及全球市场联动带来的潜在问题。

二、数字金融的市场与系统性风险的分类及其成因

(一) 数字金融的市场风险

数字金融的市场风险可以划分为价格波动风险、流动风险、信用风险、市场操纵风险四类。

1. 价格波动风险

价格波动风险是指数字资产(如加密货币、数字股票等)价格大幅波动而导致的损失风险。数字金融市场的价格波动往往高于传统市场。价格波动风险来源于市场情绪波动。数字金融市场中的资产价格通常受到投资者情绪的强烈影响。数字资产市场的高收益吸引了大量投机者,这使得市场容易受到价格操纵、泡沫化和短期交易的影响。新闻、政策变化、技术发展等外部因素也会迅速改变市场情绪,从而引发剧烈的价格波动。此外,由于市场缺乏稳定的估值机制,数字金融产品如加密货币没有固定的内在价值标准,价格往往由供需关系驱动,容易出现极端波动。

2. 流动风险

流动风险是指在市场中,买卖双方不活跃导致资产无法以合理价格及时买入或卖出的风险。流动风险的成因是市场规模较小。数字金融市场(特别是新兴的加密货币或代币市场)规模较小,市场深度不足,导致在市场需求剧烈变化时,交易无法顺利进行。当买卖双方数量不足时,投资者可能难以以合理的价格完成交易,从而面临损失。这种流动性问题在市场压力增大时表现尤其突出。同时,不同的数字金融平台之间缺乏联动和统一

的交易规则,导致某些平台上的流动性较差,难以完成大额交易。

3. 信用风险

信用风险是指数字金融产品的参与方(如 P2P 借贷、区块链上的借贷协议)无法履行债务或还款义务的风险。信用风险的成因主要是信息不对称。数字金融中,投资者和借款人之间的信息不对称加剧了信用风险。尤其是在 P2P 借贷或区块链平台上,投资者通常无法准确评估借款人的偿还能力或风险,导致借款人违约的可能性增大。同时,部分平台对借款人信用的审核机制不完善,也加剧了信用风险。

4. 市场操纵风险

市场操纵风险是指市场参与者通过非法或不道德手段操纵市场价格或交易行为,导致普通投资者蒙受损失的风险。市场操纵风险来源于监管缺失。数字金融市场由于去中心化和全球化的特性,缺乏统一和有效的监管,给不法分子提供了操纵市场的机会。例如,一些加密货币市场容易受到"拉高出货"(pump and dump)等操纵行为的影响,导致普通投资者损失。市场的去中心化和匿名性使得追踪和打击这些行为变得更加困难。

(二) 数字金融的系统性风险

数字金融的系统性风险可以分为技术风险、跨平台传染风险、依赖风险三类。

1. 技术风险

技术风险是指技术问题或漏洞导致数字金融系统瘫痪或大规模损失的风险,尤其是在依赖区块链、智能合约等新兴技术的领域。技术风险来源于区块链技术漏洞。数字金融高度依赖区块链技术和智能合约的自动执行,一旦这些技术中存在漏洞,就可能会被黑客利用,导致大规模的资金损失或系统瘫痪。例如,某些去中心化金融平台曾因为智能合约的漏洞,导致大量资金被盗,这不仅影响了个别平台,还波及整个金融生态系统。

2. 跨平台传染风险

跨平台传染风险是指一个平台或市场的金融问题通过系统之间的联动,传导到其他平台或市场,导致整体金融体系出现连锁反应的风险。跨平台传染风险的成因可以概括为平台互联性。数字金融平台之间往往通过技术接口或资产互通,形成紧密的连接。这种互联性意味着,一旦某一平台或市场发生问题,其他平台也容易受到影响。例如,当一个大型加密货币交易所出现技术故障或破产,其他交易所可能因流动性危机或投资者恐慌而受到波及,形成风险传染效应。

3. 依赖风险

依赖风险是指金融机构依赖数字资产导致的风险,即传统金融机构将大量资产配置到数字金融产品上,导致数字资产价格波动或市场崩溃时,传统金融机构和整个金融体系受到冲击的风险。依赖风险的成因主要是机构投资者对数字金融市场的广泛参与。随着越来越多的传统金融机构(如银行、基金)开始投资加密货币或区块链相关项目,数字金融市场的波动可能直接影响传统金融市场的稳定性。当数字资产价格剧烈波动或市场崩盘时,依赖这些资产的机构可能面临流动性危机或资金链断裂,进而影响到更广泛的金融体系。

三、数字金融的市场与系统性风险的特点

数字金融的市场与系统性风险具有高波动性、监管不确定性、风险管理复杂性、技术

脆弱性、流动性不足性等特点。

(一) 高波动性

数字金融市场,尤其是加密货币市场,往往表现出极高的波动性。加密货币如比特币、以太坊等,价格可以在短时间内大幅上涨,也能迅速下跌。其价格波动不仅受到供需关系的影响,还与投资者情绪、新闻报道、政府政策、网络效应等因素密切相关。由于缺乏传统金融市场中的风险缓冲机制(如市场干预、中央银行政策等),当数字货币市场出现剧烈波动时,投资者容易陷入恐慌性抛售或过度投机行为。

高波动性意味着数字金融市场的价格会出现剧烈的上下波动,投资者在短时间内可能面临巨大的资本收益或损失。这使得市场更加不稳定,也导致投资者的信心容易受到情绪变化或外部冲击的影响。在这种环境下,市场参与者需要具备更强的风险承受能力,整个市场的价格波动会对系统性风险的积累起到推动作用。

(二) 监管不确定性

数字金融的快速发展往往超前于监管框架的建立。全球范围内,不同国家和地区对数字金融的监管政策存在很大差异,有的国家(如美国)对加密货币持较为严格的监管态度,而另一些国家(如萨尔瓦多)则支持比特币作为法定货币[①]。这种监管的不确定性使得投资者和平台面临政策风险。例如,2021 年中国全面禁止加密货币交易所和挖矿活动,导致大量矿工和交易平台撤离中国市场,引发了全球加密货币市场的剧烈波动。投资者面临政策突变的风险,数字金融平台也需要应对全球范围内复杂的合规要求。一旦某国出台新的监管政策,市场可能会迅速做出反应,甚至引发流动性危机或投资者恐慌性抛售。

监管不确定性使得市场参与者在不同的监管制度下面临不同的法律和政策风险时无法预见未来的政策走向。监管的不确定性使得投资者和平台在政策变化时可能遭遇突发性冲击,增加了市场的复杂性和不确定性,甚至可能导致系统性风险的爆发。

(三) 去中心化性

数字金融中的去中心化性使得风险管理变得更加复杂。在传统金融系统中,中央银行或金融监管机构可以通过货币政策、审慎监管和市场干预来控制系统性风险,确保市场稳定。在去中心化的金融生态系统中,则缺乏中心化的风险管理主体,风险一旦发生,难以通过政策工具及时进行干预。去中心化金融平台往往依赖自动化的智能合约和去中心化自治组织进行运营,但这些系统在面对复杂的市场环境时,可能无法迅速做出调整。此外,去中心化平台的分散性也增加了合规和监管的难度,投资者一旦遭遇损失,往往难以追责或追回资产,进一步加大了风险管理的挑战。

数字金融的去中心化性意味着缺少集中的监管和风险控制机制。没有中心化的机构来调控市场或介入化解危机,这意味着风险发生时,缺乏有效的协调和应对措施。去中心化加剧了风险管理的难度,因为参与者各自为政,整个系统面临风险暴露时难以快速做出集体反应或应对。这使得风险更难以控制和缓释。

---

① El Salvador adopted Bitcoin as an official currency; Salvadorans mostly shrugged[EB/OL]. (2024-01-29)[2024-09-29]. https://insights. som. yale. edu/insights/el-salvador-adopted-bitcoin-as-an-official-currency-salvadorans-mostly-shrugged.

（四）脆弱性

数字金融严重依赖区块链技术、智能合约、去中心化网络等新兴技术。尽管这些技术带来了极大的创新和便利，但它们的风险也不可忽视。首先，区块链技术本身可能存在漏洞，智能合约代码的编写如果不够严谨，可能会导致安全风险。其次，数字金融系统还可能受到外部技术风险的威胁，如分布式拒绝服务攻击（DDoS），这会导致交易延迟或平台瘫痪。此外，许多去中心化平台缺乏有效的安全监控和管理机制，投资者资产可能遭到黑客窃取，给整个市场带来巨大的技术风险。

数字金融高度依赖技术基础设施，如区块链、智能合约和去中心化网络。这意味着一旦这些技术出现故障或漏洞，整个市场的运作都会受到影响。技术风险的暴露可能导致市场中资金的损失、交易的中断，甚至平台的瘫痪。由于数字金融系统缺乏传统金融市场中强有力的监管和风险控制机制，技术依赖性使得系统的脆弱性更高。

（五）流动性不足性

数字金融市场中流动性风险明显，在大规模资金流出或市场抛售的情况下尤其如此。流动性风险指的是在特定时刻，市场中缺乏足够的买卖力量，导致资产难以快速变现。这种风险在数字金融中尤为显著，意味着投资者在急需资金或市场出现恐慌时，可能无法迅速撤回投资或兑换现金。这增加了市场的不确定性，也使得市场参与者在面临风险时更容易发生连锁反应，进一步放大市场的波动。比如，当某些加密货币交易所遭遇大规模资金提取时，往往面临流动性枯竭，无法满足投资者的提现需求。

［专栏 12-3］
Terra/Luna
崩盘

第四节　数字金融的操作与法律风险

一、数字金融的操作与法律风险的定义

数字金融的操作风险是指在数字金融业务中，内部流程、人员、系统或外部事件的失误或失败导致金融机构或平台遭受损失的可能性。与传统金融体系相比，数字金融高度依赖技术系统和自动化流程，因而操作风险在数字金融中更为突出。任何流程中的一个微小错误都可能导致严重的后果，如交易延误、资金丢失、数据丢失或业务中断。操作风险不仅限于技术失误，还涵盖了人力管理不当、内部控制机制缺失或不完善以及不适当的风险管理策略引发的问题。

在数字金融的背景下，操作风险还与大量线上交易、复杂的算法和自动化的金融产品紧密相关。一旦出现技术故障或错误决策，可能影响数百万用户的资产安全。此外，外部的不可控因素（如灾害、网络攻击等）也会大大加剧操作风险的发生。这种风险往往难以完全预测和避免，特别是在高度依赖科技的环境中，操作风险会成为数字金融面临的一个核心挑战。

数字金融的法律风险是指数字金融机构或平台未能充分遵守相关法律法规、监管规定或合同义务，从而导致法律纠纷、监管处罚或其他法律后果的可能性。在数字金融的快速发展过程中，由于技术的创新速度远远超越了法律框架的更新速度，法律风险在这个领域尤为显著。数字金融的创新性和全球化特点使得各类金融产品和服务常常游走在现行

法律框架的边缘。

法律风险还涉及平台或机构与客户之间的合约义务,任何对合同的误解或执行偏差都可能导致法律纠纷。此外,随着全球数字金融服务的扩展,跨境业务的合规性成为法律风险的另一个重要方面。不同国家和地区对金融监管、隐私保护、税收等方面的法律要求存在显著差异,这给数字金融机构的法律合规带来了极大的挑战和不确定性。

法律风险不仅关乎机构的合法运营,还与品牌信誉、市场稳定性以及客户信任度息息相关。如果一家数字金融机构未能有效应对法律风险,可能面临严重的罚款、业务停业甚至关闭的后果。这类风险需要机构具备强大的法律合规管理能力,并对全球范围内的法规保持敏锐的洞察力,以确保在一个不断变化的法律环境中生存和发展。

二、数字金融的操作与法律风险的分类及成因

在数字金融领域,操作风险和法律风险是主要的两类风险,随着技术的快速发展和金融创新的推进,这两类风险表现得尤为突出。

(一) 数字金融的操作风险

数字金融的操作风险是指因内部系统、流程、人员或外部事件的失误、故障或干扰,导致金融机构发生损失的风险。数字金融中,操作风险尤为突出,因为高度依赖技术、自动化系统和信息流。操作风险可以分为技术故障风险、网络安全风险、人员操作失误风险、外部事件风险四类。

1. 技术故障风险

技术故障风险是指金融平台或系统的技术问题导致服务中断、交易失败、数据丢失或功能无法正常运作,从而给用户和平台带来损失的风险。数字金融高度依赖技术系统进行交易和管理。操作风险中,技术故障是最常见的一类,如服务器宕机、系统崩溃、网络延迟、数据处理出错等。技术故障风险源于系统架构不完善、服务器容量不足、软件出现漏洞等。技术升级不及时或未能应对极端市场情况,都会导致技术故障。

2. 网络安全风险

网络安全风险是指金融机构受到黑客攻击、数据泄露、信息篡改等网络犯罪活动的侵害,导致财务损失、数据失窃、声誉受损的风险。随着金融交易逐步向线上转移,金融系统成为黑客攻击的目标。金融机构面临的网络安全风险主要包括分布式拒绝服务攻击、数据篡改、加密货币盗窃等。网络安全风险源于黑客攻击、病毒入侵、数据加密不当、网络防护措施不足等。尤其在数字金融中,平台存储和传输大量敏感数据,如个人身份信息、支付信息等,网络安全风险因此更为突出。

3. 人员操作失误风险

人员操作失误风险是指员工无意间的失误、缺乏培训或流程控制不当导致操作错误,从而引发财务损失或系统故障的风险。人员操作失误风险的成因包括员工疏忽、操作失误、权限设置不合理、缺乏必要的监督机制等。即使在高度自动化的数字金融体系中,人员的操作失误依然可能导致重大问题。错误的交易操作、不恰当的权限设置或员工的无意失误,都可能引发严重的经济后果。此外,金融机构内部管理机制的缺陷,如流程控制不当或未能及时检测异常操作,也会导致操作风险的发生。

4. 外部事件风险

外部事件风险是指由于不可控的外部因素(如自然灾害、战争、疫情等)造成系统或运营中断,从而给金融机构带来损失的风险。外部不可控因素也可能引发操作风险。这类风险难以预见且难以控制,但会严重影响金融机构的运营。外部事件风险源于突发的自然灾害、疫情或其他外部不可抗力事件,导致系统或市场大幅波动甚至瘫痪,金融服务受限,交易中断。因此,金融机构不能仅仅依赖传统的风险管理方法,必须在应对外部事件风险时采取更加灵活、前瞻性的策略。只有在全面评估和积极应对这些外部风险的基础上,数字金融平台才能在充满不确定性的环境中稳步发展,确保为用户提供安全、便捷、可靠的金融服务。

(二) 数字金融的法律风险

数字金融的法律风险指的是金融机构因违反法律、法规或监管要求而面临的法律诉讼、处罚、合同纠纷或损失的风险。数字金融行业的快速发展往往超出了传统的法律框架,使得法律风险成为关键问题。法律风险可以分为监管合规风险、跨境交易风险、合同风险三类。

1. 监管合规风险

监管合规风险是指金融机构在经营活动中未能遵守所在国家或地区的法律法规和监管要求,导致面临罚款、业务中止或法律诉讼的风险。数字金融快速发展,往往超出了现有法律和监管框架的覆盖范围。一些新兴的金融科技平台如 P2P 借贷、加密货币交易等,由于缺乏完善的监管体系或监管滞后,容易陷入法律合规问题。监管机构未能及时调整法律以应对新的金融产品和服务,平台的合规意识不足或对法律要求的理解不充分,都会导致监管违规。例如,许多 P2P 借贷平台未遵守金融监管部门的相关规定,从而导致违规行为。因此,数字金融的监管合规风险对企业运营的稳定性至关重要。对于数字金融机构而言,合规不仅是一项法律义务,更是保护其品牌和客户利益的基础。随着反洗钱和客户身份识别等合规要求的增加,数字金融企业面临的合规压力持续增大。尤其在支付和贷款等业务中,监管机构对客户身份识别、交易监控等提出更高要求。

2. 跨境交易风险

跨境交易风险是指金融机构在国际交易或多国金融业务中,因不同国家或地区的法律和监管差异,导致合规性问题或法律纠纷的风险。数字金融具有全球化的特性,跨境交易常常涉及多个国家和地区的法律和监管要求。不同司法管辖区在金融监管、数据隐私保护等方面存在显著差异,使得跨境交易存在巨大的合规风险。金融机构若未能充分理解和遵守各国的法律要求,可能面临法律纠纷、罚款或业务中断。

此外,税收问题也是导致跨境交易风险的重要原因之一。跨境交易不可避免地涉及不同国家的税收政策,数字金融产品中的交易费用、增值税、利润税等都需要依照当地税法缴纳。若未能妥善处理税务合规,企业可能面临高额罚款或被追溯纳税。税收的复杂性还导致企业在不同国家进行业务布局时需要谨慎设计税务结构,以降低合规成本。因此,跨境交易风险对数字金融企业具有较大的影响。数字金融企业需要在跨国运营时定期评估合规需求,以确保业务合法性。

3. 合同风险

合同风险是指金融机构与用户、供应商或合作伙伴签订的合同存在漏洞、误解或不履行合同条款，导致法律纠纷或财务损失的风险。合同中涉及的数据隐私和信息使用条款十分重要，但若条款表述不明或未明确用户同意，仍可能会违反相关数据保护法律。在跨国业务中，不同国家的数据保护标准不同，若企业在合同中未能明确数据存储、共享和使用方式，就可能因不当的数据处理行为引发法律风险和用户的法律索赔。

合同风险直接关系到数字金融企业的合法权益保障，因此，在签署任何合同时，都应对合同条款进行严格审查。要确保智能合约的合法性，应结合不同司法管辖区的法律规定进行适当修改，并确保所有条款清晰明确，以避免未来的争议和法律纠纷。此外，企业还应考虑不同国家或地区的数据保护规定，严格遵守相关法律要求，切实保障用户的隐私和数据安全。

三、数字金融的操作与法律风险的特点

数字金融的操作与法律风险具有技术依存性、环境变化性、数据敏感性等特点。

（一）技术依存性

数字金融的蓬勃发展与技术的深度依存密不可分，金融机构日益依赖各种先进技术来提高效率、优化客户体验和降低运营成本。无论是在线支付、移动银行，还是数字资产交易，技术的核心地位使得金融服务的提供方式发生翻天覆地的变化。然而，这种高度依存性也带来了显著的操作风险和法律风险。

技术系统的稳定性是数字金融的生命线。技术故障、系统崩溃或软件漏洞可能导致交易延误、数据丢失或服务中断，进而对客户造成直接的经济损失。在高频交易的环境中，瞬息万变的市场条件要求技术系统具备超高的反应速度和处理能力，任何技术上的延误或错误都可能导致巨额的损失。若系统出现故障，交易未能按预期执行，客户不仅可能错失交易机会，还可能因为信息不对称而遭受更大的损失。与此同时，网络安全问题也日益成为技术依存性带来的重要挑战。数字金融平台存储着大量敏感数据，包括个人身份信息、账户信息和交易记录。这使得金融机构成为黑客攻击的主要目标。网络攻击不仅可能导致数据泄露，影响客户信任，还可能引发法律责任，金融机构需要为客户的数据安全承担法律义务。

法律风险也与技术依赖密切相关。数字金融平台在提供服务时，必须遵守相关法律法规，尤其是涉及消费者权益保护和数据隐私的法律。随着技术的快速发展，相关的法律法规往往滞后于技术创新，金融机构在推出新产品或服务时，可能会无意中违反现有法律。因此，金融机构在设计和运营数字金融系统时，必须将技术安全与法律合规紧密结合。机构应定期进行系统的安全评估和测试，以识别潜在的技术漏洞，并及时进行修复。此外，应建立完善的内部控制机制，确保技术实施符合相关法律法规的要求。定期培训员工以增强其对数据保护和法律合规的意识也至关重要。

（二）环境变化性

数字金融所处的市场和监管环境变化迅速，新技术和新服务的出现常常超越现有

的法律框架,带来操作与法律的双重挑战。新兴的金融产品和服务,如加密货币、去中心化金融和智能合约,往往在法律法规尚未明确的情况下迅速进入市场。由于缺乏明确的法律框架,金融机构在推出这些新服务时面临较高的操作风险。同时,法律风险也因环境变化而加剧。监管机构面对新兴技术的挑战,可能会迅速出台新的法规,以填补法律空白。这种情况下,金融机构必须快速适应新的监管要求。然而,由于技术和业务模式的复杂性,调整并非易事。机构若未能及时更新其运营策略,可能导致合规失败,从而面临重罚。

此外,环境变化还体现在市场竞争的加剧。随着越来越多的科技公司进入金融领域,传统金融机构面临着前所未有的竞争压力。这种竞争促使机构加快创新步伐,推出更多高风险、高回报的产品和服务。快速创新往往伴随着风险的增加,尤其是操作流程和合规性方面的风险。若未能有效控制风险,机构可能在市场竞争中失利,甚至面临法律诉讼。

为了应对环境变化带来的双重风险,金融机构需要建立灵活的风险管理框架,持续监测市场动态和法律环境的变化,定期评估自身的风险状况和合规性。此外,培养具有跨学科背景的人才,将技术、法律和市场知识融入风险管理,也是应对环境变化的有效策略。金融机构还应增强与监管机构的沟通,参与行业内的合规讨论和政策制定,推动形成适应新技术发展的监管框架。这种互动不仅能帮助机构更好地理解监管要求,还能在一定程度上影响政策的制定,从而为行业的发展创造更好的环境。

(三) 数据敏感性

在数字金融中,数据的收集、存储和使用构成了操作风险与法律风险的重要交集。金融机构收集和管理大量用户敏感数据,任何数据泄露都可能导致巨大的操作风险。同时,法律法规对数据保护的要求越来越严格,机构若未能合规处理数据,可能面临严重的法律后果。因此,数据的敏感性要求机构在技术和法律合规上都需要投入高度关注。

数据的安全性直接关系到操作风险。金融机构需要确保其系统能够抵御外部攻击、内部分心、技术故障等因素的影响。一旦发生数据泄露,机构不仅面临巨额赔偿和补救成本,还可能导致客户流失。法律风险也显著与数据隐私相关。各国对数据保护的法律法规日益严格,金融机构必须在处理用户数据时遵循相关法律规定,如欧洲的《通用数据保护条例》和中国的《个人信息保护法》。这些法律要求金融机构在收集、存储和使用用户数据时,必须获得用户的明确同意,并且在数据泄露发生后及时通知用户。未能遵循这些法律要求将导致严厉的处罚,如巨额罚款、法律诉讼等,给机构带来巨大的法律风险。

为了有效管理数据敏感性带来的操作风险与法律风险,金融机构需要建立健全的数据保护机制,包括数据加密、访问控制、定期审计等,确保数据在存储和传输过程中的安全性。金融机构还应加强与监管机构的沟通,了解最新的数据保护法规,并积极参与行业内的数据安全标准制定。通过这种方式,金融机构不仅能提升自身的合规能力,还能在行业内树立良好的形象,增强客户信任。

[专栏 12-4]
Celsius 破产
及用户诉讼
案

第五节　数字金融的风险的案例分析

一、加密货币交易所 Coincheck 失窃事件

（一）案例背景

2018 年 1 月 26 日，日本知名加密货币交易所 Coincheck 遭遇重大黑客攻击，约 5.3 亿枚新经币（New Economy Movement，NEM）被盗，按当时市值计算，损失高达 5.3 亿美元（约 580 亿日元）。这是加密货币历史上最大的盗窃案之一，直接暴露了加密货币交易平台在存储安全、风控和合规方面的漏洞。该事件对日本及全球加密货币市场和监管政策产生了深远影响，也引发投资者对加密货币行业安全性的质疑。

Coincheck 是日本较早成立的加密货币交易所之一，成立于 2012 年，至 2017 年已成为日本交易量最大的加密货币平台之一。其业务范围包括多种加密货币的买卖、转账、存储等。Coincheck 凭借简单的操作和快速的交易在日本市场迅速扩展，但随着客户量激增，平台对交易安全和合规的重视程度不足，成为潜在的安全隐患。

Coincheck 实施多层验证系统，根据用户验证提供不同级别的访问和功能。验证级别如图 12.3 所示。

1级	2级	3级
·基本验证，需要提供个人信息和电子邮件验证。该级别的用户可能会受到存款、取款和交易金额的限制	·增强验证，涉及提交额外的身份证明文件，如政府颁发的身份证或护照。与级别1相比，此级别的用户可能具有更高的交易限额	·高级验证，某些高级功能或更高的交易限额可能需要此验证。此级别可能涉及额外的文档和Coincheck的手动审核流程

图 12.3　Coincheck 多层验证系统示意图

（二）案例分析

此次失窃案的主要原因是 Coincheck 将价值 5.34 亿美元的 NEM 存储在"热钱包"中，而非更加安全的"冷钱包"（离线钱包）。冷钱包是加密货币交易所用于离线存储的重要工具，以减少网络攻击风险。然而，Coincheck 在使用冷钱包方面缺乏有效的管理，未能对钱包进行足够的隔离保护及加密处理。热钱包的优势是便于快速交易，但因其持续连接到互联网，极易成为黑客攻击的目标。此外，Coincheck 没有为 NEM 账户实施多重签名技术，使得黑客更容易窃取资金。

监管的缺失也是此次事件发生的原因之一。虽然 Coincheck 是日本知名的交易所，但其在事件发生时尚未获得日本金融监管机构的完全批准运营。监管要求 Coincheck 提升安全措施并完善反洗钱和客户身份识别制度，但这些要求在事件发生前并未得到充分实施。同时，Coincheck 的迅速扩展使其交易量大幅增长，但相应的风险管理和安全基础设施并没有跟上。快速增长带来的压力让交易所忽略了对高风险资产的有效保护，导致此次大规模失窃事件。

（三）事件影响

此次黑客事件直接影响了 Coincheck 平台上的大量用户，约 5.3 亿枚 NEM 被盗，涉及 26 000 多名用户的资产安全。尽管 Coincheck 承诺向受影响用户进行赔偿，但赔偿方式和金额难以完全弥补用户的实际损失，也无法恢复用户的信任。一些用户因丢失了相当大比例的加密货币而遭受严重的经济打击。对于一些用户来说，加密货币是其重要的投资组成部分，而此次失窃事件带来的资金损失可能会导致他们的生活或财务状况出现困难，特别是那些将加密货币作为主要投资手段的投资者。此外，事件发生后，Coincheck 还冻结了部分用户的资产，导致用户无法及时提取和使用资金，进一步加剧了他们的损失和对平台的不满情绪。

此次事件在全球范围内引发了广泛关注，直接冲击了投资者对加密货币市场的信心，甚至影响了比特币、以太坊等其他主流数字货币的价格。许多投资者对加密货币平台的安全性产生了质疑，并开始撤出资金，加密货币市场因此出现了价格波动。尤其是在 Coincheck 事件发生后的几周内，加密货币市场整体市值有所下降。加密货币的价格波动性原本较高，此次事件使得市场对其风险认知进一步加深，导致部分机构投资者对加密货币的信任下降，进而影响了加密货币的投资意愿。此外，部分主流媒体也对加密货币行业的安全性、合规性提出了批评，引发社会对数字货币是否具备长期价值的争论。这种信任危机使得加密货币行业在随后的几个月中面临投资低迷的局面，许多加密货币交易所也受到牵连，不得不加大安全投入以重新赢得投资者的信任。

（四）解决方案与启示

为提高安全性，交易所应将绝大部分客户和公司的加密资产存储在冷钱包中，即离线存储。冷钱包无法被互联网直接访问，因而能够有效防止外部黑客的入侵。对于热钱包中的资金，应设置严格的限额，并进行定期转移，减少每次的潜在损失。对热钱包中的交易记录也应进行实时监控，发现异常活动应立即采取措施，如冻结账户或加强身份验证。

此外，交易所应每季度或半年进行一次全面的安全审计，涵盖代码审查、系统漏洞检测、访问权限控制等方面。这能够及时发现潜在的安全漏洞，并修复可能的安全隐患。除了被动的安全审计，Coincheck 和其他交易所还应聘请专业的安全公司进行定期的渗透测试，模拟黑客入侵行为，检测系统的脆弱点，并根据测试结果升级安全防护措施。

为了加强用户的信任，交易所还可以与保险公司合作，提供加密资产的保险服务。如果出现黑客入侵等安全事件，保险公司可以补偿用户的部分或全部损失。这种机制能够有效减少用户对资金安全的担忧，提升交易所的信誉度。

Coincheck 失窃事件不仅揭示了加密货币交易所的安全脆弱性，还凸显了加密货币领域中运营和监管不力的问题。这一事件推动了全球范围内加密货币交易所的安全性和合规性升级。

二、即时支付平台 Zelle 的欺诈案件

(一) 案例背景

Zelle 是美国一种被广泛使用的即时支付平台,允许用户通过手机或银行应用进行快速转账。自 2017 年推出以来,Zelle 因其便利性和即时性迅速获得了用户(特别是年轻消费者和小型企业)的青睐。然而,随着其使用的增加,Zelle 也逐渐暴露出操作风险,尤其是欺诈风险。2023 年,Zelle 平台发生了大规模的欺诈案件,许多用户在未授权的情况下发现自己的账户被转账。调查显示,这些欺诈行为主要有两种形式:一种是社交工程欺诈,欺诈者通过伪装成银行工作人员,诱使用户提供个人信息;另一种是利用恶意软件或钓鱼网站窃取用户的账户信息。

在第一种情况中,欺诈者通过电话、短信或电子邮件联系用户,声称他们的账户存在安全问题,并要求用户立即进行验证。许多用户在恐慌中泄露了自己的账户信息,从而导致资金被转走。

在第二种情况下,部分用户在下载恶意应用后,账户信息被窃取。黑客利用用户的账户进行未经授权的转账,给受害者造成直接的财务损失。

根据美国银行家协会(The American Bankers Association, ABA)的统计,2023 年,Zelle 相关的欺诈案件激增,受害者损失达数亿美元。许多用户向银行和 Zelle 平台投诉,但由于 Zelle 的转账通常被视为即时和不可逆,许多受害者在试图追回资金时遭遇困难(见表 12.1)。

表 12.1 三大银行中所有被视为欺诈的 Zelle 支付的总美元价值

	2019 年	2020 年	2021 年	2022 年	2023 年
总价值	$82 235 513	$127 618 310	$189 438 794	$215 211 008	$165 842 411
已赔付	$53 706 680	$77 191 918	$86 928 146	$99 285 420	$63 546 270
未追回	$28 618 833	$50 426 393	$102 510 647	$115 925 588	$102 296 141

(二) 应对措施

面对不断增加的欺诈案件,Zelle 及其合作银行采取了一系列措施,以改善安全性和用户保护。Zelle 增加了用户教育和宣传,提供关于如何安全使用平台的指南。公司通过电子邮件、社交媒体和官方网站向用户提供安全提示,帮助他们识别常见的欺诈手法。Zelle 还与金融机构合作,推出更强大的身份验证机制。新用户在注册时需要提供更多的身份信息,银行也引入了多因素身份验证,以确保用户身份的真实性。这些措施旨在提高账户安全性,减少欺诈行为的发生。

Zelle 还与监管机构和执法部门紧密合作,共同打击网络欺诈犯罪。通过共享信息和数据,Zelle 希望能够更好地识别和追踪欺诈者。此外,Zelle 还在不断升级其技术基础设施,以提高对可疑交易的监测能力,及时发现潜在的欺诈活动。

在客户服务方面,Zelle 改善了处理用户投诉和欺诈报告的流程。平台承诺在收到用户报告后迅速展开调查,并在合理时间内给予反馈。虽然 Zelle 转账不可逆,但公司致力

于为用户提供更好的支持,以帮助他们处理潜在的欺诈事件。

(三) 风险分析

Zelle 的欺诈案件凸显了数字支付平台面临的操作风险和网络安全风险。首先,社交工程欺诈的成功率高主要是由于用户缺乏足够的安全意识。许多用户网络安全知识不足,容易受到欺诈者的影响。这表明,金融科技公司必须加强用户的安全教育,以帮助他们识别潜在的欺诈风险。Zelle 的业务模式也在一定程度上加剧了欺诈问题。Zelle 提供的即时转账服务使得资金在几乎没有时间延迟的情况下转移,这意味着一旦发生欺诈,追回资金的难度大大增加。相比之下,许多其他支付平台在转账过程中有一定的延迟,可以提供更好的风险控制措施。

此外,Zelle 的安全措施相对薄弱,用户在注册和使用过程中缺乏足够的身份验证程序,欺诈者可以利用虚假身份创建账户并进行欺诈活动。因此,金融机构需要在平台上加强身份验证机制,以降低欺诈风险。

(四) 案例总结

Zelle 支付平台的欺诈案件揭示了数字支付领域面临的复杂操作风险和网络安全挑战。随着数字支付的普及,欺诈行为愈演愈烈,金融科技公司必须采取有效措施来保障用户的资金安全。通过加强用户教育、提升身份验证措施和改善客户服务,Zelle 希望能够在未来更好地应对欺诈风险。该案例强调,金融科技公司在推动技术创新的同时,必须始终把用户安全放在首位,以建立持久的用户信任。

三、拉卡拉平台违反《中华人民共和国反洗钱法》被处罚

(一) 案例背景

拉卡拉支付股份有限公司(以下简称拉卡拉)成立于 2005 年,是中国领先的第二方支付平台之一,专注于数字支付、消费金融及其他创新科技服务。凭借其便捷的支付解决方案,拉卡拉迅速在中国及国际市场上取得了相当的市场份额,特别是在小微企业支付、金融科技服务等领域具有重要影响力。作为国内支付行业的重要企业,拉卡拉自成立以来,逐步发展成中国领先的数字支付平台之一,并于 2019 年成功在上海证券交易所上市。然而,随着业务的快速扩展,拉卡拉面临的合规风险也日益增多。

2023 年,拉卡拉因未能履行反洗钱法中的相关义务而遭到中国人民银行的处罚。具体而言,拉卡拉未按照法律要求,及时对大额交易和可疑交易进行报告,也未有效进行客户身份识别,导致存在潜在的洗钱风险。这些违规行为发生在平台日常交易中,特别是在面对高风险客户和大额资金流动时,拉卡拉未能确保交易的透明性和合规性,未按规定上报可能存在洗钱风险的交易。最终对拉卡拉处以罚款 875.4 万元人民币。公司时任副总裁吴某对上述违法行为负有责任,被罚 9.58 万元(见表 12.2)。

此次事件的具体细节揭示了拉卡拉在客户交易监控方面的严重失误。调查显示,拉卡拉在监控和管理部分高风险客户的交易时,未能充分识别并报告大额交易或可疑交易。例如,在某些资金流动较大的交易中,拉卡拉未能按照法律要求进行身份审查或向监管部门报告。此类交易如果得不到及时识别和报告,可能为洗钱活动提供隐蔽的空间。

表 12.2　中国人民银行北京市分行行政处罚信息公示

序号	当事人名称	行政处罚决定书文号	违法行为类型	行政处罚内容	作出行政处罚决定机关名称	作出行政处罚决定日期
1	吴某(时任副总裁)	银京罚决字〔2023〕3 号	对拉卡拉支付股份有限公司以下违法行为负有责任： (1) 未按照规定履行客户身份识别义务； (2) 未按规定报送大额交易报告或者可疑交易报告； (3) 与身份不明的客户进行交易	罚款 9.68 万元	中国人民银行北京市分行	2023-08-20
2	拉卡拉支付股份有限公司	银京罚决字〔2023〕4 号	(1) 未按照规定履行客户身份识别义务； (2) 未按规定报送大额交易报告或者可疑交易报告； (3) 与身份不明的客户进行交易	罚款 875.4 万元	中国人民银行北京市分行	2023-08-20

(二) 应对措施

事件发生后,拉卡拉立刻启动了全面整改,并表示将对合规管理体系进行彻底审查。公司设立了专项小组,负责优化反洗钱合规流程,确保客户身份识别和交易监控能够符合《中华人民共和国反洗钱法》的要求。拉卡拉还加强了技术支持,升级了交易监控系统,提高对大额交易和可疑交易的实时监控能力。通过这些措施,公司希望能够在未来减少此类合规失误,降低被监管处罚的风险。拉卡拉认识到,合规问题不仅是制度的问题,更涉及员工对反洗钱法律的认识与执行力。为此,拉卡拉对所有相关人员进行了反洗钱法律法规的深入培训,尤其是合规部门的工作人员,确保他们能够准确识别可疑交易并及时报告。此外,拉卡拉还在公司的内控体系中加强了反洗钱法律知识的普及,提升员工对合规要求的敏感度。公司还将此类培训纳入每年的培训计划,以确保员工对新法规、新政策的了解和遵循。

面对处罚,拉卡拉没有回避责任,而是积极与中国人民银行等监管机构合作,及时报告整改进展,并且对自身存在的问题进行反思。公司表示,在接到监管处罚后,已重新评估反洗钱措施,确保每个环节都能够符合监管要求。拉卡拉还承诺加强与监管机构的沟通,定期接受合规检查,并根据最新法规调整合规策略。通过与监管机构建立长期稳定的合作关系,拉卡拉希望能够改善其市场声誉,并避免未来类似问题的发生。

(三) 风险分析

拉卡拉的违规事件揭示了公司在合规管理上的重大漏洞。随着反洗钱法和其他金融监管要求的不断加强,支付平台若未能遵守相关规定,将面临更为严厉的处罚。拉卡拉的案例警示其他支付平台,合规不仅仅是避免处罚的手段,更是确保企业长久稳定运营的基础。若公司未能及时完善合规管理,未来可能面临更高的法律和合规风险,甚至在严重情况下可能影响公司运营的合法性。同时,该事件也对其品牌形象造成了重大影响。作为一家上市公司,拉卡拉在公众、投资者和消费者中的声誉直接影响着其市场份额和股东价值。违规事件使消费者和投资者对拉卡拉的合规性产生怀疑,可能导致其市场信任度大幅下降,造成客户流失和股价波动,业内的竞争对手可能利用这一机会加强合规措施,从而抢占市场份额。在公众的眼中,支付平台的合规能力是判断其可靠性的关键因素之一,而拉卡拉在这一事件中的表现使得其形象受到很大的冲击。

拉卡拉在支付行业内的竞争压力也随之加剧。随着支付行业监管环境的逐步加强,越来越多的平台开始意识到合规管理的重要性。此次事件可能使得拉卡拉在市场中面临更大的竞争风险。其他竞争对手,尤其是那些能够更好执行合规要求的平台,可能会借此机会增加市场份额。由于金融市场的激烈竞争,拉卡拉若不能尽快弥补合规缺口,将面临失去竞争优势的风险。

(四) 案例总结

拉卡拉违规事件,强调了金融科技公司在业务快速扩展过程中,必须高度重视合规管理,在涉及敏感的客户交易时尤其如此。支付平台若未能遵守反洗钱法的相关要求,不仅要面临高额的罚款,还可能严重损害其品牌形象和市场地位。拉卡拉在事件发生后积极整改和加强合规管理是值得肯定的,但此事件依然为其他金融平台敲响了警钟——合规不仅是为了应对监管,更是建立长久稳定运营的基石。拉卡拉必须在不断加强合规文化和管理制度的同时提升技术能力,以更好地适应日益严格的监管环境。只有通过有效的风险控制和合规措施,才能在竞争激烈的市场中保持领先地位,并重建其在公众中的信任。

四、数字支付平台 Line Pay 的用户数据泄露

(一) 案例背景

Line Pay 是日本一家知名的数字支付平台,成立于 2014 年,属于互联网企业 Line Corporation 旗下。作为日本最大的即时通信应用之一,Line Pay 迅速吸引了大量用户,提供便捷的支付、转账和购物功能。随着用户基数的扩大,Line Pay 也在不断扩展其金融服务,包括贷款、理财、保险等。然而随着业务的增长,其数据安全问题逐渐显露,2023 年发生了用户数据泄露事件。

2023 年 6 月,Line Pay 因系统漏洞导致大量用户的个人信息被泄露,事件震惊了日本及国际社会。根据公司披露的信息,约有 460 万用户的姓名、电话号码、支付信息等敏感数据在一次安全漏洞中遭到暴露(见表 12.3)。泄露事件发生后,Line Pay 立即启动了应急响应程序,并向用户发出警告,敦促他们更改密码和监控账户活动。

此次数据泄露是由于 Line Pay 在进行系统更新时未能妥善处理安全问题,黑客利用漏洞入侵系统。尽管公司声称未有用户财务信息(如银行账户和信用卡信息)被盗取,但大量个人信息的泄露依然引发了用户的强烈不满和恐慌。

事件曝光后,Line Pay 的用户数显著下降,许多用户开始质疑该平台的安全性和隐私保护措施。此外,事件引起了监管机构的高度关注,日本金融厅迅速介入调查,评估 Line Pay 在数据保护方面的合规性。

表 12.3　LINE Pay 信息泄露事件已确认泄露的个人资料

信息类别	数据条目	备注
用户相关信息	302 980 件 （日本用户 130 192 件）	含估算值 49 715 件；与 LINE 用户内部识别符相关的服务利用历史等
通信秘密	22 239 件 （日本用户 8 982 件）	含估算值 3 573 件 （日本用户 31 件）
交易方相关信息	86 211 件	包括交易对象的电子邮件地址等
电子邮件地址	86 071 件	
交易对象员工姓名、部门、电子邮件地址	51 件	
姓名、电子邮件地址	7 件	均为估算值
Slack 个人资料信息	82 件	均为估算值
员工相关信息	130 315 件	包括姓名、员工编号、电子邮件地址、员工识别信息、面部照片等
文档管理系统内的员工信息	6 件	
认证基础设施内的员工信息	51 347 件	包括本公司和集团公司 30 409 件；NAVER 公司和集团公司 20 938 件
与内部通信服务系统等相关的员工信息	78 962 件	含估算值 70 671 件
合计	519 506 件	

（二）应对措施

面对数据泄露事件，Line Pay 采取了一系列应对措施，旨在恢复用户信任并提升安全性。

首先，公司成立了专门的安全调查小组，负责对数据泄露事件进行深入分析和调查。该小组由信息安全专家、法律顾问和客户服务团队组成，确保能够从多个角度评估事件的影响。

其次，Line Pay 加大对信息安全的投资，提升了系统的防护能力。公司引入先进的网络安全技术，包括入侵检测系统和数据加密措施，以防止未来的安全事件。此外，Line Pay 还与外部安全公司合作，进行定期的安全审计和渗透测试，以确保系统的稳健性。

再次，为了恢复用户的信任，Line Pay 采取了透明的沟通策略，及时向用户通报事件进展和采取的安全措施。公司通过电子邮件、社交媒体和官方网站向用户发布信息，并提供有关如何保护个人信息的建议。同时，Line Pay 还为受到影响的用户提供免费的身份监测服务，以帮助用户监控潜在的身份盗用风险。

最后，Line Pay 加强了内部安全培训，增强员工对信息安全的意识。公司定期组织安全演练和培训课程，提升员工对数据保护的重视程度。通过营造安全文化，Line Pay 希望能够在全公司范围内建立起对信息安全的共同责任感。

（三）风险分析

Line Pay 的数据泄露事件突显了金融科技公司在数据安全管理方面的严峻挑战。在数字化时代，用户个人信息的保护成为金融服务公司的重中之重。随着网络攻击手段的不断升级，金融科技公司面临着更为复杂的安全威胁。

技术风险是导致数据泄露的主要原因。Line Pay 在系统更新过程中未能有效评估和管理安全风险，使得黑客能够轻易地利用漏洞进行攻击。这一事件提醒金融机构在进行系统升级时，必须进行全面的安全审查，以避免潜在的安全隐患。数据安全风险还与公司的安全文化和管理流程密切相关。Line Pay 在信息安全管理上显得不够完善，缺乏有效的监控和响应机制。金融科技公司需要建立健全的信息安全管理体系，包括定期的安全培训、漏洞扫描和应急演练，以增强对潜在威胁的应对能力。

用户对数据安全的关注日益加剧，尤其是在经历数据泄露事件后，用户的信任度会受到严重打击。Line Pay 的事件表明，数据泄露不仅影响公司的声誉，还可能导致用户流失和法律责任。客户对于金融科技公司在处理数据保护方面的期望越来越高，企业必须在安全性和用户体验之间找到平衡。

（四）案例总结

Line Pay 的数据泄露事件充分反映了数字金融服务在数据安全管理方面的挑战。随着技术的快速发展，金融科技公司必须高度重视数据保护，建立完善的信息安全管理体系，以应对不断变化的网络威胁。该案例提醒业界，数据安全不仅是法律要求，更是企业信誉和客户信任的基石。只有通过持续的安全投资、透明的沟通和员工培训，金融科技公司才能在激烈的竞争环境中保持客户的信任与支持。

本 章 小 结

本章围绕数字金融的主要风险进行了系统分析。技术风险部分探讨了随着数字金融技术的不断发展，平台面临的系统宕机、网络攻击等威胁，以及因此产生的金融损失和信任危机。数据隐私与信息安全风险部分强调了个人信息泄露、数据滥用等问题。市场与系统性风险部分探讨了数字金融中资产价格波动、流动性不足和市场不确定性引发的风险。数字金融依赖市场的流动性和稳定性，一旦发生重大波动或市场危机，投资者容易受到巨大损失。操作与法律风险部分进一步分析了数字金融中操作流程不当、合规管理薄弱等问题，提出了有效的风险管理措施。案例分析部分以真实案例的形式呈现了各类风险在实际中的表现和应对方式，加深了读者对风险管理策略的理解。

基 本 概 念

金融安全　技术风险　隐私与信息安全风险　市场与系统性风险　操作与法律风险

思考与练习

1. 请列出数字金融的主要风险类型，并简要说明这些风险的来源和特征。
2. 数字金融机构如何建立有效的风险管理体系？
3. 近年来，多个国家对数据隐私保护提出更严格的要求，你认为这些政策对数字金融的发展有何影响？
4. 如何平衡创新与监管之间的关系？
5. 数字金融中的算法推荐可能存在偏见和歧视问题。你认为这类算法偏见是如何形成的？
6. 未来数字金融风险的发展趋势可能有哪些？讨论潜在的应对措施。
7. 数字货币作为一种新型的金融工具，可能带来货币政策传导机制的变化，这对国家金融稳定性有何潜在影响？
8. 数字金融在推动金融科技创新的同时，也会给传统金融带来风险与挑战，请举例说明数字金融可能给传统金融带来哪些风险与挑战。

参 考 文 献

1. 陈红,郭亮.金融科技风险产生缘由、负面效应及其防范体系构建[J].改革,2020(3):63-73.
2. 贺惠章,李锋森.数字经济新型垄断:成因探析、典型形式及法律规制——兼论金融科技风险防控[J].金融理论与实践,2023(1):25-34.
3. 王立中,刘海洋.大数据时代下个人数据信息保护浅析[J].信息网络安全,2021(S1):90-93.
4. 叶小源,王维先.网络空间治理体系中用户数据安全及隐私保护研究[J].中国高校社会科学,2024(5):147-155+159.
5. 袁康.金融科技的技术风险及其法律治理[J].法学评论,2021,39(1):115-130.
6. 张铁薇,刘旭杰.隐私科技驱动下金融数据合规的治理路径[J].商业研究,2022(6):145-152.
7. 周全,白俊,韩俊华.数字金融系统性风险与经济政策不确定性关系的统计检验[J].统计与决策,2024,40(1):158-162.
8. 中国社会科学报.积极应对数字技术的社会风险[EB/OL].(2022-01-04)[2025-05-16].https://www.sklib.cn/c/2022-01-04/628532.shtml.
9. KOSKELAINEN T, KALMI P, SCORNAVACCA E, et al. Financial literacy in the digital age: A research agenda[J]. Journal of Consumer Affairs, 2023, 57(1): 507-528.
10. MATLOUB H, AVRAAM P. Organizational readiness for digital financial innovation and financial resilience[J]. International Journal of Production Economics, 2022, 243: 108326.
11. TSUCHIYA Y, HIRAMOTO N. How cryptocurrency is laundered: Case study of Coincheck hacking incident[J]. Forensic Science International: Reports, 2021, 4: 100241.

第十三章

数字金融的监管

学习要求

1. 掌握制定数字金融全球监管框架的必要性。
2. 了解部分国家和地区数字金融监管框架的构成。
3. 了解中国数字金融法律合规体系的构成、主要立法目标及其发展趋势。
4. 了解金融科技监管沙盒的起源、本质特征及运作模式。
5. 掌握中国金融科技监管沙盒的实践现状。

本章导读

"没有规矩,不成方圆。"在数字金融蓬勃发展的背景下,如何对新一批涌现出的金融创新产品、服务进行全方位、更有效的监管成为摆在各国金融监管部门面前的重点工作之一。本章将深入探讨全球各国家和地区针对数字金融设立的监管框架和采取的具体措施,同时以金融科技监管沙盒为切入点,探讨新型监管工具对于金融监管的重要意义。本章分为四节。第一节主要介绍全球数字金融监管框架建设的必要性和具体构成,并以欧盟、美国、英国、新加坡和印度作为典型案例,介绍其针对数字金融设立的监管和激励举措。第二节承接第一节的"宽口径"监管介绍,转入介绍中国"窄口径"的数字金融监管举措。首先,介绍了中国数字金融监管机构的构成;其次,根据监管效力纵向区分法律法规、行业自律性规范和公司规章制度三个层次,根据监管目标横向区分消费者保护、金融风险管控和数据安全三个维度的规范性文件,分析中国数字金融治理监管的现状;最后,分析了中国现有监管措施的优化空间,并提出中国未来数字金融监管的可能发展趋势。第三节主要介绍金融科技监管沙盒的起源、本质特征、运作流程和国家地区间实施的异同,并介绍中国版监管沙盒(金融科技创新监管试点)的发展历程和运作模式。第四节为案例分析,以移动金融云签盾和万事达卡全同态加密技术信息共享产品为例,分析监管沙盒在验证、推广和应用金融创新产品时的重要意义。

第一节 数字金融的全球监管框架

一、数字金融全球监管框架概览

（一）建立数字金融监管框架的必要性

数字金融的蓬勃发展是全球金融市场潜在波动威胁与金融科技快速进步共同作用的结果。在技术应用层面，新兴数字金融技术实现了金融产品和服务的标准化、规模化和高效化，为金融行业向新业态转型提供了可行方向。但与此同时，数字金融的发展同样给全球金融体系带来技术、信息安全等一系列新风险，而且在失去传统金融的物理阻隔之后，数字金融的风险烈度被提升至前所未有的新高度。

国际货币基金组织在 2012 年的一篇工作论文中指出[①]，监管不力是导致全球或局部金融危机发生的主要原因之一。2023 年硅谷银行的突然倒闭在一定程度上同样可以归因于政府监管措施的失位和风险管理意识的不足。因此，基于历史的经验和教训，中国、美国、欧洲、新加坡等各国家或地区政府和组织积极发展针对数字金融的监管框架，从而尽可能规范和强化数字金融风险的防控措施，确保金融市场的稳定与安全。

此外，数字金融发展出的部分新业态、新模式在功能和法律界定上具有特殊性和复杂性，难以划拨到已有业务类型或纳入现有监管框架。传统监管框架中部分以传统金融风险为导向的监管指标也存在适配性下降的情况。因此，针对数字金融制定一个全新的监管框架体系势在必行。

数字金融目前仍处于起步阶段，金融产品和金融设施的数字化创新不断涌现。为防止数字金融出现无序的"野蛮生长"，数字金融监管框架扮演着至关重要的角色。它能够及时引导数字金融的发展方向，激发创新活力，推动数字金融朝着健康、可持续的路径前进，促进数字金融实现创新与合规的平衡，为金融市场的长期繁荣奠定坚实基础。对于中国而言，利用监管框架引导和规范数字金融发展同样是践行金融强国的重要依托和保障。

（二）数字金融监管框架的构成

[专栏 13-1] 硅谷银行倒闭与监管不足

各国的数字金融监管框架均主要由行政机关、政策法案和监管科技三个方面构成。其中，行政机关负责对数字金融领域进行具体的指导和执法；政策法案是各国为指导本国数字金融发展并防控相关风险制定的纲领性文件，立法目标一般为促进数字金融健康发展和良性竞争、消费者权益保护、数字金融风险防控、反金融犯罪等；监管科技则是各国监管机构为提高监管效率、加强监管效果而采取的具体监督手段。

出于政体、国体等政治原因及数字金融发展现状不同的现实原因，各国和地区在数字金融监管框架中纳入的行政机关和政策法案多有不同。在监管科技方面，大部分国家和地区都意识到了用技术监管技术的必要性和可行性，因此，各国当局均鼓励发展基于大数

[①] Laeven M L, Valencia M F. Systemic banking crises database：An update[EB/OL]. (2012-06-01)[2025-04-06]. https://www.imf.org/external/pubs/ft/wp/2012/wp12163.pdf.

据、人工智能等新兴数字技术的监管科技(详见第四节)。例如,英国金融行为监管局率先于2015年提出了"监管沙盒"机制,该机制一经提出即在全球形成示范效应,使得英国一跃发展成为全球数字金融中心之一。中国人民银行亦基于大数据技术初步建成了金融业网络安全态势感知与信息共享平台,有效提升了中国金融业的网络安全防护水平与联防联控能力。

本章介绍欧盟、美国、英国、新加坡和印度的数字金融监管框架,中国的数字金融监管机构构成及相关法律合规要求将在第二节详细展开。

二、欧盟数字金融监管框架

欧盟的数字金融监管框架采用"欧盟-国家"的双层监管模式。在此框架下,欧盟负责制定和颁布数字金融领域的政策和法规,从而确保各成员国之间法律的一致性,并降低跨国金融的合规成本。同时,各成员国通过各自设立的监管机构负责具体的执法监管行为。这种双层监管结构既保证了顶层设计出自欧盟层面,又允许各国根据本国实际情况灵活执行监管政策,从而兼顾了维护整体市场稳定、促进数字金融发展的一般性需求和各成员国基于各自国情的特殊需求。

在数字金融政策和立法上,欧盟将监管重心主要放在追踪并控制数字金融的潜在风险、保证欧洲市场公平竞争环境和保护投资者权益上。考虑到数字金融风险的强变异性,欧盟委员会、欧洲监管机构和欧洲央行每年都会对相关监管框架进行定期审查,以确保其应对并干预数字金融相关风险的能力。

(一) 2020数字金融一揽子计划①

2020数字金融一揽子计划(2020 Digital Finance Package,以下简称"一揽子计划")是欧盟委员会提出的第一个数字金融监管方案,包含数字金融战略(digital finance strategy,DFS)②、加密资产和数字弹性的立法建议及零售支付战略。

其中,数字金融战略概述了欧洲未来支持金融数字化转型和监管风险的整体思路,于2020年9月被正式通过。该战略提出"拥抱数字金融,造福消费者和企业"的整体目标,并提出四个优先完成事项③:①消除数字单一市场的碎片化;②调整欧盟监管框架以促进数字创新;③促进数据驱动的金融;④应对数字转型的挑战和风险,并提高金融系统的数字运营弹性。

零售支付战略则旨在进一步发展欧洲支付市场,为欧洲个人和企业提供安全、快速、可靠的支付服务,从而使欧洲能够从创新和数字化机遇中充分受益。零售支付战略主要聚焦于以下几个重点:①在欧洲形成一个完全集成的零售支付系统,提供本土和泛欧支付

---

① Hallak I. Digital finance legislation:Overview and state of play[EB/OL]. (2024-08-27)[2025-04-06]. https://www. europarl. europa. eu/RegData/etudes/BRIE/2024/762308/EPRS_BRI(2024)762308_EN. pdf.

② Directorate-General for Financial Stability, Financial Services and Capital Markets Union. Digital finance package [EB/OL]. (2020-09-24)[2025-04-06]. https://finance. ec. europa. eu/publications/digital-finance-package_en.

③ Communication from the Commission to the European Parliament, the Council, the European Economic and Social Committee and the Committee of the Regions on a Digital Finance Strategy for the EU[EB/OL]. (2020-09-24)[2025-04-06]. https://eur-lex. europa. eu/legal-content/EN/TXT/PDF/?uri=CELEX:52020DC0591.

解决方案;②确保支付解决方案的安全性,提供适当的消费者保护;③减少欧洲对零售支付领域大型全球参与者的依赖性。

一揽子计划以金融机构弹性、加密资产市场、数字欧元和支付服务为四大支柱,有效加强了欧盟金融部门的竞争力,并确保投资者权益保护和金融稳定,从而帮助欧盟实现数字化和经济现代化转型。欧盟委员会同时指出,一揽子计划通过制定更严格的投资者保护规则,不仅能够加强金融领域高新初创企业和老牌企业之间的协同效应,还能够化解相关风险。

(二) 数字运营弹性法案①

《数字运营弹性法案》(Digital Operational Resilience Act,DORA)是欧盟为了加强金融行业信息通信技术风险管理并协调各欧盟成员国现有相关法规制度而制定的一项共享法规,于 2023 年 1 月生效,并于 2025 年 1 月开始正式实施。值得注意的是,尽管DORA 提供了一个统一的法律框架,技术标准也由欧洲监管当局(European Supervisory Authorities,ESAs)制定,但是相关法规的监督权和执行权仍然归属国家监管当局。

DORA 参照"2020 数字金融一揽子计划"中的立法建议,为一定规模以上的金融实体设立了相应的治理、控制措施及数字运营关键性要求,从而确保它们能够抵御严重的运营中断和网络攻击。DORA 涵盖广泛的受监管金融实体,包括但不限于银行、投资公司、保险公司、证券托管行、交易所、交易数据库、加密资产服务商等所有在欧盟运营的金融机构,以及为上述机构提供信息通信技术服务的第三方服务商。

2024 年 1 月,欧洲监管当局发布了 DORA 旗下的第一套信息通信技术和第三方风险管理与事件分类准则,主要包括三项监管技术标准和一项实施技术标准。同年 2 月,欧盟委员会进一步提出了两项关于 DORA 条款的建议:①明确监管当局向信息通信技术第三方服务商收取的监管费用金额及其缴纳方式,以确保费用的合理性和透明度;②确定重要服务商的判断标准。

(三) 加密资产市场监管法案②

加密资产(crypto-assets)是价值或权利的数字表示,通常以电子方式转移和存储。《加密资产市场监管法案》(Regulation on Markets in Crypto-Assets,MiCA)旨在协调欧盟成员国的加密资产监管行为,为发行人和服务商提供法律确定性,其于 2023 年 6 月生效,并于 2024 年 12 月开始正式实施。MiCA 根据加密资产所代表的权利将其细分为电子货币代币(e-money token,EMT)、资产参考代币(asset-referenced token,ART)和其他加密资产,其中,电子货币代币是指使用单一官方货币定价的加密资产,资产参考代币则是指使用其他资产或一篮子资产定价的加密资产。

MiCA 的内容主要包括以下五个方面:①发行、公开提供加密资产及允许加密资产进入交易平台的透明度和信息披露要求;②加密资产服务商及电子货币代币发行人的授权与监督措施;③发行人与加密资产服务商的运营、组织和治理措施;④加密资产持有人及

---

① Proposal for a Regulation of the European Parliament and of the Council on Digital Operational Resilience for the Financial Sector and Amending Regulations.［EB/OL］.(2020-09-24)［2025-04-06］. https://eur-lex. europa. eu/legal-content/EN/TXT/?uri=CELEX%3A52020PC0595&qid=1743920953168.

② European crypto-assets regulation(MiCA)［EB/OL］.(2024-09-25)［2025-04-06］. https://eur-lex. europa. eu/legal-content/EN/TXT/?uri=LEGISSUM:4626998.

相关服务商客户保护条款;⑤内幕交易、内幕信息非法披露及市场操纵阻断措施。此外,MiCA 对加密资产市场各方参与者的主体适格性、权利义务划分及适用的特殊条款等作出明确规定,这对于未来加快欧洲各国乃至全球加密资产市场从"野蛮生长"阶段向"法制时代"过渡都具有里程碑式的作用。

为进一步细化 MiCA 的条款,自 2023 年 6 月以来,欧洲证券和市场管理局(European Securities and Markets Authority,ESMA)与欧盟各国主管部门开展了一系列监管技术标准和实施技术标准的磋商,主要磋商内容包括授权申请审批以及利益冲突的预防、管理和披露等(见图 13.1)。2024 年 2 月,欧盟委员会正式提交四项授权法案,具体规定了以下四个方面的内容:①欧洲银行管理局(European Banking Authority,EBA)对重要电子货币代币和重要资产参考代币发行人行使罚款权力的执法程序;②将电子货币代币和资产参考代币归类为重要加密资产的标准;③欧洲银行管理局向重要电子货币代币和重要资产参考代币发行人收取费用的标准;④欧洲证券和市场管理局及欧洲银行管理局在行使干预权力时应考量的因素和标准。目前上述四项法案均处于欧洲议会和欧盟理事会的审查阶段。

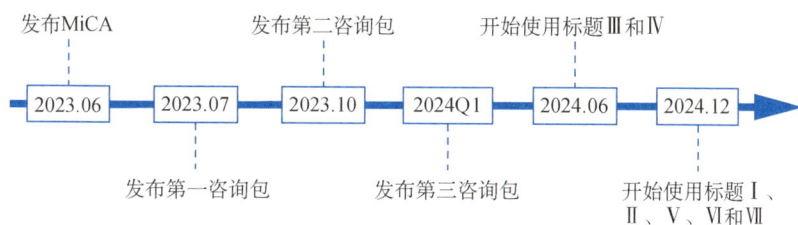

图 13.1　MiCA 条款细化时间线

三、美国数字金融监管框架

美国的数字金融监管框架以消费者保护为基础原则,采用严格的"归口管理"模式,即对新兴的数字金融业务进行分类并归入现有的金融监管框架统一管理。纳入该框架的监管机构(见表 13.1)大致可以分为以下三类:①银行监管机构,主要包括美联储、联邦存款保险公司、货币监理署和国家信贷联盟署,负责监督与金融科技公司开展业务往来的银行并为金融科技公司发放银行牌照;②消费者保护机构,主要包括消费者金融保护局和联邦贸易委员会,负责对违反消费者权益保护法的金融科技企业进行执法并促进数字金融领域的公平竞争;③证券监管机构,主要包括美国证券交易委员会和商品期货交易委员会,负责对违反证券法的金融科技企业进行执法并促进金融科技行业的发展。

表 13.1　美国主要数字金融监管机构

监管机构		监管对象	相关权力
银行监管机构	美联储(Federal Reserve System,Fed)	(1) 银行控股公司、金融控股公司、证券控股公司等; (2) 选择成为会员的州级银行和外资银行	(1) 规划央行数字货币的实施进程; (2) 确认现有法规如何适用于新产品

（续表）

监管机构		监管对象	相关权力
银行监管机构	货币监理署（Office of the Comptroller of the Currency，OCC）	国民银行、外资银行的美国分支机构和联邦特许储蓄机构	（1）监管稳定币的发行、赎回、储蓄等使用过程； （2）推进数字技术应用于稳定币领域的进程
	联邦存款保险公司（Federal Deposit Insurance Corporation，FDIC）	联邦保险储蓄机构、州级非成员银行	（1）识别和监控存款产品的数字化风险； （2）监督与金融科技公司有业务往来的银行
	国家信贷联盟署（National Credit Union Administration，NCUA）	（1）接受 NCUA 存款保险的信用合作社； （2）与信用合作社合作的第三方供应商	（1）识别和监控数字信贷、AI 授信等活动； （2）对数字资产托管、稳定币储备资产等是否计入存款保险范围作出裁定
消费者保护机构	消费者金融保护局（Consumer Financial Protection Bureau，CFPB）	（1）非银行抵押贷款公司； （2）由 CFPB 确定的消费者金融实体； （3）资产超过 100 亿美元的银行	对违反消费者权益保护法的金融科技公司强制执法
	联邦贸易委员会（Federal Trade Comission，FTC）	（1）支付平台、加密货币交易所等非银行主体； （2）与上述主体合作的第三方供应商	对违反公平贸易、涉嫌数字金融欺诈或泄露数据的非银行主体展开民事调查、联合执法或提起诉讼
证券监管机构	证券交易委员会（Securities and Exchange Commission，SEC）	证券交易所、经纪做市商、清算结算机构、基金、投资公司、评级机构、证券公司等	（1）限制证券活动中的欺诈、操纵等行为，减少数字化的信息不对称； （2）确认现有法规如何适用于新型证券； （3）对违反证券法的金融科技公司强制执法
	商品期货交易委员会（Commodity Futures Trading Commission，CFTC）	期货交易所、期货经纪商、清算结算机构等	专属管辖在美国境内交易的大宗货物权益

目前，美国对于数字金融的立法监管主要集中于网络信贷、移动支付、金融理财管理等领域。此外，美国也基于本国数字金融的发展现状推出了反金融犯罪和鼓励金融创新等具有针对性的激励和监管政策。

(一) 金融科技保护法案

《金融科技保护法案》(H. R. 56，Fintech Protection Act)旨在打击恐怖主义与非法融资，并为新兴金融技术的开发应用和有效监管提供必要建议，其于 2019 年 1 月正式提交美国国会审议。该法案的主要监管对象是利用虚拟货币从事恐怖主义和非法融资活动的人员及其行为，在规制内容上侧重"举报和惩戒"，并鼓励知情人举报相关行为。

该法案的内容主要包括以下五个方面：①设立由财政部长牵头、司法部长等政府官员组成的"打击恐怖主义和非法融资金融科技独立工作组"，负责独立调查使用虚拟货币从事恐怖主义和非法融资活动的组织和人员，制定必要的法律法规并提出相应监管建议；②利用相关罚没收入设立举报人专项奖励基金，给予每个举报人最高不超过 45 万美元的奖励；③设立创新和金融情报领域的金融科技领导力计划，对能够侦查恐怖分子和非法使用虚拟货币的工具和程序提供创新授权和资金支持；④要求正在开发和已经投入应用的新技术符合全球通用标准和现有法规，并可供社会公众免费使用；⑤要求监管机构就防止外国恐怖组织和非法融资行为逃避监管、新兴金融科技对美国国家安全的潜在威胁等情况提供详细报告，并在此基础上制定针对性应对措施。

(二) 金融科技法案

《金融科技法案》(H. R. 1491，Fintech Act of 2019)于 2019 年 3 月正式提交美国国会审议，提出成立金融科技委员会，创建金融创新办公室和金融科技董事顾问委员会，以加强对金融科技初创公司的监管并促进美国国内就业市场稳定。

该法案的监管对象是金融科技初创公司，在规制内容上侧重"创新激励和保护"，其主要内容包括以下六个方面：①设立金融科技委员会，负责为合格金融科技初创公司指定金融监管机构，并拥有对上述金融科技公司排他性的执法监督权；②设定合格金融科技初创公司的评判标准；③设定合格金融科技初创公司的资质审核、年度评估、许可撤销等具体流程；④设立金融创新办公室，负责协调金融监管机构与金融科技公司的沟通交流、保护金融科技初创公司等工作；⑤设立金融科技董事咨询委员会，负责向联邦金融监管机构提供政策、法规及监管建议；⑥确立金融科技监管协调机制，从而避免出现监管真空和多头监管的情况。

(三) 数字资产负责任发展框架

2022 年 9 月，美国白宫发布了全球首个综合性的数字资产负责任发展框架(Framework for Responsible Development of Digital Assets)①。该框架包含消费者和投资者保护、维护金融稳定、打击金融犯罪、加强美国全球金融系统领导地位和经济竞争力、普惠金融、负责任创新和探索美国央行数字货币七个方面(见表 13.2)，旨在保护美国数字资产消费者、投资者和企业，并维护金融稳定与国家安全。该框架是一个涉及数字金融风险管控、深化金融数字化转型发展和投资者保护，具有较强针对性和全局性的数字金融政策监管框架，为美国政府监管行为的具体实施提供了切实可行的方案，或将对美国树立数字资产领域的全球领导地位起到关键性作用。

---

① White House releases fact sheet on digital asset development[EB/OL]. (2022-10-05)[2025-04-06]. https://www.dechert.com/knowledge/onpoint/2022/10/white-house-releases-fact-sheet-on-digital-asset-development.html.

表 13.2　数字资产负责任发展框架具体内容

监管发展领域	监管发展背景	监管发展措施
消费者和投资者保护	数字资产市场欺诈和盗取事件频发,造成严重财产损失	(1) 鼓励证券交易委员会、商品期货交易委员会等监管机构开展数字资产领域非法行为的调查和执法行动; (2) 鼓励消费者金融保护局和联邦贸易委员会加强对消费者投诉的监督; (3) 鼓励监管机构自行发布指南和规范以防控数字资产市场已有的风险; (4) 鼓励监管机构共享数字资产领域的消费者投诉数据,从而最大化执法活动的效果; (5) 鼓励金融知识与教育委员会加强宣传,以帮助消费者理解、识别和自我防控数字资产相关风险
维护金融稳定	数字资产和主流金融系统相互交杂,可能造成溢出效应和极大破坏	(1) 由财政部和金融机构合作加强识别和修复网络漏洞的能力,双方共享数据集和分析工具; (2) 由财政部和经合组织、金融稳定委员会等机构合作识别、追踪和分析与数字资产相关的新兴战略风险
打击金融犯罪	目前有部分数字资产可绕过金融中介机构转账,数字资产领域非法活动亟须进一步打击	(1) 定期评估是否需要将数字资产服务商和交易平台纳入银行保密法案等相关法案的监管范围; (2) 完成对去中心化金融非法金融风险的评估,并继续监控数字资产开发相关非法金融风险; (3) 打击数字资产非法活动和滥用问题
加强美国全球金融系统领导地位和经济竞争力	美国正与盟国制定与美国价值观和目标相一致的政策,同时增强美国在全球金融系统的定位	(1) 扩大美国在国际组织和标准制定组织中数字资产领域的领导地位; (2) 加强美国执法机构与外国在全球执法、信息共享、能力共建等方面的跨国合作; (3) 为他国构建数字资产基础设施和服务提供技术、法律等帮助; (4) 由商务部帮助美国金融技术和数字资产公司在全球市场立足
普惠金融	美国传统金融设施相对落后且成本高昂,因此需要推广安全、非排他性、成本可接受的数字金融服务	(1) 鼓励采用 FedNow 即时支付系统; (2) 鼓励技术提供商研发和推广数字金融创新技术; (3) 为监管机构建立非银行支付监管框架提供建议; (4) 鼓励建设融入即时支付系统的跨境支付平台,从而提高跨境支付效率; (5) 鼓励国家科学委员会进行社会技术、行为金融方面的研究,以确保数字资产生态的普惠性和公平性
负责任创新	美国数字资产公司规模全球领先,美国对引导负责任的私企金融创新起到重要作用	(1) 由白宫科技办公室和国家科学委员会建立"数字资产研究和开发计划",开展下一代密码学、网络安全和隐私保护的基础研究,并持续将相关技术转化为市场化产品; (2) 鼓励监管机构为美国公司开发创新金融技术提供监管指导、实践经验分享和技术支持; (3) 由能源部、环保局等机构追踪数字资产对环境的影响,制定性能指标; (4) 由商务部召集联邦机构、工业界和学术界人员开办常设论坛,为监管、标准制定、技术研究建立交流机制

（续表）

监管发展领域	监管发展背景	监管发展措施
探索美国央行数字货币	美国央行数字货币具有支付效率高、环境可持续性强等优势，也有益于美国维持其全球金融领导地位	（1）制定美国央行数字货币系统的政策目标，包括但不限于促进经济增长、保护消费者等； （2）鼓励美联储开展美国央行数字货币的研究、实验和评估

（四）21世纪金融创新与技术法案

《21世纪金融创新与技术法案》（Financial Innovation and Technology for the 21st Century Act，FIT21）于2024年5月通过众议院审议，是美国完善数字金融监管框架的重要一环。该法案以量化手段界定数字金融领域相关概念的具体含义，并划分各监管机构的监管权限，为数字金融监管提供了明确的法律基础。同时，该法案为金融科技公司设立了一套网络安全标准，加强了对数字资产交易的反洗钱要求，并正式引入监管沙盒的概念，允许金融科技公司在受控环境中测试创新产品和服务。

四、英国数字金融监管框架

英国的数字金融监管框架采用以英格兰银行为核心、以金融行为监管局（Financial Conduct Authority，FCA）和审慎监管局（Prudential Regulation Authority，PRA）为主要监管机构的"双峰监管"（Twin Peaks Supervision）模式。金融行为监管局和审慎监管局由金融服务管理局（Financial Service Authority，FSA）拆分而来，两者均受到金融政策委员会（Financial Policy Committee，FPC）的指导（见图13.2）。

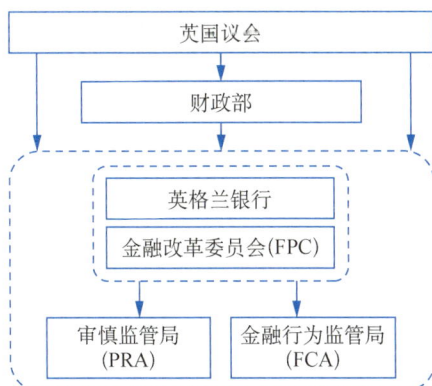

图 13.2 英国数字金融监管机构架构图

在职能分工上，英格兰银行负责按照政府要求制定宏观金融政策，金融政策委员会负责识别、追踪和防控数字金融市场的系统性风险，金融行为监管局负责制定数字金融消费者保护政策、保护和提高英国数字金融体系完整性以及保护数字金融市场竞争环境，审慎监管局负责监管商业银行、保险公司、大型投资公司等金融机构的数字金融相关业务及稳健经营情况。

在政策法规方面,英国针对全球数字金融中心建设和刺激伦敦金融城发展出台了相关激励政策。随着英国的正式脱欧,英国政府也逐步废除数百条欧盟法律,取而代之的是将数字金融纳入原有法案监管范围。例如,《2023 年金融服务和市场法案》(FSMA 2023)将数字结算资产的支付系统纳入《2000 年金融服务和市场法案》(FSMA 2000)对支付系统的监督范围内,从而保证了法律的一致性。未来英国相关机构也将起草全新监管法案。

五、新加坡数字金融监管框架

新加坡的数字金融监管框架以《支付服务法》《证券与期货法》为主要法律依据,并采用以法院为核心、金融监管局协同配合的监管模式①。新加坡法院在数字金融案件的诉讼、调查和执行等阶段均拥有较为广泛的自由裁量权,参与对数字金融的全流程监管,其判决结果也是对投资者合法权益的重要保障。金融监管局虽然不参与数字资产的执行过程,但可对数字资产服务商进行合规审查,确保数字资产流向的可追溯性,从而为法院提供数据取证支持。此外,作为新加坡的中央银行和综合金融管理机构,金融监管局负责制定和执行数字金融的监管政策,对于新加坡数字金融的发展起到一定主导作用。

在政策端,新加坡针对发展和监管分别推出了金融科技业务增长计划和监管技术计划。其中,金融科技业务增长计划为每家金融科技公司提供最高 10 万新元的资助,以帮助公司抵销概念验证成本;监管技术计划确立了试点和生产级项目两个轨道,分别最高资助 7.5 万和 30 万新元,以促进新加坡数字金融监管技术的发展和广泛使用。

在立法端,新加坡聚焦数字代币和支付服务领域,明确界定了数字金融及其各细分领域的具体范围,有助于实现数字金融的精细化管理。2020 年 7 月,新加坡金融管理局发布《金融服务行业新综合法令建议咨文》,建议将数字资产纳入金融监管局监管权限,从而构建传统金融与数字金融统一的法律监管体系。

(一)《数字代币发行指南》②

《数字代币发行指南》(A Guide to Digital Token Offerings)旨在基于数字代币的功能属性对其进行分类监管,由金融监管局于 2017 年 11 月发布。根据该指南,数字代币可被分为证券型、支付型和功能型三类(见表 13.3)。

表 13.3　数字代币分类、定义及其监管要求

数字代币类型	定义	监管要求	备注
证券型数字代币	《证券和期货法》所规定的证券、股票、债券等全部资本市场产品的电子代币	发行相关数字代币或提供与之相关的交易服务需要遵守《证券与期货法》和《财务顾问法》规定	—

---

① 新加坡数字资产执行机制[EB/OL].(2025-3-14)[2025-03-27].https://www.chinacourt.org/article/detail/2025/03/id/8745209.shtml.

② A Guide to Digital Token Offerings[EB/OL].(2020-05-26)[2025-03-27].https://www.mas.gov.sg/regulation/explainers/a-guide-to-digital-token-offerings.

（续表）

数字代币类型	定义	监管要求	备注
支付型数字代币	未被认定为证券而具备支付功能的支付型数字代币，包括比特币、以太币等	发行相关数字代币或提供与之相关的交易服务需要遵守《证券与期货法》和《财务顾问法》规定	与电子货币相比，支付型数字代币不以任何货币计价，也不由其发行人与任何货币挂钩，并且不具备交换媒介功能
功能型数字代币	除上述两种数字代币之外的所有数字代币	未被纳入监管范围，只需要遵守反洗钱、反恐怖主义等最低程度的普适性监管要求	—

（二）《支付服务法》①

《支付服务法》（Pay Service Act 2019，PSA）是由新加坡国会审议通过，作为支付行业主要监管规范的法案，于 2020 年 1 月 28 日起正式实施。《支付服务法》将账户发行、国内汇款、跨境汇款、支付型数字代币、电子货币发行、商家收单和货币兑换七类支付服务纳入牌照管理范畴，企业可根据自身业务模式和支付需求申请相应的支付牌照。目前新加坡主流的支付牌照包括货币兑换牌照（money-changing institution）、标准支付机构牌照（standard payment institution）和主要支付机构牌照（major payment institution）。由于三类牌照面临的风险逐步递增，金融管理局采取的监管措施亦愈加严格。例如，货币兑换牌照持牌机构只需要满足反洗钱等最低监管要求，而主要支付机构牌照持牌机构则需要进一步满足资本金、流水等其他监管要求。

六、印度数字金融监管框架

印度的数字金融监管框架采用与美国类似的"归口管理"模式。印度储备银行（Reserve Bank of India，RBI）、证券交易委员会（Securities and Exchange Board of India，SEBI）和保险监管发展局（Insurance Regulatory Development Authority of India，IRDAI）分别负责监管银行业、支付业、外汇业、证券业和保险业的数字金融公司。此外，印度国家支付公司（National Payments Corporation of India，NPCI）经印度储备银行授权后作为准监管机构，同样有权对参与其运营的支付系统或为之提供第三方技术的数字金融公司展开监管②。

目前，印度数字金融监管重心为个人数据保护，并于 2023 年 8 月出台了《数字个人数据保护法案》（The Digital Personal Data Protection Bill）。该法案旨在规范数字支付公司对个人数据的收集、存储和使用，并明确用户在个人数据方面的权利义务。该法案是印度在数据保护领域的重要进展，不仅为数据受托人提供明确的业务指导，还赋予用户更大的

---

① Payment Services Act 2019[EB/OL]. (2019-04-15)[2025-03-27]. https://www.mas.gov.sg/regulation/acts/payment-services-act.

② 金融科技域外监管巡礼（第四站）：东南亚[EB/OL]. (2022-10-05)[2025-3-27]. https://hankunlaw.com/portal/article/index/cid/8/id/11094.html.

数据控制权,保证了数据全流程的透明度。然而,该法案中的部分条款过于笼统,如并未明确指出数据受托人合法处理个人数据的具体情形,可能存在法律执行困境。因此,2025年1月3日,印度电子和信息技术部发布了《2025年数字个人数据保护规则草案》,该草案对法案内容加以细化,目前正处于征求公众意见阶段。

此外,印度政府曾于2021年提出过《加密货币和官方数字货币监管法案》,旨在促进印度央行数字货币的创建,并禁止在印度拥有私人加密货币。但是该法案并未在印度议会通过,因而目前印度在加密货币和官方数字货币规制领域仍存在法律空白。

在政策激励上,一方面,印度政府积极推动数字印度运动,以投资数字支付基础设施建设和鼓励培育数字支付文化的方式,提高印度社会的数字金融素养;另一方面,印度政府持续推动数字身份认证系统(Adhaar)、统一支付接口(Unified Payment Interface, UPI)和数字文档钱包(DigiLocker)等数字公共基础设施(digital public infrastructure, DPI)的上线运营,从而极大地降低普惠金融的门槛,提高数字金融服务的便利性和有效性。

总体上,各个国家和地区推出的数字金融监管框架都是在因地制宜地平衡发展和风控之间的矛盾。北京大学教授黄益平指出,数字化是实现金融弯道超车的机会[1]。因此,亚太地区新兴市场国家对数字金融的法律监管相对包容,政府对于数字金融的鼓励和刺激作用大于规制。欧美地区国家自身传统金融设施建设和全民金融素养培养已较为充分,数字金融可能造成的系统性风险也显著增强,因而对数字金融提出了覆盖面积更广、执行更为严格的法律监管要求,尤其是更为强调对于数字金融消费者权益的保护。

第二节 中国数字金融的监管机构、合规要求与法律规范

一、中国数字金融监管机构的构成

中国并未单独设立行使数字金融监管职能的机构,而是由中国人民银行、国家数据局会同国家发展改革委员会、工业和信息化部、国家金融监督管理总局、中国证券监督管理委员会和国家外汇管理局等部门建立工作联动机制[2],共同推动中国数字金融发展。

具体而言,中国人民银行负责制定数字金融的发展规划,推动监管科技的运用,提升金融消费者数字素养,并参与金融科技国际标准制定,助力金融基础设施互联互通。国家数据局负责监管和指导金融数据的管理和使用,以确保数据安全和隐私保护。国家发改委负责协调数字金融与国家经济发展的整体规划,做好数字金融服务实体经济。工业和信息化部负责为数字金融发展提供技术支持,推动金融科技与工业互联网融合。国家金融监管总局和中国证监会分别负责推动银行保险业和证券期货业的数字化转型,并监管相关数字金融产品。国家外汇管理局负责监管跨境数字金融业务,确保外汇市场的稳定和安全,并促进跨境金融服务的数字化转型。

---

① 金融弯道超车要靠数字化[EB/OL].(2020-10-26)[2025-3-29]. https://idf. pku. edu. cn/gd/508864. htm.
② 中国人民银行 国家发展改革委 工业和信息化部 金融监管总局 中国证监会 国家数据局 国家外汇局关于印发《推动数字金融高质量发展行动方案》的通知[EB/OL].(2024-11-21)[2025-3-29]. http://www. pbc. gov. cn/zhengwugongkai/4081330/4406346/4693549/5523488/index. html.

从国际比较视角看,中国数字金融监管机构的构成和美国、印度的模式较为相似。但中国纳入的监管机构数量更多,监督和促进并重,体现了中国对于数字金融机遇的高度重视。

二、中国数字金融合规要求和法律规范的构成

中国数字金融的法律规范和合规要求根据效力从高到低可分为法律法规、行业自律规范和公司规章。法律法规是数字金融服务商和消费者必须遵守的强制性条款,也是行业和公司制定自律规范及规章制度时的根本性依据。行业自律规范是数字金融从业机构广泛遵守的一套非强制性的规则和标准。这些规范通常由行业协会或组织制定,目的是在法律框架之外提供指导和保障,以促进行业的健康发展和消费者权益保护。与法律法规相比,行业自律规范具有更新速度快、紧跟行业发展动态等优势。公司规章是各公司为了保障自身生产经营活动顺利、有序开展而根据国家法律法规和自身实际情况制定的一套内部控制制度。在法律合规要求中,公司规章通常包含最为详尽的操作性规定,从而能够为公司管理层和员工在发生紧急情况时提供具体的指引。

2024 年 11 月,中国人民银行等七部门联合印发的《推动数字金融高质量发展行动方案》指出,到 2027 年,中国应基本形成涵盖金融消费者保护机制、数字金融风险防范、数据和网络安全防护等多角度、全方位的数字金融治理体系。下文将从这些角度展开,详细介绍中国针对数字金融提出的法律合规要求。

三、中国关于数字金融消费者保护的法律合规要求

(一) 数字金融消费者保护的基本原则

数字金融消费者保护的主要目标是保障消费者的知情权、公平交易权、财产安全权、依法求偿权、信息安全权等合法权利。根据《二十国集团数字普惠金融高级原则》,中国提出了"采取负责任的数字金融措施保护消费者"和"重视消费者数字技术基础知识和金融知识的普及"的基本原则[①](见表 13.4)。

表 13.4　数字金融消费者保护基本原则的内涵

基本原则	具体内涵
采取负责任的数字金融措施保护消费者	(1) 设计数字金融服务消费者保护框架,解决数字环境的特定风险; (2) 构建稳定的法律框架,严格执行反数字金融服务欺诈行为的有关规则,并建立合理追索机制; (3) 确保投诉解决机制的易于理解性、高效性、非排他性和可远程操作性; (4) 针对数字金融服务,对服务商提出条款披露、定期财报披露、免费客服热线、规范贷款和债务催收行为等要求; (5) 要求数字金融服务商对其雇员开展产品特征、监管职责、公平对待客户等相关培训; (6) 鼓励服务商定期提交数字金融服务投诉数据报告; (7) 明确个人信息的定义,制定保障数据安全和准确性的法律指引

---

① 二十国集团数字普惠金融高级原则[EB/OL]. (2016 - 09 - 14) [2025 - 04 - 06]. http://www.pbc.gov.cn/goutongjiaoliu/113456/113469/3142307/2016091419074418496.pdf.

（续表）

基本原则	具体内涵
重视消费者数字技术基础知识和金融知识的普及	(1) 明确因金融服务数字化和多元化带来的金融素养新要求； (2) 鼓励开发、评估实用度高、可得性强并着重于数字化的金融素养和金融意识提升项目； (3) 利用高质量数字工具开发数字技术基础知识和金融知识普及项目； (4) 促使中小企业意识到通过数字方式支付和转账的优劣势； (5) 推进数字金融能力评估； (6) 鼓励开发相关工具以帮助消费者对比相似数字金融产品和服务

（二）数字金融消费者保护的相关法规

在法律法规层面，目前中国将数字金融消费者保护归入《中华人民共和国个人信息保护法》《中国人民银行金融消费者权益保护实施办法》等现有法律规章统一监管（见表 13.5）。一方面，这是由于数字金融领域的消费者保护并不具备特殊性，不需要为此付出额外的立法成本；另一方面，这也保证了金融领域消费者保护法规的统一性和连贯性，避免了监管真空或重复监管的可能。

表 13.5　数字金融消费者保护相关法规（部分）

时间	规范性文件	机构	具体条款
2021 年 8 月	《中华人民共和国个人信息保护法》	全国人民代表大会常务委员会	将金融账户信息定义为敏感个人信息，并要求采取更为严格的保护和处理授权机制
2023 年 12 月	《非银行支付机构监督管理条例》	国务院	非银行支付机构应将收款人和付款人信息等必要信息包含在电子支付指令中，并确保所传递的电子支付指令的完整性、一致性、可跟踪稽核性和不可篡改性
2020 年 9 月	《中国人民银行金融消费者权益保护实施办法》	中国人民银行	要求银行、支付机构建立金融消费者权益保护考评制度、消费者风险等级评估制度、金融产品信息披露查询制度等，健全金融消费者权益保护的全流程管控机制
2022 年 2 月	《银行保险机构消费者权益保护管理办法》	中国银行保险监督管理委员会	要求银行保险机构建立消费者保护审查机制、信息披露及安全保障机制、销售行为可回溯机制和投诉处理机制
2023 年 3 月	《银行业普惠金融业务数字化模式规范》	中国人民银行	要求个人金融信息保护应采取公开、透明原则，完善信息使用的授权审批程序，明确产品信息披露原则：关键授权醒目提示、关键信息明确标识、关键术语完整解释
2023 年 12 月	《消费金融公司管理办法》	国家金融监督管理总局	要求消费金融公司将消费者权益保护工作纳入公司治理、企业文化建设和经营发展战略，建立消费者权益保护工作体系和个人信息保护制度，并持续开展金融消费者教育宣传工作

（三）数字金融消费者保护的行业自律规范

数字金融消费者保护的行业自律规范主要由中国互联网金融协会等行业协会制定并颁布（见表13.6），出台的相关文件主要包括公约、规范、倡议、指引等类型。其中，公约和规范类文件对于业内机构具有半强制性，倡议和指引类文件则无强制性。

表13.6　中国互联网金融协会出台的数字金融消费者保护相关行业自律规范（部分）

时间	规范性文件	具体条款
2017年10月	《互联网金融信息披露个体网络借贷》	从从业机构信息、平台运营信息和项目信息三个维度定义96项具体信息披露指标，其中包括65项强制性披露指标和31项鼓励性披露指标
2023年4月	《网上银行服务、用户体验评价指南》	提供网上银行服务用户体验评价内容和过程的具体设定要求
2024年5月	《金融领域维权信息网络发布指引》	向金融消费者宣传维权案例、口号等，同时要求金融维权信息不得含有欺诈、虚假或故意引人误解的内容

四、中国关于数字金融风险管理的法律合规要求

（一）数字金融风险管理的基本原则

数字金融风险管理的主要目标是保证整体金融系统的稳定性和安全性。国务院发展研究中心金融研究所副所长陈道富指出，针对数字金融风险管理的监管原则应以防控数字金融风险外溢性为导向：一方面，应区分金融风险、经营风险和技术风险并分类监管；另一方面，应保证每个风险承受节点的审慎管理，重视监管效率，如应对每个节点的资本金、内部机制及专业能力等提出与风险暴露度相适应的要求。

（二）数字金融风险管理的相关法规

目前，中国虽未就数字金融风险管控单独立法，但是我们仍然可以从相关单位出台的规范性文件中窥知一二。2022年1月，中国人民银行在《金融科技发展规划（2022—2025年）》中提出要打造权威专业化风险控制基础设施和跨行业、跨机构的风险联防联控体系，并针对技术风险建立模型安全评估和合规审计体系。2023年7月，中国人民银行在《银行业普惠金融业务数字化模式规范》中进一步指出，银行业进行数字金融风险管理的举措包括监控数据异常、监控资金流向、建立预警策略、搭建风险监控预警系统、建立催收策略矩阵、自动核销、构建数字化多元化纠纷解决体系等。2024年11月，中国人民银行等七部门在联合印发的《推动数字金融高质量发展行动方案》中也指出，应强化技术风险管理，完善激励和容错机制，强化模型和算法风险管理，并健全模型安全评估和合规审计体系。

［专栏13-2］在巴塞尔协议Ⅲ基础上构建数字金融风险监管新体系

（三）数字金融风险管理的相关行业自律规范

2022年1月，《中国银保监会办公厅关于银行业保险业数字化转型的指导意见》出台，对数字金融风险防范做出了详细的要求和规定，可被视作金融风险行业自律要求的风向标（见表13.7）。

表 13.7 《中国银保监会办公厅关于银行业保险业数字化转型的指导意见》风险防控相关意见

序号	防控对象	具体要求
1	战略风险	确保数字化转型战略和实施进程与机构自身经营发展需要、技术实力、风险控制能力相匹配,将数字化转型风险纳入全面风险管理体系
2	创新业务合规风险	(1) 建立稳健的业务审批流程,对新产品、新业务及新模式的合规性进行审查,评估范围应覆盖消费者保护、数据安全、合规销售、产品及服务定价、声誉风险、反洗钱及反恐怖融资等; (2) 建立有效的业务变更管理流程,对新产品、新业务、新模式带来的技术和业务逻辑变化、服务提供关系变化进行评估,针对相应风险制定管理策略
3	流动性风险	(1) 深入分析数字化经营环境下客户群体的行为特征,加强与新产品、新业务、新模式相关的资金流动监测,有效识别流动性风险新特征; (2) 完善流动性风险管理体系,加强资金头寸管理和需求预测,强化流动性风险限额控制; (3) 加强流动性风险数据积累,建立有效的流动性风险计量模型,对缺乏历史数据的新产品、新业务,加强前瞻性风险研判,审慎评估流动性风险; (4) 定期开展流动性压力测试,制定切实有效的应急预案,并保持充足的流动性缓冲水平
4	操作风险	(1) 建立符合数字化环境中开放式价值链风险特征的操作风险评估与管控框架,增强运营韧性; (2) 有效管控价值链中与第三方合作企业相关的集中度风险和供应链风险,做好业务连续性规划和应急管理,保障关键外部合作方的可替代性; (3) 强化对外部合作方的准入管理,加强风险评估、监测、预警和退出管理
5	模型算法风险	(1) 建立对模型和算法风险的全面管理框架,制定管理制度,对模型数据的准确性和充分性进行交叉验证和定期评估; (2) 审慎设置客户筛选和风险评估等模型的参数,并使用压力情景下的参数进行模拟校验; (3) 定期评估模型预测能力及在不同场景下的局限性,确保模型的可解释性和可审计性; (4) 自主掌控模型管理核心环节,防止算法歧视

2022 年 4 月,中国互联网金融协会、中国证券业协会和中国银行业协会联合发布了《关于防范 NFT 相关金融风险的倡议》。该倡议指出,为防范非同质化通证(non-fungible token,NFT)参与炒作、洗钱等非法金融活动的风险隐患,会员单位应自觉做到以下六点行为规范:①不在 NFT 底层商品中包含证券、保险、信贷、贵金属等金融资产,变相发行交易金融产品;②不通过分割所有权或者批量创设等方式削弱 NFT 非同质化特征,变相开展代币发行融资;③不为 NFT 交易提供集中交易、持续挂牌交易、标准化合约交易等服务,变相违规设立交易场所;④不以比特币、以太币、泰达币等虚拟货币作为 NFT 发行交易的计价和结算工具;⑤对发行、售卖、购买主体进行实名认证,妥善保存客户身份资料和发行交易记录,积极配合反洗钱工作;⑥不直接或间接投资 NFT,不为投资 NFT 提供融资支持。

五、中国关于数字金融数据和网络安全的法律合规要求

(一)数字金融数据和网络安全的基本原则

数字金融数据和网络安全的主要目标是确保金融数据在其生命周期中的安全性、完整性和可用性。互联网是数字金融业务开展的主要手段和根本依托,因此,网络安全是保障数字金融安全稳定的基础。在数据要素驱动的数字金融新业态下,数据安全与消费者的信息安全权保护密切相关。消费者保护领域的法律合规要求中也或多或少涉及关于消费者信息获取和使用的规定。相比之下,数据和网络安全领域的法律合规要求以金融数据为核心,更加注重对金融信息在获取、存储、传输及销毁等全生命周期的管理规范。

根据中国人民银行于 2021 年 4 月颁布的《金融数据安全 数据生命周期安全规范》(JR/T 0223—2021),金融业机构应遵循"合法正当、目的明确、选择同意、最小够用、全程可控、动态控制、权责一致"的原则,建立数据安全分级体系,对不同级别的数据实施不同的安全措施和控制[①]。

(二)数字金融数据和网络安全的相关法律

中国就数据和网络安全问题,先后颁布了《中华人民共和国个人信息保护法》《中华人民共和国数据安全法》和《中华人民共和国网络安全法》三部法律。针对金融业的数据运用和管理,中国人民银行、中国银行保险监督管理委员会和国家金融监督管理总局分别出台了《银行业金融机构数据治理指引》《银行保险机构数据安全管理办法》等一系列相关法律规章。此外,针对数据跨境流动,国家互联网信息办公室出台了《数据出境安全评估办法》(见表 13.8)。以上文件构建起了中国金融领域数据和网络安全的法律支撑,为中国数字金融的蓬勃发展保驾护航。

表 13.8 数字金融数据安全相关法规(部分)

时间	规范性文件	机构	具体条款
2018 年 5 月	《银行业金融机构数据治理指引》	银行保险监督管理委员会	(1) 银行业金融机构数据治理应当遵循全覆盖、匹配性、持续性和有效性原则; (2) 银行业金融机构应将监管数据纳入数据治理,建立相应工作机制和流程
2021 年 9 月	《征信业务管理办法》	中国人民银行	(1) 征信机构应落实网络安全等级保护制度,制定涉及业务活动和设备设施的安全管理制度,并采取有效保护措施; (2) 征信机构应建立应急处置制度,在发生或者有可能发生信用信息泄露等事件时,立即采取必要措施降低危害,并即时上报相关机构
2022 年 5 月	《数据出境安全评估办法》	国家互联网信息办公室	(1) 坚持事前评估和持续监督、风险自评估与安全评估相结合的评估方法,防范数据出境安全风险,保障数据依法有序自由流动; (2) 数据处理者应当在与境外接收方订立的法律文件中明确约定数据安全保护责任义务

---

① 金融数据安全数据生命周期安全规范[EB/OL].(2021-04-08)[2025-04-06]. https://hbba.sacinfo.org.cn/attachment/onlineRead/1f9eb70777d824631167a79569f3ba72f8850dfaee4070f4397fe6a9a81f2f1e.

（续表）

时间	规范性文件	机构	具体条款
2024 年 12 月	《银行保险机构数据安全管理办法》	国家金融监督管理总局	(1) 银行保险机构应建立数据安全管理组织架构和数据安全责任制，指定相应归口管理部门； (2) 银行保险机构应制定数据分类分级保护制度，建立数据目录和分类分级规范，动态管理； (3) 银行保险机构应建立企业级数据架构，对数据外部引入、合作共享、数据出境等制定安全管理实施细则； (4) 银行保险机构应建立多元异构环境下的数据安全技术保护体系，将数据安全风险纳入本机构全面风险管理体系； (5) 明确数据安全事件分级标准和数据安全威胁的具体监测内容

[专栏 13-3] 数据跨境流动的法律规制与国际实践①

（三）数字金融数据安全的行业自律规范

数据具有较高的结构化特性，因此，制定统一、规范、细致的国家行业标准相对容易。目前中国已经陆续出台了《金融行业网络安全等级保护实施指引第 2 部分：基本要求》（JR/T 0071.2—2020）等多个金融业推荐标准。

2021 年 4 月，中国互联网金融协会制定并发布了《金融领域数据要素合规与安全应用倡议书》，提出应加强金融数据伦理和法律约束，提升数据安全技术，保障数据公平使用，并推动数据共享交易透明和数据跨境安全认证体系。2024 年 10 月，中国互联网金融协会进一步发布了《金融数据安全治理实施指南》《金融数据资产管理指南》《金融数据安全技术防护规范》和《金融数据安全应急响应和处置指引》四项标准，覆盖数据分类分级管理、数据安全风险管理等关键领域，为金融数据安全治理提供了更为全面的理论依据和实践指导（见表 13.9）。

表 13.9　数字金融数据安全行业自律规范（部分）

时间	规范性文件	机构	具体条款
2020 年 11 月	《金融行业网络安全等级保护实施指引第 2 部分：基本要求》	中国人民银行	(1) 根据数据安全保护对象在国家安全、经济建设、社会生活中的重要程度及遭破坏后的危害程度，将其划分为五个安全保护等级，并设置相应的安全保护要求； (2) 金融行业网络安全框架兼顾技术与管理，其中，技术要求涉及安全物理环境、安全通信网络、安全区域边界、安全计算环境和安全管理中心，管理要求涉及安全管理制度、安全管理机构、安全管理人员、安全建设管理和安全运维管理

---

① 数据跨境流动的法律规制及其国际实践［EB/OL］.（2024-11-22）［2025-04-02］. https://www.chinacourt.org/article/detail/2024/11/id/8217463.shtml.

（续表）

时间	规范性文件	机构	具体条款
2024 年 10 月	《金融数据安全治理实施指南》	中国互联网金融协会	(1) 机构应建立数据安全治理工作组,并按照领导、实施和监督职能分工; (2) 根据系统性、规范性、稳定性、适用性、可拓展性原则进行数据分级,并采取相应数据保护措施; (3) 建立数据安全制度体系,增强风险识别、主动感知和处置能力

六、中国数字金融法律合规要求的发展趋势

尽管中国正积极推进数字金融领域的立法工作和行业自律规范建设工作,但数字金融出现时间晚、发展速度快、合规挑战大,因此,目前中国数字金融法律合规体系仍有一定的优化空间。中国政法大学发布的《数字金融法治发展报告》指出①,在立法层面,中国目前出台的数字金融相关法律文件法律效力较低,缺乏一部统领数字金融监管的全国性高层次法律。在司法层面,由于数字金融的虚拟性和地方性法规的地域性,司法裁判机关在执行阶段很可能面临"执行难、执行慢"的问题。

报告同时指出,未来中国数字金融法律合规体系的发展主要有四大趋势:①在立法层面,中国或将出台个人数据权益保护的专项法,设计跨境和境外数据流通条款,并适当加大对侵害数字金融主体权益的处罚力度;②在司法层面,中国或将推动数字金融司法的专门化、智能化,建设专业的司法裁判队伍;③在政策层面,中国或将深化政府数字化转型,以政企合力推动数字资源的整合开发与开放共享;④在监管层面,中国或将继续统合现有的监管体系,以静态指标和动态监测相结合的方式对监管对象实施差异化监管,并加强与国际社会接轨。

此外,目前中国针对数字金融的立法主要围绕其数字化特征展开,立法目标相对间接。根据《银行保险机构数据安全管理办法》,未来中国数字金融法律合规体系或将密切跟踪数字金融的新产品、新业务和新模式,按照功能监管和穿透式监管的原则,持续完善数字金融相关业务规则和监管制度,从而为数字金融创新提供包容审慎、富有弹性的真实市场环境。

第三节　金融科技监管沙盒的应用

一、金融科技监管沙盒的起源

监管沙盒(regulatory sandbox)是英国金融行为管理局于 2015 年 11 月提出并于 2016 年 5 月正式启动的一种新型数字金融监管工具。监管沙盒构建了一个可灵活调整

---

① 数字金融法治发展报告[EB/OL].（2022-01-07）[2025-04-06]. https://www.shangyexinzhi.com/article/4506037.html.

消费者保护和风险管控监管规定的安全测试空间。数字金融企业可以申请在此空间中以真实的市场环境和消费者为对象,对创新性金融产品、服务及商业模式进行短期、小范围的测试。金融监管部门也能对测试过程进行实时监测和评估,从而为决定是否赋予测试对象监管授权提供证据。

监管沙盒不但保证了金融机构对于保护消费者权益和严防风险外溢的根本性诉求,而且减少了金融创新面临的规则障碍。此外,监管沙盒还能够帮助金融科技公司快速鉴别出金融创新产品存在的缺陷,并做出针对性调整。在消费者保护方面,监管沙盒往往采取给予消费者全额经济补偿、挑选合格消费者等形式,保障了消费者的合法权益。因此,监管沙盒的实施有望促成监管机构、消费者和金融科技公司三方共赢。

根据世界银行统计,截至 2020 年 1 月,全球范围内已有新加坡、荷兰等数十个国家和地区先后推出了各自的监管沙盒计划(见图 13.3)。

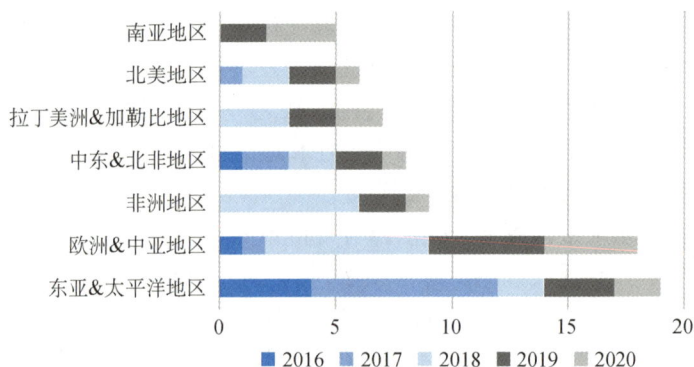

图 13.3 监管沙盒实施地区汇总(截至 2020 年)

二、金融科技监管沙盒的特征

[专栏 13-4]
监管科技

从监管介入时间、监管差异性和监管持续性看,与传统金融监管模式相比,监管沙盒具有前准入、差异化和临时性三大特征。

(一)前准入特征

按监管的介入时间划分,传统金融监管可以分为事前的准入监管和事中、事后监管。监管沙盒从金融创新的真实性、消费者保护等多个维度规定了金融科技公司参加测试的先决条件,只有满足上述条件且通过测试的产品、服务才能进入准入监管阶段。因此,在时间顺序上,监管沙盒位于准入监管之前,是对金融监管时间线的延伸。

此外,监管沙盒的前准入特性还体现在其监管目的上。准入监管主要针对企业进入金融市场的相关资质,目的是维护市场的主体信誉和公平竞争;事中、事后监管主要针对企业运营的合规性,目的是防范金融风险、惩前毖后。监管沙盒的监管目的则是兼顾金融创新与风险防控,从而保证金融创新的合法性与合理性。

(二)差异化特征

按监管的差异性划分,金融监管可分为差异化监管与同一化监管。同一化监管对金融市场内的主体制定一视同仁的规则,注重监管的形式公平。在过去传统金融监管体系中,同一化监管成本低、效率高,也更符合法治的普遍性和确定性要求。但随着金融创新速度的加快,同一化监管很容易忽视金融科技公司等监管对象的特殊性,出现监管失灵的可能性也随之增加,对金融创新起到一定负面作用。

监管沙盒能够根据监管对象的特性灵活地调整测试空间中的监管规定,并针对性地评估每个监管对象的创新程度和风险状况,属于差异化监管模式。从各国司法实践来看,很多国家并未就数字金融单独立法,因而在法规层面仍然遵循统一化监管模式。监管沙盒的引入是对各国数字金融监管模式的补充,能够助力各国监管机构在享受同一化监管优势的同时,取得更具前瞻性、更重视实质公平的监管效果。

(三)临时性特征

按监管的持续性划分,金融监管可分为临时性监管和持续性监管。传统的金融监管贯穿金融产品从发行到行权再到退出的完整生命周期,属于持续性监督。监管沙盒在监管对象通过相关测试后即宣告对其监管结束,属于临时性监管。监管沙盒的临时性特征一方面降低了差异化监管的高成本,另一方面使得金融创新产品服务能够顺利融入原有的金融监管体系的持续性监管,起到承上启下的过渡作用。

三、金融科技监管沙盒的国际运作模式和中国实践

(一)英国金融科技监管沙盒的运作模式

1. 申请测试主体要求

英国金融行为监管局(FCA)仅要求申请监管沙盒测试的机构不得违反相关监管法规,而对机构的类型、规模、成立时间等主体特性并无额外要求。因此,传统金融机构和金融科技公司等新兴金融机构均可成为申请主体。对于申请主体的低要求在一定程度上反映了英国金融监管当局对金融机构积极投身金融创新的鼓励和支持。

根据牌照获取情况,FCA将拟测试企业分为未经授权企业、限制性授权企业、经授权企业和金融机构的技术支持企业四类(见表13.10)。

表 13.10　英国监管沙盒测试申请企业分类

企业类型	特点
未经授权企业	企业开展受监管业务前须得到FCA的授权,因此,企业须在申请授权后方可进入后续测试
限制性授权企业	拟测试企业可以申请仅限监管沙盒测试使用的限制性金融牌照,并按照特别约定的限制条件测试金融创新产品或服务
授权企业	企业已经获得金融牌照,在意图测试可能不符合现行监管法规的创新时可申请监管沙盒测试,以明确监管规则和创新边界
技术支持企业	为金融机构提供技术支持服务,本身不受FCA监管,但可申请监管沙盒测试以了解业务使用规则

2. 金融创新产品或服务要求

为节约社会资源,并保证监管沙盒服务于有真实需求的金融创新产品和服务,FCA对相关产品和服务做出如下要求:①申请测试的产品或服务必须为真实的突破性创新,或

相较现有产品服务有明显改善;②申请测试的产品或服务应给金融消费者在消费体验和风险暴露度等方面带来明显受益;③申请测试的产品或服务有通过监管沙盒测试的必要性;④申请测试的企业必须接受 FCA 监管,且拟测试产品或服务主要目标市场为英国;⑤申请测试的企业应对监管沙盒测试做好充分准备。

3. 监管沙盒测试工具的使用

英国监管沙盒提供限制性牌照、个别指导、规定豁免与修改、无异议函和非正式引导五类工具,申请测试的企业可以根据自身的企业类型和业务测试需求进行选择(见表 13.11)。

表 13.11 英国监管沙盒测试工具

工具类型	适用情形	工具特点	作用
限制性牌照	企业未获得金融牌照	限制性牌照仅在监管沙盒测试期间有效,业务范围也仅适用于测试项目,测试完毕后需要申请变更为正式牌照	企业能够节省申请正式牌照的时间
个别指导	企业对监管制度的具体应用存在问题	FCA 对测试项目的具体适用规则进行单独解释和指导,针对性强	企业能够获得相关指导意见,明确法律定义,避免违反监管法规
规定豁免与修改	测试项目确定违反现有监管法规	FCA 可在自身权限范围内免除或修改相关法规	企业能够在突破现有监管规则的情况下,测试项目的收益、风险等情况
无异议函	企业无法使用个别指导和规定豁免与修改	FCA 在特定情况下免除对企业的惩罚	企业能够避免因意外受到监管处罚,扩大测试的灵活度
非正式引导	初创企业	FCA 给予非正式的监管引导,帮助企业确定未来发展计划	企业根据专业指导制定发展计划

4. 金融消费者权益保护

监管沙盒测试时面向真实消费者,因此,为防控测试过程对后者造成的潜在损失,FCA 提出了四种保护方案(见表 13.12)。

表 13.12 英国监管沙盒的消费者权益保护方案

消费者权益保护方案	具体内容
消费者完全知情	测试中只纳入对测试项目完全知情、完全理解的消费者,并要求企业告知其潜在风险和补偿方案
设置特定方案	每个测试项目设置针对性的信息披露等条款
消费者享有正常同等权利	测试项目的消费者和普通金融市场消费者享有完全同等的权利
赔偿所有损失	企业须提前验资,并赔偿消费者在测试项目中的全部损失

5. 监管沙盒的运作流程

英国监管沙盒的运作流程(见图 13.4)主要分为七个步骤:①企业填报监管沙盒申请表,以书面形式向 FCA 提出申请;②FCA 批复申请,并为符合条件的测试对象指定监管联络人;③企业和监管联络人共同确定测试对象的测试方案,该方案一般包括测试参数、适用范围、审核方式等;④FCA 正式下发测试许可;⑤企业在获得许可后按照既定的测试方案开始测试,并由 FCA 进行全程监测;⑥测试结束后,企业向 FCA 提交总结报告,FCA 根据测试结果对测试对象进行正式评估;⑦对于评估通过的测试对象企业可自主决定是否将其投入市场。

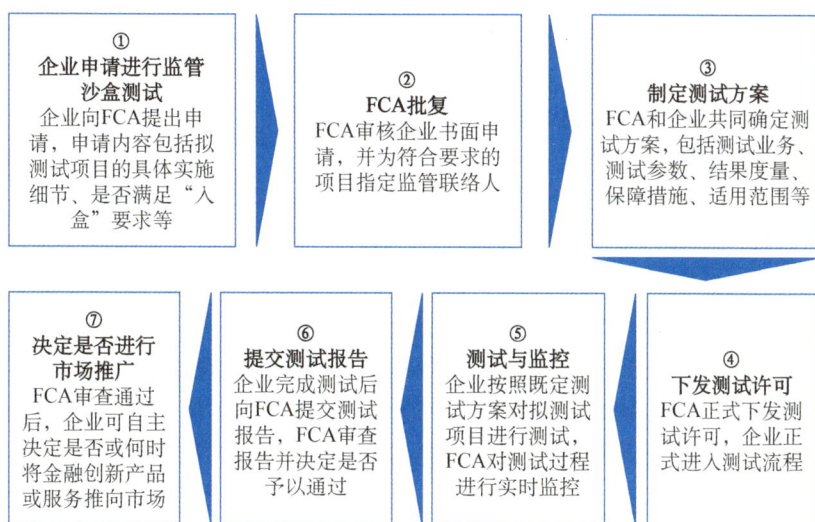

图 13.4　英国监管沙盒运作流程图

(二)金融科技监管沙盒的国际比较分析

金融科技监管沙盒是英国 FCA 的首创成果,因此,英国金融科技监管沙盒的模式对全球其他国家和地区制定各自的监管沙盒起到明显的引领作用。为避免内容重复,下文将从比较分析的视角具体介绍全球各国家和地区金融科技监管沙盒运作模式的异同。

1. 监管沙盒的共同点

全球范围内现有的金融科技监管沙盒的共同点(见表 13.13)主要体现在机制设计、监管重点等本质内容方面。首先,兼顾创新激励和风险防范。一方面,监管沙盒降低了金融科技公司在创新过程中的时间、经济成本;另一方面,即使监管沙盒测试失败,后果也相对可控,不会溢出安全测试空间造成金融市场系统性风险。其次,突出金融消费者权益保护。各国金融监管机构监管沙盒条款基本都涉及参与测试的消费者的直接追索权利和经济救济条款,保证消费者的财产不会因测试失败而蒙受太大损失。最后,重视信息反馈机制和规则调整弹性。监管沙盒的测试信息可以多方实时共享,监管沙盒测试的时长及所涉条款也可以灵活调整,从而保证测试结果的有效性。

表 13.13　全球监管沙盒共同点(部分)

国家或地区	创新激励与风险防范	金融消费者权益保护	信息反馈机制和规则调整弹性
新加坡	为金融科技公司创造一个安全的实验环境,并为创新技术的首个应用机构提供最高25万新元的奖金	将充分保障消费者权益作为测试基本要求,测试机构必须提前告知消费者测试项目的持续时间和风险等信息	申请测试主体和监管机构之间实时反馈测试结果
澳大利亚	缓解金融科技公司在创新过程中的时间、经济成本,及因经验、资本不足造成的压力	要求申请测试主体协助消费者了解测试项目,并在发生纠纷时提供追索权	未明确规定
中国香港地区	为金融科技公司提供及时、真实、风险可控的测试环境,以帮助其采集产品或服务的真实数据和用户反馈,并允许金融科技公司向创科署申请资助	要求申请测试主体制定一套能够挑选出明白风险且自愿参与测试的用户的筛选机制,并制定更有效的投诉处理程序	根据测试实施进度和金融科技发展情况调整测试参数
印度	为监管机构、金融服务商和用户提供可控的监管环境以对新产品或服务进行测试,促进金融服务的负责任创新,提高金融服务效率,降低金融服务成本	要求申请测试主体预先以透明的方式通知测试客户潜在的风险及赔偿,设置客户退出机制,并购买足够的保险以维护客户利益	申请测试主体应明确测试方案,并根据时间表向印度储备银行报告测试进度和共享测试最终结果

2. 监管沙盒的不同点

全球范围内现有的金融科技监管沙盒的不同点(见表 13.14)主要体现在企业准入标准、测试工具等实施细节方面:①对申请测试主体的要求;②对申请测试项目的要求;③测试工具的使用和设定;④测试期限。

表 13.14　全球监管沙盒不同点(部分)

国家或地区	申请测试主体要求	申请测试项目要求	测试工具	测试期限
新加坡	金融机构、金融科技公司及技术服务商	金融科技技术创新和应用方法创新	未细分测试工具	未规定具体期限
澳大利亚	金融业和非金融业公司均可	禁止测试设计复杂、流动性差、回报期长和针对弱势消费者的金融产品	未细分测试工具	未规定具体期限
中国香港地区	本地银行	与银行业相关的业务,如移动支付、生物认证等	未细分测试工具	对持牌机构未规定具体期限,对非持牌机构至少测试12个月

（续表）

国家或地区	申请测试主体要求	申请测试项目要求	测试工具	测试期限
印度	在印度境内注册或运营、资产达到 250 万卢比，具备完备的 IT 基础设施和管理资源且项目发起人信用状况良好的金融机构	重点测试数字认证、智能合约等创新服务和移动支付、API 等创新技术，禁止测试加密货币、ICO 产品等	未细分测试工具	对监管沙盒五个阶段设置相应期限：初步筛选（4 周）、测试设计（4 周）、申请评估（3 周）、实际测试（12 周）和最终评估（4 周）
备注	各国对申请测试主体资本、公司成熟度方面的要求总体较低，要求主要针对主体的政治背景	各国总体上允许多样的申请测试项目入盒，但禁止可能损害金融消费者权益或"假创新"的项目	各国对于测试工具的设定总体较为宽松，鲜有如英国般设定细致多样的测试工具	大部分国家和地区没有规定具体测试期限，测试项目达到测试要求或企业申请即可退出

（三）金融科技监管沙盒的中国实践

1. 中国金融科技监管沙盒的发展历程

中国版监管沙盒（金融科技创新监管试点）的发展历程主要经历了萌芽期、探索期和发展期三个阶段。

（1）萌芽期（2016—2017 年）。这一阶段中国监管沙盒的发展主要为以地方政府主导的试点工作，其主要特征是呈现遍地开花之势。2017 年 2 月，北京市金融工作局在《中国互联网金融安全发展报告 2016》发布会上首次提出，将在北京互联网金融安全示范产业园对互联网金融进行监管沙盒试验。此后，赣州市、深圳市、青岛市的监管沙盒产业园也陆续落地。

（2）探索期（2018—2019 年）。这一阶段中国监管沙盒的发展受到国家层面的批准和指导，试点工作迈入更高层次。2018 年 4 月，工信部召开第一期"监管沙盒 30＋"高端闭门研讨会，对如何借鉴境外监管沙盒的制度经验并进行中国化应用做了全面分析。2019 年 3 月，时任中国人民银行金融稳定局局长王景武在十三届全国人大二次会议上建议试点推进监管沙盒机制，以利于金融创新监管。12 月，中国人民银行正式批复支持北京市率先开展金融科技创新监管试点，中国监管沙盒正式落地。

（3）发展期（2020 年至今）。这一阶段中国监管沙盒的发展全面铺开，部分金融创新项目成功通过沙盒测试，中国监管沙盒试点取得实质性成果。2020 年 1 月，中国人民银行营业管理部公布了首批六个金融科技创新监管试点应用。4 月，中国人民银行支持在上海市、重庆市、深圳市、河北雄安新区、杭州市、苏州市等六市（区）扩大试点。截至 2022 年 4 月底，中国监管沙盒试点已拓展到第四批，全国范围内共有 156 项测试项目通过测试申请，并有七个项目成功通过监管沙盒测试。

2. 中国金融科技监管沙盒的运作模式

目前，中国尚未就监管沙盒的具体措施和协调机制出台法律层面的规范文件。但从具体实践情况看，我们仍然能就中国金融科技监管沙盒的运作总结出部分经验特点。

在申请测试主体方面，中国监管沙盒的参与主体在确保金融稳健性的前提下，逐渐从大

[专栏 13-5]
广州市地方金融"监管沙盒"

型金融机构转向中小金融机构,并纳入部分技术类企业和类金融机构,测试主体逐渐多元化。

在申请测试对象方面,中国监管沙盒的准入标准可大致概括为以下四项:①金融创新产品或服务能够提高金融消费者福祉;②金融创新产品或服务具有开创性;③金融创新产品或服务有利于提升服务实体经济的效率,满足提升实体经济需求;④金融创新产品或服务不属于负面清单列举的情形。

在运作流程方面,中国监管沙盒同样可大致分为准入申请、测试和应用推广三个阶段。准入申请阶段,企业应向中国人民银行或其分支机构提出测试申请。中国人民银行主管部门将对属于其管辖职权范围的项目进行初步评估。其中,若项目符合负面清单所列情形,则该项目将被"一票否决"。之后,中国人民银行主管部门将邀请专家组进行专业评估,并公示征求意见,以综合考量该项目能否"入盒"。测试阶段,企业应在与防控中心签署合同后逐一测试必要评估内容,并对测试的实施情况进行实时评估。测试结束后,企业应提交项目测试报告,中国人民银行主管部门将根据测试报告决定项目能否被允许投入市场。应用推广阶段,企业可根据自身情况决定如何将已通过测试的项目投入市场。

从目前已完成监管沙盒测试的项目看,这些项目在技术方面覆盖了物联网、人工智能、区块链等可用于实际金融创新的前沿技术,在场景应用方面覆盖了供应链、开放银行、产业金融等在数字金融时代具有广阔发展前景的业务领域,而在运营方面则覆盖了客户服务、业务经营、风险防控等金融机构数字化转型的主要环节,具有明显的竞争中性和多元化色彩。

3. 中国金融科技监管沙盒的发展趋势

自 2020 年以来,中国对金融科技监管沙盒的模式探索已较为完备,多批入盒、出盒产品也为中国提供了具体监管案例。未来,中国金融科技监管沙盒的发展趋势是:①从技术角度看,未来入盒项目的核心技术目标或将向风控等金融中后台业务迁移,维持金融体系稳定可能成为重要研究课题;②从地区角度看,未来监管沙盒的试点范围有望从一二线城市向三四线城市扩容,打造区域内金融科技的繁荣生态圈;③从制度角度看,未来中国或将由中央部委牵头出台统一的监管沙盒规范文件,形成"全国一盘棋"的监管模式。

第四节　数字金融的监管的案例分析

一、移动金融云签盾

(一) 案例背景

移动金融云签盾是一款由中国金融认证中心(CFCA)和中国民生银行共同推出,旨在提供更高级别移动终端安全保障的金融科技创新产品,也是中国人民银行营业管理部第二批纳入金融科技创新监管试点的应用之一[①]。

在技术方面,移动金融云签盾主要采用基于 SM2 算法的私钥分散生成存储和多私钥

[①]　CFCA 云签盾:机型全覆盖、体验大升级、安全有保障[EB/OL]. (2021-09-23)[2025-04-06]. https://www.cebnet.com.cn/20210923/102773574.html.

协同签名技术。私钥分散生成存储技术是由移动端安全模块和服务器端系统分别生成并存储相互独立的私钥段,解决了非对称密钥的私钥在单一节点存储所带来的安全隐患;多私钥协同签名技术则是由移动端安全模块、服务器端系统使用各自保存的私钥段完成独立的数字签名,并组合生成完整的签名数据。上述两种技术在传统数字证书中的应用已较为成熟,保证了移动金融云签盾数据安全性能的可靠性。

在应用场景方面,移动金融云签盾主要面向手机银行、直销银行等移动端 APP 的大额转账、扫码转账、合同签署等交易场景中的身份认证和电子招投标时的数字签名场景。虽然移动金融云签盾在技术维度并无重大创新,但是其允许用户无须额外携带硬件介质即可完成签名操作,而且增强了机型适配性,扩大了用户覆盖面,从而有效提高了移动端金融服务的便捷性和用户满意度。

在法律合规方面,移动金融云签盾符合《中华人民共和国电子签名法》对于可靠电子签名的要求,并符合《金融电子认证规范》《网上银行信息系统安全通用规范》等多项银行业监管要求。其中,安全密码模块、服务系统等子系统亦通过了国家密码管理局和公安部的检测。

综上所述,移动金融云签盾解决了多项银行移动端安全业务的需求痛点,属于利用现有技术对现有产品服务进行明显改善,并给金融消费者的安全保障带来明显受益,符合国际主流监管沙盒的“入盒”要求。

(二) 监管沙盒测试流程

1. 项目准入公示阶段

2020 年 6 月 2 日,中国人民银行营业管理部公示移动金融云签盾为拟被纳入北京金融科技创新监管试点的应用,并向社会公开征求意见。

2. 项目信息公告阶段

移动金融云签盾被确认作为试点项目后,中国金融认证中心向参与测试的消费者公告项目的服务协议书、合法合规评估报告,并告知其相应风险补偿机制、项目退出机制和应急处置预案,从而充分保障金融消费者的合法权益。

3. 项目测试阶段

项目公示公告结束后,移动金融云签盾即进入为期近四年的测试期。测试评估内容涵盖创新价值、服务质量、用户满意度、业务连续性保障、合法合规、交易安全、数据安全、风险防控等方面,测试评估流程包括自测自评、审计、专家论证、结果确认等步骤。

2024 年 10 月 16 日,北京市金融科技创新监管工具实施工作组发布公告称移动金融云签盾成功完成监管沙盒测试[①]。这表明移动金融云签盾运行期间的效率、安全、创新、商业可持续性等均已达到预期要求,可以常态化、广泛地在金融行业提供服务。

4. 项目推广应用阶段

在通过监管沙盒测试后,移动金融云签盾已成为中国金融认证中心和中国民生银行主要推广的金融创新产品之一。截至 2025 年 4 月,已有包括中国民生银行、广发银行、神州信息在内的数十家银行和科技企业成为移动金融云签盾的用户。

---

① 出盒!“移动金融云签盾”完成北京市“监管沙盒”测试[EB/OL]. (2024-10-31)[2025-04-06]. https://www.cfca.com.cn/20241031/200000641.html.

二、万事达卡全同态加密技术信息共享产品

（一）案例背景

2021年，万事达卡开发了一种基于全同态加密技术（fully homomorphic encryption, FHE）的新型金融犯罪信息共享产品，其开发目的是在不违背各国金融数据流动和隐私保护法规的基础上跨国共享金融犯罪情报，从而有效打击金融犯罪[①]。

该产品的主要运行步骤如图13.5所示，包括：①被查询数据由查询主体所持有的公钥加密，并通过中心节点向源主体发起查询；②源节点将查询请求分发至所有源实体，并由源实体对源数据进行全同态加密；③源实体反馈加密后的数据，由此保证源数据不会流出；④中心节点汇总加密结果回传给查询主体；⑤查询主体利用私钥解密上述结果。

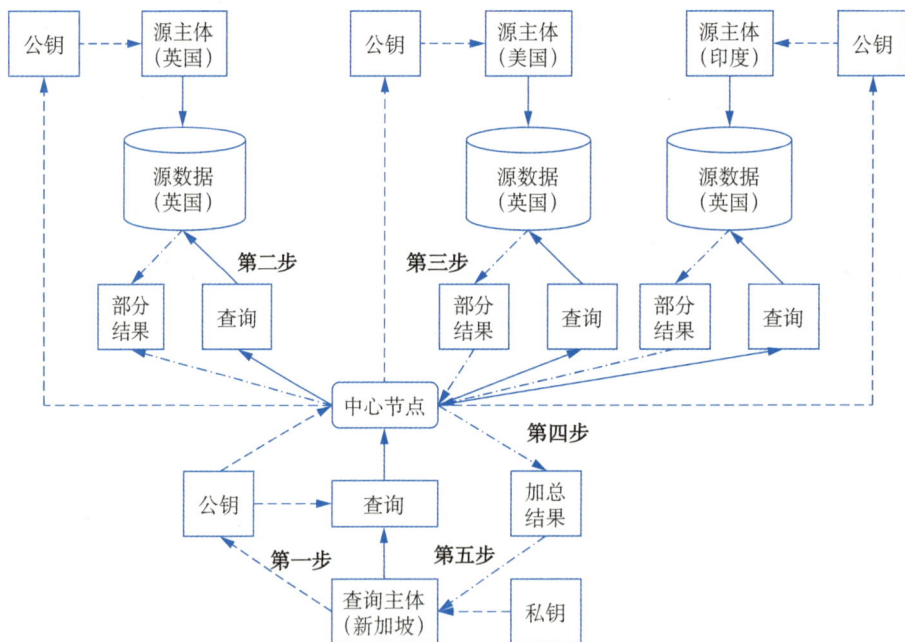

图 13.5　万事达卡全同态加密技术信息共享产品运作流程图

该产品的技术理念新颖，而且存在跨国法律监管障碍，因此在正式应用之前，万事达

① InfoComm Media Development Authority. Preventing financial fraud across different jurisdictions with secure data collaborations[EB/OL].（2023-11-02）[2025-04-06]. https://www.imda.gov.sg/-/media/imda/files/programme/pet-sandbox/imda-pet-sandbox--case-study--mastercard.pdf.

卡向新加坡资讯通信媒体发展局申请了沙盒测试，以确认其具体效果。

（二）监管沙盒测试流程

万事达卡基于 Python 随机生成了测试数据库。测试数据在生成和实测过程中均不使用真实数据。基于上述数据库，万事达卡在新加坡、印度、美国和英国四个司法管辖区内测试了数据字段长度、计算时间、查询复杂度等诸多变量。测试结果发现：①只要数据节点拥有足够的内存容量，数据字段长度对于信息反馈时间不产生明显影响；②数据节点位置的远近将显著影响信息反馈时间，测试中查询 100 万条数据的最短时间约为 100 秒；③采用"FHE＋传统"的复合查询模式能够显著缩短查询时间。

此外，万事达卡设计并测试了维持系统诚信的相关机制。在加密密钥管理方面，万事达卡采用公钥、私钥和评估公钥三种类型的密钥以保证数据隐私安全。在概念验证阶段，三种密钥均由数据查询主体生成，其中，评估公钥可在源实体处缓存一定时间以降低查询成本。在源数据治理方面，万事达卡指出可根据参与实体名单中的国际银行账号进行治理，同时可由专业合规团队防止实体名单未经授权即被访问或使用。

万事达卡监管沙盒的测试结果验证了 FHE 技术用于金融犯罪信息共享的可期前景。但是该技术要从概念验证走向银行、企业实际部署仍存在一定挑战。例如，可能需要更新现有的信息治理流程，以适应 FHE 密钥和源数据的新型维护管理模式；为满足信息查询速度的要求，参与主体对业务节点的选择同样可能受到限制，或对参与主体的主体业务开展造成负向影响。

> **思考**
>
> 　1. 万事达卡全同态加密技术信息共享产品对于跨国数据流动和跨国金融犯罪打击存在什么影响？
>
> 　2. 万事达卡全同态加密技术信息共享产品与移动金融云签盾存在哪些明显区别？从中可以看出国内外监管沙盒运用的哪些区别？

本 章 小 结

本章主要介绍了数字金融的全球监管框架，中国数字金融的监管机构、合规要求与法律规范，金融科技监管沙盒及其应用案例。数字金融的全球监管框架部分介绍了数字金融监管框架的必要性及其构成，并介绍了欧盟、美国、英国、新加坡和印度的具体数字金融监管框架。中国数字金融的监管机构、合规要求与法律规范部分从横向消费者保护、金融风险管理和数据安全三个角度，纵向法律法规、行业自律性规范和公司规章制度三个层面介绍了中国数字金融法律合规体系的具体构成，并分析了未来中国数字金融法律合规体系的发展趋势。金融科技监管沙盒部分介绍了监管沙盒的起源、本质特征、运作模式和中国实践现状。案例分析部分以移动金融云签盾和万事达卡全同态加密技术信息共享产品为例，介绍了国内外监管沙盒的最新进展。

基 本 概 念

法律监管框架　消费者保护　金融风险管理　数据安全　监管沙盒

思考与练习

1. 数字金融全球监管框架具有哪些特征？
2. 不同国家的数字金融监管框架有哪些异同点？
3. 中国数字金融法律合规体系包括哪些内容？
4. 金融科技监管沙盒的运作流程包含哪些步骤？
5. 金融科技监管沙盒和传统金融监管科技相比有哪些优势？
6. 中国金融科技监管沙盒的发展历程是什么样的？
7. 数字金融监管是否一定会对数字金融发展造成负面冲击？
8. 数字金融监管的滞后性和数字金融发展的有序性应当如何取舍？

参 考 文 献

1. 陈道富. 数字金融监管的基本思路、原则和重点思考[J]. 北方金融, 2021(6):3-7.
2. 范云朋, 吕若姮. 印度金融科技"监管沙盒"制度借鉴与我国现实选择[J]. 金融发展研究, 2021(3): 45-52.
3. 胡滨, 杨涵. 英国金融科技"监管沙盒"制度借鉴与我国现实选择[J]. 经济纵横, 2019(11):103-114+2.
4. 李爱君. 数字金融法治发展报告[EB/OL]. (2022-01-07)[2025-04-06]. https://www.shangyexinzhi.com/article/4506037.html.
5. 李有星, 柯达. 我国监管沙盒的法律制度构建研究[J]. 金融监管研究, 2017(10):88-100.
6. 李真, 袁伟. 美国金融科技最新立法监管动态及对我国的启示[J]. 金融理论与实践, 2020(4):69-76.
7. 徐璟航. 数据跨境流动的法律规制及其国际实践[EB/OL]. (2024-11-22)[2025-04-02]. https://www.chinacourt.org/article/detail/2024/11/id/8217463.shtml.
8. 张恒龙, 田聪莹. 数字金融监管政策的国际比较研究[J]. 秘书, 2022(4):9-17.
9. 张景智. "监管沙盒"的国际模式和中国内地的发展路径[J]. 金融监管研究, 2017(5):22-35.
10. 张景智. "监管沙盒"制度设计和实施特点:经验及启示[J]. 国际金融研究, 2018(1):57-64.

结　语

■

　　2022 年党的二十大报告提出，坚持把发展经济的着力点放在实体经济上，加快发展数字经济，促进数字经济和实体经济深度融合。2024 年党的二十届三中全会提出，高质量发展是全面建设社会主义现代化国家的首要任务，必须以新发展理念引领改革，立足新发展阶段，深化供给侧结构性改革，完善推动高质量发展激励约束机制，塑造发展新动能新优势，健全促进实体经济和数字经济深度融合制度。高质量发展是中国式现代化的本质要求，实体经济是经济高质量发展的根基，数字经济是经济高质量发展的引擎，实体经济为数字经济发展提供物质基础，数字经济赋能实体经济发展。在数字经济与实体经济深度融合的发展进程中，以实体经济为主体，充分发挥数字经济的赋能与促进作用，推动实数深度融合，是塑造发展新动能新优势、推动供给侧结构性改革、推进高质量发展的重要支撑，也是推动强国建设、实现中国式现代化的重要举措。

　　在数字技术与数据要素"双轮"驱动下，中国数字经济获得快速发展。国家数据局数据显示，2024 年，中国数字经济核心产业增加值占国内生产总值比重 10% 左右。国家市场监督管理总局数据显示，截至 2024 年 11 月底，中国数字经济核心产业企业总量达到 457.41 万家，同比增长 17.99%①。在快速发展的数字经济背景下，中国数字金融迅速崛起。狭义上，数字金融仅指从事金融交易的新兴互联网金融。随着数字金融的不断发展，数字金融概念的内涵和外延也在不断扩大。广义上，数字金融既包含传统金融机构中运用数字金融交易的部分，也包含从事金融交易的新兴互联网金融，还包含区块链供应链金融等新业态以及传统金融业的数字化转型等方面。

---

① 国家数据局. 国家数据局发布《数字中国发展报告（2024 年）》[EB/OL]. （2025-05-30）［2025-06-31］. https://www.nda.gov.cn/sjj/swdt/xwfb/0530/20250530151342718164521_pc.html.

在数字技术与数字经济的推动下,中国数字金融不断深化发展。一方面,"打铁还需自身硬",数字金融依托大数据、云计算、区块链、人工智能等新兴技术,逐步实现资产定价、风控模型和服务流程的全面数字化、智能化,并催生出数字票据、掌上银行、智能投顾等新业态,实现资金精准滴灌、风险动态评估和成本指数级下降。另一方面,"化作春泥更护花",金融是实体经济的源头活水,在数字经济发展背景下,数字金融的发展不仅是金融业自身的转型,更将引领其他行业数字化转型和高质量发展。通过对产业链、创新链、价值链的穿透式数据画像,金融资源得以向高端制造、专精特新等"卡脖子"领域倾斜配置,把"长期资本"与"耐心资本"输送到技术攻关、设备更新等最需要的前沿环节,形成"科技—产业—金融"的高水平循环。

与此同时,平衡好效率和公平是数字金融发展的全新挑战。金融科技作为金融机构数字化转型的最大引擎,在发展金融新产品、新业态并重塑金融商业模式的同时,也带来超高维数据、开放生态跨界耦合和算法黑箱问题,加大了金融风险防控的难度。监管科技的相对滞后和相关技术标准规范的不统一亦导致数据安全、市场垄断、数据权属、消费者权益保护等方面问题的出现,对市场公平和金融稳定造成负面影响。不过令人欣喜的是,监管科技业正在迎头赶上金融科技发展的步伐,监管沙盒等更快、更准、更有效的监管科技已开始重构金融监管和金融业务之间的逻辑,从而推动数字金融进入全新发展阶段。数字金融的发展将面临新的战略机遇,中国数字金融的实践也将随之进一步加强:数字人民币的区域化和国际化进程将不断推进,中国数字金融产业的国际化步伐同样有望进一步加快。

在此背景下,本教材将理论与实践案例结合,从数字金融概论、数字金融科技及应用、数字货币与影响、金融业数字化转型以及数字金融的风险与监管五大方面着笔,不仅呈现了现阶段数字金融的前沿发展,还为硕士研究生和部分学有余力的本科生初步学习、全面认识、深入理解并掌握数字金融相关知识提供了丰富的素材。通过对本教材的学习,学生不仅能够掌握数字金融的相关理论知识,还能够培养自己的数字金融素养,并有效提升自己的数字金融实践、分析和创新能力。

目前数字金融的发展尚属早期,未来数字金融会何去何从?或许是通过数字身份、嵌入式 API 和智能机器人,把支付、信贷、保险、投资拆解成可随时调用的原子级、插件化服务,悄无声息地融入生活、制造、医疗、教育等各类场景,实现"润物细无声的"无感金融;或许是基于 Web3、区块链等技术,打破时空和行业的藩篱,实现资金流、数据流、产品流的实时撮合,实现 24×7 全球一体化的无界金融;或许是运用智联网,将碳数据写入交易,引导全球资本流向 ESG 资产,实现"绿水青山就是金山银山"的绿色金融;又或许是利用量子通信等全新技术底座,打开算法黑箱,构筑起数据安全、算法安全和支付结算的防火墙,实现风险"事前感知、事中阻断、事后追溯"的可信金融……

届时,随着数字金融向着更高层次发展,数字金融的理论深度、知识内涵、实践价值等方面亦将进一步拓展、提高和完善。希望本教材能够使学生得到启发,为拓宽数字金融理论边界贡献自己的力量。为把握数字金融未来发展趋势,全面而深刻地认识数字金融演进规律,更加稳妥地发展新兴金融业态,推动数字金融可持续发展,未来或可从五个方面对数字金融进行更加深入的探究。

第一,利用金融科技推动数字金融创新。金融科技是数字金融发展的主引擎,是重塑全球金融格局的核心变量,亦是未来全球数字金融竞争的主赛道之一。谁能率先将最新科技应用于金融领域,谁就能抢占全球金融变革的领导权和金融资源的配置权。目前我国超大规模的全国统一大市场和完整产业链给数字金融提供了海量市场和真实需求,数字人民币和数据要素流动条例等制度配套的加速落地也形成了政产学研协同的成熟生态。同时,随着地缘博弈的加剧,我国在数字金融转型窗口期内独立完成自主可控的"创新—转化—实用"闭环势在必行。一方面,我国应系统梳理并前瞻布局支撑数字金融发展的关键技术,围绕底层技术、道德伦理、金融安全等维度展开跨学科、全链条的基础研究;另一方面,我国可从各项改革试点工作中动态沉淀出一批可复制、可推广、有效果的新型金融科技成果,抢占金融改革的桥头堡。这不仅关乎产业升级和金融自主性,更对国家金融强国战略的实施效果起到决定性作用。

第二,发挥数字金融的重要功能。数字金融是数字经济时代的重要基础设施,其功能发挥程度决定了民生福祉高度、产业升级速度和宏观经济韧性,是我国经济高质量发展的重要加速器和稳定器。目前各类线上交易层出不穷,数据要素即将驱动中国经济进入新一轮增长,只有充分发挥数字金融在普惠金融、风险防控、价值发现、跨境协同等方面的全部作用,我国才能守住群众的"钱袋子",并有效撬动万亿级社会资本流向国家重要开发项目。未来,我国可从构建"横向到边、纵向到底"的数字金融立体化能力体系的角度开展研究:在横向上,可从服务半径、服务工具、服务场景等角度出发,研究如何设计全新的数字金融产品,从而扩展数字金融的可触及范围;在纵向上,可从服务精度、服务效率、服务成本等维度深耕,研究如何评价并优化数字金融产品的服务质量。这不仅是学术前沿课题,更是关乎国家金融竞争力的时代必答题。

第三,构建全球一体化的数字金融体系。全球一体化的数字金融体系是将全球约17亿"无账户人群"纳入正规金融轨道的手段之一,也是实现人类命运共同体倡议的重要组成部分。目前,央行数字货币和私人数字货币并存,中美欧风控及监管框架呈现多极化特征,全球数字金融市场被迫碎片化,交易、合规成本和风险防控存在明显效率损失。未来,我国的相关研究可从底层技术、场景应用和跨国合作的角度三管齐下,率先提出中国方案,完成从一国经验到国际共识,再到产业标准的演进,从而在数字金融的下一轮国际分工中抢占先机。

第四,精准防控数字金融风险。数字金融"秒级交易、链式传导"的特征使得金融风险的传染速度和烈度都达到前所未有的高度。金融风险也逐渐成为高悬于数字金融发展之上的"达摩克里斯之剑"。因此,建立"实时感知—毫秒干预—闭环迭代"的精准防控体系或是决定数字金融能否持续服务实体经济的关键。未来,我国可从制度和技术两个维度展开数字金融风险的相关研究。在制度端,我国可从法释义学和经济学的双重视角出发,研究风险管控及其具体举措的必要性、合理合法性、效果最优性等,并提出数字金融风险管控的中国方案;在技术端,我国应大力推动监管科技的底层技术和应用转化研究,将风险预防同步嵌入金融交易,从而彻底解决监管滞后的问题。通过以上跨学科、跨部门、跨境域的系统性研究,我国有望在技术和制度拐点中实现风险防控的弯道超车,并在全球数字金融浪潮中赢得主动、放大红利。

第五,开展数字金融监管。数字金融监管是关乎国家金融安全的底线工程,其监管效能不仅直接决定了数字金融能否持续释放技术红利,还决定了相关红利的释放程度。监管滞后是目前全球都面临的共性问题,各个国家和地区也正积极推出相关监管法案。然而,矫枉过正亦会导致数字金融的发展及其效能不及预期。因此,系统研究数字金融监管问题是和发展数字金融技术同样重要的学术前沿。未来,我国不仅可在数字人民币、监管沙盒等改革试点的基础上进一步探索监管制度创新,还可从消除数字鸿沟和算法公平的角度分析金融监管对于推动公平金融及劣势方救济的作用,亦可基于对比的视角审视不同的监管举措对于数字金融发展及体系稳定的异质性影响,从而总结出兼顾发展、公平和稳定的折中方案。

本教材在资料收集和初稿撰写中得到我指导的学生的大力支持,具体篇章分工如下:江明睿(第一章),战文清(第二章),洪伟励(第三章),吴雪莎(第四章),光玉婷和余颖欣(第五章),吕晓天(第六章),杨洁萌(第七章、第八章),张乐平(第九章),李昊明(第十章),黎子歌(第十一章),李洪亚(第十二章),黄懿超(第十三章)。在此,向参与教材编写工作的同学表示衷心的感谢。在本书付梓之际,真诚感谢"数字金融与经济高质量发展暨《数字金融》教材论证会"的与会专家、学者所提出的宝贵建议,真挚感谢上海财经大学罗素梅老师的帮助、支持和建议。最后,特别感谢复旦大学"金融专业学位研究生核心课程系列教材"立项资助,以及复旦大学出版社编辑老师们认真、细致的工作和辛勤付出。

由于编者学识所限,书中难免存在错漏之处,恳请诸位老师、同学、读者及时指正,以便进一步修订、完善。

图书在版编目(CIP)数据

数字金融/周光友编著. -- 上海:复旦大学出版社,2025.8. -- (金融专业学位研究生核心课程系列教材). -- ISBN 978-7-309-18160-9

Ⅰ. F83-39

中国国家版本馆 CIP 数据核字第 2025C0U168 号

数字金融

SHUZI JINRONG

周光友　编著

责任编辑/李　荃

复旦大学出版社有限公司出版发行

上海市国权路 579 号　邮编:200433

网址:fupnet@fudanpress.com　http://www.fudanpress.com

门市零售:86-21-65102580　团体订购:86-21-65104505

出版部电话:86-21-65642845

上海华业装潢印刷厂有限公司

开本 787 毫米×1092 毫米　1/16　印张 25.25　字数 507 千字

2025 年 8 月第 1 版第 1 次印刷

ISBN 978-7-309-18160-9/F·3134

定价:88.00 元